GUIDE
DES
PYRÉNÉES
MYSTÉRIEUSES

BERNARD DUHOURCAU

GUIDE
des
PYRÉNÉES
MYSTÉRIEUSES

LES GUIDES NOIRS
EDITIONS TCHOU

**LES
GUIDES
NOIRS**

Secrétariat de rédaction

Maquette et mise en page

Iconographie

Cartographie

Photographies

Sigles

GUIDE DES
PYRÉNÉES
MYSTÉRIEUSES

Par Bernard DUHOURCAU

Annie Fabre

Alain Meylan

Kathleen Alpar Ashton
Françoise Trévillot

Carmelo Lucio Falsata

Jean Robert Masson

Ladislas Mandel

LES CLEFS
DE
VOTRE GUIDE

LA PRÉHISTOIRE

Stations préhistoriques.
Menhirs, cromlechs, tumuli, dolmens.
Stèles à inscription.
Légendes attachées aux mégalithes.

L'ÈRE GALLO-ROMAINE

Fouilles archéologiques.
Nécropoles préchrétiennes.
Cultes celtes et vestiges romains.

L'HISTOIRE ET LA LÉGENDE

Faits et mythes rapportés par les chroniques anciennes.
Croyances relatives à la fondation des villes.
Étymologie savante et populaire.
Périodes et figures marquantes de l'histoire régionale.
Les monuments des villes : histoire et légendes.

LE MONDE CHRÉTIEN

Sanctuaires.
Fontaines et sources miraculeuses.
Arbres sacrés.
Saints guérisseurs.
Pèlerinages; ex-voto, reliques; Vierges noires.
Apparitions et miracles.

MŒURS ET COUTUMES

Folklore et traditions populaires.
Rites de guérison, de fécondité, de funérailles.
Guérisseurs et « rebouteux ». Superstitions locales.
Chambre de rhétorique, serments, confréries.

LES FÊTES POPULAIRES

Jeux et fêtes populaires. Le Carnaval.
Histoire et légende des géants et des monstres
processionnels.

BESTIAIRE FANTASTIQUE

Dragons et animaux fabuleux.

LES ÊTRES DU SONGE

Fées, dames blanches, lutins, farfadet.

DIABLERIES

Sorciers et jeteurs de sorts. Procès de sorcellerie.
Apparitions et fantômes.

SIGNES ET SYMBOLES

Alchimistes, hermétistes, astrologues.
Sectes et sociétés secrètes. Les templiers.
Personnages insolites.

L'ORDRE DES PIERRES

Châteaux et demeures légendaires.
Villes abandonnées, villes disparues et légendes
qui s'y rapportent.
Architectures locales : beffrois et moulins.

LES MUSÉES IMAGINAIRES

Art primitif, art naïf.
Curiosités de l'art roman et de l'art gothique.
Collections folkloriques; petits musées.
Inventeurs et visionnaires : leurs œuvres.
A-côtés de l'histoire littéraire.

MERVEILLES DE LA NATURE

Curiosités naturelles.
Faune et flore spécifiques à la province.
Parcs et jardins baroques.

LE MONDE SOUTERRAIN

Grottes, souterrains, trésors.

LES FAITS DIVERS

PRÉFACE

Son nom, le nombre et la qualité de ses connaissances permettaient à Bernard Duhourcau de faire apposer en tête de son livre une grande signature. Il a préféré que la présentation en fût faite par un consanguin de tribu, voisin d'étable, et compagnon d'attelage. Il avait sans doute ses raisons. En pays de montagne, du temps où la vie était encore communautaire, le coup de main demandé s'accordait sans poser de question. Aujourd'hui toi. Demain, ou hier, moi. Si tu demandes, tu sais pour quoi.

Les Pyrénées sont depuis longtemps fréquentées par la race des humains. Ces derniers ont laissé dans les vallées, les grottes, les cols, des jalons de leur marche lente, inconsciente, inéluctable, vers la civilisation : jalons de pierre des mégalithes, jalons de sang des tueries, jalons de pensée, de haine et d'amour dans les légendes. L'affabulation, mensonge dans la vie courante, devient poésie dans l'histoire légendaire.

Il est pénible de découvrir que ce que nous aimons, ce que nous admirons est autre et moins beau ; il est difficile aussi de refaire un visage neuf aux formes que notre imagination avait élaborées. L'esprit est volontiers conservateur.

Bernard Duhourcau bouscule souvent bien des idées admises. Il le fait sans méchanceté mais non sans malice. Sa documentation est cruelle aux conventions bâties, développées hors des réalités. Et si les superstitions viennent se mêler aux croyances religieuses païennes, chrétiennes, à qui la faute, sinon à l'humanité ?

Pyrénées mystérieuses... Que d'érudits seront surpris de découvrir des mystères qui n'en sont plus ! Que d'esprits désireux de rationalisme pourront s'agacer devant de vieux problèmes qui ne sont pas encore résolus ! Dans cet ouvrage, les tableaux pris le long de la chaîne des Pyrénées, dans le fond des vallées, dans les passages cailouteux de la montagne, près des églises que l'on voit du haut des côtes à proximité des villages, sur les murs des chapelles, se succèdent et, finalement, font un ensemble sans doute considérable, quand on envisage ce qu'il a fallu de temps, de recherches, de déplacements. Mais il est cohérent.

Car si l'histoire, telle que nous pouvons l'apprendre — comment faire autrement? — nous met en présence d'une quantité de cellules pyrénéennes distinctes, apparemment étrangères les unes aux autres, souvent ennemies, à reconsidérer globalement cette fresque dessinée, coloriée par Bernard Duhourcau comme un vitrail, nous nous apercevons que lieux-dits, châteaux, bourgs, personnages, ont ce quelque chose de commun qui donne la ressemblance.

Elle tient à une émanation de cette chaîne de montagnes aux parois abruptes, aux vallées maigres sur les pentes, plus enveloppées dans leur fond, plus avenantes vers leur piémont, aux côtes marines décharnées, dont les habitants les plus humbles, qu'ils soient de Collioure, de Foix, de Barèges, d'Oloron ou de Saint-Jean-de-Luz, ont une façon de regarder dans les yeux qui leur permet, sans trembler pour autant, de faire la part qui convient à ce qui s'explique mal.

Jean-Jacques Cazaurang,
de l'Académie des Lettres Pyrénéennes.

Note de l'éditeur : Nous exprimons toute notre gratitude à M. Pierre Minvielle qui nous a aimablement ouvert ses archives photographiques et qui a bien voulu nous aider dans nos recherches iconographiques.

AVANT-PROPOS

LES PYRÉNÉES MONTAGNES MAGIQUES

Découpées dans la lumière du sud, au-dessus des plaines de la Garonne et des coteaux du Béarn, les Pyrénées apparaissent comme les îles des sirènes surgirent aux yeux d'Ulysse, accompagnées d'une légende d'amour et de mort, celle d'une femme, Pyrène, fille de Bébryx, roi légendaire de Cerdagne, qui fut aimée puis abandonnée par Hercule, et, de désespoir, se laissa déchirer par les fauves.

Distincts des pays gascons et languedociens, les pays pyrénéens en sont séparés par une frontière tracée de main d'homme, l'antique *cami saler* des chroniques occitanes, qui reliait les fontaines salées nées aux pieds des monts, de Bayonne l'océane à Salses la méditerranéenne. Sur les cartes d'aujourd'hui, son tracé peut se lire en pointillé sous le liseré rouge de la nationale 117.

A Orthez, du pas de sa porte, le poète Francis Jammes l'interpellait familièrement :

> *Où t'en vas-tu, la belle route? — A Perpignan,*
> *Et je viens de Bayonne et m'arrête un instant*
> *Devant ce seuil qui fut celui de ta jeunesse...*

Elle passe en effet à Tournay la bigourdane où Jammes était né. Chemin faisant, elle recueille, comme les fleurons d'une somptueuse ceinture, toutes les capitales pyrénéennes : Pau, Tarbes, Saint-Gaudens, Foix et tant d'autres... Et pour anneaux du fermoir, les vaillantes citadelles de Bayonne et de Perpignan, fidèles aux fleurs de lis, souvenir amer et nostalgique aux souverains espagnols. Une ceinture qui pourrait être celle de Diane : quelle plus belle image pourrait-on choisir pour évoquer ces vallées heureuses peuplées de bienfaisantes fées des eaux, des *Kantae Niskae* d'Amélie-les-Bains, aux *nymphae nimidae* de Bagnères, ces cimes inoubliables, aux noms de légende : Canigou, mont Vallier, Marboré, Vignemale, Balaïtous, pic du Midi, ces immuables silhouettes qui ont mesuré le temps aux générations de bergers et de laboureurs depuis des millénaires.

Après avoir passé sa vie à parcourir toutes les montagnes de la terre, le comte Henry Russell Killough voue un amour unique aux Pyrénées «capables, dit-il, de donner aux saints du ciel la nostalgie de la terre». Pour le poète palois Jean-Paul Toulet, « on voit bien que le Bon Dieu s'est mêlé lui-même de les faire, au lieu de les confier à ses domestiques ».

◄ *Pages précédentes : Maquette de l'abbaye de Saint-Martin-du-Canigou*
(photo Jean-Robert Masson)

Ces montagnes sont les « plus belles du monde », écrit le Catalan Louis Bertrand, « un cri de passion sous le ciel bleu[1] ». On croit entendre délirer des amants; et, en vérité, ils le sont d'une maîtresse à qui, depuis des siècles, ils ont donné un seul nom : « la montagne ». « Cela dit tout, exprimant ensemble vénération et tendresse », écrit le musicien Poueigh, « le sentiment qui naît d'elle est à la fois si fort et si durable qu'on serait tenté d'en attribuer l'influence à une sorte de charme magique, semblable au pouvoir surnaturel possédé par les fées[2] ». Magiciennes, *encantades*, comme on dit là-bas, les Pyrénées ont l'attirance inexplicable des femmes aimées.

Dieux inconnus, génies et sorcières

Leurs premières hauteurs, du côté de l'Occident, semblent naître des longues houles qui se brisent sur les falaises bizarrement plissées de la côte basque. A Saint-Jean-de-Luz, cité de corsaires, la silhouette allongée de la Rhune se dessine sur le fond des vieilles rues baroques, proue de navire qui sombre. Mais la montagne basque commence au-delà des gorges de la Nive, gardée par l'Ursuïa et l'Artzamendi chers à Edmond Rostand : pays de Cize et monts légendaires de Roncevaux, immense forêt d'Iraty, falaises et abîmes de la Soule entre le pic d'Orhy voué aux sorcières et la cime de l'Anie.

Et, entre la Soule basque et la vallée d'Aspe, un pays perdu, le Barétous, que le tremblement de terre de 1967 a fait découvrir.

Le Béarn des coteaux, entre les gaves de Pau et d'Oloron, est l'avant-scène du panorama unique du Béarn des montagnes que l'on découvre de la terrasse de Pau.

Une haute barrière couverte de forêts s'ouvre au débouché des vallées d'Aspe, d'Ossau et de Ferrières, et laisse voir les sommets de la frontière. Les premiers géants de la chaîne s'en détachent : l'Anie, séjour des génies, l'Ossau à la double pointe héraldique, horloge des bergers, champ de manœuvre des varapeurs palois, et le Balaïtous où brillent les premières neiges éternelles.

La plaine de Tarbes, gardée par la haute masse du pic du Midi de Bigorre, donne sur le moutonnement des chaînes hautes où se distinguent les sommets aux noms célèbres : Vignemale, Marboré, mont Perdu. De Lourdes, porte monumentale du Lavedan, on pénètre dans une gerbe de vallées, les unes secrètes comme la Batsouriguère, l'Extrem de Salles, les autres d'une magnificence inaltérable comme celles d'Argelès, de Cauterets, de Luz, d'Arrens. Les générations romantiques y ont cherché les thèmes préférés de leurs rêves, cirques enveloppés de nuées, gorges fumantes, cascades, pins échevelés, troupeaux au pâturage...

La première ride montagneuse faite de roches calcaires et de marbre, se creuse d'innombrables grottes où se sont multipliés les sanctuaires de la préhistoire : Arudy, Lourdes, Labastide, Lortet. Les sommets qui les dominent ont été à leur tour déifiés par les pasteurs qui avaient succédé aux chasseurs des cavernes : ces montagnes « divines » se nomment Bassia, Sacon, Montlas, Gar, Cagire...

La Neste s'est ouverte dans un mur de marbre, une tranchée qui donne accès à la lumineuse vallée d'Aure. Tiédie par le vent

1. Cartoguide Shell, 1958.
2. Poueigh, *Chansons des Pyrénées.*

d'Espagne, elle recèle des merveilles de tous ordres : chapelles
enluminées, ruines légendaires, vallons suspendus gardant une
flore et une faune rares, à l'abri des convoitises, dans la réserve
de Néouvielle aux cent miroirs d'eau.

Luchon, reine des Pyrénées, du soufre, des eaux bienfaisantes,
seule ville digne de ce nom au cœur de la chaîne, évoque le
mystère de la montagne d'Espiaup, avec ses cercles de pierre et
ses blocs légendaires, les vieilles églises romanes des vallées
d'Oueil et du Larboust, avec leurs peintures et leurs inscriptions
invoquant des divinités inconnues, la splendeur des cascades, des
prairies, des lacs, qu'on a comparés aux jardins d'Eden, la vue
unique du port de Venasque sur le massif des Monts-Maudits,
cette « Sibérie pyrénéenne », comme l'appelait Henry Russell, ce
coureur de continents.

A l'entrée de la vallée de Luchon où la Garonne reçoit la Neste
et s'incurve vers l'est pour rejoindre Toulouse, Saint-Bertrand-
de-Comminges, tombeau monumental du thaumaturge dont il

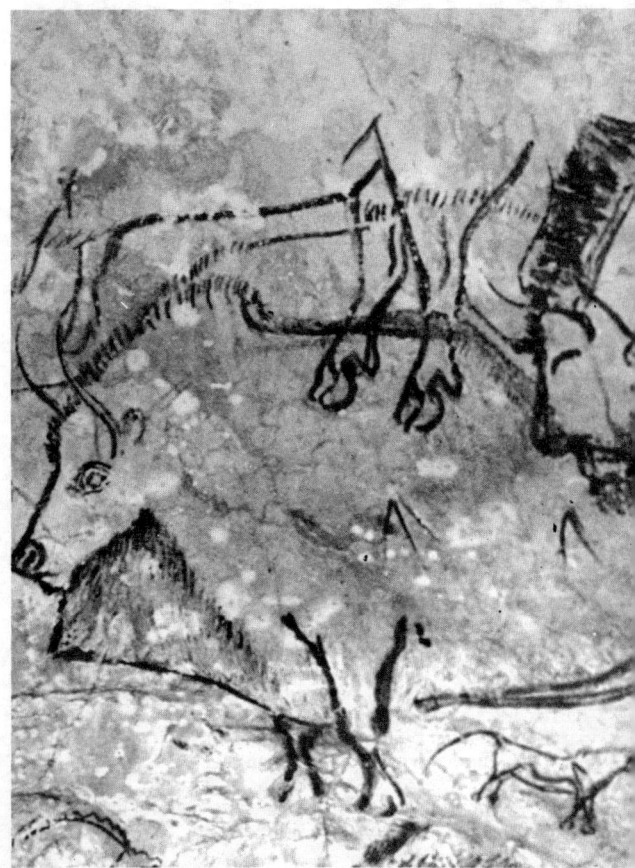

Bisons de la grotte de Niaux (photo Maison des Pyrénées)

garde le nom et le corps, veille sur les ruines ensevelies de la plus
grande cité romaine de toute l'Aquitaine, *Lugdunum Convena-rum*, porte des Pyrénées, et étape majeure sur la grande voie
reliant la Méditerranée à l'Atlantique.

Symbole de l'unité pyrénéenne toujours brisée, rocher solitaire comme celui de Foix et celui de Lourdes, le vieil oppidum
est délaissé par l'artère vitale moderne qui longe le rebord du
plateau de Lannemezan entre Toulouse et Tarbes et passe par
Saint-Gaudens et Montréjeau.

De la terrasse de Saint-Gaudens, les effigies des trois maréchaux
pyrénéens, Foch, Gallieni et Joffre, veillent sur un horizon qui
embrasse les Quatre Vallées, le Comminges, le Couserans et le
pays de Foix. Sous le moutonnement des collines et des premiers
chaînons se cachent les prodigieuses basiliques souterraines des
cultes primitifs : Gargas, Montespan, les grottes du Volp, le
Mas-d'Azil et, au cœur du pays de Foix, Niaux et la mystérieuse
Lombrives. Dans les solitudes du pays de Sault, le gouffre de la

Henne-Morte ouvre le vertigineux dédale de ses entrailles. Tout un labyrinthe de vallées s'étale au pied de la pyramide neigeuse du mont Vallier que se disputent magiciens et saints de la *Légende dorée*.

Se glissant dans la longue dépression qui sépare le Plantaurel des premiers plissements pyrénéens, la nationale 117, frontière tracée entre la montagne et le bas pays, passe par Saint-Girons au confluent du Lez et du Salat et, par Labastide-de-Serou, débouche dans la vallée de l'Ariège. Le Couserans, dont la vieille cité de Saint-Lizier fut l'antique capitale, est une mosaïque de vallées qui ne communiquent entre elles que par des ports longtemps accessibles aux seuls convois muletiers. Parmi ces mondes isolés où une infinité de maisons, de granges, de cabanes sont éparpillées dans le paysage, les vallées de Biros, de Bethmale, de Massat (région la plus anciennement peuplée de la chaîne) ont gardé plus longtemps que d'autres leurs costumes, leurs danses et leurs fêtes saisonnières. De la vallée du Garbet partaient les « oussaillès », les montreurs d'ours qui faisaient parfois le tour du monde avec leurs inquiétants compagnons.

Des hommes de fer

Au carrefour de l'ancienne voie du sel et de la route d'Andorre et de Cerdagne, un piton imprenable planté au beau milieu de la vallée de l'Ariège était désigné pour porter la forteresse d'une nation forte. Le château de Foix fut le berceau des fameux comtes de ce nom, bêtes noires de Simon de Montfort; leur fortune grandit jusqu'au jour où l'un d'eux, Gaston Fébus qui avait sous sa domination le Béarn, la Bigorre et le Nébouzan, et travaillait à s'emparer du Comminges pour réunir tous ses domaines en un grand État, mit fin lui-même à ce rêve, en égorgeant son fils dans un accès de démence.

« Des hommes et du fer » : cette définition de l'Ariège par Napoléon a de profondes résonances dans ces régions; il faut s'enfoncer dans la vallée de Vicdessos pour connaître ce que les Pyrénées ont de plus rude, de plus tragique : les cavernes d'Ornolac et de Lombrives, refuges des persécutés de tous les temps, le massif du Saint-Barthélemy, trône des dieux, pays du Graal. Sur ces pentes, les ruines de la forteresse de Lordat répondent aux vestiges du vertigineux Montségur.

Après Tarascon, l'antique capitale des Ligures de la montagne, l'apparition de cimes éblouissantes, dans un ciel africain, annonce l'Andorre et les sierras espagnoles.

La Cerdagne est une merveilleuse conque, emplie de lumière et de mélancolie, où des plantes sibériennes vivent au bord de lacs glacés. La pyramide du Carlitte règne sur un désert, saharien ou sibérien, selon la saison. « Au centre la Sibérie, à l'est l'Afrique », disait Henry Russel pour définir les Pyrénées centrales. Ce soleil, cette lumière seront désormais la livrée des Pyrénées orientales. Les falaises qui plongent dans les eaux du cap Creus constituent la borne immémoriale entre l'Espagne et la France. Les souffles tièdes de la Méditerranée font remonter jusqu'au fond des gorges du Têt et de la Tech une végétation de garrigue. Accrochée aux pentes ravinées des Aspres et des Albères, la ceinture verte des yeuses, des mimosas, des chênes-lièges, des lentisques et des micocouliers entoure la plaine du Roussillon d'un paysage homérique. C'est le pays des Bébryces et de Pyrène, que domine, royal et magique, le Canigou.

Par une journée de tramontane, il faut regarder vers l'ouest pour le voir dans toute sa splendeur, sa cime revêtue de nuées comme du manteau irréel de ses légendes. Les vieux Catalans croient encore qu'elle est le plus haut sommet des Pyrénées. Kipling l'a comparée à l'Himalaya. Il n'eût pas été étonné d'y rencontrer les chevaliers errants de la cour du roi Arthur.

Le pays fabuleux de l'or et de l'argent

Les marins de la Méditerranée orientale, qui élevèrent à Aphrodite et à Tanit des autels dans les baies hospitalières de Collioure et de Port-Vendres, n'osaient pas approcher de la montagne redoutable. Mais une multitude de dolmens et de roches, aux mystérieuses gravures, attestent la confiance des vieux montagnards envers les dieux des cimes avec lesquels ils avaient fait alliance, comme Moïse avec le dieu du Sinaï. Perché comme un nid d'aigle à l'entrée d'une des gorges les plus sauvages, Saint-Martin-du-Canigou, haut lieu des Catalans, est le premier anneau d'une chaîne sacrée de sanctuaires qui ont valu aux Pyrénées le beau nom de « montagnes divines », que l'on peut lire sur les autels du pays de Luchon.

La féminité qui se traduit jusque dans le nom qu'elles portent, les Pyrénées la tiennent peut-être des fables dont les ont parées les navigateurs grecs. De ceux-ci, nous tenons l'histoire de Pyrène, aimée d'Hercule. Et les flammes du bûcher qui consuma la dépouille déchirée de la jeune fille sont peut-être celles de l'incendie qui aurait embrasé autrefois les Pyrénées tout entières et fait couler sur leurs pentes des ruisseaux d'or et d'argent.

Tels étaient les récits des voyageurs, au temps d'Eschyle. Les grands narrateurs de l'Antiquité, Hécatée, Hérodote, Scymmus, Festus, Avenius, ont à leur tour esquissé l'image d'un pays aux richesses fabuleuses. Il faut attendre l'Espagnol Strabon pour revenir à la réalité. De cette première description, on retiendra surtout l'existence d'une grande voie longeant le pied des monts et conduisant en six jours de la Méditerranée à l'océan Atlantique.

Les géographes arabes appelaient les Pyrénées *el Hadjiz*, la barrière, ou *el Bortal*, le passage, indiquant ainsi ce qu'elles représentaient pour les conquérants de l'Espagne, regardant en direction de la grande terre des Francs. Ils ignoraient volontiers ce nom de *Biriniu* que les chrétiens donnaient à la chaîne.

Un cadre pour roman noir

Les communautés pastorales vivaient, enfermées dans leurs vallées, sous la dépendance de dynasties de chefs issus de la lutte contre les envahisseurs venus du nord et du sud.

Dans toute la chronique du Moyen Age, la montagne n'est qu'une vague toile de fond, éclaboussée d'une tache sanglante : Roncevaux. A l'époque, ce nom seul résume les Pyrénées, le nom du val ténébreux où le neveu de Charlemagne a trouvé la mort en combattant contre l'ennemi d'au-delà de la montagne, le Sarrasin. La *Chanson de Roland* nous est restée, mais combien de complaintes se sont envolées, qui portaient de vallée en vallée le nom du héros carolingien...

Pas d'évocation des merveilles montagnardes dans les poèmes du *trobar clus*, ni chez les chroniqueurs de la guerre albigeoise, ni même chez Froissart, ce chanoine bavard invité à la cour du comte de Foix pour en chanter les louanges, si on excepte le conte de l'*esprit Orton* et du seigneur de Coarraze. Quand Marguerite de Navarre décrit, dans les prologues de l'*Heptaméron*, la brusque montée des eaux, la fuite éperdue des baigneurs, les apparitions d'ours attaquant les voyageurs, l'ombre des arbres sur la prairie de Sarrance, on reste sur sa faim : pas une de ses histoires ne se passe dans les vallées.

Mais Salluste du Bartas salue les neuf muses des montagnes et les géants, ancêtres de sa race ; mais Belleforest va trouver au fond de l'Ariège quelques-unes de ses plus étranges histoires. L'Arioste enfin va faire rêver des générations à des châteaux magiques où des enchanteurs retiennent de belles prisonnières que Roland, monté sur son hippogriffe, viendra délivrer.

Les dames de la cour, en route vers Saint-Jean-de-Luz pour le mariage de Louis XIV, croiront voir défiler sous leurs yeux, en longeant les Pyrénées, un pays de sorcières, d'ermites et de brigands : tout est prêt pour faire des Pyrénées un cadre de choix au roman noir anglais du XVIIIe siècle. Les routes, ouvertes jusqu'au cœur des montagnes pour amener les baigneurs en carrosses aux sources bienfaisantes, y conduisent enfin des amateurs d'horreurs sublimes. Le cardinal de Rohan emmène à Barèges son secrétaire, Ramond de Carbonnières. C'est alors le *Voyage au mont Perdu*, les *Observations sur les Pyrénées*, où l'on voit les montagnes, leurs torrents, leurs vallées, leurs pâturages, leurs granges, leurs cimes et leur beauté.

Le romantisme fut l'âge d'or des Pyrénées. Pour les imaginations et les sensibilités débridées, le « pèlerinage aux sources » devint presque une nécessité. A Chateaubriand, Vigny, Lamartine, Sand, Flaubert, Mérimée, Hugo, s'ajoutent David d'Angers, Delacroix, Gavarni. Mais le chef-d'œuvre de la littérature pyrénéenne de l'époque, ce n'est pas *le Cor* de Vigny, c'est le guide dont Taine, qui cherchait du travail, alla recueillir sur place les éléments. Il en fit le *Voyage aux Pyrénées*, livre unique, illustré par Gustave Doré.

C'est alors que quelques Pyrénéens, entraînés par la vague romantique, cherchent à retrouver dans la tradition populaire de leurs pays d'origine un aliment à cette faim de mystère que leurs contemporains ressentent en lisant les poèmes d'Ossian et le folklore celte. Avec une touchante ardeur, ils vont se faire les Turold de la nouvelle chanson de geste des Pyrénées. L'Ariégeois Napoléon Peyrat va ressusciter le drame cathare et créer le mythe d'Esclarmonde, grande prêtresse de Montségur ; le Basque Augustin Chaho évoquera la fée Maïtagarri et Aïtor, l'ancêtre mythique de son peuple. Et Garay de Monglave, en composant le *Chant de l'Altabiscar* en l'honneur des vainqueurs de Roncevaux, aura un tel succès qu'aujourd'hui encore cette œuvre brillante passe pour un héritage fabuleux des anciens bardes vascons.

Mais après le *Voyage aux Pyrénées* de Taine, il faut attendre la fin du siècle pour que les Pyrénées entrent dans la grande littérature. *Ramuntcho*, de Loti, contient des pages inégalables sur l'âme basque. Après *Lourdes* de Zola, les *Foules de Lourdes* de Huysmans lèvent le rideau sur les secrets de la ville aux apparitions. La vie des vallées, hier et aujourd'hui, renaît des pages que leur ont consacrées Raymond Escholier, Isabelle Sandy, Andrée Martignon, Jean Fourcassié, Pierre de Gorsse, Joseph Peyré, François Duhourcau et d'autres Pyrénéens de cœur et de sang. Une pléiade de poètes est née à l'ombre des enchanteresses : Edmond Rostand, Francis Jammes, Paul-Jean Toulet, Tristan Derême, Jean Lebrau, Louis Ducla... et ces aigles : Jules Supervielle et Pierre Emmanuel...

Il y a enfin ceux qui, après Ramond, ont répondu à l'appel muet des cimes « d'aurore ou de sombre hyacinthe », et qui ont tenté de traduire la révélation unique qu'ils y avaient reçue : le comte Henri Russel, l'abbé Gaurier, le docteur Arlaud... Impuissants à communiquer la joie qu'ils avaient rencontrée, leurs récits d'ascensions laissent deviner entre les lignes les chemins secrets menant au cœur du mystère, quand le soleil se lève sur les « montagnes divines ».

BERNARD DUHOURCAU.

Contrebandiers dans les Pyrénées,
J. E. Murray, Londres, *1837 (B.N., Est.)*

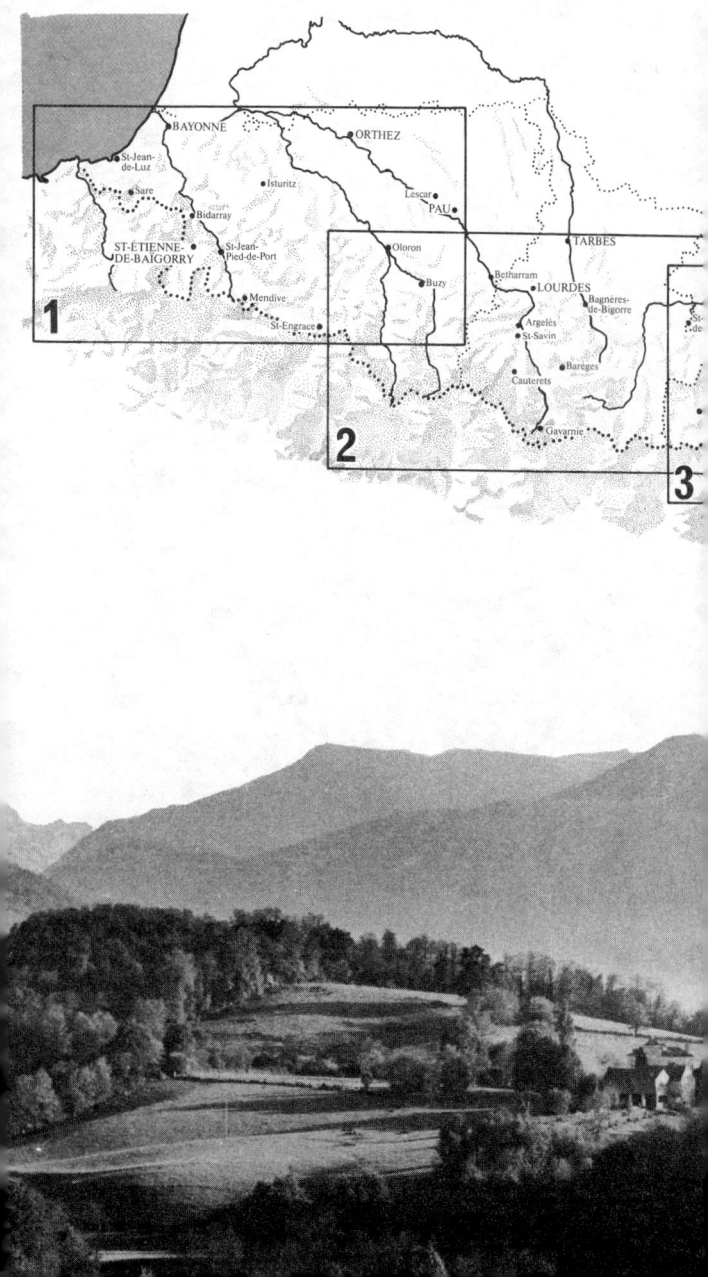

BAYONNE

ORTHEZ

St-Jean-
de-Luz

Sare

Isturitz

Lescar

PAU

Bidarray

ST-ÉTIENNE-
DE-BAIGORRY

St-Jean-
Pied-de-Port

Oloron

Buzy

TARBES

Betharram

LOURDES

Bagnères-
de-Bigorre

Mendive

Argelès

St-Savin

St-Engrâce

Barèges

Cauterets

Gavarnie

1

2

3

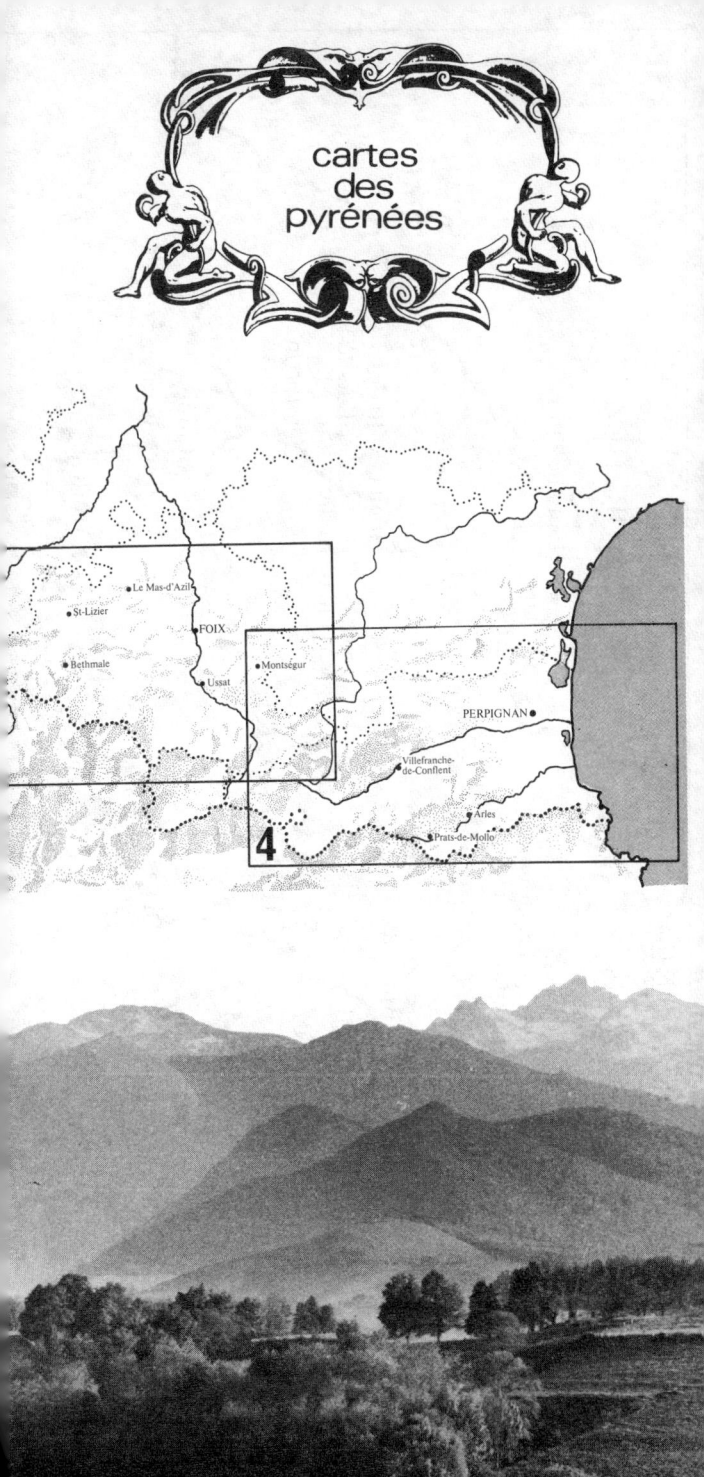

cartes
des
pyrénées

St-Lizier
Le Mas-d'Azil
FOIX
Bethmale
Ussat
Montségur
PERPIGNAN
Villefranche-de-Conflent
Arles
4
Prats-de-Mollo

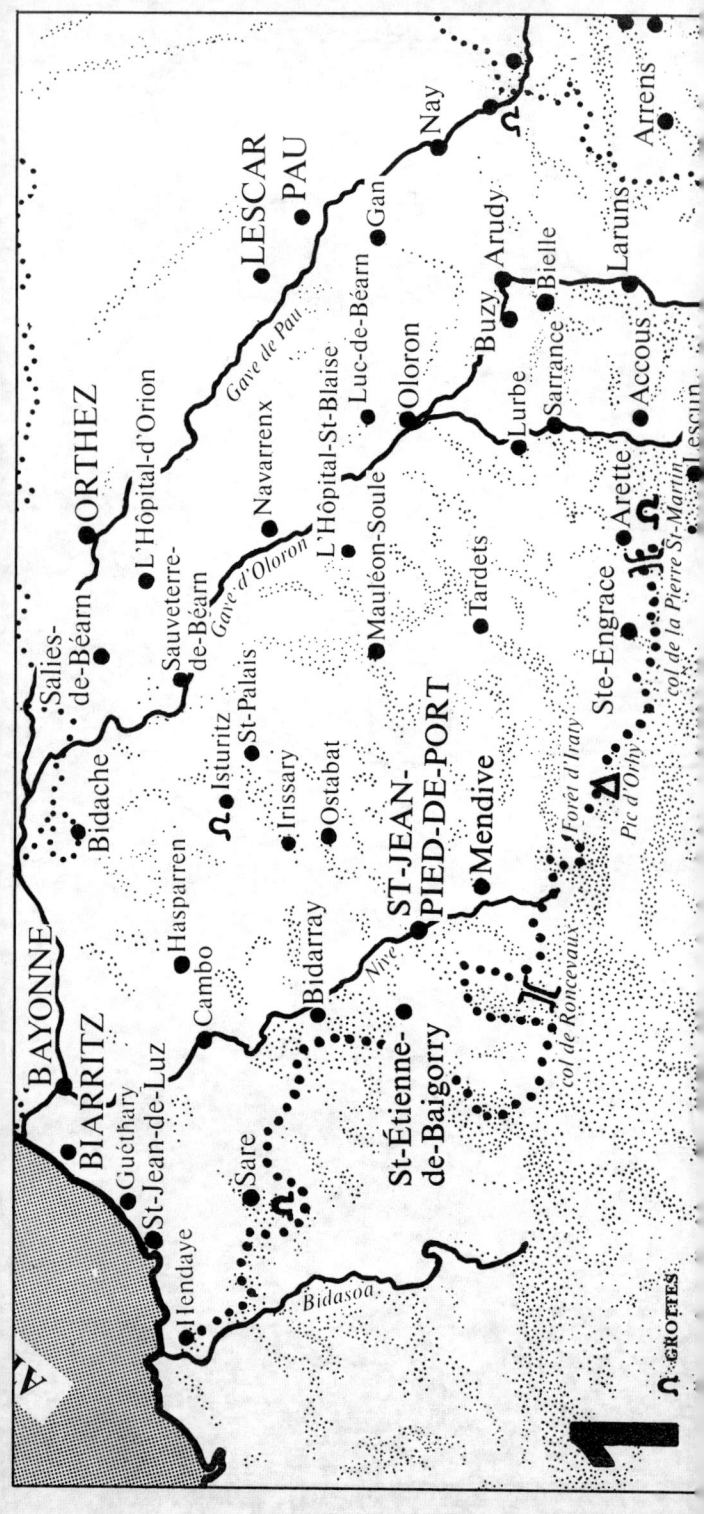

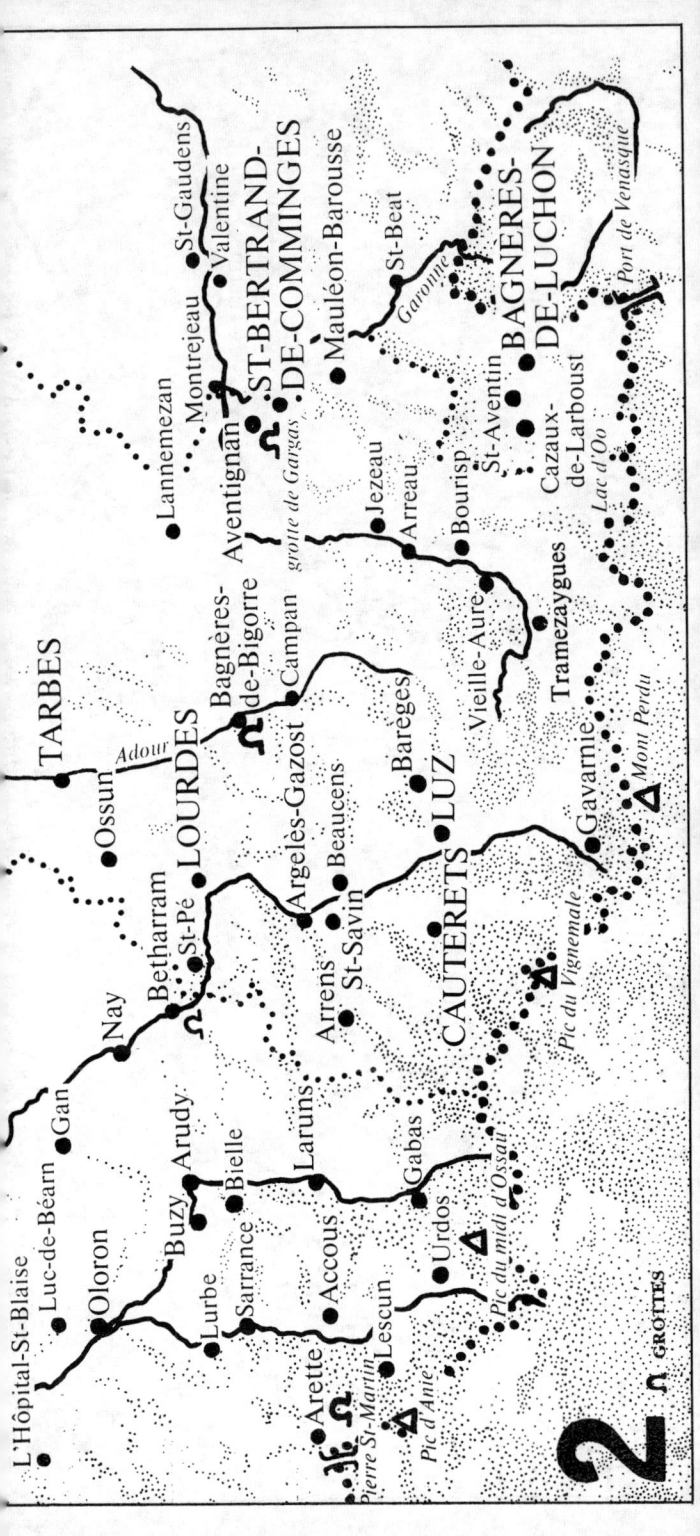

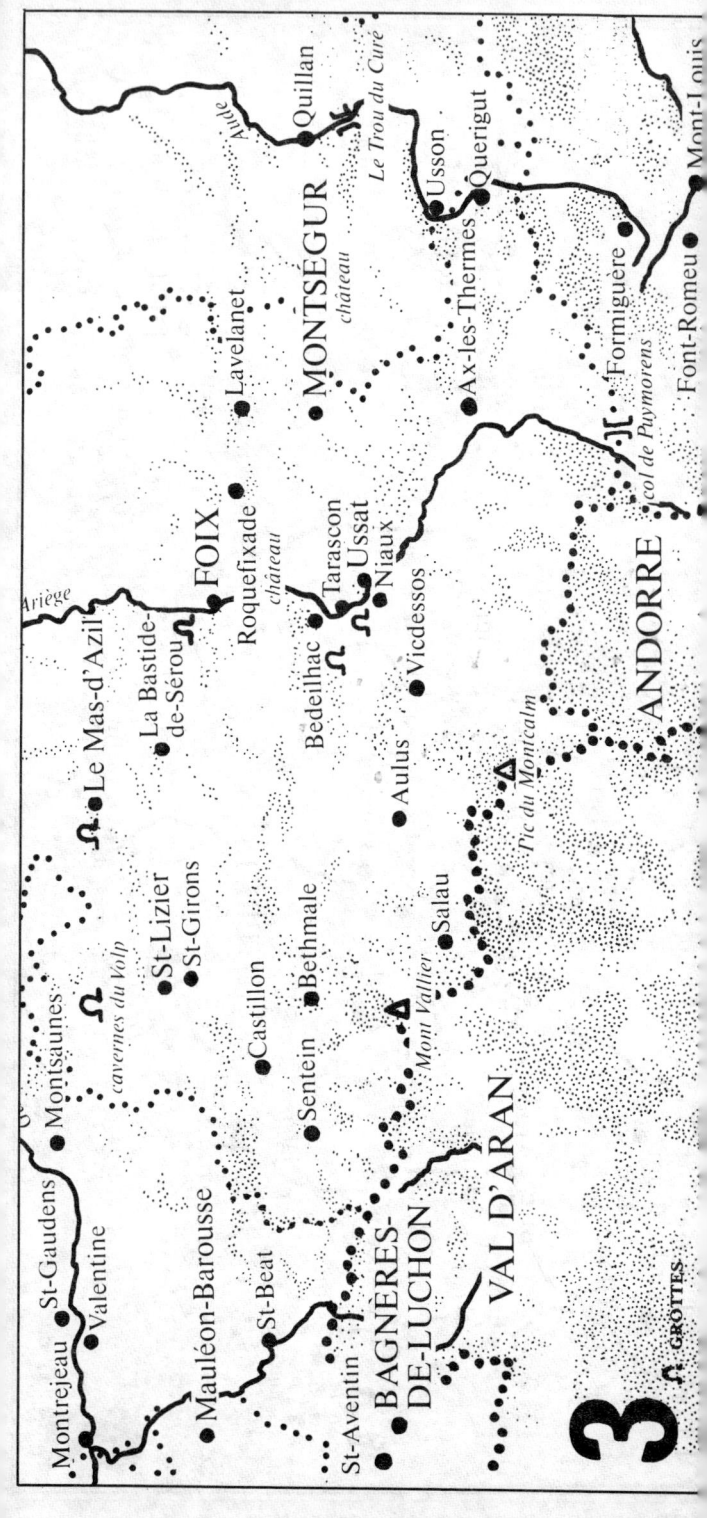

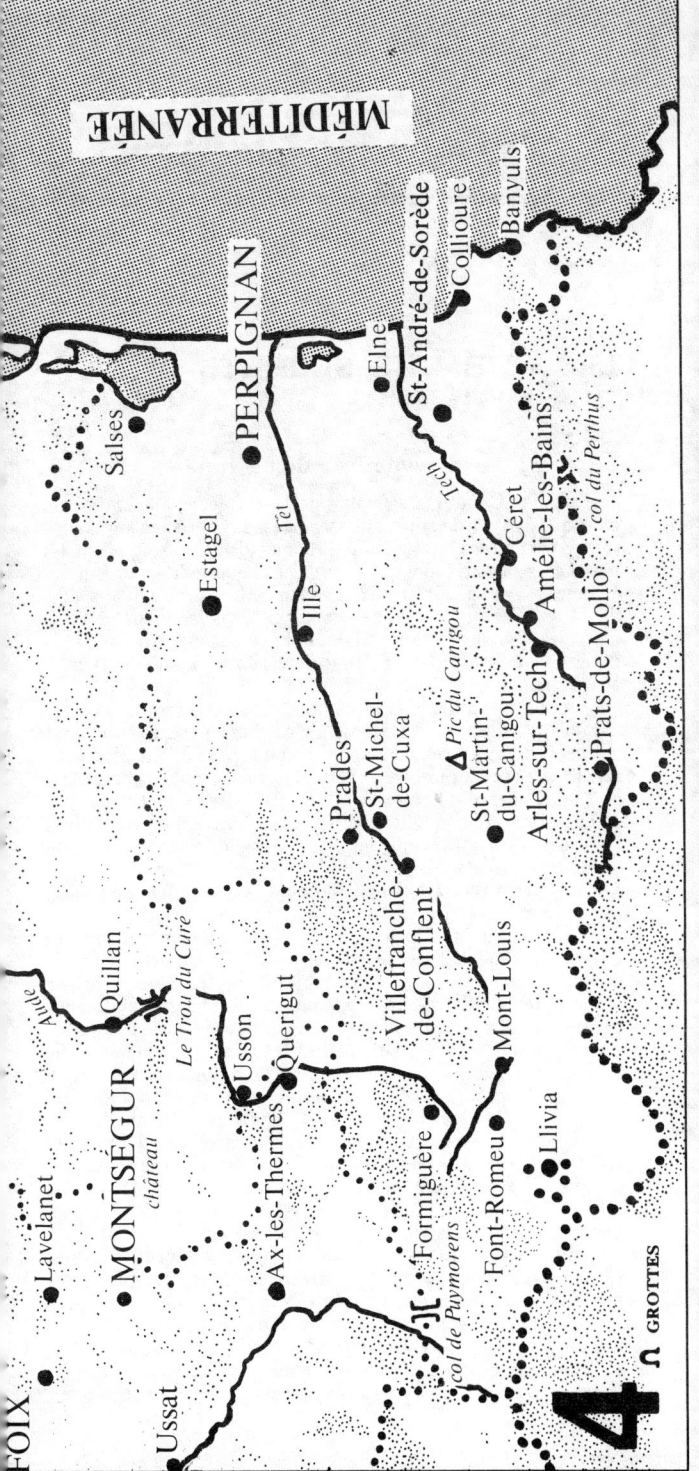

TERRE DES DIEUX

LES CHEMINS SECRETS DES PYRÉNÉES

Le mariage du soleil et de la lune

Il a fallu attendre la naissance de l'archéologie, au XIXe siècle, pour que sortent de la nuit des temps les mystérieux sanctuaires souterrains où les chasseurs de l'époque glaciaire évoquaient les puissances surnaturelles qui accordaient la fécondité aux femmes et fournissaient le gibier aux chasseurs. Un pèlerinage aux plus vieux temples de l'humanité conduirait dans les premiers chaînons des Pyrénées, de l'Ariège au Pays basque, à nombre de cavernes, de grottes, de galeries de célébrité mondiale, Niaux, Montespan, Lortet, Lourdes, Isturitz.

Alors même qu'ils ignoraient les mystères célébrés sous terre par des populations disparues, les pasteurs pyrénéens avaient baptisé « divines » ces montagnes. Il faut vivre à leur pied pour être pénétré de leur présence vivante, éternelle, tout en contrastes, en mouvements imprévus et terrifiants. Comment ne pas comprendre cette admiration craintive des peuples primitifs pour des phénomènes qui font naître encore chez l'homme du XXe siècle des craintes, des désirs et des réflexes instinctifs : orages terrifiants, secousses telluriques, vapeurs fantomatiques qui montent des lacs, sources chaudes, mines inaccessibles? Il n'est pas jusqu'aux « pierres de légendes » dont on espère des effets merveilleux. Et aujourd'hui, l'ours, ce symbole de la vie sauvage, demeure l'objet d'une véritable mythologie, à côté de laquelle les contes de fées parlant de géants et de dragons paraissent sans saveur.

Les peuples des Pyrénées, attirés très tôt par les dogmes de la religion d'Abraham et de celle du Christ, ont recouvert d'un manteau de pratiques chrétiennes une tradition extraordinairement vivace, héritée du plus ancien fonds religieux de l'humanité.

C'est donc au travers des légendes attachées aux pierres, des coutumes de Pâques et de la Saint-Jean, du culte des fontaines, des rites de conjuration des orages, que les traces des plus vieilles religions peuvent se lire le plus clairement. Seule la civilisation écrite des Latins a laissé dans les Pyrénées centrales ces dizaines de petits autels votifs recueillis dans les murs des vieilles églises, témoignages émouvants de l'attachement des communautés chrétiennes à l'héritage spirituel des anciens. On ne se trompera guère en voyant dans tout ermitage, dans toute chapelle, l'assimilation par l'Église chrétienne d'un lieu de culte païen.

Il faut savoir gré à Du Mège d'avoir noté dans son irremplaçable ouvrage *Archéologie pyrénéenne*, paru à la fin du XVIIIe siècle, certaines croyances, certains usages aujourd'hui disparus, se rapportant aux religions les plus anciennes des pasteurs pyrénéens et aux cosmogonies les plus primitives : « Après la fonte des neiges, les bergers se rassemblent sur une colline avant le lever du soleil. Quand l'aube paraît, le plus âgé fait une prière que tous écoutent dans le recueillement [...] puis les bergers [...] se groupent par clans qui désignent leurs chefs. Ceux-ci s'assemblent et jurent de révérer et d'aimer Dieu, d'aider les voyageurs égarés, d'ensevelir sous des pierres ceux que frapperait la foudre (*larv* ou *tourb*), de révérer les fontaines *(coula era houns)* et d'avoir soin des troupeaux. »

Parmi les chants des veillées, l'un d'eux avait trait à une ancienne et étrange cosmogonie, parlant de l'union du Soleil et de la Lune. Son refrain disait : *Ech-Dio-Que Eo-Dab Luo-Se-Mardec-Atau estec.* (Le jour où le Soleil avec la Lune s'est marié, ceci eut lieu !) Du Mège situe ces rites dans les vallées reculées de Seix et de Salau, en Ariège.

Au temps des patriarches bibliques

D'anciens usages pyrénéens disparus dont le témoignage a été conservé parlent d'un culte du Soleil apportant la lumière et la santé aux hommes et aux bêtes.

Dans la vallée de Luchon, Sacaze, érudit commingeois du XIXe siècle, avait recueilli le souvenir du génie Hillon, maître du Soleil et de la musique, qui semble une survivance d'Abelio. Les coutumes de la veillée de la Saint-Barthélémy, au sommet du pic du même nom et entre les vallées du Donezan et de Luzenac, rappelaient les antiques veillées nocturnes d'attente du Soleil levant, que pratiquaient les Japonais sur les pentes du Fuji Yama. Les bergers de la vallée du Larboust, qui allaient puiser la rosée du ciel accumulée dans les cavités des pierres à cupules de la montagne d'Espiaup, se tournaient d'abord vers le Soleil levant pour le saluer. Et les pêcheurs d'Hendaye, partis en mer avant le lever du jour, se levaient dans leur barque et récitaient l'Angélus face au Soleil dès qu'il se montrait à l'horizon.

Chez les Basques, cet astre est resté longtemps le symbole de la toute-puissance divine. Au XIe siècle, le nom du Soleil fulgurant, Ortzi, était encore employé pour désigner Dieu dans la langue populaire, ainsi qu'en témoigne le *Guide du Pèlerin de Compostelle*. Une certaine confusion s'est même produite à l'origine entre le Saint-Sacrement et l'astre, au point que l'ostensoir est appelé le « soleil saint » *(Iguskisaindu)* et Noël le « nouveau soleil » *(Eguberri)*.

Si les Pyrénées ont un légendaire moins riche que celui de l'Irlande, le fond de l'âme religieuse de son peuple remonte au temps des grands pasteurs, contemporains des patriarches bibliques.

LES PIERRES SACRÉES

Du fantastique au surnaturel

Si l'on ne se satisfait pas des témoignages d'archives et qu'on demande aux sites et aux pierres de parler, les premières apparitions du mystère dans les Pyrénées sont les pierres dressées, les blocs erratiques, les dolmens, habités par des êtres surnaturels ou chargés de puissance et de vertus fertilisantes.

« Incarnation d'une âme privilégiée, la pierre dans son érection attire la puissance fécondante du soleil. Frappée par la foudre, elle se désigne comme centre d'un lieu choisi par la divinité céleste pour être honorée. Tout bloc de forme ou de dimension surnaturelle est une des sources du fantastique [1]. »

Dolmen du Mas Paboly à Castelnou (photo A. Abelanet)

Il n'est guère de vallées des Pyrénées où ces roches ne soient entourées de respect, de rites curieux, de légendes.

En vallée de Luchon, le *Cailhaou d'Arriba Pardin*, un bloc erratique, se dresse au voisinage du village de Poubeau. Les hommes venaient danser la nuit autour de la pierre. Le caractère d'obscénité sacrée de ces danses attirait les foudres du clergé; cette coutume n'a cependant disparu que vers le milieu du XIXe siècle.

A Armenteule, dans la Haute-Garonne, un petit menhir, situé dans le cimetière, apportait la fécondité aux femmes qui en faisaient le tour au lever et au coucher du soleil.

1. Marcel Brion, *L'Art fantastique*, Albin Michel, 1961.

D'autres pierres avaient un rôle sur le temps, et en particulier sur la pluie. Entre Nistos et Héchettes, à l'entrée de la vallée d'Aure, les *peyros sacrades* pouvaient faire pleuvoir au fort de l'été sur les pâturages desséchés, si on les frappait avec des feuillages après leur avoir adressé des prières.

Le Cailhaou de l'Arrayé, au fond de la vallée de Luz, protégeait les conscrits qui emportaient un fragment de roche au fond de leur poche.

A l'entrée de la vallée d'Ossau, le dolmen de Buzy assurait aux femmes enceintes une heureuse délivrance, si elles passaient entre les montants de la table.

Près de Sarrance, le Rouquet de Sent-Antoni, rocher planté à la limite d'Escot et de Lurbe, jouissait auprès des populations de la vallée d'Aspe, et jusqu'en Barétous, d'une renommée gaillarde dont les femmes étaient censées bénéficier.

Les pierres à cupules existent un peu partout en Europe et en Asie et sont associées aux vestiges des anciennes civilisations pastorales. Dans les Pyrénées, on les rencontre dans les pâturages et sur les plus vieilles pistes de transhumance.

On peut se demander à quelles pratiques rituelles correspondaient ces cavités piquetées à la pointe du silex ou du burin de bronze, souvent soigneusement polies en hémisphères creux. Y versait-on des libations de lait ou d'eau, ou même du sang d'animaux sacrifiés? Venait-on y recueillir la pluie considérée comme eau lustrale, ou encore la rosée du matin? La seconde de ces hypothèses correspond à ce que l'on sait des pratiques des bergers du Larboust, qui buvaient la rosée des cupules du *Cailhaou dets Pourrics*. Une pratique semblable était courante pour la *Peyre Blanque*, voisine de Garaison, aux confins du Lannemezan. Le bloc de marbre est creusé d'une cavité dans sa partie supérieure; l'eau amassée dans cette cavité guérissait tous les maux. Les plus chanceux y recueillaient la pluie; les autres y versaient de l'eau, râclaient la pierre et buvaient le liquide blanchâtre qui se formait ou s'en frottaient les yeux[1].

Les pierres à cupules des Pyrénées-Orientales sont des dalles de schiste ou de granit où des cavités isolées alternent avec des groupes de quatre creux réunis par une croix ou par des sillons. Certaines dalles ont des bassins profonds, comme la roche du Tartès, sur le territoire de Serdinya.

En Ariège, d'autres blocs présentent des marques et des signes différents. A Miglos, les pierres de Bintonaou sont marquées d'un fer à cheval et d'un dessin schématique du sexe féminin. Près de Saint-Béat, les rochers de l'enceinte mystérieuse du *Puyo* de Géry portent des cupules disposées en séries rectilignes, et des bassins. Le rocher du Mail-de-la-Mule, dans la Barousse, a retenu, dit-on, l'empreinte des sabots de la mule de saint Bertrand.

Dans la vallée du Larboust, au-dessus de Luchon, on trouve deux pierres trouées comme des éponges, *le Cailhaou dets Pourrics* et celui de Sacade.

Dans les Pyrénées-Atlantiques, entre Izeste et Buzy, au quartier de Téberne, une roche couchée dans un pâturage constitue une véritable énigme archéologique. Elle marquait le début d'un ancien chemin ossalois menant au Pont-Long, à quelques pas du dolmen de Téberne et du bloc erratique du même nom. Ce sont

---

1. Xavier Recroix, dans *Garaison*, n° 121.

probablement les éléments d'un sanctuaire pastoral. La dalle
porte des groupes de figures uniques dans les Pyrénées : des
cercles concentriques à une, deux ou trois circonférences, certains dotés de cornes ou d'antennes. Elle ne peut se comparer
qu'aux dalles de Gavrinis, en Bretagne, à celles du Loch Crew,
en Écosse, et surtout à certains rochers gravés du Valais. Ces
signes évoquent les ondes formées par une pierre jetée dans l'eau,
si bien qu'on hésite à les interpréter soit comme des figures
astrales, soit comme le symbole même de l'eau, élément de vie et
de fécondité.

L'âme collective des ancêtres

Ce ne sont plus des héros légendaires mais l'âme collective des
tribus aux épées de bronze qui hante les cercles de pierre dissé-
minés dans les pâturages d'été. On en rencontre en grand nombre
au Pays basque, où ils sont appelés *baratz*. Ceux du plateau du
Benou en vallée d'Ossau portent le nom de *couraus*, comme les
anciens parcs de troupeaux. Les cromlechs de l'Ariège sont moins
facilement accessibles, comme ceux de Bordes-sur-Lez, du Mas-
d'Azil, ou ceux de la montagne du Saint-Barthélemy, autour de
Montségur. Dans ces enceintes, pas d'images pour représenter les
ancêtres, mais quand dans la flambée du bûcher leurs corps
retournaient vers l'astre immortel et bienfaisant, leurs cendres
marquaient au centre des cercles l'alliance de la tribu avec le
maître divin, le Soleil.

Il faut mettre à part les grandes enceintes de pierre de la
montagne de l'Espiaup, trop vastes pour entourer simplement
les cendres d'une sépulture. Celle du mont Arrouy a une circonférence de 433 m et compte 188 blocs. L'alignement de Peyre-
lade, dans la montagne de l'Estivère, semble une frontière
sinueuse, jalonnée de bornes. Elle pourrait avoir réuni ou divisé
des rassemblements humains, à l'occasion de fêtes, de cérémonies, de pactes...

Pour les bergers basques, les dolmens n'étaient pas l'œuvre
d'êtres humains, mais celle de géants inconnus, les *Mairiak*
païens, comme bien l'on pense, d'où le nom de *gentiletche*, maison
des gentils, que porte l'un d'eux. En Roussillon, ce sera le tombeau du Sarrasin détesté, la *caxa del Moro*. Plus tard, quand le
bon géant Roland aura imposé à l'ensemble de l'Europe son
souvenir fabuleux, on trouvera des « palets » de Roland dans les
Pyrénées-Orientales, en Ariège et dans le Pays basque.

D'autres êtres à la puissance surhumaine sont intervenus à
leur tour pour remuer ces pierres énormes : des héros de la *Légende
dorée*, saint Christophe en Roussillon, saint Bertrand dans le
Comminges.

Des signes mystérieux

Dans les Pyrénées-Orientales, le toponyme de Peyra Escrita
a fait découvrir des manifestations tout à fait particulières d'un
art rupestre schématique, dont on ne connaissait jusque-là
d'exemples que dans la Péninsule ibérique. Il s'agit d'une culture
et de croyances différentes, apparentées aux civilisations alpines
du mont Bego et de Nakane, dont on retrouve les vestiges dans les
Alpes italiennes, en pays ligure. Ces gravures sont passées
longtemps inaperçues, parce qu'exécutées finement sur la surface

des rochers avec la pointe d'une pierre ou d'un objet de métal. L'abbé Abelanet a identifié ainsi 75 blocs gravés, dont la plupart se trouvent dans une zone de haute montagne, le Capcir, où la neige constitue comme un matelas protecteur pour les dalles de schiste.

Sur les pierres horizontales de la Peyra Escrita de Formiguières, au fond de la vallée du Galbe et non loin du lac du Diable, sont gravés des personnages étranges dans leur stylisation : danseuses nues à l'air extatique, guerriers barbus, cuirassés, armés de flèches et d'épées, couple humain réduit aux symboles de ses formes, êtres solaires anthropomorphes, animaux, cerfs, biches, oiseaux... Des symboles abstraits se mêlent à ces schèmes : signes cruciformes, en rateau, en arbre, en échelle, en zig-zag. On peut voir aussi sur ces roches les inscriptions les plus anciennes : triangles, pentacles, damiers, échelles, marelles, rouelles à la croix, ainsi que le mystérieux signe à l'arbalète.

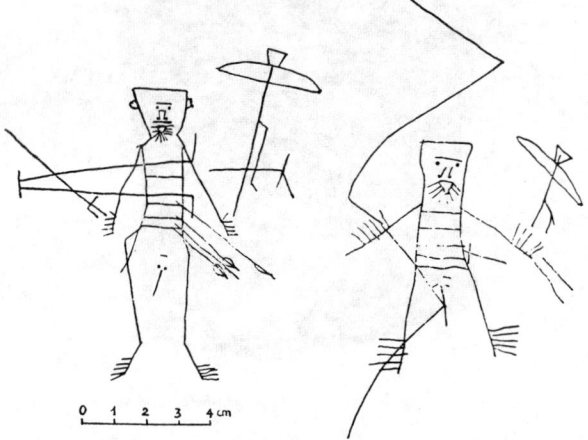

Gravures de la Peyra Escrita (coll. de l'auteur)

LES DIEUX ANTIQUES

Un nom secret

La quantité exceptionnelle des vestiges de l'époque romaine, retrouvés depuis deux siècles dans les vallées des Pyrénées centrales, a permis de connaître le panthéon des populations du temps où Cantabres et Vascons émigrés cotoyaient « l'Ibère fauve et le Garumne brun » évoqués par Heredia. Les Romains y introduisaient alors les cultes officiels d'Auguste, de Jupiter, de Junon, de Tutela, voire de Cybèle et de Priape. Un engouement contagieux pour les ex-voto en marbre de Saint-Béat, gagnant d'authentiques indigènes, nous a valu un curieux catalogue de dieux topiques, habitants des rochers, des sources, des arbres, des sommets, et un second catalogue, non moins intéressant, de noms de personnes que le basque actuel a, en partie, permis d'interpréter. Ainsi, l'on peut traduire sous toutes réserves,

A Lurbe, le dieu de la source (Archives photographiques)

Aherbelste par le « dieu du rocher noir », *Baesert* par le « dieu sanglier », *Basa Urdea* et *Baigorry* par le « dieu de la fontaine rouge ». Les basquisants par contre n'ont pu se mettre d'accord sur la traduction du nom d'un dieu dont l'autel était resté encastré dans les murs d'une chapelle de la vallée de la Soule, La-Madeleine-de-Tardets : *Herauscoritze*. Serait-il « le dieu de la poussière rouge » ou « le dieu de la foudre »? Et comment traduire, et même prononcer, le nom du dieu *Exprecenn* qui se lit sur une inscription découverte à Cathervielle, en Larboust?

Le grand dieu céleste, le maître des orages, de la pluie et du beau temps, ne nous est pas connu sous son nom pyrénéen. Le bel autel découvert à Montjoie, aux portes de Saint-Girons, et conservé à Foix, nous apprend qu'il a été invoqué sous le nom de Jupiter, « auteur du beau temps ». Mais les interprétations généralement données du svastika et de la rouelle en croix en feraient ses symboles qui figurent sur plusieurs autels de la chaîne.

Deux autres puissances gouvernent la vie des hommes se partageaient la faveur des tribus pyrénéennes, Abelio, dieu de la lumière et du soleil et Mars, dieu de la guerre. Le premier était une divinité pastorale honorée dans les pâturages du Larboust, à Lugdunum Convenarum et en diverses localités. On trouve dix autels à son nom pour un seul dédié à Apollon, son presque homonyme gréco-latin. D'autre part, les Cantabres immigrés de la vallée de la Garonne vouaient un culte spécial à Mars. A Pouzac et à Montsérié, des autels à lui consacrés sont associés à ceux du dieu local Ergé.

Hercule, enfin, le voyageur légendaire, grand dompteur de fauves, était connu et honoré jusque dans les montagnes de Roncevaux, sur la route de l'étain. Les bas-reliefs brisés, découverts dans la villa de Chiragan et dans les champs de Saint-Bertrand-de-Comminges, prouvent la faveur que son culte rencontrait dans la colonie romanisée du Comminges; l'inscription où il reçoit le nom d'*Ilunnus Andossus* (le Grand) atteste que ce culte était partagé par la population indigène. Dans les Pyrénées-Orientales, il se cache sous les traits du bon géant chrétien saint Christophe et il y a fort à parier que c'est lui que Roland a supplanté dans les nombreuses légendes qui le montrent en action, du Roussillon au Pays basque.

Un édile de Bagnères-de-Bigorre a fait élever un bel autel de marbre à la mémoire d'Auguste, moitié par flagornerie officielle, moitié par sincère gratitude pour l'essor que l'empereur avait donné à la cité bigourdane. Mais les vraies protectrices des sources thermales étaient les nymphes dont le nom tenu secret ne pouvait être invoqué qu'à voix basse, devant les eaux jaillissant de leurs demeures souterraines.

Quand le chevalier Du Mège et ses collègues toulousains voudront, sous le couvert d'un zèle vertueux pour le culte catholique, épurer les églises du Larboust, ils susciteront une réaction inattendue. Des curés faisant cause commune avec une population hostile leur démontreront qu'ils avaient tort de priver leurs paroissiens d'images de saints légués par leurs ancêtres. L'indignation de Du Mège devra céder devant cette ignorance vraie ou fausse, mais tenace. Ce qui nous vaut de voir encore en place dans les vallées autour de Luchon, à Garin, Saint-Aventin, Gouaux, Benqué, et ailleurs, dans les murs des anciens sanctuaires et des vieilles maisons, ces bustes de défunts, ces épitaphes, ces autels votifs qui rappellent les noms étranges des dédicants et de leurs dieux disparus.

Des puissances infernales

Le bon ermite, ami des ours, saint Aventin, a succédé au dieu *Aherbeltse* en Larboust. Ailleurs saint Michel, saint Jean Baptiste, la Madeleine, la Vierge, le Sauveur, ont relayé les divinités des bois, des sources, des sommets. Mais aucun hôte du paradis chrétien n'a pu venir à bout du culte obscur que les femmes, ces éternelles esclaves, vouaient à Diane, leur libératrice.

Dans la vallée de la Garonne, elle était honorée sous le nom d'*Horolat*. Loin de disparaître de l'horizon céleste lors du triomphe du christianisme, elle va briller d'un éclat inquiétant, déesse des nuits et des puissances infernales, à l'heure où tout être raisonnable se livre au sommeil, où tout bon chrétien se signe avec l'eau bénite pour se protéger de l'esprit mauvais; elle va convoquer à ses mystères infernaux au fond de la montagne pour une chevauchée fantastique les femmes en proie à leurs rêves inassouvis.

Liste des dieux topiques pyrénéens

ABELIO : le dieu du Soleil (Saint-Bertrand, Saint-Aventin, Montauban-de-Luchon ; Sainte-Christine).

AEREDA : (Saléchan, Crechets, Siradan).

AGHEION : (Basert, Asté, Campan).

AGHEION BASSIARUS : Agheion du Bassia (Rebouc).

AGHEION STOIOCUS : (Asque).

AHERBELSTE : le dieu du rocher noir (Saint-Aventin).

ARIXO : le dieu des pierres (Loudenvielle).

ARTAHE : la déesse ourse (Saint-Pé-d'Ardet).

AVERANUS : le dieu des noisettes (Melles).

ASTO ILUNNUS : (Asté).

BAESERT : le dieu sanglier (Labroquière ; chapelle de Basert).

BAICORRIX : le dieu de la rivière rouge (Cier de Luchon ; hameau de Montmajou).

BASCEI ANDOSSUS : (Saint-Béat).

BELCO : (Gazost).

BELISAMA : (Saint-Lizier).

BORIENNUS : (Anla : chapelle d'Audignac).

BOCCUS HARAUSO : (Boucou).

DIANA HOROLAT : (Bezins-Garraux).

ERDITSE : (Siradan).

ERBIAPUS : (Saint-Béat).

ERGE : (Montserié).

EXPRECENN : (Cathervielle).

FAGUS : le dieu-hêtre (Tibiran, Generest).

GARRUS : le dieu du Gar (Eup).

HERAUSCORRITSE : le dieu de la poussière rouge (Tardets).

ILIXON : le dieu de Luchon (Luchon).

ILUNUS ANDOSSUS : (Cadeac, Montauban).

ILUMBER : (Saint-Beat).

ILURO : (Montauban-de-Luchon).

ISCITT : le dieu forgeron (Garin).

LEHERENN : le premier des dieux (Ardiège).

MONTES NIMIDAE : (Baudéan).

NYMPHAE : (Bagnères-de-Bigorre, Bagnères-de-Luchon).

SYLVANUS : (Saint-Beat, Sost).

TUTELA : la protectrice (Ponteau, Lourdes).

VAXUS : (Montauban-de-Luchon : plateau de Sainte-Christine).

DIANE, SOUVERAINE DE LA NUIT

Le char de la lune

Les témoignages écrits manquent sur les coutumes religieuses des anciens commingeois, mais Strabon signale que les Cantabres et les habitants du nord de l'Espagne s'adonnaient aux cultes nocturnes et célébraient la pleine lune en dansant toute la nuit devant les portes de leur demeure, dans une atmosphère de transe et d'extase. Il ne nous a pas livré le nom que ces peuples donnaient à la terrible déesse des nuits; celui d'Astarté semble avoir été connu dans les Pyrénées car le nom basque de la pleine lune est *Asteartia*.

Il y a, au cœur du Couserans, à Saint-Lizier, une inscription votive à Belisama qui, dans le panthéon celte, était la sœur et parèdre de Belenus, le dieu du soleil, comme Diane était celle d'Apollon. Dans le ciel de l'Occident, Belisama conduisait le char de la Lune; elle commandait sur terre aux animaux sauvages et, sous terre, aux esprits des morts, aux fantômes, aux magiciennes. La chasteté de la reine des nuits avait des exigences cruelles. Les nymphes chasseresses qui suivent Diane doivent refuser l'amour, et Callisto, qui a succombé, est changée en ourse. Endymion est plongé dans un sommeil sans fin au fond d'une grotte pour que la déesse se rassasie de sa vue; Orion est mis à mort par un scorpion avant d'être transformé en étoile.

Que Belisama ait été cette déesse à laquelle des peuples d'origine cantabrique installés dans le Couserans consacraient un culte nocturne, rien d'invraisemblable à cela. Ce fut un de ceux qui résistèrent le plus longtemps à la civilisation chrétienne. Les canons ecclésiastiques de 905 donnent des détails étranges sur ces croyances : « Certaines femmes perdues croient et professent ouvertement que, au milieu de la nuit, elles chevauchent certaines bêtes en compagnie de la déesse païenne Diane, et avec une horde innombrable de femmes et dans le silence de la nuit profonde, volent au-dessus de vastes contrées sur l'ordre de leur maîtresse, tandis que d'autres nuits, elles s'astreignent à son service[1]. »

Près de quatre siècles plus tard, en 1280, dans les constitutions synodales où Augier de Montfaucon, évêque de Saint-Lizier, énumère les pratiques coupables de ses administrées, on lit : « Qu'aucune femme ne se vante de chevaucher la nuit en compagnie de la Diane des païens ou d'Hérodiade ou de Bensozia! »

Un piège pour Salomé

Dans son *Tableau de la magie pyrénéenne*, Du Mège cite le nom de certains de ces démons femelles, suppôts de Diane, reine des magiciennes.

Si Bensozia a un nom local, à rapprocher de Belisama, Hérodiade est un être de légende tristement célèbre; en 974, un évêque de Vérone en parle comme d'un esprit mauvais, condamné à errer dans les airs jusqu'à la fin des temps. Sa transformation en être infernal entraînant des générations de femmes damnées est attestée par une légende locale recueillie par Du Mège, dans laquelle elle apparaît au bord du lac d'Aubert, dans le massif du Néouvielle, pour en chasser les fées. Un fait historique semble certain : Hérode Antipas et sa famille vécurent en exil à Lugdunum Convenarum (Saint-Bertrand-de-Comminges) et le tétrarque y mourut. Que Hérodiade l'ait suivi dans son exil est tout naturel. La présence de Salomé à ses côtés les a fait confondre dans une même réprobation. Ainsi la condamnation d'Hérodiade à errer sans fin dans la nuit est attribuée à Salomé par un poète latin, Rheismandus; la tradition qui fait mourir Salomé, le cou pris dans les glaces serait une légende du Comminges. (Voir *Saint-Bertrand-de-Comminges*.)

Aux environs de Saint-Gaudens, dans la Haute-Garonne, une curieuse roche sculptée, connue sous le nom de « pierre blanche », pourrait expliquer l'origine des chevauchées nocturnes d'Hérodiade. Cette pierre sert de piédestal à une croix, au carrefour des routes menant à Agassac et à l'Isle-en-Dodon. Au milieu de rosaces, de rouelles et d'autres figures astrales, une femme assise sur un cheval sellé, une main posée sur la croupe de la bête, l'autre tenant la crinière, galope dans un espace où évoluent des animaux marins et un animal monstrueux, mi-taureau, mi-poisson. La tradition voulait que si la pierre était déplacée, un torrent en naîtrait et noierait le pays du fond des vallées jusqu'à Toulouse. De la croyance en la migration des âmes à travers l'espace céleste, figurée par la cavalière, est née la fable des femmes damnées chevauchant dans la nuit des animaux fantastiques. Hérodiade convoque ses fidèles à des mystères abominables et c'est Jean de Salisbury, évêque de Chartres, qui en soulève le voile dans son *Polycraticus* : « Des gens disant qu'une

1. Du Mège, *Archéologie pyrénéenne*, t. II.

certaine Nocticula ou Hérodiade convoque, comme souveraine de la nuit, des assemblées nocturnes où l'on banquette et se livre à toutes sortes d'exercices, où les uns sont punis et d'autres récompensés selon leurs mérites, où les enfants sont sacrifiés aux ramies, dévorés puis rejetés et, par la mémoire d'Hérodiade, reportés dans leur berceau... » Mais l'évêque a soin d'ajouter : « Ceux à qui cela arrive sont des pauvres femmes ou des hommes simples et crédules. »

Voyage au pays des morts

Ces rites affreux appartiennent cependant au même symbolisme que celui du monstre androphage, qui, de l'art celte, est passé à l'art roman. Les magiciennes qui y président ont le pouvoir de transporter les âmes d'un monde à l'autre, et leurs orgies ressemblent curieusement à d'anciens rites d'initiation, où les meurtres factices, suivis de résurrection, reproduisent le passage de l'enfance à l'âge adulte et celui de la mort à la vie de l'au-delà. Ces créatures s'enduisent d'un onguent contenant de la graisse de cadavres, pour s'envoler dans les airs, aller au pays des morts et en revenir. Au fur et à mesure que les populations sont pénétrées d'une religion spiritualiste qui prêche l'égalité des bienfaits de Dieu pour tous, ceux qui cherchent à n'importe quel prix à accaparer à leur profit les forces surnaturelles seront une clientèle pour les sorcières, héritières des magiciennes. Elles deviendront alors des faiseuses de poisons et seront appelées les *pousouères* ou empoisonneuses.

Ne peut-on voir un vestige de ces sociétés secrètes féminines aux mœurs effrénées, dans le récit de ce qui se passait, vers 1900, dans certains cantons perdus de l'Ariège[1]?

« C'était une coutume dans les montagnes de la Haute-Ariège, que les jeunes filles se promènent en groupe de huit à dix. Elles espéraient rencontrer un jeune homme seul. Les hommes mariés étaient laissés en paix; même les jeunes hommes du village étaient épargnés... Mais si un jeune étranger se rencontrait dans un endroit solitaire, les jeunes filles se précipitaient sur lui et se conduisaient comme les filles du Pacifique sauf qu'on ne le tuait jamais. Et il en était pour sa courte honte, d'ailleurs soigneusement tenue cachée et de lui et des filles. C'était un secret de caste féminine et, dans toutes les tribus, les femmes ont des secrets ». Ici, Denis Saurat évoque les récits de l'explorateur Malinowski. En Nouvelle-Guinée, les tribus d'amazones violaient l'homme qui s'aventurait sur leur territoire.

Ainsi, comme les montagnes de Thessalie où les Ménades déchiraient leurs victimes et mirent en pièces Orphée, les Pyrénées auraient longtemps vu se dérouler, dans le secret de leurs forêts, ce que Denis Saurat appelle « des pratiques dégénérées des époques sombres où des femmes essayaient de vivre sans hommes ».

1. Denis Saurat, *La Religion des géants*, Denoël, 1955.

LES MONTAGNES DU FEU

Vouées aux cataclysmes

Vouées au feu du ciel, les Pyrénées le sont également au feu souterrain. On n'y rencontre pas de chaînes de volcans éteints comme en Auvergne mais les secousses telluriques dont elles ont été le théâtre suffiraient amplement à leur donner le dangereux privilège d'être la région de France qui a subi le plus de tremblements de terre.

Toute la chaîne y est encore soumise, et le restera, car elle se trouve sur le trajet d'une des grandes lignes volcaniques actives du globe, qui, partant des Açores, passe par l'Afrique du Nord, le Portugal, les Alpes et se prolonge par la Yougoslavie, la Grèce et la Turquie, jusqu'en Iran. Après les séismes d'Orléansville, d'Agadir, de Skopje, il y a eu celui d'Arette, le 13 août 1967, qui fit découvrir à tout le pays, en une nuit, le dangereux assujettissement des Pyrénées aux convulsions de l'écorce terrestre.

On n'est pas près d'oublier dans les Pyrénées-Atlantiques cette nuit qui s'annonçait particulièrement sereine; les fêtes de village, nombreuses autour du 15 août, battaient leur plein dans plusieurs coins. A Saint-Jean-Pied-de-Port où le bal se tenait devant les vieux remparts, les danseurs sentirent le sol se dérober...

Le propriétaire du château d'Arette avait sauté de son lit, dès le début du séisme; quelques secondes après, un moellon de cinq kilos se détachait du mur et s'abattait sur son oreiller. Ce

Cloche de l'église d'Arette tombée lors du tremblement de terre
(photo Pierre Minvielle)

fut miracle qu'il n'y ait pas eu d'autre victime qu'une vieille femme de quatre-vingts ans, ensevelie sous les décombres de sa petite maison, à l'entrée du village. Mais au matin, on dénombrait plus de onze cents personnes sans abri.

A Arette apparut un spectacle fantastique que la nuit avait masqué; sur toute sa hauteur, le clocher de l'église était fendu en deux comme par un coup de sabre : une moitié s'était abîmée sur la place, celle qui restait debout laissait voir les cloches pendant dans le vide, et l'horloge arrêtée à l'heure fatidique de la première secousse : 23 h 15.

On apprit aussi pourquoi les secousses nées dans les Pyrénées avaient pu être ressenties jusqu'à Bordeaux : à des milliers de mètres de profondeur, le socle cristallin de la chaîne se prolonge sous l'Aquitaine en blocs de granit et de gneiss, semblables à de gigantesques touches de piano. Une de ces failles traverse la région de Bordeaux, du nord-ouest au sud-est. C'est par elle que cette ville avait reçu l'écho de ce qui s'était passé au cœur des montagnes.

Les cicatrices de plusieurs anciens séismes sont encore visibles en divers points de la chaîne : les plus spectaculaires sont les chaos de Gavarnie et de Héas. Ils sont dus selon toute vraisemblance au séisme survenu vers l'an 850 dont parle Grégoire de Tours : des montagnes entières s'étaient éboulées, ensevelissant hommes et troupeaux. Cette vallée de Héas semble avoir été particulièrement visée car, en 1750, une montagne s'effondra, transformant le fond de la vallée en lac artificiel; en 1788, une autre secousse, en disloquant le barrage, précipita la masse des eaux dans la vallée de Luz, emportant sur son passage routes et ponts.

En 1428, le Roussillon fut ravagé par un séisme dont l'épicentre se situait aux environs de Prats-de-Mollo. Une partie des murailles de la ville s'écroula et le clocher prit une inclinaison qu'il a gardée depuis. A Saint-Martin-du-Canigou, la voûte de l'abbatiale s'effondra.

L'année 1660 est restée fameuse par le cataclysme d'une ampleur insolite qui ravagea la région de Lourdes à Bagnères-de-Bigorre où elle s'accompagna de phénomènes inquiétants. Les sources thermales cessèrent de couler pendant quelque temps; « quand elles reparurent », écrit Louis de Froidour, « elles n'avaient plus leurs qualités ordinaires : il y en eut quelques-unes qui, de claires qu'elles étaient, furent toutes rouges comme du sang ». « La terre trembla pendant trois semaines; la secousse fut ressentie à Toulouse. Plus de vingt maisons furent entièrement ruinées de fond en comble, cent autres furent presque détruites et pas une seule ne fut exempte d'une ruine considérable. » Le clocher de l'église des Jacobins à Bagnères, s'ouvrit en deux; en s'abattant sur la nef, il défonça la moitié des voûtes. Le seigneur d'Ourout, Germain d'Antin, nota que la première secousse s'était produite à 4 heures du matin. Le seuil des portes de sa maison, à l'entrée d'Argelès, se fendit. A trente lieues à la ronde ce n'était qu'éboulis et gens assommés. Il ajoute enfin un détail à sensation : « Le roi et la reine qui étaient à Roquefort-de-Marsan ne furent pas peu émus d'appréhension. Ce fait peu connu est raconté par Mademoiselle de Montpensier dans une scène pittoresque de ses Mémoires. Le 20 juin au soir, la cour, qui revenait à petites étapes de Saint-Jean-de-Luz, se trouvait aux environs de Mont-de-Marsan. Mademoiselle de Montpensier était logée à Saint-Justin. En pleine nuit, peu avant le lever du soleil, elle est réveillée par son chirurgien qui frappe à sa porte et lui crie : « Sauvez-vous ! la maison tombe ! ». « Je sortis, écrit-elle, dans l'état où j'étais ; je sautai les degrés à moitié endormie et me serais cassé le cou si je n'avais été soutenue. Lorsque je fus dans la cour, je regardai partout et demandai ce que c'était. L'on me répondit que ce n'était qu'un tremblement de terre, et comme ils sont ordinaires, personne n'en était étonné. » Un autre témoin dira : « A Bayonne, il s'est passé si légèrement qu'on n'en a pas eu peur. »

« Quand j'eus appris ce que c'était, je me regardai et me trouvai toute nue, en chemise. Je vis un muletier qui passait et apportait les couvertures de ses mules. J'en pris une dans laquelle je m'enveloppai et j'attendis ainsi qu'on m'apporte mes habits. » Un reporter d'aujourd'hui n'aurait pas fait un meilleur papier.

Depuis le XVIIᵉ siècle, la Bigorre semble avoir été particulièrement éprouvée par ces cataclysmes. Ils ont provoqué l'effondrement du clocher des Cordeliers à Bagnères, de la chapelle du château de Lourdes, des murailles du château de Beaucens, l'ébranlement de la cathédrale de Tarbes, de l'abbatiale de Saint-Pé-de-Bigorre et de celle de Saint-Savin-en-Lavedan. Lors du tremblement de terre de 1854, où le jeune Thiers se distingua à Cauterets en ramenant le calme dans la foule des baigneurs saisis de panique, il fallut en hâte consolider les voûtes de Saint-Savin qui s'étaient ouvertes.

Bien des histoires fantastiques qui couraient dans les veillées n'ont pas dû avoir d'autre origine qu'un de ces frissons imprévus de la montagne... Mais le plus étonnant est qu'une mystérieuse loi semble régir ces mouvements, répondant à des impulsions venues directement du soleil. A l'observatoire du pic du Midi, où les moindres secousses sont enregistrées depuis 1896, on a constaté qu'elles correspondaient toujours à des orages magnétiques provoqués par le passage de taches solaires au méridien de l'astre ; mieux encore, une étude sérielle a constaté une fréquence accrue des secousses entre mai et août et une répétition vingt-sept jours plus tard, période correspondant à une révolution synodique du soleil. Ainsi les instruments scientifiques n'ont fait que repousser au fond de notre univers l'énigme des séismes pyrénéens que les dieux antiques n'avaient pas expliquée.

LE DIEU OURS

Le messager du printemps

La place particulière que tient l'ours dans la mythologie pyrénéenne remonte à la nuit des temps. Bien avant d'alimenter le journaliste en mal de copie, il était l'animal emblématique des Ossalois dont le nom signifierait « les hommes de l'ours ». Son rôle dans le folklore se rattache à ce que révèle de lui la préhistoire de la chaîne.

Quand les premiers hommes abordèrent les Pyrénées, l'ours brun hantait les contreforts boisés qui s'étendaient jusqu'à la Garonne et jusqu'à l'Adour. Dans leur religion, il tint une place primordiale. Des gisements préhistoriques des cavernes viennent les plus belles et les plus étranges figurations de cet animal : le galet gravé de Massat, les figurines sculptées d'Isturitz, merveilles d'humour, les mystérieuses rondelles gravées du Mas-d'Azil, l'ours criblé de traits de la grotte des Trois-Frères, et surtout, dans la caverne de Montespan, ces sculptures en glaise, ces corps sans tête qui devaient supporter la peau et la tête prises sur la bête elle-même, et qui rappellent les rites des Aïnous du Japon.

Quand la fonte des glaciers libéra les vallées, et que les pasteurs néolithiques prirent possession de leurs nouveaux domaines, ils observèrent avec une curiosité inquiète les mœurs de ces fauves, vivant dans les forêts séparant les pâturages d'été des premiers villages. Chaque fois que l'ours taciturne réapparaissait, au sortir de son sommeil hivernal, la nature semblait se réveiller, et les hommes virent en lui l'âme de la terre venant donner le signal du retour de la vie.

La chasse à l'ours, Gustave Doré, (1867) (photo B.N., Est)

Ainsi peuvent s'expliquer certains épisodes incompréhensibles des anciennes mascarades souletines, où le cheval a remplacé l'ours comme messager du printemps; ainsi doit-on comprendre le traditionnel *ball de l'os* des Pyrénées-Orientales, liturgie dégénérée en spectacle populaire, où la chasse à l'animal est le prélude à son sacrifice destiné à féconder la nature.

A Saint-Laurent-de-Cerdans, quelque temps avant la Chandeleur, tous les hommes valides sont convoqués pour participer à la capture d'un ours dont la présence fictive a été signalée aux abords de la localité. Le jour fixé, la battue a lieu et l'ours capturé est amené, enchaîné, escorté par la troupe et par le chef des chasseurs qui, à chaque carrefour, relate les méfaits de l'animal et les péripéties de la chasse. L'ours danse alors au son de la *cobla*, entouré des chasseurs toujours armés, tandis que les habitants font cercle. Puis le chef des chasseurs se transforme en barbier : il savonne et rase l'ours, à la grande joie de l'assistance. (Mais cette opération pourrait avoir remplacé depuis longtemps une autre, plus explicite : la castration de l'animal, comme dans les anciens carnavals de la vallée de Luz).

Enfin l'ours, échappant à ses gardiens, entraîne de force une jeune fille qu'on s'empresse de soustraire à ses assauts sans équivoque.

Selon les récits des fêtes d'autrefois, recueillis par la folkloriste anglaise Violet Alford, une hutte dressée sur la place attendait l'ours qui s'y réfugiait avec sa proie pour des ébats nuptiaux[1]...

Ajoutant au fantastique grotesque des rites, des personnages de cauchemar tournent autour du cortège, la *monaca*, monstre à double face humaine, se lance à travers la foule, à la poursuite d'un couple, le vieux et la vieille, provoquant la panique.

Même si, comme l'avancent certains, la danse de l'ours des Pyrénées-Orientales avait été importée au Moyen Age des pays de l'Europe centrale, de ces Carpates, où les fantastiques *kurenti* perpétuent dans la neige ces processions incantatoires, ce ne serait qu'un retour aux sources, car le mythe de l'ours, animal sacré du renouveau, se retrouve dans tous les massifs montagneux ou forestiers, et la date du 2 février, consacrée par la fête chrétienne de la Chandeleur, a dû être celle de la primitive solennité du printemps, au cours de laquelle l'animal-dieu apparaissait, sortant de sa retraite et chassant les terreurs hivernales, la faim, le froid, la nuit, dans le subconscient des hommes.

Mais l'ours a fait naître d'autres émotions que J.-P. Clébert suggère subtilement : « L'aspect anthropomorphique de l'ours, son pelage, son amour maternel ont sans doute créé dans les abris préhistoriques une relation curieuse; sans devenir domestique, l'ours est devenu animal familier, comme le chat. Si la mère-ourse a accepté quelquefois qu'on mêlât à ses petits les petits des hommes, on imagine assez bien, au fond de ces grottes, les matrones confiant leur progéniture aux bras merveilleusement fourrés des ourses allaitantes. Et cette image est si probable que le compagnon idéal des enfants n'a pas cessé d'être l'ours en peluche[2]... »

1. Van Gennep, *Manuel du folklore français*, et Joseph Deloncle, *Notice sur la Casa Pairal*, 1966.
2. J.-P. Clébert, *Histoire et Guide de la France secrète*, Planète, 1968.

L'enfant d'ours

Ces rêveries s'inscrivent à la suite des récits légendaires où l'on assiste aux exploits d'enfants élevés par des ours ou nés du monstrueux accouplement d'un ours et d'une femme, comme le Jean-de-l'Ours du folklore picard, que les Basques connaissent aussi. Un de ces contes se situe dans la vallée de Mendive. Une femme de ce village, en traversant la forêt d'Iraty, rencontra un ours; elle eut peur et ferma les yeux. L'ours la jeta sur son dos et l'emporta dans sa caverne, où, dit le conteur, « ils firent le petit ». L'année d'après naquit l'enfant; sa mère resta avec lui six ans, prisonnière de l'ours qui, tous les matins, fermait la caverne avec un énorme rocher. Mais un jour, Jean-de-l'Ours le renversa et s'échappa avec sa mère. Le berger qui les recueillit voulut donner à l'enfant du lait de vache; Jean-de-l'Ours têta à même la bête et l'épuisa d'un coup. Il devint si fort qu'il fit peur à son père adoptif et à ses voisins, qui cherchèrent à s'en débarrasser. Ils l'envoyèrent à un *cayolar*, gardé par des chiens féroces. L'enfant-ours se saisit d'une branche et les rossa si bien qu'ils s'enfuirent. Le vacher lui tendit un nouveau piège. Une nuit où des loups rôdaient autour de l'étable, il dit : « J'entends du bruit du côté de la borde. Sans doute les veaux se sont échappés; va les faire rentrer ! » Le garçon arracha en passant le tronc d'un hêtre de douze ans et, frappant à droite et à gauche, fit entrer de force les loups dans la borde.

D'autres contes prennent le relais et confondent les exploits de l'enfant-ours avec ceux d'un autre gaillard du nom de *Hamalau* (Sept), le même probablement que le petit tailleur de Grimm. Il faut cependant remonter aux spécialistes anciens de la tératologie, Olaüs Magnus, Conrad Lycosthénès, la *Chronique de Nuremberg*, le *Saxo Grammaticus*, pour deviner que ces contes sont des démarquages de faits véridiques, recueillis dans la nuit des temps. Il faut noter aussi que l'enfant-loup de l'Aveyron intriguait les savants de Paris en même temps qu'on signalait des enfants-ours en 1767, en Lituanie. Mérimée dut avoir connaissance de ces faits pour en tirer la trame de sa nouvelle *Lokis* qu'il résume ainsi à Tourgueniev : « une dame est rencontrée par un ours qui la viole; elle a un enfant, très beau garçon un peu velu, qu'on élève bien mais qui est un peu bizarre [...] Ce monsieur est amoureux d'une petite coquette blanche et rose. Il ne se rend pas bien compte des sentiments qu'elle lui inspire : est-ce bien physique ou platonique? Ils se marient et il la mange ! »

La réalité dépasse la fiction, dit-on; c'est bien vrai dans le cas de l'histoire de la femme nue du Vicdessos qui passait l'hiver en compagnie des ours dans la montagne de l'Ariège : « Ils étaient mes amis, ils me réchauffaient », telles sont les seules paroles intelligibles qu'on a pu tirer de la pauvre créature après sa capture par les chasseurs. A quoi ne font pas penser les nuits de cette femme, en comparaison de quoi les rêveries de J.-P. Clébert sont des contes pour enfants !

Les rapports habituels entre les montagnards et leurs inquiétants voisins tiennent encore un peu de la crainte révérencielle pour un animal qui appartient, par certains côtés, au monde surnaturel. Quand un berger parle de lui, il l'appelle de préférence par un sobriquet : *Marti au pé descaous*, (Martin aux pieds nus), ou *lou courailhat* (le vagabond), comme si le fait de prononcer son nom avait le pouvoir de le faire sortir de sa tanière.

Une mauvaise rencontre, Destouches (1837) (B.N., Est.)

Au corps à corps

Mais il n'a jamais manqué en Ariège, en Lavedan ou en Ossau d'hommes décidés que le goût du risque autant que l'appât du gain ont poussé à affronter la bête pour la tuer et promener sa dépouille dans la vallée où un tel exploit leur vaudrait une considération exceptionnelle.

Froissart nous a laissé le récit de la rencontre de Pierre de Béarn, un cousin de Gaston Fébus, avec un ours d'une taille prodigieuse, acculé par une meute dont il fit un horrible carnage, et qu'il tua de son épée. Une chasse à laquelle Catherine de Médicis prit part en Ariège, en 1557, et que narre Sully, fut endeuillée par la mort d'Arnaud de Lautrec qui s'abîma dans les rochers avec le fauve qui l'étreignait.

Ce qui donne aux anciens récits de chasse à l'ours dans l'Ariège un accent dramatique, c'est que la tactique favorite des montagnards était simplement le corps à corps ; il y fallait un courage et un sang-froid peu ordinaires. L'homme, le torse couvert de plusieurs épaisseurs de cuir, s'avançait, un long couteau à la main, vers le fauve dressé sur ses pattes de derrière. Il se laissait étreindre par les terribles pattes de devant, en appuyant le couteau contre la poitrine de l'animal, à la hauteur du cœur et en rejetant la tête de côté ; en resserrant l'étreinte, l'ours s'enfonçait la lame dans le cœur et en quelques secondes tombait mort.

Le récit d'une rencontre arrivée entre un habitant d'Ustou et un ours semble une parodie du combat de Roland et d'Olivier raconté par Victor Hugo. L'homme attaque, le couteau en avant ; mais, dans l'étreinte, son couteau glisse et tombe : il plonge alors la main dans la gueule de l'ours qui, en se débattant, lui laboure les épaules. Épuisé, dans un sursaut désespéré, il bascule sur la pente pour entraîner son adversaire dans la mort, et le couple monstrueux dévale jusqu'au torrent, au fond de la vallée. « Des bergers qui arrivaient virent alors cette chose étonnante : un homme et un ours couverts de sang, lavant leurs plaies et buvant à quelques pas l'un de l'autre, au même torrent[1] ».

A lire de telles histoires, on devine comment sont nés les récits fabuleux des exploits d'Hercule, de Thésée ou de Roland ; il a manqué à l'Ariège un Homère ou un Virgile rustique pour célébrer le courage des intrépides « oussatès ». Ils n'ont eu que la gloire des récits colportés de bouche à oreille, dans les veillées. Mais, en Béarn, où l'ours hantait de nombreux cantons montagneux, à la fin du siècle dernier, un Palois plein de verve a célébré dans un poème en béarnais, qu'il intitula *La défunte de Marti* (la mort de Martin), l'aventure authentique de son frère le docteur Clément Minvielle qui, parti pour la pêche, un beau jour de juillet 1893, dans l'Arriumajou, au-dessus de Bielle, en Ossau, tua raide une belle ourse qui venait déranger le piquenique de sa famille. Le *Petit Journal illustré* en fit le thème d'une de ses fameuses illustrations à sensation.

L'art du montreur d'ours a été enseigné aux Ariégeois par les Tziganes d'Europe centrale, qui le pratiquaient depuis des siècles. Les montreurs d'ours, figurés avec les musiciens et les jongleurs dans les enluminures médiévales, portent les habits des Bohémiens d'alors. L'*oussaillès* ariégeois, qui dressait et montrait l'ours, courait de sérieux dangers au moment de la capture des oursons, car l'ourse est terrible quand elle craint pour ses petits. Après le dressage, l'homme, avec sa bête en laisse, partait à pied, vêtu de grosse bure, coiffé d'un énorme béret, tenant d'une main un solide bâton de cornouiller ferré, de l'autre la chaîne attachée au museau de l'ours.

C'était vraiment une mise en ménage car l'*oussaillès* devait constamment surveiller l'humeur de l'animal : l'ours qui n'a pas les variations d'expression de la face et les mouvements de queue des autres fauves se montre impénétrable, donc dangereux[2].

Selon une tradition des villages du Midi où les *oussaillès* promenaient leurs bêtes, on faisait faire aux enfants neuf pas sur le dos de l'ours pour qu'ils dominent leur peur : il en coûtait alors deux sous ! Le boniment de l'homme assurait : « Si vous voulez guérir de la danse de Saint-Guy, du haut-mal, du mal de terre, venez faire neuf pas sur le dos de l'ours ! »

1. Bergès, *Description du département de l'Ariège*, 1839.
2. Jacques Bégouën, *L'Ours Martin*, 1966.

Il n'est pas aujourd'hui d'animal sauvage pour qui l'on ait plus d'égards que les quarante ou cinquante derniers ours qui vivent encore dans les forêts impénétrables des vallées d'Aspe et d'Ossau. Leur chasse est absolument interdite : l'État préfère indemniser les bergers des pertes que ces fauves privilégiés peuvent faire subir à leurs troupeaux. Car, par nature, l'ours brun n'est nullement le paisible mangeur de fruits et de miel que ses amis inconditionnels imaginent. « C'est surtout la faiblesse de ses talents de chasseur qui l'oblige à un régime végétarien », a dit un ingénieur autrichien qui l'a bien observé dans les Alpes.

Le *Captain Cap*, dont Alphonse Allais a recueilli les intéressants discours, avait son idée sur la fin des ours : « Tous les ours blancs sont de vieux ours comme les hommes qui ont des cheveux blancs sont de vieux hommes. Et cela est si vrai qu'on ne rencontre jamais de vieux ours ou de squelettes d'ours dans aucun pays du monde. Vous êtes-vous parfois promené dans les Pyrénées?

— Assez souvent.

— Eh bien, la main sur la conscience, avez-vous jamais rencontré un vieil ours ou un cadavre d'ours sur votre chemin?

— Jamais.

— Ah! vous voyez bien. Tous les ours viennent vieillir et mourir doucement dans les régions arctiques[1]. »

Voilà qui rassurerait, si le fait s'avérait exact, les bergers des vallées d'Aspe et d'Ossau qui voisinent l'été avec les protégés de l'État dans la zone du Parc pyrénéen. Il est à craindre pourtant que cela ne suffise pas à éteindre l'antagonisme séculaire entre l'animal-dieu, fabuleux et haï, et l'homme, son ancien adorateur et sacrificateur.

Exposition d'un ours tué dans la vallée d'Aspe (photo Ed. Chantecler)

1. Alphonse Allais, *Le Captain Cap*, chap. XV.

TERRE DES HOMMES

Route du Col d'Aubisque, aux environs d'Eaux-Bonnes (coll. de l'auteur)

HOMO PYRÉNAICUS

Des occupants irréductibles

L'isolement des peuples pyrénéens dans les cellules de leurs vallées défendues des invasions humaines massives par les étroits verrous des gorges, a permis aux premiers types humains auxquels ils appartenaient de se maintenir sans changement, au cours des siècles, dans de nombreux refuges montagnards où seule l'émigration contemporaine a commencé à les métisser.

Le premier avait été décrit dès 1893 par le docteur Collignon comme le type basque au cheveu noir et au teint brun, agile, découplé. En tant que médecin-major de l'École Supérieure de Guerre, Collignon avait suivi les opérations du conseil de révision des Basses-Pyrénées. Il poursuivit ses recherches dans les provinces basques d'Espagne et parcourut ainsi onze cantons, habités par les hommes parlant l'*euskara*, ne négligeant que les deux cantons de Bayonne, peuplés de Gascons. Dans la remarquable étude anthropologique qu'il publia en 1895, il affirmait : « Il existe en France un véritable type basque, un type de race parfaitement net, unique en Europe, n'existant que là. » Les deux caractères les plus frappants du visage étaient, selon lui, la face étroite, longue et pointue, dite « en museau de lièvre », et le crâne bombé au niveau des tempes. Si le docteur Collignon avait poursuivi son enquête plus systématiquement dans les Pyrénées, il aurait découvert, depuis la vallée de la Garonne jusqu'à celle de la Soule, des groupes de ce type qui pourrait avoir été celui des plus anciens occupants de ces montagnes. Le second type est celui d'un homme à tête courte, ronde ou aplatie

en arrière, aux yeux de couleur variable, de taille souvent petite
et de structure lourde et trapue : on le rencontre le long de toute
la chaîne, spécialement en bordure du plateau de Lannemezan.

Des hommes libres

Le portrait moral de l'homme pyrénéen a été analysé en touches
fines et sensibles par le comte de Roquette-Buisson, un Bigourdan
du XIXe siècle.

« Les Ibères, en apportant aux anciens Pyrénéens des éléments de progrès, une civilisation sociale supérieure, n'ont pas
changé le caractère de la race. Vivant dans les mêmes conditions
de sol et de climat, elle garde les mêmes caractères, se modelant
sur la constitution même de la chaîne. Par des transitions
presque insensibles, on passe du basque aux tempes renflées,
au menton pointu, aux larges épaules, aux hanches étroites
comme celles d'un ancien égyptien, au Catalan à large face et
épaisse encolure. Dans ces deux types on retrouve le montagnard, toujours le même, profondément différent de l'homme
de la plaine. C'est surtout un pasteur, le même chez lui ou aux
Amériques quand il y émigre. Aux travaux de labourage, le
Pyrénéen préfère la vie de déplacement que lui font ses troupeaux, ses foires, ses changements périodiques. » A cette vie
pauvre et rude, il a acquis une endurance aux intempéries, une
résistance aux plus durs travaux, une souplesse qui se retrouvent
à un égal degré dans toute la race... (La *Camara ronda* roussillonnaise exige autant de souplesse et d'agilité que les sauts du
Mountchico basque.)

« L'amour de la liberté et de l'indépendance a créé chez eux
un individualisme et un sentiment de personnalité se traduisant
par une très grande fierté. Basques emportés et frondeurs,
Roussillonnais violents et railleurs, Béarnais calmes et moqueurs,
tous veulent être traités avec les égards dus à des hommes libres
et à des citoyens au sens plein du terme. Leur finesse naturelle
leur fait mépriser ceux qui les traitent avec familiarité en croyant
les flatter [...]

« Si on réussit à capter leur confiance, ils deviennent facilement
crédules. Si les promesses ne leur coûtent pas, ce n'est pas par
fausseté, mais par un réflexe immémorial, par crainte de mécon-
tenter plus fort qu'eux, par désir d'éviter des ennuis. Ils savent
pratiquer la restriction mentale [...] Par tradition, souvenir,
instinct, ils sont attachés aux montagnes où leurs ancêtres ont
pu vivre à leur guise et où ils trouvent des conditions d'existence
correspondant à leurs instincts nomades survivant au fond
d'eux-mêmes. L'imprudence et l'imprévoyance leur font quitter
une montagne devenue inhospitalière, mais jamais sans esprit
de retour ; les Basques qui reviennent d'Amérique le prouvent
toujours [1]. »

Ceci n'a pas empêché que des cadres naturels et des destins
politiques différents, une vie plus dure ici, plus aisée là-bas,
n'aient donné selon les vallées et les pays des types bien distincts. Pierre Davity, un écrivain du XVIIe siècle, fait ainsi les
portraits de chaque membre de la grande famille pyrénéenne.

1. Comte de Roquette-Buisson, *les Vallées pyrénéennes*, Tarbes, 1921.

Hâbleurs, bretteurs et généreux

« Pour le regard du Béarn, le peuple y est fort gaillard, accostable et courtois, mais fin et subtil, bien disant en sa langue, vaillant et amy de la liberté. Il est au reste haut à la main, s'estime infiniment et méprise les autres au possible : et c'est ce qu'on trouve odieux entre ses façons de faire qui d'ailleurs sont assez louables. Les Béarnais sont assez propres aux lettres, et se plaisent à apprendre quelque chose et à escouter les estrangers. La noblesse y est brave et courageuse et n'ayme guère la parade des habits, estimant que le plus grand ornement des hommes consiste en la vertu, dont elle est fort bien assortie.

« Pour le regard de la Bigorre, le peuple y est haut à la main, né aux armes, soudain en ses entreprises et toutefois dissimulé au possible, peu courtois, farouche et mal plaisant, si ce n'est aux vallées : au reste, il n'endure pas aisément une injure et commet des meurtres pour légère occasion. La noblesse y est gaillarde, sociable, courtoise, bonne et renommée pour sa vaillance.

« Les habitants du pays de Foix sont adonnés au travail, supportent toutes sortes d'incommodités [...] Ils sont aussi remplis de courage. Mais il y a un mal en ce pays qui est que plusieurs ne pouvant vivre au plus mauvais pays, s'adonnent à demander la gracieuseté avec un poictrinal en bandolier. Toutefois, ils ont un bon naturel pour la plupart, que si vous les contentez volontairement, ils ne vous font nul mal et mesmes quelquefois les premiers que vous rencontrez et que vous rendez contents vous mettent ou font mettre hors de tous dangers et de tous mauvais passages. Quelquefois aussi, ces bandoliers vous laissent en blanc ainsi que vous passez d'Espagne en France ou de France en Espagne. »

Pour compléter le tableau esquissé dans ces dernières lignes, il faut ajouter ce que Racine écrivait à La Fontaine à propos des femmes du pays de Foix. « Si le pays de Foix avait un peu de délicatesse et que les rochers y fussent un peu moins fréquents, on le prendrait pour un vrai pays de Cythère. Toutes les femmes y sont éclatantes et s'y ajustent d'une façon qui leur est la plus naturelle du monde ; et pour ce qui est de leurs personnes... « *Color verus, corpus solidum et succi plenum* »; mais comme c'est la première chose dont on m'a dit de me donner de garde, je ne veux pas en parler davantage. »

LES BASQUES A LA RECHERCHE DE LEURS ORIGINES

Une énigme vivante

Victor Hugo écrit dans *Alpes et Pyrénées* : « On naît Basque, on parle basque, on vit Basque et on meurt Basque. La langue basque est une patrie, j'ai presque dit une religion. Dites un mot basque à un homme dans la montagne, avant ce mot vous étiez à peine un homme pour lui, vous voilà son frère. »

Quand on va à la recherche de leurs origines, les Basques se présentent comme une énigme vivante. « Tout est anormal chez eux, au regard des autres populations de l'Europe occidentale », écrivait en 1895 le docteur Collignon, dans son étude sur l'anthropologie des Basques français. Si, en 1905, un ethnologue basque, Aranzadi, concluait ses travaux sur le même sujet par un paradoxe : « les Basques, comme race et comme peuple, ne sont une énigme ni plus ni moins que les autres peuples », depuis cette époque, les études sur la composition du sang humain, effectuées entre 1937 et 1945, ont prouvé que les Basques ont une formule sanguine qui les classe bien à part parmi les populations européennes : un groupe O très élevé et un groupe B presque inexistant, avec une forte proportion de rhésus négatif, en font des donneurs de sang universels. Aussi, « il n'est guère douteux que la formule si spéciale des groupes sanguins du sud-ouest ne soit en relation avec le fait basque », écrit Mme Marquer, anthropologue du musée de l'Homme[1], qui ajoute : « Nous sommes en présence d'une ethnie particulière, représentative d'un vieux substrat pré-indo-européen. »

Volants Bas-Navarrais (photo A. Ocana)

A s'en tenir aux signes extérieurs les plus typiques, la forme de la tête et du visage, on ne peut nier qu'il existe un « type basque » que les artistes savent bien mettre en relief et qui se rapproche du modèle de l'Égyptien ancien : torse large, hanches étroites, tête aux tempes renflées, nez long et menton effacé.

Ce ne sont pas uniquement les caractères raciaux des Basques qui en font un peuple à part : leur langue aujourd'hui encore reste le désespoir des linguistes. Le dernier bilan des recherches aboutit à constater que l'*euskara* n'a de parenté avec aucune autre langue humaine connue, ni vivante, ni morte. De cette singularité, les Basques eux-mêmes ont eu conscience de tout temps, et le nom qu'ils se donnent entre eux est celui de *eskualdunak*, les « hommes qui parlent l'*eskuara*, (ou *euskara*) ». De fait, les Vascons ne constituèrent qu'une tribu parmi toutes celles qui occupaient les terres où se parlait cette langue, domaine qui pouvait autrefois s'étendre de la Méditerranée à l'Atlantique.

---

1. Paulette Marquer, *Étude anthropologique du peuple basque*, Masson et Cie, 1963.

La toponymie montagnarde pyrénéenne présente une homogénéité surprenante et les inscriptions de la vallée de Luchon attestent qu'à l'époque romaine la langue de ces populations s'apparentait au basque actuel.

À l'extrême occident pyrénéen, le domaine de l'*euskara* est resté curieusement stable : la frontière linguistique entre la Soule et le Béarn peut se tracer d'un village béarnais à un village basque. Le mystère, c'est le pacte immémorial qui existe dans ce coin des Pyrénées entre l'homme, la terre et la langue ; sur une carte du pays, les noms sont compréhensibles à celui qui y vit aujourd'hui : l'Artzamendi est la « montagne du berger » ; en Soule, le sommet d'Ochogorrigagné se traduit par la « hauteur du loup rouge » ; le nom du hameau d'Harambelz par « les chênes noirs » et Bayonne pourrait être tout simplement l'« ibaï ona », la « bonne rivière ».

Hébreu, Japonais ou Sibérien ?

Une première hypothèse sérieuse, mais qui égara longtemps les chercheurs, est due à Guillaume de Humboldt, philologue et diplomate prussien, qui publia en 1821 ses *Recherches sur les habitants primitifs de l'Espagne à l'aide de la langue basque*. Il considérait cette langue comme un résidu des idiomes ibères parlés en Espagne. La théorie identifiant Basques et Ibères devint alors une croyance courante. Par solidarité germanique, Schuhardt enfourcha ce vieux postulat avec une nouvelle vigueur, car il avait appris le basque tout seul, (chose que le diable, dit-on, n'était jamais arrivé à faire). Un nouveau pas fut fait ou plutôt une nouvelle piste ouverte par Lejosne, lorsque en 1859 il opéra un rapprochement entre l'*euskara* et certaines langues du Caucase [1]. Beaucoup de linguistes pensent que des recherches dans cette direction permettraient d'aboutir. Des comparaisons ont été faites aussi avec l'hébreu, le japonais même, où saint François-Xavier reconnaissait avec surprise des mots de sa langue maternelle. Mais ces pistes tournent court, après quelques séduisants exemples d'analogies du vocabulaire, sans qu'un parallèle ait été ébauché dans le domaine de la syntaxe.

La toponymie semble donc avoir découvert un territoire assez vaste où des langues apparentées au basque auraient été parlées de l'Égypte et du Sud-Palestinien à la Caucasie. Cette aire englobait l'Asie Mineure, la Grèce, l'Italie et l'Espagne, avant de se circonscrire au sud-ouest de la France et au Pays basque. On a pensé que, 3 000 ans av. J.-C., un peuple vivant du côté du Caucase se serait mis en marche, par étapes, autour de la Méditerranée, pour atteindre le Pays basque actuel, nommé par eux l'« Eskual herria ». Ce voyage hypothétique a l'avantage de ne rencontrer aucune objection importante. D'autre part, le rôle de l'ibérisme en Espagne a été réduit à de plus justes proportions. Les Ibères, peuple d'origine africaine, en remontant du sud au nord la moitié orientale de l'Espagne, ont fortement imprégné la civilisation des Celtes de la haute vallée de l'Èbre, parmi lesquels se trouvaient les Vascons. Mais ce que l'on sait de la langue ibère ne permet pas de l'apparenter à l'ancienne langue aquitaine, connue par les inscriptions latines des Pyrénées. Les

---

1. R. Lejosne, « Études sur l'origine des Basques », dans *Bulletin de la Société académique des Hautes-Pyrénées*, 1859.

mots basques recueillis par le *Guide de Compostelle* ne s'en rapprochent pas plus. Quant à la présence de mots à racines celtes, elle est due au contact des Vascons avec les peuples migrateurs des âges du bronze et du fer.

Allant plus loin dans le temps et l'espace, des chercheurs comme P. Fouché, Borda, Lopez Mendizabal, en comparant certaines catégories de mots basques avec les langues sibériennes, en recensant les noms basques des végétaux de petite taille existant dans la flore arctique, par exemple, ont remarqué que le vocabulaire botanique basque semblait garder un certain reflet des temps glaciaires. Ainsi les occupants des grottes d'Isturitz auraient donné aux plantes les noms qu'elles portent encore aujourd'hui : *iz*, le jonc; *ur*, le noisetier; *abi*, la myrtille; *ira*, la fougère; *aga*, le millet des oiseaux; *asi*, la ronce. C'était la flore de la steppe glaciaire des collines et des premières pentes accessibles. Lorsqu'apparurent de nouvelles plantes, des arbres de grande taille, les constructeurs de dolmens utilisèrent les mêmes mots en les accompagnant de suffixe pour les différencier : *iz* donna *isar*, le frêne et *asi*, *asilar*, la mûre; *aga* devint *agin*, l'if, et *sagar*, le pommier; *ira* et *sagar* se transformèrent en *irasagar*, le cognassier, autrement dit le pommier des fougeraies.

Le linguiste Arturo Campion s'est même demandé si les premiers basques n'avaient pas construit des cabanes de neige semblables aux igloos esquimaux ou lapons. Aujourd'hui encore, la terre se dit *lur* et la neige, *elur*; la pierre, *arri* et la glace *karri*. L'os qui joue chez les peuples des régions polaires le rôle du bois, se traduit par *ezur* et le bois par *zur*. Enfin, *org*, nom du traîneau chez certains peuples de Sibérie, ressemble curieusement au mot basque *orga* qui désigne le char.

Les hommes qui employaient ces mots ne connaissaient certainement que la pierre pour fabriquer les outils et les armes. Un nombre surprenant de noms basques désignant ce qui sert à couper, racler, percer ou travailler les corps durs, vient de la racine *aitz* qui signifie la roche, la pierre brute. On a ainsi *aitzura*, la pioche; *aizkora*, la hache qui a donné *aitzkolari*, le bûcheron; *aitzkon*, la flèche; *aitzto*, le petit couteau; *atzurotz*, le trident; *azkorazi*, le peigne à carder le lin; *atxur*, le pic de terrassier.

La langue du Paradis

Le Pays basque, moins riche que d'autres régions en vestiges préhistoriques, conserve dans sa langue un témoin unique et irremplaçable de la vie des premiers hommes. La langue des peuplades paléolithiques pourrait bien avoir donné naissance à l'*euskara* primitif, un langage voisin de ceux qui se parlaient d'un océan à l'autre. Ceux qui s'étaient fixés à l'entrée des vallées pyrénéennes et s'y enfonçaient au fur et à mesure du recul des glaciers auraient transmis cette langue aux peuples pastoraux qui arrivaient. Peut-être même les chasseurs de rennes étaient-ils devenus pasteurs eux-mêmes, ce qui ne me paraît pas improbable étant donné les facultés de résistance et d'assimilation qui caractérisent les Basques d'aujourd'hui. L'abbé de Bidassouet en faisant du basque la langue du Paradis Terrestre n'aurait donc qu'à peine exagéré.

Le Pays basque vu de la Rhune (Rapho, photo Robert Doisneau)

Les rescapés d'un continent fabuleux

Mais la magnifique ouverture du Pays basque sur le golfe de Gascogne, que les anciens appelaient la mer des Cantabres, a fait naître sur leurs origines une hypothèse qui pourrait se trouver à mi-chemin entre le fantastique et la réalité.

C'est de l'Atlantide que le linguiste Arbois de Jubainville, après le géographe Bory de Saint Vincent, fait arriver ce peuple, sans liens avec le reste de l'Europe, « les jetant sur le continent épouvanté ». Il avait noté les caractères raciaux qui apparentaient aux Berbères les mystérieux Guanches, ces habitants disparus des Canaries. Pour lui, les Guanches venaient de l'Atlantide. Puisque les Berbères et les Basques descendaient des Ibères, ils étaient, comme les Guanches, des rescapés du cataclysme fabuleux qui avait englouti un continent, disparu entre l'Irlande et la côte cantabrique. Le temps n'est plus où l'on peut se contenter de ranger l'Atlantide dans les mythes anciens. Les études archéologiques ont déjà établi un pont solide entre les civilisations américaines et celles de l'Europe, à une époque reculée. Et parmi les légendes obscures nées dans l'imagination européenne, l'une d'elles, rapportée par l'auteur du *Guide du pèlerin de Compostelle*, un petit Hérodote poitevin du XIIe siècle, raconte que l'origine des Basques pourrait avoir le même point de départ que le mythe des Atlantes [1]. « On raconte communément que les Basques sont issus de la même race que les Écossais, parce qu'ils leur ressemblent par leurs coutumes et par leurs

1. Jeanne Viellard, *Guide du pèlerin de Compostelle*, Mâcon, 1963.

traits. Jules César envoya, dit-on, en Espagne, trois peuples : les
Nubiens, les Écossais et les Cornouaillais, pour faire la guerre
aux peuples d'Espagne qui refusaient de lui payer le tribut. Il
leur donna l'ordre de faire périr tous les mâles, épargnant seulement les femmes. Venus par mer, ils brisèrent leurs vaisseaux et
dévastèrent tout le pays par le fer et le feu, de Barcelone à
Saragosse et de Bayonne au mont Oca. Chassés par les Castillans,
ils s'installèrent dans les monts Marins entre Najera, Pampelune
et Bayonne. S'étant emparés des épouses des hommes massacrés,
ils en eurent des enfants qui furent appelés Navarrais. »

Derrière cette tradition, se profile l'image du tout-puissant et
mystérieux Jules César, auquel le Moyen Age attribuait les
exploits de tous les conquérants dont les noms s'étaient perdus.
Ne peut-on y retrouver alors un raccourci saisissant des conquêtes
et des occupations successives de la péninsule Ibérique par les
Phéniciens, les Grecs et les Romains, dont les remous sont
parvenus jusqu'aux rivages du golfe de Gascogne? Et faut-il
oublier les liens secrets qui lient les histoires de bonnes femmes
et les contes à des événements inconnus ou mal connus qu'on
aurait trop tendance à envoyer par-dessus le bord du vaisseau
de l'Histoire, comme l'Atlantide...

Lithographie de Gavarni (photo B.N., Est. Rés.)

PEUPLES MAUDITS ET PARIAS

Les cavaliers de l'Apocalypse

Dans ces communautés recluses que formaient les vallées pyrénéennes, où les étrangers doivent se montrer utiles et dociles aux coutumes pour être tolérés, certains d'entre eux supportaient le poids d'une condamnation sans appel : les *cagots* et les gitans. Ces deux classes d'hommes, traités en véritables parias, passaient pour descendre des envahisseurs sarrasins qui avaient laissé un souvenir de terreur.

La densité des noms de lieux évoquant le passage des Maures dans ces pays est telle que les historiens locaux se sont appuyés sur ce phénomène pour affirmer leur séjour prolongé dans les Pyrénées. On n'a pas encore fini en effet, de dénombrer les camps et les mottes qui leur sont attribués, *turoun deus Mourous, Serre Mourine, Lane Mourine, Hounts deus Mourous, camp des Sarrasins*, etc.; dans 110 communes des Hautes-Pyrénées, on trouve des noms de lieux-dits, d'écarts ou de maisons, comme *Mourot, Moureu, Mourou, Mouraca, Mourans, Mourère, Moureillou, Mouret, Maure* etc. Une tradition tenace les a fait passer partout et détruire tout derrière eux. Le professeur Seguy a vu dans Maury, Maurech, Maurel, des noms d'esclaves ramenés d'Espagne, ce qui expliquerait l'existence des « chrestiaas », qui seraient les survivants de ces esclaves maures abhorrés. Il y eut aussi ce soldat de l'armée romaine, d'origine mauritanienne, Maurus, dont le culte, sous le nom de saint Maur, devint populaire au vie siècle. Son nom venait de l'adjectif servant à désigner un homme brun, basané, (en espagnol *el moreno*). Enfin, pour ce qui est de la *Lano Mourino*, le lieu légendaire, au sud de Tarbes, où les Bigourdans se rencontrèrent avec les Arabes refluant de Poitiers, cette dénomination pourrait aussi venir de la présence du mûrier ou de la ronce appelée *mora* en latin et qui pousse en abondance dans les environs de Tarbes. Le choix est embarrassant...

Les camps attribués aux Maures ou aux Sarrasins étaient des constructions trop anciennes pour que les populations aient gardé le souvenir de ceux qui les élevèrent. Aussi les ont-elles attribués à des êtres situés à mi-chemin entre la légende et l'histoire. Le Béarnais Pierre de Marca fut le premier à adopter cette explication populaire en 1640 dans son *Histoire du Béarn*. Au xixe siècle, pour Cénac-Moncaut, ces camps étaient l'œuvre des habitants du pays cherchant à se mettre à l'abri des envahisseurs sarrasins, ce qui est déjà une approche de la réalité[1].

Mais une autre série de traditions vient s'ajouter aux indices de la toponymie pour créer le climat obsédant de cette antique calamité : c'est la liste impressionnante des martyrs que les Infidèles auraient laissés derrière eux : Frajon, Gaudens, Vidian, Cizy, Aventin, Mercurial, Missolin, etc.

Des hagiographes toulousains ont démenti ces récits légendaires mais sans pouvoir apporter de preuves positives. Il faudrait prouver que les traditions locales n'ont aucune base historique, et qu'une invasion de Maures venus du Roussillon ou passant par les cols des Pyrénées centrales était impossible;

---

1. Cénac-Moncaut, *Voyage dans l'ancien vicomté de Béarn*, 1856.

c'est tout le contraire. Les historiens arabes attestent que leurs guerriers ont occupé les vallées du haut Aragon, au pied des cols du Rioumajou et de Venasque, que franchissaient des chemins accessibles aux cavaliers. Pour désigner les Pyrénées, les Arabes employaient les termes de *Djebel el Bortât*, la montagne des passages, ou de *el Bortal*, le passage. Une irruption de rezzou pillards, massacrant impitoyablement tout ce qui résistait, était une calamité toujours suspendue sur les pays du Midi, de 719 à 759. Et, pour aller jusqu'à Poitiers, une partie de la cavalerie d'Abd er Rhaman n'a eu qu'à descendre les chemins conduisant des cols des Pyrénées à la Garonne.

L'entrée des Arabes en Roussillon en 719 fut semblable à un cataclysme : du VIIIe au XIe siècle, on ne manque pas de documents pour en attester les conséquences terribles. Le diocèse wisigothique d'Elne va disparaître de la carte, et pendant quarante ans, les *Moros*, les *Serahins*, comme les appelaient les vieux Catalans, s'en donnent à cœur joie pour transformer le pays en désert. La reprise de Narbonne par Pépin le Bref, en 759, ne sera qu'un répit. En 793, de nouveau, Abd el-Melik envahit le pays et vient mettre le siège devant la ville. A la bataille de l'Orbiel, près de Carcassonne, le comte Guillaume au court nez, le héros des chansons de geste, est vaincu et l'enfant Vivien périt en martyr. Mais la victoire a coûté assez cher aux Maures pour leur ôter l'envie d'occuper le pays. Ils rentrent en Espagne, poussant devant eux une immense caravane d'esclaves.

Razzias

La Cerdagne en a gardé un souvenir tragique que rappelle l'histoire des amants de Llivia, le maure Munuza et la fille du comte de Toulouse, Lampégie[1]. Dans le Conflent, des lieux fortifiés portent les noms de Roc del Moro, Puig del Moros, Castells dels Moros. D'étranges châteaux perchés sur des rocs vertigineux au milieu de gorges sauvages, loin de toute voie d'accès, s'appellent Roca de Salimans, dans la vallée de Nohèdes, Castell del Moro d'Evol, et la première résidence du comte carolingien, château de la Roca. On peut voir dans ces forteresses écartées les îlots de défense de la population chrétienne, après l'anéantissement de l'ancien royaume wisigothique de la plaine.

Le nom de château des Maures s'applique souvent à des tours à signaux comme celle de Madeloch au-dessus de Port-Vendres ; dotée de mâchicoulis, d'archères et de meurtrières, elle donnait encore l'alerte lorsque les voiles des pirates barbaresques succédèrent aux cavaliers andalous.

On a vu aussi un souvenir de ces terribles guerriers dans les têtes qui figurent sur les modillons de l'abside de l'église d'Hix, dans les Pyrénées-Orientales. Elles reproduisent, selon les spécialistes, les traits ethniques des Berbères africains. L'une d'elles est même coiffée d'un chèche porté sous le turban.

A l'autre extrémité des Pyrénées, dans la cathédrale de Lescar, se trouve un document extraordinaire : la mosaïque de l'évêque Gui de Lons ; c'est un témoignage frappant de la venue des Maures de ce côté des Pyrénées. On y voit un chasseur maure avec une jambe de bois, courant et tirant de l'arc. Dans ce même coin des Pyrénées, l'architecte qui a adopté pour la croisée du

---

1. Voir *Llivia*.

transept de l'Hôpital-Saint-Blaise les nervures en étoile octo-
gonale de nombreuses mosquées d'Andalousie et du Maghreb, a
dû venir lui aussi de gré ou de force d'un des royaumes maures du
sud de l'Espagne. Plus douteuse semble l'attribution à un architecte musulman de l'église de Planès appelée la « mezquita », (la
petite mosquée). Le symbolisme trinitaire du plan de cet édifice
est bien éloigné de la foi islamique.

Transept de l'Hôpital-Saint-Blaise (studio Pier, Oloron)

La tradition pyrénéenne, imprégnée de l'obsession des Maures,
leur attribue les ruines d'origine inconnue, comme les murs qui
ferment les grottes de Lortet ou d'Arudy.

Ceci explique facilement comment ils sont devenus dans la
Chanson de Roland, les adversaires prestigieux de Charlemagne,
autrement reluisants que ces Vascons inconnus qui avaient disparu sitôt leur coup fait. Et la célèbre épopée carolingienne fait
même ce que l'empereur n'avait pu, la conquête culturelle de
l'âme basque. Dans les célèbres pastorales de la vallée de la
Soule, le thème essentiel tourne autour de la victoire du bien
représenté par les chrétiens contre le mal, personnifié par les
Turcs ou les infidèles et leur idole, Mahomet, un affreux pantin
qui gesticule au-dessus de la porte, par où les méchants font leur
entrée. Les efforts de réhabilitation des Vascons vainqueurs par
les écrivains romantiques n'ont pas effacé le prestige des luttes
de la Reconquista et de l'épopée des Croisades au fond d'une
vallée du Pays Basque.

Un peuple de pestiférés

On en est encore à chercher l'origine d'une discrimination raciale monstrueuse qui avait été instaurée dans toutes les communautés des Pyrénées occidentales : celle, unique dans l'histoire, qui atteignait les *cagots* et qui n'avait d'égal que le traitement qu'on infligeait aux lépreux. Gérard de Sède, abordant ce problème, écrit : « Dans des régions qui furent toujours rebelles à l'intolérance religieuse, qui ne persécutèrent jamais les juifs, qui accueillirent la culture arabe et qui favorisèrent l'hérésie cathare, les *cagots* et les *chrestiaas* furent l'objet d'une horreur sacrée et d'une ségrégation telle qu'on n'en vit peut-être jamais d'aussi sévère[1] ». Il faut se référer aux Indes et à son implacable système des castes, héritage d'une civilisation agro-pastorale multimillénaire, pour trouver l'équivalent de l'état dans lequel on reléguait ceux que le spécialiste de leur histoire, Rochas, a nommé les « parias des Pyrénées ».

La douloureuse histoire des *cagots* bigourdans, des *chrestiaas* béarnais et des *agotak* basques, illustre les impulsions irraisonnées et impitoyables qui mènent parfois les lois et les mœurs de la communauté humaine. A considérer ce drame du dehors, on éprouve le vertige de Dante au bord d'un des cercles de l'enfer.

Le nom de *cagot* n'apparaît qu'au XIVe siècle, mais on rencontre très souvent dans les textes béarnais le nom de *chrestiaas*, vivant dans un quartier appelé de la même façon. Il subsiste quelques-uns de ces lieux-dits en Béarn, par exemple à Accous.

Les communautés de *chrestiaas* étaient nettement séparées de celles des « voisins », qui composaient le bourg ou le village. Certaines ont été, au moins par une partie de leurs règlements, confondues avec les léproseries qui, à Orthez, Morlaas, Oloron et Lescar, portaient au XIVe siècle le nom d'*Espitau deus Crestiaas*. En réalité, elles n'avaient pas de contacts avec les lépreux graves, les *mesels*, mais il est possible qu'on les ait fait cohabiter avec des malades atteints d'affections de la peau, alors mal connues, et qualifiées également de lèpre. Mais de toute façon, ils ne prenaient aucune part aux événements de la vie de la communauté; ils ne pouvaient se marier qu'entre eux, ne portaient pas de nom mais seulement un prénom ou même un simple diminutif, Johannet, Peyret, Mounicot, suivi du qualificatif *chrestiaa*.

D'où leur venait donc ce nom? La seule hypothèse qui permette d'y répondre de façon satisfaisante en fait les descendants des Wisigoths, de religion arienne, victimes de la vindicte des populations, après la conquête de l'Aquitaine par les Francs. Les *chrestiaas* auraient donc été traités dans les Pyrénées comme les Morisques en Espagne, après la fin de la domination arabe. Qu'un motif d'ordre religieux fût à l'origine de cette ségrégation, semble prouvé par le fait suivant : ces parias étaient inexplicablement pris en charge par l'Église; dans les recensements, on les groupait par circonscriptions religieuses et non par baillages. Ainsi, après leur conversion en masse, les autorités pouvaient tenir en mains ces nouveaux convertis, dont le baptême hâtif ne garantissait pas une foi stable. Au XVIIe siècle, l'historien Pierre de Marca croyait, ce qui est aussi une opinion vraisemblable, que les *cagots* étaient des Sarrasins convertis, honnis

---

1. Gérard de Sède, *Le Mystère cathare*, R. Laffont, 1966.

par les populations. On en rencontrait des milliers dans les Pyrénées, ramenés d'Espagne par les croisés de la Reconquista. Parmi eux se trouvaient des habitants des villes, pris avec les combattants, espagnols chrétiens ou islamiques. Mais la plupart étaient des Berbères d'Afrique du Nord. Baptisés sous la contrainte, employés à des travaux durs, parqués dans des quartiers à l'écart, où les conditions de vie étaient celles des bagnes, ils devinrent une proie facile pour la lèpre qui sévissait alors en Europe. Considérés d'abord comme « ladres spirituels », on en vint à les juger comme congénitalement entachés de la maladie terrible; leur quartier fut choisi pour y installer les léproseries. Il arriva un temps où les noms de *ladre*, *gésitain*, *cagot* ou *capot* furent utilisés indistinctement comme synonymes; mais pour les populations pyrénéennes, le *chrestiaa*, ce forçat nouvellement converti, et cependant resté foncièrement païen, était le pire de tous.

Un châtiment symbolique

Leur habileté héréditaire dans les métiers de charpentier, de menuisier ou de forgeron rendait cependant les *cagots* indispensables aux communautés pyrénéennes. Après ses prédécesseurs, Gaston Phébus les employa en nombre aux travaux de charpente et de ferronnerie de ses forteresses de Montaner, d'Orthez et de Pau. Il fut du reste avec eux d'une générosité retorse; il ne leur donnait pas de salaire, mais les exemptait des « tailles » qu'il leur avait imposées, malgré les décisions ecclésiastiques qui en préservaient les *chrestiaas*. Là s'arrêtait l'intérêt qu'on leur portait. La ségrégation sociale du *chrestiaa* ou du *cagot* était aussi totale que possible. Elle visait avant tout à éviter leur mariage avec le reste de la population; ces règles draconiennes entretenaient chez les victimes une crainte humiliante. C'est ainsi qu'en 1471, un cagot, maître charpentier de Moumour, qui, sans doute pour avoir effectué des travaux importants pour le compte du seigneur du lieu l'évêque d'Oloron, estimait pouvoir vivre comme les autres habitants du bourg, fut l'objet d'une sentence particulièrement sévère de la part des consuls. Ils lui rappelèrent qu'il n'avait à exercer aucune activité ayant un rapport avec le travail de la terre; ni lui, ni aucun membre de sa famille ne pouvait posséder de bétail, labourer, entrer au moulin, aller au lavoir; il lui était interdit de se servir de couteaux pointus, de marcher nu-pieds, de boire l'eau de la fontaine, « sous peine d'être responsable de l'infection, des dommages, du déshonneur et de la honte qui pourraient s'ensuivre pour les habitants de Moumour ». Le châtiment qui l'attendait était cruellement symbolique : il aurait les pieds percés au fer rouge.

Les croyances populaires à leur égard n'étaient pas moins odieuses : parce qu'on les disait descendants de lépreux, on leur trouvait l'haleine puante; leur chair pourrie contaminait tout ce qu'ils touchaient, comme le prouvait la triste histoire de la jolie cagote à qui son amoureux avait donné une pomme à garder contre son cœur, « pour savoir »... Pour ajouter aux préjugés, une confusion s'opéra au XIXe siècle entre les *cagots* héréditaires et les pauvres crétins et goitreux qui, aux portes de Luchon ou dans la vallée de Luz, furent longtemps pour les baigneurs l'objet d'une curiosité où la pitié se mélangeait à un vague sadisme. En réalité, les familles désignées comme cagotes qui

ont pu être observées à la même époque présentaient des caractères physiques normaux, sans aucune difformité, bien au
contraire.

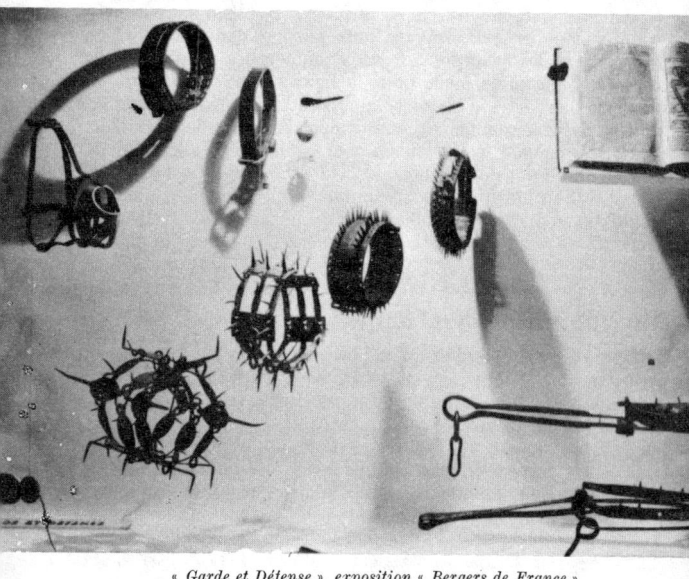

« Garde et Défense », exposition « Bergers de France »
(Musée des A.T.P., photo P. Soulier)

Fils d'Adam

La description qu'a donnée Cordier des *cagots* des Hautes-
Pyrénées, fait penser étrangement à cette origine nordique où
l'on a voulu voir l'étymologie de leur nom : *chien de goth*. D'autres
témoignages l'ont confirmé : le *cagot* a la peau claire et colorée,
ses cheveux sont souvent blonds au point de lui valoir le nom de
peu de lin (cheveu de lin); ses yeux bleu-gris, quelquefois chez
les femmes d'un beau bleu-foncé, tout à fait particuliers. Le teint
est enflammé; le profil sans grâce, le visage large, les pommettes
bien marquées et espacées, le nez plutôt large et petit. En 1926,
J.-H. Rosny a connu des familles isolées qu'on appelait encore
des *goths* et qui peuplaient le village de La Pointe, entre Cap-
breton et Hossegor. « Ils sont d'un blond fadasse avec des yeux
bleus... Qu'est-ce qui empêche que ce fussent vraiment des
Goths qui se sont éternisés dans ces forêts et dans ces marécages? » écrivait-il[1].

Au Pays basque, les *agotac* étaient au siècle dernier réduits à
quelques familles confinées dans les quartiers de Michelenea,
près de Saint-Étienne-de-Baïgorry, Chubitoa près de Saint-
Jean-Pied-de-Port et Bozate dans la vallée du Bastan; ils exerçaient les métiers de charpentiers et de tisserands. En 1902, les
agotes de Bozate restaient encore debout au fond de l'église
derrière tous les assistants.

1. J.-H. Rosny, *Hossegor*, Delpeuch, 1926.

En Béarn, la malignité publique s'en était donné à cœur joie de les brocarder en dictons injurieux et en chansons. L'une d'elle, la *Cansou deu Haut de Gan* racontait l'histoire d'un repas de *cagots* interrompu par les voisins indignés. A Josbaig, on les accusait d'être toujours en avance pour témoigner, rappel insultant de l'article des « Fors » de Béarn, exigeant sept *cagots* pour donner un témoignage valable. A Lichos, on les décrivait « curant les os »; on les appelait les « cousins germains de notre chien ».

Ces hommes détestés avaient acquis avec le temps une philosophie souriante. Ils répondaient par des chansons qui ne manquaient pas d'esprit :

> *Encoère que cagots siam*
> *Nou nous en dam!*
> *Touts em hilho deu pay Adam!*

(Encore que nous soyons *cagots*, nous ne nous en faisons pas ! nous sommes tous fils du père Adam !)

Ce sont des histoires de cœur qui, de larmes en sourires, ont mis fin à la ségrégation des *cagots*. Celle qui les résume toutes, la plus jolie et la plus béarnaise met en scène le Vert Galant et une belle *cagote* des Eaux-Chaudes : « Tu es cagote, disait-il à la fille qu'il serrait de près. Eh bien, je vais te dire un secret : moi aussi je le suis. Mais il ne faut pas le dire ! »

En amour, les Béarnais se retrouvaient tous fils d'Adam.

AU PAYS DES « MIQUELETS »

La loi du couteau

Les « miquelets », enfants perdus des armées d'autrefois et hors-la-loi, sont responsables de la littérature romanesque de l'époque classique, qui a fait des Pyrénées une région de banditisme avéré. Pour rédiger le chapitre qu'il leur a consacré dans *Cinq Mars*, Alfred de Vigny n'avait eu qu'à puiser dans les annales des vallées : du XVIe au XIXe siècle, elles sont remplies de plaintes et de lamentations accompagnant les exploits de ces trop fameux bandits qu'on appelait aussi, selon les régions, « bandouliers » ou « angelets »... Des guérilleros levés par le capitaine général César Borgia, pour la guerre de Naples, avaient emprunté ce nom à leur chef, le redoutable Miquelot de Prats. Une consécration spéciale à l'archange saint Michel leur créa une réputation d'invulnérabilité. Dans de nombreux sanctuaires, l'Archange succédait au dieu Mercure qui, avec une parfaite impartialité, protégeait les marchands et les voleurs, les porteurs de bourse et ceux qui les convoitaient. Il devint le protecteur des gens ruinés, de ceux qui avaient eu maille à partir avec des voisins et qui venaient grossir les bandes de hors-la-loi. Dès le XVIe siècle, les vallées désolées et perdues de Gistain et de Barbastro en Aragon, furent leurs centres de rassemblement. De là partaient leurs raids qui ne laissaient à l'abri aucune vallée du versant nord. La rapidité de leurs déplacements était foudroyante : en 1520, on les vit apparaître sous les murs de Salies-du-Salat, s'emparer de la ville, la piller et disparaître. Leur équipement ressemblait à celui des commandos d'aujourd'hui. Vêtus d'une veste rouge, d'une culotte, les jambes nues, chaussés d'espadrilles, ils emportaient une escopette, deux pistolets et un poignard dont ils faisaient grand usage.

Franchissant de nuit les cols les plus abrupts, ils tombaient au point du jour sur les villages les plus proches, les mettaient à sac, tuaient sans pitié quiconque essayait de résister, rançonnaient les autres, mettaient le feu aux maisons et aux granges, et repartaient en poussant devant eux le bétail lorsqu'ils ne craignaient pas d'être poursuivis. Leur mépris de la vie était incroyable, surtout de celle des autres : elle rappelle la fameuse phrase du *Guide du pèlerin de Compostelle* : « Pour un sou, le Navarrais tue un Français, s'il le peut ».

En 1710, Urdos reçoit une indemnité de 600 livres pour réparer les dégâts dus à leur visite. En vallée d'Ossau, ils mettent le feu à la cabane de Brousset, refuge séculaire de tous les voyageurs et des pâtres. En vallée de Luz, de sanglants combats se déroulent aux abords de la tour de Gèdre, bâtie spécialement pour arrêter leur passage. En vallée d'Aure, ils saccagent Aragnouet et la chapelle des Templiers du Plan. En 1711, au cours du raid sur Luchon du baron de Taff, ils transforment en ruines fumantes les villages de la vallée ; une de leurs bandes occupera Tarascon-sur-Ariège, en 1813.

En Roussillon, leurs exploits sont restés légendaires, quand, après le traité des Pyrénées, l'institution de la gabelle en 1663 provoqua le soulèvement des *angelets*. En 1669, une brigade de la gabelle se fait massacrer aux abords de Saint-Laurent-de-Cerdans, et les troupes du roi devront pendant plusieurs années mener une campagne dangereuse pour réduire leurs bandes et capturer leurs chefs, protégés par une population qui les admire.

Le *miquelet* restera le symbole d'un homme intraitable, ne connaissant que la loi de son couteau. En 1815, les royalistes de la Terreur blanche du Midi prendront leur nom. Mais il ne faudra pas les confondre avec les *trabucayres*, de purs brigands nés des troubles qui ont suivi les guerres napoléoniennes. Ceux-ci tuent par plaisir.

Des monstres à face humaine

Si l'on en croit la légende, la vie humaine était souvent bon marché dans le Roussillon, au blason rayé de traînées de sang. De 1840 à 1845, les *trabucayres* écriront les dernières pages du banditisme pyrénéen. Sauvages et cyniques détrousseurs de pataches ou de pauvres diables, ils entraînaient leurs victimes dans la montagne, ne les relâchant qu'après avoir arraché de fortes sommes à leurs familles. Leurs vengeances étaient empreintes du sadisme habituel aux vendettas méditerranéennes qui ne varie guère d'Orgosolo aux Aurès. Il fallut quatre années pour en venir à bout; on les guillotina à Prades et à Céret. Tandis qu'on instruisait leur procès, en mars 1846, une complainte populaire se répandait dans le pays détaillant leurs forfaits en vers maladroits et cruels :

« Il y en avait un de la bande / Qui avait un cœur de bronze / Plus dur que le roc! / A une femme il a donné la mort / En lui tirant l'enfant du corps / (Cruel arabe!)... »

« Il le lui a arraché des entrailles à bras retroussés / Il avait des stylets et des dagues, un poignard aiguisé de neuf / Il lui a lié les mamelles, (quelle souffrance!), / Pour augmenter ses douleurs / (Traître cruel!) »

« Dans la caverne de Bassagoda, / En fureur et avec dureté / Ils ont mis à mort un homme respectable qui avait nom Massot. / Ils lui ont arraché le cœur / (Cruel spectacle!)... »

La complainte assurait aux *trabucayres* cette renommée dont Sébastien Mercier disait en 1780 : « Quiconque, maréchal de France ou pendu, n'aura pas été chansonné, a beau faire, il demeurera inconnu au peuple ».

Mais les *trabucayres* avaient le goût du sang poussé à un degré exceptionnel. Après eux il n'y a plus que l'ogre de Gargas qui tient plus de la fable que de la réalité.

L'anthropophage de Castillon

On a fait de la grotte de Gargas, près de Saint-Bertrand-de-Comminges, le repaire de ce monstre amateur de chair humaine; quelque ancienne légende gargantuesque y avait sans doute prêté, par analogie de noms. Ce hors-la-loi vivait en réalité dans les montagnes des environs de Castillon, en Ariège. On peut lire dans le N° 10 du *Mercure de France* de l'année 1783, le récit suivant :

« Blaise Ferrage, surnommé Sevé, maçon de profession, natif du lieu de Cescau, dans le comté de Comminges, très petit de taille,

mais d'une force extraordinaire, très brun, était vicieux et
libertin par tempérament. Dans un âge peu avancé, il poursuivait déjà les personnes du sexe. Craignant d'éprouver les rigueurs
de la justice, il se retira, dès l'âge de vingt-deux ans, dans les
montagnes d'Anie, voisines de sa pâture. Il y choisit, à la manière
des ours, une retraite dans la concavité d'un rocher placé sur le
haut d'une montagne. De là, il se répandait dans la campagne,
dont il devint bientôt le plus terrible fléau. Il enlevait les brebis,
les moutons, les veaux, la volaille, pour se nourrir, et surtout les
femmes et les filles, pour assouvir sa brutale passion. Il poursuivait à coups de fusil celles qui fuyaient et en abusait, quoique
mourantes et baignées dans leur sang [...] On prétend qu'il était
devenu anthropophage. Il coupait ordinairement les seins et les
cuisses des femmes et des filles, après en avoir abusé, et il achevait de les mettre en pièces pour en tirer les intestins et le foie
qu'il mangeait. Il n'épargnait pas les impubères. Mais nous
devons écarter ici les images affreuses de la barbarie et de la
brutalité réunies... »

« Il avait environ vingt-cinq ans lorsqu'il fut jugé. Le juge
de Castillon l'avait condamné à expirer sur la roue et à être jeté
au feu. Par arrêt du 12 décembre 1782, la sentence a été confir-
mée, excepté dans le « chef du feu », et, à cet égard, le parlement
a ordonné que son corps mort serait exposé aux fourches patibulaires et que l'arrêt serait imprimé et affiché à Cescau, Castillon
et Toulouse. Il a été exécuté le 13 à quatre heures de relevée; on
avait triplé la garde. Toute la ville et une multitude de gens de
la campagne étaient à son exécution. Il marcha au supplice le
visage serein. On fait monter à plus de quatre-vingts, les filles et
les femmes victimes de sa brutalité. »

On conserve à Toulouse, dans les archives du parlement, toutes
les pièces de la procédure : les vols, les attentats, les outrages
sont énumérés et avoués par le criminel. On apprend ainsi que
Ferrage accoste les jeunes filles qui, le dimanche, gardent le
bétail en pâture. Il les jette sur son dos et les emporte dans les
bois voisins. Mais pas un mot ne vise l'accusation d'anthropophagie avec les sanglantes dépravations que le *Mercure* détaille
avec soin[1]. Le gazetier avait dû lire le dernier roman du « divin
marquis », l'Ogre Minski, et en rajouter.

L'histoire du monstre du Comminges soigneusement assai-
sonnée par le *Mercure*, passionna l'opinion publique. Une gravure
du temps, sous le titre : l'*Anthropophage*, montre une bergère
appétissante et éplorée, entraînée par le bandit armé jusqu'aux
dents. Aurait-elle été connue de Goya? Un des tableaux secrets
de ce peintre, la *Décollation*, représente, dans un antre sauvage,
une femme nue, égorgée par une brute. « Il n'est pas inutile,
écrit René Huyghe, en le commentant, de rappeler que l'époque
de Goya est à peu près celle où les Pyrénées s'emplissent, dans
la littérature frénétique européenne, de châteaux et de monastères peuplés de brigands aux pratiques inavouables. Un courant
souterrain relie ces œuvres du roman noir à celles de Sade, dont
les héros favoris, comme Minski le Centaure, l'ermite sanglant
de l'Apennin, ne manquent pas de répondants dans la réalité
contemporaine, tel ce Blaise Ferrage, l'homme sauvage des
Pyrénées, jugé en 1780[2]. »

1. Dans *Revue des Pyrénées*, 1892, t. IV.
2. René Huyghe, *Dialogue avec le visible*, Gallimard.

Portail de l'église Sainte-Marie à Oloron-Sainte-Marie
(photo J. Verroust)

LES GUERRES PASTORALES

Le pacte de six cents ans

« L'horreur de la dépendance et l'esprit républicain », tels étaient les traits dominants du tempérament des habitants des vallées selon le géographe Roussel de la Blottière, auteur d'une célèbre carte de la chaîne. Comment en aurait-il été autrement pour des hommes vivant au voisinage des bandits et des fauves ? « Il ne se trouve pas plus d'union parmi eux qu'ailleurs, ajoutait-il, mais s'agit-il de l'intérêt public, ceux qui étaient prêts à se battre se réunissent à l'instant et paraissent d'une concorde admirable[1] ! »

Si cette concorde se réalisait spontanément sur le dos des soldats du roi et plus souvent encore des gabelous, le tocsin sonnait trop fréquemment pour appeler les gens d'une vallée à repousser une razzia de voisins, ou à se rassembler pour une expédition punitive. L'histoire des Pyrénées est une chronique interminable de règlements de compte dégénérant parfois en petites guerres enregistrées par les chroniques locales. Et on comprendra que le souverain en titre se soit habituellement muni d'une garde d'otages pour rendre visite autrefois à ses sujets « féaux et courtois » ; le cérémonial d'accueil du vicomte de Béarn en vallée d'Aspe était éloquent (voir *Escot*).

La fin de ces hostilités sanglantes de vallée à vallée était marquée par des cérémonies dont la particularité était qu'elles se renouvelaient tous les ans. On imaginerait mal les plénipotentiaires du traité de Versailles se retrouvant tous les ans au château pour signer toujours le même document. C'est pourtant une cérémonie de ce genre qui se déroule tous les ans, le 13 juillet, dans les pâturages de la Pierre-Saint-Martin au fond des Pyrénées-Atlantiques.

Là-haut, aux confins de la Navarre et du Béarn, les habitants du Barétous viennent payer un tribut annuel de trois génisses qui leur a été imposé il y a près de 600 ans, en 1375, à Anso, par des arbitres de paix, et renouvellent ainsi le pacte d'amitié scellé avec leurs anciens adversaires, les gens de la vallée de Roncal. C'est peut-être le plus ancien traité européen encore en vigueur et le seul qui soit renouvelé tous les ans sans contestation.

Le vaste terrain plat qui entoure la Pierre-Saint-Martin a été, de temps immémorial, le lieu où les bergers des vallées de Roncal et du Barétous se rencontraient pour s'accorder sur l'utilisation des grands pâturages qui couvraient les alentours, et surtout pour partager les rares fontaines de ces régions calcaires où la roche affleure de toutes parts et où les eaux se cachent pour cheminer dans les galeries souterraines. Lorsqu'un été est particulièrement sec, la question de l'eau conduit facilement au drame.

Une atroce vengeance

D'une querelle de bergers auprès d'une de ces fontaines sortit une guerre d'une sauvagerie inouïe, entre les deux vallées. Les péripéties en ont été relatées par l'historien béarnais Marca et l'historien espagnol Bernardo Estoumes Lasa.

Un soir, un berger roncalais, Pedro Carrica, du village d'Isa-

---

1. Roussel de la Blottière, *Mémoire sur la frontière des Pyrénées*, 1719.

ba, et un berger d'Arette en Barétous, Pierre Sansoler, s'étaient rencontrés avec leurs bêtes près de la fontaine du Pic d'Arlas, le seul point d'eau existant dans ces pâturages. Ce devait être une de ces journées de feu où, dans le désert de pierres blanches, les troupeaux halètent après l'eau. Après s'être disputés sur leurs droits de priorité pour faire boire les bêtes, les deux hommes en vinrent aux mains et Pedro Carrica, d'un coup de couteau, tua Pierre Sansoler.

Un cousin de la victime, Angurar Sansoler, qui avait vu le combat, alerta les « jurats » de la vallée. Ceux-ci, réunis à Aramits, décidèrent de ne plus laisser les Roncalais user de cette fontaine. Quant à Angurar Sansoler, il se lança avec une poignée de compagnons à la poursuite de Pedro Carrica. Ils ne purent mettre la main sur le Roncalais qui avait quitté les pâturages. Alors ils décidèrent de faire payer le prix du sang à sa femme, Antonia Garde, qui était restée à Isaba. Arrivant de nuit au quartier de Bélagua où elle habitait, ils la surprirent dans sa maison. Elle était en état de grossesse avancée. Alors, dit la chronique espagnole, « ils lui ouvrirent le ventre et ils pendirent le fils à la branche d'un hêtre, avec les entrailles de la mère... »

Au matin, tout le village fut le témoin de l'atroce mise en scène. Pedro Carrica, ses parents, ses amis, ne cherchèrent plus que l'extermination des Français. Ils envahirent les pâturages, que la nouvelle des meurtres avait fait déserter, et descendirent dans la vallée d'Arette. La maison des Sansoler était une des premières du village. Sans méfiance, Angurar fêtait sa vengeance avec ses convives, qui buvaient et chantaient. Les Roncalais enfoncèrent la porte et Pedro s'avança vers la femme d'Angurar qui tenait son fils dans ses bras : « Je pourrais te tuer, comme ton mari a tué ma femme, et ton fils aussi ; mais je ne le ferai pas. Seulement, choisis le seul homme à qui je laisserai la vie sauve pour prendre soin des morts ». La femme désigna son père. Angurar Sansoler et tous les autres convives furent massacrés.

Mais une servante qui avait pu fuir par une fenêtre, dans la nuit, alerta les gens d'Arette. Aussitôt, empruntant des sentiers connus d'eux-seuls, ils se postèrent sur le chemin de retour des Roncalais et, dit la chronique, « ils les tuèrent dans le silence et dans la nuit ».

Au bord du suicide collectif

Une guerre implacable se poursuivit durant des années. Les troupeaux livrés à eux-mêmes étaient décimés par les ours ; les villages perdaient leurs hommes dans des combats sauvages. Malgré l'intervention du seigneur du Béarn, Gaston II, et du roi de Navarre Charles II, qui avait convoqué à Anso les évêques d'Oloron, de Bayonne, de Jaca et de Pampelune, les pourparlers échouèrent. La sanglante bataille d'Aguincea amena la mort du chef des Barétounais, et leur déroute. Mais au moment où les Roncalais allaient se jeter sur les Français pour une « solution finale », un saint homme, le curé du village d'Aramits, put les arrêter et engager les négociations : il fut écouté sans peine ; les deux vallées étaient lasses du sang et de cette lutte, qui les avaient menées au bord du suicide collectif.

Le tribunal des souverains et des évêques se réunit une seconde fois à Anso ; et toute l'éloquence des délégués du Barétous n'empêcha pas la sentence de leur être défavorable. Rendue le

13 octobre 1375, elle condamnait la vallée Barétous « à payer et à livrer annuellement, et à perpétuité, à la vallée de Roncal, trois vaches génisses de l'âge de deux ans, sans tache, ni macule, laquelle délivrance sera faite, chaque année, le quatrième jour après la fête des Sept-Frères (13 juillet) à la Pierre-Saint-Martin ».

En 1389 et en 1856, cette sentence fut reprise pour régler ce qui avait été à l'origine du conflit, cette affaire « d'herbes et d'eaux » *(yerbas y aguas)*. A partir du 10 juillet et pendant une période de 28 jours, les bergers du Barétous pouvaient faire pacager leurs troupeaux sur certains pâturages du territoire espagnol, et abreuver leurs bêtes aux fontaines qui s'y trouvent.

Cette cérémonie ne fut interrompue que deux fois au cours des siècles : en 1794, au fort de l'offensive des troupes républicaines, et en 1944, à la fin de l'occupation allemande.

Junte de la Pierre-Saint-Martin : un alcade (photo Pierre Minvielle)

Magie et tueries

Certains épisodes de cette lutte relèvent de la légende ou du miracle. Ainsi le curé d'Issor, disant la messe un jour de fête, eut la vision d'une troupe de Roncalais qui envahissaient la vallée, pillant et brûlant. Il alerta aussitôt ses paroissiens qui coururent au secours des gens d'Arette.

Une autre fois les Roncalais furent victimes d'un curieux maléfice; passant au coucher du soleil dans les pâturages de Suscousse, ils furent saisis par l'apparition d'une jeune sorcière qui dansait nue et couverte de plumes, dans un halo lumineux. Cloués sur place comme par un enchantement, ils se laissèrent saigner comme des moutons par les Barétounais. On montre au col de Suscousse un amas de grosses pierres appelé le « cimetière des Miquelets » *(cemeteri dous miquelets)*, qui passe pour recouvrir les corps des victimes de ces massacres. Ces monuments informes ne sont peut-être que des fonds de cabanes médiévales ou des tombes de l'âge du fer, mais conservent toujours vivace le souvenir des tueries impitoyables d'autrefois.

La borne internationale N° 262, où Français et Espagnols renouvellent le serment du pacte d'Anso, a remplacé un mégalithe qu'on appelait La-Pierre-Saint-Martin. L'ingénieur Thierry, en 1687, dans sa description du chemin menant de la vallée de Barétous à celle de Roncal, signale en effet la présence à ce col d'une pierre « d'une toise et demie » de haut, soit près de 3 m. Le nom de l'apôtre des Gaules qu'on lui a donné est le signe à peu près certain qu'elle faisait avant l'ère chrétienne l'objet d'un culte païen. Il faut noter également qu'il existe au moins deux autres cols de ce nom dans les Pyrénées.

La paix pour jamais

La cérémonie du pacte qui se déroulait du temps de Thierry n'est pas très différente de celle d'aujourd'hui.

« Il est donc vrai que tous les ans, le 13e juin, (en réalité juillet), les jurats des sept communautés de Roncal s'assemblent avec sept jurats et un notaire de la vallée de Barétous, à un lieu nommé Arlas, où il y a une pierre haute d'une toise et demie qui fait borne et limite aux deux royaumes, les députés étant chacun dans sa terre sans s'être salués ni parlés. Ceux de Roncal demandent aux Béarnais s'ils veulent jurer à l'accoutumée les conditions de paix; lesquels y consentent. Les Roncalais répliquent et disent aux Béarnais qu'ils étendent leur pique à terre le long des limites pour figurer la croix sur laquelle se doit faire le serment, ce que les Béarnais exécutent de leur part. Les Roncalais abaissent aussi leur pique et la couchent sur celle des Béarnais, le fer traversant du côté du Béarn pour marquer la partie supérieure de la croix. Ces deux assemblées à genoux mettent conjointement leurs mains sur ces deux piques entrelacées en forme de croix. Étant en cette posture, le notaire de Barétous reçoit leur serment solennel sur cette croix et sur les Évangiles, de garder et observer toutes les pactions et conditions accoutumées, suivant les titres qui ont été expédiés à ce sujet; à quoi ils répondent disant cinq fois à haute voix : « *Paz abant* », c'est-à-dire que leur paix continuera dorénavant. Ce fait, les députés se lèvent, se saluent, parlent et communiquent ensemble comme bons amis et voisins.

« En même temps sortent du bois, trente hommes de Barétous, divisés en trois bandes qui conduisent trois vaches choisies qui sont de même âge, de même poil et de même marque ; étant arrivés à la frontière des royaumes, les Béarnais font avancer une des vaches en telle sorte qu'elle a la moitié du corps sur les terres de Navarre et l'autre sur celles de Béarn, laquelle est reconnue par les Roncalais pour savoir si elle est conditionnée suivant les accords. Ils la retiennent après devers eux, la tenant sous bonne garde, d'autant que si elle échappait et revenait sur les terres de Béarn, la vallée de Barétous ne serait tenue de la rendre. Et suivant le même ordre on fait la délivrance des autres deux. »

« Ensuite les Roncalais traitent ceux de Barétous de pain, de vin et de jambon. Et tout le reste de la journée les Béarnais tiennent un marché ouvert dans une prairie qui est du côté de Béarn. »

« Les trois vaches, ajoute Thierry, étaient estimées à ce temps-là 10 sols morlas chacune... La continuation de ce paiement ayant été refusée, il intervint une sentence arbitrale autorisée par le roi de Navarre et par Gaston Phébus, seigneur de Béarn, qui confirma l'ancien usage... Les arbitres prononcèrent que le paiement serait continué soit pour meurtres, soit pour fontaines *(por las aguas)* sans qu'on fasse aucune mention du tribut. »

D'après Thierry, les Roncalais n'avaient aucun titre et pouvaient être facilement dépossédés de ce tribut, « qui n'est pas avantageux pour la France ». Cet argument fut repris en 1893 par certains patriotes qui trouvaient la cérémonie humiliante et jugeaient que la comédie avait assez duré. Mais le Conseil d'État de la République française et la Cour internationale de La Haye ont reconnu la validité du traité et précisé que seul un renoncement mutuel des deux parties pouvait y mettre fin.

Huit mains jointes

Aujourd'hui l'étrange cérémonie est devenue une attraction, depuis qu'une route carrossable mène à ces lieux, mais les rites se déroulent toujours dans leur émouvant anachronisme. Les quatre alcades de la vallée de Roncal se présentent habillés de leur costume de cérémonie traditionnel, chapeau rond, cape noire dite *anguarina*, collerette à revers blanc dite *vallonce*, veste noire, culotte de velours et bas blancs. Ils avancent vers la pierre qui marque la frontière. L'alcade de Roncal appelle les quatre maires d'Arette, de Lanne, d'Aramits et d'Ance, en employant la même formule que toujours : « *Paz abant* ». Alors l'un des Français s'avance et pose la main sur la borne frontière. Un Espagnol met à son tour sa main sur celle du Français ; les huit mains forment ainsi une pile alternée. Puis l'alcade d'Isaba présente son bâton, les huit mains se serrent sur cet insigne de commandement, et le pacte signé à Anso est renouvelé pour une année de plus.

Il reste à régler les clauses financières de l'antique sentence arbitrale, condamnant les villages français au paiement d'un tribut. Trois génisses sont présentées aux Espagnols ; elles sont évaluées à un prix convenu d'avance et le montant en est remis entre les mains du secrétaire du Syndicat de la vallée de Roncal qui, auparavant, a lu le texte du traité devant l'assemblée. Alors, dans un grand éclat de cris et de musique, commence la *feria*. Selon la coutume, les Espagnols ont amené le *chaudron* où vont

bouillir pêle-mêle des quartiers de moutons et des escargots
jaunes, les *caracoles*, régal rustique et typiquement espagnol.
Traditionnellement les Français ont apporté des poulets et surtout du café. On boit à même les *botas* de cuir le vin de la Rioja.
Guitares et accordéons accompagnent les *jotas* aragonaises et
tard dans la nuit, sur le chemin du retour, on entendra les chœurs
inoubliables des bergers du Barétous.

Pierre-Saint-Martin : immobilisation des génisses
(photo Pierre Minvielle)

DROITS ET USAGES

Des mains ouvertes pour donner

Ayant trouvé dans la révolution agraire et pastorale néolithique une forme de vie parfaitement adaptée au génie de leur
race, les communautés pyrénéennes traversèrent les épreuves
des grandes invasions celtes, de la domination romaine et des
migrations des peuples germaniques. A l'aube du Moyen Age,
fermement repliées sur elles-mêmes, on les trouve attachées à
des coutumes d'une originalité remarquable. En pleine féodalité,
les montagnards ne reconnaissent entre eux ni noblesse ni vasse-
lage. Ne pouvant se soustraire à la loi du plus fort, ils traitent
d'égal à égal avec leur souverain local et obtiennent dès le
XIe siècle la reconnaissance de leurs droits (appelés « fors ») et
de leurs coutumes auxquels le seigneur devra respect et obéissance avant tout autre.

Les *Fors de Béarn* commencent comme une véritable *Légende
des siècles*, à la gloire de l'indépendance des Béarnais. Ceux-ci,

(à une époque qui n'est pas précisée), n'ayant pas de seigneur, choisirent un chevalier bigourdan pour gouverner le pays. Mais un an après, comme celui-ci se refusait à maintenir les *Fors et Coutumes*, ils le massacrèrent à Pau en pleine assemblée. Ils allèrent alors chercher en Auvergne un autre seigneur qui les gouverna pendant deux ans; mais lui aussi viola les *Fors*, et la Cour le fit tuer sur le pont d'Osserain, à la limite de la Navarre, par un écuyer « qui le perça de part en part d'un coup d'épieu ».

Là-dessus, les Béarnais apprirent qu'un chevalier de Catalogne venait d'avoir de son épouse deux fils jumeaux; après avoir tenu conseil, ils envoyèrent deux prudhommes pour demander au noble catalan un de ses fils comme seigneur. Les messagers trouvèrent les enfants endormis et, les ayant regardés, virent que l'un dormait « à poings fermés », l'autre les mains ouvertes. Alors ils choisirent celui-ci, « s'attachant, dit Marca, à celui qui a les mains ouvertes pour donner plutôt qu'à celui qui les tient serrées et fermées à toute libéralité[1] ».

Par la suite, se différenciant des communautés de la plaine, les vallées d'Ossau, d'Aspe et de Barétous se retranchent jalousement dans leurs privilèges. Ainsi les *Fors* d'Ossau refusent le droit de poursuite à tout étranger à leur vallée, ce qui encourage les montagnards dans la pratique de raids dignes du temps des invasions. Sous le prétexte de garder le Pont-Long libre de clôture et de culture, à la disposition exclusive de leurs troupeaux, ils n'hésitent pas à descendre de la montagne « toutes enseignes déployées » et à ravager la campagne jusqu'aux portes de Pau. Ils seront en procès avec les riverains de leurs pâturages jusqu'en 1829 où un arrêt du Conseil d'État reconnut leurs droits de propriété.

Le mort est interrogé

Certains usages de la montagne semblent remonter à une haute antiquité et dériver de rites où la magie jouait un rôle. Le *Fors* d'Aspe, par exemple, prévoit qu'en cas de mort par accident ou meurtre, le corps du défunt ne peut être touché avant d'avoir reçu la visite des jurats du lieu, qui s'informeront de la cause de la mort[2]. Mais en Andorre, la visite au mort a conservé un aspect dramatique. Le *bayle* arrive en costume de cérémonie, *gambetto* et tricorne de feutre, avec le *senor facultative*, le médecin des vallées, le *nunci*, l'huissier officiel de justice, et le greffier.

Celui-ci se place à la gauche du *bayle*. A sa droite le *nunci*, tête nue, s'avance, se penche sur le mort et dit à voix haute : « Mort, qui t'a mort? » Il répète une seconde fois sa question, puis une troisième fois il interroge : « *Mort! Alsa te! Que la justicia te mane!* » (Mort, lève-toi ! que justice te soit faite !) Enfin le *nunci* dit à voix basse au bayle le mot qui clôt la cérémonie : « *Es mort qui no respon!* » (Il est mort, il ne répond pas[3].)

La foi des Pyrénéens dans l'existence d'une justice immanente est là, et dans la coutume longtemps pratiquée des ordalies et du jugement de Dieu. Plusieurs églises étaient spécialement désignées pour l'accomplissement des rites de cette justice primitive, la collégiale de Saint-Gaudens, les abbatiales de Saint-

1. Pierre de Marca, *Histoire de Béarn*, 1640.
2. Anne Saffores, *Vallée d'Aspe*, 1968.
3. Isabelle Sandy, *Andorra ou les hommes d'airain*, Plon, 1939.

Pé-de-Bigorre et de Sainte-Christine-du-Somport. Le « camp batailhé », au pied du château de Pau, fut le dernier champ clos d'Europe où les duels judiciaires pouvaient se dérouler sous la protection des lois du pays. L'appel du *nunci* andorran est une provocation à la justice divine qui fera éclater la vérité et permettra une vengeance juste... Le silence des cadavres n'a pas fait renoncer au rite. Croire, c'est d'abord persévérer.

Un communisme patriarcal

Un autre aspect des coutumes pyrénéennes qui a suscité l'intérêt des premiers sociologues qui les ont étudiées est le collectivisme spontané, pratiqué par les groupes humains vivant dans la montagne. Écrivant en 1894 une monographie de la vallée d'Ossau, l'auteur disait que les « Ossalois faisaient du communisme sans le savoir comme Monsieur Jourdain faisait de la prose[1] ».

Constatant que sur 60 000 ha, 56 000 sont rebelles à la culture, il remarque que « si ces pâturages étaient émiettés comme les basses terres en propriétés individuelles, ils deviendraient des non-valeurs et ne profiteraient pas plus à l'élevage qu'une goutte d'eau dans le sable ».

C'est pourquoi aujourd'hui encore les prairies de fauche sont la propriété indivise de la commune, et les pâturages des hauteurs accessibles en été sont la propriété de la vallée tout entière. Celle-ci s'appelle « université », « république », « rivière » ou simplement « syndicat », comme aujourd'hui les syndicats pastoraux d'Ossau, d'Aspe, de Barétous, de Soule, de Cize, de Baïgorry, etc. Cette institution immuable, et « communiste » au sens originel du terme, permet une distribution équitable des surfaces de pâturages en faveur des communes du bas de la vallée, qui sont pauvres en pâtures d'altitude. Le territoire de la commune de Laruns, l'un des plus grands de France, est ainsi composé en majeure partie de « montagnes générales », où toutes les communes du syndicat de la vallée d'Ossau envoient leurs bêtes. Chaque chef de « maison », *cap d'oustau*, y envoie son troupeau dans le coin de la montagne qui lui a été assigné par les représentants syndicaux.

Le sociologue Henri Lefèvre a même découvert des communes soumises par suite de leur isolement géographique à un droit coutumier qui en fait de véritables « fossiles sociologiques ». Il cite comme exemple de ces curiosités la vallée de Batsourriguère dans les Hautes-Pyrénées[2].

Cachée derrière la montagne du Béout, à quelques kilomètres au sud de Lourdes, cette vallée dont le nom signifie «l'ensoleillée», comprend trois villages : Ossen, Segus, Omex. Chacun de ces villages a sa municipalité, son budget communal, son église, mais les biens communaux, qu'il s'agisse de pâturages, forêts ou carrières d'ardoise restent en indivision. La montagne du Béout qui est herbeuse et figure en entier sur le plan cadastral d'Ossen, sert de pacage également à Segus et Omex. De même, les pâturages du Pré-du-Roi, qui sont dans le cadastre de Segus, restent ouverts aux troupeaux d'Ossen et d'Omex. Chaque fois qu'une

1. Fernand Butel, « Une vallée pyrénéenne; la vallée d'Ossau », dans *Revue de science sociale.* 1894.
2. **Henri Lefèvre**, *Pyrénées,* Éd. Rencontre, 1962.

question est débattue au sujet des biens en indivision, le secrétaire des trois communes rédige en trois exemplaires les décisions prises par l'assemblée de la vallée et les trois maires signent chacun leur exemplaire... pour la forme.

Les paysans de Batsouriguère n'ont pas la même notion de la propriété que ceux de la plaine. Les parcelles appartiennent nominalement à tel ou tel, mais chaque année elles sont échangées par arrangements mutuels. Une partie de la vallée recevant moins de soleil que l'autre, chaque famille, par rotation de parcelles, jouit tous les ans d'une certaine étendue de terre dans la partie la mieux exposée. « L'étonnant, c'est que les gros qui ont de cinq à huit hectares se soumettent encore à cette servitude traditionnelle au profit des petits; s'ils refusaient de suivre la tradition, ils auraient l'opinion publique contre eux et, chez nous, dit un ancien secrétaire de mairie, elle est très forte. »

A cette forme de vie sociale et politique correspondent des mœurs archaïques que l'on retrouve encore çà et là dans l'histoire des anciennes coutumes des autres vallées. Le droit d'aînesse s'y est maintenu et les filles en bénéficient. Elles travaillent comme les hommes, elles ont beaucoup de liberté et en usent largement. L'informateur de Lefèvre précisait : « On trouverait difficilement dans la vallée une pucelle de quatorze ans. J'en ai marié une récemment qui n'avait qu'un bâtard; pour le pays c'était presque une vierge!... Personne n'y trouve rien à redire. Même si elles ont un enfant avant le mariage elles sont sûres de trouver un épouseur, le père de l'enfant... ou un autre, à condition toutefois que le père de l'enfant ne soit pas un étranger au village [1] ».

Pour que ces mœurs disparaissent, il faudrait que les montagnes elles-mêmes disparaissent...

*Porteuse
de lait
(B.N.,
Est.)*

1. Henri Lefèvre, *op. cit.*

LES COUREURS DE CHANCE

Des prisonniers s'évadent

Dans ces villages de la montagne, aussi isolés entre eux et le reste du pays que les îles d'un archipel, il arrive un jour où l'homme se révolte contre la misère de sa destinée, pris dans l'étau des sommets qui l'écrasent, tenu au carcan des travaux immuables...

Alors, jeune ou vieux, il n'a qu'une pensée et la mûrit au long des journées interminables : s'évader de sa prison de rochers et de forêts, quitter la sombre demeure familiale où rien ne peut changer. Il part, à la rencontre de son aventure. Celle-ci sera fantastique, banale ou misérable.

Un petit chevrier d'Aydius, en vallée d'Aspe, Loustaunau, trouvera dans l'Inde des maharadjas, la gloire d'un général victorieux, et la fortune à poignées d'or et de diamants. Il finira en Syrie, prophète illuminé et loqueteux, aux côtés de Lady Stanhope, la Circé du désert. Mais, pour des générations entières de montagnards, l'aventure sera simplement l'émigration saisonnière des hommes de l'Ariège : ils iront faire la moisson en Espagne ou les foins en Aquitaine; d'autres colporteront l'« eau de Lourdes » ou les pierres à faux et seront montreurs d'ours; le chevrier vendra le lait de ses bêtes en soufflant dans sa flûte de Pan en buis, sur les trottoirs de Bordeaux ou de Toulouse, voire de Vaugirard.

Depuis trois siècles, les Basques, les Béarnais, les Bigourdans émigrent aux îles et aux Amériques. L'Uruguay est peuplé de leurs descendants; lors de la guerre entre l'Argentine et le Paraguay, où Montevideo soutint le siège impitoyable du général Oribe, en 1843, on vit se former une légion française de Basques et de Béarnais, luttant au coude à coude. « Un Baradère de Luz-Saint-Sauveur, après une randonnée au Sénégal, devint curé de Montmartre, et partit en 1827, pour Mexico; il revint à Paris pour assister son ami, l'évêque constitutionnel Grégoire, et conduire son deuil, publia deux grands in-folio sur les antiquités mexicaines et se perdit à tout jamais dans les savanes du Nouveau Monde [1]. »

Pour celui qui part sur les grands chemins, tout devient possible : il n'a plus de famille, plus de voisins, plus d' « anciens » pour juger et commenter ses faits et gestes; il peut comparer ce qu'il voit et ce qu'il sait : tous les métiers lui sont possibles; et quand il revient, il est écouté : pour combien cette pensée seule valait le départ ! D'autres ont découvert dans cette montagne même la source des joies de la liberté. Ils sont devenus guides, chasseurs, contrebandiers, au risque de mêler leurs pas à ceux des hommes sans foi ni loi, *miquelets* ou *bandouliès*, suprême injure...

1. Édouard Peyrouzet, *Vie de Lautréamont*, Grasset, 1970.

Au péril de la vie

Le guide des Pyrénées, du moins à la belle époque des bains, ne ressemblait que de loin à ceux de la Savoie ou de la Suisse. Il est venu à la montagne, payé par des gens de bonne compagnie qui se désennuyaient en visitant un pays devenu sublime, d'horrible qu'il était. Aux Eaux-Bonnes, à Cauterets, à Luchon, les guides formaient des corporations pittoresques et respectées. A Cauterets, ils se divisaient en deux classes, selon leurs performances, et devaient exhiber leur plaque à toute demande. Il y avait aussi ceux qui, pour gagner quelques écus, offraient leurs services et « embarquaient » leurs clients dans des randonnées mortelles. L'un d'eux périt ainsi de froid avec deux jeunes gens, dans la traversée du val d'Ossoue, entre Cauterets et Gavarnie, en 1836. A Luchon, le guide Barrau, disparu dans une crevasse du glacier de la Maladetta, était devenu un personnage de légende qui donnait lieu à une mise en scène théâtrale couronnant l'excursion du port de Venasque. Lorsque les touristes débouchaient en haut du col, et se trouvaient confrontés avec le spectacle des glaciers et des arêtes de la Maladetta, le guide ne manquait pas de raconter l'ascension fatale à leur malheureux prédécesseur, et, le bras tendu en direction de la montagne maudite,

Panorama de la Maladetta (B.N., Est.)

il répétait : « Il est là Barrau ! le pauvre Barrau ! » Un jour, en
1936, un autre guide vit apparaître dans la glace bleue du front
du glacier, les restes du malheureux qui avait mis près d'un
siècle à descendre la montagne dans son cercueil de glace...

Le *Guide Joanne* de 1858 met en garde les amateurs de courses
en montagne contre les guides de Luchon qui ne seraient que
« des loueurs de chevaux et des écuyers cavalcadours qui ne
connaissent pas les montagnes ». Lesdits écuyers avaient au
reste fort à faire, car à l'époque, les sorties à cheval étaient la
distraction classique d'un séjour à Luchon et, parmi les cavalières
ou les cavaliers, que de novices avaient besoin d'un ou deux
cavalcadours pour se maintenir en selle et dans le bon chemin!
Les guides de Luchon sont restés des virtuoses dans l'art de faire
claquer le fouet. Il y en a eu aussi qui ont conduit les grands
explorateurs de la chaîne là où personne avant eux ne s'était
aventuré. La croix de bois de leur tombe, dans le cimetière d'un
village perdu au fond de la vallée, garde seule leur nom et,
quelquefois, on trouve, à côté d'un nom célèbre, leur signature
gauche sur un de ces précieux carnets des cimes qu'on trouvait
dans une boîte de fer blanc coincée entre deux pierres au-dessus
de l'abîme.

A Bagnères-de-Bigorre, les guides avaient la clientèle des ramasseurs de plantes rares et de minéraux. Les porteurs de boîtes vertes et de filets à papillons encombraient les sentiers pyrénéens, au point que Taine leur a consacré une page caricaturale dans son *Voyage aux Pyrénées*. Le guide Philippe s'intitulait naturaliste pour inspirer confiance. Toute une lignée de ces spécialistes, il est vrai, avait été formée par Ramond de Carbonnières et Picot de Lapérouse. Le plus connu est cet habitant d'Asté, près de Bagnères-de-Bigorre, qui hébergea Tournefort, envoyé par Fagon, le médecin de Louis XIV, pour chercher ces plantes médicinales pyrénéennes dont Louvois avait vanté les vertus. Ce fut lui qui lui montra sur les pentes du Bergons, ces pelouses merveilleuses aux plantes rares que Tournefort appelait un « jardin d'Eden ». Une plaque apposée sur une maison d'Asté en garde le souvenir.

La chasse à l'isard (coll. Pierre Minvielle)

Cependant, la chasse a été le plus grand dérivatif de l'homme dans les Pyrénées, sport terriblement dangereux et excitant quand les loups et les ours hantaient encore les forêts de toute la chaîne. A l'époque gallo-romaine, des confréries de chasse élevaient des autels à Diane et à Sylvain, dieu des bêtes sauvages. Les battues à l'ours mobilisaient tous les villages de la vallée. Certains étaient réputés pour la vaillance de leurs chasseurs, comme Tramezaygues, selon un vieux dicton de la vallée d'Aure : « *En Tramezaygues qué cridé : Qu'auen aucit l'ous!* » (A Tramezaygues on crie : « Nous avons tué l'ours »). Traditionnellement, les chasseurs avaient le droit de quêter chez les populations délivrées d'une bête nuisible, loup ou ours, en exhibant l'animal. En Ossau, l'événement donnait lieu à des ripailles qui étaient passées en proverbe.

Mais le type traditionnel du coureur de montagne, c'est le chasseur d'isards, la chèvre sauvage des vieux auteurs. Alors qu'il ne comprenait pas ce qui pouvait pousser les premiers grimpeurs à s'attaquer à un sommet, à une paroi, le montagnard risquait sa vie à longueur de journée pour débusquer sa proie dans les plus vertigineuses retraites. L'horreur du vide, le froid dans l'affût nocturne, rien n'arrêtait l'homme qui préférait cette aventure à l'asservissement d'un travail routinier et d'une situation sociale obscure : il trouvait, à côtoyer ainsi le danger, le moyen d'exprimer sa révolte inconsciente contre une existence prosaïque et sans issue. Sanglés dans leurs vestes et leurs culottes de bure brune, les chasseurs d'isards des Eaux-Bonnes seront de superbes modèles pour les célèbres lithographies romantiques des costumes pyrénéens.

Où l'homme est un gibier pour l'homme

Le même désir impérieux, brutal, de gagner sa liberté au prix du danger, en bravant les interdits des hommes, a créé aussi le contrebandier.

Du jour où les souverains de France et d'Espagne eurent arrêté leur frontière commune et installé gardes et péagers chez des gens qui communiquaient librement entre eux, la contrebande devint une source de profits inespérée. Braconnier pacifique, le contrebandier rétablissait la libre circulation des biens moyennant une honnête rémunération de ses risques. Il y trouvait le plaisir d'un jeu de cache-cache où, tour à tour gibier et chasseur, il jouait un merveilleux quitte ou double sur le plus excitant terrain de sport qu'on puisse rêver. Un jeu, oui, mais aux règles impitoyables comme celles de la « loi » que Roger Vailland a décrites dans son célèbre roman. Un jeu qui fait naître des passions primitives, où le gagnant paie parfois de sa vie, car, passé un certain degré d'exaspération, le perdant peut devenir un assassin, même quand il pense seulement se faire justice.

L'Ariégeois Raymond Escholier a raconté un des drames les plus sanglants de cette lutte obscure qui dure depuis trois siècles : « Un certain contrebandier, natif, je crois, de Soldeu, tombé dans une embuscade, avait été tué par un grand diable de douanier, d'une balle en plein front... Quelques semaines plus tard, le douanier disparaissait à son tour... On eut de la peine à retrouver sa dépouille. Le malheureux gisait, la poitrine ouverte, au fond d'un précipice. Quand on put enfin, au prix de durs efforts, le remonter, on s'aperçut, non sans horreur, que le cœur avait disparu. » L'enquête se heurta alors au silence le plus total. Rien ne semblait pouvoir le faire rompre quand, un jour, à propos d'une affaire mineure, un inculpé qui en savait long mangea le morceau. On apprit alors ceci : « Surpris, assailli par les compagnons de sa victime, le douanier n'avait pas tardé à succomber et c'est à ce moment que par un raffinement de sauvagerie, ses meurtriers lui avaient ouvert la poitrine et arraché

Le contrebandier des Pyrénées (coll. Pierre Minvielle)

le cœur. Ce cœur, les contrebandiers le firent rôtir au feu de
bruyère, se le partagèrent et le croquèrent à belles dents. [...] J'ai
connu l'un des acteurs de cette scène sinistre, dit l'auteur. Fortement soupçonné d'avoir pris part à cette ténébreuse affaire,
arrêté, incarcéré à la prison de Foix avec plusieurs de ses camarades, on ne put jamais obtenir contre lui, pas plus que contre
les siens complices, le moindre semblant de preuve. On dut le
relâcher, ainsi que les autres Andorrans. Il était fort connu à
Mirepoix, louant ses bras robustes pour les foins et pour la
moisson ; d'humeur paisible au demeurant, et, somme toute, un
fort brave homme[1]. »

1. Raymond Escholier, *Mes Pyrénées*, Arthaud, 1949.

LES GITANS

Mœurs bohémiennes

Il y a eu longtemps dans le Roussillon, des colonies de « *Gitanos* », frères de ceux qui, en 1512, se réfugièrent en Catalogne, où on les baptisait encore « *Boemios* ». Une grande partie d'entre eux s'était fixée dans les villes de Perpignan, d'Elne et de Thuir, où on leur réservait un quartier ou une rue.

A Perpignan, c'était les abords de la porte Canet, où ils exerçaient les métiers de maquignons et de tondeurs. Cette dernière corporation pittoresque opérait autour de la porte Notre-Dame. « Il faut les voir accourir, écrit Victor de Rochas, dès le point du jour... Assis au pied du rempart, ils sont là, munis des instruments de leur art, aux aguets de tout ce qui rentre ou sort. Chevaux, mulets, ânes ou chiens, tout est bon pour eux. Car que ne tond-il pas, un Gitano? Il tondrait un œuf!... Ils n'abandonnent l'animal que propre, rasé « comme le menton d'un padre », selon leur expression; on ne laisse qu'une petite touffe de poils d'un dessin varié à la racine de la queue, signature de l'artiste [1]. »

L'archéologue Puiggari, qui les a regardés vivre avec une curiosité indulgente et amusée, au début du XIXᵉ siècle, a relevé certains de leurs usages particulièrement émouvants. Ainsi, le jour de la Toussaint, veille de la commémoration des Trépassés, le père de famille allume dans la chambre des cierges en nombre égal à celui des morts dont il veut honorer la mémoire. Après le repas du soir, au son de l'Angélus, commence un entretien sur les faits et gestes des disparus; les enfants terminent la veillée par une prière. Chez les Bohémiens pauvres, les cierges sont remplacés par une mèche de coton qui flotte sur l'huile d'une lampe de terre, dans un morceau de moelle de roseau.

Leurs rites de mariage présentent aussi une grande originalité. La cérémonie a lieu à l'église, mais le prêtre n'y assiste pas. Toute la noce entre, et le couple se dirige vers les fonts baptismaux. Après une oraison, la fiancée se met debout devant la statue de la Vierge. Elle fait une profonde révérence, et, les mains jointes à la hauteur de la tête, elle adresse une prière à Marie. Ensuite, prenant la main de son fiancé, elle l'appuie sur son cœur, prononce son engagement et le fiancé accomplit les mêmes gestes. Alors la jeune femme trace trois fois successivement le signe de la croix sur son ventre. La mère s'avance, donne la bénédiction à sa fille qui prend de l'eau dans les fonts baptismaux et asperge l'assistance à pleines mains. La cérémonie terminée, on sort, mais à peine a-t-on passé la porte que la nouvelle mariée adjure l'époux de lui rester fidèle sous peine d'une correction, et le mari lui promet de lui casser les reins si elle le trompe. Sur quoi un vieux dit à sa commère : « *Vaya! tod avuy que saran amichs.* » — « Va donc! ils resteront bien amis aujourd'hui [1] ! »

Le quartier Saint-Jacques à Perpignan garde une forte proportion de Gitans, parmi la population pauvre qui l'habite. C'est chez eux que se recrute traditionnellement une bonne partie des pénitents qui suivent la procession du Vendredi Saint, sous la « caparuche ».

1. De Rochas. Les parias de France et d'Espagne.
2. *Bulletin de la Société Polymathique de Perpignan*, 1834.

Les mesures de ségrégation prises à l'encontre des Bohémiens par le préfet des Basses-Pyrénées, sous le Premier Empire, provoqueraient aujourd'hui l'indignation populaire. 475 hommes, femmes et enfants capturés et internés dans les citadelles de Saint-Jean-Pied-de-Port et de Bayonne devaient être envoyés dans les colonies d'Amérique. Mais le *Journal des Basses-Pyrénées* écrivait : « La mesure que le préfet vient de prendre assure l'éternelle reconnaissance du Pays basque ». Le manque de navires disponibles à Bayonne, puis la cession par Bonaparte de la Louisiane aux États-Unis, empêcha que cette mesure inhumaine soit exécutée. Quelque temps après, les Gitans étaient rendus à la liberté.

Dans le port de Saint-Jean-de-Luz (photo de l'auteur)

Les vahinés de la côte basque

Comment les Basques ne pouvaient-ils pas être à la fois scandalisés et fascinés par la vie de ce peuple? En 1788, le curé d'Urrugne ne les déclarait-il pas, en pleine chaire, « maudits de Dieu et possédés du démon »? Les femmes surtout semblaient vivre de la mer comme si elles y étaient nées : elles pêchaient le homard et le crabe; sur la Bidassoa entre Hendaye et Fontarabie, elles faisaient passer la rivière, et qui ne se serait confié à une barque conduite par une jeune et jolie Gitane? Mais c'est à Saint-Jean-de-Luz qu'elles avaient conquis droit de cité auprès des marins basques. Les dernières poissonnières de Ciboure, qui lançaient il n'y a pas longtemps encore dans les rues de la ville leur appel : « Du thon, du thon ! » (Atun, Atun), les célèbres « *cascarotes* », descendaient de ces brunes Gitanes immortalisées par Mérimée dans *Carmen* (et n'oublions pas que l'écrivain fait justement un Basque de ce don José que la cigarière a ensorcelé).

En 1788, un compagnon de Ramond, Lomet, a raconté la façon dont les « *Cascarotes* » s'emparaient de la pêche des marins de Saint-Jean-de-Luz. Cette scène évoque l'accueil des marins de Cook par les vahinés de Tahiti. En arrivant dans la baie, les marins dirigeaient leurs barques vers l'endroit où les Bohémiennes les attendaient : « Dès que ces chaloupes sont à cent mètres du rivage, celles-ci se mettent toutes nues, dansent et folâtrent, puis se jettent ensemble à la nage à la rencontre des bateaux. Celle qui arrive la première s'assied sur le banc et fait le prix avec le patron pour toute la pêche du jour. Dès que le prix est fait, le bateau aborde et le prix est payé. Les femmes se distribuent le poisson, s'habillent et font la course pour aller le vendre. » L'écrivain basque Chaho a laissé un tableau savoureux des « *cascarotes* » dans les rues de Bayonne : « Les poissardes forment une tribu qui mérite de prendre rang dans l'histoire des pêcheries de la France. C'est toute la ville de Bayonne qui leur sert de halles à vendre leur poisson ; elles ont leur éventaire sur la tête ; les cris stridents qu'elles poussent en courant dans les rues pour annoncer les anchois délicats, les sardines fraîches, finissent en notes tyroliennes : « *Adar, Arriba ! Chardin aci ! à l'antchoa ! aci fresc e delica !* » Chaho fait alors le calcul ahurissant du chemin parcouru par ces demoiselles en une journée. En s'en tenant au seul trajet de Saint-Jean-de-Luz à Bayonne et au retour, car elles rentrent le soir même au port pour recommencer le lendemain, elles ont fait dans la journée plus de 42 kilomètres !

Plus encore que la Basquaise de la montagne ou la Bayonnaise, la « *cascarote* » de Ciboure est restée le sujet préféré des artistes romantiques, avec sa jambe hâlée et musclée, son port de tête inimitable et cette fierté du regard héritée de la race indomptable qui avait fourni au chancelier de Lancre les victimes les plus insolentes pour ses bûchers de sorcières.

LES TRADITIONS

LA NAISSANCE

Quand c'est le père qui accouche

Le rite de la « couvade » est souvent cité comme caractéristique de l'antiquité des mœurs des populations montagnardes. Une tradition veut que chez les Béarnais comme chez les Basques, le mari, après l'accouchement de sa femme, prenne sa place au lit, avec l'enfant à son côté, pour le couver en quelque sorte.

Au XVIIe siècle, un médecin de Carcassonne, Sacombe, écrit dans la *Lucinade*, un poème en dix chants sur l'art des accouchements.

> *En France même, chez le Venarnien,*
> *Au Pays Navarrois, lorsqu'une femme accouche*
> *L'épouse sort du lit et le mari se couche...*
> *On le met au régime et notre faux malade*
> *Soigné par l'accouchée, en son lit fait couvade.*
> *... Un mari dans sa couche au médecin soumis,*
> *Reçoit en cet état parents, voisins, amis*
> *Qui viennent l'exhorter à prendre patience.*

On disait qu'il y avait là un vieil usage basque, sans savoir s'il était antérieur au christianisme. Ne le trouvant pas dans leurs traditions, les Béarnais attribuèrent la coutume aux Basques; ceux-ci pour les mêmes raisons, en font une pratique béarnaise. C'est un épisode de la rivalité traditionnelle entre les deux communautés.

Des sociologues ont pensé que l'origine de cette légende se trouve peut-être dans la lutte qui a opposé matriarcat et patriarcat dans le subconscient collectif des populations pyrénéennes. Ainsi, les maris des « héritières », réduits à un rôle secondaire au foyer, auraient trouvé une sorte de revanche dans un rite où ils jouaient à leur tour le personnage principal. Le goût des Béarnais pour la plaisanterie leur a fait perpétuer la coutume, mais du fait qu'un certain ridicule s'attache à la situation du père en gésine, ils ont laissé croire à l'origine basque de la coutume. Pourtant, la référence de Strabon semble bien leur donner tort, car les *Venarni*, selon toute apparence, et d'après les archéologues, sont bien les ancêtres des Béarnais[1].

Aujourd'hui encore, l'heureux père est fêté autant, sinon plus, que l'accouchée, par ses amis et ses voisins, sur les lieux de l'événement, et le festin de baptême, comme les autres repas de fête, reste une cérémonie essentiellement masculine.

---

1. J.-J. Cazaurang, *Pasteurs et Paysans béarnais*, Marrimpouey, Pau, 1968.

Pour conjurer le mauvais œil

Hormis la « couvade » qui relève de la controverse ethnographique, sinon de l'affabulation, les coutumes pyrénéennes entourant la naissance marquent seulement le souci de préserver l'enfant des influences maléfiques et de lui éviter les gestes inconsidérés qui engageraient son destin dans une mauvaise voie.

A Oloron, le matin de Noël, les enfants parcouraient les rues avec un panier en criant : « *Ahum! Ahum! Poumes y esquillots! Bouharoc! Coc! Coc!* » Les parents d'enfants en bas âge leur lançaient des châtaignes, des fruits, des sous, pour conjurer les sorts que les sorcières cherchaient à jeter aux enfants au berceau. A Orthez, ils criaient : « *Picahou! hou! hou!* ». Tant que l'enfant n'était pas baptisé, les sorcières avaient toute puissance sur lui. Aussi les précautions prises étaient-elles aussi nombreuses que variées. En vallée d'Aspe, les voisins évitaient de rendre visite à la mère avant le jour du baptême. La marraine portait elle-même l'enfant à l'église, dans les bras, ne répondant à aucun salut, et attentive à ne pas tourner la tête, ce qui pouvait donner prise au mauvais œil. Il fut un temps où, dès sa naissance, l'enfant était couché dans un *sécouné*, un crible. Avant de lui jeter un sort, la sorcière devait compter neuf fois les trous du crible. Elle n'y parvenait jamais avant le chant du coq qui la faisait fuir[1].

Ailleurs on déposait l'enfant sur la litière des vaches ou sur un rateau à neuf pointes. On le laissait pleurer quelques secondes, puis on le retirait en disant : « Petit enfant que le tentateur a rendu si grand pleureur, laisse, laisse tes plaintes dans ce fumier avec tes misères; puis viens sourire dans ta maison où on te désire sans aucun mal. On veut t'y bien nourrir, bien promener. Si tu as quelque chose de plus à demander, on veut bien tout t'accorder. Ami, ne pleure plus, car à partir d'aujourd'hui rien ne te manquera. »

En vallée de Bethmale, on considérait comme une parade efficace contre les mauvais esprits qui empêchaient les enfants de dormir, de retourner le couvre-pied du lit. Les enfant de Bethmale, les *massipous*, portaient pendant leurs premières années, le même costume, constitué par une robe et une coiffe, la *coho redouno*, un petit bonnet de couleur, orné avec un soin tout particulier. Celui des filles était en trois parties, celui des garçons en triangles juxtaposés, brodés de laines vives, rouges, jaunes, vertes et pailletées. Oter son bonnet et porter culotte représentait pour un garçon le rite qui marquait son entrée dans le clan des hommes.

<hr />

1. Anne Saffores, *Vallée d'Aspe*, 1945.

LE MARIAGE ET LA VIE CONJUGALE

Un chiffre magique

On peut presque parler de liturgie, à propos du mariage ossalois dont les rites se déroulaient d'une façon spectaculaire jusqu'au début de ce siècle. L'association du « Cuyala d'Ossau » à Bielle cherche à en maintenir la tradition.

Au matin, l'époux envoie chez sa fiancée une ambassade de jeunes garçons, les *donzellous*, pour chercher la jeune fille. L'un d'eux lui adresse un compliment, qui peut être spécialement composé pour cette occasion, et un chant d'accueil, l'*arcoelhence*, qu'accompagne le chœur des *donzellous*. Souvent on invitait un homme de la vallée, renommé pour son talent, à composer ces vers de circonstance ou à les improviser : les chants d'accueil de Laurent Arribère-Gramont, qui vécut à Izeste de 1798 à 1870, sont restés célèbres. Alors intervenait l'offrande du *présen*, le cadeau rituel offert par la famille de l'épousée à celle de l'époux. Des fruits, des pains, du fromage venant du domaine, quelquefois des poules, un gigot, une bouteille de vin vieux, s'entassaient dans une corbeille autour d'un arbre symbolique fait d'un rameau à neuf branches, sur lesquelles étaient piquées neuf pommes. Une garde d'honneur accompagnait le porteur ou la porteuse. Quand le cortège arrivait devant la porte, on l'ouvrait avec une formule en usage dans tous les pays de langue gasconne :

> *Aübrit, aübrit, pourtaüs d'argèn !*
> *Que b'apourtam u bèt présèn !*

(« Ouvrez, ouvrez, portes d'argent / Nous vous apportons un beau présent ! »)

Les neuf pommes étaient détachées les premières et, une par une, remises d'abord aux époux, puis aux parents, tandis qu'on chantait une de ces antiques « chansons de neuf » : *Aü noste poumé / Que y abé naü poumes...* » (A notre pommier, il y avait neuf pommes...).

En Ossau encore, comme dans l'arrière pays du Béarn et dans beaucoup d'autres vallées, les rites de prise de possession de la maison par la nouvelle mariée participaient d'un symbolisme très expressif : elle allait dans la grande cheminée toucher la crémaillère; certaines même l'embrassaient, adoptant une fois pour toutes le nouveau foyer, qui a gardé en Béarn, son nom latin de *laré*, l'autel des dieux lares. En Couserans, dans la région d'Aspet, sa mère, ou à défaut la plus âgée de ses parentes, lui présentait autrefois, sur le seuil de la porte, du blé et une quenouille; le blé signifiait qu'elle aurait à travailler la terre en l'absence de l'homme, parti avec le troupeau.

Un présage de bonheur

Deux rites importants restent à accomplir pour l'intégration du nouveau couple dans la communauté villageoise, le paiement du tribut à la jeunesse, *la sègue*, et l'épreuve du *passe-rue*.

La *sègue*, en vallée d'Aspe l'*arroumégade*, est ainsi définie par un vieux texte béarnais : « Quand le marié et la mariée vont entendre la messe nuptiale, on prend une ronce et on la met sur

La Demande, Eaux-Bonnes (1843) (B.N., Est.)

le chemin de l'église, et on empêche le marié et la mariée de passer sans qu'ils aient payé un, deux, trois écus et autant de pots de vin. »

La reine Catherine de Navarre ayant interdit la *sègue*, cette « extravagance » devint, au dire de l'abbé Bonnecaze, plus impérative que jamais. « Deux ou trois hommes, dit-il, se plaçaient armés à la porte du cimetière de la paroisse (qui menait à l'église) pour empêcher le futur et la future d'avancer qu'ils n'eussent payé un prétendu droit d'entrée fondé sur un usage abusif et superstitieux. Les gardiens de la *sègue* déchargeaient alors leurs armes et se joignaient au cortège, tandis que ceux dont la parcimonie avait été remarquée étaient couverts de huées. »

A l'origine de la *sègue* il n'y a qu'un droit d'entrée ou de bienvenue appliqué à celui des époux qui ne fait pas encore partie de la communauté des *véziaux*, où il va résider par son mariage. La jeunesse du coin est chargée de le prélever et on le retrouve dans les statuts des « abbayes de jeunesse » médiévales sous divers noms : droits de reconnue, barrière de garçonnage... La bonne volonté des contribuables respectueux des traditions mirent en appétit les percepteurs, qui décidèrent l'application de ce droit à tous les mariages, prétextant des usages dont personne ne pouvait expliquer l'origine. Aucune ordonnance de la reine, ni mandement de l'évêque ne pouvait rien contre un groupe de jeunes bien décidés, et la *sègue* subsista partout où les jeunes se trouvèrent assez nombreux et groupés pour l'exiger.

Au début du siècle la cérémonie ne manquait pas de pittoresque ; le discours du préposé à la *sègue* mélangeait le latin, le béarnais et le français, à rendre jaloux Janotus de Bragmardo haranguant Pantagruel : « *Anem doun, Messiüs, quép bau parla dus mouts de biarnes* (Ainsi donc, Messieurs, nous allons dire deux mots de béarnais) *à cause que tout lou mounde ne coumpren pas lou lati ni lou francès...* »

Aux environs d'Oloron, en vallée de Josbaig, des *arroumegades*, faites d'un arceau de bois léger décoré de buis et de fleurs, étaient tenues par des femmes pauvres et âgées. L'une d'entre elles présentait sur un plateau de petits bouquets de primevères et de violettes. Les invités les prenaient en échange de quelque argent. Ce discret rappel du tribut était accepté joyeusement en présage de bonheur.

Aujourd'hui, la coutume est encore respectée par des femmes qui vivent à l'ombre de l'église. Quand le cortège sort de la cérémonie, elles offrent des bouquets de fleurs, des petits gâteaux, *rosquilles* ou *pastis*, avec du vin blanc... N'est-ce pas plus aimable que les coups de pétoires du vieux temps[1] !

Le tintamarre de la justice

La vie conjugale restait sous le contrôle vigilant de la communauté. Nul ne pouvait se soustraire à ses règles sans affronter des sanctions traditionnelles, acceptées de gré ou de force par tous. Le *charivari*, cette coutume qui tient de la réjouissance et de la justice populaire, était dans les Pyrénées d'autant plus en faveur qu'il témoignait de la liberté des habitants de chaque communauté à juger du bien et du mal et à régler leurs affaires eux-mêmes.

A Foix, les Ariégeois l'avaient élevé à la hauteur d'une institution baptisée la « Cour Cornuelle ». Tout en distrayant la ville, elle procédait au jugement burlesque d'actes dont les tribunaux officiels se désintéressaient.

En Basse-Navarre, ces parades s'appelaient *Tobera Mustra*, la « monstre ». Pour qu'il ne subsistât aucun doute sur leur caractère, lecture était donnée dès le début, d'un pseudo-décret autorisant la jeunesse « à rire tant qu'il lui plaira du scandale advenu ».

Devant le fronton, deux acteurs, l'accusé et le plaignant, des magistrats et un huissier fantoches mimaient les scènes que des *bersolaris* commentaient au public en vers improvisés, selon leur habitude. Les interdictions légales firent insérer ces scènes dans le cortège du *Santibate* et dans les mascarades, en Soule. Les péripéties, plaidoiries, débats, jugements et exécutions occupaient des après-midi entiers.

Quand elles n'étaient pas empêchées à temps, les parades charivaresques prenaient parfois une allure féroce et se terminaient en sérieuses bagarres. Ainsi en fut-il en 1831, à Saint-Jean-Pied-de-Port. Cette année-là, les événements d'Espagne donnaient prétexte à toute espèce de tumultes. Or, le 18 avril, un jeune Béarnais, cordonnier de son état, épousait une veuve qui vivait avec sa mère, veuve elle-même de deux maris. En résumé,

1. J.-J. Cazaurang, *op. cit.*, p. 77.

un étranger détesté, d'une profession réputée querelleuse, entrant dans une maison où trois maris étaient décédés, c'était plus qu'il n'en fallait : autant jeter un brandon dans une meule de paille. Pour faire bonne mesure, le maire ordonna la fermeture des cabarets et interdit les rassemblements de plus de cinq personnes. L'orage populaire grondait. Il éclata un soir. Débouchant du faubourg d'Ugange dans un tintamarre effroyable, un cortège monstrueux se dirigea vers la maison désignée à la vengeance publique, réveillant les ânes, les porcs, les chiens et même les coqs, qui, dit la chronique, « crurent la ville en danger ». En tête s'avançait un homme mi-cheval, mi-bœuf, avec une crinière de poils attachée à l'arrière de sa blouse, le front surmonté des cornes d'un taureau tué l'année précédente à Pampelune, « ressemblant aux bêtes fantastiques qui descendent de la montagne les nuits sans lune, pour aller chercher et ramener sur leur dos ceux que la dame de Amboto convie dans ses demeures sombres, à ses fêtes sacrilèges [1] ». Il mugissait en soufflant dans une corne de berger. Cinquante à soixante cloches de brebis, les grosses *duariak* carrées et sonores étaient secouées à tour de bras, par les figurants du cortège. Un homme déguisé en Bohémien, tenait une perche au sommet de laquelle pendait une peau de chat, bourrée de paille et d'étoupe enduite de résine.

Un cabaret dans les Pyrénées, gravure anglaise (coll. de l'auteur).

Devant la maison des veuves, un improvisateur se mit à chanter des couplets de circonstance, violents et obscènes, outrageant sans pitié les femmes visées tandis que dans les intervalles, le peuple reprenait de plus belle. Puis, le porteur du chat mit le feu à la défroque velue, qui flamba devant la fenêtre close avec une affreuse odeur de cuir brûlé, tandis que des gamins pendaient à la porte un cercle d'osier entrelacé d'une guirlande de piments rouges, d'un symbolisme cuisant.

1. Gil Reicher, *Saint-Jean-Pied-de-Port*, Delmas, Bordeaux, 1938.

Arrivèrent alors les amis, les parents, et ... les cordonniers, qui avaient à venger l'affront fait à leur corporation sous le prétexte du charivari. Les *makhilas* entrèrent en danse, tandis que le maire faisait appeler la force armée. Il y eut des blessés, des arrestations...

En Béarn, les coupables ne pouvaient guère compter sur l'appui des voisins, spectateurs amusés. Quelques parents seuls venaient prêter main forte pour une contre-offensive, plus souvent pour apaiser le vieil époux irrité, ou la commère un peu trop... chaude. Le malicieux dessinateur palois Gabard ne s'est pas privé d'en gratifier « *Caddetou* », son populaire paysan vieux garçon, « *quoan s'y ey tournat* », c'est-à-dire quand il s'est mis la corde au cou.

On signale l'emploi en cette occasion par les Béarnais, d'un instrument bizarre, le *brame-toupi*, une grosse cruche fermée d'une peau à travers laquelle passe et repasse un bâton qui produit un ronflement terrible, faisant entendre le charivari à une lieue à la ronde. Cet instrument engageait la responsabilité de celui qui le possédait, comme les grosses sonnailles dont une oreille exercée pouvait connaître les propriétaires : c'est alors qu'intervenaient les règlements de comptes.

Dans ses *Souvenirs d'un enfant*, Joseph Peyré raconte que son oncle, célibataire endurci, revint de l'une de ces manifestations nocturnes, couvert de sang de la tête aux pieds. La victime exaspérée avait tiré à chevrotines dans la foule et l'oncle reçut la décharge en pleine tête. Il n'en était pas mort... Les haines de clans qui opposaient des familles au sein d'une même village, depuis la nuit des temps, se libéraient ainsi. L'origine du conflit n'avait peut-être jamais été connue, mais chaque nouvelle génération se faisait un devoir de l'entretenir et de marquer des points chaque fois qu'elle le pouvait.

LES FEMMES PYRÉNÉENNES ET L'AMOUR

Libres de cœur et de corps

Les textes les plus anciens et la tradition dépeignent la femme de la montagne menant sa vie conjugale dans un esprit d'indépendance et de liberté que ses sœurs de la plaine lui enviaient. Strabon a témoigné de l'existence d'une certaine forme de matriarcat dans les montagnes du nord de la péninsule ibérique. Si, dans les Pyrénées, la primauté féminine n'allait pas jusqu'à l'assujetissement des mâles, elle entraînait l'égalité des droits dans la vie publique et dans la transmission de la richesse. Les annales du Lavedan ont gardé le souvenir du « Non » de Gailhardine de Fréchou, annulant une décision de la communauté de Saint-Savin. Les « héritières » de la vallée d'Ossau se faisaient remarquer par l'allure hautaine avec laquelle elles portaient leur riche costume. Le gendre entré dans la famille était souvent considéré comme un valet d'une catégorie un peu supérieure. Le droit des femmes à disposer de leurs biens allait jusqu'à donner le sentiment qu'elles pouvaient aussi disposer de leur corps comme de leur cœur, à leur gré.

Au XVIIIᵉ siècle, les évêques de Bayonne fulminaient encore contre les mariages à l'essai, courants au Pays basque. En Bigorre, au Moyen Age, coutume encore plus insolite, de véritables contrats de services sexuels, appelés *mancipium*, existaient entre des hommes mariés et des femmes appelées *massipia*. De celles-ci, l'annaliste Larcher, qui ne précise pas toujours, il est vrai, les sources de ses dires, donne cette définition : « Les *massipia* étaient des concubines autorisées par une coutume abusive et criminelle, du moins chez les gentilshommes, pour en jouir et leur rendre d'autres services, moyennant une récompense en fonds de terre ou en argent. » Le moins qu'on puisse en dire c'est que la servante affectée aux plaisirs du maître avait, dans les Pyrénées, un nom qui valait un titre. Ceci avait pour les deux partenaires un avantage sérieux : l'état de *massipia* ôtait à leurs relations le caractère de honte et de clandestinité qui s'attachait à l'adultère. Ils ne risquaient donc pas la sanction sociale habituelle dans les pays pyrénéens : la dénudation publique et l'obligation de courir dans cet état à travers les rues de la ville sous les coups de verges. Un écrivain toulousain, émule de Rabelais, a précisé la signification de la chose, avec une pédanterie qui se moque d'elle-même, mettant en latin ce que l'honnêteté n'accepterait pas en français ou en gascon : « *Massipo* veut dire chambrière ou servante, du mot latin *mancipium*. On dit aussi *servus*, et sous *servus* est contenue bien souvent la chambrière, *non solum verbo sed etiam facto, et hoc potissimum* quand le maître ou la maîtresse ne sont pas à l'*oustal* (à la maison) [1] ». Déjà en Béarn, le nom de *massipo* était synonyme de « femme de mauvaise vie ». En 1384, dans le dénombrement des maisons de ce pays, l'*ostau de las massipes* est assimilé à l'*ostau de las femmes deu segle*, l'équivalent des maisons dites « closes ».

L'indulgence manifestée pour le concubinage paraît même avoir été reconnue officiellement par certains contrats en Béarn. Ainsi Guilhem deu Cog, charpentier, et Gailhardine de Pardies, mariés chacun de leur côté, se promettent mutuellement de s'épouser quand ils seront veufs. En attendant, Guilhem s'engage à entretenir Gailhardine « comme concubine ».

On pourrait voir une preuve ancienne de cette émancipation féminine dans le fait que presque toutes les révoltes survenues au XVIIIᵉ siècle dans les Pyrénées ont été le fait des femmes. Ainsi, un matin de 1748, des femmes de Saint-Jean-Pied-de-Port essayaient de déchiffrer un avis public annonçant de nouveaux droits sur le suif, la cire, la poudre de riz, le papier, etc. Un plaisantin s'offrit à leur en expliquer le contenu et leur apprit qu'on allait taxer le feu, l'eau, le vin, le balayage des maisons et... l'exercice des droits conjugaux. Stupeur, indignation, tumulte au cours duquel les autorités municipales furent malmenées. Quand le calme revint, les États de Navarre obtinrent des lettres de rémission pour les maris, qui dans leur plaidoyer avouèrent « n'être pas maîtres chez eux, et ne pas avoir voulu tenter de le paraître en cette occasion... »

« Pour en faire à son plaisir... »

C'est aussi dans ces vallées où les femmes et les hommes se considéraient comme libres et égaux, que les historiens ont trouvé les témoignages les plus nets du fameux « droit de cuissage », ce serpent de mer de l'histoire féodale.

Le roi Henri II de Navarre avait ordonné au Parlement de vérifier les déclarations de dénombrement des droits féodaux, faites par tous les seigneurs de son royaume, par devant Jacques de Foix, évêque de Lescar, le 23 janvier 1538. La déclaration de Johan, seigneur de Louvie-Soubiron, Listo et autres lieux, énumérait ses droits de servitude, de corvée, de fers, de prison... et de « braguette » envers neuf « maisons questales » : lorsque les habitants des maisons citées se marient, « ils sont tenus avant de jouir de leur femme, de les présenter la première nuit au seigneur, pour qu'il en fasse à son plaisir, ou autrement ils lui paient certain tribut ». (Article 22). « Ils doivent payer également une somme d'argent pour chaque enfant qu'ils engendreront. Et s'il advient que le premier-né soit un enfant mâle il est affranchi parce qu'il pourrait être engendré des œuvres dudit seigneur dans la première nuit de ses plaisirs. » (Article 23.)

Ces maisons où le seigneur pouvait *far a son plaser*, et qu'on appelait *los bragaris de Lobier*, se trouvaient sur le territoire de la commune d'Aas. Le souvenir de ce tribut était resté légendaire en Ossau. *Lou dret de braguete* (le droit de braguette) a inspiré une chanson au pâtre et poète Gaston Sacaze, au début du siècle dernier :

(– Aïe! pauvre de moi! Ay! ay! *de jou, praubete de jou!*
Prenez exemple à ma douleur *Prenetz esample a ma doulou*
Celles de Louvie-Soubiron!) *Las de Loubie-Soubirou.*

Le plus piquant, c'est que la paroisse de Louvie-Soubiron ayant acquis les droits du seigneur, prétendait encore en 1766 les exercer sous la forme d'une redevance en argent, que les nouveaux mariés des neuf maisons susdites devaient payer, pour s'exempter de la coutume déshonorante. Mais le fait n'est pas isolé : à Saint-Savin, l'exercice de ce droit par l'abbé avait pris une forme gracieuse et symbolique : la plus jolie fille d'Argelès lui offrait un bouquet dans une corbeille...

Dans le dénombrement de 1538, un autre noble béarnais, le seigneur de Bizanos, avait également invoqué ce droit de dormir avec la mariée la première nuit de ses noces. Les descendantes des serves de son domaine, les *questales*, devaient passer à la *praegustatio* du seigneur; mais à cette époque il n'exigeait plus le tribut qu'en argent.

Les *questaux* étaient des serfs. Attachés à un fonds, ils devaient le cultiver pour le seigneur. S'ils quittaient la terre, le seigneur pouvait les faire rechercher et les ramener de force, d'où le nom de *questau*, qui vient de *quaesitus*, recherché par force. Comme l'esclave antique, le *questau* pouvait acheter son affranchissement moyennant une redevance qui lui donnait la propriété de la terre qu'il cultivait.

Basque français, Compagnie franche (1793) (coll. de l'auteur)

Un ancien rite magique

Aujourd'hui deux thèses assez originales tendent à expliquer et même à excuser ces mœurs. L'une est avancée par l'historien Daniel Rops, qui rappelle que le serf se mariant hors de la seigneurie devait à son seigneur un « droit de formariage ». Le seigneur, dit-il, devait autoriser son serf ou sa serve à se marier ; mais, comme au Moyen Age tout se traduisait en gestes symboliques, pour marquer son accord, il posait sa main sur la jambe ou sur le lit des époux. Cette explication qui sauve rétrospectivement l'honnêteté et la pudeur de bien des gentilshommes n'a que l'inconvénient d'ignorer le passage du dénombrement des droits du seigneur de Louvie, où il est question des enfants « nés de ses œuvres en la première nuit de ses plaisirs ».

Dans son livre sur Gilles de Rais, où les réactions les plus sublimes et les plus bestiales de l'homme médiéval sont analysées avec lucidité, Michel Bataille a mis en relief l'aspect primitif et mystérieux d'un acte qui semble la survivance d'un rite magique ancien. « Sous la Révolution française, bien qu'il fût à peu près tombé en désuétude, ce droit de cuissage apparaissait comme le symbole des abus de la féodalité. Mais, au Moyen Age, on ne s'inquiétait pas pour si peu. Il semble même qu'existe une superstition inattendue : faire couler le sang, croit-on, présente un danger magique. Comme les filles saignent souvent en perdant leur vertu, cela semble un risque à courir et l'on ne voit pas d'inconvénient, à tout hasard, à ce que ce risque soit pris par qui fait métier d'en prendre et précisément, à la chasse ou à la guerre, de faire couler le sang, c'est-à-dire le seigneur. A cette époque où les diables passent pour rôder un peu partout, l'éventuel fiancé rural préfère laisser le baron s'expliquer avec eux, même si c'est au prix de l'innocence de sa promise. »

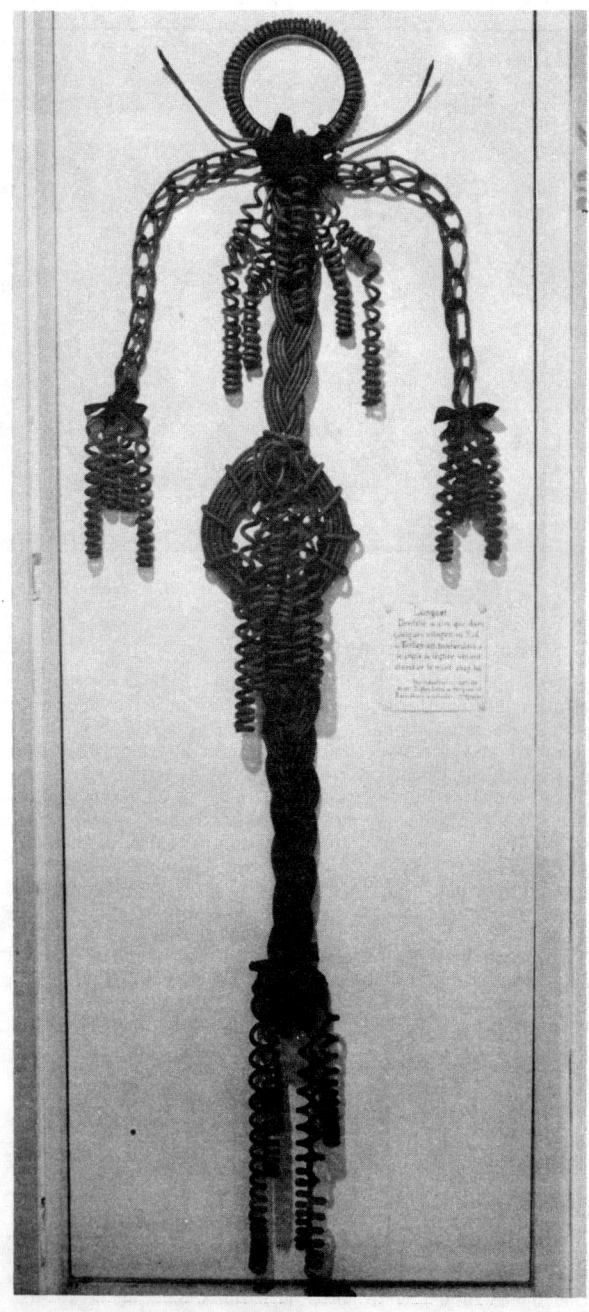

Une cire de deuil (Musée pyrénéen de Lourdes, photo J.-R. Masson)

RITES FUNÉRAIRES

Des lumières pour les âmes des défunts

Onze heures, un dimanche, quelque part au fond d'une vallée basque, en Haute Soule, en Cize,... la cloche d'une petite église de hameau a tinté les coups de la messe dominicale. Les hommes, béret à la main, ont escaladé les tribunes; ils se sont calés contre les balustrades qui surplombent la nef et regardent le peuple des femmes qui l'emplit. Quelques-unes sont enveloppées des pieds à la tête de la grande cape de deuil en laine noire; à côté de deux ou trois d'entre elles, sur un prie-dieu vide, une petite flamme danse, dans un panier... Ces lumières sont les âmes des derniers défunts, les *eskouak*.

Ce spectacle insolite que l'on voit encore au Pays basque était habituel dans la plupart des vallées des Pyrénées, il y a cent ans. Les rites funéraires avaient une grande importance, en raison de la charge émotionnelle qu'ils apportaient aux populations obsédées par les relations avec l'au-delà. Une étonnante collection de « cires de deuil » est conservée au musée pyrénéen de Lourdes. On en trouve de toutes les vallées du versant espagnol et du versant français. La plus curieuse pièce est constituée de plusieurs chandelles tressées en forme de silhouette humaine; un plateau porteur de cire a même gardé les monnaies déposées à l'occasion de la dernière offrande.

Dans la vallée de la Soule, où la coutume s'est maintenue, le jour de la Chandeleur on place les rouleaux de cire bénite dans des *ezkochaïa*, petits paniers d'osier agrémentés de dentelles et de rubans noirs. A chaque enterrement, il était d'usage de rassembler toutes les cires du village dans une grande corbeille que la gardienne des cires plaçait au pied du cercueil. Elle les allumait, les surveillait et les déroulait au fur et à mesure qu'elles se consumaient. Les neuf jours suivants, elle allait, avec son panier d'*eskouak*, et accompagnée des femmes et des voisins de la maison du mort, à l'église, parfois au cimetière, pour réciter des prières.

Dans certains villages, ces rites devenaient une émouvante entr'aide en nature. La veille de l'enterrement, chaque femme se rendait à la maison du mort pour saluer la famille. Elle apportait une partie de son rouleau de cire qu'elle déposait sur la petite table à côté du rameau et de l'eau bénite. L'éclairage de la maison était ainsi assuré pendant toute la durée des veillées et des réunions consacrées au mort.

Chaque village de la Soule avait sa cirière, l'*esko-egile*, qui avec patience et attention filait les rouleaux de cire au moyen d'un appareil à filière primitif[1].

Les cires de deuil provenaient du rucher familial. Lors de la récolte du miel et des rayons, on gardait un peu de cire pour les meubles, mais on en réservait la plus grande partie pour les rouleaux des *eskouak*. A ce titre, des égards spéciaux étaient dus aux abeilles; à chaque décès, un des membres de la famille venait prononcer devant le rucher la parole rituelle : « Abeilles, nous vous faisons savoir que un tel est mort. » Cette coutume existait aussi en Béarn et dans les Landes.

---

1. Mlle de Jaureguiberry, *Vieilles coutumes de la Soule* (inédit).

Telles les pleureuses antiques...

Jusqu'en 1950, à Estoher, en Roussillon, l'offrande des cires s'accompagnait d'un rite relevant de croyances pré-chrétiennes. Une femme, veuve ou solitaire, (une « sorcière », dit Mme Roure, qui relate le fait), suivait l'enterrement en portant dans une corbeille de petits cierges offerts par les assistants, un quart de pain et un flacon de vin. Après la cérémonie, on laissait le tout au sacristain. Mais autrefois, les offrandes étaient déposées sur la tombe et les aliments consommés sur place comme dans les funérailles païennes. Isabelle Sandy a connu, dans l'Ariège, une mère qui venait régulièrement verser du lait sur la tombe de son enfant, en se lamentant à la manière des pleureuses antiques[1].

La coutume des lamentations aux funérailles était si répandue dans les Pyrénées et si spectaculaire, qu'elle avait provoqué au XVIIIe siècle la curiosité des voyageurs et l'indignation du clergé. Une spirituelle visiteuse décrivait ainsi les enterrements au village de Mauvezin : « Les femmes, encapuchonnées, vêtues de noir, faisaient des hurlements et des complaintes, apostrophant celle qu'on va mettre en terre, et cela si uniformément qu'un très joli perroquet qui appartient à un chirurgien demeurant sur la place a retenu tout ce qui se dit dans ces occasions et se joint aux femmes quand il passe quelque enterrement. »

A Saint-Savin, les bénédictins de Saint-Maur eurent de la peine à mettre fin « aux chansons ridicules que les femmes avaient accoutumé de chanter sur les sépulcres des morts, mettant parfois la face contre terre ».

Des justicières inspirées

Ces complaintes funèbres portaient dans les vallées béarnaises le nom d' *aurost*, les pleureuses, celui d'*aurostères* : « Triomphe de la souplesse et de l'ampleur des voix de la montagne, l'*aurostère* s'affirme sur le mode aigu, descend aux notes les plus sombres, remonte soudain sur un cri déchirant et s'arrête épuisée, impuissante, dans un silence qui souligne sa détresse[2]. »

Les mots qui accompagnent ces vocalises sont des improvisations qui, stéréotypées la plupart du temps, ne peuvent prétendre à la poésie. Mais la littérature populaire basque a laissé quelques complaintes qui sont des chefs-d'œuvre, telle celle de Berteretche qui perpétue le souvenir d'un sanglant fait divers du XVe siècle, survenu dans la vallée de la Soule, ou celle de la jeune veuve dont le mari est mort au soir de ses noces :

> *Quand le soleil se leva,*
> *Oui ! et vêtue de soie,*
> *J'étais mariée.*
> *Quand il était midi sur nos têtes,*
> *J'étais dame de grande maison.*
> *Oui ! et jeune veuve,... jeune veuve...*
> *Quand le soleil se coucha !*

En Béarn, une *aurostère*, Marie Blanque, d'Osse-en-Aspe, devint aussi célèbre pour ses dons d'improvisation que pour sa beauté et ses amours tumultueuses. (voir *Osse*)

1. I. Sandy, *Le Pays de Foix*, Gigord, 1936.
2. J.-J. Cazaurang, *op. cit.*, p. 77.

Ce qui frappe le plus, c'est le ton satirique de certaines complaintes : l'*aurost* ne constituait pas seulement un rite de consolation; l'*aurostère* était aussi une justicière inspirée qui pouvait insulter la famille, le mort même, dire à haute voix ce qui se disait tout bas, dénoncer les coupables qui voulaient sauvegarder les apparences. Elle était protégée par une fonction sociale qui dépassait sa simple personne.

Les *aurosts* ont disparu lorsque les convenances n'ont plus admis que les enterrements où la bienséance était sauvegardée.

La plus belle image de l'âme pyrénéenne en face de la mort, c'est sans doute à Campan, en Bigorre, le monument aux morts de la guerre 1914-1918, conflit qui a irrévocablement vidé ces vallées de leurs hommes. Une simple femme debout est ensevelie sous la grande cape de deuil qui l'enveloppe jusqu'aux pieds et qu'elle referme de ses mains crispées. Dans l'ouverture de la cape, on entrevoit un visage ravagé, aux yeux clos; cette femme ne se replie pas, elle se recueille, elle écoute... Présences invisibles revenues dans la vallée, les combattants lui parlent... pour qu'elle se souvienne [1].

Cortège de Carnaval en Navarre (photo A. Ocana)

LE CARNAVAL

Les messages du printemps

Les manifestations du carnaval sont reconnues comme des vestiges de très anciens rites religieux destinés à ramener, avec le soleil, la fécondité des champs et des bêtes. On ne s'étonnera pas de trouver dans les Pyrénées, réceptacle des plus antiques civilisations, en particulier au Pays basque, des coutumes sous lesquelles transparaît tout un monde de croyances liées au renouveau du printemps.

C'est en Soule, pays de danseurs, que la mascarade, l'*ihauriti*, se déployait avec une richesse de personnages et d'épisodes correspondant à l'importance de cette manifestation annuelle

1. Voir photo p. 288.

dans la vie de la vallée tout entière. Chaque village, en principe,
organisait deux mascarades entre le 1er janvier et le mardi gras;
mais, avec les visites des cortèges voisins, on pouvait compter
une quinzaine de défilés rituels chaque année. Ils se font rares
aujourd'hui. En 1969, le village de Gotein a pu en monter un;
mais on verra de moins en moins souvent « déboucher d'une
étroite vallée, dans un paysage encadré de montagnes encore
neigeuses et inondé d'un clair soleil d'hiver, cet étrange cortège
dont la moitié est bariolée de couleurs resplendissantes, tandis
que la seconde, avec ses figures burlesques, ressemble un peu à
une cour des miracles en villégiature[1] ». Les déguisements
insolites, les accessoires curieux n'y manquent pas. Comme sous
l'effet d'un manichéisme instinctif, la troupe se divise en deux
groupes opposés : les rouges, qui sont les gens du pays, les bons,
et les noirs, gens de passage, tolérés par la communauté, mauvais par principe. Le gros de la bande des rouges est formé par
les *kukulleros* (les petits coqs) dont une coiffure rouge symbolise
la crête et de cinq personnages aussi énigmatiques que traditionnels, appelés les « cinq beaux » : le *gatuzaïn* (l'homme aux
chats), la *kantineria* (la cantinière), le *tcherrero* (le bouvier),
l'*enseignari* (le porte-enseigne) et le *zamalzaïn* (l'homme-cheval).
Ce dernier, par son allure fantastique et les prouesses qu'on
attend de lui, domine le groupe de ses acolytes, en particulier
dans cette danse où chacun, après un savant entrelacs de pas
autour d'un verre de vin, met le pied dessus pour un saut final.
Le jupon du *zamalzaïn*, en cachant le sol au danseur, lui rend
cette performance redoutable, mais c'est aussi ce qui le consacre
comme le plus habile. Aujourd'hui, le rôle du *zamalzaïn* n'est
qu'un pâle reflet de ce que le personnage représentait dans les
antiques mascarades. Quand on lit les descriptions qu'en a faites
l'écrivain basque Chaho, vers 1840, et les détails notés par les
ethnologues contemporains Violet Alford et Barandiaran, on
pénètre dans un extraordinaire monde de symboles hérités d'une
mythologie fabuleuse, celle des saturnales et des religions agraires
de l'Orient.

A travers une description d'une prolixité romantique, Chaho
a fourni sur la danse du *zamalzaïn* des détails qui, aujourd'hui,
sont tombés en désuétude; leur symbolisme, détaché de sa
signification antique, avait des formes incompréhensibles. C'est
ainsi qu'il lui donne une escorte de douze porteurs de toques
rouges, les *kukulleros*, qui dansent à sa suite, deux par deux, une
baguette à la main. Quand la mascarade a pris possession d'un
village, le *tcherrero* trace avec son balai de crin le cercle au centre
duquel le *zamalzaïn* va exécuter sa danse sur un air traditionnellement différent de ceux qui accompagnent les autres parties de
la cérémonie. Lorsque chaque personnage a accompli son exhibition, le *zamalzaïn* redevient le centre d'intérêt. Une scène,
banale en apparence, va se dérouler : on va le ferrer. Le maréchal-
ferrant et ses deux aides vont tournoyer autour de la « bête » qui
s'échappe d'un bond, en prenant appui sur le dos ou la tête de
ses persécuteurs. « Ce jeu dure assez longtemps », dit Chaho. On
a ici un simulacre de chasse rituelle. Au groupe du maréchal et
de ses aides viendront se joindre les hongreurs et les *bouhames*,
les gitans, « gens naturellement sorciers, maquignons et tondeurs

---

1. G. Hérelle, *Études sur le théâtre basque*, Champion, 1925.

de mulets ». Et le *zamalzaïn* est enfin ferré. Chaho note qu'alors le maréchal-ferrant présente de l'avoine au « cheval », mais celui-ci la refuse obstinément. Puis, avec son escorte de *kukulleros*, il entame un pas de triomphe qui se termine par la danse du verre.

Héros et victime

Étrange, ce ballet dansé par le maréchal-ferrant et les bohémiens autour du *zamalzaïn !* cela fait beaucoup de mise en scène pour un simple ferrement. Étranges, encore, le refus de l'avoine, la danse autour du verre ! Mais ce que Chaho n'a pas dit, d'autres observateurs le révèlent. Le *zamalzaïn*, après la danse du verre, est saisi par les hongreurs qui font le simulacre de le châtrer et exhibent deux bouchons symboliques. Les bohémiens se précipitent alors pour les manger comme si cette consommation leur procurait les forces vitales de l'animal. Le *zamalzaïn* tombe mais se relève ; c'est alors sa résurrection ; d'un bond, il s'envole par dessus les mains croisées des *kukulleros*.

Le rituel religieux des fêtes du printemps des anciens agriculteurs néolithiques revit ainsi dans les mascarades qui serpentent au travers de la Soule à l'époque du carnaval ; le héros de la cérémonie en est en même temps la victime, comme dans les fêtes barbares des civilisations agraires que retrace le terrible et magnifique début du film de Pasolini, *Médée*.

L'homme-cheval incarne ici l'esprit de fertilité qui doit féconder la terre de son sang et aider la nature à renaître. Il faut pour cela qu'il meure ; le dieu, pour ne pas vieillir, doit être consommé par ses fidèles, et les danses sacrificielles apporteront la fécondité aux troupeaux et aux champs.

Autrefois, à côté du *zamalzaïn*, la « mascarade » comprenait un ours qui mimait, avec un berger et deux agneaux, une course-poursuite symbolique très animée. Or il est intéressant de remarquer que dans les fêtes de carnaval des Pyrénées-Orientales, l'ours joue exactement le rôle dévolu au cheval dans les mascarades de la Soule ; les gestes qu'il peut se permettre avec les femmes sont la conséquence de ses attributions de fécondateur.

Le Rouge et le Noir

Le carnaval de la Soule en apprendrait long à qui voudrait étudier ses divers personnages. Les figurants sont, pour ainsi dire, revêtus de masques superposés. Chaque remise au goût du jour cache un aspect incompris du rôle, assumé jusque-là dans son intégralité. Symbole d'une longue lutte pour l'équilibre social, les acteurs sont partagés en deux groupes, les rouges et les noirs, les premiers incarnant l'ordre naturel fondamental, les seconds les révoltes et l'invasion. Le groupe des noirs est composé de bohémiens *(bouhame jaunak)* et de bohémiennes *(bouhamesak)* qui sont pour les Basques le type même de l'étranger instable et bruyant, possédant tous les défauts, honni en société, mais par ses excès même, déchaînant le rire. Avec eux marchent les chaudronniers d'Auvergne, les *obergni* qui, en hiver, viennent réparer les chaudrons de tous les *cayolars* de la Soule, les rémouleurs, les hongreurs et le maréchal-ferrant. Autrefois même, un médecin, ou plutôt une sorte de mage, « ressuscitait » le *zamalzaïn* après sa mutilation. Où l'on ne voit aujourd'hui

qu'une réjouissance populaire, c'est toute une mythologie ancestrale qui se cache sous les masques et les gestes.

Lorsqu'elle aborde un village, la mascarade affronte une
barricade défendue par des jeunes gens revêtus de robes ou de
chemises blanches, et coiffés de chapeaux de paille ; on leur donne
un nom curieux : les *basanderea*, les « dames des bois », les
« femmes sauvages ». La barricade est emportée à grand renfort
de cris d'*irrintzina* et de coups de pistolets. L'esprit qui préside
aux travaux de la vie pastorale et agricole a vaincu les forces
hostiles qui hantent les bois inaccessibles.

Procession de la Fête-Dieu : les « Sapeurs » (photo A. Ocana)

Le souvenir de Dionysos

On voit encore, çà et là, surgir dans les fêtes folkloriques du
Pays basque, des personnages échappés de ces mascarades
sacrées.

Le pays de Cize et Saint-Jean-Pied-de-Port voyaient passer
le *Santibate* avec son cortège de porteurs de bâtons et d'épées,
de bûcherons transformés en sapeurs du Second Empire, de
poupées géantes. Ses « volants », dans un tourbillon de rubans,
mimaient la danse du soleil. Un défilé semblable descend encore
aujourd'hui du fond de la vallée de Valcarlos, avec ses danseurs
coiffés d'une tiare emplumée couverte de miroirs, ses guerriers
en veste rouge et gants blancs, sabre en mains, ses cavaliers
rappelant les centaures, son *makhilari* au bâton tournoyant, et,
tranchant sur le tout, deux étranges personnages connus sous
le nom de *atcho eta tupina* (la vieille et le compagnon), l'un vêtu
en femme, l'autre couvert de peaux de bêtes. Ils sont couronnés
d'herbes et d'épines et manient une espèce de fouet terminé en
boule, la *zarpilla*. Après chaque danse, ils tournent trois fois, de
droite à gauche, autour des danseurs, en les frappant vigoureu-
sement de leur *zarpilla* ; les plus courageux doivent essayer de
leur arracher leurs défroques en supportant les coups [1].

Il n'y a pas longtemps encore, de Cambo à Ustaritz, un cortège

1. J.-M. Jimeno Jurio, *Notice sur Valcarlos*, 1967.

de Bohémiens sillonnait la vallée de la Nive aux jours gras, divisés en deux bandes de masques masculins et féminins, les *besta gorri* (les vestes rouges) et les *kotilun gorri* (les cotillons rouges), ces derniers étaient appelés aussi les *marika*, d'un nom évoquant l'énigmatique Mari, antique déesse basque de la nature. Affublés d'un masque végétal surmonté d'une haute coiffure en pain de sucre, ils portaient sur une jupe rouge une ceinture de sonnailles de brebis et brandissaient une queue de vache au bout d'un manche à balai[1]. On retrouve ici les insignes des officiants des cultes naturistes, comme ceux de l'*archiboukolos*, le chef des pasteurs des fêtes de Dionysos, sur un bas-relief d'Ostie.

Le sorcier, maître de cérémonie

En Béarn, le traditionnel enterrement de Carnaval à Bizanos, aux portes de Pau, donnait lieu à une journée de liesse bruyante qui n'aurait pas été complète si l'on n'avait pas mangé le plat rituel de *broutous*, ces tendres pousses des premiers choux de l'année. Au fond de la vallée d'Aspe, les jours gras faisaient surgir des personnages singuliers. Le dimanche, un jeune homme symbolisant le printemps traversait le village, monté sur un cheval blanc et vêtu d'une chemise, d'un pantalon blanc, d'une ceinture rouge, des rubans flottant autour de son cou. Le mercredi des Cendres, tandis que les hommes de vingt à quarante ans parcouraient les rues en cortège, le visage barbouillé de suie, Carnaval était enlevé par une bande de jeunes gens travestis, postiches, ornés de pompons, jupons et tabliers ballant sur leurs jambes velues. Entourant Carnaval dans une voiture à âne, ils braillaient des complaintes de circonstance, imitant à qui mieux mieux les lamentations rituelles des pleureuses patentées, tandis que les assistants reprenaient en chœur le traditionnel : « Adieu, pauvre Carnaval ! Tu t'en vas, je demeure. »

À la tombée de la nuit, Carnaval et son cortège féminin se rendaient sur la grande place où l'on procédait à son jugement. La femme de Carnaval était là, en maritorne repoussante ; l'accusé, avec un joyeux cynisme, plastronnait devant la foule. Avec la liberté du roi des saturnales antiques couvert de l'impunité sacrée de son rôle de sacrifié, il lâchait la bonde aux vérités les plus crues et les plus blessantes envers les assistants. Alors on procédait à l'incinération du pantin et quand les flammes du bûcher diminuaient, les sauts commençaient au travers du brasier. « Et jusqu'aux dernières braises, les corps volaient et se croisaient, riant de toutes leurs faces noires, à la clarté déclinante du feu[2]. »

En vallée de Luz, on retrouvera chez les danseurs du Bayard, les tiares emplumées, les flots de rubans, le cheval-jupon, les poursuites des femmes.

Avec le bal de l'ours, au symbolisme érotique et cruel, les Pyrénées offrent un éventail extraordinaire de rites incantatoires du printemps. Ils leur ont été légués, selon toute apparence, par cet étrange maître de cérémonie, le sorcier du Volp, le « roi-cerf » dont la figure masquée de dépouilles animales veille au fond des cavernes du Volp, dans l'Ariège, au centre géographique et magique de la chaîne. (Voir *Montesquieu-Avantès*.)

---

1. P. Duny Pétré, *Folklore basque* (inédit).
2. Anne Saffores, *Vallée d'Aspe*, Pau, 1969.

DANSES ET MASCARADES

La danse venue des Cyclades

Aux danses de la vallée d'Ossau où le nombre sacré 9 a gardé toute son importance rituelle, répond dans les Pyrénées-Orientales une danse aussi populaire, aujourd'hui inséparable de la vie du peuple catalan, la *sardane*.

Il y a au cœur du vieux Céret une fontaine monumentale connue sous le nom de *Font deu Nou Raigts*, la « fontaine des neuf jets ». Son décor tourne autour du thème du chiffre mystérieux. Au sommet d'une colonne à pans que surmonte un lion, neuf jets d'eaux s'échappent des gueules de neuf dragons accroupis dont les queues s'entrelacent. Au-dessous, un chapiteau représente un groupe de danseurs (des hommes alternant avec des femmes) qui se tiennent par la main et, tournés dans le même sens, esquissent un pas de danse, le pied droit levé, les genoux ployés sous une longue robe. C'est un étrange rappel des frises que les poteries grecques des Cyclades et les vases ibériques de Numance reproduisaient un millénaire avant Jésus-Christ.

Si l'on compare les personnages de la fontaine des *nou raigts* aux danseurs figurant aux flancs des vases provenant des fouilles d'Étrurie ou de Sardaigne, on accepte l'idée que les marins sardes ou crétois aient été les initiateurs de la *sardane*. Pourtant, ni en Sardaigne, ni en Grèce, les spécialistes n'ont retrouvé de pas de danse semblables à ceux de la *sardane*.

Jusqu'en 1870, la *sardane* comprenait une succession de huit mesures de pas courts *(curts)* et seize mesures de pas longs *(llargo)*. Elle paraissait calquée sur la division du temps au cours d'un jour d'été, fait de huit heures de nuit pour seize heures de lumière. C'est à cette époque qu'un musicien de Figueras, Pep Ventura, libéra la *sardane* de ce canon rigide, et composa définitivement la *cobla*, l'orchestre d'accompagnement : le *flaviol* et son tambour, deux *tiples*, deux *tenores*, deux *trompeta*, deux *fiscorn*, un *trombon*, une contrebasse.

Pour un Catalan, il ne peut exister de formation musicale plus riche et plus complète. Elle peut extérioriser tous les sentiments : les *fiscorns* et le *trombon* apportent la douceur des flonflons, la *trompeta* son éclat, le *tiple* son tragique ou sa trivialité. Mais la *tenora* est le roi de la mélodie ; son volume sonore, qui va du pianissimo au fortissimo, inspire le respect par la majesté du timbre. « Tour à tour, brillant, enjoué, fier et altier, majestueux, poignant, douloureux ou passionné selon le caractère de chacun de ses registres, c'est l'instrument le plus impressionnant qui soit. Il remue jusqu'au fond des entrailles l'enfant du Roussillon, lorsque le *fiscorn* l'accompagne de son contre-chant noble de grand seigneur [1]. »

Dans sa *Lettre d'une vieille femme à une jeune fille*, Mme Amable Tastu, d'une plume sans prétention mais sans fadeur a fait la description d'un *ball* dans un faubourg de Perpignan en 1842.

---

1. Henry Pepratx-Saisset, *La Sardane*, 1966.

La sardane (photo Roger Viollet)

« Contrapas et camada rodona »

« Dans la foule je distinguai les paysans de la plaine ou de la montagne, la veste et le pantalon de velours ou nankin, la ceinture rouge autour du corps, le mouchoir de soie noué autour du cou, le long bonnet écarlate retombant sur l'épaule ou sur le dos, et aux pieds les espadrilles ou sandales de cordes qui s'attachent à l'antique autour de la jambe par des cordons de laine rouge ou bleue.

« Le costume des femmes se remarque par la capuche, en laine ou en basin, qui tombe jusqu'à la taille et les enveloppe comme un voile de madone. Les danseuses sont coiffées d'un petit bonnet garni à la catalane d'une dentelle cousue à plat et descendant sur le front ou d'un tulle ruché selon la mode d'alors.

« L'engagement des musiciens, (les *juglars*), comprend les rafraîchissements à discrétion. Ils s'emparent tour à tour de la cruche à long goulot qu'on a soin de tenir toujours pleine et l'élevant de toute la longueur du bras, ils en font tomber le contenu dans leur bouche ouverte, avec un petit bruit de cascatelle tout à fait réjouissant. » Madame Tastu ajoute que quand les *juglars* viennent de la Cerdagne ou de l'Ampurdan, « auprès de ces danses, les bals champêtres des environs de Paris auraient l'air d'une danse de morts ».

« Le *ball* commence par une sorte de promenade autour de l'enceinte, chaque cavalier tenant la cavalière sous le bras; puis il la quitte et part à reculons devant elle; elle recule à son tour et le danseur lui court après. Puis les couples exécutent des chassés-croisés. Enfin, ils se réunissent en cercle : les danseuses appuient leurs mains sur les épaules des danseurs et ceux-ci les soulèvent sous les bras, les élèvent en l'air toutes à la fois. Quelquefois dans cette position les jeunes filles s'embrassent... Quelques cavaliers font faire à leur danseuse un saut particulier qui demande plus d'adresse que de force. La jeune fille mettant la main gauche dans la main droite du danseur et la droite sur son épaule gauche, prend son élan et se trouve assise sur la main gauche du cavalier... D'autres, prenant la main de leur danseuse, bondissent en tournant sur eux-mêmes par-dessus cette main ; c'est ce qu'ils nomment la *camada rodona* ; les plus lestes prétendent même passer leur jambe par-dessus la tête de la danseuse.

« Par contraste avec tout ce mouvement masculin, les femmes quittent à peine la terre ; elles glissent pour ainsi dire... Aussi un vieux proverbe catalan dit qu'une bonne danseuse doit pouvoir porter sur sa tête un verre plein d'eau sans en répandre une goutte. C'est la danse décrite par Dante dans le Purgatoire... »

La danse du *contrapas* offre un caractère tout particulier que Mme Tastu a bien noté. « Les hommes seuls y prennent part. Ils se tiennent tous par la main en demi-cercle et figurent de droite à gauche puis de gauche à droite sur un rythme bizarrement syncopé. Cette danse remonte, dit-on, à la plus haute antiquité ; on la dit d'origine grecque[1]. »

On ne peut pas mieux évoquer les danseurs de la fontaine des *Nou Raights*, à Céret, qui s'adonneraient alors au *contrapas* et non à la *sardane*. Et quand on a vu les danseurs masqués de la fête des vendanges dans le film *Electre*, on n'hésite plus à croire que certaines coutumes antiques du Péloponnèse ont pu pénétrer avec les navigateurs grecs dans ces vallées pyrénéennes ouvertes sur la Méditerranée.

Mascarades guerrières

Il arrive que, en dehors de la saison touristique, on puisse voir encore au Pays basque ces rondes masculines typiques des Pyrénées, qui ont gardé dans le monde de la chorégraphie l'appellation de « sauts basques ». Le buste restant immobile, les bras pendant le long du corps, les danseurs font preuve d'une incroyable agilité des jambes, d'une puissance dans la détente des jarrets que seules savent égaler les étoiles de l'Opéra et du Bolchoï.

Les traditionnelles danses des bâtons, les *makhila dantza*, mettent en scène des participants opposés en deux rangées et rappellent les danses des épées des Guipuzcoans.

Ce cérémonial guerrier qui évoque le souvenir des pyrrhiques grecques et les bondissements rituels des Curètes, se retrouve dans les danses d'autres pays pyrénéens. Le contact avec la civilisation moderne a transformé ces coutumes populaires en une sorte de mascarade.

Francis Jammes, voyant à Orthez, vers 1900, les danseurs béarnais de Baigt manier leurs bâtons, n'a pas saisi les antécédents héroïques dont leur exhibition n'était qu'un reflet incompris. Il en parle ainsi : « ... Dix ou douze nigauds revêtus de

---

1. « Arabesques littéraires », in *Alpes et Pyrénées*, Paris, 1842.

costumes de calicot passementé de bleu, la culotte bouffante à mi-mollets, faisaient le simulacre de se battre en duel, en sautillant. Les épées étaient remplacées par de longues aiguilles de bois mouchetées... »

En Lavedan, les danseurs du *bayard* de Luz se servaient d'épées de bois, avec les mêmes évolutions essentielles. Et à Saint-Pé-de-Bigorre la danse du *pantelou* n'était pas autre chose.

Dans l'antique danse des bergers de Montpellier, décrite au XVIIe siècle, on peut voir la même évolution des hommes porteurs de l'épée et croisant leurs armes. « Deux files de pâtres parcourent les rues, sautillant en cadence au son du tambour et du hautbois. Ils sont en manches de chemise, pantalons blancs et souliers ornés de rubans, armés de gros bâtons. En tête marche un enfant de dix ans, le plus souvent un garçon mais toujours habillé en fille, avec des oripeaux éclatants, du fard, et une couronne de fleurs. Il est escorté par un adolescent armé d'une baguette blanche. De place en place, les deux files font volte-face et s'engagent autant de combats simulés qu'il y a de couples. Quand la bataille devient trop forte, l'adolescent s'élance en dansant et sépare de sa baguette les bâtons qui s'arrêtent sur le champ. Puis les files se reforment et la marche reprend. »

L'habitude de porter des armes blanches était au moindre berger et au moindre paysan comme un signe d'indépendance et de liberté. Elle avait particulièrement frappé les voyageurs des XVIIe et XVIIIe siècles, comme la tenue des danseurs pyrénéens, leur gravité, leur hiératisme impressionnèrent Alfred Tonellé au XIXe siècle.

Basques et Béarnais ne portent plus l'épée, mais le vieux *makhila* basque cache dans sa poignée une lame redoutable. Et il faut voir avec quelle aisance et quelle noblesse les bergers des hautes vallées utilisent leur bâton de néflier ou de houx... Il n'y a pas si longtemps qu'ils maniaient le terrible javelot ibère... L'un des jeux préférés des petits Béarnais n'était-il pas autrefois le *plante-coutet*, au cours duquel ils égalaient les plus sûrs lanceurs de *navajas* espagnols ?

Le Saut Basque (coll. de l'auteur)

La Pastorale, rôles de Napoléon et Joséphine à Lacarry
(coll. Pierre Minvielle)

MYSTÈRES ET PROCESSIONS

Ce qu'on appelle dans la vallée de la Soule une *pastorale* est
un « mystère » médiéval transposé au XXe siècle par le miracle
de l'âme basque, qui s'y retrouve avec son culte de la tradition
et du merveilleux. Œuvre d'un village tout entier, il répond au
goût de ce peuple, et sa représentation peut durer toute une
journée sans lasser l'attention des auditeurs. En 1968, la pastorale d'Etchahoun a été jouée à Barcus devant 4 000 personnes.

Le metteur en scène, qui est en même temps le compositeur,
porte le nom curieux d'« instituteur de tragérie » (sic). S'il se
trouve que souvent il utilise un texte ancien recopié, il n'a
jamais manqué en Soule d'hommes capables de composer des

deux ou trois mille vers et de les faire apprendre à des bergers et à des bûcherons. Il existe même des dynasties de pastoraliers, tels les Heguiaphal, dont l'un fit représenter en 1600 un *Saint Jacques*, à Mauléon.

Les sujets religieux et profanes alternent selon les circonstances ou la personnalité du poète. En 1769, une pastorale avait pour thème l'histoire de Richard de Normandie. En 1954, à Mauléon, on a joué une *Jeanne d'Arc*. Actuellement, les pastoraliers s'orientent vers les thèmes du passé exaltant la bravoure et l'esprit d'indépendance des Basques : on a vu paraître ainsi *Sanche Abarca*, ce fabuleux roi de Navarre qui traversa les Pyrénées en plein hiver pour vaincre les Maures; *Etchahoun*, le barde rejeté par la bonne société du XIXe siècle; *Matalas*, le prêtre révolté du temps de Louis XIV...

Un souffle virgilien

La pastorale basque authentique vient d'abord du théâtre grec dont elle a hérité la curieuse façon de faire déclamer et évoluer ses acteurs; leurs marches, voltes et contremarches sont la traduction exacte de la strophe, de l'antistrophe et de la « conversion » des tragédies antiques. Du Moyen Age, est issu le thème immuable de la lutte entre les puissances du bien et du mal, entraînant la division constante des acteurs en deux camps, les « bons » contre les « mauvais », les « chrétiens » contre les « païens ». Les bons sont habillés de bleu, les mauvais de rouge. Chaque camp arrive en scène par la porte qui lui est réservée : celle des « mauvais » est surmontée d'un pantin affreux, diable ou idole, appelé *Mahomet* ou *Tervagant*, et qu'un jeu de ficelles fait gesticuler de joie chaque fois que les méchants sont (momentanément) vainqueurs.

Il n'y a pas de vraie pastorale sans batailles, véritables ballets guerriers réglés sur le modèle des célèbres danses des épées biscayennes. Quand arrive la mort des vaincus, des jeunes filles étalent prestement des draps blancs à l'endroit où les corps doivent s'effondrer, pour que les beaux habits soutachés, brodés et rebrodés d'or ne soient pas souillés de poussière.

Un anachronisme joyeux est de règle dans tous les détails du jeu : les costumes sont un mélange des uniformes du Premier et du Second Empire. Que les combattants soient Roland, un preux du Moyen Age ou un général de Napoléon, ils montrent une prédilection pour les culottes blanches et les bottes de cavalerie. Comme dans le théâtre élisabéthain, des jeunes gens jouent les rôles féminins, gantés de blanc ou de noir, affublés de robes telles qu'en portent les femmes dans les toiles du Douanier Rousseau, maniant l'éventail avec un sérieux imperturbable, ou faisant s'esclaffer le public par des œillades ou des jeux de croupe, dans la meilleure tradition burlesque.

Malgré le succès de certaines pastorales jouées à Paris, ces œuvres collectives ne prennent vraiment leur sens qu'exécutées dans le cadre d'un village souletin. Le journaliste et poète Pierre Espil en a évoqué la profonde poésie à l'occasion de la représentation d'*Etchahoun*, à Barcus, en 1968 : « La place de pelote, au milieu d'un cirque de montagnes, à l'ombre d'un clocher vétuste d'où l'heure s'égrenait lentement [...] Oasis où le tumulte des siècles et de l'histoire semble n'avoir jamais eu plus d'importance que le chant des oiseaux [...] Beauté des voix chantant complaintes d'amour ou refrains à boire, comme le chœur des bergers, tandis que moutons aux tintantes clarines, feux de sarments, galettes grillées sous nos yeux, envahissaient les tréteaux d'un grand souffle pastoral venu tout droit de Virgile. »

Au cœur des Pyrénées, cette unique vallée de la Soule a gardé encore intact le privilège d'un théâtre du peuple, pour le peuple, par le peuple.

Donner son sang pour celui qu'on aime...

Il n'est pas besoin d'aller jusqu'à Séville pour voir un peuple s'adonner aux transports qu'inspire une religiosité viscérale. La procession de la Sanch qui se déroule à Perpignan, dans la journée du Jeudi saint, au chant du *Miserere* scandé par la cloche des condamnés à mort, est un spectacle qui ne s'oublie pas.

En plein xxe siècle c'est la résurrection des manifestations de piété exaltées caractéristiques du déclin du Moyen Age. Certaines des images qu'elles nous présentent sont d'un réalisme insoutenable, comme le Dévôt Christ de la cathédrale de Perpignan. Mais dans ces tableaux de la douleur du Christ et de sa Mère, ces visions de sang abondamment versé, transparaît l'instinct du sacrifice qui prédominait dans les religions orientales implantées à cette extrémité des Pyrénées.

La signification profonde de la procession de la Sanch n'y fait pas exception, telle que l'a exprimée l'un de ses participants les plus convaincus : « Elle doit être pour l'homme aux heures de vertige et de faiblesse, le rappel vivant de l'unique sagesse : l'homme ne devient homme qu'en aimant. Mais un homme n'aime vraiment que dans la mesure où il répand son propre sang[1]. »

C'est au xve siècle qu'il faut en chercher les origines, quand le schisme d'Occident infestait l'âme des peuples de sa pourriture morale, de ses doutes et de ses angoisses. A Perpignan, le roi Ferdinand d'Aragon avait offert son palais des rois de Majorque aux négociateurs qui cherchaient à mettre fin à ce conflit. Alors, arriva dans la ville un homme dont la réputation entraînait des foules entières, un dominicain de Valence, Vincent Ferrier. Entre les colloques et les réunions, il prêchait au peuple dans sa langue natale. Un jour, dans le couvent des clarisses, saisi par une inspiration, il évoqua la Passion du Christ d'une façon qui bouleversa son auditoire jusqu'aux larmes. Une immense procession se forma, conduite par les disciples du saint, en longs vêtements sombres de pénitence et d'humilité. Des bannières figuraient les scènes de la Passion, les instruments du supplice, les cinq plaies. Elles furent à l'origine de ces croix des *Improperis*, ou croix des outrages, qui figurent dans toutes les églises du Roussillon.

Le 11 octobre 1416, dans l'église Saint-Jacques, Vincent Ferrier fondait la Confrérie du Précieux Sang de Notre-Seigneur Jésus-Christ, (*la Confraria de la Sanch que ha derramada Jesus-Nostre Redemptor*, ainsi que le chantent les *coblas* de la procession).

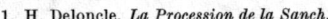

1. H. Deloncle, *La Procession de la Sanch.*

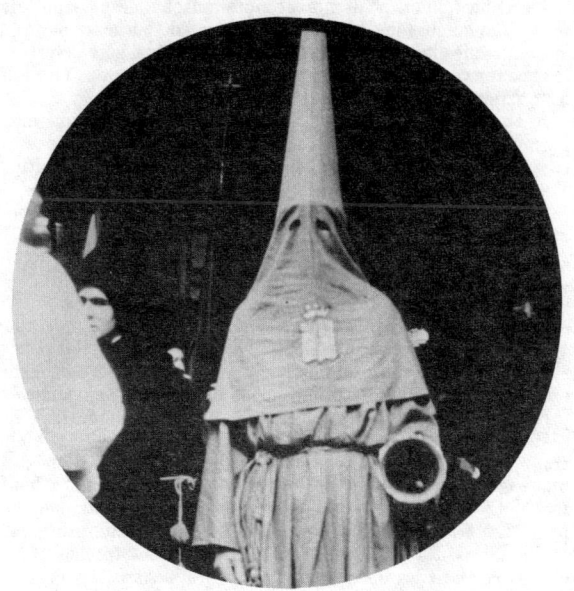

Perpignan : procession de la Sanch (photo J-G Gigot)

Le vêtement d'infamie

Dès l'origine, la confrérie se fixa comme but de commémorer la Passion du Christ par une procession solennelle et dramatique, dans la tradition de celle de saint Vincent Ferrier, la nuit du Jeudi saint. Mais elle avait en outre une activité charitable d'une importance dont il est difficile de se faire une idée aujourd'hui : l'assistance aux condamnés à mort.

Dans l'église Saint-Jacques, pendant toute la nuit précédant l'exécution, les disciples du saint tenaient compagnie à celui qui devait mourir, lui apportant le réconfort de leur présence, essayant d'adoucir par leur amitié la désolation de l'homme que la société venait de rejeter. Le lendemain matin, après s'être confessé et avoir reçu le corps du Christ, le condamné marchait vers le lieu du supplice, enveloppé d'une cape rouge, le visage voilé, entouré des confrères de la Sanch revêtus du même vêtement d'infamie, la *caperutche* qui devait devenir leur vêtement distinctif. C'est ce qu'avait voulu Vincent Ferrier, retenu des mois en prison dans l'attente de sa propre condamnation et qui avait vécu l'angoisse de l'homme abandonné à la vindicte publique.

La présence des *caperutches* dans la procession du Vendredi saint en garde une signification profonde : ils sont là pour accompagner le Suprême Innocent, condamné à la croix. Ces marques de respect ont fait comprendre au peuple catalan que le condamné n'était pas un paria, mais l'un d'eux, une victime, « un être sur lequel l'humaine misère avait pesé d'un plus grand poids ».

La cohorte des pénitents groupés autour des statues des *misteris* symbolise le défilé des générations de pécheurs pour qui le condamné du Golgotha avait payé ; leur visage couvert, en leur conservant l'anonymat, proclame en même temps que tous les hommes ont participé à cette mise à mort.

Autrefois, sur le trajet à l'échafaud, les *caperutches* quêtaient parmi les spectateurs, dernier acte de pitié pour le condamné, car l'argent recueilli devait servir à lui donner une sépulture. Le droit au respect dans la mort, voilà ce que les disciples de saint Vincent Ferrier avaient obtenu pour leurs frères les plus abandonnés.

Le goût du sang

Mais peu à peu, la mémoire du double drame que la procession voulait représenter perdit sa pureté originelle. L'exhibition des symboles de la mort se multiplia, excitant des sentiments ambigus : des pénitents promenaient des crânes, des panneaux proclamant *Memento moris* (Souviens-toi que tu mourras), des plats chargés de cendres... Enfin le spectacle le plus attendu, trouble et violent, était celui des flagellants, le visage caché sous une cagoule, le torse nu, se fouettant avec des cordes à bouts ferrés. Ce n'était pas un simulacre, le sang ruisselait sur leur peau. Les cris de la foule alternaient avec les chants liturgiques et les *coblas* des *goigs* célèbres. La flamme des torches et des cierges éclairait les images poignantes des *misteris*, les cagoules des pénitents, les flagellants couverts de sang. La procession, qui ne cessait qu'à l'aube, retrouvait l'atmosphère des vieux cultes orientaux et leur cruauté érotique. Les pénitents vêtus de rouge évoquaient les adeptes de Mithra sortant de leurs fosses, rouges du sang fumant des taureaux divins immolés sur leur tête.

En 1777, Mgr de Gouy, évêque de Perpignan, interdit que la procession se déroulât la nuit, et comme les consuls, au nom des sacro-saintes traditions, avaient protesté, ils s'attirèrent cette réponse ironique : « Je veux bien autoriser la procession la nuit, mais à la condition que vous adopterez les enfants déposés au tour le neuvième mois après les fêtes. » Ces abus étaient trop connus... La procession reprit, mais dans l'enceinte de l'église Saint-Jacques.

Un peuple qui se souvient

En 1950, les membres de l'archiconfrérie de la Sanch, avec l'accord du curé de Saint-Jacques et de l'évêque de Perpignan, demandaient aux autorités de la ville de renouer avec l'ancienne tradition et de faire de Perpignan le « Séville français » de la Semaine sainte. La procession de la Sanch recommença à parcourir les rues de la ville au son de la cloche des condamnés : spontanément, plusieurs paroisses du Roussillon vinrent se joindre à la confrérie avec leurs pénitents masqués et leurs statues de la Passion.

Mais pour beaucoup ce fut aussi la commémoration d'un souvenir plus dramatique. Par une ironie féroce du sort, un des dignitaires de l'archiconfrérie, au XVIIe siècle, avait été François Sagarra, le « terrible juge », la bête noire de ceux qui n'avaient pas accepté la séparation du Roussillon et de la Catalogne, au traité des Pyrénées. Lors de la conspiration de Villefranche-de-

Conflent en 1674, le sang coula dans les tortures et les supplices ordonnés par ce fidèle inconditionnel de la monarchie française. Les confrères de Sagarra assistèrent, la mort dans l'âme, aux exécutions imposées par leur grand dignitaire, qui revêtait successivement la robe du juge et la *caparutche* du président de l'archiconfrérie. Pour les Français qui regardaient ces processions du Jeudi saint, elles n'étaient qu'un objet de réprobation. On se moquait « de ces pratiques bizarres et de ces représentations tragico-comiques pour lesquelles le peuple témoigne un zèle très ardent ». Après avoir vu ces manifestations, un intendant écrivait à Paris : « Il faut éteindre le génie catalan ».

Aussi, beaucoup de ceux qui s'avancent aujourd'hui sous cette même *caparutche*, derrière la croix des *improperis*, au rythme de la cloche des condamnés, veulent par là effacer le souvenir d'un sang injustement répandu, témoigner de la résurrection de l'âme de ce peuple que d'autres avaient voulu éteindre.

AU SON DE LA FLUTE
ET DU TAMBOURIN

Un des musiciens ossalois, Robert Brefeil, écrivait : « Tous les étrangers qui, depuis plus d'un siècle, ont promené un désœuvrement distingué dans les vallées des Pyrénées, se sont émerveillés ou ont bâillé d'un ennui agacé en écoutant les rustiques ritournelles de la flûte et du tambourin [1]. »

Il parlait des curistes des Eaux-Bonnes, assistant aux fêtes du 15 août à Laruns ; il aurait pu le dire des baigneurs de Biarritz écoutant le joueur de *chirula* taper sur son *ttun-ttun*.

Le *tambourinayre* provençal et le *chistulari* basque, soufflant dans leur flûte à trois trous et tapant sur leur caisse, ont pu se croire dans le temps chacun de très bonne foi, seuls de leur espèce à se servir de ces instruments. Mais aujourd'hui, il est impossible d'échapper à l'évidence qu'ils sont les élèves du même conservatoire antique des civilisations orientales, joueurs des plus vieux instruments de musique du monde.

Pour charmer les forces magiques

La flûte ossaloise est un tube de buis de 37 cm, muni d'une anche de cuivre en sifflet. Dans la partie inférieure sont percés deux trous situés à 26 mm l'un de l'autre. Un troisième trou, opposé aux deux autres, se trouve ménagé à la même distance des premiers. Deux anneaux servent à maintenir la flûte entre l'annulaire et l'auriculaire. L'instrument en *la* majeur, s'étend sur un octave et une quinte, du *si* naturel au *fa* dièse.

Cet orchestre, surprenant par sa simplicité, vient de ces temps immémoriaux où l'homme, au fond des cavernes, commençait à chanter pour charmer les forces invisibles. L'envoûtement a été obtenu d'abord par un os utilisé en sifflet, puis percé de trous pour moduler le son. La caverne basque d'Isturitz en a livré le

1. **Robert Brefeil**, *Essai sur les chants et danses de la vallée d'Ossau*, Pau, 1936.

premier exemplaire connu. Les peaux tendues ont ensuite fait découvrir leurs mystérieuses propriétés de résonance : « Mais de nos jours, dit Bréfeil, la forme et la couleur de nos instruments de musique obéissent à des impératifs rituels oubliés. Aucun n'a la forme que la connaissance des lois de l'acoustique lui eût normalement donnée. »

L'os de mouton percé de trous découvert par Passemard dans les fouilles d'Isturitz, est, par la disposition même de ses trous, l'ancêtre de la flûte d'Ossau, comme de la *tchirula* basque. Une flûte d'argent donnant la gamme de la flûte souletine, découverte à Ur, en Chaldée, par l'archéologue Wolley, a pu donner, quarante siècles après, la gamme : *ut, ré, mi, fa dièze, sol, si.*

Les flûtes des tombes égyptiennes comportent également trois trous. En Grèce, les *aulos* et les *monaulos* servaient aux cultes de la nature en l'honneur de Cybèle et de Dyonisos, ce qui leur attira plus tard les foudres des pères de l'Église, car les danses qu'elles rythmaient étaient d'une sensualité exacerbée.

Flûtes et tambourins (photo A. Ocana)

Le tambourin des orgies de Cybèle

Plus obscures sont les origines de ce curieux instrument de bois décrit dans son *Orchesographie*, au XVIᵉ siècle, par le chanoine Thoinot Arbeau, et par de Lancre en 1609 sous le nom de tambourin. C'est celui au son duquel dansaient les Ossalois jusqu'au début du siècle et évoluent encore certains groupes folkloriques basques.

Le tambourin ossalois, comme le *ttun-ttun* basque de la Soule, est une caisse allongée en bois d'érable, (l'*azerou* en béarnais) de 80 cm de long, 20 cm de large dans le haut, 11 cm dans le bas. Il est tendu de six cordes, deux d'entre elles étant accordées à la première harmonique de la flûte, les autres à la quinte au-dessous. Le musicien frappe les bas des cordes avec un petit bâton, suivant une mesure invariable, d'un temps fort et d'un temps faible, correspondant aux rythmes fondamentaux des danses ossaloises.

On le range dans la même famille que le *choron* ou la *bûche* des Flandres. Il s'apparente aussi aux cithares grecques dont le musicien frappait les cordes avec un simple bâton, tout en psalmodiant ses vers sur un rythme à deux ou à trois temps; la cithare produisait un bourdonnement scandant le poème, et mettant les auditeurs dans un état proche de l'hypnose. Les cordes étaient tendues à l'origine entre les cornes d'un crâne de bœuf, sur une carapace de tortue, puis sur une caisse en bois; dans l'instrument appelé *barbiton*, cette caisse constituait la partie importante de l'instrument, et les cornes ne furent bientôt qu'un ornement symbolique qui disparut progressivement. Mais le tambourin ossalois, comme le *ttun-ttun* souletin, possède à l'extrémité de sa caisse deux crosses ouvragées qui prolongent les parties latérales de l'instrument et qui n'ont aucune utilité. Ce sont les vestiges symboliques des cornes de la cithare égéenne que les premiers bergers des Pyrénées ont amené avec eux dans ces montagnes.

« Survivant à la chute de multiples civilisation, conclut Bréfeil, les tambourins portent dans leurs rustiques accents ces rythmes binaires et ternaires qui enchantaient les jeux sacrés, sous le soleil de la Grèce antique. »

Mais pour avoir servi trop longtemps aux cultes de Bacchus et de Cybèle, il ne faut pas s'étonner de voir ces tambourins basques, en plein XVIIe siècle, rythmer les danses du bouc infernal dans les landes du sabbat, et leurs exécutants auréolés de la lumière sinistre des bûchers du conseiller de Lancre.

LES OLYMPIADES RUSTIQUES

Avec les hommes de la hache

Les jeux d'Olympie n'ont été à l'origine que des compétitions entre pasteurs et laboureurs, comme il y en eut de tout temps. Et dans les pays de la Garonne, au soir d'une journée de vendange ou de moisson, spontanément, les plus forts et les plus adroits se défient dans un concours où leur occupation même devient l'enjeu de leur exploit : transporter des sacs de blé, hisser des ballots de paille, renverser une charrette.

Dans les villages du Béarn, au début du siècle, les garçons, sous l'œil attentif de leurs fiancées, se défiaient au lancer de l'enclume, au vire-perche... Dans les pâturages d'Ahusquy, au fond de la vallée de la Soule, le 15 août, depuis des millénaires, les bergers luttent au saut, à la course, au lancer de la pierre ou de la barre de mine, et on accourt de tout le Pays basque quand on annonce un tournoi *d'aizkolarris* (hommes de la hache). La débauche d'énergie que représente ce sport, la fureur sacrée qui saisit les concurrents correspondent aux impulsions profondes de la race. L'épreuve consiste à couper en deux, à la hache, huit

Champion du jeu de la hache (photo A. Ocana)

ou dix billots de bois de 1 m à 1,50 m de circonférence. Le vainqueur est celui qui y met le moins de temps. L'homme monte sur la bille de hêtre solidement calée par des chevilles, les pieds écartés, la hache haute; au cri de : « *Aintzia !* », il attaque... En 1950, un Navarrais de vingt-trois ans coupa 10 troncs de 1,50 m en 40 minutes.

Au début du siècle, la Soule comptait encore quelques lanceurs de barre, les *palankaris*. Ce sport, qui consiste à lancer au loin des barres de fer de 4 à 8 kilos, passe pour être l'un des plus anciens. Les Basques y excellaient déjà au XIVᵉ siècle.

Le goût pour ces jeux sportifs les a fait survivre dans cette terre aux fortes traditions. Depuis longtemps, la ville de Saint-Palais attire au festival de la Force basque des athlètes rustiques qui se présentent en pantalon, chemise et sandales, luttent farouchement et, l'épreuve achevée, se fondent dans le groupe des amis. Ces olympiades comportent six épreuves typiques : dans le *soka tira*, deux équipes d'hommes s'arc-boutent aux extrémités d'un câble; les *salsularis* courent avec un sac de 100 kg sur l'épaule; les *lasto altsari* soulèvent des ballots de paille; les *ségari* sont des scieurs de long; les célèbres *aizkolarris* manient leur terrible hache; enfin, le plus original, le jeu de la charrette, qui consiste à faire pivoter le véhicule sur son timon.

Parmi les jeux d'adresse qui se pratiquaient au cours des fêtes patronales, celui qui consistait à décapiter, les yeux bandés, un canard ou un poulet, jouissait d'un engouement spécial auprès des Ossalois et des curistes des Eaux-Bonnes, au dire de Taine qui lui consacre dans son *Voyage aux Pyrénées* une page humoristique. A Saint-Pée-sur-Nivelle, ce jeu s'accompagnait de rites si curieux qu'on ne peut s'empêcher d'y voir la survivance d'une cérémonie sacrificielle [1]. (Les jeunes filles, en effet, y jouaient un rôle prépondérant, ce qui est rare au Pays basque.) On l'appelait l'*oilasko joko*.

---

1. Philippe Veyrin, *Les Basques*, Arthaud, 1947.

Un roi et une reine du jeu président sur une estrade. Devant eux, un poulet est enterré au ras du sol; sa tête seule dépasse. Les danseurs, garçons et filles, arrivent par couples; au signal donné par les musiciens, la première des jeunes filles s'agenouille devant le couple princier, reçoit des mains d'un acteur un sabre qu'elle manie en cadence, essayant d'un mouvement de faux de couper le cou de l'animal... Chacune à tour de rôle prend le sabre; quand une bête est tuée, une autre prend sa place... Pour finir, tous les participants de ce divertissement singulier se réunissent le lendemain pour un repas au cours duquel ils mangent les bêtes décapitées.

Dans l'Antiquité, les volailles constituaient les victimes habituelles des sacrifices accomplis en l'honneur des dieux et aujourd'hui encore, combien de ces bêtes succombent au cours des cérémonies vaudou ! Dans ce jeu, il semble que le rôle prépondérant soit réservé à la jeunesse comme dans une ancienne cérémonie d'initiation, ce que confirmerait le repas des participants.

« L'IRRINTZINA »

Un cri venu du fond des âges

L'effort, la lutte, la tension intérieure, s'expriment chez l'homme de la montagne par une explosion viscérale, un cri que l'on entend fuser parfois dans la nuit, à la fin d'une journée orageuse ou au cours d'une partie de pelote.

Pierre Loti, dans *Ramuntcho*, le fait lancer par un contrebandier après le passage de la frontière.

« Un cri s'élève, suraigu, terrifiant; il remplit le vide et s'en va déchirer les lointains... Il est parti de ces notes très hautes qui n'appartiennent d'ordinaire qu'aux femmes, mais avec quelque chose de rauque et de puissant qui indique plutôt le mâle sauvage. Il a le mordant de la voix des chacals et il garde quand même quelque chose d'humain qui fait davantage frémir; on attend avec une sorte d'angoisse qu'il finisse et il est long, long; il oppresse par son inexplicable longueur... Il avait commencé comme un haut bramement d'agonie et voici qu'il s'achève et s'éteint en une sorte de rire, sinistrement burlesque, comme le rire des fous...

« ... C'est simplement l'*irrintzina*, le grand cri basque qui s'est transmis avec fidélité du fond de l'abîme des âges jusqu'aux hommes de nos jours et qui constitue l'une des étrangetés de cette race aux origines enveloppées de mystère. Cela ressemble au cri d'appel de certaines tribus Peaux-Rouges dans les forêts des Amériques; la nuit cela donne la notion et l'insondable effroi des temps primitifs... »

Cet appel singulier ressemble au hennissement du cheval sauvage. La Bible parle d'un cri semblable lancé par les premiers pasteurs. On ne l'entend pas seulement au Pays basque. Dans les pâturages des hautes vallées d'Aspe et d'Ossau, les bergers le lancent pour s'appeler et se répondre. Ils le nomment l'*arrenilhet*. On le trouve encore dans les vallées de Campan, d'Aure, de Bethmale. En Ariège, c'est le *hilhet*. Il sert souvent à l'homme parti en montagne, pour signaler sa présence à ceux qui guettent son retour. Si curieux que cela paraisse, on arrive à tenir sur ce registre une conversation avec un interlocuteur dont on est parfois séparé par toute la largeur d'une vallée. La voix se maintient sur un timbre suraigu, surgi de l'arrière du masque; toutes les syllabes portent, dans l'espace, et le message est clair à entendre, mais il est court, car on se fatigue à tenir la voix à cette hauteur.

L'*irrintzina*, comme le *hilhet* est une prérogative virile; les performances accomplies dans ce domaine par les jeunes Basquaises des groupes folkloriques ne sont qu'une concession aux spectateurs. Il jaillit dans sa vérité à la fin d'une journée chaude où l'on a bien chanté, dansé, discuté, quand, les vieilles querelles remontées des mémoires, deux rivaux se cherchent. Alors monte le cri de défi. Un silence se fait dans la campagne qui attend la réponse. Et le lendemain, on comptera les coups, les blessures...

Aussi viril, aussi rituel, aussi sauvage, le *hilhet* de Massat, dans l'Ariège, annonçait les amoureux aux jeunes filles qu'ils courtisaient.

Quand, dans les fêtes de Bayonne, de Saint-Sébastien ou de Pampelune, les *ttun-ttun*, les tambourins accélèrent leur rythme envoûtant, quand les yeux n'arrivent plus à suivre le magique entrelacs des fandangos et des *arin-arin*, une primitive frénésie balaie la fausse pudeur de notre culture et le cri jaillit, ancestral et authentique.

Vallée d'Ossau, par Melling (B.N., Est.)

LES SENTIERS
DE LA SOLITUDE

LES BERGERS,
CES HOMMES D'UN AUTRE TEMPS

Admirés et enviés

Chez les paysans de la plaine de la Garonne, un dicton bizarre courait sur les bergers des Pyrénées : on disait que, n'ayant rien à faire de toute la journée, ils avaient la peau si fine qu'on ne pouvait la rayer de l'ongle sans la déchirer. Une secrète envie se cachait en réalité sous cette gasconnade pour l'obscur pouvoir d'hommes vivant dans un ailleurs inaccessible, un pays « où l'on n'arrive jamais ».

Ceux qu'on nomme l'*aulhès* en béarnais, le *mountagnol* en commingeois, savent parler aux bêtes, chiens ou brebis, lisent le temps à ciel ouvert et guérissent par des plantes qu'ils sont seuls à connaître. Leur ambition est d'acquérir dans cette pratique une renommée qui fera prononcer leur nom avec considération dans leur vallée et, s'il se peut, chez les bergers voisins. En Barétous, par exemple, ils étaient les héros des chansons improvisées et admiratives.

Francis Jammes leur a dédié un de ses plus célèbres poèmes, où l'on sent toute la nostalgie de l'homme qui vit au pied de la montagne : « Avec ton parapluie bleu et tes brebis sales... »

La descente des troupeaux en septembre est un spectacle renouvelé de la Bible et de Virgile, une image du fond des âges qui envahit l'âme « ...comme les cercles indéfinis d'une eau dormante où s'est abattu un oiseau d'automne.

« Le troupeau de brebis et ses béliers, les bergers et les chiens passent là-bas sur la place éclairée. Vite, on se lève. L'air est glacial. Qu'importe ! On veut voir, à la clarté des réverbères, s'écouler le moutonnement musical. De temps à autre, le coup de sifflet du pasteur éclate, et les chiens, s'élançant au flanc du troupeau, y ramènent par leur seule menace la bête qui s'écartait.

« Tout ce dévalement dure quelques instants et disparaît. Les bruits diminuent, s'assourdissent, meurent. On ferme la croisée pour rentrer dans le lit tiède. Mais il vous reste dans les yeux les cristaux des étoiles frissonnantes et, dans le cœur, des carillons [1]. »

---

1. François Duhourcau. *La Demi-Morte*, Grasset, 1935.

Cloches de brebis (photo A. Ocana)

Des rêves inavoués

Au mois de mai, il faut assister encore, dans la vallée de la Soule, à la montée des derniers conducteurs de troupeaux, les grands *artzain*, emmenant leurs bêtes vers les hauts pâturages qui couvrent la crête frontière du pic d'Anie à la montagne d'Orry. Ils marchent en tête, comme les patriarches de la Bible, au milieu d'un nuage de poussière, dans le tintamarre des cloches et des bourdons, la *tzintzarrada*. Au long de la route, la troupe fait entendre un respectable bruit de sonnailles ; mais, à l'approche des bourgs, on décharge l'âne du lot des plus grosses cloches, les *kuchkullas*, on les attache au cou des bêtes les plus fortes et le troupeau traverse les rues comme une fanfare en marche, attirant les gens sur le pas de leurs portes et faisant naître des rêves inavoués.

Le bruissement de ces centaines de sonnailles anime en été les hauts pâturages d'un bout à l'autre de la chaîne. Au Pays basque, les tintements clairs des *ardiyuaré* dominent, sur le fond grave des *kuchkullas* et des *burumbas*, sortis des mains du maître fondeur Bera, de Saint-Jean-le-Vieux. En Ossau, en Aspe et dans les vallées de la Bigorre, les troupeaux avancent au son des grosses *toumbos*, des *toupis*, qu'accompagne la symphonie des *trucs, trucos, esquiros* et *picous*, venus des ateliers Laban de Nay.

A l'autre extrémité des Pyrénées, par les anciens chemins *ramaders* qui mènent aux *pasquiers* du Capcir, tintent les *mitjanes*, les *borrombes* et les *borrombils* catalans.

Des signes propitiatoires

Arrivé dans son coin de montagne dont il connaît tous les détails, crêtes, rochers, creux d'herbes, sources et torrents, le berger va retrouver son enclos, le *coueilha* (ou *coueilat*). Au coin le plus favorisé, profitant du maximum d'ensoleillement, sa cabane l'attend, comme la grotte de l'ermite.

Elle peut être un abri informe adossé à un rocher ou la maisonnette aménagée de la montagne navarraise, à toit de bardeaux. Mais, *cayolar* basque, *cuyala* béarnais ou bigourdan, *jasse* ariégeoise, *orry* du Roussillon, ce refuge sera pour des mois le centre de son univers dans la solitude.

Un de ses premiers soucis est de chercher une protection contre les dangers qui l'attendent dont les plus réels sont les moins prévisibles, la maladie, la foudre. Le jour de la Saint-Jean, il a cloué sur la porte de l'étable et de la cabane deux branches d'aubépine en croix. En Aspe et en Ossau, ce sera le bel iris bleu des prairies, à la feuille en forme d'épée. Des signes propitiatoires, ces mystérieux signes astraux que sont hélices, rouelles, étoiles à six branches, seront gravés ou peints sur les colliers du bétail. L'énigmatique croix à quatre virgules, qu'on appelle « croix basque » et qui évoque le tourbillon de la course du soleil, semble avoir joui d'une faveur particulière dans les Pyrénées. On la retrouve aussi bien sur les linteaux de porte de la Bigorre que sur ceux du Pays basque où cependant les dates qui l'accompagnent sont les plus anciennes.

Des pierres à lait

Seul avec ses chiens, prisonnier de son troupeau, le berger compte les jours qui passent avec leurs corvées régulières. Quand il s'agit de bêtes à lait, la traite et la fabrication du fromage occupent de longues heures : quel que soit le temps, quelle que soit sa fatigue, il faut qu'il recommence, il est « au rouet » dirait Montaigne. Mais vient un moment où, le troupeau parqué, l'inaction pèse. Ces heures solitaires, que le transistor remplit parfois aujourd'hui, les anciens les employaient

Saloir à fromage (photo A. Ocana)

à fabriquer patiemment de leurs mains les ustensiles de bois dont ils avaient l'usage quotidien, l'escabeau, la planche et le moule à fromage. Taillés à la hache, façonnés au couteau, longuement polis, amoureusement décorés, ils font actuellement toute une série d'objets portant le témoignage de l'habileté et de la patience du propriétaire. Les musées d'art populaire pyrénéens à Bayonne, Pau, Lourdes, Luchon, Foix, Perpignan ont recueilli ainsi des dizaines de cuillers à crème, pots à soupe, seaux à lait patinés par le feu, le temps, les mains calleuses et adroites. Il est émouvant de comparer leurs formes à celles des ustensiles des pasteurs néolithiques révélés par les fouilles de l'Europe centrale et les stations lacustres du Jura. On y retrouve le vase en double tronc de cône, de l'Ariège aux confins du Barétous. Une exception est à faire pour les pots de la haute Soule de forme globuleuse à la longue poignée latérale découpée : ils ont une parenté intéressante avec certains vases néolithiques des grottes de Haute-Provence. Les Ligures encore... Il faut laisser aux Bethmalais l'invention du *lero*, le récipient à traire dont la forme courbe leur permet de se tenir à cheval sur l'ustensile tout en opérant. Ils choisissaient pour cela des troncs qui avaient poussé sur une pente et s'étaient courbés sous l'effet du glissement du terrain.

Presque entièrement oubliée aujourd'hui mais venue de la préhistoire, la méthode de cuisson du lait dans des récipients en bois était restée longtemps en usage dans la montagne basque. Elle avait son équivalent à Toulouse au siècle dernier, quand les gourmets dégustaient encore dans les cafés le *leyt ferrat*, obtenu en trempant dans une tasse de lait une tige de fer portée au rouge, ce qui lui donnait un goût de brûlé apprécié. En pays de Cize, il n'y a pas si longtemps, le soir, en famille, chacun apportait son galet qu'on nommait *esne harria*, la pierre à lait. On la faisait chauffer dans le feu de l'âtre, puis on la trempait dans le bol en bois rempli de lait avant d'y ajouter de la méture* brisée en miettes pour le repas du soir. On peut encore ramasser de ces cailloux dans le lit d'un torrent au-dessus de Saint-Michel-le-Vieux : ils sont riches en titanate de fer qui a la propriété d'emmagasiner la chaleur.

La part du diable

Les longues heures silencieuses de sa retraite forcée rendent le berger que l'on rencontre sur la route ou à la porte de sa cabane, avare de paroles ; ses sensations et ses sentiments sont trop complexes pour pouvoir être exprimés. « Le berger vit dans le spectacle de grandeurs naturelles écrasantes ; il participe au mystère des lois de la vie. Il apprend la valeur du temps qu'il sait écouter, qu'il entend, qu'il subit ou qu'il affronte sans qu'il puisse récriminer. La solitude humaine est sa part, son amie, la patience[1]. »

Dans le noir de la nuit, accroupi sur le bas-flanc de sa cabane, ou serré avec ses compagnons autour du maigre feu sous le toit enfumé, il cherche à expliquer ce qui le dépasse. C'est alors que, faute d'instruction, reviennent en foule les vieilles croyances transmises depuis un temps immémorial à sa famille ou aux

---

1. J.-J. Cazaurang, *Paysans et Pasteurs béarnais*, Pau, 1968.

Périssé, le berger (photo de l'auteur)

membres de sa communauté par les anciens qu'on apprenait
à écouter et dont l'expérience s'imposait. Dans ces histoires
dont l'origine s'était perdue mais qu'on répétait fidèlement,
le diable avait la part belle et les sorcières, les *brouches*,
entraînaient dans leur tourbillon l'homme solitaire : c'est un
ours géant qui lance des rochers énormes, l'œil du démon qui,
au fond d'un gouffre d'eau verte, fascine le pêcheur de truites,
le bélier noir qui sort des eaux pour épouvanter le troupeau.
Dans les écharpes de brume qui tourbillonnent de façon étrange
autour des sommets, Mahomet, diable ou soleil, est présent.

Comment s'étonner alors que certains ne se fassent, dans
leur solitude, un monde à part, ne passent « de l'autre côté »,
celui des puissances inquiétantes. Aux aguets des bruits du
vent, des voix de la nuit, surveillant les ombres, ils remâchent
tout pendant des heures interminables : peu à peu les formules
naissent, les dons se précisent, ils les essayent et, comme dit
Andrée Martignon, « on ne sait plus que penser quand on voit
la chose à l'usage[1] ». Dans ses courses en montagne d'Aure,
des bergers lui ont parlé de « la vieille ».

Veuve et héritière de deux cents bêtes, elle les marquait
elle-même d'un œil rouge dans son cercle, et les conduisait
à la montagne : « Nous ne l'aimions pas; on s'en servait
quelquefois... Le plaisir pris, on la traitait de *brouche* (sorcière) ! »
Mais bien que morte depuis trente ans, ils en parlaient avec
respect, à cause de ses « dons de mots » pour guérir ou pour

---

1. Andrée Martignon, *Quand vient la nuit d'été* (inédit).

retrouver la brebis perdue : pour celle-ci, il lui suffisait de crier « A toi, cornu ! » dans son mouchoir noué en quatre cornes. L'un d'eux a vu sortir de terre, du côté de Capdelong, la source qu'ils ont appelée par son nom, « la Martou ». « De la pointe de son bâton elle l'a chatouillée, l'a fait venir à elle, comme on sort à l'épingle un escargot de sa coquille. » Un autre ajoute : « Elle savait aussi comme on rassemble les bêtes par un filet de voix aigu, vif et trillé comme celui de l'*astouret* que vous appelez épervier. Où que se trouvaient les brebis, elles se formaient en file et pour qu'elles atteignent le parc avant la nuit, il n'était pas besoin de Sauvette, la chienne... Tout était mis en œuvre par ce fil qui partait de la bouche pour les lier... » Et le berger d'avouer : « Ça finit par troubler, hé, ces choses ! Enfin la vieille est morte, le troupeau s'est vendu. On dit qu'elle revient par ici. Au dernier équinoxe de septembre, j'ai bien cru la voir ; marchant droit comme je la connaissais, tête haute, en femme qui se sait méprisée. Mais cette nuit-là faisait passer sur la lune des nuages de toutes formes, à tromper le meilleur chrétien. Et sa robe et sa tête fière, c'est ma tête qui les faisait. »

LES SOLITAIRES DES PYRÉNÉES

L'atavisme et la recherche de sa subsistance font du berger un solitaire malgré lui. Mais cette solitude à laquelle il se résigne, d'autres l'ont recherchée pour elle-même et s'y sont étrangement complus. Ainsi, au temps du Roi Soleil, les Pyrénées apparaissaient à beaucoup comme « un monastère des solitudes ». On possède sur ce point le témoignage de Rancé, un beau gentilhomme converti par la mort de sa maîtresse et ami de l'évêque de Comminges, Gilbert de Choiseul, qu'il vint voir à Saint-Bertrand-de-Comminges en 1696. Au cours de leurs promenades, un jour qu'ils se trouvaient tous deux dans un endroit solitaire d'où l'on découvrait d'assez près les hautes montagnes, l'évêque remarqua que l'abbé les parcourait des yeux avec une attention qui le rendait distrait. Il lui dit qu'il avait la mine d'un ermite en quête d'un endroit où bâtir sa retraite. L'abbé rougit et avoua que c'était en effet sa pensée. « Si cela est, repartit l'évêque, vous ne pouvez pas mieux vous adresser qu'à moi. Je connais ces montagnes. J'y sais des endroits si affreux et si éloignés de tout commerce que, quelque difficile que vous puissiez être, vous aurez lieu d'être content. » Ainsi à deux cents lieues de Versailles, les Pyrénées appelaient les âmes fières, les indomptables. Louis XIV ne connaissait que deux évêques qu'il n'avait pu fléchir, deux pyrénéens, Pavillon d'Alet et Choiseul de Comminges. Il ne pouvait même pas les envoyer plus loin...

Avant Rancé, Mlle de Montpensier et Mme de Longueville avaient éprouvé le même mystérieux attrait. Hébergées au château de Beaucens, dans la vallée d'Argelès, les deux « précieuses » avaient échafaudé un projet de retraite dans ces montagnes. « C'était la cour face à son contraire, le désert. » Leur amour naissant pour cette merveilleuse nature était ambigu, impossible. Il fut sans lendemain.

Mais la retraite à la Longueville, passant de l'illusion au roman, va produire l'invraisemblable histoire contée par Mme de Tencin dans les *Mémoires du Comte de Comminges*, où l'héroïne se déguise en moine et se retire dans un monastère pour vivre en secret auprès de celui qu'elle aime. Le nom de Comminges est évidemment emprunté par la romancière à l'ami de Rancé. Mais qui lui a donné l'idée de cette Adélaïde, solitaire, mystérieuse, qui creuse avec ardeur son propre tombeau ? Chateaubriand y voyait Mme de Montbazon, la maîtresse de Rancé. Mais un modèle semble bien s'être offert à Mme de Tencin, plus ressemblant encore, la mystérieuse « Solitaire des Rochers » dont les *Lettres à son confesseur* circulèrent dans le milieu dévot de Versailles et intriguèrent la Cour vers 1695.

Ruines du château de Beaucens (XIIᵉ siècle) (coll. particulière)

L'Eden retrouvé

Son histoire valait tous les romans du temps : jeune fille de famille noble et de la meilleure éducation, elle s'était enfuie de chez elle et perdue volontairement dans le menu peuple, secrètement guidée par son confesseur qui approuvait ce goût étrange pour la vie humble et inconnue. Comme elle cherche une fuite encore plus complète du monde, il l'envoie dans les Pyrénées où elle passe vingt ans dans le dénuement le plus total, se livrant à des expériences ascétiques et mystiques effrayantes. Mais elle tient une correspondance suivie avec le père Luc de Bray, un curé des Yvelines, qui fait circuler ses lettres dans l'entourage de Mme de Maintenon. Ce n'est que cinquante ans plus tard qu'on se décidera à les publier. « Réalité ou fiction ? » se demande Eugenio d'Ors[1]. La part prépondérante accordée aux dissertations théologiques dans cette correspondance pourrait apparaître comme un subterfuge destiné à retenir l'attention du lecteur, en entremêlant un traité de mystique à un roman d'aventures. Mais les détails dont cette correspondance est émaillée sont ceux qui viennent spontanément sous la plume d'un voyageur, peu habitué à peindre ce qu'il voit, mais désireux de faire comprendre l'insolite de sa nouvelle existence. « Il n'y a jamais beaucoup de neige dans ces quartiers-ci, écrit-elle; il n'y fait pas de grands froids, l'été est beaucoup plus long que l'hiver. » Elle fait sécher ses fruits sauvages au soleil, sur les rochers qui sont « chauds comme l'entrée d'un four », au mois de décembre.

« ...Il y a dans le bas des rochers de monstrueux serpents; il y en a qui ressemblent à de gros lézards; ils se poursuivent, se battent et se déchirent les uns les autres, mais ils ne me font rien; je ne les irrite point, je les convie seulement à louer leur créateur. Ils ne font rien non plus à mon petit écureuil qui court partout...

« ...Ce petit lieu, mon cher Père, est un paradis terrestre pour moi. Je ne crois pas que personne y ait été que moi, car outre que tout y est brut, c'est qu'on y redoute fort ces serpents dans le pays : ainsi personne n'ose venir dans ces rochers, étant un pays sauvage où même les bestiaux ne peuvent venir paître à cause des rochers qui l'environnent. Il n'y a même pas d'autres animaux sauvages comme il y en a dans mon autre demeure. Je n'y entends aucun bruit. »

... Seulement vêtue de ses longs cheveux

Ces détails et la présence de couvents et d'ermitages dans le voisinage laissent penser que la mystérieuse « solitude des rochers » pourrait se situer dans la haute vallée de l'Aude, le Querigut ou le Donezan. La solitaire parle de rochers superposés et d'un accès difficile, de grottes de la dimension d'une grande église, d'ours, de cerfs et de biches qui l'approchent. Elle se nourrit de cerises sauvages, de prunes noires, de grosses nèfles, d'herbes qui lui tiennent lieu de pain, comme les racines du « ricochet » qui sont « fort stomachales ».

Qui était-elle ? Son biographe anonyme semble bien avoir découvert son identité. Les Montmorency perdirent une jeune fille de quinze ou seize ans vers 1664, à l'époque où la solitaire qui se nomme Jeanne-Marguerite échappa à la vigilance de sa famille. Ils crurent que l'adolescente s'était fait enlever par un séducteur et ils arrêtèrent assez vite les recherches pour ne pas ébruiter ce qu'ils considéraient comme un scandale. Entre celle qui se dit issue d'une famille noble et bien en cour, et la jeune disparue, l'identité ne semble pas faire de doute. On comprend alors les recommandations de secret qu'elle multipliait à son directeur. Et que ce secret ait été gardé est d'autant plus étonnant qu'elle avait à la cour de hautes relations : Mme de Maintenon, La Rochefoucauld, entre autres. Elle écrivait : « Je connais votre petite reine (la duchesse de Ventadour). Je l'ai vue aux jésuites plusieurs fois. J'ai vu

---

1. Eugenio d'Ors, *Du baroque*, Gallimard, 1968.

Le château de Miglos (photo Maison des Pyrénées)

aussi Mme d'Aumont, sa sœur. Pour Mme Maréchale (de la Mothe), leur mère, c'est une dame d'un grand mérite... »

L'étrange, le troublant de cette vie de solitaire, c'est que c'est une femme qui la mène et, psychologiquement, on sait que l'isolement total lui est plus insupportable qu'à un homme. C'est la raison pour laquelle elle ne rompt pas complètement avec ses semblables. Son confesseur, qui exige d'elle une lettre tous les trois mois, est homme plein de bon sens, d'humilité et de fermeté, du bois dont était fait saint Vincent de Paul; il sait comment on doit retenir les tempéraments excessifs sur la pente des extravagances. Avec cette femme laissée à elle-même, il n'y arrivera pas. Même quand, pour se confesser au couvent de la vallée proche ou pour porter son courrier à un voiturier qui se trouve « à vingt lieues de là », elle s'habille comme les pauvresses de son temps, dès qu'elle se retrouve dans son désert, elle se conduit comme la légendaire pénitente des déserts orientaux, Marie l'Egyptienne, que les imagiers ont souvent représentée vêtue seulement de ses longs cheveux. Un jour, ayant trouvé dans la forêt le squelette d'une femme pendue, elle se l'attache au cou et vit plusieurs jours avec cet étrange collier, méditant sur la mort, châtiment du péché...

Des apparitions troublantes

La « pauvre pécheresse », comme elle se nomme elle-même, brûlée par le soleil, vêtue d'un sac, les pieds nus ou chaussés de lianes tressées, ne devait guère être un objet de tentation comme les Ariégeoises dont Racine redoutait la succulente apparence. Son corps avait peu à peu perdu ses formes féminines : une paysanne qui l'a rencontrée recommande à sa voisine de se méfier d'elle, car elle pourrait être un homme déguisé pour la voler. Un jour, deux « miquelets » l'assaillent, mais renoncent à lui faire violence et se contentent de la rouer de coups. Mais sous l'effet des privations de nourriture qu'elle s'impose, ses instincts et ses désirs refoulés vont resurgir dans sa solitude sous la forme de tentations insolites et troublantes. Un beau jour le démon, ou celui qu'elle accusera de l'être, lui apparaît sous les traits d'une jeune femme, « aussi belle qu'on pouvait l'imaginer » et dans un état qu'elle n'ose préciser à son confesseur. Cette créature lui raconte qu'elle a été victime des brigands et explique avec complaisance les outrages et les violences qu'elle aurait subies; la solitaire en est toute troublée et, en la consolant, ne peut s'empêcher de sentir pour elle un attrait irrésistible. Quand elle s'en aperçoit, elle comprend que c'est l'esprit du mal qui lui est apparu. Une seconde fois, la fille démoniaque revient la provoquer, mais elle est secourue par un ange qui vient à son aide et qui a pris lui aussi la forme d'une jeune fille... La correspondance de la solitaire se termine brusquement à la mort du père Debray. Après, c'est le mystère complet. On pense qu'elle mit à exécution le projet qu'elle lui avait confié de partir à Rome pour le jubilé et qu'elle mourut en route, au fond d'un hôpital, emportant les secrets d'une femme qui peut se ranger entre les grandes amoureuses et les saintes de son siècle.

LES HOMMES SAUVAGES

Vivant au fond de vallées perdues dans une nature démesurée, capricieuse et magique, les hommes d'autrefois projetèrent leurs rêves et leurs terreurs sous la forme d'êtres fantastiques. L'un d'eux a laissé des traces profondes dans le légendaire pyrénéen, c'est l'homme sauvage, venu de la forêt.

« Les hommes sauvages, écrit Marcel Brion, émanent des peurs légendaires, souvenir peut-être des races anciennes qui se survivaient à elles-mêmes au fond d'inaccessibles taillis, dans leur existence à la fois idyllique et brutale... Pacifiques et coléreux en même temps, inquiétants lorsqu'ils se laissent corrompre par leur nature humaine, ils sont les rois de l'immensité boisée[1] ... »

Si étranges qu'ils puissent paraître, les contes d'hommes sauvages dans les Pyrénées n'ont pas été sans précédents historiques. Ainsi le conte du *Petit Poucet* est la cristallisation dans l'imagination populaire d'une conséquence des guerres qui dévastèrent l'Europe centrale au XVIIe siècle : les forêts de ces régions étaient devenues des refuges. Dans la détresse des temps, les familles pillées, ruinées, acculées à la famine, chassaient hors du foyer les bouches inutiles. Mais le froid, la faim, l'obscurité ne sont pas toujours venus à bout de l'homme lâché nu dans la nature. Insensibles aux averses, marchant dans la neige, buvant l'eau des sources, rongeant l'écorce des arbres ou les racines, cueillant les baies, ramassant les champignons et les escargots, des humains apprenaient cette science détenue par les êtres mystérieux qui hantent les forêts, dans un conte de Bigorre : « Si tu savais les vertus de la feuille de l'aune, tu porterais une canne d'or. »

Dans son *Discours sur l'origine de l'inégalité entre les hommes*, paru en 1754, J. J. Rousseau rapporta qu'on avait trouvé dans les Pyrénées, des enfants sauvages courant la montagne à la manière des quadrupèdes. Linné reprit la même information, en précisant que les petits sauvages pyrénéens bondissaient de roc en roc à la façon des *izards*; il les classa dans la catégorie de l'*homo ferus*, l'homme sauvage, dont il donne d'autres exemples. Linné qualifie le représentant de cette espèce humaine de *tetrapus, mutus et hirsutus* : c'est-à-dire qui marche à quatre pattes, ne sait pas parler et est couvert de poils. Cette dernière caractéristique, il l'avait retenue d'Aristote et des reproductions d'hommes sauvages datant du Moyen Age, mais il ne l'avait pas observée lui-même.

En 1776, l'ingénieur Leroy (chargé par la Marine royale de l'exploitation des grandes forêts de la vallée d'Aspe pour les besoins des chantiers de constructions navales), rédigeant son mémoire, parlait de l'existence de deux êtres humains vivant en liberté dans les forêts de cette partie de la chaîne; l'un d'eux avait été capturé et enfermé dans un hôpital où il était mort.

---

1. Marcel Brion, *L'Art fantastique*, Albin Michel, 1961.

Des innocents

« La forêt d'Issaux, écrit-il, était si considérable et si fourrée, avant qu'il fût question de l'exploiter, qu'il y a plus de trente ans (vers 1745), on y prit une jeune fille sauvage d'environ 16 à 17 ans; elle habitait depuis sept ou huit ans dans ces bois; elle avait été laissée par une troupe d'autres filles qui furent surprises par la neige et obligées d'y passer la nuit; le lendemain elles cherchèrent, inutilement, leur camarade, et l'abandonnèrent. Cette fille, [...], avait perdu l'usage de la parole et ne voulait manger que des herbages; elle fut conduite à l'hôpital de Moléon où elle a vécu longtemps, dévorée de chagrin, regrettant toujours sa liberté, ne parlant jamais et restant presque toujours immobile, la tête appuyée sur les deux mains.

[...] « Il n'y a pas deux ans (c'est-à-dire vers 1774) que les pasteurs voisins de la forêt d'Iraty, proche de Saint-Jean-Pied-de-Port, aperçurent souvent un homme sauvage qui habitait les rochers de cette forêt. Cet homme était de la plus grande taille, velu comme un ours, et alerte comme les isards, d'une humeur gaie avec l'apparence d'un caractère doux, puisqu'il ne faisait de mal à rien. Souvent il visitait les cabanes sans rien emporter, il ne connaissait ni le pain, ni le lait, ni les fromages; son grand plaisir était de faire courir les brebis et de les disperser en faisant de grands éclats de rire, mais sans jamais leur faire de mal. Les pasteurs mettaient souvent leurs chiens après, alors il s'enfuyait comme un trait et ne se laissait jamais approcher de trop près.

« Une seule fois, il vint un matin à la porte d'une cabane [...] et regardait les ouvriers en riant. Un de ces gens se glissa doucement pour tâcher de le saisir par une jambe; plus il le voyait s'approcher et plus son rire redoublait. Ensuite, il s'échappa. On a jugé que cet homme pouvait avoir trente ans : comme cette forêt est d'une grande étendue et communique à des bois immenses appartenant à l'Espagne, il y a à présumer que c'était quelque jeune enfant qui s'y était perdu et qui avait trouvé le moyen de subsister avec des herbes. »

L'homme de la forêt d'Iraty est celui qui se rapprocherait le plus de l'*homo ferus* dont Linné avait fait la description. Il en avait le corps velu, *hirsutus*, le mutisme, *mutus*, mais, s'il fut *tetrapus*, ce ne fut pas totalement; les récits des bergers le montrent sachant fort bien courir et se tenir sur ses deux jambes. Etrange, en revanche, est son rire silencieux qui s'accentue et devient bruyant quand on cherche à l'approcher. Ce rire, pas plus humain que celui du singe, est la traduction d'un intense intérêt. Cet être particulièrement doux et paisible, ignore la méchanceté et la peur. Ceci explique que, sur le point d'être pris, il disparaît d'un bond, ayant brusquement découvert le danger que représente l'homme, loup pour l'homme, selon le vieil adage pessimiste des Latins.

Des mœurs inquiétantes

Pour l'écrivain basque Augustin Chaho, qui reprend l'histoire, pas de sauvage sans sauvageonne, et il n'hésite pas à doter l'homme d'Iraty d'une compagne. Mais il pourrait en cela avoir été influencé par l'étrange affaire survenue en 1808 dans les montagnes de Vicdessos, en Ariège, où des chasseurs aperçurent une femme qui courait nue dans les rochers. Traquée et capturée, elle s'enfuit. Reprise, elle fut enfermée dans une tour du château de Foix où elle périt de chagrin et... de mauvais traitements. Son existence et sa fin malheureuse révélées aux lecteurs du *Journal de l'Ariège*, en janvier 1814, par Bascle de Lagrèze, ancien sous-préfet de Foix, suscitèrent un intérêt passionné chez plusieurs romanciers de la première moitié du XIXe siècle. Un véritable roman noir parut en 1817, sous le titre échevelé de : *Vie et fin déplorable de Mme de Budoy, trouvée en 1814, entièrement nue et vivant sur les hautes montagnes de Vicdessos, département de l'Ariège.*

Deux gravures représentent la jeune femme, belle et nue, ses longs cheveux noirs flottant librement sur son dos ou venant capricieusement voiler ses charmes : c'est presque trait pour trait la description faite par Chaho de la fille sauvage. Une complainte en quinze strophes, colportée sur les champs de foire, a pu suffire à lui en donner l'idée.

Quant à l'homme, Chaho en a fait le fameux Basa Yaun, le « seigneur sauvage », qui hante les récits des veillées en Soule et qui passe pour manger les bergers et enlever les femmes.

Mais revenons à ce qui paraît le plus invraisemblable, la cohabitation de la femme perdue de l'Ariège avec les ours. Lorsqu'on lui demanda comment il se faisait qu'elle n'eût pas été dévorée par les ours, elle répondit clairement : « Les ours ! ils étaient mes amis, ils me réchauffaient ! » Quelle image que celle de cette femme mêlant au fond d'une caverne ses membres nus à ceux d'une de ces énormes bêtes.

Les conteurs pyrénéens ont, semble-t-il, adopté spontanément ce thème et lui ont donné des prolongements fantastiques. De l'Ariège au Pays basque, les populations hantées par le souvenir de femmes disparues dans la montagne les imaginaient vivant en compagnie des fauves bruns, soumises par eux à de monstrueux accouplements et mettant au monde, par la suite, des enfants à la force prodigieuse et aux mœurs inquiétantes, tenant d'Hercule et du Minotaure (voir « le Dieu Ours », p. 42).

A LA LUEUR
DES BÛCHERS

Peter Collien : « La Chevauchée d'Hérodiade »

Adonnés au diable

Pendant les années sombres du XVe siècle, les magiciennes Diane et Hérodiade ont cédé la place aux sorcières, que le peuple appelle *pousouères*, c'est-à-dire empoisonneuses, ou *brouches* du nom du fragon, le *bruxum* latin, leur plante préférée, dans laquelle elles se roulaient au moment de leur initiation.

L'inquiétante figure de la déesse des enfers va s'effacer derrière une ombre plus terrifiante encore, celle d'une bête que les ordonnances d'Aran de 1424 désignent nommément, en condamnant « tout homme ou femme qui ira la nuit vers le bouc de Biterna auquel il rendrait hommage, le prenant pour son maître et reniant Dieu ».

Tout le bas pays pyrénéen, sillonné par les « grandes compagnies », pressuré par les « gentils compagnons » installés dans leurs repaires de Lourdes ou de Tournay, est en outre le terrain privilégié des luttes à mort entre Anglais et Français, comtes de Foix et d'Armagnac. Au XVIe siècle, les rivalités entre Navarrais, Espagnols et Français, les guerres de Religion enfin porteront la misère à son comble. Rançonnés, pillés par habitude, plaisir ou indifférence, des milliers d'êtres humains ont cessé d'espérer en un Dieu sourd et se donnent au diable. Alors le Lannemezan va s'appeler la « Lande au Bouc »... Alors vont s'allumer les bûchers...

Dans les premières années du XVIIe siècle, le Labourd, épuisé par les continuels raids des troupes espagnoles, subissait de plus les conséquences matérielles et morales de l'arrivée massive des Morisques et des Gitans expulsés d'Espagne en 1575. Les Gitans s'étaient cantonnés dans les paroisses proches de la frontière, en particulier à Saint-Pée, Sare, Espelette et Ciboure.

Très vite coururent sur eux les bruits les plus incontrôlables ; les femmes en particulier passèrent pour magiciennes : leur habitude de prédire l'avenir y prêtait. On les accusa de jeter des sorts, de faire naître les tempêtes en mer, de favoriser les amours coupables. Le bailli du Labourd, Boniface de Lasse, fit condamner et exécuter une quarantaine de sorcières en 1576, parmi lesquelles Marie de Chorropique fut la plus célèbre.

Les accusations avaient surtout pour base des rivalités de clan à clan, de paroisse à paroisse. La plus violente était celle qui opposait les marins de Saint-Jean-de-Luz à ceux de Ciboure. Les histoires de sorcellerie excitaient la curiosité des femmes ; l'absence des maris, partis aux pêcheries de Terre-Neuve, leur laissait de longues heures d'inaction ; les colloques nocturnes dans les cimetières faisaient chaque jour de nouveaux adeptes. En 1609, un autre bailli du Labourd, Jean-Paul de Caupenne, seigneur de Saint-Pé, demanda à Henri IV des commissaires pour nettoyer une fois pour toutes la province de « l'infection des sorciers ».

Un justicier frénétique

Le parlement de Bordeaux nomma alors le conseiller Pierre de Lancre auquel il adjoignit le président d'Espagnet. Pendant quatre mois, il eut pleins pouvoirs pour inculper, interroger, juger, condamner et exécuter tout à la suite n'importe quelle personne dénoncée pour sorcellerie « nonobstant opposition ni appellation quelconque ».

D'origine basque, de Lancre s'appelait de son vrai nom Pierre de Rostéguy. Docteur en droit et avocat, il avait acheté en 1582 la charge de conseiller au parlement de Bordeaux. Comme beaucoup de gens cultivés de son époque, une liberté de pensée superficielle recouvrait un fond insondable de crédulité et de terreur, héritage de la pensée du Moyen Age, des

luttes effroyables des guerres religieuses et des illuminations
de la Renaissance.

Tandis que le président d'Espagne se consacrait exclusivement au règlement des litiges de frontières, de Lancre
s'adonna avec frénésie et délectation à son œuvre de justicier.
Il commença par interroger de soixante à quatre-vingts femmes
désignées comme sorcières, et près de cinquante témoins.
Mais dès les premières auditions on put se rendre compte de
l'effrayante mentalité du juge : toute accusée était coupable
en principe. Si elle parlait, sa déposition la condamnait; si
elle hésitait, la « question ordinaire » avec les raffinements
appropriés, déliait sa langue. Si elle résistait, de Lancre était
persuadé que le diable avait jeté sur elle « le sort du silence
et de la taciturnité » : condamnée ! Ne déclarait-il pas que
la mort de quelques innocents était moins dangereuse que
l'impunité d'un seul abominable sorcier !

Avec un cynisme parfait, il s'était rendu compte de la facilité avec laquelle parlaient les enfants; il en interrogea plus
de cinq cents. Tous redisaient la même leçon, que ses questions
insidieuses leur suggéraient : les descriptions du sabbat se
ressemblaient et ils y avaient tous assisté, bien entendu.
De Lancre dénombra triomphalement jusqu'à deux mille
assistants à un seul sabbat. Que faire contre un homme armé
par le bras du roi ?

Une gitane perverse

Ce fut alors une effrayante contagion de peur; les dénon-
ciations des femmes affluèrent, chacune espérant se couvrir
en accusant la voisine. De Lancre accepta que des enfants
de huit ans accusent leur mère, estimant leur témoignage
« bon et suffisant ». Il mena les procès au galop, bride abattue.

A Ciboure des femmes condamnées au bûcher se voyant
perdues, avaient fini par parler, dénoncer... La foule s'acharna
pour forcer ces malheureuses à rétracter leurs accusations.
Des hommes leur mirent le poignard à la gorge : elles faillirent
périr sous les ongles de leurs compagnes furieuses.

Le plus effrayant personnage de ce drame n'était pas le
chancelier de Lancre, fantoche cultivé, mais une jeune fille
de dix-sept ans, de race gitane, la Murgui, qui possédait la
beauté du diable. Elle avait compris dès le début que ses
talents de divination la conduiraient tout droit au bûcher,
si elle ne les mettait pas au service de la crédulité de son juge.
Sa beauté et ses charmes ont-ils fait impression sur de Lancre ?
Il ne l'a pas avoué, mais les choses se passèrent comme s'il
était devenu, sous son influence, un parfait idiot prêt à tout
admettre de ce que cette fille affirmerait. Du jour où elle
comparut devant lui, les rôles furent renversés : elle lui fit
croire qu'elle avait le don de reconnaître les adeptes des
sabbats, et mena les enquêtes à sa guise. Elle regardait dans
les yeux les victimes tremblantes, et désignait celles qui
possédaient la marque diabolique. Quand l'inculpée niait,
avait lieu alors l'atroce opération de la « visite » : l'accusée
était mise nue et, avec de longues aiguilles, on cherchait minu-
tieusement sur tout son corps, jusque dans les parties intimes,
la fameuse « marque du diable », c'est-à-dire l'emplacement
insensible à la piqûre. Un chirurgien de Bayonne opérait sur

les vieilles ; la Murgui se réservait les jeunes qu'elle tourmentait à plaisir devant les juges et leurs acolytes qui ne perdaient rien du spectacle.

C'est alors que les marins de Ciboure partis à la chasse à la baleine dans les parages de Terre-Neuve, apprirent les événements. Ils mirent à la voile et revinrent en hâte. Ciboure respira, mais de Lancre, obstiné, choisit ce moment pour s'attaquer à certains prêtres dont l'attitude désinvolte à son égard le choquait et le vexait. Le curé d'Ascain, le vieil Arguibel, âgé de soixante-quinze ans, qui commençait à radoter, fut sans difficulté inculpé, et condamné sur l'accusation de deux de ses paroissiennes qui l'avaient vu au sabbat. Il fut dégradé par l'évêque de Dax dans l'église du Saint-Esprit à Bayonne et brûlé de la main du bourreau. Après lui, le curé Miguelena, de Ciboure, et le vicaire Bocal montèrent au bûcher. Le grand vicaire de l'évêque de Bayonne assistait aux interrogatoires sans broncher. Mais Mgr d'Etchaux eut un sursaut en apprenant que ses prêtres, à leur tour, montaient sur l'échafaud. Il obtint d'Henri IV que leur cas lui fût réservé ; il les interrogea lui-même en basque ; puis, il fit comparaître la Murgui, la convainquit de mensonge et la força à avouer ses odieuses machinations, et à demander publiquement pardon de ses méfaits.

Pendant ce temps, par charrettes entières, les accusées de Bayonne avaient été expédiées par de Lancre aux bons soins de ses amis du parlement de Bordeaux ; les prisons de la ville une fois pleines, on en garnit les ruines du fort du Hâ. La grande chambre du parlement, au cours d'une séance où il siégeait, condamna en bloc les prisonnières à la peine du feu. On estime à six ou huit cents le nombre des victimes de cet effrayant carnaval de justice [1].

Le Seigneur rouge, maître du sabbat

Le confesseur de Henri IV, le père Cotton, suivait de Paris les événements. Quand il apprit comment le parlement de Bordeaux décimait la population du Labourd pour en extirper la sorcellerie, il demanda à la régente Anne de changer de méthode et d'envoyer sur place des missionnaires. Deux jésuites basques, les pères Dargain et Soccaro, originaires de Saint-Jean-Pied-de-Port, trouvèrent les populations encore hantées par le souvenir des interrogatoires, des tortures et des bûchers, et eurent du mal à les rassurer. Ils croyaient du reste, comme de Lancre, à l'empire des puissances démoniaques sur le pays.

Les annales des jésuites où sont consignées les relations de leur mission contiennent des histoires effarantes. On y lit qu'un joueur effréné, qui s'adonnait à son vice le soir de l'Épiphanie de l'année 1611, fut soudain saisi et emporté dans les airs au-dessus de la mer. Il arrive au milieu d'une assemblée de nobles sorciers qui lui offrent des trésors. Mais, l'homme ayant refusé de donner son âme en échange, les démons le renvoient et le déposent non loin de chez lui, dépouillé de ses vêtements. Tout tremblant, il fait un signe de croix, et frappe à la première porte venue. Un de ses voisins lui ouvre et, le reconnaissant, le ramène chez lui où sa femme le pleurait déjà. Un domestique affirmait avoir vu son maître emporté dans les airs.

1. W. Boissel, *le Conseiller de Lancre*, Bayonne, 1938.

*Statue de
saint Michel
dans la chapelle
Saint-Sauveur
d'Iraty
(photo A. Ocana)*

On retrouve cette histoire à Saint-Sauveur de Mendive, où
le démon, après avoir enlevé une servante, la laissa retomber
à la porte de la chapelle. A cette époque, le démon qui présidait
le sabbat était appelé par les Basques le Seigneur rouge
(*Jauna Gorria*). Dans ses vêtements de feu il hanta longtemps
les songes des habitants du Labourd, et la lutte contre le
démon restera l'un des thèmes les plus écoutés des sermons
de curés et des récits de veillées.

La hantise des sortilèges

La monstrueuse farce de la mission de Lancre en Labourd
avait fait école en Béarn. Les procès de sorcellerie devaient
reprendre de plus belle dans cette province et en Bigorre par
la faute des soi-disant « connaisseurs de sorcières ». Les jurats
des villes et des villages n'étaient pas fâchés qu'on les crût
capables de comprendre n'importe quel grimoire, et l'ignorance

qu'ils cachaient sous un masque de gravité les livrait à l'impudence des aventuriers. L'un d'eux, sorti de quelque coin de Gascogne, en 1663, était connu sous le nom du Hugue ou du Hugou. Il se vantait de pouvoir reconnaître les sorcières en soufflant sur les yeux des suspectes. Suivant son caprice, on était diffamé et mis entre les mains de la justice. Il disparut au moment où ses impostures commençaient à se découvrir.

En 1670, Jacques Dubaqué, un garçon de quinze ans, s'érigea aussi en « connaisseur de sorciers » et réussit à faire condamner et brûler à Pau deux ou trois femmes. Suivi de commissaires du parlement, il parcourut la province pour faire sa besogne. « Comme ces choses faisaient grand désordre, le roi en ayant averti, il envoya quérir ce garçon lequel ayant été examiné, il fut jugé un fourbe, si bien qu'il fut condamné aux galères perpétuelles par arrêt du conseil donné à Paris en l'an 1671[1]. »

Bien qu'en 1672, un édit royal eût interdit aux parlements d'intenter des procès de sorcellerie, on sait qu'en 1679 le clergé de Bayonne s'adonnait encore à la lecture des odieux ouvrages qui entretenaient ces croyances, le *Malleus maleficorum*, le *Flagellum daemonium*, au point qu'un synode fut obligé de leur défendre la lecture de ces « grimaces » sous peine de suspense. Les plus tenaces furent les parlementaires de Bordeaux; aussi bornés que méchants, jaloux de la réputation de leur ancien collègue de Lancre, ils osèrent en 1718 infliger le dernier supplice à une femme, pour crime de sorcellerie...

A la fin du XVIIIe siècle, les gens sensés comprenaient que la hantise des sortilèges et des maléfices n'avait pour résultat que d'accroître les procès de mauvais augure en marge de la religion, sans augmenter la foi. Ils accusaient même ouvertement le clergé de s'y prêter par intérêt, accumulant messes et aumônes, selon le dicton béarnais d'une pittoresque insolence :

> *Aus curés brouches et lougarous*
> *Hen minya capous.*

(Aux curés, les sorcières et loups-garous font manger des chapons.)

Mais en plein XIXe siècle de pauvres vieilles, condamnées par l'opinion populaire comme porteuses de mauvais sort, connurent au fond de hameaux écartés, une fin tragique, couverte par le silence d'une complicité totale.

Ainsi, en avril 1850, non loin de Vic-Bigorre, dans les Hautes-Pyrénées, fut perpétré le dernier meurtre de sorcière enregistré dans les annales judiciaires des Hautes-Pyrénées.

La vieille Jeanne Bédouret avait été invitée par ses voisins Subervie; entrée sans méfiance dans la maison, elle se trouva devant une femme folle de peur qui la saisit à la gorge en lui disant : « Tu vas brûler vive jusqu'à ce que tu m'aies délivrée. » Ce qui fut dit fut fait : les époux Subervie l'introduisirent la tête la première par l'ouverture du four; mais les cris de la malheureuse, l'âcre odeur de ses cheveux et de ses vêtements qui roussissaient firent craindre aux bourreaux des conséquences ennuyeuses. Ils la chassèrent, non sans lui avoir cautérisé les lèvres au fer rouge, en lui disant : « Va, tu seras damnée ! »

---

1. Chevalier de Bela, *Commentaire sur la coutume de Soule.*

La pauvre femme se traîna chez elle où elle agonisa cinq jours avant de mourir.

Mais dans le pays la compassion se porta sur les meurtriers. Le juge de paix les appelait de « très braves gens ». Tout le monde attestait leur courage au travail, les bons soins qu'ils donnaient à leurs enfants et à leurs biens. On ne pouvait leur reprocher que de ne savoir ni lire ni écrire.

Au cours du procès de Subervie, un témoin révéla un autre crime sur lequel tout le pays avait fait silence. Le juge lui avait demandé s'il croyait aux sorcières : « Oui, j'y crois, et vous aussi monsieur le juge, vous y croyez, si vous vouliez dire la vérité. » Devant l'indignation du magistrat, il ajouta : « Comment voulez-vous que je n'y croie pas ? J'en ai vu cinq de mes propres yeux à Sombrun; elles ont disparu comme des feux follets quand je les ai surprises. Et puis encore c'était à Labatut, une vache était malade. Le maître disait que c'était parce qu'une femme lui avait jeté le mal. Eh bien, on a brûlé cette femme et jamais plus il n'y eut de maladie sur cette maison... »

La justice se sentit impuissante. Le jury qui devait « y croire » retint comme circonstances atténuantes l'ignorance des Subervie. La Cour les condamna à payer une rente viagère au mari de la pauvre Jeanne Bédouret, qui laissa à ses meurtriers et aux gens du pays le souvenir d'une véritable sorcière [1].

Le démon au pays de Bernadette

A Lourdes, il n'y avait pas d'histoire plus populaire que celle du pacte de Boly avec le diable, qu'on racontait du temps de Bernadette Soubirous.

« Boly était un greffier de Lourdes qui voulait voir le diable; une sorcière l'emmena, un Vendredi saint à minuit, dans un terrain abandonné aux environs de la ville. Le diable arriva, habillé de rouge, et proposa à Boly de lui acheter son âme. Boly, qui avait son idée, feignit d'accepter. Le diable, sortant le registre où avaient déjà signé d'autres personnes de Lourdes, le lui tendit. Mais Boly, prit une bouteille d'eau bénite dont il aspergea le diable. Tandis que le Maudit poussait des cris affreux, Boly prit ses jambes à son cou en emportant le registre. Une course folle commença qui dura la nuit entière par monts et par vaux. Sa bouteille vide, hors d'haleine, près de succomber, Boly réussit d'un bond à franchir la clôture du cimetière : il était en terre bénite. Le diable, de la porte, lui jetait une dernière imprécation; alors Boly se retourna vers lui et lui tendant le registre [...] il lui cria : « Viens donc le prendre ! » C'est ainsi que Boly sauva les âmes des ensorcelés de Lourdes. »

Cette histoire et d'autres entretenaient dans la ville une telle crédulité que, aux yeux de certaines personnes, Bernadette elle-même avait passé pour sorcière. Zola en a rapporté un curieux témoignage : « Le peintre Capdevielle m'a raconté l'histoire d'une de ses tantes qui demeurait sur la place du porche devant l'église et qui aurait joué un rôle dans les apparitions... C'était une fière originale, à moitié folle... Elle voulut, le lendemain d'une apparition, accompagner l'enfant. Croyant aux sorciers elle-même, flairant quelque tour du démon qu'elle

---

1. **Hilarion Barthéty**, *la Sorcellerie en Béarn et dans le Pays basque*, Pau, 1879.

aurait été heureuse de confondre..., elle s'arma d'un chapelet,
d'eau bénite... et la voilà partie avec Bernadette. Mais ce
jour-là, bien que Bernadette se recueillît, rien ne se passa,
ce qui fit que la vieille femme rentra très mécontente. Plus
tard quand les apparitions continuèrent sans elle, il paraît
qu'elle dit sèchement de Bernadette : « C'est une sorcière,
j'ai vu la patte d'un crapaud dans l'œil. » Et jamais elle ne
voulut descendre à la grotte, bien qu'elle ne soit morte
qu'en 1890... Toute cette histoire me paraît bien en l'air, mais
quelle preuve encore de la préoccupation des sorciers et du
merveilleux dans cette population, où une bourgeoise pieuse
peut en arriver à de pareilles imaginations[1] ! »

La grotte de Massabielle, 1873 (photo Paul Dermadou, B.N., Est)

MAGIE NOIRE
MAGIE BLANCHE

Un cérémonial sinistre

Il est difficile de croire que, jusqu'au début de ce siècle,
des prêtres aient pu se prêter à des pratiques de magie noire.
Mais, en Béarn et en Bigorre comme dans les Landes, on a
souvent parlé à mots couverts de la messe de *Sent-Segui* ou
Sent-Secari (la messe du saint qui fait sécher) et de l'*escouminye*
(l'anathème) ; rites maudits employés pour se venger d'un
ennemi mortel.

La messe de *Sent-Secari* était une sorte de messe noire, dite
par un prêtre indigne dans une église désaffectée ou en ruine,
avec sa concubine comme enfant de chœur. La messe débutait

1. Zola, *Mon voyage à Lourdes*. Tchou, éd.

à onze heures du soir pour se terminer à minuit : elle comportait toutes les oraisons habituelles, mais récitées à rebours. Un morceau de pain noir percé de trois pointes tenait lieu d'hostie. Le vin du calice était remplacé par l'eau d'une fontaine dans laquelle avait baigné le corps d'un enfant mort sans baptême. Après cette messe, la victime devait sécher à petit feu, d'où le nom de *Saint Sécheur* (*Sent Secari*). Une jeune fille en menaçait parfois son séducteur en dernier recours pour l'obliger à l'épouser. Quelques prêtres, disait-on, connaissaient une contre-messe qui permettait de combattre ses effets; mais il était impossible à celui qui l'avait fait dire d'arrêter le maléfice, même s'il venait à s'en repentir : les puissances infernales sont insensibles à la pitié et au remords.

L'*escouminye*, connue surtout en vallée d'Aure, comportait un cérémonial sinistre. Le prêtre qui acceptait d'accomplir ce rite se revêtait d'une étole et d'une chape noire, récitait douze séries d'imprécations, à la lumière de douze flambeaux de cire noire qu'il éteignait l'un après l'autre.

Les sorcières (ou *bruixas*) du Roussillon connaissaient le *Respons de Sant Antoni*, qui s'adresse au démon, ou des psaumes qu'on récite à l'envers en baissant la voix, de peur de faire tomber la foudre. Ces imprécations en donnent le ton : « *Per tota creatura que t'aura / Gloria fica ! / Al peu / Llamp del cel; la cama arrastrada / A la cuixas / Un eixam de bruixas; / Al melic / Un fatic*[1] *. »*.

Comme c'est par la profanation des choses saintes que certaines pratiques devaient réussir, les sacristains faisaient bonne garde pour empêcher le vol des hosties consacrées et de l'huile utilisée pour la lampe du sanctuaire; ils regardaient en particulier si l'on n'avait pas déposé sous la nappe de l'autel du sépulcre, des épingles noires ou des feuilles de laurier qui serviraient aux rites maudits.

Pour se protéger des maléfices

Inépuisable était le répertoire des procédés employés pour se protéger des maux de toute nature envoyés par les esprits mauvais et leurs serviteurs.

Tout s'y rencontre, depuis le vieux symbole obscène des cultes méditerranéens, la figue, jusqu'aux touchantes prières du soir qu'on apprend aux petits enfants. On a déjà vu comment, contre les grêles et les orages, on utilisait les sonneries de cloches, les prières récitées dans les « conjuradors ». Une hache de pierre polie encastrée dans le mur de la maison jouait le même rôle protecteur que dans l'ensemble de la campagne française, et c'est peut-être l'explication de la présence d'une pierre semblable, découverte au sommet du pic du Midi de Bigorre. Les fumigations de rameaux bénits brûlés, les croix d'aubépine sur les façades des maisons, les cierges de la Chandeleur, étaient également considérés comme efficaces.

Aucune ménagère du Roussillon ne voulait manquer autrefois le *salpas*, la bénédiction du sel, la cérémonie qui mettait la maison à l'abri des maléfices. Le Vendredi saint, chacune

1. Mme Nicole Roure, « Étude sur la sorcellerie en Roussillon » in *C.E.R.C.A*, 1965.

disposait dans le plus beau de ses plats du sel sur lequel elle traçait un signe avec un dé ou une clef. Le prêtre passait devant chaque logis, bénissait le plat, aspergeait la porte d'eau bénite et y jetait une poignée de sel.

Dans les anciennes demeures du Pays basque, un bénitier de pierre est encastré dans le mur à l'entrée de l'escalier qui monte aux chambres. Chaque membre de la famille, le soir, se signait avec l'eau bénite avant d'aller se coucher. On apprenait aussi aux enfants à réciter une prière qui appelait autour d'eux une invisible garde de bons esprits.

> *Je me couche avec Jésus,*
> *Je me lève avec la Sainte Vierge,*
> *Le bon ange à mes côtés.*
> *Eloigne-toi de moi, Satan !...*
> *Mahomet, je n'ai pas peur de toi[1] !*

Contre les suppôts du diable, sorcières et sorciers, (*sorginak* au Pays basque, *pousouères* ou *brouches* en Béarn et dans les Pyrénées centrales, *bruixas* et *bruixots* en Roussillon) les armes ne manquent pas. Quand on n'a pas sous la main un objet bénit par le prêtre, buis, olivier, eau, on peut toujours faire devant eux le geste de la « figue », en passant le pouce entre l'index et le majeur de la main gauche. La petite Basquaise dit alors : « *Sorgina, poues, poues !* (Sorcière, va-t'en); la petite Béarnaise : « *Moun anyou que't surbeilhe !* » (Mon ange te surveille), et la Catalane : « *La fica te fan gardela — A tu i tota tena parentela !* » (Je te fais la figue à toi et aux tiens). Les vieilles bouchent les trous de serrure avec le fenouil, une herbe de la Saint-Jean qui fait fuir les sorcières, comme l'ail dont il est bon de frotter les huisseries. Le bâton de coudrier est le seul bois qui fasse mal à ces êtres maudits. Quant à la confiture de fruits d'églantier, elle préserve des métamorphoses malveillantes.

Freud ou la magie?

Le plus sûr moyen de combattre les puissances du mal, c'est de faire appel à celles du bien : contre la *bruixa*, il y a la *desembruixadora*. Cette magicienne bienfaisante détruit les mauvais sorts, guérit du *mal donat*, maladie provenant d'un envoûtement, ramène la paix entre les époux désunis, ranime les forces viriles des hommes rendus impuissants par la « ligature de l'aiguillette ». Pour guérir cette affection qui semble avoir considérablement fait souffrir nos ancêtres (ils ne connaissaient pas Freud), les bonnes Catalanes disposaient d'une prière optimiste et réjouissante, sinon orthodoxe : « L'homme et la femme, quand ils se trouvent (*se troben*) ne font pas le mal, et même ils font une très bonne chose. Que le démon n'y puisse rien, et qu'ils fassent aussi bien que le fils de Dieu dans le ventre de la Vierge Marie, et que cela soit aussi vrai que la Sainte Trinité ! Amen ! »

En Roussillon comme au Pays basque, les bons sorciers se nommaient du bon nom espagnol, les « *saludadors* » (les suppliants). Par leurs prières, ils obligeaient les puissances

---

1. Pierre Lhande, *Le Pays basque à vol d'oiseau*, Beauchesne, 1925.

célestes à accomplir la guérison demandée, persuadés de tenir
leur don de Dieu; dans les troupes du roi catholique, ils
faisaient fonction de chirurgien et « charmaient » les plaies.
Le chancelier de Lancre, qui en rencontra au Pays basque,
n'a que mépris pour eux. Il s'en réfère à Torquemada pour
dire « qu'ils naissent en ayant une marque en forme de roue
qu'il semble que Satan leur ait imprimée pour témoigner qu'ils
ont presque tous mérité la roue ». Et il allègue ce jugement
monstrueux de l'évêque d'Ypres : « C'est tenter Dieu formel-
lement que de demander continuellement des miracles pour
chose de si peu d'importance que la guérison d'un soldat mal
vivant, blessé par aventure en une guerre injuste. »

Le soleil dans la tête

Au début du XIXe siècle, en Roussillon, les guérisseurs étaient
en lutte ouverte avec les officiers de santé, qui n'arrivaient
pas à en détacher leur clientèle.

Des formulaires de guérison existaient pour tous les maux qui
affligent la pauvre humanité. Ceux du Béarn [1] et du Roussillon [2],
recueillis par de patients chercheurs, sont particulièrement riches.

Certaines de ces pratiques relèvent d'un symbolisme de pure
sympathie : ainsi la guérison des insolations en Roussillon.
La guérisseuse pose sur la tête du malade un mouchoir plié
en quatre sur lequel elle applique le goulot d'une bouteille
pleine d'eau. Elle récite alors trois fois cette prière : « Soleil,
si tu es entré le matin, Que t'en tirent Dieu et saint Martin !
Si tu es entré à midi, Que t'en tirent Dieu et la Vierge Marie !
Si tu es entré à vêpres, Que t'en tirent Dieu et saint Sylvestre ! »

Ceux qui prennent part à l'opération affirment qu'on voit
alors de fines bulles se dégager du mouchoir et traverser l'eau :
ce sont les rayons du soleil qui s'échappent de la tête du malade.
On est en pleine magie symbolique.

Au Pays basque, le caractère surnaturel de l'intervention
du guérisseur se retrouve dans le nom qu'on lui donne :
jainkottipi, qui signifie : « petit Bon Dieu ».

Le mal retourne à la terre

La guérison du zona telle qu'elle est pratiquée couramment
dans les Pyrénées occidentales constitue un des cas les plus
étonnants d'un traitement empirique réussissant grâce à la
foi du guérisseur dans son pouvoir. Cette affection affreu-

1. Constant Laborde, in *Bulletin de la S.S.L.A.P.*
2. Mme Nicole Roure, in *C.E.R.C.A.*

sement douloureuse que les médecins rangent dans la catégorie des maladies à virus atteint le système nerveux, provoque des éruptions spectaculaires et des névralgies insupportables. La médecine classique met des semaines à la traiter. Or les guérisseurs des Pyrénées-Atlantiques en font disparaître les symptômes en quarante-huit heures. Dans plusieurs localités, les médecins adressent automatiquement à ces bienfaiteurs inspirés tous les malades souffrant du zona qu'on appelle *lou cindré* (la ceinture) en béarnais.

L'un de ces guérisseurs, près de Mauléon, applique les rites traditionnels dans toute leur authenticité : il « porte » le malade sur son dos, neuf pas en avant, neuf pas en arrière et recommence dans un sens perpendiculaire de façon à former une croix. Il a tracé dans son jardin deux allées et à chaque série de neuf pas, il prononce la formule de conjuration. Le mal du patient passe alors en lui, mais en principe, le guérisseur est définitivement immunisé et le mal qui lui est donné, *lou mau dat*, retourne à la terre.

Une personne ainsi guérie devient guérisseuse à son tour. Une commerçante d'une ville de la basse Navarre apprend qu'une de ses voisines souffre d'un zona à la ceinture... Elle va la voir après le coucher du soleil... et tout en la portant, elle lui pose les questions rituelles : « Que portez-vous ? — Un zona. — Moi aussi je l'ai eu. Jésus me l'a pris, qu'il vous le prenne aussi. » Ceci trois jours de suite et la malade est totalement guérie.

On a cherché à expliquer ces guérisons par les exercices de flexion accomplis par le malade sur le dos de son porteur... Certains font ramasser au patient neuf cailloux à la fin de leur marche, qui se répète neuf fois. Quand le guérisseur est trop âgé ou trop faible pour porter le patient, il lui demande seulement de le suivre en tenant les mains posées sur ses épaules.

Aux confins des Hautes-Pyrénées, dans un hameau, un guérisseur emploie une méthode différente et aussi efficace. Ses formules, semblables à celles de ses confrères, font également appel à la piété la plus orthodoxe : Pater, Ave, etc. Mais son agent thérapeutique, pour le zona de l'œil en particulier, est la pierre à briquet. Tout en récitant ses prières de conjuration, il fait jaillir des étincelles sur tout le trajet de l'éruption, autour de l'œil ou de la ceinture. Il n'a jamais eu d'échec, assure l'un de ses voisins et le médecin du village lui envoie ses clients.

En vallée d'Aspe, certaines guérisseuses font confiance aux vertus de l'*azérole*, le lierre terrestre, une des herbes de la Saint-Jean. Elles préparent neuf paquets de trois feuilles de cette plante, avant le lever ou après le coucher du soleil; elles laissent couler sur ces paquets quelques gouttes de cire d'un cierge bénit, les aspergent d'eau bénite, puis frottent la partie malade avec chaque paquet successivement, en récitant la formule :

> *Azérole, azérole,*
> *Toi qui es belle et qui souffres,*
> *Tu es la première de toutes les herbes et tu en tiens les clefs.*
> *Notre Seigneur au Ciel t'a laissé tous les remèdes pour guérir toutes les plaies et douleurs.*

Puis elles jettent les feuilles dans les flammes en disant :

> *Cette azérole va brûler,*
> *Comme le mal va te quitter*[1].

Découvrira-t-on que le lierre terrestre aux feuilles couvertes
de poils dépose sur la peau une essence qui provoque la réaction salutaire ? Cette question ne se pose ni au malade, ni
au guérisseur. Ils ont foi en ce qu'ils font, comme disait
Ambroise Paré : « Je le pansais, Dieu le guérit ».

Les plantes sacrées

Plus souvent qu'aux hommes, c'est aux plantes que le menu
peuple des campagnes et des vallées avait recours pour se
défendre du mal et conserver la santé ; les herbes de la Saint-Jean
jouent dans les Pyrénées un rôle encore important. Leur
connaissance et leur ramassage sont le souci majeur de beaucoup de mères de famille.

Le bouquet de la « bonne aventure », comme on l'appelle
en Roussillon, est composé de millepertuis, de marjolaine et
de scabieuse. On y ajoutait de la rue et du basilic, et, cloué
sur la porte d'une jeune fille, il constituait une attestation
de virginité. En Ariège, un grand chardon étalé demeurait le
symbole d'un culte solaire plus vivace qu'ailleurs. En Bigorre
et en Béarn, les herbes de la Saint-Jean étaient le fenouil
(joulh), le lierre terrestre (azerole), l'armoise (artemiso), le
laurier et l'épine blanche. Un dicton du Lavedan disait :

---

1. Anne Saffores, *Vallée d'Aspe.*

« Si les femmes connaissaient la vertu de l'armoise, elles en porteraient entre peau et chemise. »

L'épine blanche était peut-être l'arbre sacré par excellence des Aquitains. Au matin de la Saint-Jean, on en plantait une branche dans les champs de blé ou de pommes de terre. Au Pays basque, on trouve souvent, glissé au coin des portes des granges ou des maisons, un rameau de cet arbuste, qui passe pour protéger de la foudre. En Béarn comme en Gascogne, l'aubépine agit de façon magique dans la guérison des fièvres : elle en débarrasse le malade en la prenant sur elle... Le rite est méticuleux. L'homme sort de chez lui avant le lever du soleil avec du pain et du sel. Arrivé devant le buisson, il le salue ainsi : « *Adiu broc blanc ! que te porti pan e sau, e la fèbro per douman !* » (Adieu buisson blanc, je te porte du pain et du sel et la fièvre pour demain.)

Il pique le pain à une fourche de branches, jette du sel dessus et s'en retourne par un autre chemin. En rentrant chez lui, il passe par une porte différente de celle par laquelle il est sorti et s'il n'y a qu'une porte, il passe par la fenêtre.

Une autre herbe partage ce pouvoir de l'épine blanche. C'est la bonne menthe, *lou mendras*, de l'espèce à feuilles rondes. La plupart du temps, le bouquet de la Saint-Jean, en Pays basque, est constitué de deux branches de joubarbe (le *sedum semper vivum*), disposées en forme de croix. Elles restent vertes jusqu'à la Saint-Jean de l'année suivante; si elles viennent à se faner au cours de l'année, c'est un mauvais présage. En Béarn, on nomme la joubarbe, la *périglade*, c'est-à-dire la plante du tonnerre (*lou périclé*). Quand l'orage gronde, on en jette une branche dans le feu en disant : « *Au hoec la périglade ! Arré la périclé !* » (Au feu la joubarbe ! Arrière le tonnerre !)

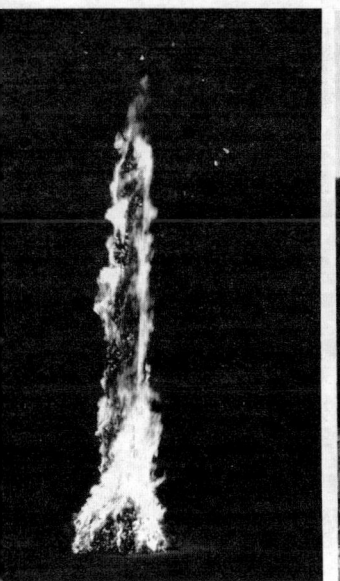

Le « Hailla » (photos Jean Pierre, Luchon)

La queue du coq et le bouquet

Le laurier était plus spécialement destiné à la protection des maisons nouvellement construites, sur lesquelles on en plaçait des branches, bénites le jour des Rameaux. Cette tradition a peut-être succédé à une autre plus lointaine, plus primitive où le sacrifice d'un animal était indispensable. Le révérend Webster a vu dans le mur d'une maison en démolition à Borce, en Aspe, un coq emmuré : l'animal avait gardé toutes ses plumes. Cette coutume n'était pas particulière aux Pyrénées sans doute, mais elle y est probablement restée en pratique longtemps et s'est même maintenue jusqu'à nos jours en Roussillon dans la curieuse tradition de la *cue de gall*.

C'est une tuile recourbée vers le haut, que l'on posait à la fin d'une construction, à chaque extrémité du faîte du toit, et quelquefois aux quatre angles. La *cue de gall* signifie en catalan la queue de coq : certaines sont découpées en forme de fourche ou imitent un bouquet de deux ou trois plumes de coq. Ailleurs, on les nomme « cornes de sorcières ». Elles sont destinées, au même titre que le laurier, à écarter les mauvais esprits et à attirer la prospérité sur les habitants de la demeure : on les trouve de préférence sur les granges, comme si les récoltes et le bétail demandaient plus de soins de la part des bons esprits que la maison des humains. On peut voir ces tuiles dans un quartier résidentiel de Perpignan, construit il y a moins de dix ans. Si le sens initial de cet élément de décoration architectural s'est perdu, la tuile elle-même fait partie des accessoires indispensables à une maison, sans lesquels, aux yeux d'un maçon catalan, celle-ci ne serait pas achevée. La *cue de gall* accompagne le bouquet.

Maison basque à toit de bardeaux (photo J.-R. Masson)

LES CRÉATURES
MERVEILLEUSES

FÉES, GÉNIES ET LUTINS

« Est-ce que vous connaissez rien de plus magnifique et de plus terrible que les contes de bonne femme ? » écrivait Victor Hugo.

Terribles et magnifiques aussi, les contes des Pyrénées mettent en scène tout ce qui attend, loin de son village, le berger, l'homme isolé. Ils lui apprennent à respecter les protecteurs invisibles des sources et des trésors cachés dans les abîmes inaccessibles. Ils parlent des *encantades*, des *hades*, fées des lacs et des sources, des plantes au pouvoir mystérieux, et disent que la dureté de cœur et l'impiété déplaisent aux puissances du ciel. Ils racontent comment les rochers monstrueux sont des géants pétrifiés ou des bergers maudits.

En Roussillon, les *encantades* seraient plutôt des magiciennes, des enchanteresses, qui, peu à peu, auraient fraternisé avec les sorcières. A Corbassil, la *Cova de las Encantades* laisse voir dans une faille l'auge de pierre dans laquelle les lavandières nocturnes trempent leurs linges magiques. A Reynès, Tautavel, Montferrer, Arboussol, elles possèdent aussi leurs demeures secrètes. A Corbère, elles habitent les grottes de Montou, où pendant la nuit, elles font leur lessive. Celui qui parvient à leur dérober un drap, devient riche pour le reste de sa vie. Une personne qui avait réussi à en voler un, demanda à sa mort d'y être ensevelie, mais le lendemain, on retrouva le corps déterré et le drap avait disparu. Quand les *encantades* se réunissaient au *Pont de las Bruixas*, celui qui cherchait à surprendre leur conversation était transformé en chat noir.

Quand les fées deviennent femmes

Les fées des lacs (*eras damas de l'aygua*) sont les amies des hommes, et, comme les sirènes, aspirent à briser l'enchantement qui les lie. Elles vivent au fond des eaux dans de merveilleux palais dont les mortels ne doivent pas troubler le repos; jeter des pierres dans ces lacs les irriterait et susciterait d'effroyables tempêtes.

Ces créatures sont jeunes et belles, leur corps vaporeux s'élève au milieu des roseaux, ou dans les souffles qui rident la surface des ondes. Les pâtres que tourmente le mal d'amour, rêvent à leurs formes nues, entrevues dans les brumes qui montent des étangs. Beaucoup cherchant à saisir ces corps féminins, ne rencontraient que le vide mais d'autres avaient étreint des femmes vivantes : ceux-là passaient pour bénis.

Capturée par l'homme, son enchantement dénoué, la fée se montre la plus tendre des mères, la plus précieuse des ménagères, d'une habileté magique dans les travaux de la maison et des champs. Elle a le don de prévoir le temps et, sous ses doigts, l'ouvrage est terminé avec une rapidité prodigieuse. Mais, pour la garder, l'homme ne doit pas transgresser les interdits. Il ne doit pas se retourner en arrière, ne pas la regarder lorsqu'elle est nue; certains mots prononcés devant elle comme « folle » ou « fumée », la font disparaître à tout jamais.

A Enveigt, on montre une maison qui passe pour avoir été fondée au temps de Charlemagne par un homme marié à une fée rencontrée dans la montagne. Cette fille très belle et très étrange, lui avait dit : « Je serai ta femme lorsque tu te présenteras à moi ni à jeun, ni rassasié, ni habillé, ni nu, ni à pied, ni à cheval ». L'homme mit trois grains d'orge dans sa bouche, se vêtit d'un filet de pêche, monta sur une chèvre et vint trouver la fée : conquise, elle lui donna sa main. Son mari lui promit de ne pas se retourner en rentrant chez lui, de ne jamais l'appeler *dona de fum* (femme de fumée) ou *dona d'aygua* (femme d'eau). *Dona d'aygua* du lac Lanoux, *daunes de l'ayguo* du lac d'Estaing, apparitions voilées, « belles comme l'imprécis, mobiles comme le rêve, fugitives comme l'amour », elles ont pour symbole la fumée, « femme inconstante du vent », écrivait Jules Renard.

Les fées des eaux

Des fées se cachent aussi au fond des fontaines; il faut savoir les apprivoiser. Dans le Comminges, à Boucou, une résurgence des eaux de la montagne était considérée de tout temps comme habitée par une fée. Lorsque l'eau s'arrêtait de couler, en été, les femmes des alentours s'agenouillaient autour de la fontaine et chacune à tour de rôle appelait : « *Hadette! hadoun!* (petite fée, fils de fée) ouvre-toi; le fils du roi est là et veut boire de ton eau ». Et selon la tradition, l'eau ne tardait pas à resurgir.

Mais les malintentionnées pratiquaient une incantation contraire : elles venaient à leur tour et disaient à la source que le diable voulait boire; l'eau s'arrêtait alors de couler, car les fées ne font pas bon ménage avec le démon.

A Juzet, dans la vallée de la Garonne, selon les récits des vieilles femmes du village, les fées s'assemblaient aux rayons de la pleine lune, au pied du Cagire. Près de l'entrée de la grotte de la Gleyseta, elles se réunissaient pour des danses fantastiques. Elles allaient ensuite au *Puy det Fray* où elles recommençaient leurs danses en mémoire de la trahison d'une femme du pays envers une jeune fée qu'elle força à parler, en lui faisant boire du lait réchauffé sur un feu ardent sans sel et sans eau. D'autres prenaient leur bain à la grotte de l'Espuga.

En Lavedan, on voit quelquefois flotter dans les sources un mince fil de soie; si une jeune fille arrive à l'enrouler doucement sans le casser, la fée de la source exauce son souhait. Mais malheur si le fil se rompt !

Des vertus secrètes

Mais les redoutables *blanquettes*, personne ne les a vues. Une crainte révérencielle accompagnait leur évocation; leur présence invisible présidait à la vie des foyers, et les dernières nuits de l'année leur étaient consacrées.

Dans la vallée de la Barousse, on attendait le 31 décembre avec anxiété, car, cette nuit-là, les *blanquettes* visitaient chaque maison. Un repas leur était préparé dans une pièce écartée, où sur un drap, la maîtresse de maison disposait le gâteau de farine et le fromage blanc. Au milieu de la nuit, les mystérieuses visiteuses venaient goûter secrètement au festin; l'une, couronnée de roses, apportait le bonheur, l'autre tenait le malheur dans la main gauche, sous l'apparence d'une branche d'épines noires. Si elles étaient satisfaites des offrandes, les moissons étaient belles, les troupeaux se multipliaient, les jeunes filles épousaient ceux qu'elles aimaient. Mais l'orage et la grêle attendaient qui se serait moqué des *blanquettes*...

Les *hades* sont bienveillantes et exaucent qui les aborde avec égards. Leurs enfants, les *hadets* ou *hadouns* font quelquefois des fugues et se laissent prendre par les hommes. Les fées n'aiment pas les savoir hors de leur protection. L'une d'elles criait la nuit à la porte d'une maison où l'on retenait son petit :

> *Hadet, Hadoun,*
> *La houeillo dou bert et de l'aloun*
> *Nou disès pas en de qu'ey boun !*

(Petite fée, la feuille de l'aune / Ne dis pas à quoi elle est bonne!)

Car les *hades* connaissent les vertus merveilleuses de certaines plantes, mais ne veulent pas les révéler aux hommes.

Le *hadet* est inoffensif, mais il y avait en Béarn un fardadet nocturne et diabolique, le *truffandec*. Son nom signifie : le trompeur. Du temps où chaque ménagère préparait son pain et le faisait cuire au four banal du village, le *truffandec* aimait à réveiller les femmes en sursaut au cri rituel de : « *paa couque* ! » (On cuit le pain !), que devait pousser dans la rue le mitron du boulanger. Les ménagères pétrissaient le pain de la semaine, mais la pâte levée trop vite se gâtait et la fournée était manquée...

La chevauchée du chasseur maudit

Malgré les inventions de l'écrivain Augustin Chaho, faisant du pic d'Anie le séjour d'une fée, la montagne basque est surtout le domaine des êtres inquiétants. Dans la voix des ouragans qui tourbillonnent au fond des vallées du pays de Cize, ce n'est pas le cor de Roland qu'écoutent les vieilles égrenant leur rosaire au coin de l'âtre, mais la corne du chasseur maudit, le chasseur noir, l'*eiztarri beltsa*.

La chasse sauvage incarne la peur à l'état pur, provoquée par les forêts primitives, obscures et denses, abritant dans leurs parties les plus reculées les vestiges des cultes des dieux antiques devenus démons et ce sentiment semble assez puissant pour faire naître un peu partout les mêmes fantasmes d'êtres diaboliques chevauchant des montures fantômes et hurlant avec la tempête[1].

1. Marcel Brion, *L'Art fantastique*, coll. Marabout, 1968.

On peut être surpris de rencontrer dans les Pyrénées, celui qui, sous le nom de Salomon, du Roi Arthur ou de Robert le Diable, parcourt avec sa meute les forêts du nord de la France, de Brocéliande à l'Ardenne. Mais la tradition est formelle dans trois cas au moins. En Basse-Navarre, il hante les forêts de la montagne, de Roncevaux au pic des Escaliers[1]. En Bigorre, la meute de « Rebert » fait ployer sous son galop démoniaque les chênes de la forêt de Mourle; et les pentes du mont Sacon en Barousse résonnent des clameurs de son équipage[2].

Aussi certains n'hésitent-ils pas à donner au nom d'Arthur une origine pyrénéenne. Ce serait un héros pré-celtique, ligure probablement, dont le nom s'intégrerait à toute une toponymie de même origine : Arthez, Artouste... Le Barétous, anciennement Aretous, a la même racine (*Art*) que celle d'un nom cité dans l'Iliade, Arethoos, ce qui ferait même d'Arthur un héros homérique. On est loin des pays nordiques... Malgré leur éclectisme, les Basques n'auraient pas fait place au « chasseur noir » dans leur mythologie, s'il ne s'y était pas déjà trouvé.

La nuit, temps interdit

En Béarn et en Bigorre, on voyait dans les taches sombres de la lune, *Heuré*, le bonhomme Février. On rapporte ainsi son histoire : « C'était un homme qui travaillait le dimanche, bien que Dieu lui-même lui ait rappelé trois fois que ce jour était donné aux hommes pour se reposer. Dieu lui apparut enfin et lui dit : « Maintenant, je vais te punir; tu quitteras la terre et tu iras à ton choix, dans le soleil ou dans la lune : l'homme choisit la lune. Comme il y fait froid, il marche tout le temps, son fagot d'épines sur le dos : voilà pourquoi la lune tourne et, quand elle est éclairée, l'ombre d'*Heuré* et de son fagot y apparaît. Il voudrait allumer son fagot pour se réchauffer mais il n'y a pas de feu sur la lune; voilà son châtiment. »

Ce n'était pour tous ces gens vivant au cœur de la nature, qu'un des mystères de la nuit, temps interdit où sont lâchées les puissances des ténèbres, le diable et toutes ses créatures. Un seul remède : rester chez soi et prier.

Les maîtres de la montagne

A côté du démon, apparaît la galerie d'êtres fantastiques de la mythologie basque : on y rencontre des nains, les *laminak*, un ogre, le *Tartaro*, et le géant des bois, le *Basa Yaun*.

Les *laminak* sont de drôles de petits bonshommes velus toujours affairés, inquiets de bien faire, qui sortent la nuit de leurs demeures souterraines, vieilles tours comme celle d'Isturitz, ou roches qui affleurent dans le lit des rivières sous les anciens ponts. Ils ne s'appellent que d'un seul nom : « Guillen ». Ils peuvent bâtir des ponts en une nuit, comme celui de Licq dans la Soule, des châteaux comme ceux de Laustania et de Donamartia en pays de Cize. Ils ne demandent rien de bien coûteux pour salaire; un peu de méture frite au fond de la

1. Gil Reicher, *Saint-Jean-le-Vieux et le pays de Cize*, Delmas, 1943, p. 57.
2. Docteur Sarramon, *Les Quatre Vallées*, Albi, 1954, p. 501. Id., *Pour la forêt de Mourle*, tradition recueillie par l'auteur.

Fenêtres de la maison Donamartia (photo A. Ocana)

poêle... Ils ne sont pas méchants, mais ils ont horreur qu'on les trompe et punissent cruellement les indiscrets.

Le *Tartaro* est un géant qui n'a qu'un œil au milieu du front. Ce goinfre, grand amateur de viande, mais surtout de chair humaine, se laisserait mener par le bout du nez pour faire un bon repas; il est aussi bête que gourmand. Ses aventures se terminent souvent par la victoire d'un malin joueur de flûte, dit Martin le Petit, *Mattin-ttipi*, ou Martin la Flûte, *Mattinchirula*.

Le *Basa Yaun* est le maître de la montagne et de ses forêts impénétrables. Il n'est pas méchant mais son humeur se révèle imprévisible. Quand il marche, il abat les chênes au passage. Il faut lui répondre poliment et intelligemment ou l'on ne pèse pas lourd devant son bâton. Les cloches des chapelles et des ermitages le font fuir. Il habite des cavernes profondes, pleines d'objets en or qui luisent et que convoitent les bergers. Quelquefois, sa femme, la *Dame Sauvage*, sort à l'entrée de la grotte, vêtue seulement de ses longs cheveux de lin, qu'elle démêle avec un peigne d'or fin[1].

Le *Basa Yaun et le Tartaro* qui dominent largement dans les récits et les contes basques, sont loin d'être isolés dans les Pyrénées, montagnes des géants. Ces êtres fabuleux semblent naître spontanément partout : Hercule, Roland, Gargantua, saint Christophe. Parfois, ils ne portent pas de nom. Ainsi, il y a un pic du Géant dans les Pyrénées-Orientales.

Le plus ancien de tous, Hercule, par ses amours avec la

---

1. Pierre Duny-Pétré, *Folklore basque* (inédit).

malheureuse Pyrène, est inséparable de la mythologie savante de la chaîne : son culte y a été en honneur à l'époque romaine comme le prouvent les sculptures retrouvées à Chiragan, près de Martres-Tolosane et à Saint-Bertrand-de-Comminges. Mais son nom semble avoir disparu : seule l'énigmatique tour d'Urculu, dans les montagnes de Roncevaux, peut s'y rapporter. Le célèbre bon géant chrétien Christophe a été son premier rival. Arrivé d'Orient au XIe siècle, peu avant la première croisade, il avait alors en Europe une popularité extraordinaire : la *Légende dorée* l'appelle Reprobus, le fait naître en Chanaan et lui donne une taille de douze coudées; son bâton était un palmier. Mais Hercule et même saint Christophe vont entrer dans l'ombre des légendes oubliées quand la *Chanson de Roland* aura pénétré jusqu'au fond des vallées. Le vrai géant pyrénéen, du Pays basque au Roussillon, c'est Roland.

ROLAND CONTRE LES GÉANTS

De vieilles légendes perdues se sont fondues dans son épopée avec une irrésistible attirance, qui grandit dans le milieu des conteurs du Pays basque et de la Gascogne.

Pour les Basques, Roland était celui qui avait débarrassé le pays des *Mairiak*, géants puissants qui avaient bâti les châteaux de Laxague, d'Ostabat, de Juxue et répandaient la terreur dans le pays de Cize.

Une terrible bataille s'engagea dans la montagne et les *Mairiak* furent repoussés. Au cours du combat, Roland, mourant de soif et de fatigue, fendit la roche d'un coup de son épée. Une source en jaillit; Roland, tout en sueur, en but à perdre haleine et, saisi par le froid de l'eau, mourut sur place.

Une autre légende ajoute que son cheval apparaît une fois par an sur le pont de Bidarray et fait retentir un formidable hennissement. Alors les *Mairiak* épouvantés se retirent au fond de leurs cavernes.

Dans la vallée du Laurhibar, il avait lancé dans l'espace une pierre plate que l'on montre dans un champ, près du dolmen d'Arniaga au-dessus de Mendive. Dans la vallée voisine de la Soule, on le plaisantait : pour montrer sa force, Roland avait voulu envoyer un énorme rocher depuis la hauteur de La Madeleine, au-dessus de Tardets, jusqu'en Espagne. Mais, disent les conteurs, comme la terre était mouillée, il glissa et la pierre s'arrêta bien avant la crête frontière, sur la montagne de l'Anthoule, où elle se trouve toujours. On dit que les marques visibles sur la roche sont celles de la main de Roland.

Plus tard, les humanistes de la Renaissance, nourris de l'Arioste et de la tradition légendaire italienne, rechercheront dans les Pyrénées les décors de l'*Orlando furioso*. C'est sans doute à l'un d'eux, hôte des moines de Saint-Savin, sinon des hospitaliers de Gavarnie, que l'on doit le nom de *Brèche de Roland* donné à l'entaille prodigieuse de la crête de Gavarnie; c'est peut-être à cette époque que l'on a commencé à donner le même nom à un rocher perforé qui se trouve au bord de la Nive, près d'Itxassou, en Pays basque. En Ariège, le tombeau et les palets de Roland apparaissent au Mas-d'Azil, autour de Foix, dont les comtes tenaient une cour fréquentée par les poètes et les chroniqueurs. Et en Roussillon, on peut dénombrer une douzaine de lieux où le souvenir du paladin est évoqué par un dolmen devenu sa tombe, une pierre avec laquelle il a joué, ou encore les empreintes des sabots de son fameux cheval Bayard.

Surgie des montagnes de Roncevaux, l'ombre du grand Roland s'est étendue sur toute la chaîne, faisant naître un peu partout un fabuleux légendaire pyrénéen.

La brèche de Roland (coll. Pierre Minvielle)

LES HAUTS LIEUX DE LA LÉGENDE

AU PAYS DES MIRACLES

Une lueur au bord du gave

11 février 1858. Il est à peu près onze heures du matin. Au claquement précipité de leurs sabots sur le chemin du vieux pont, trois filles de Lourdes vont au bois dans le brouillard qui met de fines gouttelettes d'argent sur leurs habits. L'une d'elles porte un capulet blanc serré sous le menton. Elle s'appelle Bernadette Soubirous. A 14 ans, elle en paraît à peine douze. Menue, affligée d'un asthme qui la fait tousser, elle a peine à suivre ses compagnes, sa jeune sœur Toinette, et la grande Jeanne Abadie, une voisine.

Les trois glaneuses sont allées au bord du gave chercher de quoi permettre à Louise Soubirous d'allumer du feu dans l'âtre de leur logement et de cuire le maigre repas de midi. Le père, François Soubirous, qui gagne un peu d'argent en se louant comme charretier ou comme manœuvre, (lui qui avait possédé un moulin!) est aujourd'hui au lit, malade, sans travail. Sa femme, mère de six enfants, fait quelques ménages. Les filles l'aident comme elles peuvent : aujourd'hui, elles vont essayer de rapporter avec du bois, tout ce que charrie le gave et qui peut servir, chiffons ou vieux os qu'elles revendront à une marchande pour acheter un peu de pain blanc, une gourmandise !

Maison Natale de Bernadette, dessin d'après nature de A. O'Callaghan, 1892

Rapides, elles ont franchi le vieux pont, traversé le moulin de Savy : le meunier Nicolau les a vues, joyeuses, jouant à se dépasser. Elles ont rencontré la vieille Samaran, qui lavait des boyaux; elle leur indique que, du côté de Massabielle, elles trouveront des branches car on a abattu des peupliers dans la prairie de M. Laffitte et le courant a dû en emporter. A Massabielle, tout peut arriver.

Qu'est-ce donc que ce lieu ? Au bout de la prairie de M. Laffitte où les enfants viennent d'arriver il y a une espèce de grand mur bizarre, avec des taches noires et une ombre large et creuse à son pied. Au-dessus, la forêt communale, la grande forêt de Lourdes, abrite les grottes des Espelugues du côté de la vallée de Batsouriguère et descend la vallée du gave dans un défilé moutonnant de chênes et de châtaigners. Le mur devant lequel les fillettes s'arrêtent, c'est la colline de Massabielle (la « vieille roche » en ancien bigourdan), coupée en un brusque à-pic; l'ombre, les taches noires, ce sont les grottes. Il est difficile d'imaginer un endroit plus solitaire et plus sauvage. De l'autre côté du gave, de grandes prairies; pas une cabane en vue, pas une barrière champêtre, rien qui rappelle l'homme.

Il y a peu d'eau dans le canal du moulin; elles pourront le traverser. Jeanne et Toinette sont déjà pieds nus; elles lancent leurs sabots de l'autre côté, troussant leurs jupons et, avec des cris et des frissons, traversent : l'eau est si froide qu'elle coupe les jambes comme un couteau. Avant de remettre leurs sabots, elles cachent un moment leurs pieds dans leurs robes pour les réchauffer et à l'ouvrage ! La récolte est bonne.

Bernadette voudrait les suivre; mais elle craint une crise d'asthme. Elle demande qu'on la porte pour l'aider à traverser sans se mouiller; Toinon la traite de paresseuse. Alors Bernadette se décide; elle enlève ses bas de laine, son seul luxe de petite malade, et soudain elle a conscience qu'il se passe quelque chose... Dans l'air brumeux et froid, brusquement, un mystérieux coup de vent est passé, (uo rumou) qui lui a caressé le visage. Mais dans la ligne des peupliers au bord du gave, aucune branche n'a bougé. Cela n'a duré qu'un instant; Bernadette croit avoir rêvé et se met debout pour entrer dans l'eau. Soudain, de nouveau, le bruit du vent mystérieux lui fait lever la tête. En face d'elle, à mi-hauteur de la falaise grise, dans ce trou de la grotte qui s'ouvre en amande, remue un églantier sauvage; derrière lui naît une lueur blanche et dans la lumière, elle aperçoit une robe, un visage, des mains..., ça..., la chose..., *aquero*...

Bernadette parlant de sa vision, n'emploiera d'abord pas d'autres mots... Ce n'est que peu à peu qu'elle dira la « fille », puis, la « demoiselle », enfin la « Dame », mot respectueux, plus convenable. C'est d'une franchise éblouissante : Bernadette n'attendait pas la Vierge.

Pendant ce temps, Jeanne Abadie et Toinette, qui ont déjà leurs tabliers pleins, s'arrêtent et voient Bernadette à genoux, immobile, les mains jointes, les yeux fixés sur la muraille rocheuse. « Regarde, dit Jeannette, la voilà encore en prières, elle ne sait faire que ça ! » A ce moment, Bernadette semble sortir d'un rêve; un peu surprises, ses compagnes remarquent qu'elle est encore toute pâle. Elle entre à son tour dans l'eau et pousse un cri de surprise : « Vous disiez qu'elle était froide.

Mais elle est chaude comme de l'eau de vaisselle ! » Ses compagnes sentent qu'il s'est passé quelque chose. Au retour elles la font parler. A la fin, Bernadette leur demande : « Et vous ? vous n'avez rien vu ? » Sa sœur se met en colère : « Espèce de sotte ! Tu vas faire rire de toi partout. » — « Alors, il ne faut pas le dire », répond simplement Bernadette. Mais comment tenir sa langue quand on est une petite fille : les bavardages de Jeannette vont bon train. A la fin de la journée, une cinquantaine de personnes à Lourdes savent que la petite Soubirous a vu une fille dans le rocher de Massabielle.

Mais le soir, Louis Soubirous ignore encore tout. Bernadette a fait taire sa sœur. A l'heure du chapelet familial que Bernadette récite, quand elle arrive à l'invocation : « O Marie, conçue sans péché... », elle devient toute pâle et ses yeux se remplissent de larmes. Sa mère la croit malade et va chercher une voisine; alors Toinon parle et la pauvre femme, qui ne voit là qu'un malheur de plus pour la famille, de dire seulement : « Tu aurais pu choisir un autre temps que le carême pour faire ton carnaval ! Tu mériterais une gifle ! » Si Bernadette avait su ce qui l'attendait, elle l'aurait trouvée douce, cette gifle...

Car elle n'a pas encore vu le déchaînement de méchanceté et de sottise qui l'enveloppera désormais à tout instant, elle ne sait pas que ses meilleurs amis seront ce curé Peyramale, un bourru bienfaisant, et surtout le commissaire Jacomet qui, avec une conscience professionnelle sans défaillance, l'obligera à mettre au monde sa vérité nue, totale.

Le démon et l'ange

Aujourd'hui encore la visite de Lourdes est pénible pour ceux qui aiment la pureté et la beauté. Depuis le premier jour des visions de Bernadette, il n'est pas de forme ridicule, grotesque ou grimaçante de la piété ou de ses contrefaçons qui ne s'y soit manifestée; les commerçants et les exhibitionnistes y ont mis largement du leur. Il faut lire les mots terribles de Huysmans, dans *Les Foules de Lourdes* : « Lourdes est un immense hôpital Saint-Louis, vissé dans une gigantesque fête de Neuilly; c'est une essence d'horreur égouttée dans une tonne de grosse joie : c'est à la fois douloureux et bouffon et simple. Nulle part, il ne sévit une bassesse de piété pareille, un fétichisme allant jusqu'à la poste restante de la Vierge; nulle part encore, le satanisme de la laideur ne s'est imposé plus véhément et plus cynique... Lourdes est le parangon de la turpitude ecclésiale de l'art, et il est, dans son genre, unique[1]. »

Zola, si sincère, et dont le docteur Boissarie se plaisait à reconnaître la parfaite courtoisie, avait été attristé par cet aspect pénible de Lourdes. De sa visite du trésor de la Basilique, il écrit dans son *Journal* : « Aucun goût dans tout cela... Aucun élan de foi vers le beau. C'est à pleurer de laideur ! »

Huysmans avait décelé à Lourdes une présence satanique à un degré supérieur : « Ce pays est devenu, depuis que la Vierge s'y fixa, une sorte de camp sillonné par les grands gardes du démon [...] A vrai dire, cette grotte de Massabielle lui appartenait, car c'était un lieu désert et mal famé où personne ne

1. J.K. Huysmans, *Les Foules de Lourdes*, Stock, 1907.

s'aventurait. Ses hôtes étaient deux espèces d'animaux qui faisaient l'un et l'autre partie du bestiaire infernal au Moyen Age : les serpents qui gîtaient dans les crevasses et les pourceaux qui s'y abritaient, alors que Paul Leyrisse, le porcher du village, les menait paître sur les rives du gave [...] Pendant la période même des apparitions, il fit souiller cette grotte la nuit par des ébats de couples. « On a fait des sottises à la grotte », disaient les gens du pays qui n'ignoraient pas ces scandales. Puis il s'attaque à Bernadette même, en extase, qui entendit derrière elle sortant du gave, des hurlements sauvages et des cris furieux lui ordonnant de se sauver. Enfin [...] il suscita des visions plus ou moins bizarres à un groupe de possédées dont les divagations essayèrent de troubler la confiance des habitants[1]. »

Bernadette révéla en effet que, le 19 février, au cours de sa quatrième vision elle avait entendu des cris sortant du gave et clairement distingué les mots : « Sauve-toi, sauve-toi ! » Mais Huysmans fait surtout allusion à toute une série de diableries, à une épidémie de visions qui se déchaînent jusqu'à la dernière apparition et déroutent longtemps les esprits. Leur nombre et la gravité des scandales qu'ils provoquent expliquent la surveillance que le maire Lacadé, le commissaire Jacomet, le procureur Dutour et le préfet Massy font exercer autour de la grotte. Dans les ouvrages édifiants, on a souvent transformé en injustes tracasseries ce qui, en réalité, permet de distinguer les visions de Bernadette des hallucinations de commères ou des singeries de galopins.

Quand le diable mène la danse

Les rapports du consciencieux Jacomet révèlent ainsi que, le 10 avril, cinq femmes participent à une scène troublante. Ce sont Claire-Marie Sallenave, vertueuse fille de vingt-deux ans, mais d'une foi et d'une imagination exaltée, Marie C..., femme mariée de quarante-cinq ans, adonnée à la boisson, Honorine L... prostituée (« de mœurs ignobles », écrit Jacomet) et deux étrangères qui ne sont pas revenues. Elles disent avoir vu la Vierge en même temps, mais pour l'une, c'est une femme portant un enfant, pour l'autre une fille de dix ans, aux cheveux longs, pour la troisième, une fillette de quatre ans aux cheveux blonds, aux pommettes rouges. Le plus bizarre, c'est le lieu de l'apparition. Au fond de la grotte de Massabielle, ouvert dans la voûte même, un couloir étroit s'enfonce dans le rocher et débouche sur un espace ovale de 2 m 60 de diamètre; puis le couloir se resserre, mais, en s'éclairant on peut apercevoir, au fond, des roches blanchâtres. Pour accéder à ce diverticule, en 1858, il fallait monter sur un petit autel où les visiteurs commençaient à apporter bouquets et offrandes. « Ni l'autel qu'il fallait fouler, ni la décence, rien ne les a retenues » écrit le commissaire. Le 17 avril, plusieurs hommes et femmes font l'expédition. Le 19 avril, le maire y envoie enquêter une commission qui ne remarque rien... Sa propre bonne, Marie Courrech, y est prise de convulsions et devient « voyante ». Marie-Bernard Carrère voit à la grotte une femme, un enfant et un homme à barbe blanche qui tenait des clefs dans une main, « et de l'autre frisait sa moustache ».

1 J.K. Huysmans, *Les Foules de Lourdes*, Stock, 1907.

Vingt ans plus tard, le P. Cros, enquêtant sur place, retrouvait les noms de plus de trente de ces visionnaires : « Encore n'était-ce que les plus illustres, ajoute-t-il, personne en ce temps ne se montrant plus fier d'avoir été visionnaire. » Mais les dépositions qu'il recueillit rappellent curieusement les enquêtes classiques sur les possessions diaboliques. Le garde-champêtre Callet dit ainsi : « Un jour je suivis le visionnaire Barraou jusqu'au moulin. Arrivé près d'un lit, il se mit à grimper le long des rideaux, avec des grimaces épouvantables ; il grinçait des dents ou les faisait claquer, et ses yeux avaient quelque chose de sauvage. »

C'est une scène de ce genre qui rangea au début parmi les incrédules le directeur du grand séminaire de Tarbes ; il en fut témoin à l'entrée même de la grotte de Massabielle. Un enfant agenouillé devant la barrière de planche qui fermait l'entrée imitait les gestes de Bernadette au cours d'une apparition. « Nous considérâmes le visionnaire pendant quelques instants : ses traits étaient contractés et repoussants. Mon compagnon lui cria : « Sors de là, tu fais l'œuvre du diable ! » Comme l'enfant continuait ses manœuvres, il répéta : « Sors de là ou la main de Dieu va te frapper ! » A l'instant le visionnaire éteint son petit cierge, grimpe par-dessus la barrière et disparaît. »

Au mois d'août 1858, le démon « avait noyé la vérité dans les mensonges [1] » et le ministre du culte Rouland trouvait une comparaison juste en évoquant les scènes tristement célèbres qui se passaient au xviiie siècle au cimetière de Saint-Médard. L'épidémie devait même gagner la vallée voisine de Batsourguère où deux enfants, Laurent Lacaze et Jean-Pierre Pomiès, mirent en émoi les villages d'Ossen, d'Omeix et de Ségus par leurs bizarres exercices et les récits de leurs visions. Une extraordinaire faculté d'oubli se remarqua par la suite chez tous ceux qui, à Lourdes ou à Ossen avaient été, selon l'expression du P. Cros, « abusés par l'esprit de mensonge ». Jusqu'à la fin de sa vie, Bernadette Soubirous répéta les mêmes récits avec une calme tranquillité. On retrouve ce contraste dans les observations des visages rapportées par les témoins, telle cette déclaration d'un habitant de Lourdes : « Je n'avais pas foi dans les visions de Marie Courrech ; sa figure n'était pas celle de Bernadette, ni ses gestes non plus. »

Comment ne pas savoir gré à Jacomet d'avoir, par son inflexibilité, garanti l'authenticité de son témoignage ? En 1850, l'autorité civile s'était compromise dans l'affaire d'une soi-disant voyante du Vaucluse, Rose Taminier, en admettant prématurément l'intervention divine là où elle n'était pour rien. Le souvenir de l'égarement du sous-préfet d'Apt, dut être pour beaucoup dans l'attitude d'opposition prise dès le début par les magistrats des Hautes-Pyrénées. M. Raymond Prat, commis-greffier au tribunal de Lourdes, a dit : « Je n'avais aucune confiance dans ce qui se passait, car j'avais présente à l'esprit l'affaire de Rose Taminier, et je jugeais Bernadette illusionnée ou intéressée comme elle [2]. »

<hr />

1. Mgr Cristiani, *Présence de Satan dans le monde moderne*, éd. France-Empire, 1960.
2. J.-M. Cros, *Histoire de Notre-Dame de Lourdes*, t. I, Beauchesne, 1957.

Grotte de Lourdes (coll. de l'auteur)

Une brave petite source

La source de Massabielle, née le 25 février sous les doigts de la petite Soubirous à la demande de la dame du rocher, pourrait à qui l'écoute, raconter un plein livre d'histoires édifiantes ou cocasses, comme celle de l'essai de commercialisation de l'eau par le pharmacien-maire Lacadé.

Une première analyse faite par un « chimiste distingué », M. Latour, de Trie, et que le préfet Massy croyait lui-même « complaisante », y avait révélé « quelques éléments minéralisateurs ». Mais le pharmacien laisse la place au maire dont le devoir est de veiller à la santé publique. Il prend le 8 juin un arrêté qui eut les honneurs « in extremis » du *Guide Joanne* de 1858. On y lit : « Considérant qu'il y a de sérieuses raisons de penser que cette eau contient des principes minéraux et qu'il est prudent avant d'en permettre l'usage qu'une analyse scientifique fasse connaître les applications qui pourraient être faites par la médecine, que d'ailleurs la loi soumet l'exploitation des sources des eaux minérales à l'autorisation préalable du gouvernement :

« Arrête :

Article premier : Il est défendu de prendre de l'eau à la dite source... »

Heureusement le conseil municipal doutait du sérieux de la première analyse : dans une nouvelle délibération « considérant que l'intérêt bien entendu de la commune est de faire analyser de nouveau l'eau de la grotte par un autre chimiste aussi distingué », il demandait que le maire s'adressât à M. Filhol, chimiste à Toulouse. Le 8 août, celui-ci faisait connaître au préfet de Tarbes et au maire de Lourdes le résultat de son analyse contrôlée par l'Inspecteur des eaux des Pyrénées, M. Vène. L'eau de la grotte était une « eau potable renfermant les mêmes éléments que la plupart des eaux de source ».

Des élucubrations du maire de Lourdes, la petite source n'avait eu cure. Elle faisait bravement son travail, enfin délivrée de sa prison de sable : elle donnait à boire à qui en demandait; c'était une bonne eau de table où le scrupuleux chimiste de Toulouse n'avait trouvé aucun de ces précieux sels minéraux qui faisaient courir aux eaux de Bagnères, de Barèges ou de Cauterets; cependant, ceux qui venaient faire visite à la petite source avaient leur idée...

L'après-midi même de cette journée où certains ont cru Bernadette folle à la voir mâcher de l'herbe et se barbouiller d'eau boueuse, on est venu avec des fioles pour puiser de cette eau... A Lourdes, un infirme travaille avec François Soubirous à l'entreprise de diligence de M. Cazenave. C'est un carrier, Louis Bourriette, qui a perdu l'œil droit dans l'explosion d'une mine. L'œil gauche ne vaut guère mieux. Comme tous ceux que harasse un malaise continuel, il pense qu'il ne faut jamais renoncer à un médicament qui peut soulager. Il dit à sa petite fille de six ans : « Tu as été à la grotte avec Bernadette...; va me chercher un peu de cette terre humide où Bernadette s'est lavée et apporte-la moi dans la cour de Cazenave. » Il s'assied sur la paille de l'écurie et, appliquant la boue sur un mouchoir, il place cette compresse sur ses yeux et se met à prier.

De l'autre côté de la place, le docteur Dozous consulte; son cabinet est plein. Tout à coup la porte s'ouvre : Bourriette a traversé la salle d'attente et est entré sans frapper. Le docteur est interloqué : il fronce les sourcils : « Qu'est-ce qui te prend, Bourriette ? attends ton tour ! — Mais, docteur, je suis guéri ! — C'est impossible ! les gouttes que je t'ai prescrites ne peuvent que t'empêcher de souffrir ! »

Alors Bourriette raconte. Dozous hausse les épaules, puis il ferme les volets et inspecte l'œil droit du malade, avec une lampe à réflecteur. La cornée porte toujours ses quatre cicatrices : on voit encore la rétine partiellement décollée. Il lui demande : « Vous voyez mieux aujourd'hui ? — Oui, beaucoup mieux. C'est comme une éclaircie où je peux tout voir. — Une éclaircie ? ça ne durera pas mon pauvre ami; vous avez appuyé trop longtemps sur votre œil, le nerf est irrité... Tenez, essayez de lire ce que j'écris. » Fermant l'œil gauche, Bourriette lit de son œil droit, l'œil perdu, cette phrase : « Bourriette est atteint d'une amaurose incurable. Il ne guérira jamais. »

Le docteur Dozous écrira plus tard : « Je vis dans ce premier fait la révélation de vérités que j'étais loin encore de soupçonner. » Quelques jours après, il devait assister à la quasi résurrection de Justin Bouhohorts, plongé agonisant dans la source par sa mère...

Des yeux qui ont vu l'invisible

Une fois qu'on a essayé d'arracher son secret à la vieille roche noire, nue et creuse de Massabielle, à cette source qui sort d'une faille et qui donne son eau pure à la foule des pèlerins, si l'on veut essayer de comprendre, il faut revenir au personnage de Bernadette.

Des centaines de personnes, sa famille, ses voisins, des étrangers ont pu la regarder, l'entendre. Elle a été examinée

par des médecins, des écrivains. Le professeur Charcot l'avait
classée, sans la voir, dans la catégorie des « fous raisonnables »;
Zola l'avait appelée une « irrégulière de l'hystérie, une hallu-
cinée ». Mais lui, du moins, tint à voir ces lieux où s'était passée
cette « histoire à bouleverser le monde », comme il disait.
Au début de 1872, il était loin de s'y intéresser. Il parlait des
événements de Lourdes comme d'une forme de réaction politique et religieuse, particulièrement bruyante; mais en 1891,
au cours d'un séjour aux Pyrénées, il s'y arrêta. Un an après,
pendant un dîner chez les Goncourt, il parla de ce « spectacle
de croyants hallucinés » qui l'avait stupéfié. Il pensa qu'il y
aurait de belles choses à écrire sur ce renouveau de la foi.
Dans une note de neuf pages, il traça son plan : « En ce moment
de mysticité, de révolte contre la science, un admirable sujet :
montrer le besoin de surnaturel persistant chez l'homme, avec
cette extraordinaire histoire de Bernadette Soubirous. »
    Il fit le voyage de Lourdes en août 1892; après avoir passé
douze jours dans le pays des miracles, il avait entendu trop
d'histoires sordides et vu trop de choses laides pour que son
livre fût ce qu'il avait imaginé tout d'abord. Mais il a noté
avec la franchise totale de son *Journal de voyage* tout ce qu'il
a observé, écouté, ressenti, ce qui en fait un témoignage plus
capital que le roman. Ainsi ses notes sur la vieille église de
Lourdes : elle rappelait toutes les vieilles églises espagnoles
qu'il avait vues. « Toutes les chapelles ont des autels ornés
de retables peints et dorés de colonnes torses. Tout cela très
orné, fauve et mystique; pas nos églises nues du Nord, des
églises pleines de visions d'or et de chairs peintes, le tout cuit,
comme vu à la lueur de lampes mystiques. Bien rendre sur
Bernadette l'effet de ces églises... » Ces lignes sont devenues,
dans le roman : « L'enfant, dans la somnolence qui l'envahissait,
devait voir se lever la vision mystique de ces images violemment coloriées, le sang couler des plaies, les auréoles flamboyer,
la Vierge revenir toujours et la regarder de ses yeux couleur
du ciel, de ses yeux vivants, tandis qu'elle lui semblait sur
le point d'ouvrir ses lèvres vermeilles pour lui adresser la
parole. Pendant des mois, elle vécut de la sorte ses soirées
dans ce demi-sommeil, en face de l'autel vague et somptueux,
dans ce commencement de rêve divin... »
    Dans l'aventure arrivée à la petite visionnaire, un point
troublait Zola, et là se cachait le véritable mystère des apparitions : « Que de bergères avaient ainsi vu la Vierge, avant
Bernadette ! Il n'y avait ici de nouveau que cette déclaration
extraordinaire : « Je suis l'Immaculée Conception », qui éclatait
là comme l'ultime reconnaissance par la Sainte Vierge elle-
même du dogme promulgué en cour de Rome trois années
plus tôt. Ce n'était pas la Vierge Immaculée qui apparaissait,
mais l'Immaculée Conception, l'abstraction elle-même, la
chose, le dogme... Les autres paroles, il était possible que
Bernadette les eût entendues et gardées dans un coin inconscient
de sa mémoire, mais celle-ci, d'où venait-elle donc pour
apporter au dogme encore discuté le prodigieux appui du
témoignage de la Mère conçue sans péché ? »
    Il aurait fallu à cet observateur impitoyable rencontrer le
regard de celle qui avait vu la Vierge, et au fond de ses grands
yeux noirs chercher la lumière laissée par l'apparition.
    Le visage de Bernadette Soubirous était très beau, un ovale

pur, un teint mat, brun coloré de rose, deux grands yeux noirs.
Il s'est trouvé par bonheur un Nadar de province pour la
photographier deux fois; la première fois elle est au milieu
de ses compagnes endimanchées, presque rieuse; puis il l'a
prise seule.. « Elle tient tout le champ en premier plan avec
sa robe, son fichu et son voile. Tout naturellement, elle a saisi
son rosaire et l'a serré entre ses mains jointes. Les doigts longs
et fins s'entrecroisent; le fichu, retenu par une épingle, tombe
des épaules jusqu'aux poignets. Elle porte un corsage à manches.
Au-dessus du front, on distingue à peine les cheveux en bandeaux que couvre le voile (le capulet des Bigourdanes). Entre
le voile et le fichu s'inscrivent le visage et l'insupportable
regard... On hésite, on fouille avec passion le dessin de ce front
large et plein, lumineux, de ce parfait ovale... On dirait que
Bernadette surgit d'on ne sait quel inconnu, hors de l'espace,
hors du temps et on s'aperçoit tout à coup que ce regard ne
nous cherche pas, qu'il contemple un univers secret, un gouffre;
il enseigne la tragédie de la grâce et de la solitude, et qu'il
ne peut rien arriver de plus terrible à un être que l'élection[1]. »

Bernadette,
1865
(photo
Jean-Loup Charmet)

1. R. Hellé, *Les Miracles*, éd. Sun, 1949.

L'appel de l'au-delà

Mais aujourd'hui encore il est donné à celui qui cherche le reflet de l'invisible présence, de rencontrer parmi la foule qui passe à la grotte, certains regards tournés vers l'au-delà. Depuis Bernadette, une foule d'hommes ou de femmes, malades ou non, ont fait cette prodigieuse expérience de l'extase, mystère noyé dans la kermesse de Lourdes. Dans l'enceinte sacrée de la grotte, depuis le jour où le docteur Dozous examinait la main de Bernadette que la flamme du cierge avait léchée pendant sa vision sans qu'elle fît le moindre mouvement, le phénomène extatique peut toujours surgir. Après le docteur Alexis Carrel, des savants russes ont pris une position objective car ils ne parlent ni d'escroquerie, ni de charlatanisme, ils admettent la possibilité d'observer le merveilleux[1]. S'il est palpable sur cette terre, à Lourdes on peut le rencontrer. « Il faut qu'il y ait des lieux où tout homme, quel qu'il soit, puisse toucher le surnaturel dans la mesure où Dieu le veut, mais ce ne sera jamais avec tant d'évidence que nous ne demeurions libres de le nier », écrivait Mauriac. À Lourdes, petite ville des Pyrénées... il y a un trou noir dans le rocher, au bord du gave, une source très pure, et des milliers de regards, et des milliers de flammes...

L'OMBRE DU GRAND ROLAND

La vallée fleurie du sang des preux

Roncevaux, nom qui sonne comme un appel de cor, éveille jusqu'aux confins les plus reculés de l'Europe, l'écho d'une grande bataille perdue où l'héroïsme désespéré des vaincus a balayé le souvenir des vainqueurs. Au-dessus des images d'une vallée fleurie d'aubépines, d'un monastère perdu dans les hêtraies des monts de Navarre, s'élève encore un bruit d'armes entrechoquées, de cris de colère, de râle d'agonie, de prières et le long appel de l'olifant portant au roi Charles le message d'adieu de Roland expirant.

Quelque part dans ces hauteurs d'où l'on voit blanchir au loin la barre de l'Adour, le 15 août 778, tandis que les fumées de l'incendie de Pampelune se dissipaient à l'horizon du sud, la formidable armée carolingienne fut assaillie par une nuée de montagnards navarrais rendus enragés par la destruction de leur ville. Là, l'élite des compagnons de Charles, Anselme, Egginhardt, le comte Roland et d'autres moins connus, tombaient sous les coups de combattants anonymes, irrésistibles comme les ouragans de leurs défilés.

Ce fait d'armes unique dans l'histoire des Basques, fut un cuisant souvenir pour le roi franc. Comment avouer que l'ennemi avait disparu sans pouvoir être rejoint, et que les plus grands dignitaires de la cour avaient péri sans être vengés ? Le nom de Roncevaux n'apparaît pas dans la chronique, qui relate la bataille comme un guet-apens.

Roncevaux, en basque *Oreaga* (où poussent les épines

---

1. V. Rojanev et H. Rojanovra, « Quand les esprits montrent leurs griffes », in *Planète*, juillet-août 1969.

blanches) n'est alors qu'un lieu désert dans la plaine de Burguete, ancien village de l'époque romaine, situé en contrebas du col d'Ibaneta (aux eaux abondantes), où se tapit un refuge pour voyageurs. Seul vestige du drame, une chapelle placée sous le vocable de Saint Sauveur. Une cloche y tinte dès que le soir arrive pour rameuter les voyageurs qui traversent les ports de Cize et que la nuit surprendrait sur les pentes de l'Altabiscar.

Ces voyageurs, ils vont être bientôt des centaines à emprunter la vieille voie romaine; car les rudes jouteurs de Roncevaux, lancés dans la Reconquista des terres chrétiennes sur le Maure, ont dégagé le chemin sacré qui conduit jusqu'au fond de la Galice au tombeau retrouvé de l'apôtre Jacques. Ce ne sont plus des voyageurs mais des pèlerins qui se présentent aux portes de l'Espagne, poussés par ce besoin irrésistible d'aller voir de leurs yeux et toucher de leurs mains la merveille des merveilles, le tombeau d'un homme qui a vu, qui a entendu le Christ en personne.

Le martyre des pèlerins

C'est une ruée aveugle au pied du col, et l'hiver l'entreprise est surhumaine. Il faut voir le site sous deux pieds de neige, quand un blizzard glacé s'engouffre dans le Valcarlos et hurle comme les cors des Vascons pour l'hallali des Francs. La neige efface les chemins, s'accumule en congères dans les ravins. Que d'hommes ont laissé leur vie sur les pentes de ces hauteurs qui jalonnent la montée depuis Saint-Michel en Cize : Orisson, Château Pignon, Leiçar Atheca, et l'Altabiscar meurtrier. Quand Élisabeth de Valois ira en plein hiver dans l'abbaye de Roncevaux retrouver les envoyés de Philippe II qui viennent chercher leur future reine, une armée de travailleurs est réquisitionnée pour déblayer la piste et plusieurs y mourront de froid. Cent ans plus tard, Robinson Crusoë, arrivé à Pampelune, verra refluer les voyageurs arrêtés par des neiges infranchissables et empruntera un col de la vallée d'Aure. Autour de la chapelle et du refuge le sol du col d'Ibaneta est un vaste cimetière de pèlerins.

Au froid, au brouillard, aux chutes mortelles dans les ravins, aux attaques des loups s'ajoutaient aussi les dangers venus des hommes; ce petit Hérodote du XIIe siècle auquel on doit le *Guide du Pèlerin de Saint-Jacques*, Aymeri Picaud, nous a laissé un tableau trop horrifique des traitements infligés par les Basques aux pauvres jaquaires de son temps pour qu'on lui accorde une entière créance. « A beau mentir, qui vient de loin »... On se refuse à imaginer la route de Roncevaux jalonnée de malheureux voyageurs harnachés comme des mulets et gémissant sous le poids d'un Basque sans pitié, aiguillonnant sa monture de la pointe de son javelot. Le tableau toutefois dut se rencontrer, il aura suffi, par des temps de disette, de quelques vols de poules dus aux « coquillards » qui se mêlaient aux pieux voyageurs, comme des loups revêtant la peau des agneaux. Les mœurs de ces brebis galeuses exaspéraient les habitants de la Navarre contre ces « étrangers », mais comme toujours, les innocents payaient habituellement pour les coupables. Le fait est là : Richard Cœur de Lion dut venir en personne y mettre bon ordre et imposer, avec sa paix, aux Navarrais de ce côté des Pyrénées qui dépendait de son domaine d'Aquitaine, une sorte de *Charte des droits du pèlerin.*

Un accueil idéal

Mais Ibaneta et sa chapelle de Charlemagne ne sont déjà plus au Moyen Age qu'un refuge, une étape vers une merveille dont la renommée court tout au long des chemins de Saint-Jacques qui convergent vers elle : l'insigne collégiale de Roncevaux et son hôpital, fondés en 1130 par Sanche de la Rosa, évêque de Pampelune, et le roi de Navarre et d'Aragon, Alphonse le Batailleur, pour l'accueil des pauvres pèlerins.

Monument du col de Roncevaux, détruit en 1936 (photo A. Ocana)

Pendant 700 ans, quiconque entreprenait la traversée des Pyrénées par l'ancienne voie romaine, appelée encore au XVIIIᵉ siècle le « grand chemin d'Espagne », était assuré de trouver au débouché du col d'Ibaneta tout ce que peut espérer trouver un hôte dans une maison hospitalière. Nuit et jour, on y soignait, nourrissait et couchait quiconque, homme ou femme, se présentait, et ceux que les serviteurs du monastère ramenaient épuisés des refuges de la montagne : chrétiens ou Maures, Navarrais français, et même les hérétiques, à la grande indignation d'un chroniqueur de l'abbaye, Huarte, qui vit passer, de 1596 à 1624, des caravanes de Béarnais huguenots venant faire la moisson dans les plaines de Castille. Les détails des soins qu'on donnait à l'abbaye sont incroyables; accueillis sous la voûte qui s'ouvre toujours dans les bâtiments actuels du côté de la montagne, les pèlerins passaient aux bains; on leur faisait la barbe, on leur coupait les cheveux; on raccommodait leurs chaussures; on ravaudait leurs habits ou même on les remplaçait. Le poème manuscrit de *La Préciosa*, véritable prospectus qui donne tous ces détails, ajoute qu'il y a au service des malades des femmes dévouées, « propres et non difformes », le rêve... !

Une route jalonnée de miracles

Pour des hommes qui n'hésitaient pas à franchir les Pyrénées dans les pires conditions, à seule fin d'aller au fond de la Galice se prosterner devant le tombeau miraculeux de l'apôtre, il fallait du surnaturel tout au long de la route, concret, visible, palpable. Pour eux aussi la *Légende dorée* avait fleuri à Roncevaux, peuplée d'anges et de lumières mystérieuses, de cerfs enchantés et de sources miraculeuses.

Des bergers gardant leurs troupeaux, virent par une belle nuit surgir de la forêt un cerf qui s'arrêta au milieu de la plaine et s'agenouilla : les extrémités de ses cornes s'allumèrent comme des cierges, tandis que des chants célestes se faisaient entendre. Plusieurs nuits la mystérieuse apparition se reproduisit jusqu'à ce que l'évêque de Pampelune en personne, accompagné de la reine Dona Oneca, fit creuser la terre à l'endroit où le cerf s'agenouillait. Dès les premiers coups de pioche apparut une statue de la Vierge et on entendit dans le ciel le *Salve Regina* chanté par un chœur invisible.

La « fontaine aux anges » n'est plus qu'un mur sculpté rongé de mousse, dans une prairie au nord de l'abbaye. Le *Salve Regina* est toujours chanté dans la chapelle de l'abbatiale, ce bijou d'architecture semblable aux chefs-d'œuvres de l'Ile-de-France ; et peut-être, en tendant l'oreille, entendrait-on, comme au temps de Huarte, les anges répondre aux strophes du cantique latin entonné chaque soir par le chœur des chanoines...

Sous la cagoule...

Dans le monastère, sorte de couvent-caserne construit dans le style de l'Escorial, une cellule abrite l'un des trésors les plus curieux que l'on puisse voir dans les Pyrénées ; il est constitué d'objets en or, en émail ou en ivoire, de toutes les époques et de tous les pays du monde. Les chanoines de Roncevaux y ont recueilli au long des âges de vénérables hochets destinés à satisfaire la curiosité des pèlerins, les pantoufles de Turpin (« violettes comme il se doit », dit un guide rédigé à l'usage des Français), les masses d'armes d'Olivier et de Roland qui peuvent remonter tout au plus au xve siècle ; l'échiquier sur lequel Charlemagne jouait quand il entendit le cor de Roland et qui est en réalité un merveilleux phylactère à émaux translucides, œuvre d'un orfèvre montpelliérain du xive siècle, ramené à Roncevaux par le commandeur de l'hôpital de cette ville lors de l'arrivée des protestants, en 1530. Trente-deux cases y exposent les reliques les plus touchantes et les plus invraisemblables : du lait de la Vierge, du sang du Christ, un des trente deniers de Judas... Il y a même l'émeraude prise à l'émir Miramamolin par le roi Sanche.

Dans l'abbatiale, sœur des blanches églises gothiques de l'Ile-de-France, au-dessus du maître-autel, trône une belle madone d'argent, tenant trois roses en sa main, qu'un orfèvre toulousain du xiiie siècle façonna pour rappeler la miraculeuse apparition à l'origine du pèlerinage.

D'impressionnants cortèges montent vers cette Vierge la semaine de l'Ascension, venant de toutes les vallées des environs, précédés d'une armée de porteurs de croix, les « cruceros ».

Penchés sous les lourds rondins de leur fardeau symbolique, la figure voilée du capuchon des pénitents, ils avancent sur deux files, certains pieds nus et enchaînés. Burguete est le premier au rendez-vous, puis Valcarlos, Oroz Betelu, la vallée d'Aescoa, le pays de Cize... Rien n'est changé depuis le temps des rois de Navarre, c'est la même ferveur sauvage du Moyen Age. Le Navarrais du *Guide de Compostelle*, qui « pour un sou, s'il le peut, tue un Français », se montre là un « athlète de la pénitence ». Au cœur des Pyrénées basques, conservatoire des plus vieilles croyances, les « cruceros » d'Oroz Betelu marchent à la rencontre de la reine des Anges.

Des roses pour les fidèles

De la défaite de Charlemagne, des morts de la bataille, de la naissance de la *Chanson de Roland*, que reste-t-il, sinon un écheveau d'énigmes que l'histoire se plaît à laisser inextricables, pour le bonheur des poètes et des romanciers. Il y a ce monument de Roncevaux, en forme de pyramide, appelé chapelle du Saint-Esprit, et par les Espagnols « silo de Carlomagno » (le charnier de Charlemagne). Sa silhouette énigmatique est un rappel visible du désastre de 778.

La chronique dit bien que le roi ne put tirer vengeance de ses adversaires, mais l'armée dut revenir en force et rapidement pour chercher les morts. Une légende plane sur la scène, le miracle des roses qui fleurirent sur les corps des combattants chrétiens pour les faire reconnaître des autres : l'image a dû naître à la vue des charniers effroyables que les batailles de la Reconquista espagnole laissaient derrière elles. En réalité, selon la coutume du temps, on dut coudre à la hâte dans des peaux de bêtes les corps des morts les plus illustres, pour les transporter. Mais dans les solitudes des pâturages, au fond des ravins, dans les buissons des pentes, des centaines de cadavres gisaient épars. Ceux qui purent être recueillis furent rassemblés dans une fosse commune, un « charnier » dit la *Chanson de Roland*, creusé sous la protection de l'armée, devant la menace d'un ennemi invisible, tapi dans la montagne. Et ce « charnier », une tradition constante chez les historiens du monastère le situe sous l'énigmatique chapelle du Saint-Esprit; c'est le « silo », un trou, un obscur caveau où, au cours des siècles, les ossements des pèlerins français allèrent rejoindre les plus anciens, oubliés depuis longtemps...

Les forêts, d'où les Vascons avaient attaqué, couvrent les sommets et les pentes tout autour du col, cernent les pâturages, descendent jusqu'aux portes du monastère de Roncevaux, envahissent le Valcarlos. A l'est, la mythologique forêt d'Orion, au ras des pâturages qu'elle couvrait autrefois, rejoint celle d'Iraty. Inutile de chercher ailleurs ces retraites impénétrables où Charlemagne renonça à poursuivre ses agresseurs.

Pour l'ensemble des historiens, la tuerie finale s'était déroulée en contrebas du versant sud du col, entre Roncevaux et Burguete. Dans cette plaine, transformée en arène pour mise à mort, on retrouvait encore au XVIe siècle, au témoignage du chanoine Huarte, des armes et des ossements, emprisonnés parfois dans les racines des arbres séculaires. L'officier du génie Duvignau, chargé de la citadelle de Saint-Jean-Pied-de-Port, écrivait en 1794 : « J'ai cru devoir parler ici (de la bataille de Roncevaux) pour que personne ne soit tenté de s'engager dans cette plaine sans, au préalable, s'être bien assuré des bois et des hauteurs qui la cernent dans tous les sens ».

C'est bien ce que fit Moncey, la même année, au début de son offensive victorieuse en Navarre. Il lança ses troupes à l'assaut des positions tenues par les Espagnols sur l'Altabiscar, avant de s'attaquer aux retranchements de Burguete. Il estima de son devoir de patriote de laver l'affront subi par Charlemagne, en faisant abattre la croix des pèlerins qu'il croyait être un trophée de victoire élevé par les Espagnols.

Les deux héros de Roncevaux

Le *Chant de l'Altabiscar*, poème « traduit du basque » qui célèbre la victoire des Vascons sur le roi franc Carloman n'est, on le sait aujourd'hui, qu'un beau pastiche composé en 1852 par un pamphlétaire bayonnais, Garay de Monglave. On ignorera toujours en quels termes les improvisateurs basques célébrèrent en leur temps le haut fait de leurs combattants. Mais on peut affirmer à coup sûr qu'ils en ont gardé et transmis le souvenir dans les vallées voisines, qu'ils l'ont embelli, dramatisé.

Chevauchée de Compostelle au col d'Ibañeta. 1965 (photo A. Ocana).

« C'est là que le retrouvèrent au xe siècle, les pèlerins-soldats que la piété poussait vers Saint-Jacques-de-Compostelle, le long d'une route que les incursions sarrasines menaçaient régulièrement. C'est la tradition locale pyrénéenne qui a fourni le nom du lieu du drame : Roncevaux, comme la tradition girondine, à Saint-Savin et à Blaye, avait transmis celui du héros : Roland. Et c'est la route qui a établi le premier lien entre la tombe de Blaye, l'olifant de Bordeaux et le champ de bataille de Roncevaux[1]. »

Car celui qui a composé la *Chanson de Roland* n'est pas un pèlerin de Compostelle; il ne mentionne ni le chemin de Saint-Jacques ni le nom de l'apôtre. C'était « un clerc du Vermandois ou du Laonnois que passionnait l'affreuse lutte dynastique qui venait d'aboutir à la chute des Carolingiens. L'histoire de Roland n'était qu'un prétexte pour exalter la gloire carolingienne et la fidélité à la vieille dynastie[2] ».

Mais Roncevaux et le chemin de Compostelle ont joué un rôle décisif pour maintenir les légendes locales sur la bataille. La pierre fendue par l'épée de Roland, recueillie dans la montagne, était encore montrée aux pèlerins au XVIIe siècle. Le prêtre italien Domenico Laffi en témoigne : il la baisa en pleurant. Et l'auteur de la célèbre geste qui devait faire le tour de l'Europe n'a eu qu'à recueillir, peut-être sur place, tous les merveilleux récits qui, de Compostelle aux plus petites bourgades d'Europe, jaillissaient de la mémoire des pèlerins. On eût aimé trouver sur place un tombeau digne de Roland, le plus fidèle et le plus courageux des héros de Charlemagne. Son corps, dit-on, fut enterré à Blaye. François Ier déjà ne le croyait plus...

Mais une autre ombre illustre a pris sa place, le Charles Martel navarrais, Sanche le Fort. Accouru à l'appel du roi de Castille, il avait écrasé les Maures dans la plaine de Las Navas de Tolosa en 1212. Les terribles manieurs de hache navarrais brisèrent les chaînes qui encerclaient le camp sarrasin, et Sanche, en hommage à la bravoure de ses hommes, en fit le blason de son royaume, avec l'émeraude qui ornait le turban de l'émir.

Sanche avait demandé à être enseveli dans la collégiale de Roncevaux. Bravant l'évêque de Pampelune qui voulait garder le corps pour sa cathédrale, Thibault de Champagne, le premier roi de Navarre de lignée française, exauça son vœu. Le tombeau disparut au début du XVIIe siècle, de par la volonté d'un prieur castillan peu soucieux des gloires de la Navarre. En 1912, lors du septième centenaire de la victoire de Las Navas, Sanche le Fort retrouva la place qui était la sienne. Son gisant restauré, un géant de quatre pieds, repose au centre de la chapelle Saint-Augustin. De la main droite ornée de l'émeraude célèbre, il tient son épée. Dans la lumière du vitrail grandiose qui narre son fait d'armes immortel, il demeure l'âme de Roncevaux.

---

1. Émile Mireaux, *La Chanson de Roland et l'Histoire de France*, Albin Michel, 1943.
2. Id., *ibid.*

ÉPHÉMÉRIDES
PYRÉNÉENNES

20 000 *a. C.* : Les grottes des Pyrénées sont occupées par les Magdaléniens.

7 000 *a. C.* : Les habitants des grottes du Mas-d'Azil inventent la pictographie sur galets.

3 000 *a. C.* : Une grande « voie du sel », bordée de tumulus et de dolmens, relie le Roussillon au Pays Basque.

1 000 *a. C.* : Construction des grandes enceintes défensives en Aquitaine.

800 *a. C.* : Construction des cercles de pierres du Pays Basque, des vallées d'Ossau, de Luchon et de l'Ariège.

281 *a. C.* : Passage d'Hannibal à travers le Roussillon; il fait alliance avec les Volques du Languedoc.

120 *a. C.* : La Via Domitia est construite par le proconsul Domitius Aenobardus, sur l'emplacement de l'ancienne route héracléenne, passant par le col du Perthus.

71 *a. C.* : Pompée fonde Lugdunum Convenarum (Saint-Bertrand-de-Comminges) avec les peuples espagnols vaincus.

56 *a. C.* : Le lieutenant de César, Crassus, écrase les Aquitains et les Pyrénéens près de Tartas dans les Landes.

27 *a. C.* : Auguste fait élever à Lugdunum Convenarum un trophée pour célébrer sa victoire sur les Cantabres.

409 : Les Vandales, les Alains, les Suèves et les Goths, avant de passer en Espagne, ravagent l'Aquitaine et le Languedoc.

419 : Fondation à Toulouse du royaume wisigoth.

507 : Les Francs refoulent les Wisigoths en Espagne et occupent l'Aquitaine.

581 : Chassés d'Espagne par les Goths, les Vascons descendent des Pyrénées et occupent le Pays Basque actuel.

586 : Destruction de Lugdunum Convenarum par une armée franco-burgonde.

719 : Invasion du Roussillon et de la Cerdagne par les Arabes, qui occupent Narbonne.

721 : Révolte du gouverneur de Llivia Abi Nessa, dit Munuza.

732 : Abd er-Rhaman traverse les Pyrénées et s'avance jusqu'à Poitiers, où il est vaincu et tué par Charles Martel.

759 : Charles Martel reprend Narbonne aux Arabes, qui sont chassés du Roussillon.

778 : L'armée de Charlemagne est surprise par les Navarrais dans la vallée de Roncevaux, où Roland périt avec l'arrière-garde.

779 : La Cerdagne proclame son indépendance.

793 : Le Roussillon est ravagé par le raid d'Abd el-Melik.

817 : Enneco Semen Arista est proclamé roi à Pampelune, d'où les Francs ont été chassés.

862 : Les Normands s'emparent de Bayonne et ravagent les pays de l'Adour.

873 : Fondation de Saint-Martin-du-Canigou par Wilfred le Velu, comte de Barcelone.

982 : Les derniers Normands sont écrasés près de Dax par le duc de Gascogne, Guillaume.

1080 : Repeuplement de la ville d'Oloron par Gaston, vicomte de Béarn.

1108 : Fondation de l'hospice Sainte-Christine-du-Somport.

1112 : Proclamation des « Fors » de Bigorre.

1123 : Mort de saint Bertrand de l'Isle, évêque du Comminges.

1127 : Fondation de l'hospice de Roncevaux par Sanche de la Rosa, évêque de Pampelune.

1150 : Apparition de la *Chanson de Roland*.

1152 : Aliénor d'Aquitaine apporte en dot à Henri III Plantagenet le Labourd et la Bigorre.

1172 : Le Roussillon est légué au roi d'Aragon.

1212 : A la bataille de Muret, où le roi Pierre d'Aragon est tué, Simon de Montfort écrase l'indépendance occitane.

1229 : Roger Bernard II, assiégé dans son château de Foix, fait sa soumission à Philippe le Hardi.

1244 : Chute de la forteresse de Montségur.

1262 : Création du royaume de Majorque pour Jacques II, fils cadet du roi d'Aragon. Il fixe sa capitale à Perpignan.

1285 : Philippe le Hardi meurt de la peste à Perpignan, après avoir subi un désastre en Catalogne.

1364 : Les « Grandes Compagnies », suivies par le Prince Noir, passent en Navarre par le col de Roncevaux.

1375 : Le pacte de la Pierre-Saint-Martin met fin à la guerre entre les vallées de Roncal et de Barétous.

1380 : Dans la tour Moncade, à Orthez, Gaston Phébus poignarde son fils, complice d'une tentative d'empoisonnement par Charles le Mauvais, roi de Navarre.

1406 : Après la chute du château de Lourdes, les Anglais abandonnent la Bigorre.

1451 : La prise de Bayonne par Dunois met fin à 300 ans de domination anglaise en Gascogne.

1453 : Louis XI rattache le Comminges et le Couserans à la couronne de France.

1463 : Pèlerinage de Louis XI à Notre-Dame-de-Savrance, en Béarn.

1475 : Siège de Perpignan par les Français : les habitants mangent de la chair humaine.

1512 : Fin du royaume de Navarre : Jean d'Albret et Catherine de Navarre se réfugient en Béarn.

1521 : Henri II de Navarre tente de reconquérir son royaume. Après le désastre de Noain, Saint-Jean-Pied-de-Port est repris par les Espagnols.

1523 : Le maréchal de Lautrec défend Bayonne contre l'armée du duc d'Albe.

1546 : Marguerite de Navarre écrit à Cauterets le prologue de l'*Heptaméron*.

1553 : Naissance au château de Pau de Henri, fils de Jeanne d'Albret et d'Antoine de Bourbon.

1569 : Invasion du Béarn par Terride, lieutenant de Charles IX. Contre-offensive du comte de Montgomery, libération de Navarrenx et sac d'Orthez.

1572 : « Noces vermeilles » d'Henri de Navarre et de Marguerite de Valois, à Paris.

1579 : Les travaux de l'ingénieur Louis de Foix rendent à l'Adour son embouchure naturelle.

1610 : Procès de sorcellerie du Labourd menés par le conseiller de Lancre : plusieurs centaines d'exécutions.

1620 : Louis XIII vient à Pau avec trois régiments, pour faire enregistrer son édit d'union du Béarn à la France.

1625 : Défense du Mas-d'Azil par les protestants.

1642 : Louis XIII met la main sur le Roussillon et s'empare de Perpignan.

1659 : Sur la Bidassoa, Mazarin et Luis de Haro signent le traité des Pyrénées.

1660 : Mariage de Louis XIV à Saint-Jean-de-Luz.

1663-1665 : Révolte de Bernard d'Audijos en Chalosse et en Labourd.

1674 : Complot de Villefranche-de-Conflent et révolte des « angelets ».

1685 : Dragonnades en Béarn.

1710 : Pillage et incendie de Luchon par le baron de Taff au cours de la guerre de succession d'Espagne.

1772-1776 : Une terrible épizootie décime le bétail en Béarn et en Bigorre.

1776 : Ouverture des « chemins de la mâture » dans la vallée d'Aspe.

1793-1794 : Guerre avec l'Espagne; combats de Lescun, de Banyuls; victoires de Peyrestortes et de Roncevaux.

1807 : Séjour de la reine Hortense à Cauterets.

1808 : A Bayonne, abdication de Charles IV d'Espagne en faveur de Joseph Bonaparte.

1814 : Repli de Soult et offensive de Wellington. Batailles autour de Bayonne, à Orthez et à Toulouse.

1826-1827 : Triangulation de la chaîne par les officiers géodésiens.

1828 : Séjour de la duchesse de Berry à Luz-Saint-Sauveur.

1848 : Révolte forestière appelée « Guerre des demoiselles » en Ariège et en Barousse.

1854 : Séjour d'Eugénie de Montijo à Biarritz.

1856 : Règlement des litiges frontaliers par le traité de Bayonne.
1857 : Voyage de Taine aux Pyrénées.
1858 : Apparitions de Lourdes.
1859 : Séjour de Napoléon III à Luz-Saint-Sauveur.
1865 : Fondation de la Société Ramond à Gavarnie.
1871 : Proclamation de la Commune à Perpignan.
1881-1882 : Construction de l'Observatoire du Pic-du-Midi-de-Bigorre.
1896 : Fondation de l'école Gaston Phébus, à Pau.
1902 : Création du domaine d'*Arnaga*, à Cambo, par Edmond Rostand.
1920 : Création du musée pyrénéen à Lourdes par Louis Le Bondidier.
1922 : Fondation du musée béarnais à Pau par Louis Ducla.
1934 : Inauguration du premier monument à Roland au col d'Ibaneta.
1967 : Tremblement de terre d'Arette, dans les Pyrénées-Atlantiques.
1968 : Fondation de la Casa Pairal à Perpignan, par Joseph Deloncle. Création du Parc National des Pyrénées.

Costumes du Musée pyrénéen de Lourdes (photo J.-R. Masson)

GLOSSAIRE

(Les mots figurant dans le glossaire sont suivis d'un astérisque dans le texte.)

Abbé-lai (ou abbé-laïc) : possesseur d'un fief d'origine ecclésiastique, considéré comme noble.

Artzain : nom du berger en basque.

Atalaye : tour du bord de mer qui servait à signaler les pirates (Roussillon) ou les baleines (côte basque).

Aulhé : nom du berger en béarnais.

Aurost : lamentations traditionnelles aux funérailles (Béarn).

Ballade : ancienne danse du Lavedan.

Bastide : ville neuve, fortifiée, dotée d'une charte d'affranchissement par le seigneur fondateur.

Besi : membre d'une communauté (besiade) jouissant de tous les droits de voisinage.

Borde : grange utilisée en été dans les vallées; par extension, dépendance isolée d'une maison d'habitation.

Brouche : nom de la sorcière en Gascon.

Bruixa : nom de la sorcière en Catalan.

Cadira : chaire ou chaise.

Cadis : tissu de laine brute.

Cagot : nom donné autrefois à une catégorie d'habitants des Pyrénées, objet d'une ségrégation rigoureuse.

Caleïl : lampe à huile.

Caparuche : membre de la Confrérie de la Sanch à Perpignan, portant la cagoule dans la procession du Vendredi saint.

Capellan : nom du prêtre en Catalogne et en Navarre.

Capulet : ancienne coiffe des femmes des vallées d'Ossau, de Lavedan, d'Aure, etc.

Cayolar : nom des installations d'été du berger au Pays basque.

Cortal : id. dans les Pyrénées centrales.

Coume : fond herbeux d'une vallée (Pyrénées centrales).

Cuyala : id. en Bigorre et en Béarn.

Euskara : nom donné par les Basques à la langue qu'ils parlent.

Faure : artisan ferronier (en Catalogne et à Bayonne).

Faydit : nom donné aux seigneurs du Midi condamnés pour avoir pris le parti des Albigeois.

Ferrère (herrère) : ancienne forge ou mine de fer.

Fors : privilèges accordés à une ville, ou charte réglant les rapports entre les membres d'une communauté pyrénéenne et leur seigneur.

Goig : cantique de pèlerinage en Catalan.

Jasse : cabane de berger dans les Pyrénées centrales.

Lies et Passeries (ou Faceries) : traités passés entre les communautés pastorales pour régler les rapports de bon voisinage.

Mail : sommet rocheux en forme de falaise (Pyrénées centrales).

Makhila : bâton plombé et ferré, utilisé par les Basques.

Manech : race de moutons du Pays basque, à tête et pattes noires.

Massip : nom des enfants en vallée de Bethmale.

Méture : galette de farine de maïs.

Orri : cabane de berger, dans les Pyrénées-Orientales et en Ariège.

Pasquier : pâturage d'été dans les Pyrénées-Orientales.

Pavordesse : jeune fille d'une confrérie pieuse, en Roussillon.

Port : passage accessible aux voyageurs dans une crête de montagne entre deux vallées.

Puyo : nom donné à un tertre ou un tumulus dans le Sud-Ouest.

Ramader (Cami-) : chemin de transhumance dans les Pyrénées-Orientales.

Reconquista : nom donné à l'ensemble de la croisade contre l'Islam, menée par les Espagnols, sur leur territoire.

Ricombre : titre de noblesse dans l'ancien royaume de Navarre.

Salle : ancienne maison noble dans les Pyrénées occidentales.

Serre (Cami de-) : chemin de crête entre deux vallées, dans le Sud-Ouest.

Soulane : terrasse exposée au soleil (Pyrénées centrales).

Traginer : conducteur de mules en Catalogne.

Turoun : équivalent de « puyo » (voir ce mot).

Page suivante : le château de Foix (photo J.-R. Masson)

GUIDE
ALPHABETIQUE
DES
PYRENEES
MYSTERIEUSES

Modillon de Jouers (photo de l'auteur)

ACCOUS

Des monstres énigmatiques

Accous, qui dispute à Bedous le rang de capitale de la vallée d'Aspe, s'attribue une haute antiquité. Un des champs des environs du village, désigné sous le nom d'Apalus, rappelle la station *Aspa Luca* sur la voie romaine de Lescar à Saragosse; et celui du hameau de Jouers a été interprété comme un dérivé de *Jovis ara*, les « autels de Jupiter ».

Selon le pasteur Cadier *(Histoire de l'Église réformée de la vallée d'Aspe)*, les Sarrasins auraient célébré le culte de Mahomet dans la très ancienne chapelle de Jouers; il est possible que le masque d'Abraham, visible sur le modillon central de l'abside, ait fait naître cette tradition. La chapelle dut être construite par quelque seigneur sur les terres d'un fief ecclésiastique; il acquit ainsi le droit de prendre le titre d'abbé laïc, transmissible par hérédité. Le manoir voisin de la chapelle, dit « Apatye », est l'ancienne abbaye laïque. Son pigeonnier carré, fort curieux, et les modillons sculptés de l'abside attirent particulièrement l'attention. L'un d'eux figure une acrobate qui exhibe son sexe en passant la tête entre ses jambes levées, thème qui n'étonne pas dans un pays où les maléfices sont encore conjurés par le geste obscène de la figue[1].

A côté de l'acrobate, une affreuse tête de monstre sans crâne, au mufle épais, crache un nœud fait de trois gros serpents. Les deux modillons voisins se signalent par des inscriptions inattendues. Une tête barbue, masque impressionnant, aux yeux saillants, aux arcades sourcillières de hibou, avec une moustache en croc et une bouche irritée, est surmontée du mot *Abraham*. Le modillon suivant représente un animal que seules une croix

1. Anne Saffores, *La Vallée d'Aspe*, 1968.

pattée et une auréole font reconnaître pour un agneau pascal.
Sur le bandeau, on lit ces deux lignes énigmatiques :

FLORENCIA. FEC.
AGNUS. D'IT. FACERE

L'inscription se décompose ainsi : *Florencia fecit facere* (Florence
m'a fait) et *Agnus D(e)i*, (Agneau de Dieu). La chapelle est
donc l'œuvre d'une dame appelée Florence.

Au XIIIᵉ siècle, Jouers se trouvait sur le bord du grand chemin
du Somport, par où chevaliers français, gascons et béarnais
partaient à la reconquête des plaines de l'Èbre. Plusieurs y
firent fortune et enrichirent à leur retour les églises du pays;
d'autres y moururent glorieusement. Il n'est pas impossible que
la chapelle de Jouers soit la fondation d'une pieuse femme dont
le mari aurait péri outre-monts : le nom de famille Florent se
retrouve encore de nos jours dans la vallée.

Trois épées pour le poète

Au bord de la grande route, peu avant le carrefour d'Accous,
sur un petit monticule, s'élève un obélisque consacré à la gloire
de Cyprien d'Espourrins, le « Tibulle des pasteurs pyrénéens ».
Le 5 octobre 1840, l'inauguration de ce monument, payé avec la
contribution de Béarnais illustres comme le roi de Suède Jean
Bernadotte, fut un événement national. Les vallées d'Aspe et
d'Argelès se disputent l'honneur d'avoir été le berceau et le
séjour favori du populaire barde pyrénéen. Mais son acte de
naissance, daté de 1697, indique bien nettement qu'il vit le jour
à Accous. De la maison ancestrale des Espourrins (Despourrins
est une orthographe plus récente) détruite par un incendie en
1851, on a conservé le blason qui surmontait la porte. Pierre
Brunet, dans le *Dictionnaire de la conversation et de la culture*, a
recueilli la légende des trois épées qui y figurent. « Le père de
notre poète, dit-il, parcourut avec éclat la carrière des armes.
Louis XIV lui donna pour blason trois épées en sautoir, en
mémoire d'un exploit qui rappelle celui d'Horace. Provoqué
par trois officiers étrangers dans le cours de la guerre de Succession [d'Espagne], l'intrépide champion les défia au combat,
tua l'un, blessa l'autre, désarma le troisième et emporta les
trois épées... »

L'exploit de Pierre d'Espourrins devait désigner son fils à la
renommée : ce fut dans un tout autre domaine qu'il l'acquit.
Ayant appris à tourner des vers élégants dans le français mièvre
de l'époque, et possédant le don de la musique, il fit de la langue
béarnaise, que parlait la bonne société de la province, l'instrument de son inspiration. Dans tout le Béarn, on chante encore
ses airs célèbres : sa mémoire y est entretenue par une tradition
musicale vivace.

La rançon du sel

Le territoire d'Accous recèle deux fontaines célèbres. En
direction du col d'Iseye, dans le quartier d'Aoulet, la fontaine
de l'oratoire de Saint-Christau guérissait les dartres appelées
« cristails », aussi bien que la source très connue de Saint-Cristau-
de-Lurbe. L'oratoire n'existe plus, mais la statue du saint a été
recueillie dans une maison voisine.

Dans le quartier d'Apalus *(Aspalucca)*, une fontaine salée, la fontaine du Saliet, fournissait autrefois un sel d'une qualité exceptionnelle pour l'alimentation des brebis et la salaison des fromages. Des bergers de la vallée d'Aspe venaient s'y approvisionner de droit, mais aussi ceux des vallées d'Ossau et de Lavedan, en payant bien entendu. Selon une tradition ancienne, ce fut là l'origine du légendaire conflit entre Aspe et Arrens et du « Tribut des Médailles ». Des gens de la vallée d'Arrens, venus chercher du sel, seraient repartis sans le payer. Les Aspois auraient décidé par représailles l'expédition punitive qui se termina par leur envoûtement et leur massacre (voir *Arrens*).

Eaux thermales de Saint-Christau, lithographie de Victor Petit,
1840 (B.N., Est.)

AHETZE

64 — Pyrénées-Atlantiques, 15 km au S O de Bayonne par D 3, D 255 et D 655

Les sonnailles magiques

A l'écart de la route de Bayonne à Saint-Jean-de-Luz, l'église d'Ahetze conserve une de ces curieuses croix à clochettes que le conseiller de Lancre, en 1609, honnissait comme un vestige des superstitions espagnoles : « Ils portent, dit-il, des croix fort grandes et pesantes ayant sept ou huit sonnettes dorées : ils veulent que la croix fasse un bruit brutal, au lieu qu'elles n'en doivent faire d'autre que divin... Le voisinage et commerce de l'espagnol leur a baillé cette méchante coutume : si bien qu'en tout le pays de Labourd leurs croix sonnent et leurs prêtres dansent, et sont les premiers au bal qui se fait au village. »

La croix d'Ahetze est en plaques d'argent noirci sur âme de bois. Dans les quatre médaillons de la face qui porte le Christ, apparaissent la Vierge et saint Jean, assistants du mystère de la Passion, le pélican, symbole du Christ, et Adam qui sort d'un tombeau, libéré de la malédiction originelle de la mort. Sur les bras de la croix, deux têtes de femme, dont l'une porte la coiffe des règnes de Louis XII et François Ier. Au revers, une figure d'évêque mitré et chapé, qui fait pendant au corps du Christ, pourrait représenter l'apôtre du Labourd, saint Léon, ou saint Martin. Aux bras sont accrochées encore quatre des six clochettes en forme de grelots coniques, contemporaines de la croix elle-même. Au cours des processions des Rogations, leur son répandait sur les récoltes les mêmes effets protecteurs que ceux de la cloche de la paroisse contre les orages et les tempêtes dévastatrices.

Dans l'église de Guéthary se trouve une croix semblable, mais dont les quatre clochettes sont de fabrication récente, ce qui indique assez l'importance attachée par la population au maintien de cet élément de valeur magique, qui est à l'origine des roues à clochettes de certains sanctuaires de Bretagne et du Roussillon. (Voir *Argelès-sur-Mer*.)

AMÉLIE-les-BAINS

66 — PYRÉNÉES-OORIENTALES, 37 KM AU S O DE PERPIGNAN PAR N 9 ET N 115

Les blanches nymphes, reines des sources

La localité s'est formée autour de sources thermales exploitées par les Romains et où, en 869, l'abbé Castellan, venu d'Espagne, fonda un monastère. Les eaux de la petite rivière de Montalba étaient amenées aux bains romains par un aqueduc creusé dans la roche vive : un barrage de forte maçonnerie se dressait en travers du ravin. On l'appelle, dans le pays, le « saut d'Annibal ». Certains n'hésitent pas à attribuer cet ouvrage au chef carthaginois, qui l'aurait construit à l'époque de son passage des Pyrénées. Les vestiges des thermes antiques ensevelis sous les bâtiments actuels des thermes Pujade sont comparables, par leurs dimensions, aux célèbres thermes de Julien, sur lesquels fut construit le monastère de Cluny à Paris. Une salle voûtée, dissimulée plus tard sous les enduits et les placages, formait le grand bain commun contenant une piscine ou *lavacrum*; on y descendait par quatre marches servant de sièges. Ses dimensions (22 m de long sur 12 m de large) le firent choisir par l'abbé Castellan pour y établir une église, sous le vocable de Sainte-Marie-du-Vallespir. Il y avait découvert les corps de plusieurs saints personnages. Aujourd'hui, de tout l'ensemble thermal, reste seule visible la petite piscine des étuves, réutilisée dans les annexes des thermes Pujade[1].

L'ancienne église d'Amélie, dont on pouvait voir encore les ruines en 1952, était une basilique à abside unique en forme d'arc outrepassé, caractéristique des sanctuaires pré-romans du IVe siècle au IXe siècle. Mais sa consécration à un certain saint

1. P. Ponsich, *Études Roussillonnaises*, 1952-1954, nos 3-4.

Quentin, dont l'existence est incertaine, est à rapprocher du culte voué antérieurement à des divinités locales, les *Kantae Niskae*.

En 1845, dans la fente du rocher servant de lit à la source chaude du Gros Escalador, le colonel Puiggari, archéologue, trouvait diverses monnaies d'Amporias et de Nîmes à l'effigie de Caïus et de Lucius César (an 1 ap. J.-C.) et huit lamelles de plomb couvertes d'inscriptions finement gravées. Elles semblent avoir été fraîchement écrites avec la pointe d'une épingle par une main délicate, une main de femme. Bien que l'ensemble des inscriptions garde tout son mystère, le début du fragment le plus important ressemble à une invocation : « *Kantas niskas rogamos et depecamus vos...* » « Nous vous prions, nous vous supplions, *Kantas Niskas...* »). Or la même racine *Nisk* se retrouve dans le nom de *Neskato* (recueilli sur des pierres gravées du pays de Luchon) qui se traduit en basque par « jeune fille ». *Kantae Niskae* pourrait donc signifier « claires jeunes filles », et cette invocation convient bien à l'image de nymphes des sources, blanches comme l'écume des torrents. Aussi n'est-ce sans doute pas par hasard que le nom de saint Quentin rappelle étrangement par sa consonance « les vieilles divinités topiques dont il s'agissait de christianiser une fois pour toutes l'indestructible prestige[1]. »

Vestiges d'un culte mégalithique

En 1940, le Tech en crue envahit la ville d'Amélie-les-Bains. Les eaux, rencontrant l'obstacle de l'ancien pont de Pallalda, balayèrent la concavité des berges jusqu'à la roche du fond, emportant la gare S.N.C.F. et le quartier de la Petite Provence.

Blocs gravés (photo J.-G. Gigot)

1. *Op. cit.*, p. 206 *bis*.

Lorsque les eaux se furent retirées, on remarqua, dans la zone dévastée, que certains blocs roulés d'origine glaciaire, plus volumineux que les autres, portaient des séries de signes énigmatiques gravés en creux.

Paul Alain Fourquin, qui les découvrit, les décrivait ainsi : « Les gravures paraissent avoir été faites avec une pointe tournante de 10 à 12 mm de diamètre, qui a laissé une espèce de cupule ronde au bas de certains traits ». « Ni le silex ni le bronze, dit-il, ne sont capables d'entamer cette roche dans les conditions où la gravure a été exécutée, en attaquant la surface presque perpendiculairement au clivage ».

Fait remarquable, les blocs se trouvent au voisinage d'un ancien gué que rejoint le chemin passant près des sources chaudes d'Amélie-les-Bains. Chacun d'eux aurait formé un panneau d'ex-voto en hommage aux divinités des eaux. Comme les autorités épiscopales des premiers siècles ont à plusieurs reprises ordonné la destruction de tous les vestiges des anciens cultes rendus aux pierres, aux arbres et aux sources, les roches de la berge du Tech seraient des témoins de ces cérémonies. La signification des gravures aurait paru encore assez claire aux Ve et VIe siècles pour que leur effacement fût jugé nécessaire.

ANGOUSTRINE

66 — Pyrénées-Orientales, 11 km a l'O de Font-Romeu, par N 618

Où saint Martin est lapidé

Situé dans une pittoresque vallée glaciaire, au voisinage d'une cascade, l'ermitage de Saint-Martin-d'En-Valls était dès l'époque romane une sorte d'hôtellerie construite pour les pâtres transhumants qui montaient de la plaine du Roussillon.

On a recueilli dans la vieille église d'Angoustrine le curieux mobilier de la chapelle en ruine. Le célèbre petit retable à baldaquin abrite la statue de la « Mare de Deu ». Dans le fond du dais se dessine l'arc outrepassé des églises catalanes et asturiennes primitives. Les rouges, les bleus, les verts et les ors sont parsemés de visages aux yeux noirs fascinants; une impression de vie puissante émane de la statue de la Vierge et des personnages peints. L'effigie du Christ est impressionnante. Vêtu, comme celui de la Llagone (voir ce nom) d'une longue robe serrée à la taille et tombant jusqu'aux chevilles, il est fixé à la croix par quatre clous, dans un hiératisme absolu.

Un saint Martin, d'un goût hautement populaire, donne son manteau au pauvre. Le cheval est recouvert d'une toile peinte. Quant au pauvre, coiffé d'un bonnet, portant barbe et cheveux longs, il a subi un avatar peu banal : il passe en effet pour représenter le démon, « lo dimoni ». Aussi les visiteurs de l'ermitage se faisaient-ils un devoir de le lapider réellement le jour du pèlerinage. Déjà infirme au cours de sa malheureuse existence, il a perdu, à la suite des mauvais traitements que lui infligeaient les pèlerins, le bras droit, l'avant-bras gauche et le pied gauche. Enfin, dans le chevet où des peintures murales ont été dégagées, apparaît sous une arcade une tête à double face qui peut être le dieu Janus (ou le mois de janvier selon l'iconographie médiévale). Selon une autre hypothèse, ce serait une image des Gémeaux.

ARETTE

64 — Pyrénées-Atlantiques, 20 km au S O d'Oloron par D 55, N 134 et N 168

Le pays des Trois Mousquetaires

Rendu célèbre par le tremblement de terre du 13 août 1967, ce petit village, chef-lieu du Barétous, est adossé aux forêts et aux gorges sauvages qui conduisent à la légendaire Pierre-Saint-Martin. C'est aussi le pays des « Trois Mousquetaires » qui, n'en déplaise à Dumas (il les appelait des « bâtards de son imagination ») ont bel et bien existé.

Château de Lannes (B.N., Est.)

La maison Abbadia d'Arette, autrement dit « l'abbaye », appartenait à Aramis, qui avait le titre d'abbé laïc d'Arette, et portait le nom d'un autre village de la vallée, Aramitz, où il possédait un fief noble. Les vastes toitures encadrées de tourelles carrées du château de Porthos dominent une terrasse qui surplombe la vallée du Vert, à l'entrée de Lannes, autre village du Barétous, et sa chapelle seigneuriale sert d'église paroissiale. Le troisième mousquetaire, Athos, leur voisin, neveu à la mode de Bretagne de M. de Tréville, (dont le château existe toujours aux environs de Tardets), s'appelait en réalité Armand de Sillègue d'Athos et d'Autevielle. Or Autevielle, Athos et Sillègue sont des terres situées autour de Sauveterre-de-Béarn, à quelques lieues seulement d'Arette. Nos mousquetaires ont donné raison à la chanson du pays qui dit : « En Barétous, que sont-ils? Ce sont de bons garçons ! » Cela s'entend de la façon dont le roi de Prusse parlait de la bravoure des Français chargeant à Sedan.

Saint Pierre et la République

A l'entrée Est du village, sur la route d'Issor, existe un monument curieux, la « croix au coq ». Le coq, attribut de la Passion du Christ, destiné à rappeler le reniement de saint Pierre, se dresse sur le sommet de la croix, tourné du même côté que le

Crucifié; la tête de l'oiseau a disparu il y a peu de temps. La date de l'érection de la croix se lit au dos de la traverse « An II » et « 1803 ».

La place d'honneur prise par le coq pourrait correspondre au symbolisme républicain de l'animal. Le tailleur de pierre s'est appliqué à reproduire consciencieusement, sans les comprendre, des textes rédigés dans un français approximatif où le béarnais est toujours apparent; ainsi : « Plurez, plurez... péchurs... »

A côté de la croix, la fontaine du Salet, du nom du juge de paix qui la fit reconstruire, porte l'inscription insolite : « Au Nabet Henric — 29 mai 1825. » Ce « nouvel Henri » est le fils posthume du duc de Berry (assassiné en 1820) : on espérait son avènement sous le nom de Henri V. Le temps a passé sans effacer la flatteuse et vaine dédicace.

La cité des fées

On raconte qu'au Lattré de Règle, au-dessus d'Arette, les Maures auraient enfoui un trésor. Des légendes couraient sur la famille Règle, dont les terres recélaient la cachette, ce qui expliquait sa richesse et sa fierté.

Il y avait aussi un jardin des fées sur une colline entre Ance et Aramitz, qu'on appelle Lombret ou Lombrée. Ce nom singulier rappelle celui de la caverne de Lombrive près d'Ussat, de réputation fabuleuse. Des rochers s'échelonnent sur la pente et couronnent le sommet, entassés d'une façon bizarre : on y a vu une forteresse gauloise ou ibère.

Comme pour la plupart des monuments mégalithiques, l'énormité des masses soulevées et les difficultés apparentes de leur mise en place ont suscité dans l'imagination populaire l'intervention d'êtres doués de pouvoirs exceptionnels : ici les fées, les « hades », ont bâti cette cité magique.

Au sud, la vallée du Vert donne accès à l'un des plus fantastiques et des plus sauvages massifs forestiers des Pyrénées, les bois de Suscousse et la forêt d'Issaux. « Imaginez une ville gigantesque, mystérieuse, faite de rochers blancs, en guise de maisons, et d'allées vertes en guise de rues, une ville enchantée dont les murs ferment l'horizon... Des arbres poussent dans les fentes des pierres et sur le sol des rues, à côté de remparts de marbre. »

C'est ainsi que le géographe Paul Labrouche, émerveillé, décrit la forêt d'Issaux qu'il traversa, après avoir franchi le col de Suscousse, au cours d'une randonnée qui le mena de Sainte-Engrâce à la vallée d'Aspe par la Pierre-Saint-Martin.

Du plateau de Suscousse jusqu'à la Pierre-Saint-Martin, des tertres, ressemblant à de grandes taupinières aplaties, ont été fouillés en 1956 et 1957 par l'archéologue Pierre Boucher; il n'y découvrit pas de sépultures, mais seulement des trous de poteaux délimitant une surface circulaire, un tapis de débris végétaux et de grosses dalles verticales. Il s'agit des vestiges d'un campement pastoral très ancien : des cabanes de bergers faites de branchages, entourées d'un talus, et fermées par des plaques de pierre qu'on basculait la nuit. De grosses dalles, appuyées les unes sur les autres, et ressemblant à de petits dolmens, pourraient avoir servi d'abris aux grands chiens blancs des Pyrénées, les « patous », qui gardaient les troupeaux contre les loups et les ours.

Au plateau de Guillers, un ermitage, qui ne devait pas différer des pauvres cabanes du coin, figure sur la carte de Cassini; une fontaine qui coule au voisinage s'est longtemps appelée « la fontaine de l'ermite ».

Le gouffre de la peur

Le gouffre de la Pierre-Saint-Martin s'ouvre dans le paysage de rocs calcaires et de pins tordus « où une borne rongée, dans ce désert hérissé et sans nom, suffit à faire l'Espagne[1] ». Une rivière souterraine ressort du gouffre à la résurgence de Benta (440 m), dans les gorges de Kakouetta. Avec 1 900 m de dénivellation, c'est à l'heure actuelle le gouffre le plus profond du monde. La salle de la Verna, à 728 m de la surface, dépasse en dimensions, au dire de Norbert Casteret, tout ce qu'il a vu sous terre jusqu'à ce jour.

Le site est fantastique quand le brouillard envahit ces pâturages. Couverts de peaux de bique, appuyés sur leurs bâtons, les bergers regardent les vautours et les aigles tournoyer au-dessus des ravins. « Royaume de la nuée, de la pluie et de la bourrasque, la Pierre-Saint-Martin est également étrangère aux deux patries humaines que sa désolation sépare[2]. »

Attiré surtout par les fantastiques canyons voisins de Kakouetta et d'Holçarte, Martel n'avait pas soupçonné quels abîmes ce gouffre recélait. Leur découverte est due au spéléologue ariégeois Lépineux, qui remarqua, un jour où il visitait ces parages, une corneille semblant sortir en plein vol d'un rocher situé au fond d'une doline. Or les corneilles ne nichent que là où elles ont le vide au-dessous d'elles. Le vide s'y trouvait, vertigineux, une verticale de 346 m.

Les premiers explorateurs se sentirent vite dépassés; un matériel très considérable se révélait en effet nécessaire. Ils firent appel en 1952 à des Belges, commandés par Max Cosyns. Les plus expérimentés et les plus courageux des spéléologues pyrénéens se joignirent à eux. Parmi ceux-ci, Marcel Loubens, l'Ariégeois. Le souvenir de sa mort tragique plane encore sur cette montagne et accompagne ceux qui, après lui, s'enfoncent dans la crevasse sinistre. Loubens fut la victime d'un absurde concours de circonstances; littéralement, sa vie ne tenait qu'à un fil, et il avait suffi qu'un simple écrou se desserrât... Mystérieusement, Haroun Tazieff, qui faisait partie de l'expédition, avait eu le pressentiment de cette catastrophe : « Dans les premiers jours d'août, écrit-il, je traversais la France en route vers les Pyrénées. Pour la première fois je ressentis au cours de ce voyage une très légère appréhension à l'idée de toute cette entreprise. Il est facile après de parler des intuitions qu'on a eues avant. Pourtant c'est un fait, je me surpris à plusieurs reprises passant en revue mes coéquipiers et supputant lequel des onze causerait le moins de chagrin, s'il lui arrivait de rester au fond du puits[3]... »

Pour les plus courageux, la Pierre-Saint-Martin reste le gouffre de la peur. C'est Norbert Casteret qui l'avoue : « Alors qu'habituellement la fréquentation des cavernes donne une impression de calme, d'immobilité et de sérénité millénaire, ici l'impression

1. Haroun Tazieff, *Le gouffre de la Pierre-Saint-Martin.*
2. *Op. cit.*
3. *Op. cit.*

Exploration des gorges de Kakouetta, 1903 (coll. Pierre Minvielle)

est tout autre. On est dans une cavité en pleine évolution, en continuel bouleversement, dans une caverne vivante où les forces de la nature travaillent. Nulle part on n'aperçoit le plancher rocheux, il est partout recouvert par des montagnes de blocs où l'on avance avec circonspection, car tout bouge. Partout on distingue les innombrables et récents points d'impact étoilés des projectiles de toute taille tombés du plafond [...].

« Tout cela confère au gouffre de la Pierre-Saint-Martin une atmosphère spéciale d'insécurité, d'hostilité, une perpétuelle ambiance de danger et de crainte, à laquelle, croyons-nous, personne n'a pu échapper[1]. »

1. Norbert Casteret, *Trente ans sous terre*, Perrin, Paris, 1951.

ARGELÈS–GAZOST

65 — Hautes-Pyrénées, 13 km au S O de Lourdes par N 21

Trois corneilles pour un blason

Argelès, bâtie en amphithéâtre sur la terrasse qui domine la vallée du gave, au pied des hautes vallées closes d'Arrens et de Bun, a conservé le charme des vieilles bourgades. Elle porte le même nom qu'une petite cité de la côte méditerranéenne des Pyrénées-Orientales, trahissant ainsi une mystérieuse parenté entre leurs lointains fondateurs communs. Ceux-ci auraient été les Ligures et non les Ibères, bâtisseurs de villes fortifiées, ce qui n'est pas le cas de l'Argelès du Lavedan, ni de celle du Roussillon.

Les armes d'Argelès posent une énigme que les héraldistes n'ont pas encore résolue : elles sont doubles. Le blason qui orne l'en-tête des papiers municipaux et la salle de la mairie s'énonce ainsi : « Écartelé ; au premier d'argent au rencontre de taureau de sable bouclé et accompagné en pointe de trois tirefeuilles en pal de sable ; au deuxième, d'azur à l'ours levé devant une montagne surmontée d'une étoile, le tout d'or ; au troisième d'or à la vache allaitant son veau de gueules ; au quatrième, coupé d'azur au roi d'échec d'or et d'or à deux fasces de gueule. » Ce blason n'est apparu qu'en 1790, lorsque le bourg fut érigé en commune : le noble Bertrand Barrère, seigneur de Vieuzac, fit l'abandon à ses voisins de ses terres de Vieuzac, après la nuit historique du 4 août. Barrère, qui se piquait d'une érudition universelle, aurait proposé à ses concitoyens une composition de son cru pour les armoiries de leur commune toute neuve, fière de devenir le chef-lieu de la vallée. Mais un second blason peut être revendiqué par Argelès : un écu d'argent à trois corneilles noires, aux becs et aux pattes rouges. Le vicomte de Lavedan ajouta sous la corneille du bas un rameau vert brisé. Ces emblèmes paraissent être les plus anciens, et sont bien particuliers à la vallée d'Argelès ; on retrouve les trois corneilles dans les armoiries du Lavedan, de Castelloubon, de Beaucens, de Sauveterre et d'Horgues, toutes terres situées dans le pays des Sept Vallées.

Vue de la vallée d'Argelès (coll. Pierre Minvielle)

La pierre de l'enchanteresse

Sur la pente Est de la hauteur du Balandraou, à un quart d'heure de marche du centre de la ville, deux blocs erratiques sont posés l'un sur l'autre en équilibre instable. L'ensemble surplombe un à-pic. Certains se demandent encore s'il s'agit d'un jeu de la nature ou si l'assemblage a été fait de main d'homme. Les énormes pierres erratiques que le glacier d'Argelès a laissées sur tous les points de la vallée atteints par ses moraines donnent à penser que le blocs de Balandraou sont de la même origine que ceux qu'on rencontre au sommet du Béout, au-dessus de Lourdes.

Les gens de la vallée les ont appelés autrefois « *lou Caillaou d'era encantado* », le « caillou de l'enchanteresse ». Ils y voyaient en effet la demeure d'une magicienne, la Belle du Balandraou ; le plus gros bloc masquerait l'entrée d'une grotte qu'il dégagerait en pivotant, pour laisser sortir la fée. A côté de la grotte s'élevait un arbre merveilleux, un oranger toujours couvert de fleurs odorantes et de fruits d'or.

Un contemporain du dinosaure

Entre Lourdes et Argelès, les flancs du Pibeste portent les restes d'une énorme moraine de graviers noirâtres, plaquée contre des falaises calcaires. La montagne paraît être en carton-pâte. Elle est creusée de grottes et de cavernes, inaccessibles pour la plupart, et que traversent des ruisseaux souterrains. Peut-être ces singuliers accidents géologiques sont-ils à l'origine de divers faits étranges qu'observèrent autrefois les habitants d'Agos. Ainsi, au cours d'une année particulièrement sèche, ils ont vu de leurs yeux des bêtes monstrueuses, des reptiles d'une espèce qu'on croyait disparue depuis des millénaires.

En août 1892, un animal long de plusieurs mètres, ayant « un corps de serpent et une tête de cochon », effraya les gens de la vallée. Le procureur de la République de Lourdes décida de faire effectuer une enquête par la gendarmerie d'Argelès. Les témoignages recueillis pourraient intéresser les paléontologues. Le curé d'Agos Vidalos déclara d'abord qu'au mois de juillet de l'année précédente, en passant par un chemin de traverse du quartier d'Arné, il avait aperçu au pied d'un rocher « un énorme animal ayant la forme d'un lézard, mais mesurant à peu près 1,50 m, sans compter la queue. La tête était du tiers de la longueur et il avait au-dessous de la gorge une énorme grosseur imitant le cou d'un porc gras. Il avait une couleur verdâtre et une peau écailleuse. » Le curé voulut l'effrayer avec son parapluie, mais la bête se contenta d'ouvrir sa gueule sans bouger. Le bon ecclésiastique ne demanda pas son reste et fit demi-tour pour rentrer chez lui par un autre chemin. Le lendemain, revenu sur place armé d'un revolver (quelle imprudence !), il ne retrouva plus l'animal.

Un autre habitant d'Agos, Pierre Sajous, âgé de 32 ans, fit le récit suivant : installé au pied d'un chêne, il avait vu, enroulé autour d'une branche, un énorme animal qui semblait avoir la forme d'un serpent et mesurait environ 2 m de long. La bête ouvrit sa gueule et commença à descendre de l'arbre ; Pierre Sajous n'attendit pas plus pour s'enfuir. Le procès-verbal, signé par les gendarmes Peyret et Sarcia, fut « fait et clos à Argelès, le 15 février 1893 ». Pour Raymond Ritter, cette histoire est une pure gasconnade.

Ces animaux étranges ont pu exister dans les Pyrénées. Leur
description évoque ces énormes lézards qui vivent en Afrique du
Nord, les « varans ». On en a trouvé dans les Causses du Lot.
Leur présence dans les montagnes d'Agos paraît avoir inspiré
plutôt le respect que la curiosité.

Vue générale d'Argelès-Gazost (Rapho, photo Yan)

Mythologie celte et érudits pyrénéens

Dans le domaine de l'étymologie, la cocasserie se taille souvent
une jolie part. Ainsi Cénac-Moncaut, pour ne pas le nommer, se
piquant de connaître à la fois le basque et le breton, peupla les
environs d'Argelès d'Armoricains. L'explication par le celto-
breton des noms de lieux de la vallée donna des résultats réjouis-
sants : Galhagos devint « le village des taupes gauloises », de *gal* :
gaulois et *gos* : taupe. Souin était peuplé de porcelets, du nom
du jeune cochon en bas-breton *souin*. Bun vient de *buaa* :
belette, d'où « le village des belettes », alors qu'elles sont plutôt
rares dans ces vallées de pâturages. Boo-Silhen se compose de
bod, le buisson et de *silièn* la femelle du *sili*, l'anguille d'eau douce
en armoricain. Cela donne « le buisson des anguilles femelles ».
Malheureusement, Boo et Silhen sont deux villages différents
qui n'ont été réunis en commune qu'au siècle dernier. Lau-
Balagnas était « le village des grands genêts riants » (*balan* +
as augmentatif = *laou* = riant). Mais là encore Lau et Balagnas
sont distincts et leur réunion reste une fiction administrative.

La mythologie celte est l'une des plus riches que l'imagination
humaine ait produite. Les aventures des héros irlandais nous
promènent dans un monde d'êtres étranges, aux métamorphoses
et aux dons monstrueux, aux noms marqués d'une poésie délirante. Telle n'est pas la caractéristique de la légende sobre et
mesurée des Pyrénées. On ne voit pas d'où les Lavedanais
auraient pu tirer ces « grands genêts riants », ces « buissons

d'anguilles femelles » ou ces « taupes gauloises », pour nommer
leurs villages ou leurs hameaux.

La plupart de ces noms d'origine romane parlent seuls : Bet-
Pouey c'est la « belle colline », Viella, le « village », Bordes, les
« granges », Héas, les « foins », Juncalas, la « jonchaie », Pragnères,
les « pâturages », Pierrefitte (ou Peyrehitte), la « pierre plantée »...

Un ravin pour le procureur

Au sortir d'Argelès, à un tournant de la route d'Arrens, s'élève
le monument érigé en 1925 à la mémoire des officiers qui effectuèrent la triangulation des Pyrénées, de 1825 à 1826. Les deux
pierres qui scellent la chambre où a été placé le procès-verbal de
l'inauguration, proviennent des sommets du Vignemale et du
Palas. Une plaque porte cette inscription :

1825-1925
En mémoire des officiers géodésiens
Qui effectuèrent la triangulation
Du premier ordre des Pyrénées :
Lieutenant-colonel Corabœuf
Lieutenant Hossard
Lieutenant Peytier
Lieutenant Testu.

Le monument est la reproduction exacte de la tourelle de
signalisation élevée par leurs soins au sommet du Balaïtous
(3 146 m). Les difficultés extraordinaires qu'ils rencontrèrent
dans leur ascension ont fait de cet épisode un exploit légendaire
dans les annales du pyrénéisme (voir *Arrens*).

Non loin de là, la route surplombe un précipice. Cet endroit,
appelé le « saut du procureur », rappelle un événement fameux
rapporté par l'annaliste Bourdette. En 1427, le procureur du
comte de Bigorre était réputé pour sa malhonnêteté. Aux impôts
normaux, il ajoutait des taxes de son invention. Devant le refus
opposé par les gens d'Azun de payer ce qui n'était pas dû, le
représentant du fisc voulut employer la force et revint avec une
troupe armée. Les Azunais surveillaient tous ses mouvements :
ils se portèrent en grand nombre auprès du précipice et lui
livrèrent un combat acharné. L'avantage resta aux montagnards.
Le procureur et ses gens furent jetés dans le ravin.

ARGELÈS-SUR-MER

66 — PYRÉNÉES-ORIENTALES, 21 KM AU S DE PERPIGNAN, PAR N 114

Pour chasser les mauvaises pensées

Dans un oculus aveugle du chœur de l'église est encastrée une
roue à clochettes. C'est, avec la roue conservée dans la Casa
Pairal de Perpignan, le seul exemplaire connu dans les Pyrénées-
Orientales de cet instrument magique et religieux; la Bretagne,
le Rouergue et la Vendée en conservent une quarantaine.

La roue d'Argelès a 1,50 m de diamètre. La jante en bois,
tenue par huit rayons, supporte douze clochettes donnant cha-

cune un son différent. Une manivelle, à l'extrémité d'une tige qui pend, permet de la mettre en mouvement, et la musique produite justifie le nom de « roue harmonique » que portent ces instruments en Italie et en Espagne. A l'origine, on les faisait fonctionner pendant la célébration de la messe. Les auteurs religieux y voyaient un hommage rendu à la Vierge qui se plaisait à entendre le doux tintement des sonnailles.

Roue à clochettes
Argelès-sur-Mer
(Arch. Phot. Paris/S.P.A.D.E.M.)

Non seulement cette musique était agréable aux oreilles de la Vierge, mais, comme le son des cloches, elle éloignait les mauvaises pensées produites par les démons. Sous ce rapport, la roue à clochettes d'Argelès-sur-Mer correspond aux croix à clochettes d'Ahetze et de Guéthary, au Pays Basque.

Cloître de l'abbaye de Sainte-Marie à Arles-sur-Tech (B.N., Est)

ARLES-SUR-TECH

66 — PYRÉNÉES-ORIENTALES, 39 KM AU S O DE PERPIGNAN PAR N 9
ET N 115

Contre la peste et les monstres

Le nom d'Arles provient du toponyme *Arulae*, attesté en 820,
et qui, dans la langue de Cicéron, a le sens de « petits autels ».
Ceux d'Arles, rassemblés sans doute dans un sanctuaire de plein
air, devaient être consacrés aux *Kantae Niskae* des sources
chaudes d'Amélie-les-Bains (voir ce nom).

Le monastère bénédictin de Sainte-Marie-d'Arles avait été
fondé à l'origine par le moine Castellan, sur les ruines imposantes
des thermes romains. En 859, une bande de Normands, remontant le Tech depuis son embouchure, découvrit la florissante
ruche monastique. Les pirates mirent à sac ses bâtiments durant
trois jours, avec un tel soin que, dix ans après, les moines revenus sur place ne l'avaient pas encore relevée de ses ruines. Ce
fut un frère du grand rassembleur des terres catalanes, Wilfred
le Velu, l'abbé Sunifred, qui abandonna le site des thermes pour
reconstruire l'abbaye à son emplacement actuel, entre 881 et
900.

Le décor du portail de l'église est remarquable : une croix
byzantine dont le centre est occupé par une bande ovale enferme
un Christ bénissant de deux doigts levés. Au-dessus, dans le
mur, sont encastrées les effigies des monstres qui, selon la légende,
habitaient la montagne et dévoraient de préférence les femmes
et les enfants.

A gauche du portail, dans un angle du parvis en plein air, se
trouve la grande curiosité d'Arles, la *Sainte Tombe*. C'est un
sarcophage antique, une cuve rectangulaire en marbre blanc,

fermée d'un couvercle de la même pierre en forme de toit. Le grand côté porte un chrisme entouré d'une couronne et composé d'un X et d'un I, comme les monogrammes constantiniens. Il est posé sur deux pierres cubiques qui l'isolent complètement du sol. Or, aussi loin qu'on remonte dans l'histoire des témoignages, ce tombeau se remplit régulièrement d'eau pure, jusqu'à déborder, sans qu'il soit alimenté par aucune source visible. Ce phénomène a provoqué une littérature abondante due aux polémiques entre les partisans du miracle et ceux qui croient à une supercherie. En 1959, une équipe de l'Institut d'hydrologie de Grenoble est venue observer huit jours de suite le phénomène, armée d'une batterie d'instruments de mesures. Elle est repartie sans avoir pu percer le mystère.

L'eau miraculeuse

Prosper Mérimée, dans son *Voyage dans le Midi de la France* (1835), a transcrit la légende telle qu'on la lui avait racontée :

« Il faut savoir qu'autrefois, on ne saurait dire précisément à quelle époque, le territoire d'Arles fut infesté d'une grande quantité de bêtes féroces, lions, dragons, ours, etc. qui mangeaient les bestiaux et les hommes. La peste vint encore ajouter aux maux qui affligeaient la contrée. Un saint homme nommé Arnulphe résolut d'aller chercher des reliques à Rome pour guérir l'épidémie et chasser les animaux féroces [...]. Touché de compassion, le pape lui permit de choisir parmi les reliques conservées à Rome, exceptant toutefois celles de saint Pierre et d'un certain nombre de saints [...]. Arnulphe [...] s'endormit et eut un songe, dans lequel deux jeunes gens lui apparurent : « Nous sommes, dirent-ils, Abdon et Sennen. De notre vivant, nous étions princes. La Perse est notre patrie. Nous avons été martyrisés à Rome, et nos corps sont enterrés en tel lieu : va les exhumer et porte-les dans ton pays. Nous ferons cesser les maux qui t'affligent. »

« A son réveil Arnulphe fit fouiller l'endroit et bientôt on trouva les corps intacts des deux jeunes gens, qui dégageaient

Tombeau miraculeux (photo J.-R. Masson)

une odeur suave. On les exhuma en grande pompe et le pape autorisa Arnulphe à emporter les corps des saints. » Mais Arnulphe était un homme prudent. Il pensa que, pendant le long voyage qu'il avait à faire, il se trouverait des gens qui voudraient s'approprier le trésor qu'il portait. Pour détourner les soupçons, il mit ses saints dans un tonneau enfermé dans un autre beaucoup plus grand qu'il remplit d'eau.

[...] « Débarqué à Reuss, Arnulphe chargea son tonneau sur un mulet et prit le chemin d'Arles qui était alors extrêmement mauvais. Dans une partie dangereuse du sentier, bordée d'un affreux précipice, le muletier, pour donner du courage à sa bête, lâche un blasphème. Aussitôt le mulet trébuche et roule dans le précipice, au désespoir d'Arnulphe. Impossible de retrouver le mulet.

[...] « Il poursuivait donc son chemin seul vers Arles, la mort dans l'âme, quand, à sa grande surprise, il entend sonner toutes les cloches de la ville. Il entre et il voit tout le peuple à genoux sur la place de l'église, entourant le mulet et son tonneau qui avait déjà guéri les pestiférés et fait déguerpir les lions et les autres bêtes féroces. Arnulphe tira d'abord les saints de leur tonnelet, ce faisant, il vida l'eau qui se trouvait dans le premier fût, dans un tombeau vide. Or, un lépreux qui se trouvait dans le voisinage, voyant cette eau s'y trempa et fut guéri à l'instant. D'autres malades constatèrent la vertu miraculeuse de cette eau. »

« Elle coûte vingt sous la fiole, ajoute Mérimée ; mais on n'en donne pas à tout le monde. Il faut en demander en catalan, pour en obtenir, et pour avoir parlé « *gavache* », j'ai eu le chagrin d'être refusé. »

Aujourd'hui, on ne vend plus cette eau mais on vient encore en chercher, car la Sainte Tombe continue à se remplir...

Le gisant du bas-relief en marbre, encastré dans le mur au-dessus du tombeau, serait un certain chevalier d'Homs qui fut guéri d'un cancer du nez par l'eau miraculeuse. Le nez du personnage a été creusé avec soin : il ne s'agit donc pas d'une cassure mais d'une sorte de mortaise destinée à recevoir un nez artificiel, ce qui est assez énigmatique.

Les épisodes de la vie légendaire des deux saints Abdon et Semen constituent les motifs principaux de l'énorme retable baroque que l'on peut voir dans une chapelle, à droite de l'entrée de l'église. L'humble Arnulphe repose avec plus de simplicité dans une cavité du mur d'une autre chapelle, face à la première.

Un curieux objet est pendu au mur d'une travée voisine, une croix de bois, autour de laquelle s'enroule une cire filée, longue de plusieurs mètres. C'est la *rodella*, la rouelle offerte par la paroisse de Montbolo, une localité des environs d'Amélie-les-Bains. En 1465, en effet, les habitants de la commune firent le vœu d'offrir aux saints patrons d'Arles, pour que ceux-ci les protègent de la peste, un ruban de cire pure qui devait se consumer devant leurs reliques. L'offrande avait lieu tous les ans, le 30 juillet.

Un barbier pour l'ours

Arles est l'une des dernières villes du Roussillon à garder en Carnaval une de ces fêtes populaires qui viennent en droite ligne des anciens rites célébrés au printemps, époque du renouveau et

Carnaval : la promenade de l'ours (photo L. Tourné, coll. J.-G. Gigot)

de la fécondité : le bal de l'ours, *ball de l'os*. Le héros de la fête est un ours fantastique amené par les chasseurs dans la ville et dont la promenade à travers les rues s'accompagne de musique et d'intermèdes traditionnels, dont le plus curieux est son passage aux mains d'un « barbier ». Tout se termine par l'exécution de l'animal.

Dans cette fête pleine d'entrain, l'un des éléments les plus attendus est la poursuite des femmes par l'ours ; il avait autrefois la permission, s'il en attrapait une, de lui barbouiller les seins avec de la suie... On retrouvera dans tous ces rites, et en particulier dans celui de la « barbe coupée », les vestiges très estompés d'une cérémonie de mise à mort, avec castration, d'un dieu du renouveau, qui auparavant aura assuré la fécondité des femmes. Dans les Pyrénées, l'ours jouait le rôle du loup des « Lupercales », chez les anciens latins.

ARREAU

65 — Hautes-Pyrénées, 27 km au S de Lannemezan par N 129

Tels les dieux de l'Olympe...

Arreau était la capitale de la vallée d'Aure, qui formait avec les pays de Magnoac, du Nestès et la vallée de Barousse, la seigneurie des Quatre Vallées.

Le nom du pays d'Aure viendrait de la vaillante tribu celtibère des Arebaci, installée sur le plateau de la vieille Castille en Espagne, et qui comptait la ville de Numance parmi ses forteresses. Ce qui restait de ce peuple après la victoire de Pompée fut transplanté au nord des Pyrénées, et c'est aux Arebaci qu'on devrait la fondation d'Arreau. Leur vaillance les fit s'opposer plus tard au passage des Maures qui voulaient emprunter la

vieille route de la Ténarèze pour envahir l'Aquitaine. Sanche
Abarca, roi de Navarre et d'Aragon, étant venu à leur aide, ils
le choisirent comme seigneur en 1012, et l'autorisèrent à bâtir
des tours de défense dans leur vallée, à la condition expresse qu'il
reconnaîtrait leurs privilèges. La coutume d'Aure de 1390 men-
tionnait cette condition.

En 1398, leur seigneur était le comte d'Armagnac. Le dernier
représentant de cette famille maudite, Jean V, devait disparaître assassiné à la prise de sa capitale, Lectoure, après avoir
scandalisé son époque par ses amours incestueuses avec sa sœur
Isabelle, la « Dame des Quatre Vallées ».

« L'horrible seigneur !, écrit le docteur Sarramon. Tous les
vices des Armagnac semblent s'être accumulés sur ce dernier
représentant de la race comme pour en réaliser avant sa disparition une synthèse diabolique[1]. » L'homme : « De petite taille,
replet, cou court et grosse tête, la figure marquée de la petite
vérole, les cheveux longs et roux » : ce sont bien les traits de son
portrait dans une des verrières d'Arnaud de Moles à la cathédrale d'Auch. Sa sœur, quand il la revoit à dix-huit ans, est l'une
des plus belles femmes de France. Alors, c'est l'amour fou, frénétique ; il s'affiche avec elle (il lui fera trois enfants), méprise ce
qu'on dit de lui ; il trouvera même un évêque pour intervenir
en sa faveur auprès du pape en invoquant les amours des dieux
de l'Olympe...

Faite par son frère « Dame des Quatre Vallées », Isabelle,
quand elle venait dans ses terres, résidait au prieuré de Sarrancolin. Lorsque, parvenu à l'extrémité de ses démesures, Jean V
succomba à la prise de Lectoure sous les coups d'un archer français, en 1473, elle se retira à Castelnau-Magnoac où elle mourut
dans la misère, frappée d'hémiplégie, « victime jusque dans sa
santé de l'inconduite de son frère ».

Jamais ses sujets ne lui jetèrent la pierre. Mais, avertis du sort
qui les attendait s'ils tombaient sous la poigne de son héritier,
le sinistre Gaston de Lyon, vicomte de Lavedan, ils firent acte
d'allégeance à Louis XI, qui réunit les quatre vallées à la couronne. Un témoignage en reste éclatant à Arreau : « la maison aux
lys », vieille demeure tapissée de fleurs de lis en bois découpé,
hommage de son propriétaire au nouveau souverain de la vallée.

Le miracle du bâton fleuri

La chapelle Saint-Exupère fut construite pour abriter les
reliques d'un saint habitant d'Arreau, devenu à la fin du
IVe siècle évêque de Toulouse. Après avoir sauvé cette ville d'une
mise à sac en règle par les Vandales, Exupère, dégoûté de voir
que ses ouailles n'en avaient pas pour autant corrigé leurs
mœurs, était rentré à Arreau dans sa famille. Mais des gens de
bonne volonté partirent à la recherche de leur évêque, dans
l'intention de le ramener. Ils arrivèrent à Arreau et firent part
aux habitants de leur projet : « D'aventure, dit Guillaume de
Lapeyrière, la mère de saint Exupère était tout près, et quand
elle ouït nommer son fils, elle dit aux orateurs : « Celui que vous
demandez est ici derrière, en les champs, avec son père. C'est
celui qui est évêque de Toulouse, et à cette heure, il touche les

1. Docteur A. Sarramon, *Les Quatre Vallées*, Albi, 1954.

bœufs de l'aiguillon. » Les messagers aussitôt de courir à lui et
de le supplier de retourner à Toulouse. Comme ils insistaient, le
saint homme répondit qu'il était possible que jamais retournât
à Toulouse, comme il estoit possible que le bâton qu'il tenait à
la main florît et verdoyât; et incontinent ledit bâton commença
à florir. Et pour ce, le saint homme se départit de ses parents,
non sans grande lamentation[1]. »

ARRENS

Vaincus par les sortilèges

Le « Tribut des médailles » est une curiosité de l'histoire
d'Arrens où la légende et la réalité sont inextricablement associées. C'était un tribut d'honneur de 7 livres, payé tous les ans
en beaux deniers morlas aux syndics de la vallée d'Aspe par
trente et un villages de la vallée d'Arrens, solidaires de la dette
historique qu'il symbolisait. « Il y a plus de sept cents ans,
raconte l'annaliste Bourdette, que les Aspois vinrent faire visite
aux Lavedanais. Ils n'étaient pas venus dans une intention
honnête, mais pour s'approprier par violence le fruit de la sueur
des Lavedanais. Or, tandis qu'ils ravageaient la vallée et que
les Lavedanais se rassemblaient pour les mettre dehors, certain petit abbé de Saint-Savin monta sur un sureau et, ayant
lu quelques conjurations dans un livre de magie, troubla le sens
et l'entendement des Aspois en telle sorte qu'ils furent mis hors
de défense par la force des enchantements, et demeurèrent
exposés à la discrétion de leurs ennemis de Lavedan, qui en
firent une sanglante boucherie et les tuèrent tous de sang-froid
sans se mettre en aucun devoir de réparer cette injure[2]. »

L'évêque d'Oloron ayant demandé aux Azunois de réparer
leurs torts, ceux-ci refusèrent; le pape jeta alors l'interdit sur
le pays; durant six ans les femmes, les animaux, les terres furent
frappés de stérilité. Le pape ne consentit à lever l'interdit
qu'après l'intervention du saint évêque du Comminges, Bertrand
de l'Isle, mais il mit à cela plusieurs conditions : dix Lavedanais
iraient en pèlerinage à Saint-Jacques-de-Galice, et le Lavedan
paierait annuellement et à perpétuité au procureur d'Aspe
30 sols morlas, le jour de Saint-Michel, dans l'église de Saint-
Savin. La répartition en était faite par village, selon l'importance de chacun d'eux.

A la Révolution, les Lavedanais profitèrent des événements
pour se libérer de cette coutume humiliante. Le dernier délégué
de la vallée d'Aspe à venir recueillir le tribut fut le célèbre poète
Cyprien d'Espourrins, Aspois par son père et Lavedanais par
sa mère.

A son tour, Arrens payait tous les ans une autre dette d'honneur, le « tribut du beurre », aux successeurs de l'évêque du
Comminges, Bertrand de l'Isle, envoyé par le pape en Lavedan
pour rétablir la paix avec les Aspois.

1. *Op. cit.*
2. *Annales du Lavedan.*

Vieux pont sur le Gave (coll. de l'auteur)

Le saint évêque fut fort mal accueilli à Arrens; sans égards pour sa vertu et le caractère sacré de sa mission, les habitants l'insultèrent et l'un d'eux coupa la queue de sa mule, ce qui était la pire des injures. L'incident se passa devant la maison Mayelet, que l'on montre encore au tournant de la rue qui conduit à Marsous. Indigné, saint Bertrand jeta l'interdit sur le pays. « Ce ne furent que sombres nuées voilant les rayons du soleil, troupeaux stériles ou malades, femmes bréhaignes et hommes impuissants. » Le fléau dura cinq ans. Quand les gens d'Arrens se furent décidés à faire amende honorable, saint Bertrand leur imposa en pénitence que tout le beurre produit par la vallée le samedi avant la Pentecôte serait remis à la cathédrale de Comminges. Tous les ans donc, jusqu'à la Révolution, une députation du chapitre de la cathédrale de Saint-Bertrand-de-Comminges prenait le chemin d'Arrens, emportant une provision d'eau bénite qui avait coulé auparavant par le trou axial de « l'alicorne » conservée dans le trésor de Saint-Bertrand. Cette eau acquérait ainsi, selon la croyance du temps, le pouvoir de rendre inoffensifs tous les aliments empoisonnés ; les propriétaires de troupeaux la faisait boire à leurs bêtes malades. Après une messe solennelle, chaque Azunois qui apportait sa part du tribut recevait en échange une des piécettes qui avaient touché le tombeau de saint Bertrand et une ration du liquide. Il le conservait chez lui comme le médicament le plus précieux de sa pharmacopée vétérinaire.

La fée tutélaire des Bernadotte

Au sud d'Arrens s'ouvre la vallée de la Bat-de-Bun. (On devrait dire seulement la vallée de Bun, car « Bat » signifie vallée en langue pyrénéenne.)

Une longue route conduit au lac d'Estaing, l'un des plus grands des Pyrénées, avec ses 12 hectares de superficie. Dans un cadre fermé de hautes crêtes apparemment infranchissables, la grande nappe liquide occupe tout le fond de la vallée ; aux approches du soir, les eaux se couvrent de vapeurs blanches qui glissent et montent en légères volutes ; les bergers qui suivent le chemin du rivage pressent le pas, ne désirant pas rencontrer les mystérieuses dames du lac, « *eras daunes de l'Ayguo* ».

Mais l'un d'eux, autrefois, se laissa séduire et sa légende a trouvé une suite inattendue dans l'histoire. C'était deux jeunes gens du village de Sireix qui revenaient d'Espagne ; en passant au bord du lac, ils entendirent un chant venant du fond des eaux, et virent surgir devant eux deux merveilleuses jeunes filles aux longs cheveux, vêtues de voiles blancs. « Ne craignez rien, dirent-elles, nous sommes les dames de l'onde. Autrefois nous étions femmes, mais un mauvais sort nous retient au fond des eaux. Il dépend de vous de nous délivrer ; revenez demander

Lac d'Estaing (photo de l'auteur)

notre main à condition que vous ayez mangé, mais aussi que
vous soyez à jeun. Alors nous serons à vous. » Les jeunes gens se
jurèrent de délivrer les fées. Un matin, alors qu'ils montaient à
jeun, l'un d'eux, nommé Abadie, traversant un champ de seigle,
cueillit un épi qu'il porta machinalement à la bouche et en mâcha
les grains. Quelle surprise ! En arrivant au bord du lac, une des
fées l'attendait et se jetta dans ses bras. Elle lui dit : « Je suis
vivante et je suis à toi ; je t'apporte le bonheur et la richesse,
et tu me garderas toujours, mais à une condition : ne m'appelle
jamais « folle » ou « fée ». Puis elle le conduisit jusqu'à une grotte
enchantée et lui montra des coffres remplis d'or ; il y puisa tout
ce qu'il put emporter dans ses poches et sa panetière. Le mariage
fut le plus magnifique qu'on ait jamais vu à Sireix, et la jeune
femme donna à son époux cinq beaux enfants. Mais un jour
qu'Abadie était descendu au marché d'Argelès, la jeune femme,
sentant venir un terrible orage sur la vallée, donna ordre aux
valets de faucher et de rentrer immédiatement les récoltes qui
achevaient de mûrir. Abadie revint quand les nuages s'amon-
celaient. En passant il vit ses champs rasés au milieu des moissons encore sur pied. Il demanda à sa femme qui avait fait cela :
« C'est moi, dit-elle. » Sans attendre une explication, il répliqua
violemment : « Tu es folle. » A ces mots elle disparut à ses yeux,
et Abadie regretta amèrement d'avoir lâché le mot fatal, lorsqu'il
vit aussitôt après ses récoltes de ses voisins emportées par la
tempête. Mais la fée ne pouvait oublier ses enfants. Chaque
matin, dès que son mari était parti au travail, elle venait peigner
leurs longs cheveux. Abadie s'en aperçut, il la surprit et la
supplia de lui pardonner. « Je ne le peux pas, répondit-elle ; et
puisque tu m'as revue, je ne reviendrai plus. Mais rappelle-toi
ce que je te dis : je n'abandonnerai jamais mes enfants et leurs
descendants deviendront illustres. »

La promesse de la fée fut tenue lorsque Jean Bernadotte,
dont la mère descendait de la famille Abadie de Sireix, devint
roi de Suède et fonda une des plus heureuses dynasties qui
existent encore dans notre monde tourmenté.

Une statue miraculeuse

Au-dessus d'Arrens, sur une butte rocheuse à laquelle on accède
par un vieux pont à dos d'âne, la chapelle *Notre-Dame-de-Poey-la-Houn*,
accolée aux bâtiments d'un préventorium moderne, fut un pèlerinage
célèbre dont les archives parlent dès 1349. Comme pour Bétharram
et Héas, une légende à saveur pastorale explique la naissance du
sanctuaire. Une nuit, les gens d'Arrens aperçurent le sommet du
rocher, le *pouey*, environné de flammes. Ils s'approchèrent et trouvèrent une statue de la Vierge qu'ils ramenèrent dans l'église de la
paroisse. Mais comme cela se produisait souvent pour ces effigies
miraculeuses, la statue revint sur le rocher.

La chapelle devenue trop étroite avait été reconstruite en
1761. En 1792, elle fut fermée malgré l'intervention des habitants de la vallée, qui essayèrent de s'y opposer. On l'appelait
la *Capère Daurade*, la chapelle dorée, à cause des trois merveilleux retables baroques entièrement dorés à la feuille qu'on y
voit encore.

Arthez-d'Asson, l'auberge du crime, 1579 (photo de l'auteur)

ARTHEZ–D'ASSON

64 — Pyrénées-Atlantiques, 29 km au S E de Pau par N 637 et D 126

« Vendetta » en Béarn

A gauche de la route d'Arthez-d'Asson à Ferrières, une vieille maison aux pignons en escalier mériterait le surnom d'auberge du crime ; le mari d'une des huit nourrices de Henri IV, Arnaudine de Lareu, la fit construire en 1579 grâce aux libéralités du roi et à la pension que la cour de Navarre servit à Arnaudine jusqu'à la fin de sa vie, pension qui se montait à 60 livres tournois par an.

Cette maison était devenue une auberge, comme l'indique l'inscription en béarnais sur le linteau de la porte d'entrée, dicton d'une sagesse un peu rude : « *Qui abe boqua, abe borsa* » (« Celui qui a une bouche, doit avoir une bourse »).

En 1663, l'auberge fut le théâtre d'un complot criminel monté par un descendant d'Arnaudine, Johanet de Lareu, contre l'abbé de Sauvelade, Jacques de Boyer. L'événement eut un tel retentissement en Béarn qu'il donna naissance à un proverbe : « *Que s'en parlo coumo de la mourt de Saubalade* » (« On en parle comme la mort de Sauvelade »), disait-on d'une affaire qui faisait du bruit.

Depuis la Réforme, les biens que l'abbaye béarnaise de Sauvelade possédait à Capbis, hameau voisin d'Arthez-d'Asson, confisqués sur l'ordre de Jeanne d'Albret, étaient considérés par les gens d'Asson, de Bruges et de Louve comme leur propriété commune : les bois étaient mis en coupe, les prés fauchés, les passages ouverts dans les haies pour que le bétail des voisins puisse y passer librement.

En 1660, le nouvel abbé, Jacques de Boyer, résolut de reprendre les biens de l'abbaye : il fit clore solidement ses terres et s'installa dans une petite maison, avec un aumônier et deux domestiques. On en vint tout de suite aux procès ; l'abbé eut gain de cause ; plusieurs voisins furent condamnés à de lourdes amendes. Les esprits s'échauffèrent ; des injures et des menaces furent proférées contre l'abbé qui, imperturbable, refusa tout accommodement. Les paysans, un jour, virent rouge : ils décidèrent de supprimer purement et simplement leur intraitable voisin. Un des plus acharnés, Bertrand d'Ariule, demanda à son beau-frère, le tavernier Johanet de Lareu, de trouver parmi sa clientèle (de mineurs et d'ouvriers des forges) quelques hommes déterminés à agir. La promesse du partage du butin, accompagnée de fortes rasades versées largement par Lareu, décidèrent seize fortes têtes. Le vendredi 26 octobre 1663, les conjurés, après avoir abondamment festoyé dans une cabane de bergers pour se donner du cœur, foncèrent vers le vallon de Capbis où se trouvait la maison abbatiale, armés de faux, de haches et de fusils. Ils assommèrent au passage un petit domestique et assassinèrent à coups de fusil et de hache l'abbé de Boyer et son aumônier, Bertrand Barbuteau. Puis ce fut le pillage. Après avoir bu la provision de vin, les conjurés firent main basse sur les papiers, le linge et la vaisselle. La nuit venue, ils procédèrent au partage dans l'auberge de Lareu et se dispersèrent. Revenu à lui, le petit domestique courut prévenir les jurats de Bruges : il fut mal reçu et repoussé comme un plaisantin. Les magistrats étaient tacitement complices de l'affaire, comme la grande majorité des habitants des trois paroisses voisines. L'enquête que menèrent des conseillers du Parlement de Pau ne recueillit que des témoignages vagues et inconsistants. Les conjurés ne prenaient même pas la peine de se cacher et l'un d'eux répondait à un voisin, qui s'étonnait de le voir circuler librement : « Hé, homme ! je n'ai pas fait plus mal que toi. »

Puis un beau jour tout changea : jalouse de n'avoir pas eu la part du butin qui lui plaisait, la femme d'un des assassins parla aux enquêteurs. En une nuit, les hommes les plus compromis passèrent en Espagne ; mais on se saisit de la femme de Lareu qui était enceinte et on l'emmena dans la prison de Pau, le 10 novembre : le lieu avait une sinistre réputation. La femme n'attendit pas d'être mise à la question ; le 31 janvier, elle faisait des aveux complets.

Fouettés au pied de la roue

Restait à mettre la main sur les coupables. D'après les documents des archives de Pau, ce sont des gens envoyés en Espagne par la belle-sœur de l'abbé Boyer qui découvrirent la retraite de Lareu et d'un autre assassin, et réussirent à les faire extrader. Le récit de l'abbé Bonnecaze dans ses *Variétés Béarnaises* reflète une version populaire plus dramatique. Depuis sa fuite, Lareu ne connaissait de repos ni jour, ni nuit. Il voyait un corbeau au devant de lui, criant sans cesse. Un jour, il dit à l'oiseau : « Toi qui demandes ma mort, tu vas avoir satisfaction ! » Il revint donc en France et s'achemina vers sa maison. On ajoute qu'étant arrivé à Bruges, il entra dans un cabaret pour boire : il y avait là un petit enfant qui alla se cacher dès qu'il le vit et ne sortit qu'après son départ. On demanda à l'enfant le sujet de sa crainte. Il dit qu'il avait vu qu'un dogue tenait cet homme avec une chaîne par le col, et que sa figure lui avait fait peur. Lareu, livré par les Espagnols ou dénoncé par ses voisins, fut conduit à Pau. Il révéla tout ce que la justice ignorait encore. Après avoir subi la question ordinaire et extraordinaire, il fut condamné à être rompu vif sur la roue, sur les lieux du crime, à Capbis. Sa tête devait être clouée sur une potence à l'endroit de l'exécution, et ses pieds sur une autre, en bordure du chemin de Bruges à Louvie-Juzon. Les hommes de confiance de la famille de la victime donnèrent une gratification supplémentaire au bourreau pour que le travail fût bien fait. Il accourut beaucoup de monde autour de l'échafaud pour voir mourir Lareu et, ajoute l'abbé Bonnecaze, « les pères et les mères y amenèrent leurs enfants et les y fouettèrent fortement pour les en faire souvenir, afin de leur imprimer l'horreur pour ces crimes horribles et abominables que le Ciel détestera toujours ». Les hurlements du supplicié, les cris des enfants, les vociférations des assistants et les abois des chiens devaient faire un concert difficile à oublier, d'où le dicton cité plus haut.

Les maisons des assassins devaient être rasées et du sel répandu sur leur emplacement. Les paroisses étaient condamnées en outre à élever une chapelle expiatoire et à entretenir un prêtre chargé de dire des messes pour le repos de l'âme des victimes. Mais les jurats obtinrent du parlement de Pau la suppression de la première clause et la maison de Lareu est toujours debout, auberge du crime authentique et méconnue, au bord de la route de la pittoresque vallée de Ferrières.

ARUDY

64 — Pyrénées-Atlantiques, 25 km au S de Pau par N 134, N 134 bis et D 28

Des mangeurs d'escargots

Les falaises rocheuses qui forment le verrou glaciaire de la vallée d'Ossau à la hauteur d'Arudy sont remplies d'abris et de grottes préhistoriques. La plus connue, celle du rocher de Saint-Michel-d'Arudy, fouillée par l'archéologue Piette, a livré des œuvres d'art qui ont enrichi les collections du musée de Saint-Germain-en-Laye.

Carrières de marbre (coll. de l'auteur)

Une autre grotte, dans la montagne de Poeymaü, a été appelée « l'Escargotière », en raison de l'étrange accumulation de coquilles d'escargots mêlées de charbon qui s'y trouve.

Vers l'an 8 000 av. J.C., se produit la fonte du glacier qui envahissait la vallée d'Ossau. Les derniers rennes qui hantaient les steppes du piémont pyrénéen prennent sans retour le chemin du nord ; les hordes de chevaux qui parcouraient les collines entre les gaves et les vallées encombrées de moraines disparaissent à leur suite. Les tribus de chasseurs réfugiés dans les grottes pour fuir les pluies diluviennes ne peuvent donc plus compter sur eux. Ce climat doux et humide prélude à des temps difficiles : les hommes vivant au pied des Pyrénées ne subsistent plus alors que par la cueillette des fruits ou par la pêche dans les torrents. Mais une végétation luxuriante provoque une invasion d'un genre particulier : une prolifération providentielle d'escargots *Helix nemoralis* dévore la verdure des taillis. Ce sera le salut des Arudiens de ce temps, réfugiés dans les grottes du Poeymaü ; pendant des siècles, ils seront des mangeurs d'escargots.

Dans la grotte fouillée par le préhistorien Laplace, sur 6 m d'épaisseur, s'entassent les débris de coquilles, reliefs de repas fastidieux au plat unique. La grande industrie locale était alors la fabrication d'aiguilles en os pour extraire la bête, une fois cuite, de sa coquille : on les trouve en nombre dans les couches archéologiques.

A l'ouest du village d'Izeste, la grotte d'Espalungue a livré des baguettes d'os ornées d'étranges dessins en spirales, très semblables aux baguettes gravées des grottes d'Isturitz et de Lourdes.

La dimension importante du porche (17 m) explique la tradition locale qui en fait le refuge des Sarrasins d'Espagne ; 10 000 d'entre eux, repoussés par les Ossalois, se réfugièrent dans cette grotte. Les murettes de pierre sèche que l'on voit à l'entrée témoignent d'une mise en défense de l'intérieur.

Exploits légendaires

Le souvenir des batailles livrées contre ces *mourous* était rappelé par une chanson ossaloise encore en faveur au siècle dernier : « *Aydem Eudes, amigous !* » (« Aidons Eudes, mes amis ! »). Eudes était ce duc d'Aquitaine qui, après la bataille de Poitiers, débarrassa le Midi des bandes errantes de Sarrasins refluant vers les Pyrénées.

Les lieux où se sont déroulés ces combats sans merci, que l'histoire officielle ignore, sont rappelés dans les couplets de la chanson :

> *A Oloron, la grande ville*
> *On a combattu avec courage*
> *On leur a passé sur le ventre*
> *Longtemps on s'en souviendra !*
> *Ossalois, à cet exemple,*
> *Il faut tuer Abderame !*

> *Billerois et Casterois* [1]
> *Se sont battus un contre trois.*
> *Aux granges de Trescase*
> *Plus de trois cents ils ont occis,*
> *Et sur la place même*
> *Ils les ont ensevelis.*

Entre Izeste, Castet et Bielle, un lieu appelé *Camp Batailhé* indique un ancien champ clos pour tournois et duels judiciaires. Mais non loin, sur le bord de la route entre Izeste et Bielle, la chapelle de Notre-Dame-de-l'Ayguelade commémore un autre exploit belliqueux : un combat singulier qui se serait déroulé entre un chef normand et le seigneur de Béon.

Un beau matin, dit la légende, le chef normand, dont la troupe tenait la plaine, s'avança jusqu'aux murailles du château de Castet et, défiant le seigneur de Béon qui commandait les Ossalois, lui montra un collier auquel était pendue une croix et lui dit : « Ceci sera l'enjeu du combat, si quelqu'un des tiens veut se mesurer avec moi. » Le seigneur de Béon reconnut la croix d'or qui ornait le cou de sa femme, la belle Margalide, et apprit en même temps sa capture. Furieux, il releva le défi. Le combat commença en présence des troupes des deux camps. Margalide, captive précieuse, se tenait sur un tertre. L'Ossalois et le Normand étaient de rudes jouteurs et amateurs de grands coups. Mais le seigneur de Béon avait peu à peu amené le chef barbare au pied du tertre où Margalide attendait. Subitement, échappant à ses gardiens, l'Ossaloise bondit derrière le Normand et, d'un geste rapide, lui enserra la tête de son voile. La hache de son mari en un éclair faisait le reste et, dans un seul élan, les Ossalois se ruaient sur les Normands qui prirent la fuite. Cette légende est toujours très vivace en Ossau ; et, jusqu'en 1793, au cours de la fête annuelle du sanctuaire de l'Ayguelade, le premier jurat de Béon se présentait avant tous les autres pèlerins pour recevoir le premier le pain bénit et le cierge en souvenir de la vaillante Margalide de Béon.

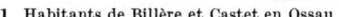

1. Habitants de Billère et Castet en Ossau.

Le châtiment des malfaiteurs

Dans le village voisin d'Izeste, au bout d'une ruelle à l'entrée
du pont de l'ancien moulin, se dresse un pilori (vestige unique
des mœurs judiciaires de l'ancien régime), qui s'élevait autrefois
sur la petite place du village, au pied du château de Domec.
C'est un pilier en marbre gris du pays, à peine dégrossi, timbré
aux vaches du Béarn et aux fleurs de lis de France surmontées
d'un bâton de justice. En pointe, figure le millésime 1682. Son
sommet quadrangulaire a été écimé pour y planter une croix. Il
avait été érigé en exécution d'un jugement de la cour du parlement de Pau du 26 septembre 1682, pour marquer le droit de
juridiction des jurats d'Izeste qu'ils exerçaient sur les plans
civil, criminel et politique, au nom des Fors de Béarn. A un
carcan de fer fixé à la pierre par des chaînes dont on voit encore
les attaches, on accrochait les utilisateurs de fausses mesures,
les blasphémateurs et les joueurs invétérés.

Mystérieuse Mélusine

Au milieu de la grande rue du village d'Izeste, dont un clerc
érudit du Moyen Age faisait venir le nom de : *Hic Siste !* («Arrête-
toi, ici ! »), presque en face de la maison historique des Bordeu,
l'arc surbaissé d'un portail est orné d'une figure de Mélusine.
Elle a été placée là vers 1880 par le propriétaire de la maison,
un certain Baptiste Toulouse, qui a emporté le secret de son
origine dans la tombe. Le style de l'œuvre est digne d'un bon
artiste de la Renaissance. Mélusine y est représentée le buste nu
jusqu'à la ceinture, avec une longue queue de serpent entortillée ;
elle a des ailes d'oiseau et un hennin à cornes. A son cou pend
un collier de breloques.

Mélusine (photo Coze)

L'énigme de sa présence à Izeste se double du fait qu'il y avait, presque en face de ce portail, une maison appelée Lusignan, aujourd'hui disparue. Les censiers du XVIIᵉ siècle en gardent trace. Charles de Bordeu, dans *Terre de Béarn*, a évoqué des histoires de fées nocturnes dansant dans les prairies à l'orée des grands bois de hêtres qui entouraient Izeste. Il note aussi l'existence, au-dessus d'une porte, d'une figure de sirène. Et certains signes fantastiques du zodiaque, sculptés dans les claveaux d'un portail voisin de l'église, participent du même contexte mystérieux.

ASSON

64 — Pyrénées-Atlantiques, 23 km au S E de Pau par N 637 et D 36

Une place-forte sans âge

Les talus et les fossés de la colline de l'Ermitage sont les éléments d'une enceinte dont les photos aériennes montrent l'impressionnante régularité ; poteries de l'âge du fer, silex taillés, monnaies romaines, fibules barbares y témoignent d'une longue occupation. Les fouilles entreprises depuis 1962 par le colonel J.-F. Massie ont démontré qu'il s'agissait d'un véritable oppidum à l'histoire complexe, qui a servi de refuge à toutes les périodes troublées de l'histoire. Sa situation dominante face à la Bigorre et à la vallée de Ferrières y avait fait installer par les vicomtes de Béarn un château frontière, qui, depuis Gaston de Moncade, s'appelait *lo Castet d'Asso*. Il en subsiste encore les montants maçonnés de la porte sud ouverte dans le rempart principal, et un chemin en escalier, taillé dans le roc de la pente est de la colline, aujourd'hui recouvert de ronces. Le reste fut démantelé à la suite d'un traité conclu entre le vicomte de Béarn et le sénéchal de Toulouse, en 1399.

Un ermite paillard et sacrilège

La chambre de la Tournelle du parlement de Pau, jugeant au criminel, fut saisie, le 6 septembre 1731, d'une inculpation singulièrement grave pour un pays où les mœurs étaient restées honnêtes : elle provenait d'Asson où l'occupant de l'ermitage de la colline, qui répondait au nom de Frère Toussaint, était accusé de « sacrilège, paillardise et... sodomie[1] ». Quoique en termes voilés, le tableau de l'accusation révélait que de véritables saturnales se déroulaient sur la colline, dans l'oratoire fondé en 1674 par un pieux homme de Nay, Isaac de Vergès. Le nouvel occupant semblait s'être réfugié dans ce lieu écarté pour y satisfaire ses penchants. Il courait les cabarets pendant la journée, évitant l'église « où il ne paraissait presque jamais », mais recherchant la compagnie des femmes qu'il « attirait dans son ermitage pour en abuser ». Sa rouerie et sa perversion le rendaient sur ce point « très attentif à commettre le crime avec plusieurs personnages du sexe que le hasard faisait trouver dans ledit ermitage ». Il multipliait ainsi ses plaisirs et s'assurait de la complicité mutuelle des participantes. Ses exploits durent bientôt mettre en fuite

1. Dupont-Laray, *Curiosités judiciaires*, Pau, 1873.

les femmes et les jeunes filles du voisinage. Cela ne faisait pas
l'affaire du faune déchaîné. Il se rabattit sur les garçons, qu'il
sollicita sans vergogne à plusieurs occasions. Il paraît que, de
ce côté, il eut un certain succès. L'acte d'accusation décrit une
scène d'orgie vécue : « On l'a vu se déshabiller dans son ermitage
en compagnie de plusieurs jeunes gens, danser avec eux, remettre
à l'un sa capuce, son chapeau et sa calotte, à quelqu'un d'autre
son habit et son manteau, et tous ayant ainsi partagé ses vêtements, danser avec lui tandis qu'il n'avait conservé que son
caleçon ; il portait au col « un petit baril rempli de vin dont il
faisait un usage abondant sans s'oublier. » Voilà pour la paillardise.

Quant au sacrilège, de pieuses personnes étaient revenues
effarées de l'ermitage un jour, où, entrant dans la chapelle, frère
Toussaint leur avait présenté du vin dans le plat qui servait
d'égout à un baril installé sur l'autel même de l'oratoire ; il leur
disait que « c'était de l'eau bénite dont il fallait faire usage pour
le signe de la croix ». On ne sait combien de temps ce personnage
exerça son curieux ministère dans le pays. Le parlement le fit
arrêter et il fut interrogé dans la prison de Pau. Il s'indigna, invoqua
en vain le privilège ecclésiastique pour être libéré, mais l'enquête
était édifiante. Il n'en fut extrait que neuf mois après, le 21 juillet
1732 ; un coiffeur vint lui couper sa barbe d'ermite ; on le dépouilla
de son froc, et, nu-pieds, en chemise, la hart au col, il dut faire à
genoux amende honorable devant la porte de l'église Saint-Martin,
une torche de cire de deux livres à la main, et demander pardon à
Dieu, au Roi et à la Justice ; après quoi il fut banni à perpétuité du
royaume. L'ermitage et la chapelle tombèrent en ruine, ensevelissant
sous les ronces les mauvais souvenirs.

L'Afrique en Béarn

Perdue au creux d'un vallon, face au décor des montagnes de
Ferrières, non loin de la route d'Asson à Arudy, une petite ferme
béarnaise de quatre hectares abrite aujourd'hui le plus curieux
élevage que l'on puisse voir en France : on y trouve des singes
laineux, des gibbons, des chimpanzés, des lémuriens de toutes
les sortes ; les perroquets loris y entretiennent une ambiance
colorée et bruyante ; les renards des sables, les fennecs, ont commencé à s'y reproduire. Les frères Saint-Pic, propriétaires de
ce terroir qu'ils ne voulaient pas quitter, ont commencé par la
culture des cactées. La prospérité de leur exploitation leur a
fait découvrir qu'elle se trouvait au cœur d'un microclimat exceptionnel ; la réussite de leur élevage exotique est un miracle de la
nature sous le ciel des Pyrénées.

Saint Jacques, peinture murale, XVᵉ s.
Audressein (Roger-Viollet, photo Hurault)

AUDRESSEIN

09 — Ariège, 12 km au S O de Saint-Girons par N 618

Des ex-voto énigmatiques

La position de ce village situé à 2 km de Castillon, au confluent de deux torrents, le Lez et la Bouigane, a fait donner à la petite chapelle de pèlerinage qui s'y trouve le nom de Tramezaygues, qui, dans les Pyrénées, désigne un lieu placé entre deux rivières : *Inter-ambas-aquas*. Par *Trambes-ayguas*, on arrive à Tramezaygues.

C'est au XIIIᵉ siècle que fut élevée la chapelle dont le portail est encore en place; au XIVᵉ siècle, on construisit le campanile à fronton percé de trois étages d'arcades, semblable à celui de la chapelle du château de Castillon. Au XVᵉ siècle, le porche central fut décoré de peintures curieuses représentant des ex-voto, en remerciement de miracles accomplis en faveur des pèlerins. Le réalisme n'y recule devant aucun détail, et l'intervention du surnaturel se produit dans les circonstances où on l'attend le moins.

Dans l'arceau central, au-dessous d'un Saint-Jean Baptiste, le tableau représente un jeune homme couché, anéanti, perdant son sang par une abondante hémorragie nasale. Au-dessous, on le voit guéri, à genoux, tenant un cierge devant la statue de Notre-Dame-de-Tramezaygues, sous un édicule surmonté du typique clocher. En face, une fillette couchée nue dans un vaste lit est soignée par une jeune femme couverte d'un voile blanc et vêtue d'une robe rouge. Plus bas, l'enfant en costume de fête, cierge en main, vient rendre grâce avec la même dame. Un surplis recouvre sa robe et sa tête est coiffée d'un voile surmonté d'une sorte de petit chapeau rond.

Dans l'arcade de gauche, les miraculés sont un homme et une femme. Un prisonnier est assis dans la geôle d'une forteresse crénelée, les pieds attachés par des ceps ; puis il sort par la porte de la prison, les mains jointes, les yeux au ciel ; enfin, agenouillé devant la Vierge de Tramezaygues, il lui présente ses ceps en ex-voto. La femme était montée sur un arbre de haute futaie quand elle tomba ; le peintre l'a saisie au vol, la tête en bas, les jambes en l'air et les cottes retroussées, de telle façon que l'on voit bien que les « caneçons » n'étaient pas encore en usage chez les Ariégeoises. Puis, à genoux, la tête couverte d'un capulet blanc, elle remercie la Vierge qui lui a sauvé la vie, sinon la pudeur.

Dans l'aventure suivante, on se demande comment l'intervention de la Madone a pu se concilier avec le commandement : « Tu ne tueras pas. » L'une des scènes montre un homme, en effet, qui plonge son épée jusqu'à la garde dans la poitrine d'un autre, qui semble désarmé. Tout à côté, le meurtrier, tenant à la main son arme encore sanglante, la pointe en bas, se présente devant la porte d'une ville fortifiée ou peut-être d'un château. C'est le même qu'on voit prosterné, un cierge à la main, devant le sanctuaire, l'épée rengainée à son côté. Il est difficile de croire qu'il s'agit là de la représentation d'un assassinat suivi de repentir et d'un pèlerinage expiatoire. C'est plutôt une vengeance privée exécutée par un homme sûr de son droit et qui vient rendre grâce à la Vierge de Tramezaygues d'avoir mis son ennemi sur sa route.

Le dernier tableau est aussi dramatique et singulier. On se demande s'il n'évoque pas un épisode d'une même petite guerre locale, où les attentats se succédaient comme dans une vendetta. Un homme, vêtu de façon très semblable à la victime du tableau précédent, enfonce un épieu dans la poitrine d'un autre qui tient une épée de la main gauche. Le blessé n'a pas succombé, et c'est miracle, car l'épieu s'est brisé et le fer est resté dans la plaie : c'est dans cet état qu'il vient prier la Vierge de Tramezaygues.

Des séries de dessins et de signes, et des inscriptions en traits noirs sur fond gris, couvrent la partie des arcades située sous les panneaux des ex-voto.

Certaines des figures dessinées sous l'ex-voto de la jeune fille malade sont des entrelacs d'origine maçonnique, semble-t-il, des signes que l'on attribue habituellement aux templiers ; ils font songer à une déformation décorative du swastika. Sous le panneau d'en face, deux figures héraldiques, une couronne et un léopard dressé tenant une lance gardent leur énigme.

AULUS

09 — Ariège, 33 km au S E de Saint-Girons par N 618 et D 32

Des lingots d'argent

Tout au fond du Couserans se tapit Aulus dont les eaux thermales, salines et ferrugineuses, ont été découvertes par hasard en 1823. Ce n'était autrefois qu'un village pastoral dont toute la population, en été, montait dans les granges des pâturages de la haute montagne, femmes et enfants compris. L'ancien Aulus, amas de pierres situé à deux kilomètres au-dessus de l'agglomération actuelle, se trouve sur la route menant aux mines de plomb argentifère, les plus riches de la chaîne pyrénéenne. On en signale de semblables à Pouech de Guaff entre le Garbet et l'Arce, aux Argentières, à Lacour et surtout à Castelminier. Dans ce coin de la montagne existent encore des galeries creusées à l'époque romaine mais l'exploitation de ce gisement remonte peut-être à la préhistoire.

Dans la montagne du Guaff, le minerai a été enlevé sur une étendue de 300 m en surface et 200 m en profondeur. On voit encore les galeries reliées entre elles par des boyaux horizontaux et verticaux. Le tout, dans un état parfait de conservation, forme un vrai labyrinthe qui part du Garbet et remonte le Pouech en écharpe, sur une hauteur de 100 m. Un ingénieur du XVIe siècle, Antoine de Malus, y avait observé des dizaines de meules de pierre, destinées à broyer le minerai. Il apprit que des paysans avaient trouvé des lingots d'argent de 8 livres. On y voit d'importants déblais riches en galène et on remarque, sur les parois des galeries, les entailles qui recevaient les lampes à huile des mineurs romains.

On voyait également, à Castelminier, du temps de Malus, les constructions de la fonderie du minerai au bord du Garbet. Au centre des ruines du village s'élève encore une tour carrée qui domine le torrent. Si ses bases datent de l'exploitation romaine, son élévation a été remaniée au Moyen Age. Le village des mineurs était installé tout autour. D'après la tradition locale, une incursion de *Miquelets* catalans détruisit la mine et entraîna la fermeture à tout jamais.

Environs

Le genou du saint

Près d'Aulus, dans la vallée du Salat, la *Hount det joun* (la fontaine du genou) a conservé l'empreinte des genoux de saint Lizier, évêque du Couserans, le jour où il s'agenouilla sur son bord pour la bénir et se rafraîchir. Son eau en a gardé une vertu surnaturelle et on vient la boire avec dévotion.

AUSSURUCQ

64 — PYRÉNÉES-ATLANTIQUES, 9 KM AU S DE MAULÉON-SOULE PAR N 618 ET D 147

Olympiades pastorales

La source d'Ahusquy est la principale curiosité de la commune d'Aussurucq, l'une des plus écartées de la Soule, en bordure de la sauvage forêt des Arbailles. Ses eaux jaillissent d'un rocher, en plein pâturage, à 902 m d'altitude. Chargées de silicate de soude et de potasse, de carbonate, de sulfate et de chlorure, elles contiennent également du fer, du magnésium et de l'iode.

Elles ont de tout temps servi aux bergers et à leurs troupeaux.
Mais leur vertu curative a été longtemps inconnue. Le maréchal
Harispe, qui les utilisa avec succès pour lui-même, leur donna
une certaine notoriété au début du XIXᵉ siècle. Excellentes pour
la vessie, les eaux avaient la clientèle assurée des plus gros
mangeurs et buveurs du pays.

Fête basque d'Ahusquy (coll. Pierre Minvielle)

Le pâturage d'Ahusquy est tous les ans, le 18 août, le théâtre
d'une fête des bergers; ils se réunissent pour une sorte d'olym-
piade pastorale où ils luttent pour le meilleur. Les épreuves
comportent le triple saut, le lancer de la barre, le jet de pierre,
la course, comme en Grèce ou en Écosse. Autrefois, s'ajoutait le
jet de la hache et de la pique. La montagne est remplie de
gouffres. Un ancien guide précise que « l'amateur de merveilleux
devra se faire indiquer par les plus vieux bergers le lieu où la
terre s'ouvrit sous les pas du chevalier d'Urrutie en punition
de ce qu'il avait quitté les offices pour la chasse, un jour de
dimanche. On remarque, dans le gouffre sans fond où le coupable
fut englouti, un magnifique stalactite en forme de colonne et
d'une hauteur prodigieuse[1]. »

Un crayon préhistorique

Dans la grotte d'*Etcheberrikokarbia* (la grotte de la maison
neuve), qui s'ouvre au-dessus du village d'Aussurucq, à 400 m
d'altitude, dans un contrefort du massif des Arbailles, Pierre
Boucher, un spéléologue de Mauléon, fut le premier à apercevoir
en 1950 un certain petit « cheval rouge » qui signalait un couloir
connu depuis 1937. C'est un parcours terrible qui suit une faille,
à travers des « gourgs » boueux, des ressauts vertigineux surplombant des lacs profonds, qu'il n'a pu franchir qu'en s'agrippant du bout des doigts. Au fond d'un puits béant, où l'on

1. *Annuaire des Établissements thermaux des Pyrénées*, 1857.

n'accède que par des cheminées de 50 cm de largeur, de nouveaux dessins apparaissent. Combien d'initiés s'y sont rompu le cou? D'après Leroi-Gourhan, qui s'y risqua, « le vieux sorcier était un peu fou ! ».

Dans un premier couloir, on rencontre deux grands chevaux peints à l'argile, à côté du petit cheval rouge fascinant et d'un cheval noir, noyé dans une tache d'ocre : un signe en forme de peigne, ou de barrière, les accompagne. En face, on trouve un autre cheval rouge sur tache d'ocre, un bouquetin très effacé, un beau bison dessiné à l'argile, une jument pleine. Dans le sanctuaire secret du fond du gouffre, des points rouges précèdent trois petits chevaux noirs, et leur faisant face, un bison accompagné d'un signe en forme de barrière, un cheval noir et un bouquetin très effacé par le passage des spéléologues. Toutes ces œuvres, selon l'abbé Breuil, datent du Magdalénien ancien.

Quelques centaines de mètres plus loin, la grotte de *Sasisiloaga* (le « trou des buissons ») a révélé deux très curieux bisons superposés tête à queue, et tracés à l'ocre rouge. L'un d'eux porte sur le ventre un signe en S qui ajoute une énigme de plus à celles que les préhistoriens ont à résoudre à propos de cet art magique des grottes. Il fait penser à un morceau d'entrailles lové à l'intérieur de la cavité abdominale et vu aux rayons X. Découverte étonnante et émouvante, le crayon d'ocre qui servit à dessiner les silhouettes colorées était resté coincé entre deux stalactites.

Un burin en silex taillé, dont le biseau tranchant pouvait être utilisé pour graver, a été ramassé sur le sol, au même endroit. Les spéléologues sont convaincus d'avoir trouvé sur place les outils de l'homme venu exécuter les images rituelles de cette religion des grottes, un des plus grands mystères du passé, et qui y avait peut-être trouvé sa fin.

Gravure de la grotte d'Aussurucq (photo Boucher)

AVENTIGNAN

65 — Hautes-Pyrénées, 5,5 km a l'O de Montréjeau par D 71

L'antre du cannibale

Avant d'attirer l'attention des historiens, la grotte de Gargas était chargée de légendes inquiétantes et de sinistres souvenirs. Elle avait passé de tout temps pour être le séjour du géant Gargas, mangeur de chrétiens, avatar probable de Gargantua, que l'on rencontre plus avant dans la montagne, à Saint-Béat. A la fin du xviiie siècle, le géant Gargas avait eu un successeur officiel en la personne d'un certain Blaise Ferrage qui, après avoir éventré et dévoré quelques douzaines de bergères, avait fini ses jours sur la roue, à Toulouse. L'archéologue Cartailhac s'élevait contre cette légende. « On a dit et imprimé que Blaise Ferrage avait habité la grotte de Gargas, près de Montréjeau, bien connue des touristes et des archéologues. On voit aisément le succès d'une réclame se présentant sous le titre : « l'anthropophage de Gargas ! » On montre les os de ses infortunées victimes : ce sont en réalité des os d'ours. »

Mais la chronique du *Mercure de France* de 1783, qui contient le récit des exploits sanglants de Blaise Ferrage, le fait naître à Cescau, près de Castillon-en-Couserans, où il fut capturé. C'est là qu'il faudra chercher les détails de ses exploits (voir *Castillon*).

Cela n'a pas empêché les visiteurs de la grotte, au xixe siècle, d'écouter passionnément le guide évoquer l'anthropophage...

La puissance bénéfique de la main

Aujourd'hui, la grotte de Gargas doit sa célébrité à ses peintures préhistoriques, surtout aux mains peintes en plusieurs endroits de la grotte, principalement dans la grande salle. On en a dénombré à ce jour plus de cent cinquante. Ces dessins auraient été obtenus en appliquant la main sur la paroi rocheuse et en la cernant d'ocre rouge ou de bioxyde de manganèse noir. Les matières colorantes réduites en poudre étaient délayées dans de la graisse fondue. Le liquide, prélevé dans des tubes creux, probablement des roseaux ou de petits os, était alors soufflé et pulvérisé autour de la main à cerner. C'est la technique du pochoir des ateliers de décoration.

On a remarqué que beaucoup de ces mains paraissent présenter des mutilations : une phalange, ou deux, parfois un doigt entier semblent manquer. On a cherché, du côté de l'ethnographie, des exemples de mutilations semblables et l'on a découvert l'existence, chez certaines tribus Papous de Nouvelle-Guinée, ainsi qu'aux îles Fidji et en Australie, d'un rite funéraire sanglant observé par les femmes : elles se coupent les phalanges des doigts lorsqu'elles perdent leur époux. Chez certaines tribus australiennes, l'usage de peindre les mains des visiteurs sur les parois des grottes sépulcrales a pour but de les faire reconnaître par les morts afin que ceux-ci ne les tourmentent pas.

Mais Leroi-Gourhan fait appel à des observations plus attentives, qui orientent vers des rites encore plus mystérieux. « Il semble évident, écrit-il, que les mains de Gargas ont été faites en plaçant non pas la paume mais le dos de la main contre la paroi et que les patients replièrent un ou plusieurs doigts pour

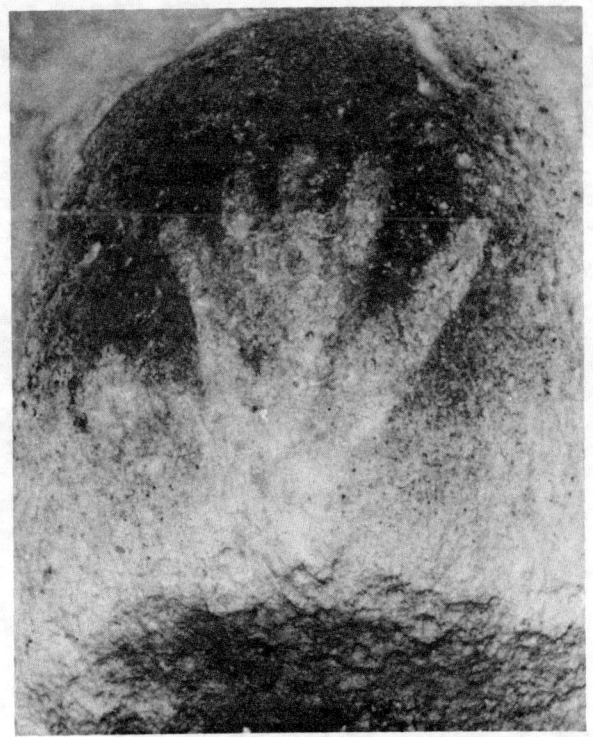

Main sans phalanges, grotte de Gargas (photo J. Vertut)

des raisons qui ne se rapportent pas à la mutilation. La meilleure preuve en est que, sur certains pochoirs exécutés les doigts étendus, quelques doigts ont été retranchés par des retouches assez légères pour que le tracé initial soit visible en transparence[1]. »

Sur la paroi extérieure de la cavité, appelée le « Sanctuaire des Mains », deux empreintes cernées de rouge sont celles d'une même main d'enfant de trois ou quatre ans. Elle n'est pas mutilée. Le docteur Sahly croit à une mutilation réelle mais d'origine pathologique : la peuplade qui a observé ce rite était peut-être atteinte d'un mal analogue à la lèpre ou au scorbut. On serait donc en présence d'un épisode de l'histoire des fléaux qui ont accablé l'humanité, d'un foyer de lèpre endémique, comme ce curieux « mal de Morvan » décrit par le docteur du même nom dans la région de Landéda, en Bretagne.

A Gargas, de toute façon, les hommes reconnaissaient la puissance bénéfique de la main humaine, et l'on songe à la « main de Fatma » des Arabes, à la « main de gloire » des sorciers médiévaux.

1. Leroi-Gourhan, *Les Religions de la Préhistoire*, P.U.F., Paris, 1964.

Les hors-la-loi, les maudits, les vaincus et les victimes de tous les âges ont connu ce refuge du piémont pyrénéen. Au fond d'une galerie, une date, 1809, évoque brusquement un déserteur fuyant la conscription impériale. Quelques pas plus loin, ce sont des arbalètes médiévales qui apparaissent. Sous sa forme schématisée, l'arbalète donne l'image d'une croix surmontée d'un arc de cercle et se terminant par un cercle plus petit. La présence d'arbalètes sculptées en champlevé sur des stèles discoïdales recueillies dans le château de Carcassonne, laisse supposer que cet emblème a possédé à cette époque un sens secret, connu des seuls initiés, peut-être des partisans des cathares.

AVEZAC-PRAT

65 — HAUTES-PYRÉNÉES, 14 KM A L'E DE LANNEMEZAN PAR N 639, N 638 ET D 79

La pierre salée

 Aux confins de la commune d'Avezac, sur la piste la plus élevée et la plus dénudée du plateau de Lannemezan, plusieurs blocs erratiques parsèment la lande. Le plus gros d'entre eux était connu sous le nom de la *Peyro Salazo*, la « pierre salée [1] ». Elle s'est peu à peu inclinée au cours des âges, probablement à la suite des fouilles hâtives des chercheurs de trésor, car la légende attestait l'existence d'un monceau d'or à ses pieds. Aujourd'hui, elle est couchée sur le côté et sa partie visible mesure 2 m de haut, 2 m de large, et 1 m d'épaisseur. Située en bordure de l'ancien chemin de la Poudge, parallèle à la route de Lannemezan, elle formait un jalon de la voie de transhumance appelée plus tard la Ténarèze, menant de la vallée d'Aure vers les collines de l'Armagnac. Son nom de « pierre salée » évoque une habitude pastorale : à l'étape, les bergers étalent du sel sur les pierres pour que les brebis viennent le lécher. Il pourrait aussi venir du « grand chemin salier » qui, à cet endroit, croise d'est en ouest le chemin de la Ténarèze.

Non loin de ce carrefour, une cinquantaine de tumulus, alignés sur une colline orientée est-ouest, montrent l'importance du site pour les populations de l'âge du bronze et des âges du fer. Ils ont été fouillés par les archéologues Piette et Sacaze entre 1879 et 1899. Les urnes funéraires, les armes tordues par le feu des incinérations et les parures qu'ils y ont trouvées ont été déposées au musée de Saint-Germain-en-Laye. Les vases contenant les cendres, façonnés à la main et lustrés, présentent une étonnante variété de formes : il y a le pot de fleur, le plat tronconique, le gobelet en forme de bourse et la terrine aux pieds multiples, connue des archéologues sous le nom de « vase polypode ». Parfois ils sont décorés de chevrons, de zigzags, d'incisions en dents de loup, caractéristiques des populations du Danube à l'âge du fer.

Ces tumulus ne sont pas isolés dans le piémont pyrénéen. Ils se trouvent au centre d'une longue traînée de monuments funéraires du même type, qui va des Landes à l'Ariège, par les landes du Pont-Long, du Gers, du Lannemezan, les terrasses de la Garonne et le pays de Salat. Ils sont groupés aux abords de l'ancien « chemin salier » qui reliait les gisements de sel de la

1. *Revue du Comminges*, 2ᵉ trim., 1966.

Méditerranée à l'Océan. Les objets qu'on y trouve attestent une continuité étonnante de peuplement sur les mêmes sites, du néolithique au Moyen Age. Pour ces populations, la *Peyro Salazo* était à la fois le signal indicateur du rassemblement des morts et de celui des troupeaux. Près de ce vieux monument abandonné, qu'il serait souhaitable de relever, a été érigée une stèle à la mémoire du maquisard François Ader[1].

Bassin des Ladres construit par saint Louis, Ax-les-Thermes
(Roger-Viollet, photo Viollet)

AX-LES-THERMES

09 — ARIÈGE, 42 KM DE FOIX PAR N 20

La source, Ève et le serpent

Ax-les-Thermes, toute bruissante d'eaux courantes, est bâtie sur une véritable chaudière naturelle; les sources coulent de tous côtés, tellement chaudes que les ménagères y font leur vaisselle, voire leur lessive. « Elles se servent même de ces eaux sulfureuses pour faire une cuisine spéciale, la « soupe au canon », avec une cuillerée d'huile et une gousse d'ail au fond d'une soupière remplie de cette eau. On arrose avec des tranches de pain. » La « soupe au canon » ressemble à l'*aygo boulido* de Provence, mais « elle suppose un estomac blindé, autrement dit un estomac d'Ariégeois[2] ».

Les premiers hommes qui pénétrèrent dans la vallée semblent bien avoir utilisé cette centrale thermique naturelle; les pilotis découverts sous 3 m d'alluvions par l'archéologue Garrigou, vers 1896, remontent probablement à l'âge du bronze.

La source Rossignol jaillit à 78°. Celle du Tech est appelée l'« eau bleue » à cause de son extraordinaire teinte azurée. Une autre alimente une antique piscine de pierre, le « bassin des

1. *Revue du Comminges*, t. LXXIX.
2. Raymond d'Escholier, *Mes Pyrénées*, éd. Arthaud, Grenoble, 1949.

Ladres », construit, dit-on, vers 1200, sur l'ordre de Saint-Louis, pour guérir les croisés revenus lépreux de leur séjour dans les pays d'Orient. La petite chapelle Notre-Dame serait aussi une fondation du roi.

« L'établissement du Couloubret tient son nom de la « couloubre », la couleuvre. Ce frileux reptile, qui autrefois hantait la plupart des sources chaudes des Pyrénées, abondait dans celles d'Ax-les-Thermes. Il se glissait dans les tuyauteries et jusque dans les cabines, d'où jaillissaient dans le plus simple appareil des baigneuses hagardes d'épouvante. Ce pittoresque passé n'est plus : Ève ne rencontre plus son tentateur au bain, on a fait les travaux nécessaires[1]. »

Dans un tonneau tapissé de clous...

L'église Saint-Vincent est consacrée non au patron des vignerons, mais à un saint local martyrisé à Ax en 452, sous Attila, dit la tradition populaire.

On pourrait penser plutôt à une victime de la persécution d'un roi Wisigoth arien : ce saint s'appelait en réalité Udaut, et sa vie fut assez mouvementée.

Udaut serait né d'une noble famille de Goths installés en Italie après les grandes invasions du IVe siècle. Le jeune barbare s'adonnait avec ses amis à la chasse. Un jour, en poursuivant une biche, il la retrouva blottie dans les bras d'un ermite des bois. La vue de ce spectacle le toucha ; il revint voir l'ermite, devint son ami et lui demanda le baptême. Cela ne lui suffit pas, et bientôt il vint partager sa vie. Puis ils partirent évangéliser en Orient les Huns et leurs alliés, les Ostrogoths. Chez les Huns, Udaut subit le supplice du *knout*, un fouet terminé par un crochet de fer ; le chef ostrogoth, Valamir, lui fit boire ensuite une coupe de plomb fondu. Malgré cela, Udaut retourna dans les hautes vallées de l'Ariège où il travailla sept ans à évangéliser Ax-les-Thermes et ses environs. Comment un détachement d'Ostrogoths le retrouva-t-il dans cette vallée, c'est un point d'histoire obscur... Mais Valamir, cette fois, ne voulut pas manquer sa victime. On montre aux portes d'Ax, au bord de la route d'Espagne, le lieu du martyre d'Udaut, un monticule du haut duquel on fit rouler un tonneau tapissé de clous dans lequel on avait enfermé le pauvre homme. Quand on le retira du tonneau, Udaut respirait encore, un poignard mit fin à ses souffrances.

Un goig catalan de Ripoll, où le corps du saint avait été transporté en 978, n'est pas tendre pour les gens d'Ax qui assistaient au martyre :

> *Poble d'Ax, poble foll*
> *Qu'a matat lo sant de Ripoll*
> (Peuple d'Ax, peuple fou
> Qui a tué le saint de Ripoll.)

Ax-les-Thermes a gardé le souvenir de l'héroïque Udaut. Le lieu d'où son corps a été exhumé porte toujours son nom, et une croix de fer scellée dans une pierre l'indique encore. Dans l'église, sa statue de style populaire porte chape avec étole et barrette noire de curé.

---

1. Raymond Escholier, *Mes Pyrénées,* éd. Arthaud, Grenoble, 1949.

BAGNÈRES-de-BIGORRE

Auguste et les nymphes

Au bord de l'Adour, à l'entrée de la vallée de Campan, *Vicus Aquensis*, le «bourg des eaux» de l'itinéraire d'Antonin, s'adossait à la colline du Bedat, dont le nom indique un bois sacré *(« vetatus »)*. Au pied de cette hauteur, jaillissaient les sources alcalines déjà célèbres. Un marché favorisait les échanges commerciaux des agriculteurs de la plaine de l'Adour et des bergers de la montagne. Les laines des troupeaux tissées par les artisans locaux fournissaient la matière première des *bigerri vestes*, ces capes en laine blanche ou brune, chaudes et amples, qui avaient un tel succès que les raffinés de Rome aimaient s'en envelopper pendant les soirées fraîches du Latium. Un camp militaire surveillait l'entrée de la vallée sur la colline de Pouzac, où Mars Invictus était honoré; il assurait la tranquillité de la saison thermale chez les Campani, dont l'humeur indépendante demandait une certaine attention.

On a plus que des probabilités sur le voyage de l'empereur Auguste dans les Pyrénées et sur son séjour aux eaux des Tarbelles, *(« Aquae Tarbellicae »)*. La plupart des archéologues ont pensé qu'il s'agissait de Dax, la cité de la Nehe aux eaux bouillantes. Julie y serait venue pour se refaire une santé usée par la vie effrénée qu'elle menait à l'insu de son père. Les raisons de croire à un séjour d'Auguste à Bagnères s'appuient sur le culte voué par les habitants de la cité à la divinité impériale, attesté par l'autel monumental en marbre qui orne l'escalier des thermes aujourd'hui. Il mesure 1,37 m de haut et porte l'inscription :

NUMINI. AUGUSTI
SACRUM
SECUNDUS. SEMBEDO
NIS. FIL. NOMINE
VICANORUM. AQUEN
SIUM. ET. SVO. POSUIT.

Caravane de touristes (coll. Pierre Minvielle)

A la divinité d'Auguste, cet autel a été élevé par Secundus fils de Sembedo en son nom et au nom des gens du Vicus Aquensis.

Les caractères sont tracés avec une netteté qui nous reporte au temps merveilleux de la paix augustéenne célébrée par Virgile. L'autel fut trouvé dans les maçonneries de l'Église Saint-Martin, construite probablement sur les ruines d'un temple.

Avec l'empereur, les nymphes des sources étaient les divinités les plus révérées à Bagnères. Les travaux de captation d'eaux, près de la fontaine de Salies, amenèrent en 1728 la découverte de deux autels votifs aux nymphes, dont l'un est aujourd'hui perdu ; les nymphes étaient-elles associées à la divinité augustéenne ? L'inscription disait :

NYMPHIS. AUG. SACRUM.

Mais les anciens dieux pyrénéens avaient aussi leurs clients, les gens du pays, qui avaient tout à craindre des génies sourcilleux des sommets, distributeurs capricieux de la tempête et de la foudre, comme des journées ensoleillées quand pousse haut l'herbe des prairies et s'engraissent les troupeaux ; Agheion, qui trônait sur le Bassia, et Baïgorrix, le dieu des fontaines rouges, ont leurs noms sur des autels de marbre trouvés à Bagnères et dans la vallée de Campan.

Le succès de ces bains ne semble pas avoir été troublé par les périodes les plus agitées de l'histoire. Des environs de Bagnères part le célèbre canal d'Alaric, creusé du temps de ce roi wisigoth pour enrichir les prairies de la plaine de l'Adour et nourrir la superbe race des chevaux tarbais. Au Moyen Age, le Prince Noir et Henri de Transtamare y marquent leur passage. Rabelais y est venu, dit-on. Montaigne a « soumis les eaux au verdict de sa vessie », vers l'époque où un artiste inconnu sculptait les salamandres et les sirènes du portail de l'église Saint-Vincent. Madame de Maintenon y fit un séjour. Le « père de la botanique », Tournefort, a longuement parcouru les sommets voisins. Parny et Lamartine y ont leur plaque commémorative.

Mais le grand homme de Bagnères sera le Strasbourgeois Ramond.

Agent secret, poète et alchimiste

L'homme qui arrive dans les Pyrénées en 1787 à la suite du triste cardinal de Rohan n'est plus le jeune insouciant qui, dix ans auparavant, se promenait dans les Alpes suisses. Entre-temps, il a connu l'existence fastueuse des palais de Saverne et de Paris, dans l'intimité d'un prélat riche, galant et crédule; il a connu également le laboratoire de Cagliostro où s'élaborent au fond des cornues les précieuses liqueurs qui donneront des diamants et de l'or. Pour couronner le tout, lorsqu'éclate le scandale retentissant de l'Affaire du Collier de la Reine, Ramond, homme de confiance traqué, part pour l'Angleterre chercher dans les bouges londoniens les diamants volés au Cardinal, et rapporter les preuves de l'imposture. De ces années infernales qui

Tour-de-l'Horloge, lithographie de Jacottet, 1842 (B.N., Est.)

briseraient une âme médiocre, l'homme est sorti trempé, mais à tout jamais résolu à ne plus en parler. L'ascendant de Cagliostro sur le jeune secrétaire ne peut être minimisé. On conserve écrit de la main de Ramond, une copie d'un livre de cabalistique connu, *les Clavicules de Salomon*, dont il reproduisit lui-même certaines figures. Et l'on ne doit pas oublier sa correspondance avec le baron de Planta qui était, comme lui, d'une imagination exaltée. Certains de ses silences et sa surprenante carrière dans la haute administration s'expliqueraient par les relations qu'il se fit alors. On garde aussi dans sa famille une bague représentant le portrait du cardinal de Rohan. Elle est en pierre dure, noire, et le profil du cardinal est d'une matière blanche, qui passe pour contenir de l'arsenic. Ce bijou devait-il procurer à son porteur la dose nécessaire pour se suicider ?

Ramond, toutefois, s'est rendu célèbre par des pages uniques dans la littérature sur les Pyrénées, où l'on trouve des mots d'une rare poésie, comme cette phrase : « L'odeur d'une violette rend à l'âme les jouissances de plusieurs printemps. » Et, n'eût-il rien écrit, ses découvertes de naturaliste auraient suffi à le faire sortir de l'ombre. Il a enrichi la flore des Pyrénées de seize espèces nouvelles, dont l'une des plus belles fleurs de ces montagnes, une des plus rares aussi, la *Ramondia Pyrenaïca*, porte son nom.

Crime passionnel

Un fait divers attira l'attention des écrivains romantiques sur la petite ville bigourdane, en 1829. Cette année-là, un menuisier du nom d'Adrien Lafargue assassinait sa maîtresse. Le crime défraya longuement les gazettes judiciaires de l'époque. Stendhal, en amateur d'âmes et de curiosités, s'intéressa à cette affaire et en reproduisit de longs extraits dans ses *Promenades dans Rome*, où l'assassin était présenté comme un homme capable d'autant d'énergie que de passion. Son Julien Sorel empruntera certains traits au criminel de Bagnères, bien que l'écrivain se soit défendu d'avoir placé son héros sous l'influence du climat d'une « petite ville de l'Aveyron ou des Pyrénées ». Cette seule allusion montre à quel point cette affaire Lafargue, qu'il ne faut pas confondre avec celle du Glandier, était restée présente à l'imagination de Stendhal.

Dans les coulisses du Second Empire

Une des vieilles demeures de la ville, la maison de Foronda, conserve encore la rampe d'escalier que s'amusait à descendre, à califourchon sur ses pantalons de dentelles, une jeune fille de la bonne société espagnole répondant au nom d'Eugénie de Montijo, future impératrice des Français[1].

La ville n'en sera pas plus bonapartiste pour cela : le tout-puissant député des Hautes-Pyrénées, Achille Fould, ministre du Second Empire, l'appelait « un repaire de l'opposition jacobine ». Aussi, pour la punir, il imposa à la ligne de chemin de fer qui devait relier Tarbes à Toulouse, en 1867, le détour de Tournay, laissant Bagnères de côté.

1. Charles Dartigue, *Histoire de la Gascogne*, P.U.F., 1951.

Château du maréchal Harispe (photo A. Ocana)

BAIGORRY

64 — Pyrénées-Atlantiques, 30 km au S E de Bayonne par N 132
et N 648

L'évêque des sorcières

Au cœur de l'une des plus belles vallées de la montagne basque,
le village de Baïgorry s'allonge entre son vieux pont dit « romain »
et le manoir d'Etchaux, dont les quatre tourelles d'angles en
poivrière sont masquées par les arbres centenaires de son parc.

Ce manoir fut le berceau d'une puissante et noble famille existant avant l'an mille; son représentant le plus célèbre, Bertrand
d'Etchaux, évêque de Bayonne, l'évêque des sorcières du
Labourd, dut intervenir en personne en 1610 pour arracher ses
prêtres aux bûchers du conseiller de Lancre. Cet effrayant personnage qui voyait le diable partout ne savait pas un mot de
basque et employait pour ses interrogatoires des interprètes
qu'il terrorisait. Bertrand d'Etchaux, quand il apprit que de
Lancre commençait à faire monter des prêtres sur le bûcher après
les avoir dégradés, prit en main les interrogatoires. Il questionna
lui-même en basque, sa langue natale, les accusés. Ceux-ci pleu-
raient d'espoir, et les délatrices, de diaboliques adolescentes,
se troublèrent et se dédirent. En quelques jours, les enquêtes étaient
arrêtées, et de Lancre, pestant, prenait la route de Bordeaux.
Ce fut la fin du cauchemar...

Où le héros bombarde sa propre maison

Mais l'époque héroïque et légendaire de Baïgorry est celle des
années terribles de 1793 et 1794, quand une guerre sans merci
s'alluma sur la frontière d'Espagne. La vallée de Baïgorry est

la position française la plus exposée, prise en tenaille entre la
vallée du Bastan et celle de Valcarlos. Un véritable chef va se
révéler dans ce village même où il est né, et qu'il va défendre
au mépris de ses propres intérêts.

Harispe, aîné de cinq garçons, engagé volontaire dans la
compagnie franche des chasseurs basques de la vallée, est élu à
vingt et un ans capitaine, par acclamation. En juillet 1793, il
enlève les retranchements espagnols du col d'Ispéguy. A un
contre trois, ses chasseurs reprennent les rochers d'Arola. Le
26 avril 1794, une offensive espagnole très violente, sur le Valcarlos et les Aldudes, atteint Arnéguy, qui est incendié, et
Baïgorry, qui est occupé. Harispe, pour déloger l'ennemi,
n'hésite pas à faire tirer au canon sur la demeure paternelle. Le
3 juin 1794, aux premières heures, les Français s'élancent à
l'assaut des positions que les Espagnols tenaient depuis plusieurs
mois dans la vallée, avec une telle fougue que le vieux régiment
de Samora bat précipitamment en retraite jusqu'à Berdaritz.
La victoire revenait à Harispe, qui avait pris le commandement
à la place du général La Victoire. Celui-ci, qui s'était lancé le
premier à l'assaut de la redoute d'Urisca, était tombé à la première décharge, frappé en plein ventre.

Les représentants du peuple, Pinet et Cavaignac, firent son
éloge funèbre, le qualifiant d' « aussi intrépide que bon républicain »; il est vrai qu'ils lui avaient promis la guillotine si l'offensive échouait.

Le châtiment de Dieu

Mais déjà, parmi les chasseurs basques, courait le bruit que
cette mort était l'effet de la vengeance du ciel.

La Victoire était une figure de sans-culotte haute en couleur
et bien de son temps. Tailleur d'habits de la garnison de Saint-
Jean-Pied-de-Port, il s'était fait élire chef du bataillon des
volontaires de la ville, par son bagou de harangueur et l'énergie
farouche de ses convictions républicaines. Or, la veille de l'offensive, La Victoire, entrant dans l'église du village de Bidarray,
avait fait enlever le grand crucifix qui s'y trouvait encore et, le
faisant placer contre un mur, il avait commandé à ses soldats
de s'exercer au tir en le prenant pour cible. Les chasseurs basques
obéirent en maugréant et prirent soin de tirer à côté de la cible.
Mais l'un d'eux, par maladresse peut-être, finit par atteindre le
Christ au ventre, à la grande satisfaction du général, qui le
félicita.

Lorsque, dans la soirée, il reçut sa blessure mortelle, on le
transporta dans l'ancien presbytère de Baïgorry où il agonisa
six jours et n'expira que dans la matinée du 21 prairial. Selon
le narrateur, pour tous ceux qui le virent, « il devint manifeste
que le coup, dont il mourait, correspondait à celui qui avait
percé le Christ de Bidarray ». On l'enterra au pied de « l'arbre de
la liberté » de Baïgorry. Celui-ci ayant disparu, aucune trace ne
subsiste de la sépulture.

Le Comité de Salut public craignit que l'affaire n'eût un
retentissement fâcheux chez les chasseurs basques, témoins du
drame. Pour leur remonter le moral, le représentant Monestier
vint les exhorter en personne; mais les sarcasmes de son discours
sonnent curieusement; il semble lui aussi avoir vu un effet de la
justice immanente dans cette coïncidence.

Qui trouvera la clef

Une construction couronne l'Adárça, sommet de 1 253 m, sur
la crête séparant le Valcarlos de la vallée des Aldudes. C'est une
terrasse sur laquelle s'élèvent deux voûtes d'ogives en pierres
sèches d'environ 4 m de large et 11 m de profondeur, à moitié
écroulées. Les voûtes sont constituées d'une épaisseur de pierres
plates assemblées à joints vifs. Elles ressemblent curieusement
aux *orris* des Pyrénées-Orientales et aux bergeries voûtées de la
Lozère. Elles se trouvent sur le passage d'un ancien chemin de
crête qui part des environs de Saint-Jean-Pied-de-Port, suit la
ligne des sommets entre le Valcarlos et la vallée des Aldudes, et
rejoint à Burgete la route de Roncevaux.

S'agit-il d'une installation monacale primitive? d'un point
fortifié médiéval? d'un refuge pour bergers? Ces constructions
énigmatiques attendent des fouilles.

Le village des goinfres

Village de mineurs et de forgerons, Banca a récolté, comme la
plupart des villages basques, son sobriquet. Celui-ci donne à ses
habitants un certain prestige auprès de leurs compatriotes, car,
dans ce pays, où l'on sait se tenir à table, on vante les prouesses
des « goinfres de Banca ».

En tant que voisin et connaisseur, le maréchal Harispe leur
procura l'occasion d'une très belle démonstration de leurs capa-
cités. Cela se passait après la bataille de Toulouse en 1814.
Déjeunant à la table de son vainqueur, Wellington, il lui avait
appris la spécialité des gens de ce village et proposé de le vérifier
sur la personne d'un prisonnier qui en était originaire. Le cuisinier anglais, incrédule, s'ingénia à préparer un veau de toutes
les façons imaginables : rôti, bouilli, en sauce, etc. Au fur et à
mesure que les plats se vidaient, l'homme de Banca manifestait
une certaine inquiétude; au troisième plat, il éclata : « Ce n'est
pas juste, si vous commencez par me donner tous ces hors-
d'œuvre, je ne pourrai pas manger le veau[1]... »

Le « romancero » du champion

Le pelotari Manech Souhourou, décédé en 1784 à Banca, avait
fait sculpter sur sa stèle funéraire (conservée au musée basque
de Bayonne) les attributs du joueur de longue paume, la balle
et le gant. Mais sa réputation n'a pas atteint celle du fameux
Perkain, champion légendaire. Sa tombe est bien aux Aldudes,
(celle de la famille Inda), mais on ne sait plus ni sa date de
naissance ni celle de sa mort. En revanche, la boule de cuivre
cabossée qui termine le clocher du village porterait la marque
d'une pelote qu'il aurait lancée de dépit : elle pesait près de
300 grammes.

Son exploit le plus retentissant se situe à l'époque de la
Terreur. Il était alors en Espagne, car le comité révolutionnaire
de Bayonne l'avait inscrit sur la liste des suspects. Un concurrent
voulut en profiter pour s'attribuer le titre de champion par
forfait; mais Perkain releva le défi, et le convoqua sur la place
de Baïgorry. Au jour dit, à l'heure dite, on accourt de toutes les

---

1. Tradition recueillie dans la famille du maréchal Harispe.

vallées environnantes. Le tribunal révolutionnaire s'y trouve
aussi, représenté par un commissaire et son escorte, résolu à
l'arrêter, sitôt la partie terminée. Ce fut, comme on l'attendait,
l'écrasement de l'adversaire de Perkain. Le point final était
acquis à ce dernier quand, ramassant la balle perdue par son
adversaire, il l'envoya d'un coup foudroyant à la tête de l'émissaire du tribunal, qui s'effondra, tué net. Dans le tumulte qui
s'ensuivit, Perkain s'enfuit par les sentiers de la montagne, la
conscience en paix après sa double vengeance. Cette histoire fait
aujourd'hui partie du « romancero » de Perkain au même titre
que les chansons composées pour célébrer les mémorables parties
de Saint-Palais et de Tolosa, qui firent accourir les spectateurs
de toutes les provinces basques et où certains parièrent jusqu'à
leur récolte. Un écrivain est même allé jusqu'à dire que « le nom
de Perkain a autant d'éclat dans les Pyrénées occidentales que
Voltaire dans les nations éclairées ».

Vieux pont de Baïgorry (photo J.-R. Masson)

Trésors cachés et pierres sacrées

Au fond de la vallée de Baïgorry, sur le territoire d'Urepel, la
maison Biurretabuxtan a conservé une légende au sujet de la
montagne voisine d'Auza. Il y est question d'un bouc habitant
un antre souterrain et qui garde l'or de la terre avec un serpent.

Un prêtre des Aldudes y alla plusieurs fois : il apercevait
toujours l'or, mais aussi le bouc et le serpent. Il lisait ses prières
pour les chasser : il finit ainsi par faire maigrir le serpent, qui
devint mince comme une aiguillée de fil. Enfin, le prêtre entra
dans la caverne, portant sur sa poitrine le Saint-Sacrement et
mit la main sur l'or : alors le serpent se mit à grossir de nouveau

et le prêtre s'enfuit. Quand il sortit de la caverne, il entendit une voix qui disait : « A cause de ce que tu portes sur la poitrine tu peux sortir, autrement tu resterais ici. »

C'est pourquoi on dit : « A Auza, il y a des « choses », mais personne ne peut les prendre. » En basque, cela fait un jeu de mots : « *Auza, han baduk gauza...* »

Cette variante basque de la légende de la chèvre d'or se situe dans une région riche en monuments mégalithiques. C'est ainsi que dans la montagne d'Argibel, des trois montants de la chambre d'un dolmen, une pierre branlante est appelée *Arrikulunka*. Un tumulus de 40 m de circonférence s'appelle « la tombe du général » (*Jeneralen tomba*), sans qu'il soit possible de savoir s'il s'agit d'un général de Napoléon ou d'un chef de tribu de l'âge du bronze.

BANYULS

66 — PYRÉNÉES-ORIENTALES, 41 KM AU S E DE PERPIGNAN PAR N 114

La victoire ou la mort...

Un monument très simple élevé au centre de la ville rappelle le courage des habitants de Banyuls, héros de la résistance révolutionnaire contre l'armée espagnole. Le 15 décembre 1793, en effet, celle-ci attaqua les crêtes des Albères pour obliger les places fortes de Collioure et de Port-Vendres à se rendre. Surprise par l'offensive, l'armée du général Delattre abandonna ses positions en désordre. Les hommes de Banyuls se trouvèrent seuls face aux troupes ennemies. C'est alors qu'ils se portèrent au col du Banyuls pour les arrêter. Encerclés de toute part, ils continuèrent à tenir bon, ravitaillés par les femmes et les enfants qui chargeaient les fusils ou apportaient les munitions. Le général espagnol, exaspéré, les somma de se rendre. Le maire, atteint de deux blessures à la tête et couvert de sang, lui répondit en montrant son écharpe tricolore : « Les républicains ne se rendent jamais, ils savent mourir ! » Mais les détachements avaient tourné la position et commençaient à envahir la ville; les survivants continuèrent le combat dans les rues, où les derniers furent faits prisonniers et envoyés en captivité à Barcelone. Aussi, au cours de la contre-offensive qui reprit Port-Vendres et Collioure quelques jours plus tard, lorsque la garnison espagnole du fort Saint-Elme capitula, le général Dugommier l'obligea-t-elle à

venir déposer les armes sur la place publique de Banyuls, en
hommage au courage des habitants.

La Convention nationale décréta « que les habitants de Banyuls
avaient bien mérité de la Patrie et qu'un obélisque serait élevé
sur la place publique avec cette inscription : « Ici sept mille
Espagnols déposèrent les armes devant les républicains et rendirent à la valeur ce qu'ils tenaient de la trahison. »

Mais il fallut cent ans pour que le monument fût érigé ; l'obélisque que l'on voit aujourd'hui a été inauguré le 13 août 1894.

BARBAZAN

31 — Haute-Garonne, 12 km au S O de Saint-Gaudens par N 125
et D 26

Le village englouti

Dans son dictionnaire, Larcher écrit à propos de Barbazan :
« On y voit un grand lac dont on ne trouve pas le fond. On assure
qu'il y avait à cet endroit un village qui fut abîmé parce que les
habitants n'étaient point charitables. L'eau n'augmente ni ne
diminue, le terrain est mouvant à l'entour. On dit que dans une
grande inondation des eaux de la Garonne, celles du lac rejet-
taient plusieurs poissons de mer. On n'ose pas y pêcher, mais
ceux qui se sont hasardés à le faire ont pris des anguilles monstrueuses et peu d'autres poissons. »

Une légende, qu'on retrouve à Biarritz, à Labastide-Ville-
franche, au lac de Lourdes, au lac d'Ilheou et en d'autres sites
des Pyrénées, raconte que saint Pierre et Jésus, voyageant
comme des pauvres, furent repoussés par les riches habitants
mais recueillis par un ménage très modeste dont la demeure était
située à l'écart. En punition du mauvais cœur de ses habitants,
le village disparut dans les eaux, à l'exception de la maison qui
avait reçu les voyageurs célestes.

On racontait aussi que la femme sauvée pour son geste d'hospi-
talité envers l'hôte inconnu fut finalement perdue par sa curiosité ; et on la montrait dans la « Peyre Majou », un groupe de
rochers à l'ouest du lac, pétrifiée pour avoir voulu voir l'engloutissement de Barbazan.

Au-dessus du lac et des sources thermales se dressait une
chapelle dédiée à saint Michel : il n'en subsiste plus que de
vagues ruines. « L'archange, écrit R. Gavelle, l'archéologue commingeois, n'est pas inopportun auprès d'une source, et particulièrement près d'une eau mystérieuse où l'on croyait ressentir à
distance, en 1647, l' « immensi tremor oceani » (les frémissements
de l'océan immense [1]). »

Invités à coups de canon

Au XVIIIe siècle, le château de Barbazan appartenait à M. de
Mauléon, membre de la plus ancienne noblesse du Comminges,
qui tenait table ouverte selon la vraie tradition des gentilshommes. Chaque dimanche, il invitait à tour de rôle un des
membres du chapitre de la cathédrale de Saint-Bertrand-de-
Comminges, ville voisine. Et pour faire connaître à ces messieurs

1. R. Gavelle, in Revue du Comminges, 1970, t. LXXXIII.

quel était celui qu'il recevait, il utilisait une signalisation sonore originale. Tous les vendredis à midi, à l'heure marquée par les cadrans solaires de la région, deux antiques caronades espagnoles, installées sur la terrasse de son château, annonçaient à tous les échos de la vallée qui était l'élu de la table seigneuriale : un coup pour le vicaire général, deux coups pour le doyen, etc. On dit que, les jours de brouillard, il y avait de sérieuses contestations au chapitre sur le bénéficiaire de l'invitation[1]...

Environs

Pour obtenir la pluie

Dans la bourgade de *Loures*, toute proche, la nouvelle chapelle de Saint-Jammes garde le souvenir du passage des nombreux pèlerins de Compostelle qui empruntaient la route très fréquentée du Val d'Aran. Un Saint-Roch y tient la place de trois autres statues, qui autrefois logeaient dans une ancienne « montjoie » gallo-romaine, à laquelle la chapelle a succédé. L'identité de ces images est inconnue, mais leur origine païenne est fort probable si l'on se réfère aux curieuses pratiques dont elles étaient l'objet. Lorsque le manque d'eau menaçait de dessécher les récoltes, les gens de Loures allaient plonger cérémonieusement les trois statues des « saints » dans le ruisseau voisin, pour obtenir la pluie. La même cérémonie était pratiquée par les gens de Labrouquère avec une autre statue provenant, elle, de la « montjoie » du gué du Marca.

BARCUS

64 — Pyrénées-Atlantiques, 15 km a l'e de Mauléon par D 24

Le trésor du Celtibère

En 1879, M. Barneix, propriétaire de la maison Espelia à Barcus, remarqua, en nivelant le sol devant sa maison, des petits disques de métal. Ils ressemblaient à des boutons d'argent. Ne sachant que faire de sa trouvaille, il alla la proposer à un fabricant de *makhilas*, qui se servait de sous espagnols pour fixer la pointe ferrée du manche. Mais dix centimètres plus bas, M. Barneix rencontra un vieux pot de terre à panse ronde qui renfermait une quantité considérable de ces pièces d'argent, près de dix-huit-cents. Il venait de trouver le trésor de Barcus. Ces piécettes étaient des deniers celtibères. Le numismate landais Taillebois vint les examiner et en identifia mille trois cent soixante-quinze, venant des villes du nord de l'Espagne : Ontzan, Balsio, Turiaso, Aregrat, Arsa, Segobriga. Ces monnaies, cataloguées en Espagne sous le nom de *desconocidas*, sont très rares. Elles ont été émises par les cités de la confédération ibérique de la vallée de l'Èbre, entre 400 et 30 av. J.-C., pense-t-on ; à cette date, la région fut définitivement soumise par les armées romaines et le droit de frapper monnaie leur fut retiré.

1. A. Burat, *Revue du Commingès*, 1956, p. 127.

L'emplacement de la maison Espelia, qui se trouve sur un éperon, correspond à celui d'un camp fortifié. Le dépôt a pu être fait par un fugitif de l'armée de Sertorius, se réfugiant en Aquitaine après la défaite du héros de l'indépendance espagnole.

La Pastorale (coll. Pierre Minvielle)

Le Villon basque

Le plus illustre des poètes populaires basques, l'improvisateur Pierre Topet, dit Etchahun, né à Barcus en 1786, a sa tombe dans le cimetière de Barcus. Sa vie tourmentée lui valut le surnom de « Villon basque ». « Souffre-douleur de la famille, n'ayant jamais connu dans son enfance la chaleur d'une étreinte, la douceur d'un baiser, [...] vers sa dix-huitième année, il s'éprit d'une jeune fille. [...] C'était la bonne de ses parents. Ils avaient le même âge. Il la rendit mère. Ce fut le scandale. [...] On chassa la maman et le bébé. Et pour éviter qu'il ne récidivât, ses parents s'empressèrent de le marier avec une femme plus âgée que lui, qui ne l'aimait pas et qu'il n'aimait pas. »

[...] « Condamné, pour blessures à un créancier, à deux ans de prison, il en aura fait cinq quand il reviendra chez lui, où il sera abandonné de tous... Il n'a plus un sou dans son escarcelle, mais il lui reste son talent. »

[...] « Il cingle des formules les plus cuisantes ceux qui se croient à l'abri derrière le privilège de leurs fonctions, il gagne contre eux, car il a toujours le dernier mot, celui qui déchaîne le rire, la moquerie, dont on ne se relève pas. Et il obtient ce miracle, par la seule force de sa poésie, d'être recherché par les grands, admiré par l'élite et aimé par les humbles. Lorsqu'il est proscrit de son village, il trouve chez les bergers asile et amitié. Ceux-ci forment son premier auditoire et deviennent ses premiers propagandistes. Lorsqu'ils redescendent dans la vallée, ce sont eux qui chantent les chansons qu'il a composées près d'eux. »

« Vieilli, mendiant à la longue barbe blanche, les enfants ne se moquent pas de lui. Ils savent que ce vagabond, mal vêtu.

qui traîne sa misère et son génie au hasard des chemins, ce gueux au regard tantôt triste, tantôt moqueur, c'est Etchahun le poète, et, comme le dépeint le père Lhande, on l'aperçoit « assis sur les tombes du cimetière de Sainte-Engrâce, chantant ses vers au milieu de groupes d'enfants[1] ».

Poète de la douleur, de la rancune, de la révolte et même de la haine, mais aussi poète de la tristesse, de l'amour et du repentir, il est un des rares écrivains de toutes les littératures à triompher dans ces deux genres diamétralement opposés, la satire et l'élégie. Il sait être féroce et tendre. Ceux qu'il a ridiculisés n'ont pas pardonné, ce qui explique, en grande partie, sa mauvaise réputation. Mais les poètes l'ont toujours admis comme leur frère. Un pastoralier basque qui, par une curieuse coïncidence, grâce à l'usage qui veut que l'on porte le nom de sa maison, s'appelle Etchahun de Trois Villes, a fait revivre la vie douloureuse, haineuse puis repentante, de l'Etchahun de Barcus. Sa tombe, restaurée en 1969, porte la dernière strophe de son adieu avant son départ en pèlerinage.

Ahaïde deletzius huntan...

« Si je ne reviens pas de ce long voyage, vous chanterez mes chansons en Soule en souvenir de moi. »

BARÈGES

65 — Hautes-Pyrénées, 40 km au S E de Lourdes par N 21 et N 618

Un nom énigmatique

Cet ancien hameau de Betpouey n'aurait jamais survécu aux crues du torrent du Bastan s'il n'avait pas eu à préserver ses eaux thermales réputées miraculeuses.

(B.N., Est.)

1. Jacques de Menditte, *Discours prononcé sur la tombe d'Etchahun*, 1969.

« Triste village étranglé par la montagne. Les eaux en sont excellentes dit-on, contre la neurasthénie. Il y aurait pourtant là de quoi rendre hypocondriaque le plus joyeux drille. » Ainsi en parle Raymond Escholier, faisant écho aux lamentations fleuries de Ramond. « Quiconque n'est point enchaîné dans ce triste lieu à l'urne de sa naïade, se hâte de chercher dans la partie supérieure de sa vallée, si ce n'est des sites plus riants, au moins un air plus libre. »

Le nom de Barèges est une curiosité. Les chartistes médiévaux l'ont traduit par « *Valletica* », ou « *Bareyta* » qui, pour eux, venait du nom pyrénéen de la vallée, la *bat*. Ne faut-il pas aussi chercher du côté du bas-latin *vervactum*, qui a donné le gascon *bareyt*, la friche, ce qui correspondrait à l'aspect sévère de la haute vallée par rapport aux prairies plus verdoyantes du bassin de Luz? En cherchant encore dans le gascon, on trouve *barreya* qui veut dire « *verser* ». Et dans ce cas le déversoir des quatre ravins se trouverait être l'image dominante retenue pour nommer le coin avant la découverte des sources. Mais Barèges est peut-être simplement un nom pyrénéen aussi vieux que l'Ariège ou le Barétous, et aussi intraduisible.

L'honneur de la comtesse

Jusqu'à l'ouverture de la route de Pierrefitte à Luz en 1745, il n'était possible d'atteindre Barèges qu'en passant par la vallée de Campan et le col du Tourmalet, à pied et à cheval.

C'est ce chemin qu'empruntaient les comtes de Bigorre pour traiter leurs affaires avec leurs sujets de Barèges. Ceux-ci connaissaient trop bien l'avantage de cet isolement, qui pouvait leur assurer une immunité à peu près totale. Une fois même, ils n'hésitèrent pas à tenter de retenir prisonnière la comtesse Bénétrix de Bigorre, venue avec son fils. Quelques anciens, toutefois, pensant que le comte ne tarderait pas à tirer vengeance de cet affront, firent obstacle au complot; la comtesse repartit précipitamment, échappant de justesse au déshonneur.

Il fallut de nombreuses manifestations de soumission, dit Marca, pour faire pardonner cet attentat. Le comte Centot exigea que, chaque fois que lui-même ou la comtesse entreraient dans la vallée de Barèges, les habitants lui bailleraient quarante otages à leur choix, outre les douze que l'ancienne coutume les obligeait à donner, ce qui, on l'a vu, ne les avait pas arrêtés dans leur projet d'enlèvement. Ces otages, pris dans les meilleures maisons de la vallée, devaient assurer tout le temps de leur séjour la protection des suzerains et des gens de leur suite.

Pour guérir le fils du Roi-Soleil

Monsieur de Fagon, médecin de Louis XIV, savait bien ce qu'il faisait en envoyant aux eaux de Barèges, en 1674, le petit duc du Maine. Le souvenir des rescapés des guerres d'Italie, qui y avaient guéri leurs arquebusades depuis 1550, s'était transmis de génération en génération de médecins. Le cas pathologique du fils du roi et de la Montespan était digne de pitié : paralysie infantile, pied-bot, scoliose, fistule anale. Les améliorations de la première cure avaient fait sensation à Versailles : Vauban et Louvois, entre 1678 et 1680, vinrent consacrer la réputation de la station; Mme de Maintenon, en y ramenant le jeune prince en 1679 et 1681, écrivait toutefois « que le lieu était plus affreux que je ne peux vous dire ».

Barèges devient une grande station à la mode. Toute son histoire n'est alors qu'une lutte pour survivre aux crues du Bastan, quand survient la débâcle des glaces du lac d'Oncet et que ses eaux se précipitent dans la vallée comme d'un barrage rompu. En 1762, le nouvel hôpital militaire n'est sauvé que par une digue que le lieutenant des bains, M. de Laurière, fait élever en toute hâte, avec tous les matelas et les meubles de la localité, chargés de pierres.

La dureté des conditions de vie des montagnards au début du XIXe siècle est décrite ainsi par un spectateur : « Pour faucher sans trop de péril leur humble moisson, les montagnards, tant l'inclinaison des pentes est rapide, sont obligés de se faire attacher au milieu du corps avec des cordes. D'autres fois, ce sont des femmes que vous voyez occupées à l'aide de longues cordes et de poulies à remonter dans des paniers la terre végétale nécessaire à la culture et que les pluies d'automne ont précipitée dans le lit de la vallée[1]. »

Feux et flammes

Une promenade bien connue des curistes, le « Sopha de Boucherolles », évoque les plaisirs de la belle société de l'Ancien Régime : son nom vient d'une fête extravagante qui y fut donnée à cette époque et dont le récit a été fait par Achille Jubinal. Un riche escroc, M. de Vérac, voulait éclipser le cardinal de Rohan auprès de la belle Mme de Ronchères, qu'ils courtisaient tous les deux. Toute la bonne société de Barèges fut conviée par M. de Rohan à un repas qui devait avoir lieu dans un petit bois et, pour le même soir, par M. de Vérac à une collation nocturne au même endroit. Le souper du cardinal fut somptueux, rehaussé de musiques et de danses dont les exécutants avaient été amenés à grand frais de Toulouse. M. de Vérac réservait une surprise à ses hôtes, qu'il avait fait simplement installer sur des fauteuils, face à la montagne. A la nuit tombante, d'un seul coup, vingt mille flambeaux s'allumèrent sur les pentes, tandis que des montagnards déguisés en diables faisaient partir des gerbes de feu d'artifice. Pour terminer, un ruisseau d'eau-de-vie enflammé, descendant en cascade, vint mettre le feu à un petit bois, en face du théâtre de la fête. La collation fut servie à la lueur de l'incendie. Mme de Ronchères fut tellement saisie de cette débauche d'illuminations (qui n'avait pas coûté moins de 50 000 livres à son soupirant) qu'elle vint le lendemain visiter les lieux avec lui et « accorda au prodigieux financier, en récompense de sa fête, ce qui se prend aussi bien sur l'herbe que sur une ottomane ». C'est depuis, ajoutait Jubinal, que cet endroit s'appelle le « Sopha »[2].

Quatre cénobites

Si, aux portes de Barèges, on fait un détour dans le hameau de *Sers*, on sera surpris par l'intérêt que présente son église, placée sous l'invocation d'un martyr de Saragosse, saint Vincent.

1. *Magasin pittoresque*, 1836.
2. Pierre de Gorsse, *Villégiatures romantiques aux Pyrénées*.

La Grand'Rue (B.N., Est.)

Le chrisme du tympan est certainement l'un des plus énigmatiques de la vallée. Dans le cercle du monogramme, un oiseau
occupe la place de l'alpha. A gauche, se trouve un deuxième
oiseau, devant une croix latine qui surgit du sol; à droite, deux
autres oiseaux sont affrontés[1]. La table d'autel, d'une seule
pièce en marbre veiné retaillé, est également remarquable.

La tradition désigne le village de Sers comme le refuge de
saint Justin, disciple de l'évêque Saturnin de Toulouse. Celui-ci
l'avait laissé à Tarbes (alors *Tarva, castrum Bigorrae*) pour veiller
sur la première communauté chrétienne. Lors de la persécution
au cours de laquelle Saturnin trouva le martyre à Toulouse,
Justin s'enfuit avec un groupe de fidèles et chercha refuge parmi
les populations de la montagne, que la justice romaine ne pouvait atteindre. Il parvint ainsi au val de Barèges, la *Valletica*,

1. *B.S.L.A.P.*, 1895, t. XXV.

par le col du Tourmalet, inaccessible pratiquement à tout autre qu'aux *Levitani*, les Lavedanais.

Sur une éminence qui a toujours été appelée le *Turoun de Sent Justi*, Justin construisit un oratoire et des cellules de cénobites; il y vécut avec trois compagnons, Magnus, Izicus et Focus. Ils figurent dans le *Martyrologue* de saint Jérôme, et Grégoire de Tours indique le bourg de Sexcius comme lieu de sépulture du premier évangélisateur de la Bigorre. C'est aujourd'hui Sers.

Des squelettes de géants

La vallée de Barèges passait pour avoir été habitée autrefois par une race de géants. Le curé Cantonet, de Luz, fit en 1777 à leur sujet des recherches qu'il détaille dans une lettre au géologue Palassou[1]. « M. d'Hérouville, commandant de Guyenne, qui vint à Barèges, me parla des géants du pays d'après ce qu'il en avait entendu dire à feu M. Destrade de Luz; et comme il travaillait à l'*Encyclopédie* et qu'il avait été chargé d'une partie de l' « Histoire naturelle », il me pria de lui procurer quelques os de ces géants [...] Après bien des recherches j'appris qu'on croyait qu'il y en avait eu quelques-uns d'ensevelis dans le village de Bizos, en deçà de Saligos; j'y allai accompagné d'un nommé Lartigue, garçon chirurgien, et sur le rapport des anciens du village je fis creuser au milieu d'une rue où je trouvai en effet des os, qui, par leur longueur ne me laissèrent point douter qu'ils ne fussent de personnes d'une taille gigantesque. Je portai à M. d'Hérouville l'os tibia et la clavicule; autant que je me rappelle la clavicule avait près de 12 pouces et le tibia de 20 à 24 pouces. M. d'Hérouville décida tout comme moi que ces os étaient des os de vrais géants. »

L'ingénieur Pasumot, dans la relation de son voyage aux Pyrénées en 1788 et 1789, confirme qu'il a existé à Bizos une famille de géants hauts d'environ huit pieds. On les nommait les « *Prouzous* » (les preux), qui signifie « grands hommes ». Leur taille gigantesque inspirait de la répugnance aux jeunes filles. Le dernier connu s'appelait le vieux Barrigue, mort vers 1790, âgé de cent huit ou cent neuf ans. Son acte de baptême existait à Luz où vivait sa famille. Les « *prouzous* » étaient enterrés dans un cimetière particulier, connu encore du temps de Pasumot.

BARTRÈS

65 — HAUTES-PYRÉNÉES, 2 KM AU N DE LOURDES PAR V O

Face à face dans la tombe

Sur le territoire de Bartrès se trouvent quelques-uns des plus grands tombeaux mégalithiques du sud de la France. Ce sont des tertres ou tumulus de plusieurs dizaines de mètres de diamètre, recouvrant des sépultures superposées et d'époques différentes.

Le tumulus de la Halliade, où s'allumaient les feux de la Saint-Jean, formait une allée couverte de 14 m de long, avec une allée latérale, cloisonnée en huit chambres; on y a ramassé des vases, des flèches, des couteaux, des ornements en callaïs et en or.

1. Palassou, *Nouveaux Mémoires*.

Le *Pouy Mayou*, de 45 m de diamètre et 3,50 m de haut, recouvrait un dolmen orienté est-ouest, de 7 m de long et 4 m de large environ. Dans la chambre, dallée d'ardoises, deux squelettes étaient assis, l'un en face de l'autre, adossés aux parois Nord et Sud, avec des armes de silex et des ornements en or. Au-dessus du dolmen, les hommes de l'âge du fer incinéraient leurs morts dans des bûchers qu'ils recouvraient à leur tour.

Le *Taillan*, de 50 m de diamètre, comportait une chambre sépulcrale où se trouvait un autre squelette assis, une hache de diorite à son côté. Des débris d'armes, de poteries, d'ornements en or ont été retrouvés dans d'autres tumulus aux noms caractéristiques : celui du Maure, de *Pouey Peyré*, aux cercles de pierre concentriques, de l'*Usclade*, avec ses lits de cendres, de la Baraque, en bordure d'une vieille route...

À côté du tumulus de Buala se trouve la *Peyre Hicade*, bloc erratique de 1,65 m de haut que sa forme cylindrique a fait choisir pour servir de monument. Avec la *Peyre Crabère*, à la limite de la commune de Lourdes, c'est le seul menhir authentifié dans cette immense nécropole qui s'étend sur les territoires des communes de Bartrès, Ossun, Azereix, Ger et Pontacq.

Ces tumulus étaient pour la plupart enfermés dans des cercles constitués de gros galets placés côte à côte, selon une courbe tracée au cordeau, et semble-t-il, selon un étalon de mesure invariable : la signification rituelle et magique de ces cercles formant des enclos funéraires est indéniable. Certains, inexplicablement, sont situés en avant du tumulus.

Illusion ou prémonition ?

Près du village, la grange où Bernadette Soubirous se réfugiait avec ses brebis quand le temps était mauvais, est devenue un sanctuaire (comme tout ce qui touche à la petite voyante), le plus rustique, le plus dépouillé qui soit. Elle évoque si authentiquement la pauvreté de l'étable de Bethléem dans sa version pyrénéenne qu'elle a été copiée pierre par pierre, poutre par poutre, dans la chapelle de la cité d'accueil du Secours catholique à Loùrdes.

En 1894, lors de son voyage à Lourdes, Émile Zola écrivit dans son *Journal de voyage* : « Je crois qu'on doit chercher à Bartrès pour tout expliquer. » Il s'y rendit seul, en promeneur. Il vit « un trou de verdure lointain et frais, un bout du monde où pas un souffle de dehors n'arrivait ». Il note la coutume des veillées où, pendant qu'elle filait, Bernadette entendait lire l'Évangile et raconter des histoires de sorcières et de loups-garous. « Sa petite cervelle devait travailler », conclut-il. Enfin il pense avoir trouvé une preuve : le curé de Bartrès, l'abbé Ader, qui rencontrait Bernadette dans ses allées et venues, avait dit un jour : « Le visage de cette petite fille m'émeut infiniment. Il me semble que les enfants de la Salette — à qui la Vierge venait d'apparaître — doivent lui ressembler. » De ce mot Zola gardera l'idée d'une préparation psychologique des apparitions... Mais les présages existent... et l'abbé Ader pourrait avoir bénéficié de l'un deux, lorsqu'il crut lire sur le visage de sa petite paroissienne d'occasion sa prodigieuse destinée.

Église de Beaudéan (coll. de l'auteur)

BAUDÉAN

La justice de Dieu

A la hauteur de Baudéan, entre les escarpements sauvages de la face nord du Pic du Midi de Bigorre et les pentes boisées du Montaigu, la belle vallée de Lesponne s'enfonce au cœur de la montagne. Au milieu de son parcours, près de l'auberge de Chiroulet, un chemin grimpe vers les solitudes désolées d'un cirque de crêtes, où s'encadre la nappe tranquille et profonde du lac Bleu, dit aussi lac d'Ilhéou. De ses eaux est née une vieille légende rappelant celle de Philémon et Baucis. Elle prend dans ces montagnes une saveur pastorale que le christianisme n'a pas affadi.

Dans les temps anciens, quand Dieu parcourait la terre en pauvre, il arriva un soir, dit-on, au fond de cette vallée, où s'élevait un village perdu. Il demanda à loger, mais personne n'eut pitié de lui, sauf un pauvre vacher qui couchait avec ses bêtes dans son étable. Il l'accueillit et, n'ayant rien à lui offrir à manger, tua le seul veau qui lui restait, et le servit à son hôte. Le divin voyageur, quand il fut rassasié, dit au pauvre vacher : « Mets à part tous les os de ce veau, sauf celui de mon souper, que je garde. » L'homme obéit et rangea les os sur le seuil de l'étable; puis ils allèrent dormir dans la paille. A l'aube, quand il sortit, le veau l'attendait à la porte, paissant l'herbe et, dans la cloche qu'il avait au cou, pendait l'os gardé par le visiteur. La joie du vacher, qui était grande, se changea tout à coup en épouvante quand il vit, à la place où se trouvait le village, une immense étendue d'eau bleue qui miroitait au soleil. Le lac d'Ilhéou était né; les gens au cœur dur avaient été engloutis dans leurs demeures closes. Le redoutable voyageur était parti semer sa justice en d'autres lieux.

BAYONNE

64 — Pyrénées-Atlantiques, 107 km a l'O de Pau par N 117

Au temps des Barbares

A l'époque du Bas-Empire, un grand port de la cité des Tarbelles existait à l'embouchure de l'Adour; il s'appelait « *Lapurdum* ». Il a laissé son nom au Labourd, la province basque dont Bayonne est la porte d'entrée, par terre et par mer. Le nom même de Bayonne, qui a commencé à apparaître au XIIᵉ siècle, est d'origine basque. À côté d'étymologies fantaisistes *bai, ona* (oui, c'est bon), il en existe de valables : *baïa ona* (la bonne rivière) ou *ibaï ouna* (le confluent des rivières) [1].

La situation de la cité, au voisinage de la mer et aux portes de la péninsule ibérique, était dangereuse en période de troubles. L'enceinte romaine, dont subsistent de nombreuses tours transformées en logis, ne protégea pas Lapurdum des Vandales, des Alains et des Wisigoths (qui passèrent de France en Espagne), des Vascons (qui refluèrent d'Espagne), des Normands enfin, qui, venant du large, s'en emparèrent et en firent leur base d'opérations dans la remontée des rivières. Dax, Saint-Sever, Aire-sur-l'Adour, Lescar, Oloron, sur les gaves, furent rasées. «Pas une ville, dit une ehronique, qui ne fût rançonnée, pillée ou brûlée deux ou trois fois.»

1. La Nive et l'Adour. C'est là que la première ville fut bâtie.

*Vue de la ville
et du port de Bayonne
(Musée des Beaux Arts, photo Giraudon)*

Le saint emporte sa tête coupée

C'est à cette époque qu'on place l'histoire de saint Léon. Il avait été envoyé par le pape dans ces confins de l'Aquitaine, et trouva Bayonne peuplée de Normands païens ou de brigands. Un temple de Mars (ou d'Odin ?) était leur grand sanctuaire. Saint Léon, qui avait réussi à constituer en dehors de la ville une petite communauté, y pénétra. Traîné devant l'idole du temple, « il la réduisit en poussière en soufflant dessus »; aussitôt les prêtres et la foule se convertirent.

Au retour d'une expédition, les Normands, étonnés de trouver une ville chrétienne, partent à la recherche de saint Léon et, à l'endroit même où ils le rencontrent, lui coupent la tête. Le saint la ramasse et va la porter à une distance d'un stade. Une chapelle fut érigée dès l'origine sur la sépulture du martyr. Les travaux des fortifications de Vauban ne l'ont pas laissée subsister. A sa place, se dresse la croix de Saint-Léon. Mais la fontaine Saint-Léon, qui a jailli à l'endroit où sa tête est tombée, aucun ingénieur du roi ni de la ville n'a jamais pensé à la dévier ou à l'ensevelir : le saint est resté cher à la mémoire des Bayonnais.

Dans le ciel, une croix lumineuse

Bayonne pendant le Moyen Age est une grande ville maritime anglaise. Elle arbore la croix de Saint-André, rouge sur fond blanc, depuis qu'Éléonore d'Aquitaine s'est unie à un Plantagenêt. Un de ses maires, Pé de Poyanne, pendant la guerre de Cent Ans, est devenu la terreur des navires français et de ceux de leurs alliés. Mais à la suite de l'épopée de Jeanne d'Arc, les bannières aux fleurs de lis se sont mises en marche vers les Pyrénées. En 1451, le jour où l'armée coalisée sous les ordres de Dunois arrive en vue des remparts de la ville, un phénomène céleste, grandiose, apparaît à tous les habitants et aux combattants des deux partis, comme un signe de la bienveillance divine envers les Français. Une grande croix de lumière blanche, fleurdelisée, resta suspendue pendant un long moment dans le ciel : aussitôt les Bayonnais ouvrirent leurs portes aux Français et abattirent les enseignes anglaises qui pavoisaient les murailles.

La lettre qu'écrivirent, le 20 août, à Charles VII, les chefs de l'armée, Dunois, le bâtard d'Orléans et le comte de Foix, est un document historique qui mérite d'être reproduit tel quel :

« Sire, il est vrai que, à la propre heure que vos gens prenoient la possession du chastel de Baïonne, estant le ciel cler et bien assuré, apparut une grande croix blanche sur la dicte ville de Baïonne du côté d'Espaigne, et là s'est arrêtée sans remuer ni bougier l'espace d'une heure.

« Et comme disent les aucuns qui l'ont vue, au commencement estoit en forme de crucifix, la couronne sur la teste, laquelle couronne se tourna puis en fleur de lis. Et a esté veue par tous les gens de cet ost où estoient de mille ou douze cents hommes de guerre espaignols qui sont ici avec leurs mainies en votre service. Ces choses nous ont semblé à tous très merveilleuses, et mêmement à ceux de la ville de Baïonne, lesquels, quand ils la virent, comme esbaïs, faisant le signe de la croix, incontinent toutes les enseignes étant sur les pourtails et tours où estoit la croix rouge, ostèrent et mirent jus. »

Des fossés remplis de cadavres

La prise de Bayonne semble avoir exercé sur les capitaines espagnols une sorte de fascination, chacun rêvant d'en apporter les clefs à son souverain. Si le prince d'Orange, en 1623, ne s'y attaqua pas et se contenta de ravager le Labourd, c'est qu'il avait en mémoire la sévère leçon de l'assaut de 1523. Ce fut un cuisant échec pour le duc d'Albe, et, pour Bayonne, un sujet de fierté que traduisit sa nouvelle devise : « *Nunquam polluta* » (« jamais souillée »), qu'elle partage avec Péronne, la ville picarde qui résista dans les mêmes conditions aux troupes de Charles-Quint.

Commencé le 18 septembre 1523, l'assaut dura sans désemparer trois jours et trois nuits. La rage des assaillants donna aux Bayonnais le courage du désespoir; ils savaient qu'ils n'avaient rien à attendre de leurs adversaires si la ville tombait entre leurs mains. Les femmes comme les hommes montèrent au rempart, relayant la garnison qui se battait sur la brèche. Le commandant de la place, Lautrec, se tint au milieu de ses soldats, sans prendre aucun repos. Au bout du troisième jour, les Espagnols, harassés, se replièrent enfin et repassèrent la

Bidassoa, laissant les fossés de Bayonne remplis de cadavres.

L'âme de la résistance, Odet de Foix, vicomte de Lautrec et maréchal de France, était un des fameux capitaines des guerres d'Italie. La défense de Bayonne ne fut qu'un épisode dans sa vie que Brantôme a résumée brièvement : « Excellent pour frapper comme un sourd, pour gouverner un état il n'était bon... » Il l'avait prouvé au cours des guerres d'Italie. Mais François Ier, qui connaissait l'homme, n'hésita pas à lui confier la défense de cette clef du royaume ; elle fut telle qu'il l'espérait.

Femme de Bayonne,
1572
(B.N., Est.)

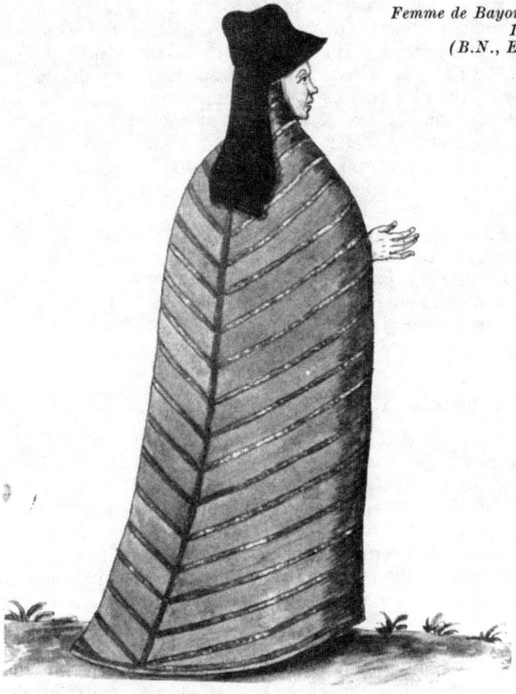

L'envoyée du diable

Ce qu'ils avaient renoncé à prendre par les armes, les Espagnols ne cessèrent d'essayer de l'obtenir par la ruse et la trahison. La chronique des tentatives de leurs hommes de main est jalonnée par les complots de Châteaumartin en 1595, de Montilla en 1651, et d'autres pendards de moindre envergure. Miraculeusement, ils échouèrent les uns après les autres et finirent au gibet, démembrés, leurs têtes fichées, à titre d'exemple, au-dessus de la Porte d'Espagne.

Une « bizarre et épouvantable aventure » arrivée au duc de Gramont, gouverneur de Bayonne en 1707, montre qu'à cette date encore nos voisins n'avaient pas renoncé. Les intrigues se multipliaient autour de la veuve de Charles II d'Espagne, Anne de Neubourg, en résidence forcée dans cette ville. On était alors en pleine guerre de succession d'Autriche. Bayonne et le Pays basque étaient remplis d'Espagnols des deux camps, et la police du roi y avait fort à faire. Au commencement du mois d'août, on découvrit, deux heures avant qu'elle n'explosât, une machine infernale placée sous le cabinet de travail du gouverneur. Elle y avait été déposée par un prisonnier d'État, détenu sur parole à Bayonne, mais on n'a jamais su comment il s'y était pris et si les sentinelles avaient été gagnées. Quelques jours plus tard, comme Gramont dépouillait son courrier, il se sentit défaillir sous l'effet de l'odeur étrange qui se dégageait d'un pli dont il venait de briser les cachets. La duchesse qui se trouvait présente, put secourir à temps son mari. Les Gramont y virent l'œuvre de la princesse des Ursins, leur ennemie mortelle, l'âme damnée et la confidente du couple royal d'Espagne. Cette femme tenta dans une de ses lettres de s'en justifier en rejetant le complot sur les Espagnols du parti de l'archiduc : ils avaient tout intérêt à se débarrasser d'un gouverneur vigilant et avisé dans la chasse à l'espion. La duchesse d'Orléans, elle, ne s'y trompait pas. Elle écrivait au duc : « Le poison est fort en usage en ce pays-là et, entre nous, les moines de l'Inquisition sont de mauvaises bêtes. Je crains qu'ils n'empoisonnent mon fils » (il s'agit du duc d'Orléans, commandant des forces hispano-françaises). Elle visait du reste la princesse des Ursins quand elle traduisait à son correspondant un proverbe allemand : « Quand le diable ne peut pas venir lui-même, il envoie à sa place une vieille femme... »

La jalousie du roi

Une des « entrées » célèbres de Bayonne fut celle du roi Charles IX qui y vint en 1565, accompagné de la reine mère Catherine de Médicis. La reine d'Espagne Élisabeth était venue voir son frère. Une foule de malades s'étaient déplacés dans l'espoir que, de nouveau, le pouvoir que possédaient les rois de France de guérir la scrofule se manifesterait. « Le jour de la Pentecoste, dit le chroniqueur, il y a eu une si grande presse au temple où le roi a touché les escrouelles qu'une troupe de gens estant tombée sur l'autre, sont morts 14 ou 15 petits enfants qui ont été crevés ou étouffés. »

On remarquera alors une chose singulière, le particulier empressement des Espagnols à venir se faire guérir par le roi. « Entre les Espaignols qui sont malades des escrouelles, il y en a une partie de Pampelune et du pays de Navarroys qui viennent d'une grande affection voir Monseigneur le Prince, ne pouvant quasi se saouler de le voir. »

Un cérémonial du temps de Louis XIV dit à ce sujet : « Les Espagnols et étrangers tiennent toujours les premiers rangs entre les malades, ou parce que l'arrogant espagnol règne parmi les écrouellés, ou parce qu'il y a d'ordinaire parmi eux quelques gentilshommes qui viennent chercher du secours. » Cette curieuse dévotion était encore tellement populaire en Espagne au XVIIIe siècle que le roi Charles III d'Espagne, jaloux de son voisin le roi très chrétien de France, adopta par rancune politique une attitude nettement antisuperstitieuse. Il fit paraître en 1772, une ordonnance interdisant à ses sujets de la région pyrénéenne de se rendre à Paris pour s'y faire guérir.

Cathédrale de Bayonne, gravure XIXᵉ s. (B.N., Est)

La Fleur de Lis supplante le léopard

Dans son *Journal* de 1843, Victor Hugo s'est complu à décrire la cathédrale : « couleur d'amadou et toute rougie par le vent de mer ». Le plus bel édifice gothique de l'extrême Sud-Ouest pyrénéen est le reflet des grandes cathédrales jacobites essaimées le long du chemin de Compostelle. L'influence de la Saintonge s'y fait particulièrement sentir; et le cavalier du portail Nord, aujourd'hui disparu, parlait aux pèlerins des figures de saint Jacques Matamore qu'ils allaient rencontrer aux portes de nombreux sanctuaires espagnols.

Le chœur et les sept chapelles rayonnantes (qui commencèrent à s'élever après 1258) ont emprunté à Soissons les voûtes en berceau brisé, à Reims, les piles cantonnées de colonnettes, les roses à six lobes, les arcatures aveugles au bas des murs et les anges couronnant les chapelles, à l'extérieur. La clef de voûte de la partie sud du transept représente une nef du même type que celle de Jacques Cœur à Bourges, munie du gouvernail d'étambot qui s'appelait déjà « à la bayonnaise ». Cette sculpture symbolise l'apogée de la prospérité et de la puissance de la ville, escale majeure entre l'Espagne et l'Angleterre.

Le portail Sud, qui ouvre aujourd'hui sur la sacristie, est orné du Jugement dernier. Dans les voussures, quelques-unes des sculptures comptent parmi les plus beaux nus que nous ait laissés le Moyen Age.

Au portail Ouest toutes les figures seraient très curieuses à étudier sur le plan de l'ethnographie locale. La Vierge offre en effet les traits anguleux, comme taillés au couteau, de la Basquaise d'âge mûr. Les apôtres semblent être d'authentiques

portraits de gens du pays. La qualité de ces sculptures fait
regretter d'autant plus le massacre systématique de tout le
décor extérieur de la cathédrale, massacre ordonné en 1793
par les représentants du peuple et exécuté avec conscience,
d'après la tradition, par un bataillon de volontaires de la
Gironde. Les clefs de voûte de la nef et du bas-côté évoquent
remarquablement la destinée historique de la ville au cours
de la construction de l'édifice. Au centre de la croisée du
transept et au bas de la nef, ainsi que dans chaque bas-côté,
quatre clefs représentent les trois léopards d'or sur fond de
gueule, armoiries de l'Angleterre. La sixième clef à partir du
transept porte les armes de l'adversaire du roi de Bourges
et de Jeanne d'Arc, Henri VI. Comme il prétendait au trône
de France, les fleurs de lis partagent l'écu avec les léopards.
Enfin des fleurs de lis seules, visibles sur la façade, sont apparues
après l'entrée miraculeuse de Dunois dans la ville, en 1451.
Sous le porche ouest, les armes de la ville sont tenues par un
ange aux longues ailes enveloppantes. Les figures héraldiques
composent un véritable tableau : on y voit, au centre d'une
enceinte hexagonale crénelée, un donjon et un escalier; un pont
donne accès à une porte ouverte au milieu de la tour; des
flots ondés entourent le rempart dont ils battent le pied;
à la pointe de l'écu, deux léopards assis dos à dos, la tête
tournée de face, s'appuient sur deux arbres dont le feuillage
taillé se groupe en bouquets ramassés le long du tronc.
On retrouve ces trois motifs dans une clef sculptée après la
reddition de la ville au roi de France; on ajouta seulement une
fleur de lis au-dessus de la tour.

Le vieux château, lithographie de Jacottet 1842 (B.N., Est.).

Armes et armoiries

En 1696, apparaissent curieusement de nouvelles armoiries
attribuées à la ville de Bayonne par le conseiller d'Hozier,
garde de l'armorial général de France. Elles s'énoncent ainsi :
« De sable à une baïonnette renversée d'argent, la poignée
d'or, surmontée d'une couronne murale[1]. »

La baïonnette fait donc son apparition à Bayonne. On appelait alors couteau bayonnais une espèce de poignard dont le
manche conique et sans pommeau pouvait être introduit dans
le canon d'une arme à feu. Nous le voyons déjà aux mains du
baron de Foeneste, chez Agrippa d'Aubigné. La baïonnette
fut un perfectionnement industriel de cette arme terrible, due
aux maîtres couteliers de Bayonne, qui constituaient la corporation des « fourbisseurs ». C'est à eux que l'on peut attribuer
les dernières victoires des armées de Louis XIV, celle de Denain
en particulier, qui fut décisive.

Les vitraux Renaissance des grandes baies de la nef sont
remplis de détails curieux. Dans celui de la Création du monde
et du Paradis, l'arbre de la Science est un oranger couvert de
fruits d'or ; c'est en effet en Espagne que l'antiquité situait
le jardin des Hespérides. Dans la scène du péché d'Ève,
le serpent a une tête d'homme coiffé d'un bonnet magistral
de docteur, pour mieux convaincre la première femme de la
solidité de son argumentation !

Dans le vitrail de la Chananéenne, de la chapelle Saint-
Jérôme, les donateurs sont représentés portant des banderoles, témoignant de leur foi : « *Nunc et semper* ». C'était la
devise des Ducasse, négociants bayonnais, enrichis par le
commerce avec les Indes occidentales, famille d'où sortira
trois siècles plus tard le poète maudit, Isidore Ducasse, le
Lautréamont des *Chants de Maldoror*.

Les îles lointaines abordées par les vaisseaux bayonnais sont
encore évoquées par la monumentale chaire sculptée en 1760
dans des troncs d'acajou massif des Canaries et offerte par
le chanoine Clérisse. Cette même année 1760, Joseph Vernet
séjournait à Bayonne pour peindre les toiles qui figurent dans
sa célèbre série des « Ports de France ».

Fil d'Ariane

La Bayonne souterraine passait en 1848, aux yeux de
l'archéologue Didron, pour plus curieuse que l'autre. Guidé
par ses amis, il visita un labyrinthe de magasins, de bas-
celliers et de caves des XIIIe et XIVe siècles, courant sous les
maisons, aux environs du cloître de la cathédrale, du Vieux
Château, rue Gorse et rue des Augustins. Ce sont des nefs avec
piliers, colonnes, nervures, arcs doubleaux, clefs de voûte d'un
bel appareil. « Il n'y a guère que Provins qui puisse, du moins
à ma connaissance, rivaliser sous ce rapport avec Bayonne.
Toutes ces caves sont si belles que le peuple les prend pour
de petites églises et de grandes chapelles[2]. » Rue Gorse, la
Grande Raffinerie possède une voûte en plein cintre. Rue
Thiers, les caves de la maison Salha servaient de chapelle
clandestine pendant la Révolution.

1. R. Çuzacq, *Triptyque bayonnais*, 1949.
2. Didron, *Annales archéologiques*, 1848, t. VIII.

Selon les vieux Bayonnais, ces caves n'ont jamais été destinées qu'à loger la récolte considérable des vins du pays, car
les amateurs n'estimaient appréciables que le vin et la
« pommade » de l'année. Chaque fois qu'un roi d'Angleterre
demandait du vin aux Bayonnais, il avait soin de spécifier
qu'il en voulait « du frais ».

Le musée Grévin de la sorcellerie

Le musée Basque est un vieil hôtel au toit en auvent (bien
caractéristique des constructions labourdines). Il fut construit
au XVIe siècle par un riche commerçant du nom de Dagourette.
Acheté par les visitandines, il bénéficia de quelques embel-
lissements, parmi lesquels un escalier de pierre et une superbe
rampe en fer forgé, comme les « faures » bayonnais savaient
les faire. C'est un « dédale de pièces immenses et biscornues,
de cours vitrées, de passages obscurs, de voûtes et de piliers,
d'étages inégaux reliés par des escaliers imprévus où l'esprit
des vieux âges plane tout à son aise ». Le musée qui s'y trouve
aujourd'hui contient une quantité de stèles rondes, les discoïdales, dont certaines sont des plus importantes pour la connaissance du mystérieux langage des signes astraux du monde
pastoral pyrénéen. Cependant, au milieu des vieux meubles,
des faïences, des objets artisanaux, des cartes et des estampes,
il recèle une sorte de réduit obscur et inquiétant, consacré
à l'évocation de la terrible affaire de la sorcellerie labourdine
dont Bayonne et la région furent le théâtre en 1609.

Le premier conservateur du musée Basque, le commandant
W. Boissel, qui avait consacré une étude approfondie à ces
événements, demanda à un riche peintre espagnol habitant le
pays, José de la Pena, d'illustrer le célèbre *Traité de l'inconstance
des mauvais anges* du conseiller Pierre de Lancre, venu réprimer
sauvagement la sorcellerie dans le pays en 1609 (les procès
qu'il instruisit s'achevèrent par l'exécution sur le bûcher de
centaines d'hommes et de femmes).

Dix-huit tableaux sur bois, représentant autant d'épisodes
tirés de cette épouvantable affaire, placés côte à côte, décorent
deux des côtés de ce cabinet; le troisième est occupé par la
figuration intégrale du sabbat inspirée de la gravure du peintre
Ziarnko, qui illustra le livre du chancelier de Lancre.

Cinq jours de folie

A l'époque où la danse de la « Pamperruque » était reine dans
les rues de la ville, tout était prétexte à réjouissances, entrées
solennelles des rois, réceptions de grands personnages, traités,
victoires, naissances princières ou mariages royaux. Les
comptes de la mairie et les chroniques locales donnent un
étincelant panorama d'arcs de triomphe, de rues enguirlandées,
de bateaux pavoisés, de danseurs en costume de fête, de
banquets homériques où le fameux jambon tient une place
d'honneur.

C'est en 1932 que commencèrent les manifestations qui
livrent aujourd'hui Bayonne à la liesse, pendant cinq jours
de juillet. Vingt tonnes de confettis, pétards, *toros de fuegos*,
orphéons, bandes exubérantes, *txistularis* et *gaïteros* aux
musiques lancinantes, soulèvent « cette vague qui va rouler

la ville dans des creux d'ivresse, faire naître en bouquets les amitiés d'un jour dans l'oubli d'hier et du lendemain ».

Tandis que nos cités et nos États modernes ne trouvent plus que l'émeute ou la guerre comme solution à leur besoin irrésistible de défoulement, Bayonne offre alors à tout le Pays basque le spectacle des vieilles fêtes païennes dont, obscurément, les mascarades et charivaris médiévaux ont assuré le relais.

Le point culminant de la fête, quand la violence contenue a besoin de se mesurer avec une autre violence, c'est, à Pampelune, le dramatique *encierro* des taureaux, à Bayonne, le lâcher des vaches landaises. Au xviie siècle, les homériques courses de bœufs à travers la rue du Pont Mayou encourageaient déjà la réprobation des échevins. Il fallut l'autorité du gouvernement de Bonaparte pour les faire interdire en 1800. Mais, entre temps, les Landais y avaient pris goût et la corporation des « écarteurs » était née : les « vachettes », aujourd'hui encore, sont lâchées en liberté sur la place Saint-Léon et donnent la note d'émotion indispensable à ces fêtes uniques.

Différente des courses de bœufs populaires, la course « à l'espagnole » organisée le 17 janvier 1701 en l'honneur du passage du nouveau roi d'Espagne, Philippe V, fut, croit-on, la première course de taureaux donnée en France. On en possède une relation complète. Mais le duc de Bourgogne et le duc de Berry, repassant par Bayonne après avoir accompagné le roi d'Espagne jusqu'à Bidassoa, refusèrent d'assister à un·nouveau spectacle de ce genre[1].

Bayonne. Arc de triomphe pour la venue de Napoléon III (coll. G. Sirot).

1. Jacques Bente, *Guide touristique de Bayonne*, 1966.

Succulent mais suspect

Quand on dit que le chocolat a été introduit à la cour de France par le maréchal de Gramont, on oublie que toute la cour vint découvrir cet extraordinaire breuvage sur la côte basque, lors du traité des Pyrénées et du mariage de Louis XIV.

Les conquistadors avaient trouvé la graine du cacaoyer chez les Mexicains qui la nommaient « chocolote » et la consommaient grillée, en infusions additionnées de piment, de miel et de farine de maïs. Selon le professeur Esparza, la graine servait aussi de monnaie d'appoint. A Bayonne, la fabrication du chocolat était une spécialité des juifs qui, chassés d'Espagne, en avaient exporté leurs précieuses recettes. Ils se rendaient chez les épiciers, ou chez les particuliers, avec leur outillage particulier pour la préparation du chocolat, et dont certaines pièces ont été recueillies au musée Basque. L'ouvrier utilisait une sorte de plaque de marbre chauffée par un brasero, sur laquelle il broyait les fèves avec un rouleau de même pierre. La jurande des chocolatiers, fondée en 1661, ne comptait en 1822 que vingt-cinq adhérents.

Le chocolat des Bayonnais du XVIIe siècle était, à l'instar de l'espagnol, tellement chargé d'aromates et d'épices qu'il en avait une réputation quasi diabolique. Mme de Sévigné, au début, s'en méfiait. « Le chocolat vous flatte un temps, écrivait-elle, puis il vous allume tout d'un coup d'une fièvre qui vous conduit à la mort. » Mais, en 1664, elle sacrifiait à la folie de la mode. Les théologiens durent décider que cette boisson inoffensive ne rompait pas le jeûne et un certain père Brancaccio reçut, dit-on, le chapeau de cardinal pour un brillant traité « *de usu et potu chocolatae* ».

Le dernier temple du chocolat à Bayonne se trouve sous les arceaux de la rue du Pont Neuf où, de 1920 à 1930, chez Guillot, se sont rencontrées toutes les célébrités de la côte basque. Pour calmer les ardeurs de la cannelle, un verre d'eau fraîche, à la mode espagnole, était posé à côté de la tasse brûlante.

Mais que faire contre l'incendie allumé par les yeux de braise des Bayonnaises que P.-J. Toulet a épinglées dans ce quatrain :

> *Bayonne ! un pas sous les arceaux,*
> *Que faut-il davantage*
> *Pour y mettre son héritage*
> *Ou son cœur en morceaux[1] ?*

Un âne vénéré

L'âne de Saint-Bernard est l'orgueil de l'église du Saint-Esprit. « On m'avait recommandé, écrit Didron en 1848, de voir l'âne en bois dit de Saint-Bernard. J'eus d'abord de la peine à trouver cet animal qui est cependant encore le but d'un grand pèlerinage; il était relégué et comme caché dans la sacristie de l'église du Saint-Esprit... On a peut-être dans cet âne du couvent de Saint-Bernard un second exemplaire de cet autre âne de Sens, en l'honneur duquel se chantait la fameuse prose *Orientis Partibus*[2]. »

1. P.J. Toulet, *Les Contrerimes*, Émile Paul Frères, Paris, 1921.
2. Didron, *op. cit.*, pp. 307-308.

Avant la Révolution, ce groupe ornait la chapelle Saint-Joseph du couvent des dominicains de Bayonne. De là il fut transporté au couvent de Saint-Bernard, où les reliques du saint attiraient de nombreux pèlerinages : les Basques honorèrent bientôt la statue à leur manière... Aux grandes fêtes qui célèbrent les divers épisodes de l'enfance du Christ, et pendant les Rameaux, où Jésus monta sur une ânesse, on habillait Marie et l'Enfant en riches habits : voile blanc, robe rouge et manteau bleu pour la Vierge, chemise blanche pour l'Enfant; on les coiffait de couronnes dorées, on chargeait leurs bras de fleurs. Quant à l'âne, il était somptueusement harnaché de brides, œillères et rênes neuves.

Le groupe a été taillé dans un seul tronc de chêne, à l'exception de la tête et du cou de l'animal. La Vierge, assise en amazone, serre sur sa poitrine l'Enfant Jésus, vêtu d'une chemisette et portant autour du cou un collier de perles (de l'ambre, sans doute) et un cœur en pendentif; il tient un oiseau dans sa main gauche. La Vierge a la tête légèrement penchée, les yeux baissés. Son large manteau laisse voir ses pieds chaussés de souliers à bout rond, des souliers de voyageur.

Un livre qui tue

Sur la rive droite de l'Adour, le nom du *Boucau-Neuf* rappelle les étranges divagations de la rivière, contrariée par la barre qui empêche l'écoulement paisible de ses flots dans l'Océan. En 1369, cette embouchure fut obstruée par le sable au cours de la même terrible tempête qui détruisit la flotte d'Édouard III sur la côte normande.

Depuis, la rivière s'était frayé un chemin serpentant autour des dunes vers le nord, pour déboucher dans l'Océan trente kilomètres plus haut, au *Boucau-Vieux*. Au passage, elle avait fait de *Cap-Breton*, renommé pour ses vins de sable et ses corsaires, le port rival de Bayonne, où ne pouvaient plus arriver que les petites flûtes d'une cinquantaine de tonneaux. La ville étant déchue de son ancien lustre, ses armateurs aux abois se tournèrent vers Henri III. Celui-ci leur envoya le plus célèbre des ingénieurs du temps, Louis de Foix.

Cet homme, une des plus fascinantes et mystérieuses figures de la Renaissance, était, pense-t-on, originaire du comté de Foix. Il avait étudié la mécanique, l'hydraulique et l'architecture. Il partit pour l'Espagne alors que Philippe II recrutait tous les bons techniciens de l'époque pour achever l'Escurial. On le trouve sous le nom de Luis de Fox comme « horloger spécial » du souverain. Le roi lui confia aussi la distribution de l'eau du Tage dans les hauts quartiers de Tolède.

Louis de Foix consacra alors une partie de son activité au fils de Philippe II, l'étrange don Carlos. L'imagination capricieuse et terrifiée de l'infant lui fit commander au Français des instruments diaboliques et bizarres : par exemple, « un livre pour tuer un homme ». Cet assommoir en forme de brique mesurait six pouces sur quatre, le corps était composé de douze tablettes d'une espèce de pierre bleue (un minerai lourd probablement), et la couverture était en lames d'acier doublées d'or.

Le port de Bayonne, gravure XVIIIᵉ s.
(B.N., Est.)

Les sables de la mer

Après la mort tragique de don Carlos, Louis de Foix semble avoir eu hâte de gagner la France. C'est alors que Henri III fit appel à lui pour les travaux de l'Adour. L'ingénieur commença par faire élever de fortes digues de bois et de maçonnerie pour barrer le cours de l'Adour en direction de Cap-Breton et de Vieux-Boucau, cela à la grande irritation des marins de ces deux ports. Il espérait que la poussée des flots de l'Adour, qui s'accumulaient derrière les dunes de l'ancien lit, finirait par emporter vers le large ces masses de sable. Le résultat, dépassant ses espérances, fut terrifiant. L'Adour, soudain grossi par des pluies torrentielles survenues dans les Pyrénées, envahit la moitié de la ville de ses flots furieux, qui montaient au niveau des fenêtres des bas-quartiers. A quatre lieues alentour, prairies et fermes disparurent sous les tourbillons des eaux. Enfin, le 28 octobre 1579, la rivière, refoulant les sables de son ancien lit, se rua vers la mer par le plus court chemin.

Ce fut pour Louis de Foix un miracle : ses digues avaient tenu jusqu'à ce que la pesée des eaux sur les sables les emporte au large ! Pour les Bayonnais, le vrai miracle fut d'avoir échappé à une noyage générale... Aussi une procession annuelle d'action de grâces fut-elle instituée, le jour anniversaire de l'événement.

BEAUCENS

65 — Hautes-Pyrénées, 17 km au S de Lourdes par N 21 et D 13

La demeure des géants

Le château de Beaucens était au XVIIᵉ siècle la propriété des Rohan-Rochefort, qui possédaient dans le pays des domaines considérables.

Venue dans la région pour assister au mariage de Louis XIV en 1660, Mme de Motteville fut l'hôte d'un membre de cette famille qui était en même temps seigneur de Navailles en Béarn. Elle y recueillit une tradition curieuse. « De Joncala, dit-elle, montagne pleine de mines d'ardoises, nous allâmes coucher à Bossein (Beaucens) qui est un vieux château appartenant au duc de Navailles, bâti sur le sommet d'une demi-montagne. Je pense que c'était autrefois l'habitation secrète d'Urgande la déconnue *(sic)*. C'est un roc qui est un des plus inaccessibles; il forme en haut une terrasse carrée et grande qui sert de cour à ce château d'où on découvre une plaine des plus belles et des plus fertiles[1]. »

Mme de Motteville, parlant d'Urgande, ne voulait-elle pas faire allusion à Morgande, la sœur des géants Alabastre et Passamont, que Roland, en route pour l'Espagne, extermina à son passage dans les Pyrénées, selon la tradition des romans italiens ?

Au XIXᵉ siècle, le château fut acheté par Achille Fould, ministre d'État. En 1854, un tremblement de terre fit s'écrouler une partie des murailles et une tour; aussi en 1855, le nouveau propriétaire entreprit des réparations importantes pour lui conserver son prestige.

Les trois béguines de la montagne

Au-dessus de Beaucens, sur le bord d'un ancien chemin menant au village d'Artalens, se dressait autrefois une chapelle dédiée à la Sainte Vierge, sous le vocable de Notre-Dame-de-Bédouret. De l'emplacement qu'elle occupait, on a une très belle vue sur l'entrée de la gorge de Cauterets. La tradition veut qu'elle ait été bâtie en même temps que l'église de Soulom. Les maçons qui construisaient l'une et l'autre se jetaient mutuellement les instruments dont ils avaient besoin par-dessus la vallée qui sépare ces deux églises. La statue de la Vierge, restaurée et placée dans l'église de Beaucens, présente l'image d'une rustique nourrice donnant le sein à l'Enfant Jésus.

Trois femmes, qu'on appelait les *Bédourétos*, entretenaient la chapelle. Nommées par le curé de la paroisse, elles étaient logées dans un petit bâtiment séparé de l'oratoire par un chemin. Le reste du temps, elles soignaient quelques vieillards ou des malades qu'elles recueillaient. Cette maison était une sorte de petit béguinage montagnard.

---

1. Mme de Motteville, *Mémoires*.

L'âne rouge de Satan

A Arbouix, entre Prechac et Beaucens, les quatre tourelles et la lourde toiture d'ardoise du manoir de Cohitte dépassent à peine les frondaisons de son parc. Un des seigneurs de Cohitte s'illustra en 1404 à la tête des Lavedanais en aidant le comte de Clermont, Jean de Bourbon, à s'emparer des forteresses tenues par les Anglais dans les Sept Vallées. L'assaut qu'il donna au château Sainte-Marie de Luz le fit tomber aux mains des troupes royales. Il en fut récompensé par des lettres patentes et une donation de 562 livres. Peu après, les places tenues par les Anglais autour d'Argelès capitulaient; le Castet Naou d'Arras, défendu par Guilhem Arrieu, était emporté à son tour, les garnisons de la tour de Vidalos et du Castet Gelos de Geu abandonnaient leurs positions et se repliaient sur la forteresse de Lourdes. Cohitte et ses compagnons furent, à l'époque, les libérateurs du Lavedan.

Un de ses descendants passait pour s'adonner à la magie noire et à la nécromancie. Son château était devenu un laboratoire infernal, dont les lueurs, la nuit, s'apercevaient de toute la vallée. Même en plein jour, les gens se signaient en passant à son ombre. On disait que l'homme avait vendu son âme au diable et signé le pacte de son sang.

Un soir, il s'apprêtait à franchir le pont de Tilhos sur le gave, entre Argelès et Préhac. Ce pont, isolé dans la saligue et étroit, avait la réputation d'un coupe-gorge, où les brigands embusqués détroussaient les gens qui se rendaient au marché d'Argelès. Mais le sire de Cohitte, protégé par son pacte, ne s'en souciait pas. Comme il s'engageait sur le pont, il vit qu'un petit âne immobile, non entravé, se tenait au milieu. Il avança, pensant repousser la bête pour aller plus loin, quand l'âne se mit à grandir à vue d'œil; son poil devint couleur de feu, ses yeux flamboyèrent, deux cornes apparurent entre ses oreilles — et se dressant sur ses pattes de derrière, il s'abattit sur le sire de Cohitte en lui disant : « C'est aujourd'hui que s'accomplit le pacte; tu vas mourir et j'emporterai ton âme. » Il s'apprêtait à faire basculer sa proie par-dessus le parapet dans les eaux bouillantes du gave, quand, dans un dernier effort, Cohitte fit le signe de la croix : aussitôt un nuage de soufre nauséabond l'enveloppa et, quand il se fut dissipé, l'apprenti sorcier se retrouva seul sur le pont. Il rentra chez lui, ferma son laboratoire et ne toucha plus jamais aux instruments de ses expériences diaboliques. Le souvenir de la rencontre avec Satan, l'âne rouge, l'avait marqué pour la fin de sa vie : d'un seul coup ses cheveux étaient devenus blancs comme la neige[1].

1. D'Aigrain, *Argelès*.

*Célèbre bison d'argile (femelle) du Tuc d'Audoubert,
époque magdalénienne (photo J. Vertut)*

BÉDEILHAC

09 — Ariège, 5 km au N O de Tarascon-sur-Ariège par N 618

Des animaux magiques

Si beaucoup de grottes sont restées longtemps inconnues
parce que leur entrée était cachée par la végétation ou obstruée
par les éboulements, ce ne fut pas le cas de la vaste grotte
de Bédeilhac, dont l'énorme porche se voit de loin au pied de
la montagne de Soudour. Elle a été habitée jusqu'à l'âge
de fer. Au cours de la guerre de 1939-1945, elle abritait une
usine d'aviation. En 1945, on y voyait encore un certain nombre
d'appareils allemands, qui furent peu à peu détruits par les
amateurs de souvenirs. Les derniers vestiges des habitations
néolithiques situées dans le vestibule d'entrée ont disparu lors
du nivellement du sol sous une couche de ciment. Les parties
intérieures ont été heureusement respectées. Le comte Begouën
y fit des recherches approfondies et remarqua une série de
modelages exécutés par un « collègue » des sorciers du Tuc
d'Audoubert et de Montespan, avec moins d'art, mais dans
le même souci d'efficacité magique. Ce sont quatre bisons au
modelé écrasé, dont l'un est cerné d'un sillon tracé avec le
doigt. Le plus important et le plus visible au centre du panneau,
avec la corne en saillie, l'œil en creux et la queue nettement
relevée, est marqué au flanc de deux trous faits avec le doigt.
Dominant le panneau, un sexe féminin a été incisé au-dessus
des trois bisons, dans un style à la fois réaliste et schématique,
conforme à l'imagerie religieuse magdalénienne étudiée par Leroi-
Gourhan [1].

1. *Préhistoire et spéléologie ariégeoises*, 1949, t. IV.

On a trouvé enfin, comme à Niaux et à Isturitz, une représentation d'animal sans tête, un arrière-train de cheval. Et cette découverte remet une fois de plus en question les rapports existant entre ces effigies incomplètes et les légendes d'animaux sans tête, d'origine diabolique, nombreuses dans tout le domaine de l'ancien art magdalénien.

Une découverte importante pour la connaissance des populations préhistoriques pyrénéennes est celle du squelette trouvé à l'entrée de la grotte par l'abbé Glory. L'homme, âgé de trente à quarante ans, devait être de petite taille (1,50 m environ) et appartenait à une race montagnarde de la civilisation des dolmens. Son crâne est conservé au musée de Foix.

BEDOUS

64 — Pyrénées-Atlantiques, 24 km au S d'Oloron par N 134

Humour béarnais

La vallée d'Aspe a été illustrée par la famille des Laclède, dont trois générations ont laissé des souvenirs d'aventures et de gloire. Leur château à tourelles s'élève encore à Bedous, non loin de l'église.

L'ancêtre, Jean de Laclède, syndic de la vallée, sut faire prévaloir auprès du conseil du roi Louis XIV les privilèges du « for » d'Aspe, qui dispensaient les habitants de la vallée de l'arpentage ordonné dans l'ensemble du royaume pour établir l'assiette de l'impôt foncier. La tradition lui attribue une verte réponse à un grand seigneur de la cour qui lui demandait avec condescendance, « s'il savait ce que signifiait les mots : parabole, obole et faribole ». Le vieil Aspois de rétorquer alors : « Certes, nous le savons, en Aspe ! — Parabole est ce que vous ne comprenez guère, faribole, ce que vous dites, obole, ce que vous valez !... »

Des bords du Gave aux rives du Mississipi

Un de ses petits-fils, Pierre Liguest de Laclède, est devenu une célébrité historique aux États-Unis pour avoir fondé la ville de Saint-Louis du Missouri, qui compte aujourd'hui 1 600 000 habitants. A la Nouvelle-Orléans, où il fait le commerce des fourrures, il se lie avec une jolie bourgeoise qui a déjà un grand garçon, mais à qui Laclède donnera quatre enfants. En 1763, toute la famille, la mère comprise, va s'embarquer avec vingt-quatre hommes vigoureux, en canots, sur le Mississipi, pour ouvrir un comptoir sur les bords du fleuve. Au bout de trois mois d'une extraordinaire expédition, il débarque sur la rive droite, que le traité de Paris a laissée à la France. Dans la forêt, Laclède marque à la hache sur les troncs l'emplacement de son comptoir, des rues de la future cité et de l'église.

Tandis qu'ils se partagent les lots des terrains, les compagnons cherchent un nom pour le site; ils veulent l'appeler Laclède; mais celui-ci déclare : « Il sera appelé Saint-Louis, en l'honneur du saint aïeul de notre roi. »

Un chant d'amour et de mort

Un neveu du fondateur de Saint-Louis, Pierre Armand de Laclède, était le plus beau garçon de la vallée. Engagé dans les volontaires de 1792, sa prestance et ses qualités le firent élire par ses camarades, commandant de la première compagnie franche d'Accous, le 19 mai 1793. Son intervention décisive transforma la bataille de Lescun en déroute pour le célèbre régiment des gardes wallons, le 5 septembre 1793. Laclède fit prisonnier un de leurs officiers, le baron de Hoorts (voir *Lescun*). Sa carrière militaire s'annonçait très belle; en 1808, il était colonel et commandait un régiment polonais, le 6e dragons de la Vistule, quand il fut rappelé pour prendre part au premier siège de Saragosse par le général Verdier. Au cours des effroyables corps à corps qui s'y livrèrent, le 5 août 1808, Armand de Laclède fut tué à coups de briques par des femmes.

Il avait été aimé d'une femme célèbre dans la vallée, Marie Blanque, une « aurostère » du village d'Osse, qui allait aux funérailles improviser des lamentations où le mort, sa famille et ses amis étaient, selon son inspiration, loués ou blâmés. Le vieux Jean de Laclède, faisant dire à Bedous un service funèbre pour son fils, pria Marie Blanque de venir chanter l' « aurost » en présence des députations de tous les régiments où Laclède avait servi et d'une foule de gens de la vallée. Quand Marie Blanque commença à lancer sa plainte, l'assistance fut bouleversée : ce n'était pas une pleureuse venant faire son office sur commande, ni même une simple Aspoise, célébrant le courage d'un combattant qu'on entendit, mais une femme déchirée proclamant la mort de son amour.

BÉLESTA

09 — ARIÈGE, 36 KM A L'E DE FOIX PAR N 117

Un secret bien gardé

Cette petite ville ariégeoise située aux confins de la montagne et des collines, s'enorgueillit du titre de « capitale du peigne de corne ». Les hécatombes des troupeaux pyrénéens ne lui suffisent plus depuis longtemps; aujourd'hui, les cornes viennent de Madagascar et d'Afrique du Sud.

Aux portes de la ville, une des plus célèbres curiosités géologiques des Pyrénées, la source vauclusienne de Fontestorbes, sort de la voûte surbaissée d'un antre rocheux, en bordure de la route qui mène à Lavelanet; c'est un torrent où un léger barrage crée une nappe d'eau noire qui se déverse en cascade bouillonnante. Le rythme d'écoulement de la fontaine est réglé par une de ces mystérieuses pulsations souterraines qui régissent les sources vauclusiennes. De juillet à octobre, les eaux coulent à raison de 1 600 litres à la seconde pendant 36 mn et 36 s exactement. Puis la nappe d'eau reste immobile pendant 32 mn et 30 s avant la reprise de l'écoulement. Cette alternance se répète ainsi avec une régularité astronomique. En plein hiver, ou quand la montagne est battue par un brusque orage, le débit atteint 3 000 l à la seconde. Des

scaphandriers ont essayé de remonter le siphon qui provoque
le phénomène; ils ont reculé devant des griffons impraticables;
la source de Fontestorbes préserve son secret.

Comme la fontaine de Vaucluse, elle a été chantée par un
poète, Guillaume de Salluste du Bartas. Dans la « Septième
semaine » de sa *Création*, il la compare à une horloge naturelle :

> *Flot docte à bien compter, qui guide par nature*
> *Le temps très seurement, sans horloge ou mesure.*

Sources de Fontestorbes, par Melling, 1830 (coll. Pierre Minvielle)

Les grottes de l'Enfer

Aux portes de la ville, le sanctuaire célèbre de Notre-Dame-
du-Val-d'Amour est construit sur une butte naturelle appelée
la Coste d'Amour; le ruisseau qui passe à son pied se nomme
l'Amourel. L'origine du pèlerinage, qui se perd dans la nuit
des temps, serait la guérison de la fille d'une princesse étrangère aveugle, qui aurait recouvré la vue grâce à l'eau d'une
fontaine. L'intérieur de la chapelle était tapissé de « vœux
de cire », figurines représentant le membre guéri ou soulagé.
On y trouvait surtout des yeux. Ils alimentèrent le bel autodafé allumé par la soldatesque du sieur d'Audou, en 1567,
lors de la destruction du sanctuaire. Mais la source miraculeuse n'avait pas tari, et les dons qui continuèrent à y être
faits, les pièces d'argent jetées dans le bassin, aidèrent à la
reconstruction de la chapelle. Ainsi l'atteste l'inscription latine
de l'entrée : DIRUTA. QUI. NVPER. FLEBAS, etc. « Toi
qui pleurais naguère sur les ruines de cet édifice, tu te

demandes quelle force l'a restauré ? L'hérésie l'a détruit
à grand renfort de flammes. Avec un peu d'eau, l'épouse de
Dieu l'a reconstruit. » Deux occasions particulières rassemblaient les populations au Val d'Amour : le lundi de la Pentecôte et la fête de Saint-Roch, le 16 août. Ce jour-là, on y
amenait le bétail pour le faire bénir.

Le 23 juin 1802, la moitié de Bélesta ayant été emportée
par les eaux furieuses du torrent, l'autre moitié ne fut sauvée
que par l'invocation de Notre-Dame-d'Amour. Pour conjurer
le retour d'un cataclysme semblable, une messe appelée
« la messe des gouffres » se disait tous les ans dans la chapelle,
la veille de la Saint-Jean. Les eaux de la montagne qui avaient
débordé passaient pour être soumises aux caprices du diable.
Les cavités souterraines de la roche au fond desquelles on les
entendait gronder étaient nommées « trous de l'enfer ».

Mais la fontaine du Val d'Amour n'est pas une source ensor-
celée. Elle se cache sous la chapelle dans une grotte qui pourrait bien être un sanctuaire très primitif.

En lettres de feu et de sang

De 1559 à 1599, Bélesta et l'Ariège vécurent dans la terreur,
sous la poigne de fer d'un homme dont le nom est resté légendaire : le baron d'Audou, qui s'est taillé en Ariège la même
réputation que le baron des Adrets dans le Dauphiné. Le peu
qui reste de son château, sur les flancs du rocher de Saint-
Jammes, en face de Bélesta, atteste l'acharnement avec lequel
il fut détruit. Le baron n'avait-il pas mis le feu au sanctuaire
du Val d'Amour, aux portes de la ville ? Jusqu'au début
du XIXe siècle, son nom faisait peur. Pour calmer les enfants
turbulents, on leur criait : « *Audou, au loup* ! » Plus tard, quand
ils se rendaient dans les ruines pour y jouer, ils s'effrayaient
mutuellement en criant : « *D'Audou, d'Audou ! la bouneto
rouje* ! » Beaucoup affirmaient que son fantôme hantait les
souterrains. On a même dit que le terrible sire, à l'instar du
maître de camp La Mothe Tibergeau, dans le Maine, se promenait avec une écharpe d'oreilles de prêtres en bandouillère.
Si ce ne fut qu'une image, elle évoque bien ce que l'impitoyable capitaine fit réellement endurer à ses ennemis, à Foix
en particulier.

La haine du sire d'Audou pour les moines a frappé les
mémoires : il s'acharnait avec une joie sauvage sur les
monastères dont il s'emparait. On y a vu un réflexe de l'ini-
mitié séculaire des Ariégeois pour les promoteurs de la croisade
contre les Albigeois : Jean-Claude Audou était un Lévis,
descendant de la famille de Mirepoix, une famille de *faydits*
cathares. La guerre des Albigeois, les persécutions, le massacre
de Lavelanet, le sac de Foix, étaient des épisodes inscrits
en lettres de feu et de sang dans l'histoire de sa famille. L'héritier des proscrits se rangea dès le début de la Réforme du
côté de ceux qui avaient déclaré la guerre aux porteurs de
froc : c'est ainsi que les luttes entre catholiques et huguenots
en Ariège reflétèrent souvent la lueur des bûchers des Inquisiteurs
du XIIIe siècle.

Un peuple disparu

Les falaises cyclopéennes qui dominent la fontaine vauclusienne de Fontestorbes forment le soubassement de l'oppidum
du Mayne, le dernier refuge des Celtibères libres du pays de
Sault, à l'entrée des chemins conduisant en Espagne par la
montagne. Là, parmi les buissons d'aubépine et les noisetiers,
on peut voir les ruines de murailles puissantes qui encerclaient
un village de l'époque de la Tène, de 200 à 100 av. J.-C. On y a
fait une abondante récolte d'objets en fer, forgés à la main,
d'ornements de courroies et de fourreaux, de bagues, de bracelets et de fibules de bronze. Cinq pièces de monnaie nous
renseignent sur les relations de cette peuplade libre avec le
reste du monde : une monnaie ibère des Ilergètes de Lérida,
avec le classique *jinete* à cheval, une monnaie des Volques
Tectosages de Toulouse, une autre de Narbonne, une de
Marseille, au taureau, et une des Celtes Armoricains, au cheval.
Aucun vestige de l'occupation romaine ni des siècles posté-
rieurs n'a été trouvé. L'oppidum fut déserté après sa chute :
« Les derniers Volques s'étaient fait tailler en pièces sur leurs
remparts renversés[1]. »

Le collier du squelette

La chaîne de Morenci, un contrefort du Saint-Barthélemy,
qui s'étend vers le nord entre Bélesta et Montferrier, a reçu
le nom expressif de « chaîne mégalithique. » En son centre,
le Roc de la Dentillère est une aiguille rocheuse naturelle
aménagée par l'homme en un mystérieux monument de culte
de l'époque mégalithique.

Sur un piédestal de roches sombres se dresse un entassement
de blocs, éclatants de blancheur et profondément fissurés.
Le tout est couronné par un obélisque quadrangulaire de 10 m
de haut. Au pied de l'obélisque, un siège a été taillé dans le
gradin supérieur de la série de terrasses qui permet d'y accéder.
Deux accoudoirs y sont aménagés et la roche a été arasée entre
les deux pour former siège.

En 1929, R. Tricoire découvrait dans un petit tumulus,
en avant de la face sud, deux squelettes : un enfant accroupi,
les genoux au menton, et une femme couchée sur le dos, le corps
replié. Un collier de plus de 2 m de long, fait de 450 disques
de jayet entourait plusieurs fois son cou et recouvrait aussi
l'enfant. D'autres éléments de collier étaient formés de dents
de chien et de sanglier et de croches de cerf. Il semble que les
corps aient été décharnés avant d'être ensevelis.

La roche de la Dentillère, d'où les gens du hameau de Morenci,
pendant longtemps, sortirent « des os et des boutons à un trou »,
fut sans doute un temple en plein air autour duquel les hommes
du bronze établirent leur champ de repos. La croix de Morenci,
datée de 1780, est venue christianiser un lieu hanté de légendes
et de croyances primitives. On a rapproché cette « chaîne
mégalithique » de celle de Roch-ar-Lin à Saint-Mayeux dans
les Côtes-du-Nord[2].

---

1. R. Tricoire, *Revue GAULE*, n° 1, avril 1956, Versailles.
2. R. Tricoire, *Études de Préhistoire et Spéléologie ariégeoises.*

La main mutilée

On a découvert, dans la fissure d'un rocher, une main gauche sculptée dans un morceau de stéatite, tatouée sur le dos et amputée de ses phalanges. Au col de Morenci, des tumulus marquent d'anciens lieux de réunion des peuples de ces âges. Non loin de là, le dolmen de Moureous porte une empreinte en forme de pied bien marquée, le talon orienté vers l'est. Des pierres gravées de cupules groupées par deux et de croix sont dispersées dans la région.

Tout enfin semble indiquer que le massif du Saint-Barthélemy était une montagne sacrée, où se pratiquaient les cultes solaires et astraux de la civilisation mégalithique. Cela explique aussi que la forteresse de Montségur, au nord de ce territoire, ait été considérée comme un ancien temple du Soleil.

BENQUE–DESSUS

31 — Haute-Garonne, 5 km a l'O de Luchon par N 618 et D 51

Miracle à la forge

Au milieu des granges et des enclos du village, une petite église romane couverte de lauzes (pierres plates de la région) renferme un décor de fresques des XVe et du XVIe siècles, aux sujets très curieux, et qui viennent de deux mains différentes.

L'une d'elles représente le miracle que l'on attribue à saint Éloi, du temps où il n'était que maréchal-ferrant. Pour ferrer plus commodément un cheval, il lui coupa le pied, puis le remit en place sans qu'il y parût rien. La fresque montre Éloi à l'enclume. L'animal attend paisiblement à côté, tandis qu'un page, nullement ému, soutient le moignon. On retrouve la même histoire dans l'église de Vieille-Louron, où saint Éloi et la bête figurent sous forme de statues polychromes. Certaines des scènes comportent des phylactères aux inscriptions peu déchiffrables qui semblent rédigées en occitan. Les murs de l'église sont, comme la plupart des autres édifices de la vallée, couverts d'épitaphes funéraires et de stèles de l'époque romaine (voir *Cazarilh, Garin*).

Un Carnac pyrénéen

Au-dessus du village, du côté ouest, les talus et les fossés du Castéra, ainsi que les cercles de pierres du Clot de Couseillot, annoncent les ensembles mégalithiques de la montagne d'Espiaup. On appelle ainsi la longue chaîne dorsale aux croupes arrondies et gazonnées qui sépare la vallée d'Oueil de celle de Larboust; son altitude varie entre 1 500 et 1 100 m.

Les anciens glaciers descendant de la vallée d'Oo, avant de déposer sur ses pentes les moraines où se sont implantés les villages, avaient parsemé les pentes de blocs de granit ou de porphyre aux dimensions énormes. Deux géologues, Eugène Trutat et Maurice Gourdon, en dénombrèrent plus de 3 000 entre 1894 et 1899. Ils marquèrent au minium 376 des plus gros.

Les hommes préhistoriques avaient déjà fait leur choix

Fragment d'alignement du Castera (photo Jean-Pierre, Luchon)

parmi ces pierres aux formes étranges pour en composer des cercles rituels.

En 1875, les archéologues Sacaze et Piette utilisèrent les indications des villageois pour en inventorier un grand nombre, qu'ils attribuèrent à l'âge du bronze. Un architecte de Saint-Gaudens, M. Longuefosse, établit sous leur direction, en 1880, une carte au 1/1000, situant avec précision les enceintes et les alignements de pierres. Sacaze en donna un compte rendu en 1887 dans la *Revue du Comminges*. C'est alors qu'on commença à parler d'un « Carnac pyrénéen ».

D'après les précisions de Sacaze, certains alignements étaient impressionnants : celui de Peyralade, dans la commune de Billère, mesurait 277 m de long et comportait 93 blocs. Certaines enceintes mesuraient 50 m de diamètre. Celle de la Hount Arrouy comportait 448 pierres et sa circonférence était de 433 m. Il y avait aussi les pierres à cupules : le *Caillaou dets Pourrics* dans l'alignement de Peyralade, en portait 62 ; la pierre de Sacade, 43. Enfin, une pierre à légende unique, le *Caillaou d'Arriba Pardin* à Poubeau, était l'objet de rites extraordinaires se rattachant aux cultes antiques de la fécondité (voir *Poubeau*).

L'accumulation de mégalithes sur cette montagne se rattachait à ces immenses cimetières des âges du fer, répartis au pied des Pyrénées, dans les landes de Lannemezan, du Gers et du Pont Long. En effet, Sacaze et Piette avaient découvert, au centre des cercles de pierre, des poteries renfermant des cendres calcinées, quelquefois encastrées dans une petite chambre faite de pierres plates, une *cella*.

Une eau divine

On a cherché à expliquer la dimension exceptionnelle de certains de ces cercles. Les funérailles accompagnées de sacrifices et de cérémonies étaient suivies de commémorations annuelles. A date fixe, parents ou descendants des morts se réunissaient autour de la sépulture pour des banquets rituels. S'il s'agissait d'un ancêtre particulièrement vénéré, d'un héros, la tribu entière se rassemblait. On n'explique pas différemment, dit Lizop[1], le soin avec lequel sont alignées les pierres, formant parfois des enceintes de très vastes dimensions. Quant aux pierres à cupules, elles étaient indiscutablement sacrées; mais, sur leur destination, on ne peut qu'avancer des hypothèses. Etaient-elles utilisées pour recueillir la rosée ou la pluie considérées comme d'origine divine ? Cette dernière interprétation expliquerait l'habitude conservée chez les bergers de la montagne, qui boivent la rosée recueillie dans les cupules après s'être tournés vers le soleil levant.

BETHMALE (Vallée de)

09 — Ariège, 16 km au S O de Saint-Girons par N 618 et D 4

Poteries funéraires

Dans la vallée de Biros, entre Castillon et Seintein, débouche la vallée de Bethmale, qui comprend les villages d'Arrien, Villargein, Arret, Tournac, Samortens, Bethmale et Ayer, le chef-lieu. Les hommes préhistoriques empruntaient la voie de transhumance des bergers du Couserans, qui remonte par le Lez vers le val d'Aran.

Les dix-huit sépultures découvertes et fouillées à Ayer, par l'abbé Cau-Durban, archéologue ariégeois, étaient entourées d'enceintes de galets, doubles ou triples : au fond d'une fosse placée au centre, des vases contenaient les cendres des morts. Certains de ces vases, qu'on peut voir au musée Saint-Raymond de Toulouse, ont les mêmes formes que des pots de cuisine encore en usage dans l'Aquitaine, les *toupis*. Pareille similitude explique l'expression curieusement macabre employée par les vieux Béarnais pour quelqu'un qui s'acheminait vers sa fin : « *Ha toupi !* » (« Il va au pot »).

La population de la vallée a été romanisée. L'abbé Cau-Durban a relevé une inscription funéraire dans le mur d'une maison de Bethmale, et, dans la maçonnerie de l'autel de la vieille chapelle d'Aulignac, on a recueilli un autel votif gallo-romain.

1. Lizop, *Les Consoranni et les Convenac.*

La vallée des beaux hommes

Le mystère plane toujours sur l'origine des Bethmalais. Leur type physique superbe et les curiosités du costume masculin composent les éléments majeurs de cette énigme. De plus, leur nom même est incompréhensiblement péjoratif : la « *Beth male* », c'est la vallée mauvaise en langue pyrénéenne, comme la Maladetta est la cime maudite.

Une tradition transmise de veillée en veillée rapporte l'histoire d'un certain Soulan, noble Ariégeois, fondateur d'une colonie d'Irlandais en Grèce, ce qui n'a rien d'impossible *a priori*, quand on connaît les aventures des Normands en Sicile et celles des Croisés en Orient. Cette colonie, chassée de son territoire par la force, trouva refuge dans les Pyrénées, où Soulan la conduisit sur des terres lui appartenant.

Un autre récit populaire parle d'un certain Jouanissou, qui, ayant quitté la vallée vers 1 600, pour suivre des marchands qui se rendaient en Grèce, voulut revenir, fortune faite. Il avait adopté les mœurs orientales, et se fit accompagner par douze femmes fort belles, trente petits chevaux de bât pour porter ses coffres et un troupeau de douze chèvres de Morée, aux longues oreilles tombantes. Toute la vallée lui fit fête. Il s'installa à Villargein et le pays fut peuplé de sa descendance.

Tous ceux qui ont voyagé dans l'Europe des Balkans ont été unanimes à reconnaître la ressemblance étonnante entre le costume masculin du Péloponnèse et celui de Bethmale : guêtres de bure attachées par des jarretières à pompons, veste de laine écrue aux broderies multicolores géométriques, bonnet mi-rouge, mi-bleu, orné de dessins circulaires, presque identique à celui des paysans grecs.

Quant au nom de « vallée mauvaise », peut-être est-il simplement une vengeance des populations voisines, mécontentes de voir les Bethmalais mener une existence heureuse et patriarcale, sans trop s'embarrasser de rigorisme dans le domaine de la morale.

Pour trophée, deux cœurs sanglants...

Les fameux sabots à la longue pointe effilée que les Bethmalais exhibent volontiers dans les fêtes folkloriques, étaient taillés dans les *scapis*, les racines coudées du noyer. Traditionnellement, le fiancé devait choisir et arracher ces morceaux de bois sur l'arbre même ; cela supposait une certaine force, et de plus, faisait courir le risque d'une amende, car la pratique était contraire au code forestier. Après les avoir façonnés et décorés de clous de cuivre, il les apportait à sa fiancée et les lui présentait symboliquement de la main gauche. Les pointes recourbées et menaçantes n'avaient pour but, en réalité, que d'éviter à la marcheuse de buter contre les pierres et les racines de la route. Dans les estampes des costumes d'autres vallées comme celle d'Ossau, la pointe du sabot atteint également une taille respectable. Mais, une certaine émulation aidant, les Bethmalais finirent par donner à leurs sabots la forme de coutelas, et une légende cruelle naquit. Du temps où les Maures avaient envahi le Couserans, les hommes de Bethmale s'étaient retirés dans la montagne, d'où ils se préparaient à reconquérir la vallée ; cependant, parmi les femmes restées dans la plaine, certaines se montrèrent trop sensibles au charme des beaux guerriers basanés. Un soir, les Sarrasins, rendus

confiants par le silence de la montagne, s'étaient livrés à la fête;
les Bethmalais descendirent et, pendant la nuit, les exterminèrent
jusqu'au dernier.

Au matin, on vit avec horreur passer à la tête des combattants
un des vainqueurs, chaussé d'une paire de sabots aux pointes plus
effilées et plus hautes que les autres. Sur chaque pointe était
planté, sanglant, un cœur, celui de sa fiancée et celui du Maure
qui l'avait séduite.

En souvenir de cette aventure, un cœur était dessiné au bas de
la longue pointe des sabots que le *nobio* offrait à sa fiancée.

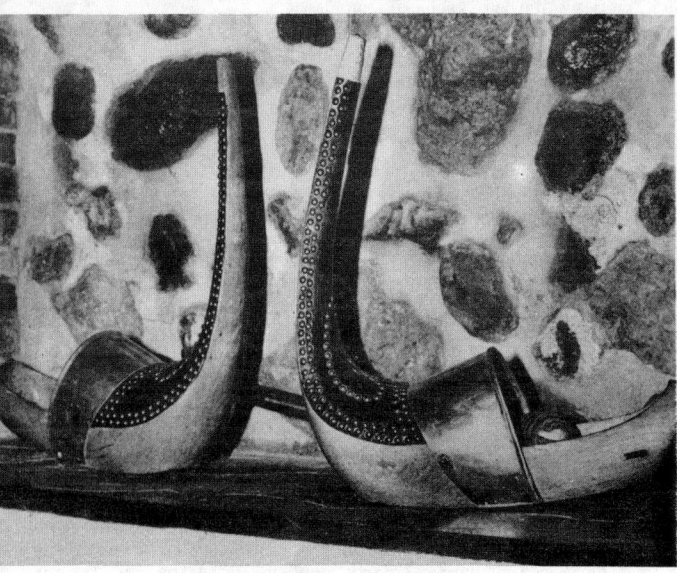

Sabots de la vallée de Bethmale
(coll. Audoye-Lons, photo J.-R. Masson)

Les cerises et le diable

La *Peyro Quillado*, un mégalithe de la vallée de Bethmale,
se dresse non loin du village d'Ayer, sur la rive gauche du
torrent du Balamet, dans un pré en pente. Il mesure plus
de 2 m de haut.

D'après une pittoresque légende, ce pré appartenait à un
homme qui avait vendu son âme au diable, et qui en avait
obtenu des pouvoirs extraordinaires. Un jour, il voulut cueillir
des cerises. Mais elles étaient trop hautes et il ordonna à son
domestique, son *gafet*, de monter dans l'arbre et de lui en
rapporter un panier.

« Mais je ne peux pas, c'est trop haut ! dit le garçon.

— Porte donc au pied cette pierre qui est couchée en bas
du pré.

— Il n'y a que vous, maître, qui puissiez le faire », répondit
le *gafet*, faisant allusion à son pouvoir secret. Comme l'heure
du déjeuner avait sonné, ils s'installèrent à l'ombre du cerisier,

mangèrent et s'endormirent en quelques instants. Quand ils se réveillèrent, la pierre était dressée sous le cerisier. Le *gafet* y grimpa non sans frayeur. « Et, depuis lors, on peut la voir toujours à la même place... »

L'abbé Cau-Durban, qui fit des fouilles au pied du menhir, en 1887, n'y découvrit rien.

Une cloche d'or et un dragon

En face d'Arrien, sur un promontoire, la tour de Bramevaque porte le même nom qu'un château de la vallée de la Barousse; il signifie la « vache qui mugit ».

C'est une des tours à signaux qui, d'un bout à l'autre des Pyrénées, servaient à avertir les populations de l'arrivée des bandes armées ou des personnages importants. Mais Bramevaque était aussi une forteresse entourée d'un triple rempart et d'une cour pavée. En fouillant la tour, en 1887, l'abbé Cau-Durban y découvrit une épée, des boucles de bronze et un denier de Charles VI.

On dit que, dans les souterrains qui s'enfoncent sous la montagne, une cloche d'or est cachée, que garde un dragon. Parfois, dans la nuit, la cloche sonne. Elle annonce un événement important; on entend alors des voix et on aperçoit des lumières dans les ruines[1].

Le troupeau en pierre

Au fond de la vallée du Riberot (la « petite rivière »), la cime légendaire et magique du mont Vallier porte le nom du premier évêque du Couserans, saint Vallier, qui christianisa les Consoranni. On peut atteindre la cime par le val de Biros ou la vallée de Bethmale. Ce dernier itinéraire mène au col du Pourtalet, où l'on rencontre des rochers blancs, les fameuses « *oueillos anticos* ». Toutes les populations des alentours connaissent la légende de ces « brebis antiques » et du troupeau maudit, qui a son écho sur d'autres sommets prestigieux de la chaîne, le Saint-Barthélemy, la Maladetta. Elle raconte que Jésus, un jour, passant par le sentier du mont Vallier, rencontra un pâtre qui allait garder ses brebis. « Pâtre, où vas-tu ?, lui dit-il. — Conduire mon troupeau sur cette montagne. — Il faut dire : si Dieu le veut ! — Qu'il le veuille ou non, répliqua le pâtre, je l'y conduirai. » Il n'avait pas fini de parler que toutes ses brebis, son chien et lui-même étaient changés en pierres, ces pierres blanches que l'on voit disposées le long de la crête, comme un troupeau, berger en tête.

Le berger foudroyé

Les trois pitons rocheux du sommet du pic étaient autrefois surmontés chacun d'une croix. Il n'en reste plus qu'une. Des deux autres, qui ont disparu, l'une aurait été précipitée dans l'abîme par un berger irrespectueux; mal lui en prit, car à l'instant même, dit-on, une effroyable tempête se déchaîna et un coup de foudre atteignit le malheureux : il paya d'une longue agonie son geste sacrilège. L'autre fut enlevée par un pâtre de Seix; une maladie mortelle attaquait son troupeau,

1. Comte Jacques Begouën, *La Vallée de Bethmale*.

La chapelle Saint-Pierre à Castillon-en-Couserans (photo J.-R. Masson)

et le berger s'imagina que cette croix serait un talisman protecteur pour sa bergerie; il la plaça à l'entrée de sa grange et
jamais plus son troupeau ne subit les pertes ruineuses qui
décimaient les bêtes du voisinage. La troisième croix est taillée
dans un bloc de calcaire blanc. On y lit, sur le côté tourné
vers le Couserans, l'inscription : « *Episcop* (*us*) *et Domin* (*us*)
Valer (*i*) *us Posuere* ». La tradition attribue parfois cette croix
à saint Vallier lui-même. A tort : elle est due à l'évêque
B. de Marmiense, qui a voulu perpétuer le souvenir de son
saint prédécesseur. L'inscription est suivie de la date : 1672.

BEZINS–GARRAUX

31 — HAUTE-GARONNE, 22 KM AU S DE MONTRÉJEAU PAR N 125, D 33 ET
N 618

Des gouffres insondables

Au confluent de la Garonne et de la Pique, au débouché de
la trouée de Saint-Béat, le pic de Gar est le point le plus avancé
de la chaîne qui ferme au nord le Val d'Aran. La même racine
a donné les noms de Garonne, de Gar, des Garunni, peuple
occupant la région de Saint-Béat à l'époque romaine, et de
Garus, dieu dont le nom figure sur deux autels votifs trouvés
par l'archéologue Du Mège dans le Val d'Aran.

Sur le flanc ouest du pic, aux falaises de marbre éclatantes de
blancheur, la petite chapelle en ruine de Notre-Dame-des-Puts,
située au quartier de Vignoles, a livré un autel dont l'inscription

dédicatoire associe le dieu Gar à la grande Diane au nom
typique d'Horolat.

> DIANAE
> HOROLATI
> ET CARRE
> DEO NAN
> TO... SV.
> V. S. L. M.

Un autre autel avait été dédié par un esclave du nom de
Germinus, « pour lui et pour ses compagnons de servitude ».

Les nombreux éléments d'architecture en marbre employés
dans la chapelle révèlent la présence à cette même place d'un
sanctuaire où étaient adorées les divinités montagnardes
célébrées la nuit au clair de lune. A cette redoutable puissance féminine, il fallait opposer une femme plus puissante
encore, la Vierge Marie, à laquelle fut consacré l'oratoire élevé
sur les ruines du sanctuaire païen[1]. Les pentes du Gar sont
restées le refuge des êtres fantastiques qui hantent les Pyrénées,
hades, *blanquettes*, animaux fabuleux. La montagne passe pour
n'être qu'une énorme éponge rocheuse et les bergers croient que
certaines ouvertures débouchent sur un gouffre colossal, insondable, où des troncs d'arbres entiers disparaissent en sifflant
et en se fracassant avec des bruits de cloches. L'un d'eux
a même eu ce mot d'une poésie étrange : « Cette montagne
est un violon[2]. »

BIARRITZ

64 — PYRÉNÉES-ATLANTIQUES, 8 KM A L'O DE BAYONNE PAR N 10 A

Le harponneur épiscopal

Le nom ancien de la ville était Bearritz, comme l'ortho-
graphient les documents du XIIIe siècle. La racine serait alors
celle qui a servi à désigner le cap Béar, et là les Phéniciens
se profilent à l'horizon, le cap Béar étant certainement l'un de
leurs points de repère. Sur la route de l'étain qui les menait
en Cornouailles, Biarritz a pu être aussi, pour eux, un port
de relâche.

*Le Raz
de marée
du 2 février 1904
(coll. Pierre Minvielle)*

1. Du Mège, *Archéologie pyrénéenne*.
2. J. Joffre, art. dans la *Revue du Comminges*.

Vue de la côte (coll. Sirot)

Dès le Moyen Age, un petit port s'ouvrait entre les roches du promontoire de l'Atalaye, dont le nom, d'origine phénicienne aussi, désignerait une construction élevée au bord de la mer et visible des navigateurs approchant des côtes. Les célèbres *talayots* des Baléares pourraient être un nom de même racine.

Les pêcheurs biarrots ont été les plus anciens et les meilleurs chasseurs de baleines de l'Atlantique. Un sceau de la ville, de 1351, représentait une barque montée par un barreur, trois rameurs et un harponneur prêt à lancer son arme. Dans les ondes, un gros poisson figure la baleine.

Ces géants des mers, qui ont disparu de l'Atlantique nord, apparaissaient fréquemment au Moyen Age sur les côtes du golfe cantabrique. Mais le gain que représentait la capture d'une baleine était si considérable pour les Basques que, très tôt, ils n'attendirent plus le passage des cétacés au voisinage de la côte; ils allèrent hardiment à sa rencontre en pleine mer, bravant les tempêtes de l'équinoxe de septembre, qui les ramenait. Un vieil auteur, Clairac, dans son *Livre des Us et Coutumes de la Mer*, y voit l'origine de la découverte par ces hardis chasseurs, de la « Terre Neuve », de l'autre côté de l'Océan.

Toute l'énorme masse de l'animal était utilisable et utilisée : la chair, découpée et mise au saloir, la graisse, récupérée et fondue, l'huile, le foie et la langue, pièces de choix, les fanons; les os servaient de charpente pour les cabanes de pêcheurs, les vertèbres servaient de sièges.

L'Atalaye de Biarritz était surmontée d'une cheminée d'où le guetteur alertait la population par des signaux de fumée. Tout pêcheur valide accourait et montait sur les barques légères à dix rameurs qui prenaient aussitôt la mer. Le harponneur se tenait à l'avant, bien calé sur la proue évasée, celle de toutes les barques de pêche de Santander à Biarritz. Arrivé à proximité de l'animal, il lançait son engin en l'enfonçant

aussi profondément que possible pour atteindre un organe
vital, puis on lâchait les cordages qui y étaient attachés, et la
baleine, perdant son sang, mourait peu à peu. A marée
montante, la flotille halait la proie jusqu'à la plage du Port
Vieux où ils la faisaient échouer. Alors avait lieu le partage
dans la proportion des dards lancés, chacun portant la marque
de son propriétaire.

La dîme des « baleines, balenats et caverats », avait été donnée
à Dieu, à la cathédrale Sainte-Marie-de-Bayonne et à son
chapitre, par Guillaume de la Vielle, seigneur de Biarritz,
en 1261. Une transaction, intervenue le 30 août 1498 entre
les jurats de la petite ville et le chapitre de la cathédrale de
Bayonne, consacre en quelque sorte leur qualité de fournisseurs de la table épiscopale. Celle-ci prélevait certaines
parties du cétacé, les meilleures, à savoir : « la langue et le
gras, sans y faire entrer le maigre, la tête, la queue, ni les
ailes ». En 1582, toutefois, les Biarrots contestèrent à l'évêque
un droit qu'ils jugeaient excessif; l'évêque leur proposa de
réduire la dîme au vingtième, se réservant toujours le choix
des meilleurs morceaux. Les pêcheurs passèrent outre. Le
chapitre se mit en procès, et en 1630 on discutait encore de
cette dîme que le chapitre proclamait « de droit divin » et
exigible « sous peine de péché mortel ».

La « Côte des Fous », XIXᵉ siècle (B.N., Est.)

Les filles de Vénus

Le plateau de tuf gréseux sur lequel est bâti Biarritz est
creusé, par les efforts conjugués des vents, des embruns et
des vagues, d'une quantité de cavités, de cuvettes et d'alvéoles. Quand ce travail arrive à son terme, on obtient les
spectaculaires effets de ruines que forment le Rocher de la
Vierge et son cadre d'îlots déchiquetés.

Ce qu'on a appelé la « Chambre d'Amour » était une grotte
surbaissée d'une hauteur de 5 ou 6 m et d'une profondeur
de 40, qui s'ouvrait dans la falaise du phare, du côté d'Anglet.
Elle a peu à peu disparu sous les sables. Mais son souvenir est

conservé dans un folklore et une littérature qui lui ont assuré l'immortalité. Sur les cartes marines des XVIIᵉ et XVIIIᵉ siècles, c'est l'unique détail bien indiqué de la côte entre l'embouchure de l'Adour et les roches de Biarritz. Mais le terme de « chambre d'amour » semble très curieusement avoir été une appellation commune pour désigner les refuges naturels offerts par cette côte aux amoureux. En 1609, le chancelier de Lancre, dans son livre sur la sorcellerie labourdine, parle des « cavernes, grottes et chambres d'amour qui se trouvent le long de cette coste de mer — mer laquelle de son escume jadis engendra Vénus — Vénus qui renaît si souvent parmi ces gens maritimes par la seule vue du sperme de la baleine qu'ils prennent chaque année, d'où l'on dit aussi que Vénus a pris sa naissance ». Et le conseiller d'évoquer, sur le ton scandalisé de Tartuffe, « ... ce meslange de grandes filles et jeunes pescheurs qu'on voit à la coste d'Anglet, en mantille et tout nuds au-dessoubs, se pesle-meslant dans les ondes, fait que l'Amour les tient à l'attache, les prend au filet, les convie de pescher en cette eau trouble et leur donne autant de désir qu'elles ont de liberté et de commodité, s'estant mouillées partout, de s'aller seicher dans la chambre d'amour voisine, que Vénus semble avoir plantée tout exprès sur le bord de la mer... »

Que les ébats d'un couple d'amoureux aient été tragiquement interrompus dans une caverne d'Anglet par une marée exceptionnelle, il n'en fallait pas plus pour faire naître la légende de la nouvelle Héro et du nouveau Léandre pleurés en vers par Népomucène Lemercier en 1808 ; la « chambre d'amour », avant de disparaître sous le sable, eut la célébrité d'un pèlerinage pour cœurs sensibles.

BIDACHE

64 — PYRÉNÉES-ATLANTIQUES, 32 KM A L'E DE BAYONNE PAR N 636

Brigands de grands chemins

A l'extrémité du village, sur un promontoire dominant la Bidouze, le château de Gramont se dresse comme un castel des *Contes Drolatiques* de Balzac, « deschiqueté sur toutes les coutures et taillardé comme un pourpoinct espaignol ». On chercherait en vain à retrouver dans ses ruines sévères la « demeure enchantée » décrite dans la *Gazette* de Théophraste Renaudot, où s'arrêta Mazarin, se rendant en 1649 à l'île de la Conférence pour y discuter le Traité des Pyrénées. On ne peut que rêver à la chambre où il fut hébergé, toute tendue de dentelle des Indes sur fond de soie isabelle, à son lit en bois de Chine, décoré de marquetteries d'ébène, d'argent et de vermeil...

Le donjon médiéval est bien à l'image de ce repaire de brigands qu'en avait fait à l'origine Guilhem de Gramont. Le chroniqueur Mathieu Paris déplorait que les « pèlerins, les marchands, les gens du pays eux-mêmes ne puissent passer de ce côté sans être dépouillés et même égorgés par ce brigand de nuit ». Par un savant jeu de balance, Gramont se servait de ses puissants voisins pour se couvrir, prétendant ne relever que du roi Thibaud de Navarre pour se faire acheter ses services

Vieux donjon du château de Gramont (photo A. Ocana)

par Henri III d'Angleterre. L'histoire médiévale de Bidache est une succession de sièges et de pactes d'où les Gramont sortent chaque fois un peu plus convaincus d'être les seuls maîtres réels de ce coin, perdu entre les frontières de trois royaumes.

Mais, au xve siècle, les démêlés de ces puissants féodaux avec leurs voisins, les Beaumont, seigneurs de Luxe, amenèrent la fin du royaume de Navarre; et les Gramont, ayant soutenu la cause de Jean d'Albret et de Catherine de Navarre, furent considérés comme traîtres par les Castillans. Le qualificatif d'Agramontais est encore aujourd'hui, outremonts, synonyme de rebelle. Aussi, lorsqu'en 1523, le prince d'Orange arriva sous les murs de Bidache, après avoir ravagé le Labourd, il rencontra une résistance acharnée; les Espagnols, ayant réussi à mettre le feu au château, passèrent au fil de l'épée la population et les défenseurs qui n'avaient pas péri dans l'incendie.

Procès pour un cadavre

La reconstruction et l'embellissement de la nouvelle demeure fut surtout l'œuvre d'une grande dame de l'histoire, la veuve de Philibert de Gramont, Diane d'Andouins, appelée par Montaigne « la grande Corisande ». Henri de Navarre, qui sans elle n'aurait peut-être jamais été roi de France, laissa en reconnaissance son fils prendre le titre de « souverain de Bidache ».

La première prérogative d'un souverain est d'exercer le droit de vie et de mort sur ses sujets : ce fut dans sa propre famille que le terrible fils de Corisande eut l'occasion de le faire.

Un matin de mars 1610, le comte Antonin II de Gramont, rentrant inopinément de la chasse, surprit sa femme Louise de Roquelaure avec son écuyer, Marsilien de Gramont, « qu'il aimait uniquement ». L'attitude du couple ne prêtait à aucune équivoque, et Antonin de Gramont, fou de colère, envoya son parent et rival « jouir en l'autre monde », en lui passant son épée à travers le corps. Louise de Roquelaure avait réussi à s'enfuir et à se réfugier dans un couvent. Mais son mari l'y retrouva, l'en arracha, la jeta au fond d'un cachot de la forteresse et réfléchit à sa vengeance. La rancune et l'orgueil lui inspirèrent une mise en scène où sa souveraineté de seigneur et de mari serait satisfaite. Il engagea un procès au cadavre de Marsilien, qu'il fit condamner à avoir la tête tranchée, ce qui n'était qu'une macabre parodie de justice. Puis il réunit le tribunal de sa terre, composé de quatre juges, deux avocats béarnais et quatre jurés du village. Ce semblant de cour diligenta l'information avec interrogatoire et confrontations (on peut se demander avec qui ?) et rendit le seul arrêt que leur seigneur attendait, la condamnation à mort de la malheureuse adultère.

Entre la sentence et son exécution plane un secret étouffant. La reine Marie de Médicis eut beau envoyer à Bidache le conseiller de Gourgues pour voir la condamnée et recommander à Gramont l'indulgence, on fit comprendre à l'émissaire qu'il devait s'acquitter au plus bref de sa mission. Puis Gramont donna ses ordres au gouverneur du château, Antoine de Garro, et partit pour Paris... Comment Garro s'y prit-il ? On sait seulement que le 9 novembre il annonçait à l'évêque de Bayonne la mort de la comtesse et lui demandait un drap de velours noir pour procéder aux funérailles. Celles-ci furent précipitées, et la mère d'Antonin de Gramont, Corisande d'Andoins, prenant fait et cause pour son fils, refusa de donner à sa belle-fille la sépulture dans le tombeau de sa famille.

Tallemant des Réaux a donné une version de la mort de Louise de Roquelaure. Antonin aurait mis sa prisonnière dans une chambre « où le plancher en un endroit s'enfonçait et on tombait dans un puits profond. Elle y tomba et se rompit une cuisse dont elle mourut ». Toute trace du drame fut soigneusement effacée : le rez-de-chaussée du donjon ayant servi de geôle fut transformé en chapelle afin de faire oublier le drame à ceux qui continuaient à vivre dans ces murs.

En 1793, le château de Bidache, bien national, fut transformé en hôpital de campagne pour l'armée des Pyrénées occidentales. La gestion de l'établissement fut désastreuse. Le directeur de l'hôpital fit main basse sur le matériel et sur les approvisionnements, malgré les protestations des médecins, qu'il écrasait de son autorité. Pendant ce temps, le château tombe en ruine. En 1795 une action judiciaire est intentée pour faire rendre des comptes aux profiteurs de guerre. Alors l'administrateur de Bidache prend peur. Sur le point d'être arrêté, il perd la tête et, mettant le feu aux quatre coins du château, va se jeter dans la Bidouze.

L'envers vaut l'endroit

Les armes connues des Gramont portent le lion d'or sur fond d'azur, mais il en existe d'autres que le jésuite Garasse, en 1622, signale parmi les curiosités de la langue béarnaise. « Les armes de la maison Gramont, écrit-il, portent une sphère avec ces mots écrits tout autour :

ARE DU MON NO MUDERA

c'est-à-dire, « chose du monde ne changera jamais, non plus que la course ordinaire des cieux. » Le jeu de mots avec le « Mont » de Gramont est évident; mais le plus curieux est que la devise peut également se lire à l'envers, « pour montrer une éternelle constance en cette maison ».

Portail du château (photo A. Ocana)

BIDARRAY

64 — Pyrénées-Atlantiques, 37 km au S O de Bayonne par N 132 et N 618

Sur le chemin de Saint-Jacques

On accède au petit bourg de Bidarray, haut perché, au-dessus de la Nive par le pont Noblia, dit encore « Pont d'Enfer », superbe ouvrage d'art médiéval qui traverse la rivière sur cinq arches gothiques en dos d'âne. Ses dimensions trahissent à elles seules toute l'importance de Bidarray, étape sur la route de montagne reliant le Labourd à la vallée du Bastan. On pense que ce chemin était emprunté par certains pèlerins de Saint-Jacques qui, de Bayonne, voulaient rejoindre le *camino francès* par le col de Valate.

L'église est l'une des plus curieuses du Pays Basque par ses superstructures typiques et son clocher-fronton baroque; son abside romane a des fenêtres encadrées à l'extérieur de colonettes caractéristiques du roman pyrénéen.

Dans le cimetière, certaines discoïdales portent, outre l'étoile curviligne à six raies, des disques aux cercles concentriques, symboles remontant à la religion dolménique.

Des soldats en tabliers de dentelle

Le jour de la Fête-Dieu, la place de l'église devient le haut lieu d'un culte très populaire en Pays Basque : la procession dansante. Avec Hélette, Bidarray a conservé intacte cette tradition.

Dans le cortège aux nombreux figurants six sapeurs marchent au son d'un orchestre, sur un air traditionnel, toujours le même. Leur costume veut reproduire celui des soldats de cette arme sous le Second Empire, mais la fantaisie basque en a fait quelque chose d'extravagant : les grands tabliers de cuir blanc sont devenus de petits tabliers de soubrette à dentelles; les bonnets « oursons » sont des monuments en toison de mouton noir, décorés de nœuds, de miroirs et de broderies; sur l'épaule, les danseurs tiennent négligemment une hachette en bois ou en carton découpé. Derrière les sapeurs viennent un, deux ou trois tambours-majors, les *makhilari*, qui font pirouetter et voltiger leur canne. Derrière, avancent deux par deux les « volants » de Basse-Navarre, coiffés de tiares chamarrées de miroirs et de fleurs, les épaules couvertes de rubans tombant jusqu'à terre.

Procession de la Fête-Dieu : un sapeur (photo A. Ocana)

La danse interdite aux femmes

De temps en temps, le dais du Saint-Sacrement, porté par les notables, s'arrête : les « volants » lui font face et exécutent leurs pas les plus virils : le *mutchiko* et la danse des épées. Cette danse sacrée est de tradition ancienne. Dans sa *Corographia de Guipuzcoa*, en 1766, le père Larramendi écrit : « La danse des épées est réservée à des circonstances sérieuses, par exemple, pour les processions de la Fête-Dieu, pour celles qui se font à la Saint-Jean et en l'honneur des saints patrons des villages. Et l'on ne considère pas comme irrévérencieux pour la foi que des hommes accompagnent le Seigneur, à travers les rues, pénètrent dans les églises avec la procession et dansent devant sa majesté, l'adorant et rendant grâce à sa bonté divine, lui prouvant leur joie et leur allégresse de le voir si près parmi les hommes [...] Ils entrent en silence, sans crier, sans autre bruit que celui des tambourins; il n'y a pas de femmes dans cette danse, ni quoi que ce soit qui puisse la rendre indigne de l'église ou de la présence du Seigneur [...] »

Le saint qui sue

La grotte sanctuaire d'*Harpeko saindua* se trouve à deux heures de marche de Bidarray, à l'aplomb des falaises de l'Artzamendi, dans un ravin de cascatelles dégringolant au milieu d'une végétation luxuriante. C'est un abri creusé dans la roche à 10 m de profondeur. En un coin de cet antre, un escalier de pierres glissantes conduit à une niche au fond de laquelle se dresse une étrange stalactite de près de 1 m de haut; on dirait une statue humaine sans bras. Les Basques l'appellent le saint de la grotte, *Arpeko Saindua*, ou encore le « saint qui sue »; la statue est considérée comme son corps pétrifié. On y vient pour guérir les maladies de peau. Il faut frotter la pierre avec un mouchoir qui s'imprègne de l'eau qui suinte, et l'appliquer sur la partie malade; puis on laisse aux abords de la grotte le mouchoir qui s'est chargé de la maladie dont on s'est débarrassé...

Le préhistorien Barandiaran, qui a interrogé les « anciens » du pays sur ce personnage mystérieux de la grotte, apprit qu'il se nommait Mari et prenait parfois des formes d'animal, cheval, taureau, ou bouquetin. Or Mari est le nom de la divinité honorée par les chasseurs de l'époque paléolithique du Pays basque[1]. Ce génie habite les cavernes, il est de sexe féminin et apparaît souvent sous la forme d'animaux sans tête. Il est curieux qu'un monolithe serve de support au culte d'une idole féminine. Mais, sous les couches de concrétions dues aux suintements continuels de la voûte, une forme analogue aux Vénus de Brassempouy ou de Lespugue, à l'origine bien typée, s'est peut-être estompée...

Le sexe féminin du personnage de la grotte serait confirmé par une légende recueillie dans les fermes des environs. Une jeune fille de la vallée, allant un soir chercher ses chèvres, se dirigea vers les rochers qui dominaient sa demeure. A la nuit tombée, elle n'était pas rentrée; les hommes partirent à sa recherche et fouillèrent les rochers en vain. L'un d'eux découvrit la grotte; il s'avança et reconnut le corps pétrifié de la jeune fille. Ses compagnons firent la même constatation. On l'appela « la sainte qui pleurait[2] ».

La coutume de suspendre des chiffons en ex-voto autour d'une fontaine, encore en usage chez les Berbères d'Afrique du Nord, laisse à penser que le sanctuaire rupestre de l'Artzamendi date du temps où les tribus pastorales ont fait souche, en même temps, dans les Pyrénées et dans l'Aurès[3].

1. J.-M. de Barandiaran, *El hombre prehistorico en el Pays Vasco*, Buenos Aires, 1953.
2. Claude Dendaletche, *Gure Herria*, 1969.
3. Jean Huguet, *Pyrénées et Pyrénéens*, 1940.

Fontaine du XVᵉ siècle à Bielle (Rapho, photo Yan)

BIELLE

64 — PYRÉNÉES-ATLANTIQUES, 28 KM AU S DE PAU PAR N 134 ET 134 BIS

L'animal-totem

Les ruines d'un atrium à mosaïques, de l'époque romaine, découvertes en 1842 aux abords de l'église Saint-Vivien, suffisent à expliquer le nom de ce village, qui vient de la *villa* romaine, et qui s'est appelé Villa puis Bilha et Bielle.

Dans cette capitale de la vallée d'Ossau, on trouvait dès le IXᵉ siècle un hôpital que les moines bénédictins de San Juan de la Pena en Aragon avaient créé sur un chemin qui aboutissait au Somport. Certaines traditions attribuent sa fondation à un vicomte d'Ossau, qui l'aurait fait construire au XIᵉ siècle, en expiation de ses crimes... Le monastère disparut dans l'année terrible de 1569, mais son souvenir reste dans le nom de la Badiolle (la « petite abbaye ») que porte toujours la place du village, et dans les armes sculptées sur le portail de l'église : on y voit deux agneaux, une mitre, une crosse abbatiale et la devise : « Un troupeau et un pasteur. » (« *Unum ovile et unus pastor.* ») Les huguenots s'étaient acharnés sur le couvent, mais les Ossalois firent respecter l'édifice. Le grand portail ne montre pas seulement les écussons de l'abbaye et de Gaston Phébus, mais deux ours, un mâle et une femelle qui, bien que mutilés, sont reconnaissables par le réalisme avec lequel ont été traités la fourrure et les sexes : ce sont les animaux-totem des antiques *Osquidates*, les « hommes de l'ours », les « Aussalés » d'aujourd'hui.

A l'intérieur du sanctuaire, sont encastrés dans les murs des fûts galbés de marbre jaspé, provenant de la villa romaine voisine. Certaines colonnes étaient belles, mais trop courtes; on les rallongea par des fûts plus courts et par des chapiteaux rognés au diamètre des colonnes. C'est sur cet assemblage que sont posés les chapiteaux gothiques ou Renaissance.

On rapporte que Henri IV désirait ces colonnes pour le Louvre. Il demanda aux jurats de Bielle de les lui céder. Ceux-ci se consultèrent et le mieux disant répondit avec une belle révérence : « Sire notre roi, nos cœurs et nos vies sont à vous, mais ces piliers sont à Dieu; c'est avec lui qu'il vous faut vous arranger... » (*Dab eth que b'at'beyat*). Le Béarnais sourit et n'insista plus.

Des personnages fabuleux

La surface polie des colonnes du chœur, lorsqu'on la regarde de près, est couverte de plus d'une centaine de graffiti exécutés au poinçon et datant du VIIe au IXe siècle. On y lit des abréviations de noms propres : PET(RUS); WU (LHELMVS); MARCELINOS... Il est possible que ces colonnes aient soutenu le ciborium d'un autel sous lequel, par quelque ouverture, le tombeau abritant un corps saint était visible.

C'est en tout cas un saint inconnu auquel s'adressent ces inscriptions. Elles s'arrêtent à l'époque où, selon la tradition, les Normands détruisirent le monastère et le sanctuaire. Mais lorsque les bénédictins vinrent relever le monastère de Bielle, à la demande de l'évêque Étienne d'Oloron, le pèlerinage ne paraît pas avoir repris.

Certains chapiteaux de la nef et du chœur sont décorés de sujets fantastiques d'une grande beauté : des blasons soutenus par des couples d'animaux, ou par un couple d'hommes nus, les hommes sauvages des forêts, évoqués dans les récits des bûcherons et des pâtres; un guerrier sur un cheval ailé, un masque de tragédie, des chimères et des sirènes, un aigle jupitérien; et partout, l'ours et la vache d'Ossau.

BOURISP

65 — Hautes-Pyrénées, 40 km au S de Lannemezan par N 639, N 129 et D 25

Le prix de la vertu

C'est dans une prairie marécageuse du lieu-dit de Sesgas que fut trouvée autrefois la statue de la Vierge, honorée depuis sous le vocable de Notre-Dame de Bourisp.

Une légende rapportée par le baron d'Agos au sujet de la chapelle de Bourisp a trait au droit de cuissage, qui semble bien avoir été courant dans les Pyrénées. Une jeune fille de Soulan était venue à Bourisp pour célébrer ses noces, et, pendant la cérémonie, elle se lamentait, car le seigneur de

Soulan avait exigé le paiement du droit, non en espèces, mais en nature. La jolie Auroise suppliait la Vierge de Bourisp de la délivrer de ce méchant homme, en récompense de quoi elle promettait de lui offrir une vache. Or, la cérémonie terminée, le cortège nuptial passait le portail quand parvint l'écho d'un glas : le seigneur venait de trépasser brusquement. La vache fut offerte, et la sonnaille qu'elle portait au cou suspendue dans la sacristie s'y trouvait encore à la Révolution.

Le démon en croupe

Le porche Renaissance a été peint en 1592 par Jean Berneil et Jean Boé, de peintures murales représentant les Sept Péchés capitaux, incarnés par sept belles dames, cousines des dames galantes de Brantôme. Chacune est richement vêtue et, montée sur un animal, porte le démon en croupe. Et pour que nul n'ignore leur identité, elles sont désignées par leur nom en latin. Les gueules des animaux sont vermillonnées, les personnages dessinés en grisaille. Les démons ont trois visages (un sur la poitrine et un autre à la place du sexe).

Fresque des sept péchés capitaux (photo D. Milano)

BUZY

64 — PYRÉNÉES-ATLANTIQUES, 15 KM A L'E D'OLORON PAR N 134 ET N 618 B

Un dolmen en voyage

A 1 km au sud du village en direction d'Arudy, le quartier de Téberne tient son nom du « Caillaou de Téberne », un bloc erratique dans un pré en bordure de la route (voir ci-dessous). Tout à côté, le dolmen de Buzy était enfoui sous un tumulus dont il restait un bourrelet de terre et de pierre. Sa table supérieure en marbre gris, de 2,75 m sur 2,55 m, reposait sur sept supports[1].

1. *Bull. Société Sc. L.A. de Pau*, 1880-1881, t. X.

Le dolmen de Buzy (photo J.-R. Masson)

Quand, en 1880, on entreprit la construction de la voie ferrée de Pau à Laruns, on s'aperçut que le dolmen se trouvait exactement sur le tracé de la ligne. La Société des sciences, lettres et arts de Pau, obtint alors que la Compagnie des Chemins de Fer du Sud-Ouest déplaçât le monument. On choisit un emplacement visible de la route et de la voie ferrée, à 40 m de là. Les travaux de démolition et de reconstruction durèrent 10 jours, un record ! Un agent de la voie, Recurt, trouva au cours de fouilles menées avec un soin scrupuleux, des instruments en silex taillé, des poinçons en os, quelques fragments de poteries, un polissoir et des rouleaux de pierre ayant servi de meules à grains. Il s'agissait donc bien d'une sépulture de pasteurs et agriculteurs néolithiques, ancêtres des Ossalois.

Berné par le diable

Au voisinage du dolmen, de l'autre côté de la route, l'énorme masse du « *Caillaou de Téberne* » se dresse dans un pré, bloc erratique déposé par le glacier d'Ossau. Une légende explique sa curieuse position inclinée, légende qui rappelle celle du tombeau de la reine d'Égypte Nitocris. On lisait au temps jadis sur la face nord du caillou cette inscription alléchante : « LOU QUI M'BIRERA FOURTUNE QU'ABERA » (« Celui qui me retournera aura la fortune. »)

Un malin, ou qui se jugeait tel, entreprit, avec l'aide du diable, dit-on, de retourner la masse. Il avait commencé à la faire basculer quand apparut sur l'autre face une deuxième inscription : « BA LOUNTEMS QUE DISI QUE BIRA QUE M'BOULI » (« Il y a longtemps que je disais / Que je voulais être retournée ! »)

Placé à l'origine de l'antique chemin de transhumance des Ossalois, conduisant au Pont Long, le Caillaou constituait une des bornes naturelles de la vallée d'Ossau. Au Moyen Age, les grappilleurs ossalois, qui, après leurs incursions fructueuses du côté de la plaine béarnaise, parvenaient au retour jusqu'au Caillaou, étaient en sécurité : le vicomte de Béarn ne pouvait les poursuivre et ce qui se trouvait alors entre leurs mains était tenu pour acquis à bon droit.

Une carte du ciel ?

Le dolmen et le « Caillaou de Téberne » devaient faire partie d'une sorte de sanctuaire pastoral en plein air ; à leur voisinage, en effet, existait une dalle mesurant 1,72 m sur 1,80 m, d'une épaisseur moyenne de 0,40 et couverte de gravures curieuses. En 1954, M. Andral, architecte du château de Pau, pour faire cesser les prélèvements superstitieux qu'elle subissait, la fit mettre à l'abri dans la galerie de préhistoire du musée de Pau, où elle portait la désignation de « Pétroglyphe de Buzy ». Elle vient d'être transportée à Arudy. Le style de ces gravures, dont on ne connaît pas l'équivalent dans les Pyrénées, se rapproche de celui des tracés curvilignes des mégalithes bretons, irlandais ou suisses. Ce sont des cercles concentriques, les uns grands comme la main, d'autres comme des assiettes. Mêlées à ces cercles, on distingue trois figures identiques, plus énigmatiques encore ; des cercles concentriques semblables aux premiers s'échappent symétriquement deux groupes de trois traits courbes, évoquant une araignée ou un crabe stylisés. Des traditions recueillies par divers auteurs du XIXᵉ siècle attribuaient aux bergers pyrénéens l'habitude de faire, à certaines époques, sur des roches creusées de cupules ou de rigoles, des libations de lait, renouvelant ainsi des gestes bibliques, ou encore de recueillir l'eau de pluie restée dans ces cavités et considérée comme bénéfique. Ces pratiques, attestées pour certaines pierres du Lannemezan et de la montagne de Luchon, ne suffisent pas à expliquer les figures du pétroglyphe de Téberne. La clef pourrait se trouver dans l'observation des grands luminaires célestes par les pasteurs pyrénéens, autrefois de religion sabéiste, c'est-à-dire adorateurs des astres.

Les cercles du pétroglyphe de Téberne, les cornes qui complètent certains d'entre eux correspondent peut-être à la représentation d'un système astronomique comme celui que connaissaient les pasteurs nomades de Chaldée. En Lituanie et en Suisse, on a identifié, sur certaines roches gravées de cupules et de cercles, des constellations comme le Bouvier, la Grande Ourse, Cassiopée, le Dragon... On a également reconnu d'autres constellations sur une pierre à cupules des environs de Guérande, en Loire-Atlantique. La pierre de Buzy serait une carte astronomique de la plus fabuleuse antiquité.

Le pétroglyphe de Téberne (photo J.-R. Masson)

CABESTANY

66 — Pyrénées-Orientales, 4 km au S E de Perpignan par D 22

Un symbolisme ésotérique

Le célèbre tympan de cette localité, peut-être une étude d'atelier exécutée dans la commanderie de Bajolles, à 2 km au nord-ouest, est un bloc de marbre blanc de forme irrégulière, utilisé par un sculpteur génial pour y représenter un sujet rare, la mort, l'Assomption et le couronnement de la Vierge. On y voit le Christ attirant sa mère à lui, de dessus son tombeau, et l'accueillant à l'entrée du Paradis. La tranche du linteau est elle-même sculptée de personnages qui appuient leurs pieds sur des lions, des dragons, des monstres ailés, couverts de plumes ou de fourrures. Entre les pattes des animaux roulent des têtes grimaçantes. Les figures sont d'un symbolisme accentué jusqu'à l'outrance. Les déformations extraordinaires que l'artiste a fait subir aux personnages, qu'il s'agisse de la Vierge, du Christ ou des anges, paraissent étonnantes, même dans l'art roman. Les mains et les doigts démesurés trahissent une intention obscure. Certains ressentent une impression de gêne devant cette œuvre et un archéologue a avancé l'hypothèse d'une caricature volontaire des mystères du christianisme par un hérétique, ou même un libre penseur. L'artiste, dissimulant ses véritables sentiments, aurait traité, avec toute la liberté d'un Picasso devant un sujet religieux, des thèmes qu'il jugeait ridicules.

Le tympan de Cabestany n'est cependant pas le *Guernica* de l'époque; c'est plutôt une idée noyée au sein du monde des formes qui errent en quête d'un créateur et qui ont trouvé un sculpteur de génie pour leur donner existence.

CADÉAC

65 — Hautes-Pyrénées, 29 km au S de Lannemezan par N 129

La mort de Marie

Un autel dédié à un certain dieu Beissiris a été exhumé des sources thermales de cette localité. On pense qu'il présidait au beau temps, comme Jupiter. La route de Saint-Lary passe au sortir de Cadéac sous le porche de la chapelle Notre-Dame de Pène Tailhade (la « montagne tranchée »). De curieuses fresques de la fin de la Renaissance la décorent, traitées avec le réalisme vigoureux des artistes pyrénéens de cette époque. Sous le porche, au-dessus de la baie semi-circulaire fermée de barreaux, qui permet de voir l'intérieur de la chapelle, une fresque représente ce sujet peu fréquent : la mort de la Vierge. Couchée dans un lit, elle est entourée de onze personnages, les onze apôtres, après la disparition de Judas. Saint Jean, le disciple bien-aimé, tend à la Vierge un livre, un autre lui soutient la tête pour l'aider à lire les prières des agonisants. Devant le lit, par terre, un seau d'eau bénite. A droite et à gauche, deux cierges allumés dans des chandeliers.

‹La Mort de la Vierge » (photo D. Milano)

Une autre peinture représente un pèlerin vêtu d'un grand manteau à capuchon et coiffé d'un chapeau à larges bords. C'est en effet devant la chapelle que passait la route de la Ténarèze, qui conduisait, par les vallées espagnoles, aux sanctuaires de Notre-Dame de Montserrat, de la Vierge del Pilar de Saragosse et, bien entendu, de Saint-Jacques-de-Compostelle. Les peintures de l'intérieur, très effacées, donnent cependant la date de leur exécution : 1595 et le nom de l'artiste : *maître Pierre*.

CADEILHAN-TRACHÈRE

65 — Hautes-Pyrénées, 39 km au's de Lannemezan par N 129

La charrue, l'épée et la croix

Cadeilhan est traditionnellement le lieu de naissance de saint Missolin d'Aure. Comme son homonyme de Tarbes, il fut soldat, apôtre et martyr. En 1012, la vallée fut envahie par les Maures d'Aragon qui descendaient du port de Riou-majou. Missolin prit alors la tête des bandes d'Aurois qui s'opposèrent aux envahisseurs. Survint alors Sanche-Garcie-le-Grand, roi de Navarre, qui venait porter secours aux chrétiens. Avec lui, Missolin livra bataille aux Maures qui furent anéantis entre Ancizan et Cadéac. L'endroit s'appelle le « Camp Batailhé »; la chapelle Notre-Dame-du-Bouchet, qui s'élève à proximité, commémorait cette victoire. Missolin, la paix revenue, passa en Aragon, attiré par la vie religieuse. Il y fut ordonné prêtre et s'installa pour exercer son ministère près de San Vicente, un village d'Aragon aux avant-postes de la Reconquista, toujours sous la menace du Maure. Un matin, un parti de ceux-ci fit irruption; ils trouvèrent Missolin célébrant la messe, assisté de deux enfants du pays, Clément et Firmin. Missolin, dépouillé de ses vêtements et attaché à l'autel, servit de cible aux archers, tandis que les enfants avaient la tête tranchée.

Contrebande de reliques

Les restes de saint Missolin et de ses deux petits servants ne devaient pas rester inconnus. De la ruine où les corps des martyrs abattus par les Maures étaient restés à l'abandon, des lueurs jaillirent pendant la nuit attirant l'attention des Aragonais du village voisin de San Vicente. On vient, on retrouve les restes des martyrs, on les ramène et on les honore : des miracles consacrent la réputation des saints dont l'identité est connue. Seul un homme de Cadeilhan, domestique à San Vicente, n'est pas du même avis que ses voisins. Missolin est de son village : il n'y a pas de raison que celui-ci n'ait pas le privilège d'honorer ce saint comme le font les gens de San Vicente. Un beau soir, notre Aurois pénètre dans l'église, ouvre la châsse, prend le crâne et en même temps, en homme avisé, le parchemin attestant l'authenticité des reliques. Puis il disparaît dans la montagne. Le lendemain les gens de San Vicente font grise mine, tandis que les cloches de Cadeilhan sonnent à toute volée pour l'arrivée du précieux chef de Missolin, le saint du village. Il ne l'a plus quitté depuis[1].

1. D.A. Sarramon, *Les Quatre Vallées*, Albi, 1954.

La route impériale des Cimes près de Cambo (photo Jacques Verroust)

CAMBO

64 — Pyrénées-Atlantiques, 20 km au S E de Bayonne par N 132

Une origine énigmatique

Le nom de Cambo est un sujet de savantes discussions entre
les étymologistes. Pour ceux qui lui attribuent une origine
celtique, — *cambo* signifiant « courbe », dans cette langue,
— le mot décrit assez bien l'aspect de la vieille ville que la
Nive encercle d'une courbe écumeuse. Une tribu de l'Aquitaine
— les Cambolectri — a peut-être vécu dans la vallée de la
Nive. Mais les noms de nombreuses localités de la France,
surtout du côté du Tarn, où « Cambo » entre en composition
— Cambon, Cambonnet, Cambonnés — ne correspondent pas
à un accident géographique évoquant l'image d'une ligne
courbe. On a noté aussi que, en d'autres coins du Pays Basque,
le nom de Cambo est en relation avec une source, comme les
bains disparus de Cambo, dans la commune de Lacarre. Cambo
serait donc, essentiellement, la « source », ce qui reflète bien
la particularité la plus notoire de l'endroit, sans que l'on puisse
dire si le nom est d'origine celte, ligure, ibère ou simplement
euskarienne[1].

La montagne au trésor

Tous les environs sont chargés de vestiges et de légendes
qui rappellent la haute antiquité du site. Sur la rive droite
de la Nive, l'abri écroulé d'Olha est une importante station
paléolithique. Des fortifications appelées « camp de César »
présentent des excavations énormes, d'un aspect fantastique
et déconcertant, qui évoquent plutôt des carrières abandonnées

1. Docteur Urrutibehety, in *Gure-Herria*, 1968.

ou ces fameuses mines d'or des Tarbelles dont parlait Strabon, où l'on ramassait les paillettes et les pépites dans la terre meuble. Un rapprochement s'impose entre l'aspect de ce terrain bouleversé et celui de la région du Rio Sil, en Galice, où les Romains exploitaient les plus grandes mines d'or d'Espagne.

C'est peut-être cette tradition de l'or des Tarbelles qui se retrouve dans le nom de la colline appelée *Urhe mendia* : la montagne de l'or. Une légende veut qu'elle renferme un trésor : on l'a éventrée sans rien y découvrir.

Des eaux miraculeuses

Les sources guérisseuses de Cambo, l'une sulfureuse, l'autre ferrugineuse, étaient dès le XVIIᵉ siècle en grande réputation dans tout le Sud-Ouest. Elles eurent des curistes célèbres, comme la reine douairière d'Espagne, Anne de Neubourg, alors en exil à Bayonne. Les Basques leur attribuaient des vertus exceptionnelles : d'après la tradition, toute personne qui buvait de l'eau de Cambo durant la nuit de la Saint-Jean était préservée des maladies pendant une année entière. Aussi, la veille de ce jour faste, on bivouaquait autour de l'établissement en buvant, mangeant et chantant. Dès que le premier coup de minuit sonnait, on se précipitait aux sources et on buvait autant de verres d'eau qu'on pouvait en avaler. Puis on faisait provision d'eau pour la famille et les amis. Certains repartaient chargés de barriques pleines; au XVIIIᵉ siècle, un commerçant bayonnais, Bidegart, fit fortune en vendant les eaux de Cambo jusque dans les îles d'Amérique où les Basques avaient émigré[1].

Les sortilèges d'Arnaga

Lorsque, en 1902, Edmond Rostand descendit à Rosaenia, chez le docteur Grancher, le prestigieux élève de Charcot qui avait la réputation de guérir les inguérissables, Cambo était encore « un petit coin de province basque où les routes sont désertes, où les maisons ont l'air de dormir, où les journées n'en finissent plus[2] ». Dans ce pays, Rostand a fait naître Arnaga, le domaine enchanté.

Sa création fut un véritable roman passionnel, vécu par Rostand et par son ami et confident, Paul Faure. Celui-ci a raconté, entre autres épisodes fort curieux, la naissance de la vocation de biologiste de Jean Rostand. Le narrateur rencontra un jour le jeune garçon « habillé, comme son frère Maurice, de mignons escarpins de bal et d'un costume de velours noir à col de dentelles... étendu par terre, non pas couché, mais ce qui s'appelle vautré. Armé d'un couteau de table à manche de vermeil ciselé, qu'il avait dû prendre dans quelque écrin de la salle à manger, il fouillait éperdument le sol ». « Celui-ci, me dit son père, a la passion des insectes ! » Jean Rostand a confirmé ce témoignage. « Bien que né à Paris, c'est du Pays basque que je me sens originaire; c'est en lui que plongent toutes mes racines spirituelles et affectives... En premier lieu, je lui dois ma vocation de naturaliste[3]... »

1. *Guide Joanne*, 1858.
2. Paul Faure, *Vingt ans d'intimité avec Edmond Rostand*, 1928.
3. Jean Rostand, « Cambo, souvenirs d'enfance », in *Gure Herria*, 1968.

Le rêve éveillé qui court à travers le trop oublié *Chantecler*,
aujourd'hui encore Arnaga l'offre à ses visiteurs. Si la demeure
vide ressemble à un coquillage empli de la seule sonorité
des souvenirs, les lignes d'un horizon enchanté se reflètent,
immuables, dans les miroirs d'eau créés par un poète.

CAMPAN

65 — HAUTES-PYRÉNÉES, 6 KM AU S DE BAGNÈRES-DE-BIGORRE PAR
N 135

La montagne en deuil

A l'ombre de l'église du village, dans le jardin qui a remplacé
le cimetière, le monument aux morts de la guerre, une œuvre
poignante, restitue l'image traditionnelle du deuil dans les
vallées pyrénéennes. Sur un socle où les noms des morts sont
répartis sur trois tables pour les trois quartiers de la commune,
une veuve se drape dans la lourde et ample cape de deuil que
portent encore les plus vieilles femmes de la vallée. Le visage
creusé par la souffrance disparaît sous le capuchon rabattu
que tiennent les mains croisées dans un geste millénaire. On dirait
la montagne elle-même portant le deuil de ses fils.

Ce qu'a fait le Mariole

Dans la vaste salle de la mairie, une belle toile de 3 m sur 2
représente Gaye-Mariole, un soldat de l'an II, nommé « Premier
Sapeur de France » par ses propres compagnons d'armes et
gratifié du surnom d'« Indomptable » par Napoléon lui-même.
Le portrait a été copié par David dans sa *Distribution des
aigles*. Gaye-Mariole est reconnaissable au tablier de cuir des
sapeurs et à sa longue barbe brune (elle mesurait 32 pouces).
Au hameau de la Séoube, aux portes de Campan, une plaque
signale la maison où il naquit le 27 décembre 1767. C'était un
gaillard de 2,10 m, ce qui lui valut d'être nommé tambour-major
du 2e bataillon des Hautes-Pyrénées, où il s'était enrôlé en 1792.
Il fit bravement la guerre sur les frontières d'Espagne puis en
Italie. En 1797, le 26 nivôse, au combat d'Anguiarion, un coup
de feu lui traversa les deux cuisses. Au grand étonnement des
chirurgiens, il guérit. En récompense de sa conduite, son général
lui offrit la carabine d'honneur que l'on remarque sur le tableau
de David. Admis en 1800 dans le corps d'élite des grenadiers
de la Garde impériale, il reçoit, le 15 pluviôse, an XIII
(5 février 1804), la croix de la Légion d'honneur de la propre
main de Napoléon, qui lui dit : « Voici pour l'Indomptable. »
Pourquoi le nom de ce bon géant est-il resté dans le langage
populaire synonyme de pitre, c'est une histoire qui remonte
au traité de Tilsitt. Mariole montait la garde sur le radeau
au milieu du Niemen, où les empereurs devaient se rencontrer.
A quelques pas de lui se trouvait une pièce de 4, le plus petit
des canons de campagne. Comme l'Empereur approchait,
Mariole mit la carabine à terre, et dressant le tube du canon
contre sa poitrine, présenta les armes. « Ah ! je sais ton nom,
dit l'Empereur, en lui tirant familièrement l'oreille, tu t'appelles
l'Indomptable. — Oui, Sire. — Et que vas-tu faire pour saluer

« l'autre » tout à l'heure ? — Sire, je vais reprendre ma carabine. C'est assez bon pour lui. » L'Empereur, content du geste, lui fit donner une gratification de deux mois de solde. Mais c'est depuis que commença à courir dans la Grande Armée l'expression bien connue : « Ne fais pas le Mariole »...

La pleureuse de Campan (photo D. Milano)

David et Goliath

Au fond de la vallée de Campan, la plus grande partie du vallon de Payolle est la propriété du syndicat des Quatre Véziaux ; la montagne qui le ferme au sud porte le même nom. Ces « Quatre Véziaux » (les « Quatre voisins ») sont les communes de Cadéac, Ancizan, Guchen et Grézian en Aure, et le nom de Camp Batailhé, donné à une partie du pâturage, rappelle le légendaire combat singulier qui leur attribua ce fond de vallée, arraché à Campan. Depuis toujours, ces villages avaient décidé de s'emparer de cette montagne aux prairies trop grasses, aux bois trop épais, à l'accès trop facile par la Hourquette d'Ancizan. Pendant des années on s'y battit avec rage ; il n'y avait pas de printemps qu'on ne découvrît quelque cadavre dans les ravins et qu'il n'y eût une maison en deuil de part ou d'autre de la montagne. Pour mettre fin à cette guerre, les jurats des paroisses ennemies s'en remirent au « jugement de Dieu ». Le combat se tiendrait au sommet de la montagne. Chaque vallée choisirait un champion et la borne frontière serait plantée là où le vaincu rendrait l'âme. La riche vallée de Campan nourrit de poulets pendant trois mois un hercule qu'on nommait avec respect « le Dogue ». Les gens d'Aure ne trouvèrent que Fréchou, un berger laid, sec, noir et petit.

Le jour dit, au rendez-vous de la montagne, voyant arriver l'avorton des Aurois, le champion de Campan éclata de rire et dit aux jurats de sa vallée : « Écrivez, messieurs de Campan, la montagne est à nous. » Mais au premier choc, ce fut une stupeur générale : le berger aurois ceintura le « Dogue » et le laissa retomber, les reins cassés. Alors commença une scène hallucinante; Fréchou lia les pieds du « Dogue » encore plein de vie mais incapable de se relever, et, sans pitié, commença de le traîner sur le chemin qui descendait vers la vallée de l'Adour. Les femmes de Campan lapidaient leur champion en hurlant : « Crève, mais crève donc », tandis que les femmes d'Aure étendaient leurs tabliers, leurs capes, leurs pelisses sur les cailloux du chemin et disaient à Fréchou : « Doucement petit, ne le tue pas trop vite. » Le malheureux champion de Campan fut ainsi traîné jusqu'à la Prade de Saint-Jean en amont de Pagolle, où sont plantées aujourd'hui les pancartes des Quatre Veziaux. Voilà comment les splendides sapinières de Coumelade appartiennent à la vallée d'Aure.

CASTEL–ROUSSILLON

66 — Pyrénées-Orientales, 3 km a l'E de Perpignan

Hannibal ad portas !

Les découvertes archéologiques faites dans ce village situé aux portes de Perpignan ont confirmé son identification avec le *Ruscino* des historiens antiques. Son origine phénicienne a été déduite du radical *Rus* ou *Ros* qui signifie cap, ou promontoire dans la langue de ces navigateurs. La côte de Lybie est semée d'anciens comptoirs phéniciens aux noms analogues : Rusader, Rusconia, Ruspino. Strabon et Ptolémée parlent de Rouskinon, Athénée de Roscinos, Avienus de Roschinus.

Vue du château de Castel-Roussillon (B.N., Est.)

Le passage d'Hannibal a marqué l'histoire de la ville. À l'annonce de son arrivée sur la frontière pyrénéenne, les représentants des divers peuples du Roussillon, Sardones du Littoral, Ceretani de la Cerdagne, Consuarani du Confluent, tributaires des Volques Tectosages du Languedoc, se réunirent à Ruscino pour décider de l'attitude à prendre à son égard. La manière dont Rome avait abandonné Sagonte sans la secourir ne les incitait pas à se montrer ses alliés. Arrivé sous les murs d'Elne, alors Illiberis, Hannibal fit envoyer des présents de bienvenue à l'assemblée de Ruscino. Aussitôt les chefs Volques se rendirent auprès de lui et conclurent un pacte d'alliance, lui laissant le libre passage et la possibilité de recruter des combattants. Une clause remarquable avait été insérée dans le traité : les femmes demandèrent et obtinrent que, dans les délits commis contre elles par les Carthaginois, elles seraient seules juges de la sentence à prononcer et de son exécution.

Conte cruel

Le nom de la ville, devenu celui de la province, permet de localiser un personnage de légende carolingienne, Raymond de Roussillon, dont la geste a la même importance pour la Septimanie que la *Chanson de Roland* pour la France capétienne.

Un château féodal avait remplacé la cité romaine rasée par les Sarrasins. Le donjon qui sert de repère aux pêcheurs du large serait, d'après la tradition, le témoin du drame légendaire des sanglantes amours de la belle Saurimonde et du troubadour Guilhem de Cabestany. Selon le *joglar* (jongleur) Raymond de Miraval, le beau et jeune châtelain Guilhem s'éprit de Saurimonde, épouse du riche et puissant seigneur Raymond de Castel-Roussillon, dont il était le vassal. Raymond en prit ombrage et enferma Saurimonde dans le donjon du château. Guilhem composa alors une chanson sur le thème de l'amour contrarié : « Le doux souci qu'amour souvent me donne... » En entendant la chanson, Raymond ne douta plus que Guilhem aimait sa femme et qu'elle l'aimait aussi. Il attira Guilhem dans un bois, le tua, et lui arracha le cœur. Puis, mettant tête et cœur dans un carnier, il rentra au château et ordonna à son cuisinier de servir le cœur de son rival à la châtelaine.

Lorsqu'elle eut goûté de ce mets, Raymond lui demanda si elle l'avait trouvé bon, et, sur sa réponse affirmative, il lui révéla alors qu'elle avait mangé le cœur de son amant. Puis il tira de son carnier la tête sanglante du pauvre Guilhem. Avec un sang-froid admirable, Saurimonde lui assura que plus jamais elle ne boirait ni ne mangerait, pour ne pas ôter de sa bouche le goût du cœur de celui qu'elle aimait. Puis elle se précipita par la fenêtre de la tour. Alors, les parents de Guilhem vinrent ravager les terres de Raymond de Castel-Roussillon. La clameur en arriva aux oreilles du roi de Barcelone, qui fit comparaître le meurtrier devant sa cour : le jaloux, dit la légende, fut enterré vif sous les corps des deux amants réunis, devant la porte de l'église Saint-Jean de Perpignan.

Ce drame semble n'être qu'une adaptation roussillonnaise d'un conte provençal connu de Pétrarque et de Boccace, car, si les trois personnages de l'histoire ont bien existé d'après les documents d'archives, leur état civil et le récit ne concordent

pas. Mais la légende de *Castell-Rossello* vient d'un pays où
« le sang, la volupté et la mort » semblent naître des roches
rouges où se dressent les ruines du château tragique. Ces pierres
ont ému les romanciers et les poètes; elles racontent une histoire
plus vivante que la vérité historique.

Les thermes en 1888 (B.N., Est.)

CAUTERETS

65 — Hautes-Pyrénées, 30 km au S de Lourdes par N 21 et N 21c

Comme un chaudron qui fume

Est-ce aux « brumes montant de toute part des ravins comme
les fumées des fêlures d'un solfatare », comme l'écrivait Victor
Hugo, que Cauterets doit son nom ? Est-ce une image du
bouillonnement de ses sources chaudes, ou tout simplement
ce nom rappelle-t-il le chaudron *lou cautarès*, cet ustensile
indispensable de la vie pastorale ? Les trois images peuvent se
fondre pour donner celle du Cauterets d'autrefois. Les troupeaux et leurs pâtres se sont faits plus rares, mais le site
déploie toujours ses fantasmagories. Le chaudron des bergers
se retrouve dans les armes de la ville, associé aux choucas du
Lavedan. Et le roi d'Aragon, en remerciement de l'aide que
le vicomte de Lavedan lui avait apportée dans la reconquête
contre les Maures, lui avait accordé le titre honorifique de
« ricombre », ce qui lui donnait le droit de faire figurer un
chaudron dans ses armes.

Des thermes qu'aurait pu connaître César

On ne sait si les riches pâturages des vallées, en attirant les premiers pasteurs néolithiques, leur ont fait découvrir les sources fameuses. Mais la présence des Romains à Cauterets a fait l'objet de controverses passionnées. Les travaux de captation du griffon de la source de Canarie (ou de Bruzaud) avaient bien fait déceler en 1797, à la profondeur insolite de 26 pieds (8,45 m), un tuyau de plomb. Mais le tuyau disparut, après avoir suscité beaucoup de discussions stériles. Enfin, en 1965, de nouveaux travaux, entrepris au-dessus de Pauze-Vieux, mirent au jour une crypte voûtée, avec pavage de calcaire formant le fond du bassin de réception où jaillissait la source, et une salle rectangulaire de 4 m sur 3, dallée et lambrissée de marbre. De l'antiquité de ce site, les élites de la ville n'avaient jamais douté, et le nom de « Bains de César » était donné depuis le xviiie siècle à la source de Pauze.

Les voix du gouffre

Faut-il faire remonter à la légendaire invasion de l'Aquitaine par les Vascons, au vie siècle, le nom du Cambasque, ce plateau herbeux qui s'étend au pied du Monné, où les Lavedanais auraient acculé et défait ces envahisseurs ? Une atmosphère de mystère plane dans la gorge d'Arresto qui monte vers le Monné (la « gorge de l'Arrêt »).

On y montrait autrefois un abîme nommé le « Trou des Aspois », où une troupe d'hommes armés venus de la vallée d'Aspe aurait été engloutie. « Si, vers le soir, quand la brume enveloppait le précipice d'un voile mystérieux, quelque pasteur venait à s'en approcher, des gémissements souterrains se faisaient entendre. A la voix du berger appelant son camarade, souvent une voix inconnue répondait : « Que veux-tu?. » Ce « trou » n'est autre chose que l'abîme signalé au pied de la Crête du Lis, que les vieux bergers appelaient « et carnaü det lis » (le « charnier du lis »). Ils y auraient trouvé, il y a très longtemps, des ossements humains et des débris d'armes. L'abîme reste toujours scellé sur ce carnage légendaire.

Le réprouvé qui guérissait

La mainmise des moines de l'abbaye de Saint-Savin sur l'une des plus riches et des plus belles vallées du Lavedan est due, d'après les recherches des derniers historiens, à un faux parchemin opposé par les moines de Saint-Victor de Marseille aux réclamations des communautés pastorales voisines de Barèges et d'Azun. Entériné par une sentence arbitrale en 1290, la prétendue copie d'une charte introuvable devint en réalité la constitution qui régla de siècle en siècle la vie de Cauterets et de la vallée.

Les consuls de la communauté savaient, du reste, interpréter la fameuse donation de 945. Quand, en 1626, les religieux leur expriment le légitime désir d'avoir, comme propriétaires de la vallée, une « Cabane de bains » à leur usage exclusif, ils prennent soin de demander aux consuls de désigner la cabane « dont le peuple se peut mieux passer ». Ce fut une cabane voisine de celle des « cagots de Malhoc » qui leur fut attribuée. Le nom de ce dernier établissement vient du maître

chirurgien Jean Malhoc, originaire du quartier de Malhoc
de Saint-Savin, réservé aux cagots. Il avait affermé ces bains
en 1472, et les soins qu'il donnait lui avaient valu une telle
réputation qu'elle faisait rompre pour lui un des plus sévères
interdits des cagots : l'attouchement d'un chrétien. L'établissement de Malhoc s'appela, dès lors, le « Bain du Cagot »,
puis, par suite de l'affluence des gens de cette caste, le « Bain
des Cagots ». Cela n'alla pas sans divers incidents; en 1647,
le vicaire général de Saint-Savin devait rendre une ordonnance pour « leur défendre de se baigner dans ledit bain de
jour et de nuit qu'après que les autres seront baignés ».
Devenu « Bain de Canarie » par suite de la vente de la cabane
à un autre cagot de ce nom en 1665, « Bain de Bruzaud » par
suite d'un nouveau changement de propriétaire, c'est aujourd'hui
le « Bain de Pauze ».

Et frotte, que je te frotte

La tradition a attribué à Marguerite de Navarre le nom
de « Fontaine d'Amour » donné à la source de Canarie ou de
Bruzaud, qui avait la réputation d'être « bonne pour la
guérison des femmes stériles ». La mère de Jeanne d'Albret
y avait amené sa fille, espérant que cette eau et les soins
d'Antoine de Bourbon la rendraient « mère-grand ». Cette
vertu fécondante, la fontaine d'Amour n'était pas la seule
source pyrénéenne à la posséder; mais elle était la plus célèbre.
Ses eaux étaient qualifiées d'« empregnadères » (engrosseuses)
comme celles des Eaux-Bonnes. Certaines mauvaises langues
ont prétendu que cette efficacité était due à une pratique
thermale courante à Cauterets, celle des *fretayrès* (les frot-
teurs) [1]. Selon un acte de 1604 autorisant Bernard de la Lubie
à exercer cette profession cela consistait « à servir aux bains
et à y faire l'office de frotter toutes personnes dès qu'il en
sera requis ». Les *fretayès* devaient avoir une réputation bien
établie : car elle fournit à un poète gascon, Auger Gaillard,
dit « *lou Roudié de Rabastens* », le thème d'une satire truculente
où il évoque les ébats des baigneuses avec les *fretayrès*, ébats
qui ne doivent pas manquer de produire les merveilleux effets
attendus par des maris trop confiants dans la vertu des eaux.
Son dernier conseil donne le ton :

> *Il no se faut fier à tous ces frottements,*
> *Il suffit de laver très bien les instruments*

Le lac garde son secret

Tout ce que Cauterets a connu d'illustres visiteurs et de
gourmands, comme le pittoresque abbé de Voisenon, est venu
déjeuner sur l'herbe des rives du lac de Gaube, à grand renfort
de mulets chargés de victuailles. Le lac était de tout temps un
merveilleux vivier; un pêcheur y avait construit sa cabane,
aussi perdu dans la montagne qu'un trappeur dans le grand
nord canadien. Il devait à l'abbé de Saint-Savin, à qui appartenaient les lacs et les forêts, une redevance annuelle de truites.

Jusqu'en 1940, la pointe rocheuse qui avance dans le lac
non loin de la cabane du pêcheur portait un monument bizarre

---

1. Docteur Émile Duhourcau, *Une ancienne coutume balnéaire de Cauterets : Les Fretayrès* (1886).

que d'aucuns trouvaient sinistre, une stèle entourée d'une grille. Elle rappelait la malheureuse aventure de deux Anglais, nouvellement mariés, les Pattison, qui s'étaient noyés accidentellement dans le lac de Gaube au cours d'une promenade en barque, le 20 septembre 1832. Sur la pierre, on pouvait lire cette inscription :

A LA MÉMOIRE
de
WILLIAM HENRI PATTISON
écuyer,
avocat de Lincoln's Inn à Londres
et de
SARAH FRENCES
son épouse,

âgés de 31 ans et l'autre de 21 ans, mariés depuis un mois seulement. Un affreux accident les enleva à leurs parents et à leurs amis inconsolables. Ils furent engloutis dans le lac le 20 septembre 1832. Leurs restes transportés en Angleterre reposent à Wilham, dans le comté d'Essex

Vue romantique du lac de Gaube (B.N., Est.)

Accident ? Suicide ? Tentative de meurtre ? Il est aujourd'hui impossible de reconstituer le drame, devant les témoignages contradictoires qui se sont accumulés. Tous les auteurs de guides à l'usage des visiteurs de Cauterets ont leur version, empruntée à la précédente ou même embellie. Le député Achille Jubinal prétend, lui, avoir assisté au drame. Un coup d'aviron maladroit, et le mari perdant l'équilibre bascule, tombe à l'eau et ne remonte pas. La jeune femme affolée court d'un bout à l'autre de la barque, se tord les bras et, finalement, se jette à l'eau. Selon une autre version rocambolesque les deux époux se sont querellés à la fin du déjeuner, au cours duquel l'homme avait bien bu. C'est dans ces dispositions qu'ils seraient montés dans la barque, la jeune femme manifestant une vive répugnance : l'accident devenait un assassinat suivi d'un suicide. Cette fin tragique en pleine période romantique augmenta la réputation du lac. La stèle commémorative attirait les visiteurs; le gardien de la cabane, s'instituant gardien de cimetière, en tira de substantiels profits. Victor Hugo, en 1843, se vit demander trois sous pour entrer dans l'enceinte du monument. Avec humour, il ajoute : « J'ai glissé et failli tomber dans l'eau. Cela eût fait une deuxième tombe. On eût prix six sous[1] ! »

Des tapis persans sur le glacier

Des rives du lac de Gaube, il est impossible de contempler les sommets du Vignemale, qui culmine à 3 298 m à la Pique Longue, sans évoquer l'ombre romantique du comte Henry Russell Killough. Ce grand seigneur irlandais, après avoir parcouru toutes les montagnes du monde, s'était pris pour les Pyrénées d'un amour prodigieux qu'il cristallisa sur le Vignemale; il avouait avoir « tant de tendresses pour cette montagne qu'on pourrait presque l'appeler de la piété filiale ». Il reconnaissait du reste tout ce que cette passion pyrénéenne avait d'extravagant : « Ma vie, disait-il, a été une espèce de défi à la civilisation. » Avec sa ténacité irlandaise, il décida d'être le maître absolu du Vignemale et d'y vivre comme un aigle sur son aire. Entre 1881 et 1886, il imagine d'y faire creuser par quelques ouvriers de la vallée, en plein roc, des grottes artificielles. En 1882, la première grotte est prête : il la baptise « villa Russell »; celle-ci devient vite impraticable à cause des infiltrations d'eau. On lui taille alors plus bas les grottes qu'il appellera la « villa Bellevue ». Enfin, en 1893, il se fait construire à 3 280 m d'altitude son « Paradis ». Cet homme rude, qui se contentait d'un sac de peaux d'agneau pour dormir à la belle étoile sur les sommets, appelle « paradis » et « villas » des alvéoles pratiqués dans le roc, où dix personnes au plus peuvent prendre place. Elles n'ont d'autre confort que la paille qu'il y fait monter par les montagnards et la toile qui en ferme l'entrée par mauvais temps.

Mais il s'y sent tellement heureux qu'il n'hésite pas à y convoquer tous ses amis pour partager avec eux la splendeur des couchers de soleil et des levers de lune sur les crêtes des Pyrénées, goûter la limpidité de la lumière et la pureté de l'air. Dans ses réceptions, il reste grand seigneur et étale pour ses convives des tapis persans à même la surface du glacier... Enfin, pour substituer à une situation de fait une situation de droit, il demande officiellement à la vallée de Barèges, propriétaire des milliers d'hectares de glaces, de rochers et de pâturages qui forment le haut de la vallée d'Ossoue, de lui

---

1. Joseph Duloum, *Les Anglais dans les Pyrénées*, Tarbes, 1970.

concéder pour 99 ans le glacier oriental et le sommet du Vignemale. Et la vallée accepte de grand cœur !

Les grottes de Russell furent l'objet d'un phénomène naturel curieux, la croissance progressive du névé du glacier. En 1890, Russell écrivait : « Le glacier, en s'élevant de 8 m en cinq ans, m'a « dévoré » et si complètement englouti deux de mes grottes qu'on n'en voit plus trace depuis trois ans. »

Un crépuscule d'outre-monde

On ne peut penser à ces extraordinaires grottes taillées en plein ciel sans se rappeler que le comte Russell avait connu l'Himalaya et rencontré les anachorètes du Tibet. Le « solitaire du Vignemale », comme il aimait à se nommer, appellera un jour ces grottes « mes cellules », et les comparera « à un petit monastère creusé dans les falaises des mers arctiques sur les confins du monde et enfoui sous des neiges éternelles[1]. »

Il y a là une corrélation certaine avec les mystérieux monastères de l'Himalaya et les retraites des ermites yogis; on pense à ce Purun Bhagat dont Kipling a fait un héros de son *Livre de la Jungle*. Russell est proche de la magie dans sa description d'un phénomène, observé au coucher du soleil au soir du 1er août 1887 : « Derrière un gigantesque amoncellement de nuages sinistres et rouges comme la fumée d'un monde en feu, mille rayons d'or montaient au ciel en éventail comme si c'était à l'est que le soleil s'était couché. Ce phénomène est rare : mais je l'ai vu dans d'autres pays. Il simule assez bien une aurore boréale. L'ouest était sombre; l'orient resta en feu et empourpré... une mer de sang dominée par des nuages prodigieux, immobiles et colorés de lueurs surnaturelles. On aurait dit l'Himalaya, cuivré pendant la nuit par un astre inconnu. »

Le marathon de grand-papa

Ce romantique incorrigible était d'une génération de fer comme on n'en fait plus : il n'a pas connu la « quincaillerie » qui permet aux rochassiers de faire aujourd'hui tous les degrés possibles ou impossibles du Vignemale, à commencer par le couloir de Gaube; il s'est indigné contre les premières escalades artificielles, disant que « mieux valait acheter une grosse bûche et consacrer tous ses loisirs à l'escalader et à descendre à toute vitesse les escaliers de sa maison avec cette bûche sur les épaules. On deviendrait en quelques mois aussi fort qu'un taureau... ».

C'est lui qui a inspiré cet étonnant exploit qui n'est pas près d'être renouvelé, ce « Marathon du Vignemale » qui se déroula le 23 juillet 1903, avec quarante-deux concurrents : partis de l'Esplanade des Œufs à Cauterets, ils devaient gravir la Pique Longue (3 298 m) par la Hourquette d'Ossoue (2 785 m) et revenir par le col de Labassa (2 910 m), soit un parcours de 53 km au pas de course, en sandales, à travers des rochers, des glaciers et des crevasses. Le premier du groupe des guides, Jean-Marie Bordenave, parti à 5 h du matin, était de retour à 11 h. Le premier des amateurs, Henri Sallenave, de Pau,

---

1. Henry Russell, *Souvenirs d'un montagnard*, 1908.

parti à 4 h 12 arrivait à Cauterets à 12 h 18. Au contrôle d'arrivée, le docteur Tissié ne put que constater l'excellent état des concurrents. Un pyrénéiste met normalement 18 h à faire la course avec une halte de nuit au refuge d'Ossoue. Vraiment, en ce temps-là, comme on se plaît aujourd'hui à l'avouer, « grand-papa était enragé ».

Traversée du Gave aux environs de Cauterets
(collection J.-L. Charmet)

CAZARILH

31 — HAUTE-GARONNE, 1 KM AU N O DE LUCHON PAR V O

Païens ou chrétiens ?

Une épitaphe célèbre est incrustée dans le mur de l'église de Cazarilh, celle d'Hotar, fils d'Orcotarr, dédiée à Senarr, fils d'Elonus, par Bontar, fils d'Hotar. Plusieurs autres pierres votives se trouvent dans le même mur. « C'est à l'idôlatrie des populations, écrit M. Mesplé, conservateur des collections antiques du musée de Toulouse, que nous devons la conservation de ces marbres. C'est ici le cas de dire : « Le diable porte pierre. » Parler d'idôlatrie est excessif : cette superstition constituait un attachement profond à des souvenirs laissés par les habitants du village à une époque immémoriale, et recueillis dans le sanctuaire de la communauté.

Le maintien en place de ces pierres fut l'occasion d'une mésaventure arrivée au chevalier Du Mège et à son acolyte Suau, lorsque, forts d'un arrêté du préfet de la Haute-Garonne ordonnant le transfert à Toulouse de tous les monuments antiques du département, ils entreprirent cette opération de ramassage. A Cazarilh, ils tombaient mal : l'épitaphe d'Hotar, surmontée de deux bustes, pouvait fort bien passer pour représenter des saints d'autrefois. Ce n'est pas parce que les mots étaient incompréhensibles que la vénérable inscription devait quitter

*Épitaphe
d'Hotar
(photo D. Milano)*

son emplacement dans les murs du sanctuaire. Dans une lettre
au préfet, Du Mège écrivait : « L'inspecteur des Antiquités du
département, au mois de novembre 1815, a couru le risque
d'être violemment maltraité par les habitants du village de
Cazarilh-las-Pennas en présence de M. le desservant de cette
commune, qui croyait qu'une inscription qui commençait par
les sigles DM, c'est-à-dire *Dis Manibus*, était consacrée à
Jésus-Christ. Le procès-verbal de cette scène scandaleuse fut
dressé sur les lieux par l'inspecteur des Antiquités, et l'adjoint
au maire de Cazarilh attesta qu'il avait fait des efforts inutiles
pour arrêter cette sédition[1]. »

CAZAUX-de-LARBOUST

31 — Haute-Garonne, 7 km a l'O de Luchon par N 618

Le lait de la Vierge

L'église qui possède l'inscription funéraire de Silania est
célèbre par sa fresque du Jugement dernier, œuvre du mysticisme exacerbé de la fin du Moyen Age. Découverte à la fin
du XIXe siècle par un peintre local, elle avait été restaurée
avec plus de courage que de savoir-faire. Son symbolisme réaliste
est étonnant. Ainsi, cette épée flamboyante qui vole dans le
ciel à la gauche du Christ Juge rappelle les apparitions des
corps célestes qui semèrent tant de trouble dans les popu-

1. *AUTA*, juin-août, 1965.

lations européennes, à la fin du XVe siècle et au XVIe siècle ;
c'est aussi la traduction littérale d'un élément de la vision
de Pathmos, décrite par l'auteur de l'Apocalypse, l'apôtre Jean.
Le détail le plus curieux concerne l'intercession de la Vierge
Marie. Debout à droite du Christ, dont les plaies mises à nu
accusent les pécheurs qui en sont la cause, la mère de Dieu
découvre ses seins et, les pressant, fait gicler son lait sur les
blessures de son Fils. Et certains dévots aimaient à rappeler
que, en se dévoilant au Sauveur, la Vierge Marie l'attendrissait.
Cette image pouvait rendre confiance à ceux que désespérait
l'approche du Jugement Dernier. Mais le peintre de Cazaux-
de-Larboust, développant un thème non exempt d'une troublante sensualité, a fait du lait de la mère un baume cicatrisant
pour les plaies du Fils...

Fresque du Jugement dernier (photo D. Milano)

CÉRET

66 — PYRÉNÉES-ORIENTALES, 30 KM AU S O DE PERPIGNAN PAR N 9,
N 115 ET N 618

Le pont du Diable

Le pont de Céret est un monument d'une audace si exceptionnelle qu'elle a frappé l'imagination populaire. Seul le
diable pouvait l'avoir construit. Mais plus tard, comme le dit
Pere Pinya, « il n'a pas manqué d'archéologues amateurs pour
en faire honneur aux Romains, aux Wisigoths ou aux Maures ».
En réalité, c'est un superbe témoin du temps de la domination
des rois de Majorque sur le Roussillon. Georges Sorel, ingé-

nieur des Ponts et Chaussées, lui a délivré son certificat de baptême, en révélant que la face aval de la culée droite du pont portait la date 1336, en chiffres arabes. Un autre document, qu'il cite, prouve que sa construction a été commencée en 1321. Il se trouve dans un lieu appelé anciennement le Grau d'Exala. Grau pour, *gradus* l'accès, le chemin; Exala, abréviation d'*exalada*, désigne un lit d'avalanche, un éboulement. Et c'est pour éviter au pont d'être emporté par les crues du Tech comme celui qui le précédait, et dont on voit encore une pile au milieu de la rivière, qu'il a été fait d'une seule arche. A l'époque, elle devait être la plus grande du monde, avec une ouverture de 45,50 m, et une flèche de 22,30 m. Le général Dagobert voulut faire sauter le pont en 1793, pour arrêter les Espagnols. Le représentant Cassanyès s'y opposa au nom de la beauté de l'ouvrage.

Le pont sur le Tech, par Melling (1830) (B.N., Est.)

Un lion versatile

Au centre d'une place, au cœur de la ville, la fontaine des *Nou Raigs*, ou des Neuf Jets, a pris l'aspect d'une œuvre barcelonnaise de Gaudi, sous l'accumulation des mousses qui ont proliféré sur la pierre. Le chapiteau qui surmonte la colonne est ceint d'une ronde de neuf danseurs, hommes et femmes alternés, qui esquissent le pas de la danse catalane séculaire, la « sardane ». Elle est surmontée d'un lion de pierre qui pose la patte sur un globe, symbole de Ferdinand VI, roi de Castille.

Lorsque la paix des Pyrénées eut consacré l'annexion de la Cerdagne à la France, on tourna le lion face à l'Espagne et on écrivit sur la fontaine : « *Leo factus est gallus — Venite Ceretenses* » (« Le lion est devenu coq — Venez voir, habitants de Céret »).

La Vierge des fous

L'ermitage de saint Ferréol, bandit repenti et comme tel, saint très populaire en Catalogne, apparaît de la plaine comme une nef voguant en plein ciel. Un escalier y conduit, parmi les figuiers sauvages. À l'entrée de la nef, un bénitier de marbre rouge porte une inscription évoquant un destin profondément émouvant : « *Llaurens Cros, fill (fils) d'Ill, ermita de san Ferreol, estat 44 anys esclay à Constantinople — 1705.* » Arrivé enfant en Turquie, Laurent Gros en était reparti vieillard : il n'avait plus qu'à se consacrer à Dieu, et à vivre ses dernières années à l'ombre de sa maison.

Le buisson des cierges s'embrase le 18 septembre, date à laquelle on fête à la fois saint Ferréol et saint Paul, ermites. Les deux bustes reliquaires en bois doré sont alors entourés d'une vénération accrue. Le même artiste, Géronimo Farré, a sculpté les deux retables du maître-autel, qu'il a signés, et celui de la Vierge des *desemparats*, c'est-à-dire des fous. Car cette chapelle est le refuge des fous, ceux dont l'âme s'en va

Au premier plan, le pont du Diable (photo J.-R. Masson)

à la dérive, selon le vocable catalan si expressif. Les « goigs » répètent à l'envi la même supplication à la Vierge des Desemparats : « Ne nous abandonnez pas, ne nous abandonnez pas. »

L'oratoire de Saint-Ferréol était tapissé d'une collection ahurissante d'ex-voto, têtes et membres de cire, béquilles vermoulues, appareils orthopédiques et même, dans la note du réalisme sadique espagnol, pansements souillés.

COARRAZE

64 — Pyrénées-Atlantiques, 19 km au S E de Pau par N 637

Un ami bien informé

Le château de Coarraze occupe une situation clef sur un promontoire qui domine le gave de Pau et le pont. C'était le verrou qui protégeait le Béarn contre une invasion venue de la Bigorre. Le fait qu'un village de Provence porte le même nom pourrait s'expliquer par une commune origine ligure.

Le plus célèbre des barons de Coarraze, Raymond, qui
vécut du temps de Gaston Phébus, avait à son service un esprit
familier du nom d'Orton, qui venait toutes les nuits lui apporter
des nouvelles des quatre coins du monde. Mais le sire, par
curiosité et incrédulité, fit si bien qu'il perdit son ami. Contée
par Froissart, l'histoire est un chef-d'œuvre de littérature
fantastique que Taine n'a pas hésité à transcrire dans son
Voyage aux Pyrénées; d'autres ont attribué cette mystérieuse
aventure à Gaston Phébus.

Raymond de Coarraze trouva la mort sur le champ de bataille
d'Aljubarrota, au Portugal, le 15 août 1385, à la fin d'une
expédition malheureuse où périrent trois cents Béarnais à la
solde du roi de Castille, en guerre contre le roi du Portugal.
La plupart étaient de jeunes hobereaux besogneux qui voulaient
s'arracher à la pauvreté de leur vie dans de maigres domaines,
ou qu'une vitalité excessive poussait à la recherche des horions.
Mais, pour le sire de Coarraze, aventure et fortune ne furent
pas synonymes.

Plus tard, Gaston Phébus regretta cette équipée, si l'on en
croit Gaucher de Passac à qui il disait : « Messire Gaucher,
maudites soient les guerres de Castille et de Portugal ! Je m'y
dois trop bien plaire car oncques ne perdis tant en une fois...
car tous mes bonnes gens d'armes du pays de Béarn en une
saison y furent morts. »

La Dalila béarnaise

Une devise énigmatique en espagnol est inscrite sur le portail
Renaissance de l'entrée du château : « LO-QUE-HA-DE-SER-
NO-PUEDE-FALTAR » (« Ce qui doit être ne peut manquer
d'arriver »). Elle évoque un sombre fatalisme et l'on se
demande à quel événement elle se rapporte : l'histoire des
possesseurs du domaine est muette à ce sujet, mais une tradition raconte qu'un seigneur espagnol proscrit par son roi
avait trouvé asile chez le châtelain de Coarraze. Se languissant
de sa famille, il résolut de retourner en Espagne et, comme
son hôte lui montrait le danger auquel il s'exposait, il lui
répondit par cette sentence où se traduisait toute la fatalité
de son destin. Il fut repris, exécuté, et le châtelain, frappé
de l'événement, garda ses dernières paroles comme devise.

Or ce conte évoque, par certains côtés, le séjour en Béarn
du fameux Antonio Perez, homme de confiance de Philippe II,
tombé en disgrâce pour un meurtre politique qu'on lui
·imputait. Échappant aux agents du roi, il s'était réfugié
clandestinement en Béarn auprès de Catherine de Navarre,
sœur de Henri IV et régente du pays en 1591. Deux de ses
amis avaient plaidé auprès de cette princesse en faveur de
cette « monstruosité de la fortune », comme il s'était lui-même
appelé, et Catherine, apitoyée, l'avait autorisé à séjourner
sur les terres de son frère Henri, souverain de Navarre. Mais
Philippe II qui n'avait pas désarmé, lui envoya un agent
pour l'assassiner; l'homme fut pris et condamné à mort par
le parlement de Pau. A la demande de Perez, Catherine lui
fit grâce. Ce fut d'une noble Béarnaise que vint le danger
le plus grave : elle s'était engagée envers le roi d'Espagne
à séduire le proscrit et à le livrer à des émissaires, qui l'enlè-
veraient. Que se passa-t-il ? Cette femme que Perez décrit

comme « *hermozana, galanaza, gentilaza, muy dona...* », fut prise à son propre jeu. Elle tomba amoureuse du proscrit, lui confessa tout, et même, ajoute-t-il, « elle fit bien plus : elle m'offrit sa maison et le revenu qui en dépendait avec une si vive tendresse qu'il n'y a bon mathématicien qui n'eût dit qu'il y avait entre cette dame et moi échange et communauté astrologique ». Il est tentant de croire que l'inscription mystérieuse serait le témoignage de cette aventure d'un romanesque extravagant, et que les ombrages du parc de Coarraze ont abrité les amours de Perez et de sa Dalila béarnaise !

Le château de Coarraze (B.N., Est.)

Dans les bras de la reine

Le donjon, au plan curieusement pentagonal, comme la tour Moncade d'Orthez, est tout ce qui reste du château de cette époque. Encore a-t-il été reconstruit après l'assaut donné en 1510 à ce qui était devenu le repaire d'un baron brigand, Gaston de Foix. Après lui, il passa aux Bonneval qui le vendirent à Étienne Arnaud d'Albret-Miossens. C'est à sa belle-fille, Suzanne de Bourbon-Busset, que Jeanne d'Albret confia le jeune Henri de Navarre pour l'élever « à la dure », comme les paysans. Le prince eut pour compagnon son fils Henri de Miossens, qu'il prit comme premier gentilhomme de sa chambre. Il était au Louvre le jour de la Saint-Barthélemy; poursuivi par les tueurs, il ne dut son salut qu'en se précipitant dans la chambre de Marguerite de Valois, la nouvelle reine de Navarre. Les assassins n'osèrent pas frapper un homme qu'ils trouvèrent dans les bras de la sœur du roi de France.

Reconstruit en 1755, le château appartint successivement au comte de Marsan, aux Mouaix, au baron de Bœil et au baron de Bouillac. La crainte de la vengeance de l'esprit d'Orton était-elle pour quelque chose dans ces changements de propriétaires ? Il est en tout cas resté, depuis 1836, la

propriété de la famille Dufau. On y voit, entre autres
merveilles, un salon tapissé d'un papier peint chinois
du XVIIIᵉ siècle, où les papillons se mêlent aux couples
d'oiseaux.

COLLIOURE

Des pirates phéniciens aux frères du Temple

L'homme de Collioure, du plus loin qu'on connaisse son histoire, a vécu « un pied dans sa vigne et un pied dans sa barque ».
Un document d'archives, le Capbreu, qui donne l'inventaire des
personnes et des biens de ce terroir en 1292, dénombre, sur
1 048 parcelles cultivées, 745 vignobles ou treilles. La baie à
double courbe était une merveilleuse plage d'échouage où firent
escale les nefs ventrues des trafiquants de Tyr et de Sidon, au
pied des remparts de *Caucolliberis*, ville de la tribu des Sardanes.

La cité s'élevait-elle sur le rocher qui soutient le château des
Templiers et sépare le port d'Avall du port d'Amont? On ne
saurait le dire, car la masse du château, agrandie par les glacis
de Vauban, a enseveli définitivement les secrets gisant sous ses
fondations. Contrairement à beaucoup d'assertions légendaires
concernant les Templiers, on peut sans erreur attacher leur nom
aux hautes murailles du château. En 1207, le roi Pierre II fit
don à la commanderie du Temple du Mas Deu, dans la plaine de
Perpignan, d'un terrain à bâtir entre le château et le port de
Collioure; et, l'année suivante, l'évêque d'Elne leur attribua
l'église de la ville et ses revenus. Dans la cour du château, ce
qu'on appelle la chapelle est en réalité l'ancienne grande salle du
couvent du Temple, la « salle des Frères », où se passaient tous
les événements importants de la vie de l'Ordre.

On comprend la présence des Templiers à Collioure quand on
sait que les pirates barbaresques croisèrent pendant des siècles
sur ces côtes en quête de fructueuses razzias de captifs. Quand le
canon eut changé la valeur des places de guerre, Ferdinand
d'Aragon fit construire par l'architecte du fort de Salse, Ramirez,
le bastion de la pointe, avec ses deux étages munis de plateforme
et d'embrasures pour l'artillerie.

Un mystère éclairci

De l'autre côté de la baie, l'église Saint-Pierre, avec son clocher, abrite l'un des retables les plus baroques du Roussillon,
œuvre du constructeur du merveilleux « camaril » de Font-
Romeu, Joseph Sunyer. Il mit quatre ans à le sculpter, de 1698
à 1702. Parmi les colonnes torses et les moulures de corniche de
style colossal, les statues se tordent comme sous une irrésistible
impulsion intérieure; un même mouvement tourbillonnant anime
les grappes de fruits, les feuillages qui se mêlent aux volutes des
colonnes, aux banderoles et aux franges des baldaquins. C'est à

ce même sculpteur qu'on doit le crucifix pathétique de la chapelle
de la Passion, qui parcourt les rues de la ville dans la nuit du
Vendredi saint, lors d'une extraordinaire procession qui offre en
plein xxᵉ siècle une représentation de la Passion venue du
Moyen Age. Le clocher de l'église, qui apparaît comme le symbole du paysage maritime du Roussillon, est l'ancienne tour fanal
du « port d'Amont », rattachée par une construction aveugle au
chevet. Une galerie, garnie de mâchicoulis et percée de meurtrières, part de ce chevet et longe le quai du port en le surplombant. On penserait à un bel exemple de l'architecture militaire
défensive de la fin du Moyen Age, si les comptes de la ville de
l'année 1725 n'avaient dévoilé que la construction avait simplement pour but de cacher aux regards l'accomplissement par les
citoyens de Collioure de certaines fonctions naturelles, les eaux
du port étant chargés d'en faire disparaître les traces... Encore
une énigme archéologique réduite à des proportions fort humaines.

Le port de pêche (photo Jacques Verroust)

EAUX-CHAUDES (LES)

64 — PYRÉNÉES-ATLANTIQUES, 42 KM AU S DE PAU PAR N 134 ET N 134 BIS

Au-dessus des précipices

De Laruns aux Eaux-Chaudes, le passage du Hourat constitue une des plus impressionnantes mises en scène de la nature pyrénéenne; la route taillée dans la paroi longe, quand elle ne l'enjambe pas, une sorte de gigantesque conduite forcée, éclatée, au fond de laquelle écume le gave. Cette route a succédé à un sentier muletier qui existe encore sur la rive gauche et qui était la seule voie de communication, depuis des siècles, entre Laruns et les Eaux-Chaudes. La montée de Laruns et la descente dans la gorge du Hourat se faisaient par des rampes taillées dans le roc et, en certains endroits, par de véritables escaliers sans parapet, dominant le gave. Autrefois, pour franchir ce pas, les voyageurs voyaient se présenter à eux, leur offrant leur service, « de grandes, fortes et belles Ossaloises qui emportaient sur le col tous ceux qui se présentaient. Elles couraient d'une vitesse prodigieuse, et sans rien craindre, tant il est vrai que l'habitude rend tout aisé ». On pouvait se croire en Bolivie dans les sentiers vertigineux des Andes.

Au plus haut du passage se dressait un petit oratoire consacré à la Vierge, mais aussi à la mémoire de « dame Cathin ». C'est ainsi que, avec une familiarité dont nous avons été déshabitués, l'auteur de l'inscription des Eaux-Chaudes, homme de la Renaissance, appelait Catherine, sœur de Henri IV, régente de Navarre.

Retour aux sources

La renommée des eaux thermales des *Aygues Caudes* balançait en Béarn celle de toutes les autres sources des Pyrénées, pour leurs vertus d' « empregnadères » (fécondatrices). Henri IV y amena sa maîtresse, la Belle Fosseuse, et la précédente, Madame de Rebours, faute d'avoir pu décider sa femme, la reine Marguerite, à les accompagner...

Entrée de la grotte des Eaux-chaudes (B.N., Est.)

La grotte des fées

Au-dessus de la station, une grotte qui portait alors le nom de *Cava de las Mounereiras*, la grotte des fées, était au XIXe siècle une curiosité très visitée. Sa voûte plate, gigantesque, le torrent qui tombe du plafond en cascades, son décor de stalagmites fantastiques, avaient fait naître à son sujet toutes sortes de légendes sur les créatures surnaturelles qui établissaient là leur demeure. Méditant sur ces légendes, un voyageur romantique en disait : « Il ne s'agirait peut-être que de savoir les débrouiller pour y lire quelque vérité cachée sous leurs prodiges. »

La grotte est en réalité le vomitoire d'une partie des eaux qui s'engouffrent à des centaines de mètres plus haut dans l'immense conque naturelle des pâturages d'Anouilhas et cheminent au travers des abîmes secrets du massif du Ger et du Cézy.

Une mini-république

Une promenade franchit le gave en amont des Eaux-Chaudes
sur un pont vertigineux, le *Pont d'Enfer*, et grimpe sur la paroi
opposée de la montagne. Après avoir dépassé la belle cascade de
la gorge du *Brousset*, un sentier en zig zags débouche dans une
vaste anfractuosité de la montagne où se blottit le village perdu
de *Goust*. Pendant des siècles, ce hameau de douze feux a vécu
entre ciel et terre comme une république autonome. Il comptait,
vers 1850, 70 habitants, tous apparentés. Un conseil d'anciens
décidait en premier et dernier ressort de tout ce qui intéressait
la communauté, jusqu'à la convenance des mariages entre les
filles de la République et les garçons du reste de la vallée. Du
fait de ses fonctions officielles, le garde champêtre y faisait figure
d'ambassadeur des autorités de l'État d'en bas. Quand les gens
de Goust allaient à Laruns pour les baptêmes, les mariages et
les enterrements, c'était une sorte de voyage à l'étranger. Pour
les transports des morts, l'escarpement sur lequel est situé le
village rendait dangereux le maniement de la bière. Aussi les
gens de Goust avaient-ils aménagé une glissière dans une faille
de la paroi et confiaient à la pesanteur le soin d'amener le cercueil au bas de cette piste, où le cortège le reprenait[1]. On vivait
très vieux à Goust, les centenaires n'y étaient pas rares. Palma
Cayet en cite un qui mourut en 1605 à l'âge de cent vingt-trois
ans.

ELNE

66 — PYRÉNÉES-ORIENTALES, 14 KM AU S E PERPIGNAN PAR N 114

Terreur barbaresque

Les textes anciens relatifs à cette ville au nom ibérique d'Illiberis ne laissent pas de doute sur l'importance de la cité et du
peuple dont elle était la ville principale.

Polybe, au IIe siècle av. J.-C., plaçait entre Narbonne et les
Pyrénées deux fleuves et deux cités du nom de Roscynon et
Illiberis. Ces fleuves sont le Tech et la Têt, et les villes Castel-
Roussillon et Elne. Tite-Live, racontant la campagne d'Hannibal, en 218 av. J.-C., relate que le chef carthaginois arrêta ses
troupes devant les murs de l'oppidum d'Illiberis et se rendit à
Ruscino pour traiter avec les chefs des Volques et des tribus
locales. L'occupation romaine dut être fatale à la capitale ibère,
car Pomponius Mela parle d'Illiberis comme d'un bourg qui
gardait peu de vestiges de ses grands ouvrages. Comment cette
ville est-elle devenue *Castrum Helenae?* On sait seulement qu'un
fils de Constantin, après en avoir relevé les ruines, lui donna le
nom de sa mère, l'impératrice Hélène, dont un chapiteau de
Monastir del Camp garde le souvenir. Il y transféra le siège
épiscopal de Ruscino, nom qui resta longtemps à la cathédrale.
Mais le comte de Roussillon avait encore en 889 le titre de
comitatus Elenensis.

Au concile de Narbonne, en 1140, l'évêque d'Elne, Udalguer,
rendait compte de l'état de terreur dans lequel vivait son dio-

1. L. Moreau. *Itinéraire de Pau aux Eeaux-Bonnes*, 1844.

cèse, en butte aux incursions des Barbaresques de la Méditerranée. Leur passage s'accompagnait de pillages et d'incendies,
les églises étaient leurs objectifs préférés. Ces terribles pirates
qui massacraient impitoyablement les habitants ou les emmenaient en esclavage, exigeaient alors cent jeunes filles pour la
rançon des prisonniers.

Du vin nouveau pour la statue

En 1565, Elne passait encore pour une place dangereuse dans
le voisinage de la mer, exposée aux incursions des Turcs, des
brigands et des Français. Aussi, en 1602, le chapitre déménagea
à Perpignan avec les reliques de sainte Eulalie et de sainte
Julie. Leur escorte, formée par les chevaliers de la confrérie de
Saint-Georges, exécuta en leur honneur devant la Loge une
danse mauresque, en souvenir peut-être des dangers auxquels
ils s'étaient soustraits.

Mérimée n'a pas manqué de rapporter la coutume curieuse
qui s'attachait à un bas-relief funéraire représentant un évêque
coiffé d'une mitre à cornes. Chaque année, après la Toussaint,
le clergé chantait une absoute devant ce bas-relief en l'asper-
geant de vin blanc. Le personnage représenté serait un évêque
d'Elne qui avait donné une vigne en toute propriété au chapitre.
Les chanoines lui témoignèrent leur reconnaissance en faisant
goûter à son effigie le vin nouveau, produit de la donation. La
curieuse inscription du bas-relief fut interprétée à cette occasion
devant Mérimée par son ami Jaubert de Passa : « R. F. HOPAS.
DBIA » voulait dire, de toute évidence : « *Reddite frates opera
debita* » (« Acquittez vous, frères, de votre dette »). Si cela n'est
pas vrai, c'est assez ingénieux pour mériter de l'être. On peut
l'accepter sous bénéfice d'inventaire. On sait aujourd'hui qu'il
s'agit de l'évêque Guillaume de Jorda.

Anges et démons

Dans la chapelle Saint-Michel, un retable développe sur cinq
panneaux l'épopée de l'archange fidèle. Sous les yeux de Dieu le
Père, saint Michel préside à la lutte entre les bons et les mauvais
anges : tandis que ceux-ci se présentent comme d'affreux monstres
anthropomorphes, leur chef, que l'archange piétine, est vêtu
d'une robe dont le bas est découpé selon une mode bizarre et
peut-être hérétique. A droite, les damnés sont charriés par les
démons dans des hottes ; les ailes des mauvais anges sont griffues
comme celles des chauve-souris et ocellées comme celles des
papillons. Les miracles les plus étonnants de l'archange sont en
bonne place : une femme enceinte prise par la marée dans les
sables du Mont-Saint-Michel est protégée des flots tandis qu'elle
enfante et allaite.

L'histoire du château Saint-Ange, l'ancien mausolée d'Hadrien, n'est pas moins curieuse. La troisième apparition de
l'archange, selon la *Légende dorée*, eut lieu à Rome ; lorsque le
pape Grégoire conduisait la procession des grandes litanies pour
faire cesser une épidémie de peste qui sévissait alors dans la ville,
il vit, sur le château autrefois consacré à la mémoire d'Hadrien,
l'ange du seigneur qui essuyait un glaive ensanglanté et le remet-
tait dans le fourreau. Grégoire comprit alors que ses prières
étaient exaucées, il fonda en cet endroit une église en l'honneur

de l'archange saint Michel, et le château se nomma depuis
« château de Saint-Ange ».

A droite du retable sont représentées les manifestations du
prince des esprits célestes dans la mystérieuse grotte du Monte
Gargano dans les Pouilles, l'épouvante des bergers voyant revenir
les flèches tirées contre un taureau réfugié dans l'antre sacré, la
messe dans la chapelle érigée au-dessus, la libération des âmes[1].

Chapiteau dans le cloître (photo J.-R. Masson)

Le soleil ou la lune?

Au flanc nord de l'église s'adosse un chef-d'œuvre de sculpture monumentale, le plus beau cloître peut-être qu'il y ait en
France. Mérimée et le baron Taylor ont rivalisé de termes
admiratifs à son sujet[2].

Tous les animaux symboliques et les être fabuleux s'y retrouvent : lions, béliers, aigles à tête d'ange, hippogriffes, sirènes
à tête de femme et corps d'oiseau, sirènes à double queue de
poisson. Les mythologies orientales et romaines s'y sont donné
rendez-vous : ainsi ce Mercure coiffé de son pétase ailé. Peu
d'êtres humains, mais combien réels et vivants, moines et
femmes au corps grassouillet, rois mages sur leurs petits chevaux mongols. Les influences les plus lointaines, les plus ésotériques, s'y retrouvent : ainsi, sur l'un des piliers quadrangulaires,
deux paons, encadrés de rinceaux, becquettent une grappe
pendant d'un rameau feuillu, thème asiatique des oiseaux de
l'immortalité, se nourrissant des fruits de l'arbre de vie. Venus

1. Durliat, *Art ancien du Roussillon*, Imp. Sapho, 1954.
2. Baron Taylor, *Voyages pittoresques et romantiques dans l'ancienne
France*, 1834.

d'un autre monde, trois serpents à tête de dragon, aux anneaux couverts d'écailles, évoquent les vieux mystères chtoniens toujours renaissants, au-dessus du bas-relief célèbre de la scène du « *Quo Vadis* ». Et quels symboles ne peut-on tirer des colonnes striées qui, selon l'iconographie syrienne, ont une signification lunaire lorsqu'elles tournent à gauche, solaire à droite, avec correspondance chez les groupes de lions, solaires quand ils sont affrontés, lunaires quand ils se suivent?

Antiquité et Moyen Age

Les sarcophages du cloître sont de l'école « aquitaine », en marbre des Pyrénées. L'un d'eux, dont il ne reste qu'un fragment où des strigiles encadrent un monogramme du Christ inscrit dans une couronne de laurier, passe selon une tradition légendaire pour le tombeau de Constant, fils de l'empereur Constantin, et de l'impératrice Hélène, assassiné dans la région sur l'ordre de l'empereur Maxence. Ce serait à lui qu'on devrait la reconstruction de la ville et sa nouvelle appellation de *Castrum Helenae*.

A l'est d'Elne, sur le territoire de Palol, existe une *carretère de Carlos Magno*, la route de Charlemagne. On y voit un tronçon de l'antique voie Domitia, qui succédait elle-même à la via Heraclae, la voie d'Hercule.

ERCÉ

09 — ARIÈGE, 24 KM AU S E DE SAINT-GIRONS PAR N 618 ET D 32

L'école des ours

Le village d'Ercé, situé au milieu de la vallée du Garbet, a été célèbre au XIXe siècle pour son « école des ours », unique en France. Le dressage des ours pour le divertissement des hommes était un art pratiqué avant le XIIe siècle dans certaines cours des chefs saxons. Les ours se tenaient debout sur leurs pattes de derrière, imitaient quelques gestes de l'homme, dansaient en mesure au son des instruments...

L'exemple des ménestrels des cours nordiques et des montagnards des Carpathes semble bien montrer que l'intérêt a très vite poussé les Ariégeois à pratiquer l'industrie du dressage. Les deux villages d'Oust et d'Ercé en firent leur spécialité pendant près d'un siècle. Vers 1850, on pouvait voir dans beaucoup de maisons, attachés près du foyer comme des chiens fidèles, un ou plusieurs oursons. Ils constituaient en général la dot de la fille de la maison. Autrefois, les traqueurs allaient dans la montagne les enlever à leur mère, qu'il fallait tuer d'abord. Quand les ours devinrent rares, les Ariégeois en firent venir de Russie. Mais le temps des jeux avec les chiots et des bonnes jattes de lait ne durait pas pour l'ourson. Il devait aller très tôt à l'école d'Ercé où la discipline était de fer. Le programme de ses études était aussi précis que celui d'un concours : il devait apprendre à danser au commandement de : « Dansez, mademoiselle! », à courir, à simuler un combat.

Le clou de l'exhibition était la fin du combat; sur un signe de son maître, l'ours tombait à terre comme frappé à mort, à la satisfaction des spectateurs. Un autre signe et l'ours se relevait, lestement, saluant la compagnie avec grâce.

On relate la visite qu'un préfet de l'Ariège fit à cette curieuse école, où les « grands élèves », adossés au mur de la « classe », applaudissaient de toutes leurs pattes au commandement de leurs maîtres, qui rythmaient les gestes de leurs gourdins de cornouiller. On parle aussi de la frayeur de ce préfet, lorsqu'un des « élèves » s'amusa à croquer les glands de la dragonne de son épée...

Le « Diplômé »

Venait le moment où l'ours passait son diplôme de baladin, de bien étrange et cruelle façon : l'école « de fer » prenait alors tout son sens. Car, avant de conduire l'ours devant le public, il fallait prendre la précaution de lui passer au museau un anneau de fer auquel on attachait la chaîne, et l'anneau était passé dans l'os même. Cette cérémonie, ou plutôt cette terrible opération, se déroulait tous les ans sur la place d'Ercé. « Les malheureux ours, les plus doux comme les plus brutaux, sont garrottés debout contre un arbre de la place. Lorsqu'ils ne sont plus en état de faire un mouvement quelconque, on leur perce la mâchoire avec un fer rouge à un pouce en arrière des dents. Après quoi on passe et on rive l'anneau. C'est la « ferrade », cérémonie mêlée de hurlements horribles qui attirent toujours un flot de curieux, comme tous les grands divertissements ou les grandes détresses[1]. Désormais l'ours devenait le compagnon de son maître, rivé à lui par cette chaîne dont les moindres mouvements lui rappelaient qu'il n'y avait pas à espérer changer un jour les rôles.

Illustration de Gustave Doré pour le « Voyage aux Pyrénées »
de H. Taine (B.N., Est.)

1. Comte J. Begouën, *L'Ours Martin*, extrait du *Bulletin de la Société ariégeoise S.L.A.*, t. XXII, 1966.

Les jeux du cirque

L' « oussatès » partait alors faire son tour de France selon un
itinéraire traditionnel. De village en village, il amassait de
l'argent. Son ours avait des pouvoirs mystérieux : il suffisait à
un enfant de faire neuf pas sur le dos de l'animal pour guérir de
la peur. On voyait les « oussatès » dans les grandes villes du Midi.
Quelquefois, ils troquaient leur large béret bleu contre une sorte
de chapeau oriental au bord festonné de pompons et se faisaient
passer pour Turcs afin de concurrencer les Tziganes, dompteurs
d'ours des Carpathes. En Angleterre, on prenait l' « oussatès »
pour un véritable « gipsy ». Raymond Escholier en rencontra un
qui s'embarquait pour le Mexique.

D'autres, plus cruels, dressaient leur bête pour des combats
de foire, des batailles avec les chiens. Il y avait toujours du
monde à ces spectacles où les hurlements de rage des antago-
nistes remuaient au cœur des hommes des atavismes violents.
Comme dans les jeux du cirque, les écus des parieurs passaient
de main en main, l' « oussatès » comptait sa recette, l'ours léchait
ses plaies, on jettait dans un trou les chiens éventrés...

L' « oussatès » avec sa bête était une force respectée. Quand,
en 1910, l'inventaire des objets du culte fut devenu obligatoire,
certaines paroisses décidèrent de s'opposer à l'exécution de la
loi. Dans la vallée d'Ercé, les « oussatès » vinrent monter la garde
avec leurs bêtes à l'entrée de l'église de Cominac. Quand les
gendarmes arrivèrent, leurs chevaux prirent peur et les démon-
tèrent. L'histoire fit du bruit. On en tira des cartes postales. Ce
fut une époque glorieuse pour le folklore ariégeois.

ESCOT

64 — Pyrénées-Atlantiques, 15 km au S d'Oloron par N 134

Les otages de la liberté

Quand le vicomte de Béarn pénétrait dans la vallée d'Aspe,
au défilé d'Escot, il devait se soumettre à des rites donnant une
fière idée de l'indépendance dont jouissaient les populations à son
égard, bien qu'il fût leur souverain. Le vicomte s'arrêtait au
bord du gué du Barescou. De l'autre côté se présentaient les
quatre principaux notables de la vallée, le « capdulh » d'Accous,
le baron d'Escot, l'abbé de Suberlaché et le baron de Lescun,
accompagnés d'une escorte de jeunes montagnards, les fils des
principaux propriétaires de la vallée, revêtus de leurs plus beaux
habits.

Le vicomte de Béarn mettait alors les deux pieds de devant
de son cheval dans le gué de Barescou et jurait à haute et intel-
ligible voix de respecter les « fors » de la vallée, dont le préambule
stipulait en propres termes : « Le val d'Aspe fut avant le seigneur ; il n'a sur la vallée que les droits donnés à lui par ses
habitants. » Alors les jeunes Aspois lui étaient présentés : ils
devaient servir au seigneur d'escorte pendant son séjour, mais
aussi d'otages, car le souvenir n'était pas perdu de l'assassinat
d'un vicomte de Béarn en visite dans l'une des vallées de son
domaine. En échange, pour assurer le respect des « fors » de la
vallée, deux jeunes Béarnais de la suite du vicomte étaient
remis aux mains des gens d'Aspe.

Lorsque Louis XI se présenta à Escot le 10 mai 1463, pour aller faire ses dévotions à Notre-Dame-de-Sarrance, il se soumit au même cérémonial. Il avait fait auparavant baisser son épée en entrant sur les terres du vicomte de Béarn, disant qu'il était hors de son royaume. Louis XI, aussi formaliste que rusé, connaissait la valeur des gestes spectaculaires, et pensait bien que le peuple des montagnes en garderait mémoire à son avantage.

En souvenir d'un ingénieur romain

A peu de distance d'Escot, la route franchit le gave et bute contre la montagne qui plonge brusquement sur le torrent. A cet endroit se trouvait encore en 1858 une inscription latine, sculptée dans la paroi rocheuse surplombant la route à 4 m de hauteur. Elle avait été conservée lors des travaux successifs d'élargissement de la voie et rappelait ceux que les Romains y avaient exécutés. On lisait alors : L. VAL VERNVS CER — II VIR BIS HANC — VIAM RESTITVIT : (Lucius) Val (erius) Vernus duumvir a réparé deux fois cette route. Au-dessous, quelques lettres sans suite étaient probablement d'un âge beaucoup plus récent.

L'ingénieur Leroy, qui transcrit ce texte dans son *Mémoire sur la mâture*, rappelle la tradition du pays sur le passage des Romains dans la vallée. Mais les ingénieurs des Ponts et Chaussées ne sont pas nécessairement des correspondants de l'Académie des inscriptions et belles-lettres. Un beau jour, en quelques coups de pioche, l'inscription fit les frais d'une banale opération d'entretien. Avec elle disparaissait le procès-verbal de restauration d'une des plus anciennes routes transpyrénéennes, et le nom du plus ancien fonctionnaire des Ponts et Chaussées du Béarn qui nous soit connu.

Un rocher prolifique

Sur la rive gauche du gave, non loin de la limite du territoire de Sarrance, un rocher, aujourd'hui raboté par les Ponts et Chaussées, dressait autrefois une orgueilleuse virilité à l'admira-

Le légendaire rocher de Saint-Nicolas (coll. Pierre Minvielle)

tion de la population féminine de la vallée. C'était le célèbre
« Rouquet de Saint-Nicolas », qui passait pour rendre les femmes
fécondes si elles consentaient à le chevaucher à cru : d'une
femme enceinte on disait allusivement : « Elle n'a pas à se frotter
au rocher de Sarrance » (« *N'ha pas ad ana rega's at Rouquet de
Sarranh*[1] »). Une chansonnette reproduisait les invocations
conseillées au mari pendant l'opération :

*Petit rocher, roc de Sarrance | Béni par Saint Nicolas,
Je te ferai un renom en France | Si tu ne m'abandonnes pas.*

Les mauvaises langues d'Aspe, et bien avant Navarrot il n'en
manquait pas, attribuaient la vertu prolifique du « rouquet » à
certains beaux spécimens masculins du coin. Il fallait s'y attendre...

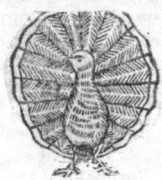

ESCOUT

64 — Pyrénées-Atlantiques, 6 km a l'E d'Oloron par D 116

Des fées susceptibles

Sur les hauteurs qui dominent le village, une grande croix,
visible de la route d'Oloron, marque à côté d'un bouquet de
chênes l'emplacement de l'allée couverte de Peyre-Cor. P. Raymond, l'historien béarnais, avait recueilli une étymologie assez
fantaisiste de ce nom : « la pierre du cor ». Elle aurait pour
origine le bruit produit par les pierres jetées à l'intérieur du
dolmen ! Mais on lit dans Taylor[2] une légende bien typique de
ces constructions mégalithiques : le dolmen était la maison des
fées, des *hades*. Elles accordaient la richesse si l'on s'adressait à
elles en termes aimables et humbles, en déposant un vase à
l'entrée du dolmen. Si les fées ne trouvaient pas la demande
convenable, le mauvais sort s'acharnait sur l'indésirable.

En 1866, quand Raymond le visita, le dolmen comportait
encore autour d'une chambre centrale six supports, dont quatre
en place et deux renversés. La dalle de couverture, de 4 m de
long, avait basculé par suite de la chute des supports[3].

En 1933, pour le dix neuvième centenaire de la mort du
Christ, le curé d'Escout eut l'idée d'ériger une croix monumentale
en ciment, sur ce très beau belvédère. Il voulut utiliser comme
piédestal les éléments de la dalle de couverture; tous les bœufs
du village furent mobilisés pour cet opération... « sans compter
les vaches », ajoute-t-il.

1. V. Lespy, *Dictons et Proverbes du Béarn*, 1892.
2. *Op. cit.*, p. 417.
3. *Revue des Sociétés Savantes*, 1866, IV.

ESTAGEL

66 — PYRÉNÉES-ORIENTALES, 22 KM AU N O DE PERPIGNAN PAR N 117

Des barbares civilisés

Le terroir de cette ville pourrait avoir été le plus ancien
habitat humain du Roussillon, aux âges préhistoriques. Une
grotte fouillée par le docteur Donnezan, en 1895, a révélé des
traces d'un habitat paléolithique : on y a trouvé des mandibules
de renne, des os taillés, des aiguilles d'os à chas, et des pendeloques de grès. Le *Guide Joanne* de 1858 signale aux environs
deux menhirs que les paysans appelaient les « pierres enchantées »
(*encatadas*).

Au lieu-dit *Las Tumbas*, entre les ravins de Linas et de las
Clottes, à 300 m du village, un cimetière wisigothique de plusieurs centaines de tombes a été découvert. Chaque sépulture y
était formée de dalles de schiste en forme de coffres, dans lesquelles le mort était enseveli avec ses parures. D'après leur
ressemblance avec les pièces recueillies dans les nécropoles de la
péninsule ibérique, tous les objets appartenaient bien à la civilisation wisigothique. Déjà installés en Gaule comme alliés de
l'empire romain, les Wisigoths avaient mis la main sur les
provinces du Sud-Ouest ; ils s'étaient emparés des grandes villes,
Bordeaux, Toulouse et Narbonne. Leur domination sur l'Aquitaine et la Narbonnaise devait durer près d'un siècle, de 412 à
507, date de la bataille de Vouillé, qui marque la défaite d'Alaric II par Clovis. La conquête du Sud par les Francs devait
mettre fin à cette période de prospérité avec le pillage des villes,
la ruine des grandes villas rurales, le massacre des populations.
L'assimilation par les Goths de la civilisation romaine fut assez
forte pour avoir donné longtemps le change sur l'origine des
grandes ruines de la région. Les tombes d'Estagel, toutes wisi-
gothiques, sont contemporaines des luxueuses villas à mosaïques
de Montferrand dans l'Aude, de Montmaurin en Haute-Garonne,
de Lescar dans les Basses-Pyrénées, de Sorde-l'Abbaye dans les
Landes. Les nobles Romains des archéologues du XIXe siècle
étaient en réalité de grands seigneurs barbares romanisés, attachés à la cour des rois Ataulf, Euric, Alaric, parlant le latin
aussi bien et même mieux que le goth, utilisant des ouvriers
d'Italie ou même de Grèce, rompus aux techniques les plus
perfectionnées de l'art de construire.

FOIX

09 — Ariège, 82 km au S de Toulouse par N 20, 137 km de Perpignan par N 117, D 10 et D 1

Prodiges pour un évêque

Au centre d'une couronne de sommet, les trois tours du château de Foix, perchées sur leur rocher, donnent au site son caractère « fantastique » noté par Michelet.

La position de Foix au confluent de l'Ariège et de l'Arget en faisait un emplacement tout désigné pour l'établissement d'un poste militaire romain. On a trouvé sur le rocher, comme à Lourdes et à Saint-Bertrand, des pièces de monnaies datant de l'époque impériale.

Le nom de Foix, d'origine inconnue, n'apparaît que dans le récit du martyre de saint Volusien, évêque de Tours. C'était un de ces évêques gaulois qui avaient donné leur confiance au roi des Francs, Clovis, pour rassembler autour de lui l'ancienne Gaule déchirée entre les conquérants des invasions. Après avoir pris Tours, les Goths l'emmenèrent en otage à Toulouse. Lorsque Clovis eut remporté la victoire de Vouillé en 507 et tué de sa main le roi Alaric II, les Goths évacuèrent Toulouse et passèrent en Espagne à la suite de leur nouveau souverain, Amalric, entraînant avec eux leurs otages. Volusien, épuisé par les mauvais traitements, ne pouvait suivre. Ses gardes le mirent à mort entre Pamiers et Foix. Le martyrologe précise : le 11 ou le 12 octobre 507. Après sa mort, il apparut à deux femmes de Foix, Julienne et Juliette, demandant que les fidèles de cette ville viennent chercher son corps et le portent à la basilique pour y recevoir une sépulture. Ce qui fut fait « sans retard et comme par enchantement ». Maître du pays, Clovis voulut honorer le souvenir d'un homme de haut rang qui avait péri pour sa cause.

Selon la tradition, il lui éleva une église, la première qui porta le nom du martyr. Mais, faute d'annales, les moines de l'abbaye attribuèrent à Charlemagne cette fondation, dont on vient de retrouver des vestiges importants sous l'église actuelle.

Ci-dessus : *Le château de Foix et l'Ariège (Rapho. photo Yan)*

Ci-dessous : *Prise de possession du comté de Foix*
(B.N., Est.)

La légende a orné le martyre de Volusien de faits merveilleux. Ainsi « les lances de ceux qui lui avaient tranché la tête devinrent arbres de frêne tout verts ainsi que se voient aux mêmes lieux qui depuis par la vertu divine n'ont pu mourir ». Son corps fut mis sur un chariot, auquel on attela deux taureaux indomptés qui l'apportèrent miraculeusement à l'emplacement choisi pour son dernier repos.

Le vieux chroniqueur relate que « les roues de la charrette s'enfonçaient dans le rocher, et les pieds des bœufs paraissaient en icelui, ainsi qu'il se voit clairement au-dessous de Foix, sur le grand chemin aux Rochers du Pas de las Ties. La rivière de la Riège (Ariège) dessécha et fit chemin arrière... ». On dit aussi que les roches voisines tiennent leur couleur rouge du sang répandu par le corps et que les murailles de Foix, à l'arrivée des taureaux, s'entrouvrirent pour les laisser passer, puis se refermèrent.

Au musée de Foix, deux chapiteaux retirés du sol au cours de travaux effectués sur la place de l'église, sont ornés de scènes dont l'une paraît représenter le siège de Tours par les Wisigoths, et l'autre la captivité de saint Volusien et son martyre : on reconnaît son corps décapité, traîné par des bœufs sur un chariot.

La ville de Foix ayant été prise par les Réformés, en 1580, les reliques de saint Volusien furent précipitées du haut du rocher du château. Elles ont disparu avec la châsse.

Sous la dent des chiens

Des trois tours du château, celle du centre, qui semble « féodale », avec ses créneaux et sa tourelle de guet, ne date que du siècle dernier. La grosse tour carrée et trapue du nord serait contemporaine du roi Dagobert. La tour ronde, massive et redoutable, qui surplombe de ses 42 m la face sud du rocher, a été attribuée à Gaston Phébus. Mais son existence n'est mentionnée dans les textes qu'à partir du XVe siècle ; son type de construction paraît bien être de cette époque, et il est à peu près certain qu'elle fut l'œuvre du comte Jean Ier de Foix-Grailly (1412-1436), le constructeur du donjon de Mauvezin, dans les Hautes-Pyrénées. Les tours étaient reliées par deux enceintes parallèles, entre lesquelles on pouvait circuler et faire le tour des bâtiments sans en sortir. Pour empêcher l'évasion des prisonniers ou l'entrée clandestine d'intrus, les gouverneurs avaient une meute de grands chiens des Pyrénées, lâchés en liberté dans l'espace entre les enceintes. Avec ces gardiens, les plus inflexibles du monde, gouverneurs et geôliers pouvaient dormir sur les deux oreilles. On raconte qu'un des officiers du château fit une nuit l'essai, à ses dépens, de la redoutable fidélité de ses *patous*. Il se déguisa en mendiant pour faire sa ronde. Dès les premiers pas, les chiens le terrassèrent ; ils se mettaient en devoir de l'étrangler, quand ils le reconnurent au flair et le lâchèrent. L'officier avait eu chaud...

Le dieu du beau temps

La tour ronde compte six étages voûtés superposés. L'étage inférieur, qui ne reçoit aucun jour, était prison royale. C'est là qu'en 1809 finit misérablement la malheureuse « folle des Pyrénées » (voir *Vicdessos*). A l'origine devait s'y trouver une chapelle :

on y reconnaît la maçonnerie d'un autel et, dans le mur, la niche d'une crédence.

La première salle du château est réservée à la préhistoire de l'Ariège. De curieuse haches polies, emmanchées encore dans leur bois de renne, proviennent des fouilles de la région d'Ayer, en Bethmale. On voit le crâne de l'extraordinaire sépulture néolithique de Bédeilhac, ainsi que des objets en bronze que l'on a recueillis dans les gisements peu connus de Serrelongue et de Rieucros.

Autel votif à Jupiter (photo J.-R. Masson)

La salle située au-dessus contient des monuments votifs du panthéon romain ou pyrénéen, et en particulier l'autel provenant de Lescure, près de Saint-Girons. Il porte une inscription à « Jupiter, maître du beau temps » (I.O.M. AUCTORI BONARUM TEMPESTATUM), signe de l'importance particulière des cultes ouraniens pour les populations ariégeoises. Un autre autel, trouvé sur la hauteur du Plech près de Caumont, est dédié à la déesse Ande (DEAE ANDEI), radical fréquent dans les inscriptions du centre de la chaîne (p.e. Hercule Andossus), qui se traduit en basque par « grand ». Assez curieusement, Andi se retrouve dans le nom de la « dame », la « maîtresse », Andere. La déesse Ande serait alors la « grande dame », divinité matriarcale par excellence.

Des pierres qui crient

La troisième salle, la plus haute, avec ses armures, ses armes et son mobilier, fait revivre l'époque de la construction de la tour. Les beaux moëllons taillés du parement portent, de place en place, des marques de tâcherons, finement gravées. Lorsqu'on s'approche des fenêtres barrées d'énormes grilles, on voit que les parois des murs sont couvertes d'inscriptions nombreuses et mêlées : des noms, des dates, des exclamations, des injures, des appels désespérés, des prières ; des cavaliers avec leur monture, des coqs, des signes secrets, comme cette grande croix solaire, qui est peut-être un symbole maçonnique ; des cupules, des rainures patiemment exécutées par les détenus. On y trouve toutes les langues : catalan, languedocien, français, latin...

LESPANOLITE. AMBE. MON. BARNAR. MARTIN. 1765. ICI. NOUS. SOMOUS. AVANDONE. DE. TOUS. CASSE. 1797. I.A.VN. CATALA. GALVS. CANTANT. LAFONT 14 MARS 1763. I.A. SON. DE. DIV. 1710. PIERRE. AURIOL. INNOCENT. 1827.

Un des graffiti les plus curieux est celui qu'a laissé un fils de famille enfermé probablement par lettre de cachet :

O. QU.IL.Y.A. DES. PERES. ET. MERES. BIEN. INHUMAINS. ENVERS. LEURS. ENFANTS.

Cette inscription fortement gravée, vrai cri de désespoir, est un document important à verser au dossier de ces actes arbitraires et odieux par lesquels le roi mettait à la disposition des pères de familles, contre argent, une prison et le personnel pénitentiaire nécessaires à la détention des jeunes gens accusés d'inconduite, de débauche ou de fainéantise. On sait, par la correspondance de certains gouverneurs de citadelles, avec quelle facilité ces internements étaient obtenus, et que certains personnages détenaient même des actes signés en blanc, prêts à servir pour leur rancune personnelle[1].

« Les sujets de mécontentement très graves que les parents peuvent avoir envers leurs enfants », comme s'exprimait le Code civil avant 1945, ont souvent caché de sordides histoires d'intérêt, dans lesquelles des parents ont mérité réellement ce nom d' « inhumains » inscrit pour toujours dans la tour de Foix.

La tête du dragon

Bête noire de Simon de Montfort, le comte de Foix, Raymond Roger s'était vanté devant le concile de Latran, où il paraissait en accusé, de n'avoir fait aucun quartier aux croisés du Nord : « Aucun catholique, dit-il, n'a été pris par moi ou par les miens, qu'il n'ait perdu les yeux, les pieds ou les mains. » La protection ouverte qu'il accordait aux cathares sur ses terres lui attira au lendemain de la bataille de Muret, en 1212, le fléau de la guerre impitoyable qui ravageait le Languedoc. Les croisés refluèrent sur les vallées de l'Ariège, où Simon de Montfort avait juré de « faire frire le rocher de Foix comme de la graisse et de griller le comte dedans ». Il donna en vain l'assaut au château imprenable, mais il mit la ville en cendres sous les yeux des défenseurs. Isolé dans sa forteresse, Raymond Roger comprit bientôt que la résistance devenait impossible ; c'est alors qu'il fit la paix avec le légat du pape, auquel il remit son château. Puis il prit le chemin de Rome pour comparaître devant le concile ; on sait quelle attitude fut la sienne. Parlant de lui, l'évêque de Toulouse

1. Osmin Ricau, in *Pyrénées*, n° 77, janvier-mars 1969.

s'était écrié : « Je vous le dis, c'est dans sa terre que l'hérésie a jeté les plus fortes racines. Je vous dis qu'il a aimé, désiré et agréé les hérétiques, et que tout son comté en était plein à regorger. Le château de Montségur a été bâti à dessein de les y introduire et de les défendre. »

En 1223, à Montpellier, les seigneurs *faydits** s'étaient réconciliés avec l'Église. Mais le poids de la défaite, les humiliations morales avaient profondément marqué le pays. En 1244, une terrible flambée révéla le feu qui couvait sous la cendre : la révolte de Raymond de Perella, le siège de Montségur, cette « tête de dragon » que, dans son traité de paix avec Louis IX, en 1241, le comte de Toulouse Raymond VII s'était engagé à détruire, sont les derniers épisodes dramatiques de cette lutte sans pitié...

Du fer et des hommes

Le second siège du château en 1272, effectué par Philippe le Hardi, qui voulait en finir avec un vassal trop fier, a donné naissance à la légende de la destruction du rocher par une armée de pionniers armés de pics et de pioches. On montre la terrible entaille qui devait faire crouler les murailles sous lesquelles elle fut pratiquée.

Est-il vrai que le comte Roger Bernard, en voyant s'écrouler les quartiers de roches à la base de la falaise, pensa que le roi allait réellement faire tomber tout le rocher de Foix ? Le tableau de la chevalerie française déployée autour de la forteresse, de l'armée des pionniers aggrippée au rocher, et des blocs s'éboulant de toutes parts sous les yeux de la petite garnison terrorisée, tout cela constitue une évocation épique. En réalité, c'est parce qu'il voyait ses provisions et ses munitions s'épuiser que le comte de Foix, suivant les conseils du roi d'Aragon et du vicomte de Béarn, se livra avec sa famille et ses domaines, à la discrétion du roi de France. De ce jour, l'Ariège devenait ce qu'elle n'a cessé d'être, une terre française qui n'a jamais hésité à donner généreusement à la nation « du fer et des hommes », selon le mot de Napoléon.

L'histoire de Gaston II de Foix suffirait à le prouver, qui, tout en défendant les armes à la main ses droits contre les Armagnacs et les Albret, servit douze années le roi de France en Flandre et en Gascogne. C'était à la foi un beau parti et un chevalier parfait. La jeune Éléonore de Comminges, qu'il fit demander en mariage, s'était exclamé : « Si le comte de Foix était encore à naître et que je fusse certaine qu'il dût être mon mari, j'attendrais qu'il soit né. »

Un talisman

C'est au début de son règne, alors que Gaston n'avait que sept ans, que se place la restitution à la maison de Foix-Béarn d'un fabuleux joyau détenu par le pape Jean XXII, qui le tenait de Clément, auquel Gaston Ier de Foix l'avait prêté. C'était un certain « ganivet » dont le manche, qui était en « corne de serpent », passait pour « souverain contre le poison » (« *virtuosum contra venenum* »). Ce « ganivet » était habituellement enfoncé dans un pain de sel et présenté à table avec les mets. Jean XXII, que le délire de la persécution avait rendu cruel et superstitieux,

Les armes de Gaston Phébus et sa devise (Rapho, photo Yan)

avait gardé ce talisman jusqu'à sa mort[1]. On pense que cette
« corne de serpent », qui avait une palme de longueur, n'était
autre qu'une corne de rhinocéros, dont la réputation est aujour-
d'hui bien entretenue par le peintre Dali...

Lamentations sur Montségur

Avec le fuxéen Napoléon Peyrat, les Pyrénées ariégeoises ont
eu leur chantre romantique, leur Ossian; Béranger le salua
comme le « Burns mystique et mauresque des Pyrénées » et, pour
marquer son appartenance à la lignée des bardes antiques, Peyrat
prit le nom de Napol le Pyrénéen.

Au travers de drames et de poèmes nés d'une imagination
délirante, il a fait entrer dans la légende, et souvent au mépris
de l'histoire, le Mas-d'Azil, le mont Vallier, le château de Foix,
les sources de l'Arise et surtout Montségur...

C'est lui qui montra à ses contemporains, dans le roc de
Montségur, le « capitole » sauvage, sanctuaire et sépulture de la
patrie occitanienne. Le barde ariégeois, emporté par le grandiose,
appelait les Aquitains à un pèlerinage solennel sur le « Thabor »,
le pic Saint-Barthélemy, ce trône immaculé du Consolateur. Il y
convoquait « toutes les tribus romanes, la Lombardie, la Ligurie,
Venise, Barcelone, Valence, Alicante, les Baléares »... « Sur les
ruines de Montségur, nous évoquerons les noms vénérables de
Raymond Roger et de Roger Bernard, champions de l'Esprit,
d'Esclarmonde, l'archidiaconesse... Selon lui, la chute de Montségur devait être pour les Aquitains « ce qu'est pour les Juifs la
ruine de Jérusalem, l'objet d'une commémoration funèbre,
filiale nationale, perpétuelle, éternelle ». L'élan donné à la ferveur
occitane par Peyrat est loin d'être arrêté... Il est l'inspirateur
avoué ou non de ceux qui rêvent de reconstituer l'unité des pays
d'oc que le catharisme avait bien failli réaliser.

1. M. Flourac, in *Bulletin de la Société des Sciences, Lettres et Arts de
Pau*, 2e série, t. XIX.

FONT-ROMEU

66 — Pyrénées-Orientales, 88 km a l'O de Perpignan par N 116
et N 618

Le boudoir de la Madone

Le grand « aplech » de l'ermitage de Notre-Dame-de-Font-Romeu a lieu le 8 septembre, le jour de la Nativité de la Vierge. On descend solennellement la Madone de l'église d'Odeillo, où elle passe la mauvaise saison, jusqu'à son retour, le dimanche de la Trinité. Ces deux solennités sont appelées en Catalan *el Baixar* et *el Puyar*. Le troisième dimanche de la Pentecôte a lieu le pèlerinage des malades, leur « canta ». Le 15 août est également un grand « aplech ».

Le retable splendide de la chapelle est dû à Joseph Sunyer, qui l'acheva en 1707. Mais son chef-d'œuvre est le « Camaril », qu'il commença en 1712. On appelle ainsi une petite salle à laquelle on accède par derrière le maître-autel et qui est l'appartement privé de la Madone. C'est une sorte de merveilleuse bonbonnière baroque espagnole, qui ressemble à un coffret d'orfèvrerie en or massif; le métal précieux transformé en feuilles recouvre presque tout le décor en bois sculpté. Aux quatre coins, quatre anges musiciens composent l'orchestre céleste pour la louange de la *Mare de Deu*.

Miracles et faits divers

Des ex-voto populaires datant de la première moitié du XIXe siècle sont conservés dans l'ermitage : ce sont des tableaux de type naïf, remerciant d'une préservation miraculeuse ou d'une guérison.

Ex-voto de l'ermitage (photo J.-G. Gigot)

Dans le plus petit, un homme en *baretina*, le bonnet rouge catalan, est écrasé par un rocher. Sa femme invoque Notre-Dame de Font-Romeu. La Vierge est intervenue, l'homme a été sauvé. D'autres ex-voto sont plus bavards, comme celui qui figure un dominicain tombant d'un balcon de l'ermitage. Une inscription en catalan explique comment, en 1807, le T.R.P.F. Jacinto Corona, prieur du couvent de Puigcerda, étant allé visiter le sanctuaire de *Nostra Senora de Fon Romeu*, tomba d'un balcon haut de trente pieds. Il resta sans connaissance pendant longtemps ; n'ayant éprouvé aucun mal, il attribua ce prodige à la puissance de la Vierge. Mais la plus pittoresque et la plus dramatique de ces peintures représente un prêtre menacé de mort par deux hommes armés de fusils. Un enfant avertit l'ecclésiastique qui lit son bréviaire. A gauche, l'ermitage de Font Romeu, à droite, un oratoire qui se dressait sur la colline du calvaire, ont permis de dater la peinture du début du XVIIIe siècle. Elle est un témoignage de la violence des mœurs d'alors, et de l'insécurité qui régnait encore en Cerdagne.

FORMIGUÈRES

66 — PYRÉNÉES-ORIENTALES, 93 KM A L'O DE PERPIGNAN PAR N 116 ET N 118

La Terre et le Ciel des Ancêtres

Sur le plateau du Capcir, à la hauteur de Formiguères, débouche la vallée du Galbe. Au fond de cette vallée, à plus de 1 200 m d'altitude, dans un petit cirque glaciaire occupé par un « lac du Diable » (au nom prédestiné), l'abbé Abelenet a découvert en 1958 une grande dalle de schiste de 3 m sur 2 environ, couverte de graffiti. Curieusement tracés en incisions filiformes, ils se divisent en thèmes très divers : zigzags, marelles simples ou complexes, réseaux réticulés, triangles, rectangles, rouelles, cercles et croix. Il y a des pentacles, soit ébauchés, soit fermement dessinés d'un seul trait ; ces mystérieux symboles précèdent de plusieurs millénaires ceux que traceront les maçons romans et les cathares. Au milieu de cet enchevêtrement, des figures humaines et animales se détachent. Ce sont deux guerriers enveloppés de cuirasses qui laissent leurs attributs virils bien apparents, armés de flèches, d'épées, et portant sur l'épaule ce qui ressemble à une arbalète. Il y a des danseuses à l'air extatique, dont la nudité est soulignée par le dessin des seins et du sexe, un cerf suivi d'une biche, quelques oiseaux, enfin une mystérieuse figure, stylisée comme un masque géométrique des civilisations de l'Océanie.

La présence des arbalètes constitue la plus inattendue des énigmes de ces gravures. Leur dessin est semblable à celles qu'on peut voir sur les rochers du Mont Bego dans les Alpes-Maritimes, dans une grotte de l'Hérault, dans des grottes de l'Ariège et jusque dans la grotte de Gargas. L'arc et la tige qui semblent former l'essentiel de l'arbalète sont complétés par des traits qui pourraient représenter une manivelle et l'étrier à l'extrémité du fût ; mais, dans des inscriptions peintes de Catalogne, l'abbé Breuil a vu une stylisation poussée de la silhouette d'un danseur, les coudes écartés, les mains aux hanches et une jambe levée.

Le mystère de ces figures reste entier; il se complique encore par les observations que fait l'abbé Abelanet à ce sujet[1]. Les représentations de danseurs, d'animaux, les hommes-sapins, les échelles, appartiennent à la civilisation des pasteurs et agriculteurs qui ont couvert les célèbres rochers du Mont Bego de centaines de gravures. Mais leurs dessins, arrivés au dernier degré de la schématisation, sont entremêlés déjà de toute une gamme de symboles géométriques ou astraux, rouelles, swastikas, pentacles, qui appartiennent aux civilisations des métaux. C'est un étonnant témoignage du passage des anciennes croyances naturalistes aux cultes des puissances célestes, ciel, lumière, tonnerre et foudre...

La civilisation des chasseurs habitant les grottes a laissé la place à une civilisation de conducteurs de troupeaux, qui lèvent les yeux vers la voûte céleste et adorent ses merveilleux luminaires.

Le pic du Midi d'Ossau (Rapho, photo Joly-Lauergne)

1. *Annales de l'Institut d'Art Préhistorique de l'Université de Toulouse,* 1961.

GABAS

L'escalier des géants

A l'entrée de la haute vallée d'Ossau, sur le chemin du col du Pourtalet, Gabas est une des portes du Parc National des Pyrénées. De chaque côté de la route des forêts inaccessibles escaladent les hauteurs, peuplées d'ours, aux clairières emplies de framboisiers sauvages, aux prairies fleuries d'iris bleus.

La petite église de Gabas était celle d'un hospice dépendant de l'hôpital Sainte-Christine du Somport, auquel le reliait à travers la montagne un chemin qui passait la crête frontière au col des Moines. En 1147, l'hospice de Gabas payait à l'hôpital de Sainte-Christine un tribut annuel de huit moutons et quatre brebis « pour être maintenu dans ses libertés et droits de pacage dont il jouissait aux monts Pyrénées pour son bétail ».

L'église est surtout curieuse par ses voûtes primitives lourdes croisées d'ogives sur des piliers massifs. C'est le passage spontané de l'architecture romane à l'architecture gothique, que l'on constate dans beaucoup d'églises espagnoles de cette époque. Dans la niche du portail se trouve une Vierge à l'Enfant, humble travail d'un berger ou d'un membre de l'hôpital.

De Gabas, une route conduit au plateau de Bious-Artigues, dont les pâturages sont noyés aujourd'hui par un barrage ; dans le miroir de son lac, le Pic du Midi d'Ossau reflète les abîmes de sa face nord. Le « Jean-Pierre », comme le nomment les Béarnais, est le messager du temps qu'il fera. Selon qu'il se coiffe d'un béret de brume, ou se perd dans l'azur, le berger qui l'interroge sait ce que sera le soir ou le lendemain, siffle ses bêtes ou va voir le voisin. La cime de ce roi des montagnes du Béarn était réputée inaccessible par les anciens Ossalois et hantée par des géants. Par bravade, en 1581, le seigneur de Foix-Candale voulut en faire l'ascension[1]. Après s'être élevé au-dessus des falaises où les

---

1. *Mémoires du Chancelier de Thou*, IIe vol.

derniers aigles tournoyaient, il fut déconcerté de ne pas trouver les marches taillées dans la roche par les géants, et ne put arriver au sommet.

Peu de temps après la mort d'Henri IV, l'alchimiste et historien Palma Cayet parvint à y monter « en un jour et demi encore bien las ». Et, pour descendre, il lui fallut, ajoute-t-il « s'écouler d'asséant ». Les rochassiers du XXe siècle, qui font les quatre-vingt dix escalades répertoriées, ont changé tout cela...

Au pied des parois vertigineuses de la face sud du Pic, le Val de Pombie semble avoir été un pâturage fréquenté depuis les temps préhistoriques. On trouve au cœur de cette solitude un grand cercle de pierres entourant une surface de terrain soigneusement dégagé. Les bergers l'ont dénommé le jardin *(lou casau)* de Pombie. Il ressemble en effet à un enclos à brebis. Mais l'abbé Badiole, qui l'a signalé, remarque qu'il diffère de ceux-ci, qui sont en murs de pierres sèches de petite taille. L'enceinte du *Casau* de Pombie est faite de monolithes lourds et massifs, de véritables menhirs fixés côte à côte. Peut-être est-elle l'œuvre des mêmes bergers qui ont planté les *Couraüs* de Bielle et qui pratiquaient la transhumance d'été dans la vallée d'Ossau.

GARIN

31 — Haute-Garonne, 8 km a l'O de Luchon par la N 618

Le festin des âmes

Sur un bourrelet de rochers accumulés par l'ancien glacier d'Oo, s'élève une chapelle romane isolée au milieu du pâturage et connue sous le nom de Saint-Pé-de-la-Moraine. Dès le XVIIe siècle, elle était célèbre pour toutes les figures sculptées qui couvrent ses murs. On en a dénombré plus de vingt. Ce sont pour la plupart des auges funéraires en marbre de Saint-Béat, qui renfermaient les urnes contenant les cendres des défunts. Elles représentent en léger relief des bustes humains, assemblés par couples. L'homme et la femme sont côte à côte sous une arcade commune ou deux arcades individuelles, tenant en mains les coupes et les flacons du banquet des bienheureux. Beaucoup sont nus et, sur certaines sculptures, se retrouve une hache, l' *ascia* funéraire des tombes italo-celtes. Un décor géométrique entoure ces plaques : des demi-cercles en opposition quatre par quatre, des rosaces d'origine orientale, des entrecroisements d'arcs. Toutes ces figures appartiennent au symbolisme des grands phénomènes célestes : le feu, la foudre, la lumière. Le tracé des cercles et des rosaces parle de recommencement sans fin, d'épanouissement dans l'au-delà. L'encadrement des personnages est destiné à assurer leur sécurité. Ces croyances, apaisantes lorsque les astres étaient à l'horizon surnaturel des populations, vont, à l'arrivée du christianisme, entrer dans une sorte de clandestinité. Furtivement, mais longtemps encore, des offrandes de nourriture seront disposées sur les tombes d'enfants morts jeunes, ou d'êtres aimés.

On a trouvé dans cette chapelle un autel portant l'effigie du dieu Abellio, dont le sanctuaire s'élevait au-dessus de Saint-Aventin. Transporté à Toulouse par Du Mège, il a disparu ; un moulage en subsiste au musée de Saint-Germain-en-Laye. Le dieu pyrénéen du soleil y est représenté en buste sous l'aspect d'un jeune homme imberbe, revêtu d'une tunique romaine largement échancrée, les cheveux abondants rejetés en arrière et dégageant le front. Il est entouré d'une arcade en torsade semi-circulaire.

Au centre du village de Garin, dans une chapelle en ruine également vidée par Du Mège, des autels votifs étaient dédiés à un certain dieu Iscitt dont le nom signifierait, si l'on se réfère au basque, le « destructeur », l'écraseur. Dans les légendes de la vallée de Luchon, recueillies par Lacaze, il est question d'un certain Ichit qui aurait les attributions du dieu forgeron.

L'un des autels, portant une inscription étrange, avait été remarqué par le poète José-Maria de Hérédia, en villégiature à Luchon. Les dédicants portent les noms rocailleux de Hunnu et Ilohox. Heredia les évoqua dans un sonnet des *Trophées*, où « l'Ibère fauve et le Garumne brun » apportent leur offrande à leur dieu préféré.

Expédition au cirque de Gavarnie, 1888 (B.N., Est.)

GAVARNIE

65 — HAUTES-PYRÉNÉES, 51 KM AU S DE LOURDES PAR N 21

La coupe de la nuit

A peu de distance de Gèdre, la route de Gavarnie traverse un fantastique éboulement de rochers, appelé par les gens de la vallée « la Peyrade »; mais plus connu sous le nom de « chaos de Gavarnie ». Le désordre, la confusion règnent dans l'entassement de ces blocs, dont certains sont grands comme des maisons. C'est le résultat d'un cataclysme peu ordinaire, l'effondrement de tout un pan de la montagne de Coumélie, attribué avec quelque vraisemblance au tremblement de terre de l'an 580, signalé par le chroniqueur Grégoire de Tours. Le séisme détacha des blocs immenses *(immensi lapides)* des sommets des Pyrénées qui écrasèrent les troupeaux et les hommes. On ressentit la secousse jusqu'à Bordeaux et jusqu'en Espagne. Le géologue béarnais

Une crevasse au fond du cirque de Gavarnie (coll. Pierre Minvielle)

Palassou fut le premier, au début du XIXe siècle, à faire le rapprochement entre le récit de Grégoire de Tours et les ruines du Coumélie. Taine a évoqué cet événement terrifiant : « Si un homme a pu voir sans périr les cimes se fendre, vaciller et tomber, les deux mers de roches bondissantes arriver dans la gorge à la rencontre l'une de l'autre et se broyer dans une pluie d'étincelles, il a contemplé le plus grand spectacle qu'aient jamais vu des yeux humains[1]. »

Certains blocs portent des noms, tels le Moine, la Religieuse, l'Ours, le Géant... Sur l'un d'eux, on montre la trace laissée par les sabots du cheval de Roland, Bayard, lorsqu'il franchit d'un bond l'espace entre la Brèche de Gavarnie et le chaos. Ce cheval

1. H. Taine, *Voyage aux Pyrénées*, Hachette, Paris, 1858.

était même de la race fabuleuse des hipogriffes. L'Arioste lui fait parcourir les Pyrénées, chevauché par le héros de l'*Orlando Furioso*. C'est peut-être de ce poème qu'est née la légende du coup d'épée qui entailla la brèche célèbre.

De tout temps, l'ombre du paladin antique a plané sur les gouffres du cirque et c'est à Gavarnie que le poème du *Cor* est né. Cette œuvre de Vigny porte la mention : « Écrit à Pau en 1825 », mais tout semble indiquer qu'il en eut l'inspiration au cours d'un voyage fait à Gavarnie, pour se distraire, croit-on, d'un projet de mariage manqué avec une noble demoiselle béarnaise...

Il écrit le 1er septembre 1824 à son ami Delprat : « J'irai voir la Brèche de Roland (sic), dussé-je m'y faire hisser par une poulie. Je veux savoir à quoi m'en tenir de cette grandeur, et si elle tombera devant mes yeux comme tant d'autres, car je ne fais que percer des nuages toute ma vie. »

Les à-pics du Marboré, l'entaille de la Brèche, la « chute immense » de la cascade, tout se conjugue avec les récits des montagnards pour l'impressionner. La vallée de Luz s'emplit de la rumeur de l'armée franque en marche et du son des cors : de ce cadre fantastique le poème va jaillir comme une estampe romantique.

On attendait de Victor Hugo des mots définitifs sur sa visite à la merveille. Dans son *Journal de voyage*, il n'écrit rien que d'ordinaire. Mais du poème *Dieu* viennent ces vers étonnants :

> *Quel cyclope savant de l'âge évanoui,*
> *Quel être monstrueux plus grand que les idées*
> *A pris un compas haut de cent mille coudées,*
> *Et, le tournant d'un doigt prodigieux et sûr,*
> *A tracé ce grand cercle au niveau de l'azur,*
> *Rondeur sinistre ayant le gouffre pour fenêtre,*
> *Puits qui, lorsque le soir le noircit, pourrait être*
> *L'énorme coupe d'ombre où vient boire la nuit.*

La montagne qui tue

Cette coupe d'ombre, cet énorme chaudron, l' « Oule » des bergers, qui la comparent au récipient où ils font cuire le lait, les rochassiers de toutes origines en ont sondé les parois à la ténébreuse attirance. Le vent du sud y brasse les vapeurs et tend des pièges à sa façon, rongeant de l'intérieur les corniches de glace suspendues en porte-à-faux au-dessus de l'ombre, cachant le piège d'un à-pic de 1 500 m.

Dans la crête, un mur de 70 m de haut, s'ouvre la célèbre entaille attribuée à l'épée de Roland. Du côté espagnol, en contrebas, l'abri Gaurier est une curiosité à laquelle le grand glaciologue qui lui a donné son nom a dû la vie. Avec ses deux compagnons, il fut pris dans une tempête de neige sur le versant Sud du cirque. Il découvrit alors cette anfractuosité où ils avaient juste la place de se glisser ; ils y restèrent trois jours et allaient mourir de froid et de faim quand le mauvais temps cessa. L'abbé a choisi, pour y dormir son dernier sommeil, face à la muraille unique, le cimetière du village, le plus émouvant des Pyrénées.

Le géographe Frantz Shrader est enseveli à *era Courade*, une barre rocheuse sur le chemin du Cirque ; il y avait là, autrefois, une digue naturelle retenant le lac qui s'étendait à l'emplacement des pâturages appelés « la Prade de Saint-Jean », possession des hospitaliers de Gavarnie ; à l'inverse des légendes des villages maudits, c'est le lac qui a disparu.

Étranges reliques

A l'écart du village, la pauvre église n'offre d'autre intérêt que d'avoir succédé à une vieille chapelle romane à clocher-mur. Mais à l'intérieur, à côté d'une Vierge assise de style populaire et encadrée de deux pèlerins, une armoire contenant des crânes humains a servi longtemps à entretenir la sombre légende du massacre des templiers de Gavarnie. Henri Martin en a fixé le thème légendaire que reprendra Michelet dans son *Tableau de la France* : « On montre respectueusement à Gavarnie, six ou sept têtes qu'on prétend être celles des templiers martyrisés, et l'on raconte que chaque année, la nuit de l'abolition de l'Ordre, une figure armée de toutes pièces et portant le manteau blanc à croix rouge apparaît dans le cimetière, et crie trois fois : « Qui défendra le Saint-Temple ? qui affranchira le sépulcre du Seigneur ? » Alors les sept têtes se réveillent et par trois fois répondent : « Personne, personne, le Temple est détruit[1] ! »

Les crânes, autrefois disposés sur une poutre de la nef, furent installés dans une armoire vitrée dont le fossoyeur de Gavarnie assurait l'entretien. « Quand ils sont trop vieux nous les changeons !... disait-il. » (« *Quoan soun trop bieils qué lés cambian[2].* »)

Les Hospitaliers avaient accumulé dans leur église une collection de reliques unique. L'inventaire qu'en a dressé, en 1710, le grand prieur de Toulouse, Pierre de Beaulac, comprenait : « 1º Une fiole de lait de la Vierge ; 2º Un os du bras de saint Laurent ; 3º Du bois de la croix de Jésus-Christ ; 4º Du pain du miracle de la multiplication des pains ; 5º Du bois de la verge d'Aaron ; 6º De la pierre de la table de la Cène ; 7º Un os du crâne et une dent de saint Jean Baptiste ; 8º Des ossements de sainte Madeleine ; 9º Du fer de la grille où saint Barthélemy (sic)... 10º Deux petits bâtons de fer guérissant miraculeusement ła rage des hommes et celle des bêtes. »

Route de Gavarnie (B.N., Est. rés.).

1. Henri Martin, *Histoire de France populaire*, t. IV, Jouvet et Cie, Paris.
2. Colonel Druène, in *Revue du Comminges*, 1952.

Ancienne tour de Gèdre (coll. de l'auteur)

GÈDRE

65 — HAUTES-PYRÉNÉES, 40 KM AU S DE LOURDES PAR N 21

Trois chèvres mystérieuses

Gèdre était encore, à l'aube de l'époque romantique, une porte ouverte sur l'inconnu. La route y abandonnait le voyageur. Au-delà de la tour de garde, sentinelle avancée de la vallée pour barrer le passage aux envahisseurs d'au-delà des monts, Sarrasins ou « Miquelets », commençaient des régions livrées aux seules lois de la montagne, où ne s'aventuraient que les bergers, les contrebandiers et les bandits...

A l'est de Gèdre, s'embranche la route qui mène au vallon de Héas et au cirque de Troumouse. Elle traverse au bout d'une demi-lieue un éboulis de rochers montagneux aussi impressionnant que celui de Coumélie sur le chemin de Gavarnie. C'est le chaos de l'Arrailhé. Le tremblement de terre de 1650 fit descendre dans la vallée tout un pan de la montagne. L'énorme amoncellement de pierres et de terres forma un barrage, derrière lequel naquit un lac. En 1788, miné par les eaux, le barrage céda sous l'effet d'un nouveau tremblement de terre. Un raz de marée envahit la vallée de Barèges, emportant sur son passage les ponts et la route de Pierrefitte à Luz, qui venait d'être achevée.

Sur un des rochers de l'Arailhé une statue de la Vierge rappelle la légende de la fondation du pèlerinage de Héas. C'est sur ce bloc appelé le « Cailhaon » qu'aurait été trouvée la statue vénérée dans la chapelle. Il passait auprès des pèlerins pour enchanté, et chacun ne manquait pas d'en prélever un morceau qu'il conservait comme talisman.

Au bord des vastes prairies qui couvrent le fond de l'ancien lac, le sanctuaire de Héas était autrefois le pèlerinage de toutes les vallées du Lavedan. On raconte qu'il fut construit par trois maçons, nourris par trois chèvres qui apparaissaient mystérieusement à l'heure des repas pour leur offrir leur lait. Un jour, les maçons pris de gourmandise résolurent de manger un rôti; ils tuèrent un des chevreaux qui accompagnait les chèvres. Celles-ci ne reparurent plus et les maçons durent, pour ne pas mourir de faim, aller chercher leur nourriture dans la vallée.

HASPARREN

64 — Pyrénées-Atlantiques, 25 km a l'E de Bayonne par D 22

Neuf peuples pour l'Aquitaine

Dominée au sud par la montagne d'Ursuya, au nom chantant, et située sur la route impériale des cimes qui conduit de Bayonne à Saint-Jean-Pied-de-Port, cette petite ville s'enorgueillit à juste titre de la réputation d'antiquité que lui a conféré la découverte, en 1704, dans les soubassements du chœur de l'église, d'une longue et célèbre inscription en latin. Elle fut publiée la même année dans les *Mémoires pour l'histoire des Sciences et des Beaux-Arts*. Au début du XIXe siècle, elle fut l'objet d'une polémique pittoresque entre l'érudit abbé de Bidassouet et l'archéologue toulousain Du Mège. Aujourd'hui encore, on n'a pas fini de l'étudier et d'en tirer des commentaires nouveaux sur le passé du Pays Basque. Cette inscription relate la formation d'une nouvelle province, la Novempopulanie, qu'un magistrat d'Hasparren, cumulant les fonctions de flamine, duumvir et questeur, aurait obtenue de l'empereur de l'époque ; on s'accorde aujourd'hui pour penser qu'il s'agissait de l'empereur Claude.

La Novempopulanie était la réunion de neuf peuples groupés à l'intérieur de la boucle formée par le cours de la Garonne, les véritables Aquitains ; ils tenaient à se distinguer des Gaulois d'entre Garonne et Loire, auxquels Auguste les avait réunis pour former la Gaule Aquitaine, les deux autres divisions du pays étant la Belgique et la Celtique. Ces neufs peuples étaient les Aquenses, les Boïi, les Eluzates, les Ausci, les Vasates, les Venarni, les Bigerri et les Convenae. Aujourd'hui encore on retrouve leurs noms dans ceux de localités et de pays répartis dans l'angle formé par les Pyrénées occidentales et la côte des Landes : Dax, le pays de Buch, Eauze, Auch, Nazas, le Béarn, Aire-sur-Adour, la Bigorre, le Comminges.

Pan pour l'évêque

On trouve, dans le *Manuel de la langue basque* de Fleury Lecluse, un curieux portrait de l'abbé Diharce de Bidassouet, une figure d'Hasparren pittoresque sinon édifiante. Cet original ecclésiastique, émigré pendant la Révolution, était revenu se fixer dans sa ville natale. Il avait pris à son service deux « jeunes fées » de vingt ans, qui totalisaient ainsi l'âge canonique de quarante ans exigé pour sa gouvernante, et tirait tous les matins un coup de fusil en direction de l'évêché de Bayonne, avec qui il était brouillé... Mais il est surtout l'auteur d'un ouvrage étonnant intitulé : *Histoire des Cantabres ou des premiers colons de toute l'Europe et de leur langue Asiatique-Basque, traduite et réduite aux principes de la langue française, par l'abbé Diharce de Bidassouet, Maître de pension.* Le chevalier du Mège qui, à cette époque, se jugeait le *primus inter pares* des archéologues du Midi, avait entamé avec lui une polémique qui dut lui attirer des réponses virulentes, car dans son *Archéologie pyrénéenne*, il parle de son ouvrage comme du livre le plus ridicule publié sur le pays Basque.

Malgré la haute fantaisie de certaines élucubrations hyper-euskariennes de l'auteur, on peut y recueillir quelques témoignages susceptibles d'éclaircir les mystères des origines du peuple basque. C'est ainsi qu'il établit une comparaison d'un intérêt capital, entre un certain nombre de termes généraux de langage basque et de leurs correspondants chez les peuples du Diémen en Sibérie, tels qu'ils sont cités par un explorateur contemporain, Perron, dans son *Voyage aux terres australes*. Ce rapprochement confirmerait certaines théories très récentes selon lesquelles le noyau initial de la langue basque se retrouvait déjà dans celle qu'employaient les chasseurs de rennes de l'époque glaciaire, et se serait conservé en grande partie, semble-t-il, dans les langues de la Sibérie nord-orientale.

HENDAYE

64 — Pyrénées-Atlantiques, 32 km au S de Bayonne par N 10

Les secrets de la Cabale...

La baie d'Hendaye, dans laquelle se jette la rivière de la Bidassoa, est fermée au sud par les Rochers Jumeaux et le cap du Figuier. Ce dernier nom serait une allusion aux anciens navigateurs méditerranéens : ils auraient trouvé là un havre sûr, une escale sur la mystérieuse route des Cassitérides et des Hyperboréens. Des monnaies carthaginoises, dit-on, ont été découvertes sur la côte, entre Hendaye et Biarritz. Dans la ville, une grande croix de pierre se dresse contre l'église; elle est plantée sur un dé dont les quatre faces sont sculptées de symboles mystérieux. Sur trois de ses faces, on voit une étoile, un croissant de lune, une tête solaire; sur la quatrième, quatre A. La représentation du soleil et de la lune se rapporte, d'après la tradition chrétienne, aux phénomènes astronomiques qui accompagnèrent la mort du Christ sur la croix. Et, dans l'imagerie basque, ce thème est l'un des plus fréquents : on peut y voir comme un lien secret entre le christianisme qu'ils pratiquent aujourd'hui et leurs anciennes croyances astrales. Seuls les quatre A énigmatiques pourraient relever d'une explication ésotérique. Fulcanelli, dans ses *Mystères des cathédrales*[1], y a vu l'expression d'un des secrets que les maçons ont hérités de la Cabale...

... Et de la diplomatie

En amont de la ville, au milieu du lit de la Bidassoa, l'Ile des Faisans est un des lieux les plus célèbres dans les annales de la diplomatie. Elle est aussi connue sous le nom d'Ile de la Conférence; en 1649, Mazarin et Luis de Haro y eurent de nombreux entretiens avant de signer le traité des Pyrénées.

Hélas, pauvre Yorick!

Le corsaire hendayais Étienne Pellot-Montvieux, dit Pellot, fut aussi célèbre en Angleterre que son contemporain Surcouf. Quand il prit sa retraite en 1812, après une demi-douzaine d'évasions plus fantastiques les unes que les autres, et des combats sans nombre, sa tête était mise à prix à 500 guinées, alors que pour un simple capitaine l'amirauté offrait 5 guinées...

Pellot avait de qui tenir : en 1627, un de ses ancêtres commandait la flotille basque qui, à l'appel de Richelieu, avait rallié l'île de Ré assiégée par les Anglais, forcé le blocus, ravitaillé la garnison de Saint-Martin et obligé la flotte de Buckingham à lever l'ancre; moyennant quoi, Louis XIII avait récompensé les Hendayais en leur concédant toute la rive de la Nive jusqu'à l'île des Faisans.

Tout couturé de cicatrices, les épaules larges, les yeux d'une vivacité extraordinaire, Pellot ne passait pas inaperçu. Il tenait du Basque et de l'Irlandais un caractère d'une liberté et d'une indépendance totales. Lorsque, en 1848, les idées révolutionnaires arrivèrent à Hendaye et commencèrent à échauffer les esprits, Pellot, monté sur le mur du cimetière, fit à toute la population rassemblée à la sortie de l'église un discours stupéfiant sur l'« inégalité » de l'homme.

« On vous parle d'égalité, dit-il, mais le Créateur a partout établi l'inégalité; il a fait le grand et le petit, le faible et le fort; il a voulu l'un intelligent, l'autre idiot; il fait vivre celui-ci longtemps, celui-là peu. C'est en vain que le gouvernement provisoire décrète l'égalité; il ne peut abroger un décret du Ciel. » Puis, sautant au milieu des tombes, Pellot ajouta en étendant les bras : « Ici, et ici seulement, c'est l'égalité. » Enfin, ramassant un crâne et le brandissant comme Hamlet : « Qui me dira si ce débris appartenait à un roi ou à un esclave? Esclave ou roi, il a été jugé selon ce qu'il a fait[2]. »

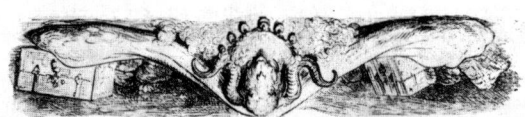

1. Fulcanelli, *Mystères des cathédrales*, Éd. J.-J. Pauvert, 1964.
2. J. Duvoisin, *Biographie d'Étienne Pellot-Montvieux*, Bayonne, 1856.

HOPITAL–D'ORION (L')

64 — PYRÉNÉES-ATLANTIQUES, 9 KM AU S O D'ORTHEZ PAR D 23

Un lieu fatidique

Le nom d'Orion, ce grand chasseur de la mythologie, aimé de
Diane, déesse de la chasse, désigne deux lieux différents des
Pyrénées : un village entre Orthez et Sauveterre, et une montagne
au voisinage du col de Roncevaux.

Sur le bord d'une des routes de Compostelle, dès le début du
XIIᵉ siècle, un hospice destiné aux pèlerins existait dans les bois
d'Orion. Il n'en subsiste plus que l'église actuelle, construite dans
un style de transition où le roman s'unit au gothique. Les modillons de la corniche sont sculptés de motifs en relief où l'on reconnaît les chaînes de la Navarre, un tonnelet, une francisque sur
fond d'étoiles, une coquille. Elie Lambert voit dans l'édifice une
véritable transposition gothique de l'Hôpital Saint-Blaise[1].
Mais la similitude du plan en croix grecque qui existe entre
ces deux jalons d'une même route, est rendue moins évidente
par les mutilations et les transformations que l'église a subies,
en particulier au moment des guerres de Religion.

Gaston Phébus devant l'Éternel (B.N., ms)

Un souvenir dramatique reste attaché à ces lieux : la mort
subite de Gaston Phébus, comte de Foix, vicomte de Béarn,
un jour de l'an de grâce 1391.

Phébus était parti chasser l'ours dans la région de Sauveterre ;
la curée faite, tard dans l'après-midi, il s'arrêta pour dîner au

1. Élie Lambert, *Études archéologiques.*

prieuré d'Orion et entra pour se reposer dans une salle que l'on avait jonchée et tapissée d'herbes pour la rendre fraîche et odorante. Il discutait de chiens avec son bâtard Yvain, Espan de Lion et Pierre de Capestang, quand on lui apporta l'aiguière pour se laver les mains avant de passer à table. « Il se leva du siège, écrit Froissart, et tendit les mains avant pour les laver. Sitôt que l'eau descendit froide sur ses doigts qu'il avait beaux, longs et droits, le visage lui pâlit, le cœur lui tressaillit et les pieds lui faillirent; il chut à la renverse sur son siège en disant : « Je suis mort. Sire vrai Dieu merci ! » Oncques plus ne parla, mais il ne changea pas et entra en peines et en transes. On lui mit à la bouche du pain levé et des épices et toutes sortes de choses confortatives; mais de tout cela rien ne lui valut car en moins de deux heures il fut mort et rendit l'âme moult doucement. »

Les historiens modernes penchent pour une explication vraisemblable de la soudaineté de cette mort : « Au moment où il se mettait à table, un courrier le rejoignit à bride abattue, pour lui délivrer un message d'importance : Jean d'Armagnac, l'ennemi juré de la Maison de Foix, le tenace adversaire avec lequel Gaston s'était si souvent mesuré, avait cessé de vivre. A cette nouvelle, une joie violente envahit Phébus, échauffé déjà par les émotions de la battue. Le prince commet alors l'imprudence de baigner dans une eau glaciale son visage congestionné : il tombe foudroyé par l'apoplexie. Pouvait-il y avoir, pour la mort de ce grand chasseur, de lieu plus fatidique que ce village portant le nom d'Orion et de compagnie plus souhaitable que ses équipages de veneurs et sa meute de chiens[1] ? »

HOPITAL–SAINT–BLAISE (L')

64 — PYRÉNÉES-ATLANTIQUES, 18 KM AU N O D'OLORON PAR N 636 ET D 25

Sous les signes de Saint–Jacques et de l'Islam

Brutails a écrit dans son *Précis d'archéologie du Moyen Age* : « Il existe en France une église qui est presque arabe : elle se trouve à l'Hôpital-Saint-Blaise, sur un chemin de Saint-Jacques. » En effet, la coupole nervée du transept de ce petit édifice est d'une forme architecturale typiquement musulmane, la seule de ce genre qu'on ait signalée en France, avec celle de Saint-Pierre-D'Oloron, alors qu'elle est courante en Espagne et dans les mosquées d'Afrique du Nord. Le chemin jacobite qui traverse le village est une rocade de l'ancien itinéraire du col du Somport; il permettait aux pèlerins arrivant à Lescar par la voie d'Arles, de passer les Pyrénées par le col de Roncevaux. Entre Oloron et Navarrenx, une petite route se détache sur la gauche et s'enfonce dans une vallée perdue qui serpente entre les collines boisées et sauvages. Après plusieurs kilomètres, quelques maisons sont groupées autour d'une petite église carrée, au clocher-lanterne trapu, assis sur la croisée du transept. C'est l'Hôpital-Saint-Blaise. Est-on en Pays Basque ou en Béarn? Certains détails font sentir qu'on est dans un village basque à l'extrême limite

1. Laborde-Balen, *Notice sur l'église de l'Hôpital d'Orion.*

Église de l'Hôpital-Saint-Blaise (photo J.-R. Masson)

du Béarn, comme la stèle discoïdale du maréchal-ferrant, encastrée dans un mur près de l'église, et surtout la langue parlée dans ce coin de terre, l'euskara. Mais, pour les archéologues, ce qui compte c'est l'église, lien entre l'Orient et l'Occident, témoignage passionnant de la grande aventure du pèlerinage de Compostelle.

À la croisée du transept, le tracé des arcs qui sous-tendent la voûte dessine l'étoile à huit branches des coupoles des mosquées de Cordoue et de Tolède. Selon la coutume de ces architectes, l'entrecroisement des nervures reste ouvert sur un vide central, l'oculus magique; les pointes de l'étoile au-dessus des trompes sont ajourées de dalles à claire-voie. Les fenêtres sont munies non de vitraux, mais de claustras en pierres : l'une d'elle représente l'étoile à cinq branches des conquérants de l'Islam. Le lanternon qui contient la coupole repose, à l'imitation des tours mudéjares, sur un massif octogonal. Les fenêtres de l'abside principale sont surmontées à l'intérieur d'arcs polylobés typiquement andalous. On avait ajouté de chaque côté de la nef des escaliers extérieurs qui lui donnaient l'aspect particulier des églises basques soulétines. Une restauration trop sévère les a supprimés. L'église faisait partie de la commanderie de la Miséricorde, ouverte aux pèlerins. Tenue au XVIIIe siècle par les barnabites de Lescar, elle disparut à la Révolution. Le culte de saint Blaise, patron des éleveurs, est resté attaché au sanctuaire; il donne lieu chaque année à un pèlerinage dont certains rites semblent bien antérieurs au christianisme. Le pèlerinage dure trois jours, au début de février. Les hommes seuls s'y rendent. Chacun s'inscrit pour autant d' « évangiles » qu'il a de têtes de bétail dans son étable. Tous apportent des poignées de poils coupés aux queux des animaux, et quand le soir tombe, devant le sanctuaire, on les jette sur un tas de branches auquel on met le feu. Les pèlerins dansent autour du brasier qui se consume et répand un encens que l'on dit agréable au saint protecteur des animaux. La cloche de l'Hôpital-Saint-Blaise serait douée aussi de propriétés miraculeuses. On obtiendrait la guérison d'une maladie en plaçant le membre souffrant — par exemple la tête, s'il s'agit d'une rage de dents — à l'intérieur de la cloche, pendant que le sonneur la fait tinter doucement...

HOSPITALET (L')

09 — Ariège, 60 km au S de Foix par N 20

Un affreux abri

 Le pont et l'oratoire de Sainte-Suzanne rappellent l'origine légendaire du village de l'Hospitalet, perdu sur le versant nord du Puymorens, au sein d'une nature primitive, où l'hiver prend un visage sauvage et grandiose. Cela se passait au XIe siècle : Bertrand, seigneur d'Embegt, possesseur des terres qui s'étendaient de part et d'autre du col du Puymorens, se trouva pris un soir dans une affreuse tempête de neige. La nuit était venue. Les heures passaient, il sentait le froid s'emparer de ses membres et son cerveau se brouiller. Alors, tirant son épée, il abat son cheval, lui ouvre le ventre, le vide de ses entrailles, et se blottit dans la carcasse béante, faisant le vœu, s'il en réchappe, de bâtir à cet endroit un hospice pour les pèlerins.

Aussitôt, la tempête commence à faiblir; quelques heures après, le soleil apparaît à l'horizon. Le seigneur, couvert du sang de son cheval, se remet en route, passe le Puymorens. Il est recueilli par la garnison du château de Porté, alors sous les ordres de sa tante Suzanne d'Embegt, comtesse douairière de Cerdagne. Réalisant le vœu de son neveu et filleul, la comtesse fit élever là où s'était déroulé le drame, une chapelle et un petit hospice qui furent appelés du nom de sa patronne, Sainte-Suzanne du Romé. Les terres, les bois et les pâturages environnants furent donnés au refuge, qui est devenu le village frontière de l'Hospitalet.

Pour certains, c'est à l'Hospitalet, au coin d'un bois de sapins, que fut rejoint et exécuté l'émir Munuza, qui fuyait Llivia avec Lampégie sa femme (voir *Llivia*).

IBOS

La cathédrale aux champs

Aux portes de Tarbes, la collégiale d'Ibos domine la plaine de son imposante silhouette de cathédrale fortifiée. Mais ses hautes murailles ne l'empêchèrent pas d'être brûlée par le huguenot Paulin, en 1569, lors du passage de Montgomery dans le pays. En 1592, les Ligueurs y tinrent garnison.

Le chœur, flanqué d'énormes contreforts, est un hémicycle à sept pans, disposition rare. Le clocher carré, qui date du XVIIe siècle, possède un toit de style baroque, dont la forme est particulière aux Pyrénées. La signature du maître maçon de cet édifice se trouve au revers de la dixième marche de l'escalier à vis qui monte au clocher : « MAESTE. ARNAUT. DE. BALEIX » (maître Arnaud de Baleix). Les fortifications de l'église ont une curieuse disposition : au sommet de chaque contrefort, un poste de guet permet de battre tout l'espace compris entre ce pilier et le suivant; un chemin de ronde à meurtrières les relie au clocher.

Ce bel édifice a de tout temps suscité la jalousie des paroisses voisines et les habitants d'Ibos en ont hérité par contrecoup une réputation de simples d'esprit. La malice populaire les a dotés du sobriquet de « pépis », et leurs exploits ont fait le tour de la Bigorre.

On raconte ainsi comment les « pépis », pour avoir une plus belle vue, essayèrent avec une corde de faire monter leur église sur le plateau de Ger; comment, la corde ayant cassé, ils s'entremêlèrent les jambes, et comment un charitable voisin, un *beurraire* d'Ossun, à grands coups de fouet, aida chacun à reconnaître les siennes... C'est alors que, pour faire encore grandir leur église, ils l'entourèrent de fumier! On narre aussi l'histoire du « pépi » descendu dans un puits pour chercher son seau et qui tomba au fond parce qu'il avait lâché la chaîne pour cracher dans ses mains...

ILLE–SUR–TÊT

66 — Pyrénées-Orientales, 24 km a l'O de Perpignan par N 116

Furia catalane

Derrière ses murailles, la petite ville abrite un passé de courage. En 1598, trois mille Français, arrivés sous ses murs, firent sauter une tour et donnèrent l'assaut sans désemparer. C'est alors qu'ils se heurtèrent à toute la population armée de couteaux, de piques, de bâtons et de pierres. Elle assaillit les Français avec une telle furie qu'au bout de deux heures la troupe se retirait, abandonnant morts et blessés. En 1640, cette même population se souleva contre le gouvernement espagnol et ouvrit ses portes au prince de Condé ; les troupes espagnoles venues de Perpignan pour rétablir la domination de Madrid, durent abandonner la partie[1].

La Mort et l'Amour

Dans la grande nef de l'église, le maître-autel est surmonté d'un retable baroque grandiose : six colonnes de marbre rouge incarnat encadrent les statues dorées des saints. A 20 m de hauteur planent le Père, le Fils et la Colombe du Saint-Esprit. Les marbres les plus riches et les plus variés, la griotte, le turquin gris, le turquin bleu, sont utilisés pour les plinthes, les corniches, les piédestaux, les boules, les arcs, la table et le corps de l'autel.

Sur la surface lisse du portail d'entrée, deux mascarons sculptés présentent l'un une tête virile, l'autre le masque décharné d'un vieillard. Ils illustrent la leçon qu'on retrouve partout dans les monuments de ce temps : « *Hodie mihi, cras tibi* » (« Aujourd'hui c'est moi, demain, c'est toi »). La confrérie du Tiers-Ordre de cette église avait fait imprimer au xviiie siècle une règle de vie où la préparation à la mort était proposée comme l'attitude essentielle du chrétien. La muette injonction des visages du portail en était un rappel obsédant.

Les vieilles rues du centre de la ville ne manquent pas de pittoresque, ne serait-ce que par leurs noms. La « pente du Malpas »

Rue des Enamorats (photo J.-G. Gigot)

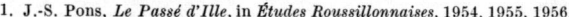

1. J.-S. Pons, *Le Passé d'Ille*, in *Études Roussillonnaises*, 1954, 1955, 1956.

menait au cimetière ; le « Pailhol » servait au battage du grain en plein air ; dans la rue de la Neige, on s'approvisionnait de neige du Canigou conservée dans les puits. La plus curieuse est la « carrer des Enamorats », une ancienne « rue chaude » médiévale. Une petite sculpture faisant saillie sur un mur à la hauteur d'un étage représente les « amoureux » : deux têtes tournées l'une vers l'autre, soudées lèvres contre lèvres dans un baiser voluptueux. L'enseigne était parlante. Il y a la même à Cordes, dans le Tarn.

Près de la Porte de la Creu (Croix), s'élève une des plus belles croix de carrefour du Roussillon, sculptée en pierre dure. Elle est datée de 1447 et rappelle, par le fouillis du détail, les croix professionnelles orfévrées de Catalogne. Son nœud à pans coupé porte deux statuettes et quatre écussons. Sur l'un d'eux, un personnage marche d'une allure décidée, tenant de la main droite un bâton et, de la gauche, une lance posée sur l'épaule. On y voit un berger, ou encore un porteur de message. Un autre écusson, celui de la ville d'Ille, représente une bannière carrée, plantée en pal.

La malédiction de Vénus

Au cours de son voyage dans le midi de la France, Prosper Mérimée avait eu pour guide Jaubert de Passa, érudit aimable et spirituel qui lui fit les honneurs de toutes les antiquités déjà répertoriées de la région. De passage à Ille, il était descendu à l'hôtel Darius d'Ardenna, en face duquel se trouvait un fronton de jeu de paume, exercice aussi en honneur à cette époque dans le Roussillon qu'aujourd'hui en Pays Basque. En 1837, dans la *Revue des Deux Mondes*, paraissait l'étrange et fantastique conte de *La Vénus d'Ille :* « Un certain Monsieur de Peyrehorade a découvert dans ses terres d'Ille une statue de Vénus en bronze. Cette statue a manifesté une puissance maléfique, lors de son exhumation, en brisant la jambe d'un ouvrier et en renvoyant une pierre à un polisson qui la lui avait lancée. Le matin de son mariage, le fils de M. de Peyrehorade se débarrasse de sa bague pour jouer à la paume, et la passe, par jeu, à l'annulaire de la statue. Quand il veut la reprendre, la statue a replié le doigt : il ne peut plus la retirer. Le lendemain matin on le retrouve, dans son lit, mort étouffé. Son corps est marbré de contusions, la bague gît sur le tapis. Sa jeune femme qui semble devenue folle, raconte qu'une femme de bronze est venue dans la nuit étreindre son mari. Le père d'Alphonse fait fondre la statue maudite qui est transformée en cloche. Depuis que cette cloche sonne à Ille, on dit que les vignes ont gelé deux fois... »

Mérimée semble avoir été séduit par cette étrange histoire ; voulant apporter à son lecteur le frisson du mystère, il finit par se prendre lui-même à son propre récit. Inutile de chercher dans le Roussillon une statue qui ait donné à Mérimée le modèle de la Vénus d'Ille, comme Jaubert de Passa est devenu M. de Peyrehorade (dont le nom, soit dit en passant, est celui d'une petite ville gasconne, voisine de Bayonne). L'écrivain en a trouvé l'idée ailleurs, dans la chronique de Jean Bromton (qu'il appellera dans une lettre « un certain Pontanus »). C'est son ami Francisque Michel qui lui avait signalé l'histoire romanesque d'un homme épris d'une Vénus de bronze à laquelle il avait donné son anneau. Aujourd'hui, l'image de la déesse, née des mains de Maillol, se dresse à Perpignan, sur la place de la Loge, belle et indifférente.

Un paysage insolite

Dans la vallée du Têt, au voisinage de la ville, des rochers ravinés par le ruissellement des pluies ont formé un paysage de clochetons fantastiques, nommés les « minarets ». Ils sont de la même catégorie géologique que les cheminées des Fées, dans les Alpes.

ISTURITZ

64 — Pyrénées-Atlantiques, 37 km au S E de Bayonne par D 22, D 14 et V O

Des images magiques

Au xixe siècle, de nombreuses grottes étaient exploitées, un peu partout, pour le « guano » qu'elles contenaient. On appelait ainsi des masses de matières organiques d'origine variée, constituant un engrais plus recherché que le fumier d'étable. Dans la caverne d'Isturitz, les chercheurs de « guano » avaient déjà en partie déblayé une énorme couche d'ossements, quand l'archéologue Passemard s'avisa qu'il s'agissait d'ossements d' « Ursus speleus », tellement enchevêtrés et friables que leur ramassage était impossible. Explorant la grotte, il découvrit au milieu d'une grande salle un massif stalagmitique, surmonté d'étranges clochetons et couvert de sculptures pariétales, véritables bas-reliefs représentant divers animaux curieusement mêlés; il y en a une douzaine, parmi lesquels un monstre, formé d'un renne à deux arrière-trains. Les chercheurs de « guano » cédèrent de mauvaise grâce la place à des savants comme Passemard et Saint-Périer.

La caverne basque, à mi-chemin entre la grotte cantabrique d'Altamira et celle de Niaux, en Ariège, témoigne d'une civilisation aussi développée que celles des autres stations de l'empire franco-cantabrique des chasseurs de rennes. La collection des pièces trouvées par Passemard comprend des chefs-d'œuvre de l'art préhistorique, comme cette petite tête d'ours qu'il décrit ainsi : « La technique est parfaitement libre et d'un maître qui maniait le silex avec virtuosité. L'expression est frappante : cet air à la fois bonasse et féroce d'un mangeur de miel qui ne devait pas dédaigner un morceau de viande, fraîche ou non, est presque humoristique. »

Mais certains objets dépassent l'œuvre d'art pour atteindre au rang de sujets magiques. Le plus extraordinaire est le félin sculpté dans un bois de renne et dont la tête semble avoir été délibérément omise. Il ne s'agit pas d'un simple animal, mais d'un fauve surnaturel, comme le folklore basque en a gardé.

Dans la même symbolique, les extrémités des pattes, étendues comme dans un bond, sont rognées : on n'aperçoit pas les griffes puissantes, ni les doigts. Enfin le corps est perforé en deux endroits, au niveau du ventre et au niveau du cœur : deux autres trous existent à l'extrémité des pattes, et, surtout, l'épaule et la cuisse sont marquées de signes imitant des flèches barbelées, les mêmes qui sont dessinées sur certaines dents du célèbre collier découvert à Sordes par Lartet. « Je considère cette pièce, écrit Passemard, comme une preuve définitive de l'existence au magdalénien de pratiques magiques et je pense que nous sommes en présence d'un animal envoûté. »

Il y a même une pendeloque étonnante, une copie en ivoire d'une croche de cerf. Ces canines avortées ont une réputation fortement enracinée dans le monde des chasseurs. Nombreux sont ceux qui les recherchent et les portent sur eux, assurés de conserver, grâce à elles, une virilité honorable. Or cette pratique semble remonter au temps des cavernes puisqu'un des chasseurs d'Isturitz s'en était taillé une « en simili », selon le principe magique que la puissance propre à un objet peut se transporter dans son image.

Le crâne d'ours (photo J. Vertut)

Mœurs étranges des femmes préhistoriques

La découverte dans une grotte de Lourdes d'ossements humains brisés et carbonisés avait laissé supposer que l'anthropophagie n'était pas étrangère aux habitants des cavernes de la bordure pyrénéenne. Un fragment d'os, trouvé à Isturitz, est venu renforcer ces soupçons. C'est un morceau de paroi crânienne brisée, entaillée d'estafilades faites avec un silex tranchant. Ces marques pourraient être des traces de scalp, hypothèse qui, du reste, n'exclut pas le cannibalisme. Par analogie avec des pratiques rapportées par les ethnologues, on peut soupçonner l'homme primitif de n'avoir pas éprouvé plus de répugnance que ses descendants pour la chair de ses semblables. Le souvenir des réalités de ces âges éloignés est à la base de bien des créations fantastiques de la mythologie populaire. Les légendes basques mettent souvent en scène des êtres monstrueux qui habitent les bois et les cavernes et sont friands de chair chrétienne. D'autres mœurs étranges semblent avoir été pratiquées par les habitants de la grotte d'Isturitz. Des signes ramifiés, imitant des sagaies à barbelures, figurent sur deux bisons et sur deux êtres humains gravés sur un os. Leroi-Gourhan voit deux femmes dans ces personnages. Faut-il en déduire que les femmes d'Isturitz se disputaient au harpon ou se faisaient capturer comme un simple

Baguettes gravées découvertes dans la grotte d'Isturitz
(Archives Photographiques)

gibier? La scène est d'autant plus étrange que les femmes sont
nues; mais leurs poignets et leur cou sont ornés de larges bracelets et de colliers, peut-être peints sur la peau... Cette curieuse
façon de se parer semble très proche de celle des Indiens de
l'Amazonie. Levi-Strauss lui-même est dérouté par la complexité
de cette figuration... Deux pendeloques, trouvées dans la caverne,
sont d'un symbolisme sexuel indéniable. L'une est une languette
festonnée, décorée d'une série d'ovales emboîtés, dans lesquels
s'inscrit un signe en patte de poule, reconnu comme une stylisation du sexe féminin. L'autre représente nettement un phallus,
découpé dans une lamelle d'os.

Des baguettes rondes, gravées et décorées sur toute leur longueur de motifs curvilignes tourmentés, objets d'art aussi
célèbres qu'énigmatiques, ont des motifs très semblables à ceux
qu'utilisaient les Polynésiens pour leurs armes, leurs pirogues,
leurs habitations ou même leurs tatouages. Le préhistorien
basque Barandiaran y voit les marques personnelles des chasseurs, permettant de faire reconnaître leur droit sur l'animal
atteint par leurs armes.

Le trésor des nains

La grotte d'Isturitz est dominée par la colline de Gastelu (le
« château »). Au sommet, se dresse l'importante ruine d'une tour.
Historiens et archéologues y voient les vestiges du fameux château de Rocabrun que, jusqu'ici, personne n'avait pu situer exactement. Dans son état actuel, la tour mesure 8 m de haut et ses
murs ont 2 m d'épaisseur; l'entrée est encore visible à une hauteur de 5 m dans la muraille. A 5 m et à 8 m de la tour, deux
enceintes flanquées de postes de guet semi-circulaires en inter-
disent l'approche. A l'intérieur de la ruine, on a trouvé des poteries, attribuées à l'occupation romaine, sans plus de précision.
Ces recherches avaient pour but secret la découverte d'un trésor
fabuleux que les *laminak*, les nains de la montagne basque,

possédaient au fond de leurs demeures souterraines, communiquant avec les grottes de la colline. La légende était si vivace que les chercheurs ne doutèrent pas un instant qu'ils reviendraient les poches pleines. Mais les pots étaient vides...

ITXASSOU

64 — Pyrénées-Atlantiques, 25 km au S de Bayonne par N 132 et N 618

Retour d'Amérique

L'église d'Itxassou est l'une des plus belles du Pays Basque, avec ses boiseries et son chœur entouré de tableaux remarquables parmi lesquels un *Saint François d'Assise* attribué à Murillo. Elle est célèbre pour son trésor d'orfèvrerie : un ciboire et un calice, une croix et un ostensoir en argent massif, enrichis de pierreries; la couronne de l'ostensoir est ornée de diamants. Ce trésor est un don de Pedro Etchegarray, un habitant d'Itxassou qui avait fait fortune aux Amériques. En 1791, ces objets avaient été mis à l'abri dans une cachette dont trois *etchecojaunak* (chefs de famille) détenaient seuls le secret : l'un d'eux subit stoïquement le supplice du feu que lui appliquèrent des « chauffeurs » plutôt que de révéler le secret qui lui avait été confié.

L'ombre de Roland

La Nive débouche d'un défilé bordé de rocs tourmentés qu'emprunte une très ancienne route; on la suit jusqu'au moulin de Laxia. Le sentier franchissait une barre rocheuse surplombant la rivière par un trou connu sous le nom de « Pas de Roland ».

Vue du « Pas de Roland » (B.N., Est.)

Dans les Pyrénées, divers passages, brèches ou « pas » sont attribués à Roland le Paladin. Leur dénomination remonte à des époques très diverses. Certains paraissent anciens comme la brèche de Gavarnie; d'autres ne datent que du xixe siècle et ont été inventés à l'usage des touristes, par des guides faisant commerce de légendes au plus juste prix. C'est, semble-t-il, le cas du Pas de Roland, à Itxassou, que les visiteurs de Cambo, depuis cinquante ans, ne manquent pas d'aller voir. Les Basques ignorent ce nom et appellent ce rocher *Utheca Gaiz* (« porte mauvaise, dangereuse »). La grandiose sauvagerie du site fut autrefois le cadre de drames obscurs que l'ombre du célèbre compagnon de Charlemagne a recouverts. Mais, si l'on remonte la rivière jusqu'à sa source, au col d'Ibaneta, on se trouve sur les lieux mêmes d'où sa légende s'est envolée.

JEZEAU

65 — HAUTES-PYRÉNÉES, 31 KM AU S DE LANNEMEZAN PAR N 129 ET D 112

Une émule de Michel-Ange

On pourrait appeler l'église de Jezeau la Chapelle Sixtine des Pyrénées, mais son auteur demeure inconnu. L'abside et le plafond de la nef sont entièrement peints de scènes au style rude et puissant, aux couleurs éclatantes. Dieu le Père trône en costume pontifical, avec la tiare à trois couronnes, tenant le globe du monde dans une main et bénissant de l'autre; d'un côté, on voit la Vierge montant au ciel, de l'autre, le martyre d'un saint, étendu sur une croix de Saint-André, nu, mais coiffé de sa mitre d'évêque; ses bourreaux portent des hauts-de-chausse à crevés de l'époque Henri II; ils s'apprêtent à écorcher leur victime avec d'énormes peignes à carder la laine. En dessous, saint Sébastien, attaché à un arbre, est transpercé à bout portant par deux archers, dans un paysage dont les lointains sont barrés par une chaîne de montagnes. Après Dieu le Père, apparaît le Christ-Juge, assis sur les nuées, les jambes drapées dans un manteau rouge et montrant ses plaies; sa main droite s'élève pour bénir; sa main gauche, baissée, laisse tomber une malédiction; dans le ciel, une épée nue, et une branche de fleurs symbolisent les sentences qu'il va prononcer. Il est encadré par les figurations des quatre évangélistes : l'aigle, le taureau, le lion et l'ange. En contrebas, l'artiste a représenté la Cène et le repas qui eut lieu chez Simon le pharisien, tableaux d'une composition vigoureuse et sûre. Sur la nappe à raies rouges de la table du pharisien, sont disposés un agneau dans un plat, des pains, des raisins, des verres, des couteaux pliants. La Madeleine est le personnage le plus intéressant du repas chez Simon. Le sol est fait de carreaux, émaillés chacun d'un motif différent. Les personnages du Christ et de la pécheresse sont d'une vie saisissante.

Une saison en enfer

Le troisième compartiment, au fond de l'abside, est consacré au Jugement dernier. Saint Michel, peseur d'âmes, se trouve, au centre de la composition, aux prises avec un démon hideux. A

Le Jugement dernier (photo D. Milano)

gauche, c'est-à-dire à la droite du Christ, les élus sont accueillis par saint Pierre à la porte d'un palais Renaissance qui est le paradis. A droite c'est l'enfer dont l'opposition avec le ciel est ici particulièrement évocatrice. Devant un portail monumental, ouvert sur un fond de ciel bleu, saint Pierre monte la garde, clefs en main, abordé par trois âmes qui se font aussi enfantines que possibles (« si vous n'êtes semblables à des enfants, vous n'entrerez jamais dans le royaume des Cieux », dit le Christ). Dans le purgatoire, des anges arrachent à des démons noirs et crochus des malheureux tendant les bras vers le ciel. L'enfer est le triomphe de la chair : de belles damnées, des Auroises plantureuses, mettent en évidence des charmes qui n'ont pas été dédaignés sur la terre. On peut appliquer au peintre qui a mis tant de plaisir à modeler ces nus féminins, ce que Baudelaire disait d'Ingres : « Il n'est jamais si heureux ni si puissant que lorsque son génie se trouve aux prises avec les appâts d'une jeune beauté. Les muscles, les plis de la chair, les ombres des fossettes, les ondulations montueuses de la peau, rien n'y manque. » Rien, certes, sinon une certaine pureté d'inspiration par quoi un grand artiste donne à la nudité l'auréole de la grâce et de la beauté éternelles, et que le peintre de Jezeau n'a pas atteint. La fin des damnées est digne d'une vision de Dante. Au bord du fleuve Styx qui coule au fond d'une gorge rocheuse, s'ouvre la gueule flamboyante de Léviathan, tous crocs dehors. Le messager de l'enfer est un centaure cornu soufflant le hallali dans une trompe et s'apprêtant à franchir d'un bond les eaux infernales, avec son contingent de damnées : l'une d'elles est cramponnée en amazone sur son dos; une grappe de bacchantes échevelées, la chaîne au cou, est entraînée dans son élan. Plus haut, d'affreux petits démons noirs amènent leur cargaison de femmes à cali-fourchon sur leur dos, les tirent à quatre pattes, cinglent de leur fouet des charmes féminins qu'aucune ombre n'estompe et, pour finir, embrochent ces corps dodus comme de simples poulets.

LABASTIDE

Symboles de virilité

Dans l'un des vallons qui entourent le village, Norbert Casteret, explorant une grotte en 1932, découvrit des peintures préhistoriques et des plaquettes d'os à contours découpés d'un intérêt unique. Une de ces plaquettes représente un ensemble de dix-huit têtes de bouquetins, accompagnées d'une tête de bison.

Le cheval de la grotte de Labastide (photo J. Vertut)

Sur les parois rocheuses, une tête de lion rugissant est particulièrement impressionnante. Le dessin d'un grand cheval est l'un des meilleurs que nous aient laissés les artistes de cet âge lointain. Il y a aussi un étrange visage humain aux yeux arrondis. Des collectionneurs de pellicule, pour mieux impressionner leurs rouleaux, ont repassé à la craie phosphorescente les traits peints à l'ocre et au manganèse. La surcharge est malheureusement indélébile, et ces chefs-d'œuvre de l'art magique sont irrémédiablement dénaturés. La présence des plaquettes dans cette caverne à décor pariétal est l'indice, d'après Leroi-Gourhan, d'un dispositif de culte transportable parallèle à celui que forme le groupement des peintres du sanctuaire souterrain. Le contenu figuratif des plaquettes est le même que celui des parois, dans l'ensemble des grottes peintes de la même époque. On y retrouve la même proportion de bouquetins et de figures masculines, ce qui rattache cet animal à la puissance virile . Selon le même spécialiste de l'art préhistorique, ces plaquettes constituent des éléments du culte, dont l'étude est à faire[1].

Des gardiens discrets

La rivière de l'Arros, qui va rejoindre l'Adour dans la plaine de Bigorre, prend sa source dans les montagnes boisées du Pène Arrousse, non loin du Pène de Lhéris, qui surplombe Bagnères. Au milieu d'une enceinte de rochers aux couleurs étranges, elle forme une belle nappe d'eau connue sous le nom de « la Gourgue ». Non loin, une seconde source est appelée « le Goueil » (« l'œil » en langue pyrénéenne). Ce site sauvage et d'accès dangereux, qu'on désigne souvent sous le nom de gouffre d'Esparros, garde les secrets des eaux souterraines, ouvertes « comme des yeux » sur le mystère des fonds chtoniens où dorment des dépôts précieux ou criminels. Comme les légendes des lacs sacrés des forêts Maya, les confidences faites à leur sombre visage mouvant sont demeurées au fond.

LA BASTIDE-DE-SÉROU

09 — ARIÈGE, 26 KM A L'E DE SAINT-GIRONS PAR LA N 117

Des temps troublés

On pense que le nom de Sérou vient d'une antique divinité
gauloise des eaux, « Serona ». D'autres disent que Sérou n'est que la corruption de « ferou », la « grande peur ». En 1669, une panique s'empara des habitants des campagnes voisines, à l'annonce des exploits des camisards des Cévennes. Les luttes sanglantes entre villages catholiques et protestants, et surtout les expéditions du baron d'Audou en Ariège, avaient laissé de terrifiants souvenirs. Les gens de la campagne et des villages, abandonnant leurs foyers, accoururent se mettre à l'abri des murailles de Labastide, qui furent à cette occasion remises en état.

1. Leroi-Gourhan, *Les Religions de la Préhistoire*, P.U.F.

En souvenir d'une nuit de joie

Le château de la Tour du Loup passe pour être la demeure où Roger Bernard, comte de Foix, enferma en 1285 sa première femme, fille du prince de Negrepont, « riche d'intelligence et de beauté ». Pour plaire à Philippe le Bel, il la répudia pour cause de stérilité, et épousa en secondes noces Marguerite de Moncade, héritière du Béarn. Le peuple voua un vrai culte à la pauvre abandonnée. On montre au pied du coteau *la Fount de Madamo*, sur la rive gauche de l'Arize, les restes d'une chapelle, l' *Ouratori de Madamo*. Contre le rempart de la Tour du Loup, la *Peyro de Madamo* est le banc sur lequel elle venait s'asseoir, en pensant à celui qu'elle aimait toujours. Mais, une nuit, le comte vint secrètement la revoir et elle conçut dans la joie un fils qui devait être Corbeyran de Rabat, dit « le loup de Foix ». Pendant vingt ans, il disputa la succession du comté à son demi-frère Gaston II de Moncade. Le roi de France n'osa pas lui refuser une compensation à l'injustice qu'il avait subie. Outre différents titres de noblesse, il lui accorda de « commander en souverain » à Foix, la capitale du comté, pendant les semaines de Noël et de Pâques. Le souvenir de sa mère était tellement en honneur dans le pays que jamais ce droit ne lui fut contesté, ni même à ses descendants.

Sur le tard, Corbeyran accepta la charge de lieutenant-général du comté de Foix et de la principauté du Béarn. Ce sera lui qui veillera sur la jeunesse du plus grand des seigneurs souverains de Foix et de Béarn, son neveu Gaston Phébus.

Sépultures mystérieuses

Près de La Bastide de Sérou, non loin de la route de Nescus à Sentenac, au lieu-dit « la Rivière », on découvrit en 1813 une quantité d'urnes enfouies dans la terre. Ce fut un paysan qui, en labourant son champ plus profondément qu'à l'ordinaire, fit émerger ces poteries à la surface du sol; ces labours exceptionnels ont de tout temps provoqué un grand nombre de découvertes archéologiques. On parla beaucoup de cette trouvaille, mais on ne publia rien. On a su seulement que ces urnes avaient l'ouverture dirigée vers l'Orient, qu'elles contenaient des cendres noirâtres et charbonneuses et de petites « figures de métal », parmi lesquelles un dé, une pièce de monnaie et un sablier déposés à la Bibliothèque de Foix[1].

Ce cimetière à incinération semble déjà indiquer la présence d'un centre de population important à l'époque gallo-romaine. D'après les traditions locales recueillies par Duclos, célèbre historien de l'Ariège, le vallon de Nescus était autrefois une forêt de pins et c'est au centre que se trouvait le cimetière. Au sud de Nescus, à trois quarts d'heure de marche, on a également signalé, sur une montagne appelée Saint-Magnet, une quantité d'anciennes ruines souterraines. En 1818, on racontait qu'en ce lieu habitaient des seigneurs en robe rouge qu'on prenait alors pour des druides.

---

1. Bergès, *Description de l'Ariège*, 1839, p. 208.

LANNEMEZAN

65 — Hautes-Pyrénées, 36 km au S E de Tarbes par N 117

Un pays hanté

Quatre mille hectares de landes constituent aujourd'hui ce qu'il reste de l'ancienne « lande du milieu », la « lanne mezan », qui s'étendait autrefois des rives de la Nesteaux - premiers villages de l'Armagnac, en pays de Magnoac. Aux temps préhistoriques, les chênes y poussaient. Mais au XIVe siècle, au temps de Froissart, c'était une terre réprouvée. Les appellations anciennes de *lans de pela-pout* (pèle-coq), *lane de boc* (lande du bouc), évoquent des apparitions terrifiantes. Au XVIIe siècle, l'historien Marca reconnaît qu'elle est « diffamée, pour ce que l'on pense qu'elle est le rendez-vous des sorciers de Gascogne, sans que pourtant on soit obligé de le croire... »

Un chapelain du sanctuaire de Garaison la décrivait comme « ne présentant à l'œil de toute part qu'un ciel d'airain et un sol qui n'a jamais été déchiré ni par le soc, ni par le coutre. Jamais peut-être il n'y germa d'autre bourgeon que celui des stériles fougères, l'unique moisson comme le seul ornement de cette solitude ». Autour de ces lieux mal famés, où passent, de jour, les bandouliers et détrousseurs, et que hantent, la nuit, les habitués du sabbat, des châtelains se sont érigés en protecteurs des voyageurs et des populations. Entre Mauvezin et Capvern, le gibet des justiciers ne manquait jamais de clients. Le sire de Montsérié s'était fait une réputation pour son art d'accrocher en un temps record, aux branches des chênes, les malandrins qu'il cueillait dans ses randonnées sur le plateau.

Les châteaux comportaient des « loges » louées par les paysans pour y engranger leurs récoltes. Les droits de péage et les droits d'asile assuraient à tous ces châtelains de confortables revenus. De deux maux, il fallait choisir le moindre. On le vit bien quand en 1708, il fallut expédier deux régiments de cavalerie pour réduire la bande de Loubayssin, dit Lacoste, qui, forte de 200 hommes, terrorisait le pays de Lannemezan à Saint-Girons. Pris avec 40 des siens, Loubayssin fut roué, les autres pendus ou envoyés aux galères. Parmi les candidats à la corde, on remarqua un vieux « dur à cuire » qui se vanta d'avoir fait cinquante ans ce métier.

La plus vieille route du Midi

Ces plateaux étaient traversés par l'une des plus anciennes pistes préhistoriques, le *chemin salier*, chemin qui reliait l'Atlantique à la Méditerranée en passant par les principaux gisements de sel des Pyrénées, de Bayonne à Salses. Son tracé suit l'actuelle nationale 117.

La route du sel est jalonnée de cimetières préhistoriques : de Toulouse à Dax s'élèvent des centaines de tumulus, dont beaucoup, malgré les défrichements, sont encore à découvrir et à fouiller : on y retrouve la succession de toutes les civilisations des âges des métaux. Les envahisseurs longeaient les Pyrénées à la recherche du passage en Espagne. Les convois distribuaient tout au long des marchés, le sel vital pour les troupeaux. Il provenait de Dax, de Salies du Salat, ou de l'une de ces fontaines salées dont les tribus de la montagne gardaient jalousement la propriété, comme celles d'Aincille et d'Accous.

La messe sur la tombe immémoriale

Un des lieux les plus remarquables de cette piste antique est le tumulus de Pierrefitte, situé dans l'enceinte des terrains du puissant complexe électrochimique de Saint-Gobain, non loin de la nationale 639 reliant Lannemezan à Labarthe-de-Neste. Il est signalé par un chêne isolé et marque le carrefour de la voie préhistorique du sel avec la Ténarèze, l'ancienne route reliant l'Aquitaine à la vallée de l'Èbre par la vallée d'Aure. C'est un tertre de 11 m de rayon et de 1 m de hauteur, entouré par deux fossés et un talus concentriques. Le sommet du tertre porte la trace d'une excavation, fouille ou cabane de berger. La pierre qui a donné son nom au monument (Peyrehitte = la pierre plantée) était signalée encore en 1860 par l'instituteur de Tilhouse dans sa réponse au questionnaire archéologique; et, en 1868, dans une description du camp militaire de Lannemezan, il est question d'un rond-point appelé Pierrefitte, marqué d'un bloc rocheux ombragé de jeunes chênes, protégé par un talus gazonné, ainsi disposé « en souvenir d'une station qu'y fit, il y a quelques années, M. le maréchal Niel, l'intelligent promoteur de l'école de tir ». Sans attribuer comme le fait l'auteur de ce texte, la construction du tertre et des fossés à la municipalité de Lannemezan, il faut noter que la « Peyrehitte » devait dans la vie du camp, retrouver de façon inattendue, sa destination de haut lieu. On y célébrait les services religieux pour la troupe; l'autel était dressé sur son sommet et les assistants se répartissaient tout autour sur les bords du fossé. On peut voir dans ce monument tout à la fois un tumulus funéraire, un monument commémoratif, une enceinte religieuse et une borne limite. Sa position géographique est la conséquence d'un choix très précis : du coin de lande où il se trouve, partent les trois principales rivières qui traversent en éventail les pays de la boucle de la Garonne, la Save, le Gers et la Baïse. Trois personnes qui remonteraient le lit de ces rivières en direction des Pyrénées devraient se rencontrer sur ce point précis du plateau, face à l'impressionnant panorama des « montagnes divines » du pays de Luchon.

La lande qui s'étend aujourd'hui alentour n'est que l'épanouissement du grand carrefour de transhumance, agrandi année par année lors du passage des milliers de moutons et de vaches qui y faisaient halte à la descente de la montagne et au retour. La forêt primitive, qui a cédé devant la dent vorace des troupeaux, est restée dans des noms de communes voisines du carrefour : Lutilhous *(luc tilhous,* le bois sacré des tilleuls), Capvern (la hauteur des aulnes, *bern),* Labarthe (les *barthes* désignent en Aquitaine des taillis épais), Tuzaguet qui évoque le *tuza* ou *touya,* l'ajonc épineux.

*Collier en fer
des chiens gardiens
de troupeaux
(Musée des A.T.P.)*

LARUNS

64 — Pyrénées-Atlantiques, 36 km au S de Pau par N 134 et N 134 bis

Une sirène dans le bénitier

Le bénitier de l'église de Laruns, qui servait autrefois de fonts baptismaux, a été taillé dans un bloc de marbre blanc provenant de la carrière de Louvie-Soubiron, carrière située dans la montagne de l'autre côté du gave. L'extérieur est décoré d'un entrelacs de rubans traités en style gothique, interrompu par le monogramme IHS enrubanné et fleuri, qui prend toute la hauteur de la cuve. L'intérieur est recouvert de sculptures ésotériques d'un gothique tardif. Un sagittaire-centaure à longue queue, la tête coiffée d'un bonnet plat, se retourne en décochant une flèche ; à l'opposé, une sirène aux longs cheveux flottants relève sa queue d'une main et tient un poisson de l'autre. Entre les deux figures, un autre poisson est sculpté, qui semble être une truite. Au fond de la vasque, en relief presque effacé, se dessine la silhouette d'un grand poisson, un dauphin peut-être, qui s'enfonce dans la pierre. L'œuvre est aussi belle que mystérieuse ; tous les symboles de la renaissance par la fontaine de vie y sont représentés, des traditions orphiques aux images du baptême chrétien [1].

Pour conjurer le mal

Une vieille cloche datée de 1465 porte en caractères gothiques, sur deux lignes, d'antiques formules conjuratoires contre l'incendie, l'orage et d'autres fléaux. Ces formules ont été reproduites avec de multiples déformations par des ouvriers fondeurs qui ne savaient pas les lire.

« *Mentem sanctam spontaneam* », qu'on peut lire à la première ligne, est la formule de l'office de sainte Agathe, dont la puissance conjuratrice passait pour capitale en cas d'orage ou d'incendie.

« *Patrie liberacionem* » semble être une allusion à la défaite de la Ligue du Bien public par Louis XI, à laquelle le seigneur de Béarn Gaston IV avait contribué. On voit également de nombreux petits cartouches. L'un représente deux animaux, l'ours et la vache d'Ossau ; d'autres, des croix recroisées, également gravées sur la cloche ; enfin, une inscription où on lit « *Marie Madeleine, Dame* » indique peut-être le nom de la donatrice.

Au temps des capulets rouges

La fête du 15 août à Laruns est le dernier vestige du riche folklore ossalois d'autrefois. Les écrivains et les artistes de l'époque romantique, comme les plus obscurs rédacteurs de guides et d'itinéraires, l'ont souvent décrit.

Les danses anciennes, qui s'étaient perpétuées dans la vallée, attiraient sur la place publique gentils bergers et riches héritières, tous revêtus pour la circonstance de leurs fameux costumes aux couleurs éclatantes. Le *Guide Joanne* de 1858 est, sur ce point, d'une précision qui satisfait toutes les curiosités : « Les Ossaloises portent sur la tête un capulet de drap écarlate doublé de soie de même couleur... Sous le capulet, un petit bonnet rond de mousseline ou de toile en forme de calotte retient les cheveux et s'at-

1. *Bulletin monumental*, 1883.

Scène de mariage à Laruns (B.N., Est.)

tache sous le menton, laissant passer par derrière de longues
tresses qui tombent sur les épaules. La taille est serrée dans un
joli corset ordinairement noir, mais dont le devant est revêtu de
soie ou de velours cramoisi. Sur le cou repose un fichu de soie ou
de mousseline peinte dont les pointes se cachent dans le corset,
laissant passer entre elles les bouts du ruban de fil blanc qui
forme coulisse et serre la chemise autour de la gorge... Deux
jupes noires d'étoffe de laine descendent un peu plus bas que les
genoux en plis symétriques; celle de dessus, bordée d'un large
ruban, est relevée et va s'agrafer derrière la taille. Quant aux
jeunes gens, ils portent une veste écarlate; au-dessous un gilet
blanc à larges revers qui laisse voir la chemise blanche plissée
et serrée au cou par trois petits boutons rapprochés; une culottte
courte de drap ordinairement brun, ou même de velours noir
avec des poches à revers garnies de galons dorés; pour jarretières,
des cordons en soie de diverses couleurs terminés par des glands;
sur la chemise une épingle de verroteries pendantes... Les cheveux coupés ras sur le devant de la tête flottent sur le cou et sont
couverts du béret brun. »

Le costume ossalois est un curieux assemblage d'éléments
vestimentaires du XVIIIᵉ, voire du XVIIᵉ siècle; et le célèbre capulet rouge perpétue les mantes et les capelines qui enveloppent
les beaux visages féminins des Nativités de la fin du Moyen Age.

Au château d'Aramis

La silhouette du château d'Espalungue se détache, à l'est, sur
la montagne. Un des trois célèbres mousquetaires immortalisés
par Alexandre Dumas, Aramis (voir *Arette*), s'y retira et mourut,
entouré de sa famille. Cette paisible gentilhommière ne garde pas
trace d'un drame qui s'y déroula au moment des guerres de
Religion. La vallée d'Ossau, foncièrement attachée au catholicisme romain, avait laissé entrer la bande commandée par le
capitaine Bonasse, hostile aux protestants et qui avait répondu
à l'appel du seigneur de Terride, pour soumettre les résistances
opposées dans la vallée par les ministres et les officiers fidèles à

Jeanne d'Albret. Le seigneur d'Assouste, le vieux baron d'Abère, fut assailli dans son château. Les occupants furent massacrés les uns après les autres ; le vieil Abère fut pendu, tandis que Bonasse livrait sa fille à toutes les fantaisies de ses hommes. Quand elle ne fut plus qu'une loque, ils la jettèrent dans le torrent du Valentin. En 1858, on montrait encore à Assouste la poutre de la grange où avait été pendu son père.

L'Ossalois qui savait tout

Sur la montagne en face du Laruns, un hameau de *Béost*, *Bagès*, était au début du XIXe siècle fréquenté par toutes sortes de gens qui venaient y rendre visite à une célébrité locale, le pâtre savant Gaston Sacaze, dont la maison existe encore. Un riche voyageur, curieux et oisif, Armand-Gustave Houbigant, venu dans les Pyrénées en 1841 et 1842, nous a laissé dans son *Journal*[1] une relation de sa visite. On y lit, à la date du 5 août 1841 : « Nous avons fait aujourd'hui une visite intéressante à

Bergère ossaloise, inédit de E. Dévéria (coll. Pierre Minvielle)

1. *Le Journal d'Armand-Gustave Houbigant* a été acquis par la Bibliothèque de la ville de Pau, dont il est une curiosité.

Gaston Sacaze, propriétaire de troupeaux et pasteur, que la nature a marqué de son doigt pour en faire un botaniste... Gaston ou plutôt Gastounet (plus souvent encore on lui donne le nom de Pierrine) a trente-six ans. C'est un grand montagnard, sec, nerveux, aux cheveux noirs et lisses, aux yeux brillants... Il nous a montré quelques portions de son herbier, quelques volumes de sa flore dessinée ; puis il m'a indiqué sans jactance, comme sans fausse modestie, les noms de quelques plantes que j'avais rapportées... » Une réelle amitié s'établit entre l'Ossalois et le visiteur. Houbigant demanda à Deveria, qui se trouvait alors aux Eaux-Bonnes, le portrait de l'Ossalois et le fit tirer en héliographie avec une notice biographique rédigée par lui-même. Il en offrit 50 exemplaires à Sacaze, dont, écrivait-il, « l'ambition est de n'être pas oublié. Sacaze fut si sensible à cette attention qu'il m'embrassa en versant de vraies larmes ». Aujourd'hui encore, l'herbier de Sacaze et ses manuscrits inédits, conservés aux Eaux-Bonnes, sont des trésors inexploités.

Quelques réflexions de l'Ossalois, également rapportées dans le *Journal* d'Houbigant, révèlent ce sentiment de fierté ombrageuse qui distinguait ces montagnards des Béarnais de la plaine. Sacaze reconnaissait que l'Ossalois était d'un caractère grave et qu'il tenait bien plus du Maure et de l'Ibère que du Gascon et du Basque. « Aussi suis-je persuadé, disait-il, que nous sommes des descendants de vieux Ibères. » Et il ajoutait : « On dit les Béarnais fins, dissimulés et envieux ; je ne le nie pas, mais nous ne sommes pas Béarnais ; nous sommes fiers et indépendants. Sous nos vicomtes, nous n'étions jamais d'accord avec les Béarnais. » Curieux écho, au milieu du XIXᵉ siècle, de l'esprit d'indépendance de « ces Messieurs d'Ossau », comme disait Henri IV, qui donnèrent tant de fil à retordre à leurs souverains.

LATOUR-DE-CAROL

66 — PYRÉNÉES-ORIENTALES, 55 KM AU S D'AX-LES-THERMES PAR N 20

De la légende à l'histoire

Au milieu de la vallée du Carol, qui mène du col de Puymorens à la Cerdagne, les tours de Carol évoquent l'ombre populaire de l'empereur à la barbe fleurie, que l'on rencontre partout dans les vallées voisines. La vallée d'Andorre, qui s'ouvre à deux pas, ne se proclame-t-elle pas sa fille ?

Le château, bâti en 1356 sur un piton qui domine le bassin de la Sègre, verrouillait inexorablement le passage entre le haut pays de Foix et la Cerdagne, face à la Puicerda. Les deux tours qui restent, ruines énormes, bâties sur un roc à pic, surplombent la route. De l'autre côté, une roche plate appelée *la Justice* jouait, d'après la tradition locale, le rôle de la roche Tarpéienne.

Le nom de Latour-de-Carol ne doit cependant pas faire illusion sur un lien possible entre ses origines et le grand empereur d'Occident. Il doit encore moins servir de base à cette hypothèse hardie, lancée en 1867 par un certain Adolphe Avril, qui situait aux environs de Puymorens la bataille où Roland avait péri. Il est difficile en effet de chercher les Ports de Cize de la *Chanson de*

Roland ailleurs qu'aux alentours de Roncevaux. La chronique carolingienne accuse nommément les Vascons, et rien ne permet de supposer qu'à cette époque ils aient eu à faire du côté de la Cerdagne.

En réalité, le nom de *Carol* a été donné aux tours en question à une époque relativement récente et par fierté locale. Les *Diplômes* de Charles le Chauve, au XIIe siècle, parlent de la *Vallée Querolis* et, au XVIIe siècle, l'historien Marca écrit *Val de Querol*. Il faudrait donc parler des Tours de Querol. Mais c'est à cette époque qu'un avocat de Barcelone, originaire du Val de Querol et désireux d'utiliser ses connaissances pour donner du lustre à sa vallée, n'hésita pas à transformer Queroli en Caroli. Encore un patriote qui a facilité la tâche des historiens ![1].

Un message de joie

Dans l'église d'Iravalls, près de Latour-de-Carol, un retable peint vers 1350 représente des scènes de la vie de sainte Marthe avec une large fantaisie narrative : l'arrivée de Marie et sa sœur en Provence, la domestication de la Tarasque n'y sont pas oubliées. Cette œuvre de Raymond Destonents, peintre de la cour d'Aragon, révèle un style d'un admirable fini, fait pour séduire une aristocratie féminine. Mais, sous une apparente facilité, «c'est un message de joie intérieure que l'artiste délivre [2]».

LESCAR

64 — PYRÉNÉES-ATLANTIQUES, 8 KM AU N O DE PAU PAR N 117 ET D 50

Un haut lieu du Béarn

La ville haute de Lescar, par son emplacement et son tracé, semble avoir succédé à l'une des plus grandes enceintes de terre de la région. C'est un éperon qui se détache du plateau du Pont Long et qu'enserrent encore des vestiges de murailles, dont l'appareil en *opus quadratum* régulier, indiquant l'origine romaine, est visible en particulier dans les assises de l'ancien donjon, au nord-ouest de l'enceinte et de la porte ouest, sous des nappes de lierre. Lescar est-elle la même ville que la *civitas Benarna* ou *Beneharnum*, mentionnée dans l'*Itinéraire* d'Antonin, qui avait envoyé un évêque au concile d'Agde en 506, et à celui de Mâcon en 585?

La densité des faits archéologiques accumulés à Lescar et aux environs permet d'y situer par hypothèse la cité gallo-romaine : mais l'on n'aura de certitude que si l'on y découvre une inscription. A l'est, le nom du château du Bilaa, construit au centre d'un retranchement important, n'est qu'un dérivé béarnais du mot latin *villa*. Au pied de la ville haute, entre les coteaux et le gave, les champs sont appelés *Bielmourte*, ville morte. Enfin, le chemin allant de Lescar au Bilaa porte le nom de *La Caussade* qui désigne les anciennes voies romaines (en latin : *calceata*). Au voisinage de cette *caussade*, on vient de retrouver les fondations d'une

---

1. In *Revue de Gascogne*, X, 1869.
2. R. Durliat, *L'Art ancien du Roussillon*, Imp. Sapho, Paris, 1954.

mont-joie au centre d'un enclos consacré. La tour faisait partie de cette série de monuments qui jalonnaient la voie de Toulouse à Dax, à Labarthe-de-Rivière, Tibiran, Arcizac. Elle devait annoncer la proximité de *Beneharnum*.

Au bord du plateau, entre les vallons du Soust, du Nées, de la Hies et de la Juscle, dans un champ du quartier de Sent-Miqueu, ou Saint-Michel, se trouvait une villa romaine.

Au cœur même de la ville haute, contre le côté nord de la cathédrale, des déblaiements effectués sur la place en 1956 ont fait apparaître des colonnes de marbre couchées, une arcade de briques ressemblant à une canalisation et, parmi diverses fragments, deux pieds de banc en marbre semblant appartenir à un siège de ligne sobre, comme celui de la cathédrale de Vaison, en Provence. Ils ont été présentés comme les restes du baptistère de la cathédrale de *Beneharnum*, datés des ve ou vi^e siècle.

Après les années 673-675, le nom de *Beneharnum* va disparaître des textes et des chroniques, comme la ville elle-même a disparu de la surface du sol. On a, bien entendu, fait passer par là les cavaliers d'Abd-er-Rhaman en route vers Poitiers. Mais un fléau plus terrible devait s'abattre sur le bassin de l'Adour. Les flotilles des pirates normands du ixe siècle, partant de Bayonne (*Lapurdum*) dont ils ont fait leur base, ravagent la contrée, mettant à sac méthodiquement toutes les villes rencontrées sur les rivières qu'elles remontent : sur l'Adour, Dax, Tartas, Saint-Sever, Aire, Tarbes; sur les gaves, Lescar et Oloron.

C'est à l'emplacement de l'ancienne ville romaine qu'apparaît Lescar vers 1100. Une chronique raconte qu'un chevalier de la suite du seigneur de Béarn, Loup Fort, ayant décidé, en expiation de ses crimes, de vivre en ermite, choisit comme retraite une forêt où se voyaient les ruines d'une église dédiée à Saint Jean-Baptiste, au lieu-dit *Lascurris*. Le seigneur de Béarn dota largement ce premier établissement monastique; une petite bourgade s'agglomèra peu à peu autour de l'église rebâtie, qui prit le nom du lieu et où s'élevèrent par la suite la cathédrale et le château épiscopal, entourés de l'enceinte reconstituée.

Une apocalypse de pierres

La cathédrale romane déconcerte par sa façade banale trop bien restaurée. Mais au chevet une série de modillons traités dans le style toulousain y réunit les thèmes les plus énigmatiques de la sculpture romane : néréïde, hibou abritant ses petits, tête de cerf, tête humaine en cagoule, démon à cornes de taureau tenant des deux mains un serpent, personnage avalé par un monstre. Un bélier et un homme jouant de la flûte de Pan rappellent la vie pastorale des Béarnais; un homme dans une barque est peut-être le passeur du gave que traversaient les pèlerins allant de Lescar à Oloron. A l'intérieur de l'édifice, on a relevé sur le grand appareil 570 marques de tâcherons, de plus de 40 modèles et gravées profondément. Sous les arcades latérales de la nef grouille un monde d'animaux aux mouvements et aux attributs étranges, de la plus pure inspiration fantastique : monstres humanoïdes sans buste, aux mollets avortés sous des cuisses énormes, à la langue pendante, dont les bras se rejoignent pour soutenir le tailloir dans une volute d'angle, ou, encore plus curieux ces deux personnages accroupis à figure simiesque, les pieds et les mains liés par une corde et un bâton s'appuyant sur leur

Corniche à modillons de la cathédrale de Lescar
(photo J.-R. Masson)

cou, tendus dans l'effort et courbés pour épouser la forme d'un chapiteau ; ces singes enchaînés évoqueraient de façon symbolique l'esprit du mal réduit à l'impuissance.

On a retrouvé les mêmes représentations sur des chapiteaux à Saint-Sernin de Toulouse et à Saint-Isidore de Léon : ils ont suivi la voie jacobite. On a relevé la parenté des scènes relatives à l'Ancien Testament avec la fameuse Apocalypse de Beatus, un moine de l'abbaye de Saint-Sever sur Adour. Or l'auteur des miniatures, l'abbé Grégoire, fut nommé évêque de Lescar en 1060.

Le chasseur à la jambe de bois

La célèbre mosaïque du chœur est l'œuvre de l'évêque de Lescar, Gui de Lons, grand croisé de la Reconquista espagnole. Il l'a signée dans l'inscription reconstituée par Lanore :

(DOMI) NUS GU (IDO)
(E) PISCOPUS LA (SCURR) ENIS
(H) OC (FIERI JUSS) IT
PAV (IMENTUM)

« Monseigneur Gui, évêque de Lescar a fait faire ce pavement. »

Le chasseur à la jambe de bois (Archives des Monuments Historiques)

Lorsqu'elle fut exhumée, en 1837 et 1838, on fit malheureusement disparaître deux cerfs qui se trouvaient au centre d'une rosace multicolore et que Pierre de Marca, l'historien du Béarn du XVIIᵉ siècle, avait déjà signalée : c'étaient les armes de l'évêque de Lescar... Deux scènes de chasse, de plus de 5 m de long, s'y opposent en tête-bêche : sur l'une d'elles, un chasseur portant un olifant en bandoulière arrête de l'épieu un sanglier croché par son chien. Un corbeau au sol est attentif à la scène. A la suite un lion terrasse une chèvre ou un bouquetin, tandis que la lionne s'apprête à en prendre sa part; un faucon pique au-dessus de la scène et, en dessous, un autre corbeau guette le moment de la curée. Sur l'autre panneau, un mulet tire derrière lui un loup attaché à sa queue par un licou. Un sens symbolique se cache derrière cette scène, qui évoque l'illustration d'une fable.

Le chasseur qui vient à la suite, un esclave noir, étrange béquillard au crâne rasé, semble si peu gêné par son pilon de bois qu'il a été dessiné en pleine course, décochant sa flèche, le cor de chasse qu'il porte en bandoulière soulevé par le mouvement. C'est sans doute un rescapé de la Reconquista, qui a dû se faire remarquer lors du partage des prisonniers à la prise de Saragosse, où Gui de Lons se trouvait, en 1118. Mais cette mosaïque ne fut pas la seule à commémorer l'art des chirurgiens arabes. Au portail de Saint-Aventin (Haute-Garonne), un autre Sarrasin est représenté avec une jambe de bois. L'olifant du chasseur est en tout cas semblable à celui que Gaston IV de Béarn légua à l'église du Pilar et que l'on peut voir dans le Trésor de la Seo de Saragosse. Avec cette mosaïque, les coupoles mozarabes de Sainte-Croix-d'Oloron et de l'Hôpital Saint-Blaise, les claveaux de couleur alternés d'Assouste, les clefs pendantes de Sauveterre et de Sorde, on reconnaît la présence parmi le peuple des maçons et des tailleurs de pierre qui s'affairaient autour de ces églises, alors toutes neuves, des visages basanés, des regards de braise des artisans esclaves ou prisonniers, accomplissant au-delà des Pyrénées les gestes adroits et précis qui avaient fait surgir les merveilles des palais arabes d'Andalousie.

Sacrilèges...

Jusqu'aux restaurations de 1887, la cathédrale était pavée
de plus de 250 pierres tombales. La famille royale de Navarre
y avait son caveau. Il fut trouvé par le chanoine Dubarat, en
1929. Les historiens avaient raconté que les soldats de Montgomery, revenant du sac d'Orthez, en 1569, envahirent la cathédrale et violèrent les monuments des rois de Navarre. « Leurs
sépultures, écrit le protestant Louis de Bordenave, furent paga-
nesquement ouvertes, leurs caisses sacrilègement emportées,
leurs ossements inhumainement répandus. » Après quoi le feu
fut mis à tout ce qui pouvait brûler, ce qui entraîna l'effondrement d'une partie de la voûte. Dans les flammes, Montgomery
fit jeter les ossements de saint Galactoire, l'évêque de *Beneharnum*, mort au combat contre les Normands.

Des gens bien nés

D'après la tradition et l'histoire, les fouilleurs de 1929 devaient
retrouver les restes de François II Phébus, mort en 1483, à
quinze ans; de Marguerite d'Angoulême, morte à cinquante-
sept ans en 1549, et d'Henri II d'Albret, mort en 1555, à cin-
quante-deux ans. On savait aussi que François de Navarre,
fils de Jean et de Catherine, mort à quatre ans en 1512, et Anne
de Navarre, leur fille aînée, morte en 1532 à quarante ans,
avaient été ensevelis dans le tombeau de la famille. La princesse
Anne était bossue et rachitique. Or les ossements trouvés correspondaient bien à ceux d'un enfant, d'un adolescent, d'un
homme et de deux femmes. Les ossements de François Phébus,
indemnes de toute tare, confirmèrent ce que disaient de sa beauté ses contemporains : « Deux des plus beaux enfants que jamais
le prince de Viane, leur père, laissa en saine vie, sont M. François Phébus de Foix et Madame Catherine de Foix, sa sœur,
lesquels enfants à tout œil humain se démontraient et apparaissaient tant beaux et décorés de tous haults dons de nature qu'il
semblait qu'ils ne fussent au monde que pour être regardés[1]. »
Le crâne de Marguerite d'Angoulême, d'une capacité au-dessus
de la moyenne, au front développé, droit et élevé, était celui
d'une femme d'une intelligence supérieure. Le nez extraordinaire, busqué, long et gros d'Henri II permet de rectifier un
jugement de l'histoire. C'est de lui que Jeanne d'Albret et Henri
IV tenaient cet appendice célèbre que l'on a abusivement
nommé le nez Bourbon. Les Albret, une race de gentilshommes
gascons, n'avaient attendu ni Cyrano de Bergerac ni Edmond
Rostand pour se distinguer de la sorte. La sœur d'Henri IV,
Catherine de Navarre, qui posséda le plus « beau » de la famille,
lui dut, peut-être aussi, son célibat prolongé[2].

Ci-gît un sorcier bienfaisant

En contrebas de la ville haute, s'étend le quartier de Saint-
Julien autour de sa pittoresque église au clocher-mur à arcades.
Son nom vient de celui du « premier évêque » de Lescar, qui vivait

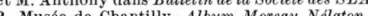

1. Guillaume Leseur, voir compte rendu des fouilles par l'abbé Dubarat
et M. Anthony dans *Bulletin de la Société des SLA de Pau*, t. LII, LIII, LIV.
2. Musée de Chantilly, *Album Moreau Nélaton*.

au temps où la ville s'appelait *Beneharnum*. Elle s'élève probablement sur l'emplacement du premier sanctuaire chrétien de la cité gallo-romaine, dans la partie basse de l'agglomération. A Saint-Bernard-de-Comminges, on retrouve la même disposition, la cathédrale en haut de l'oppidum, l'église primitive dans le quartier du bas. De nombreux débris de maçonnerie et de tuiles, que l'on peut dater facilement des premiers siècles de l'ère chrétienne, sont encore exhumés actuellement aux alentours; aux abords de l'église elle-même, on trouve des sarcophages en marbre. Détruite au cours des guerres de Religion et reconstruite sur l'ordre de Louis XIII, l'église renferme les tombes de plusieurs familles notables du Béarn. Celle des Salettes est recouverte d'une dalle surmontée d'armoiries bien conservées, ce qui est assez exceptionnel; l'épitaphe à elle seule résume l'histoire des gloires de cette famille, depuis leurs combats contre les Maures jusqu'à l'élévation de trois d'entre eux au siège épiscopal. Il faut ajouter que ces illustres prélats ont eu un parent célèbre dans le monde des lettres, Arnaud de Salettes, ministre protestant, grand rimeur en béarnais devant l'Éternel... et grand faiseur de bâtards, ce qui ne l'empêchait pas, du reste, d'être dans les meilleurs termes avec son cousin l'évêque, qui l'invitait à sa table.

Une autre pierre tombale est celle d'un certain Fondeville, médecin à Lescar, mort en 1723, et dont toute la ville porta le deuil. Son habileté et sa science prodigieuse avaient fait de lui une sorte de thaumaturge. Mais il est resté surtout célèbre par les expériences physiques et les tours de prestidigitation qui le firent passer pour un véritable magicien. Certains n'hésitèrent pas à le qualifier de « sorcier », mais un sorcier bienfaisant.

La martyre bien aimée

Dans les plus anciens textes, Lescar portait le qualificatif curieux de « ville septenaire »; il y avait sur son territoire sept églises, sept fontaines, sept moulins, sept bois, sept vignes, sept portes et sept tours. De ses sept fontaines, on connaît surtout celle de Sainte-Quitterie, qui coulait au carrefour des routes de Sault-de-Navailles et de Sauvagnon. Autrefois, en Béarn, les filles aimaient porter le joli nom de cette petite martyre, chantant comme un trille d'oiseau.

Honorée à Aire-sur-Adour, Tolède, Sigüenza et Coïmbre, Quitterie est revendiquée à la fois par les Gascons, les Portugais, et les Espagnols. Mais les Bollandistes ont départagé les prétendants en décrétant : « Quitterie a souffert en Gascogne près de la ville d'Aire. » Et son tombeau dans la crypte de l'église du Mas-d'Aire le confirme. La jeune fille s'était enfuie avec sa sœur Livrade et avait été ramenée à Aire pour être mariée à un noble Wisigoth, sans doute arien. Quitterie refusa tout net. Son père la condamna à être décapitée et la sentence fut exécutée sur-le-champ dans le voisinage du palais, le deuxième jour des calendes de juin, en l'an 478. Selon la légende gasconne, la martyre aurait ramassé sa tête dans son tablier et, gagnant la crypte souterraine, se serait étendue dans son tombeau où « elle acheva de mourir ». La légende d'Aire raconte qu'une fontaine avait jailli à l'endroit où sa tête était tombée; pour les habitants de Lescar, elle coulait au lieu où l'un des soldats, envoyé à la poursuite de la jeune fille par son père, lui aurait, d'un coup d'épée, coupé un bras.

LESCUN

64 — Pyrénées-Atlantiques, 36 km d'Oloron par N 134 et D 239

Les lunettes du diable

Pour les habitants de Lescun, le pic d'Anie était le séjour
d'un être fantastique, non la fée Maïthagarri, invention du poète
souletin Chaho, mais un géant solitaire et inhospitalier. Sa taille
dépassait celle des sapins de la forêt qui couvrait le faîte de la
montagne voisine, l'Oueillarisse. Il cultivait au sommet du pic
un jardin que ne recouvraient ni les neiges ni le gel et où poussaient des plantes aux vertus magiques : de leur suc, il faisait
une liqueur dont il tirait sa force surhumaine. Quelques gouttes
de ce breuvage merveilleux suffisaient à un homme pour écarter
de son chemin les effrayants gardiens des trésors que renferment
les montagnes et les châteaux enchantés. Mais si quelqu'un avait
l'audace d'essayer de s'emparer d'une des plantes de son jardin,
le génie déchaînait aussitôt sur la vallée les plus effroyables
tempêtes.

Telles étaient les croyances qui avaient cours à Lescun à
la fin du XVIIIe siècle, quand le chevalier de Borda arriva au
fond de la vallée d'Aspe, muni de tout l'appareillage scientifique
de l'époque, pour faire des observations de physique et de météorologie au sommet du pic d'Anie. Il avait pour compagnon un
Italien un peu farceur, qui chemin faisant, ayant rencontré un
berger avec ses moutons, lui demanda le nombre de ses bêtes.
Méfiant, l'Aspois de lui répondre : « Vous avez des yeux, comp-
tez-les vous-même, vous en saurez autant que moi. » C'est alors
que l'Italien lui mit sa lunette d'approche à l'envers devant les
yeux et le berger vit son troupeau réduit à une poignée ridicule
de bestioles. Il détala comme s'il avait vu le diable et ameuta
les Lescunois. Quand Borda arriva au village, le tocsin sonnait
et un attroupement marchait à sa rencontre, armé de haches,
de bâtons et de fourches.

C'est tout juste si Borda eut le temps de brandir la lettre de
recommandation que son ami Laclède, de Bedous, se doutant
que quelque incident pourrait survenir, lui avait donné pour le
curé de Lescun. Mais Borda n'alla pas au pic d'Anie, de peur
qu'un orage ne tombât sur le pays pendant son séjour et qu'il
en fût rendu responsable.

Pour les populations du Béarn et du Pays Basque, le pic d'Anie
(en basque : *Ahunemendi*, la montagne de l'agneau) partageait
avec le pic d'Orhy la faveur des sorciers et de tous les diables
de l'enfer. C'est là qu'ils se réunissaient pour y fabriquer les
orages et les distribuer à leur gré sur les villages de la plaine et
les vallons... Un proverbe disait : « *At soum d'Anie, — de brouches
y demouns furie* » (« Au sommet d'Anie — il y a furie de sorcières
et de démons. »

Notre-Dame-de-Bétharram (coll. Sirot)

LESTELLE-BÉTHARRAM

64 — Pyrénées-Atlantiques, 25 km au S E de Pau par N 637

Au cœur d'un buisson ardent

C'est sur un rocher, au bord d'un gouffre du Gave, que s'est construit, à une date inconnue, le grand sanctuaire du Béarn, Notre-Dame-de-Lestelle, plus tard Notre-Dame-de-Bétharram. Deux légendes sont attachées à son origine. La plus ancienne a trait à la découverte de la statue. De jeunes bergers qui faisaient paître leurs troupeaux sur la pente de la colline où s'élève aujourd'hui le sanctuaire aperçurent un beau matin dans les fougères un buisson embrasé et lumineux; dans le brasier, il y avait une statue de la Vierge qui ne se consumait pas. Le curé du village voisin de Lestelle la transporta solennellement dans l'église mais, le lendemain, la Vierge avait repris sa place sur la rive du Gave. Deux fois le curé vint la chercher : deux fois elle retourna au lieu où on l'avait trouvée. Enfin, un petit oratoire s'éleva à l'endroit consacré.

Il y avait déjà quelque temps que la Vierge de Lestelle était honorée quand, un jour, une jeune fille qui ramassait des branches sur le bord du Gave, glissa et tomba dans le courant rapide; un tourbillon allait l'entraîner quand elle appela la Madone au secours. Alors, dit-on, celle-ci lui apparut, courbant jusqu'à sa main une longue branche : « Oh! le beau rameau! » s'écria la désespérée en s'y agrippant *(lou beth arram !)*. Le nom resta dès lors à la chapelle et, en souvenir du miracle, un rameau d'or fut déposé aux pieds de la statue qui surmontait l'autel.

Ces deux miracles appartiennent à la légende des origines

lointaines du pèlerinage. La chapelle devait être en réalité un oratoire de « bout de pont » comme il s'en trouvait à chaque passage important de rivière ; celui-ci faisait passer de Bigorre en Béarn, sur une ancienne route des pèlerins, entre Saint-Pé-de-Generest et Bielle, en Ossau, en passant par Mifaget.

L'orage, la croix et le cœur

En 1616, Mgr Léonard de Trappes, archevêque d'Auch, venait de déposer en grande pompe sur le maître-autel de la « dévote chapelle » reconstruite après l'incendie des huguenots de Montgomery, une statuette de la Vierge destinée à remplacer la statue primitive. Avant de repartir, le prélat était monté sur la colline qui dominait le sanctuaire pour y planter solennellement une grande croix, visible de toute la plaine du gave. Un jour de septembre de la même année, cinq paysans de Montaut, de l'autre côté de la rivière, faisaient les foins, sur une colline proche de la chapelle de Bétharram. D'après le récit de Pierre de Marca, « le jour étant fort tranquille sans aucun soupçon d'orage, ils entendirent tout d'un coup un vent impétueux qui soufflait avec violence sur la croupe de la montagne de Betharram, où [...] ils virent avec mécontentement que la violence de ce vent renversa (sic) la Croix par terre. [...] Ce tourbillon ayant cessé, ils virent que cette Croix fut relevée d'elle-même et environnée d'une lumière éclatante qui formait sur son faîte comme une espèce de couronne, ce qui leur épanouit le cœur de joie et les fit accourir avec vitesse vers la montagne pour remarquer la lumière de plus près ; laquelle ils publièrent incontinent dans les villages voisins en l'absence des prêtres de la chapelle qui étaient occupés ailleurs pour le salut du prochain[1] ».

Les gens vinrent en foule pour voir la croix merveilleuse et, à la dévotion de la Vierge, s'ajouta à Bétharram une dévotion spéciale envers la Passion, dont le principal artisan fut Hubert Charpentier, chapelain du sanctuaire. En présence des jurats des villages de Lestelle et Montaut, il fit comparaître les cinq témoins

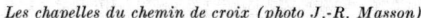

Les chapelles du chemin de croix (photo J.-R. Masson)

1. Pierre de Marca, *Traité des merveilles de Bétharram*,

du miracle. Après avoir juré sur les saints évangiles de ne dire que
la vérité, ils furent entendus séparément, puis ensemble. Le
Vendredi saint de 1623, Hubert Charpentier faisait planter sur les
lieux du miracle trois grandes croix, et, le 8 septembre, jour de la
naissance de la Vierge, la première procession montait la côte de
la colline. On raconte qu'un orage qui enveloppait le pays « se
coupa littéralement en deux » et que le ciel resta bleu au-dessus
de l'assemblée des pèlerins.

En 1633, appelé à Paris par l' « Éminence grise », Hubert Charpentier quittait Bétharram, la mort dans l'âme. Après avoir érigé
sur le mont Valérien les trois croix qu'on y voit encore, il légua
son cœur à Bétharram. Dans le chœur de la « dévote chapelle »,
une plaque de marbre noir porte l'inscription : « *Ici est le cœur
d'Hubert Charpentier, fondateur du calvaire,* 1650. » Quand, en
1802, on ouvrit la boîte qui le renfermait, le cœur ne portait
aucune trace de décomposition.

Images merveilleuses

Bétharram était alors une « terre sainte » qui recevait près de
quinze mille pèlerins par an, plus qu'il n'en passait alors pour
Compostelle, au-delà des Pyrénées. Quatre chapelles furent construites le long du chemin du calvaire : celle de Saint-Louis a été
fondée par Louis XIII après son passage à Pau en 1620. En 1628,
la ville de Mont-de-Marsan dédiait un oratoire à Saint Roch, en
remerciement d'avoir été délivrée de la peste. La fontaine qui
jaillit près de l'entrée du sanctuaire le rappelle.

Un notable béarnais, Isaac de Baratnau, entreprit de construire
quatre nouvelles stations du calvaire en 1716. Les personnages
des scènes de la Passion étaient sculptées en grandeur naturelle
dans les neuf premières stations. « Il ne leur manquait que la
parole », dit naïvement un chroniqueur de l'époque. Le Christ à
la colonne, près de l'entrée du sanctuaire, est la seule œuvre qui
ait échappé en 1795 aux iconoclastes lâchés par le représentant
Monestier lors d'une visite des lieux. L'attitude, la précision ana-
tomique, l'expression du visage trahissent un maître.

Les beaux marbres noirs des piliers de la chapelle viennent
d'une carrière de Saint-Pé de Bigorre. On dit qu'ils furent polis
à la main par les jeunes filles du pays. Peut-être cherchèrent-elles
par coquetterie à rendre vraie la description du poète Labastide :
« Comme un miroir poli, ils réfléchissent l'image de celui qui s'y
regarde »? Cent vingt-neuf dizains composent le poème de ce
chapelain de Bétharram, qui était lié avec Arnaud d'Andilly. Le
grand Arnaud, suprême élégance, traduisit en latin et édita les
poèmes français de son ami.

Il n'est pas de sanctuaire catalan ou espagnol qui n'envierait
le grand Christ portant sa croix, emmené en procession jusqu'au
haut du calvaire, au cours des fêtes de septembre, sur les épaules
de ses porteurs, comme dans les cortèges du Vendredi Saint à
Perpignan et à Séville. Il n'y manque que les pénitents. Authentique chef-d'œuvre de la sculpture baroque, comparable au Paso
de Saint-Laurent de Séville, le Christ à la peau basanée, les mains
marbrées de veines bleues, ruisselant de sueur et de sang, le
front couronné de branches d'épines véritables. Une longue
tunique de velours violet, ceinte d'un cordon doré, lui confère
une note solennelle. Il semble marcher au-dessus de la houle des
têtes, entraîné inexorablement vers son supplice, tandis que l'on

chante les strophes du *Stabat mater*. Tout est à la fois impressionnant et simple dans ce chemin de croix face au décor immuable des montagnes, en septembre, le mois le plus beau dans les Pyrénées...

Le Pygmalion de Bétharram

Un jeune sculpteur, élève de Pradier, Alexandre Renoir, vint à Bétharram exécuter en plâtre, dans un style d'un académisme décourageant, les bas-reliefs des premières stations du calvaire. Avant de partir, l'artiste voulut offrir au sanctuaire une statue pour remplacer la petite effigie apportée en 1616, perdue dans le cadre imposant du retable. On raconte qu'une jeune fille du village lui servit de modèle, mais ce fut de sa statue qu'il tomba amoureux. Tandis que les ouvriers hissaient la Vierge sur son socle, il tremblait de crainte de la voir se briser. Quand elle fut installée, il resta comme en extase et on l'entendit murmurer : « Oh ! que tu es belle ! Que tu es donc belle ![1] ».

Il dut partir pour Rome, laissant le calvaire inachevé. La Vierge de Bétharram fut sa dernière œuvre, et la seule qui l'ait fait connaître.

Un rude pénitent

Au-dessus du calvaire, derrière la chapelle de l'Ascension, se trouvait un ermitage dont les occupants veillaient à l'entretien du calvaire. Il comprenait deux pièces : une chambre à coucher avec une simple paillasse et une croix sous laquelle on lisait : « *Pénitence et Enfer* » et une pièce où l'ermite fabriquait de petits objets en buis, cuillères, fourchettes, peignes, qu'il vendait aux visiteurs. Jean-Marie, qui l'occupa de 1820 à 1857, se munissait de genouillères de peau de mouton et remontait à genoux le chemin qu'il avait descendu par pénitence. Longtemps, le sentier qui menait de l'ermitage à la fontaine où il puisait son eau, fut appelé « le chemin de l'ermite ».

LLIVIA

ENCLAVE ESPAGNOLE — PYRÉNÉES-ORIENTALES, 21 KM AU S O DE MONT-LOUIS PAR N 116, N 20 ET N 20c ET 100 KM DE PERPIGNAN PAR N 116, N 20 ET N 20c

Une ancienne métropole romaine

Régie par le droit romain jusque sous la domination des Arabes et des Francs carolingiens, Llivia a conservé le nom romain du *Castrum Libyae* autour duquel elle s'était formée. Elle avait le titre de cité *(civitas)* et de capitale de la Cerdagne. En 1375, elle se composait de trois quartiers : le *Castrum*, la *Força* et le *Barrium* (le *barrio* espagnol). La *força*, c'est-à-dire l'enceinte, mesurait 1 400 m de tour, autant que celle de Carcassonne. Son château était le plus vaste et le plus puissant du comté de Cerdagne. Au sommet de la colline couverte des vestiges de ses défenses, une seule de ses tours a subsisté, la Torre d'En So, dont les bases

1. Souvenir recueilli dans la famille de l'auteur.

seraient romaines. Au fond d'une citerne, un puits s'enfonce dans la montagne et, dit-on, aboutit aux abords d'un affluent de la Ségue; on y a trouvé des débris d'armures médiévales, restes, peut-être, d'une fuite précipitée à l'issue dramatique.

Lorsque, le 7 novembre 1659, don Luis de Haro signa avec Mazarin, à l'autre extrémité des Pyrénées, le traité qui mettait fin à une lutte multiséculaire, il laissa la conférence de Céret fixer des frontières qui ne devaient plus varier. Ce fut l'origine de diverses singularités, dont l'enclave de Llivia est la plus originale. Le Roussillon, le Vallespir, le Conflent et une partie de la Cerdagne devenaient français, la vallée de Carol restait à la France, avec 33 villages. Mais Llivia, se réclamant de ses titres de cité, et même de capitale, ne pouvait être confondue avec un simple village; pour une question de terminologie honorifique, pour un mot, le commissaire espagnol obtint de la garder. Ainsi, 12 km² d'Espagne sont restés en plein territoire français; la route qui unit Llivia à Puigcerda est neutre. « Elle appartient aux contrebandiers, les fossés aux gabelous », dit-on[1].

Les amants tragiques

Le passé de Llivia est auréolé par le drame des amours du maure Munuza et de la chrétienne Lampégie, dont Isabelle Sandy a tiré son beau roman : *les Amants de Llivia*. Munuza, qui gouvernait la Catalogne pour le calife de Cordoue et tenait la forteresse de Llivia, avait signé une trêve avec Eudes, le comte de Toulouse. Il s'éprit follement de la fille de ce dernier, Lampégie, qui était d'une grande beauté. Elle répondit à son amour et Munuza obtint qu'elle devînt sa femme. Munuza était un berbère d'Afrique du Nord, fils d'une race soumise par les Arabes, et supportait mal d'avoir à obéir au calife régnant à Cordoue, Abd-er-Rahman, qui projetait d'envahir le pays au nord des Pyrénées. Il ordonna à Munuza de reprendre les hostilités contre les chrétiens. Celui-ci objecta le pacte qu'il avait signé. Le calife considéra cette réponse comme un aveu de trahison : il n'y avait plus qu'à réduire le rebelle par les armes. Un de ses chefs de guerre, Gedhi ben Zehan, arriva sous les murs de Llivia avec une armée. Après quelques jours de résistance, Munuza, surpris, essaya de s'enfuir et de gagner les terres du comte de Toulouse. Mais, poursuivi avec acharnement, son escorte décimée, il fut rejoint à l'Hospitalet, au bas du col du Puymorens. Quand les soldats de Gedhi reprirent le chemin de la montagne, la tête de Munuza se balançait à l'arçon d'un cheval, un autre emportait Lampégie. Quand le calife de Cordoue reçut le trophée sanglant, il dit à Gehdi : « Tu n'as jamais fait une aussi belle chasse dans les Pyrénées ! » On croit que Lampégie finit ses jours dans le sérail, morte à l'amour.

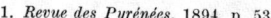

1. *Revue des Pyrénées*, 1894, p. 53.

LOUBENS

Le sanctuaire des poissons

La grotte du Portel ou de Crampagna était connue depuis
longtemps, quand en 1908, l'abbé Breuil vint y authentifier les
peintures et les gravures préhistoriques découvertes par Jeannel
et Fauveau. La cavité est, pour l'ordonnance et la disposition
des peintures, la grotte sanctuaire modèle, selon les théories de
Leroi-Gourhan. Les figures énigmatiques n'en sont pas absentes,
tels les oiseaux fantômes qu'on rencontre dans la galerie de
l'entrée et qui rappellent les « harfangs » de la grotte des Trois
Frères (voir *Montesquieu-Avantès*). Mais c'est l'utilisation métho-
dique des accidents de la paroi rocheuse et leur intégration
aux représentations qui font l'intérêt particulier de cette grotte :
les artistes préhistoriques se sont servis avec habileté de la
moindre irrégularité pour arrondir une panse, esquisser une
encolure, faire saillir un mufle. On a ainsi toute une catégorie
d'images plus curieuses les unes que les autres, découvertes par
J. Vézian, comme cette fissure naturelle, en avant de la grande
salle, qui dessine la tête et l'oreille d'un cheval. Il y a aussi des
silhouettes masculines esquissées en rouge, dans lesquelles une
coulée stalagmitique, marquée de rouge, figure l'organe sexuel
en érection. Ces dessins étaient dissimulés dans un endroit écarté
de la galerie. De nombreuses représentations de poissons ont fait
penser que la grotte pouvait être le sanctuaire de ces animaux
divinisés[1].

LOUDERVIELLE

La récompense des croisés

La pauvre petite église romane, dont la porte est surmontée
d'un tympan à chrisme et ferrée de vieilles pentures, conserve
deux retables anciens, une Vierge de type commingeois, des
peintures en médaillons du XVIIe siècle et une pièce d'orfèvrerie
remarquable, une croix de Terre sainte, émaillée et ornée de
camées et de cabochons, renfermant au centre une relique de
la Vraie Croix. Sa présence au cœur de la vallée du Louron se
rattache à un fait d'armes accompli par de jeunes croisés du
pays, dont le récit s'est transmis de bouche en bouche.

Cela se passait en Égypte, pendant la croisade conduite par
Saint-Louis. Au cours d'un combat, le roi de France fut arraché
des mains des Sarrasins par deux croisés, les Lassus d'Azet,
aidés de leur cousin Guillaume de Montlaur, seigneur de Louron,
en haute vallée d'Aure. Comme le roi leur offrait, en remerciement, de les anoblir et de leur donner des fiefs en Palestine, ils
protestèrent : « Sire..., il nous suffit de vous avoir bien servi. »
Comme Saint-Louis insistait, ils ajoutèrent comme un défi :
« Pour nous payer, il faudrait une relique de la Vraie Croix. »

1. J. Vezian, *Bulletin de la Société Préhistorique de l'Ariège*, 1956.

Le roi, qui détenait un morceau de ce bois précieux, les prit au mot et en détacha pour eux un fragment. C'est ainsi que l'église de Loudervielle possède deux morceaux de la relique sacrée, dans la partie centrale de la Croix à double traverse. Elle est toute semblable aux autres pièces d'orfèvrerie nommées croix de Terre sainte.

La présence d'une résidence des comtes d'Armagnac à Bordères-Louron permet d'expliquer celle d'un reliquaire aussi exceptionnel dans ce fond de vallée. La tradition du fait d'armes des chevaliers aurois pourrait de ce fait se révéler authentique [1].

LES PYRÉNÉES (4ᵉ SÉRIE

Ormeau géant sur la place de l'église (coll. de l'auteur)

LOURDES

65 — HAUTES-PYRÉNÉES, 40 KM AU S E DE PAU PAR N 640

Un livre d'images pour géologues et préhistoriens

Le paysage, à Lourdes, est un sujet de contemplation et d'admiration pour les glaciologues. Ils y lisent comme à livre ouvert l'histoire du plus majestueux glacier des Pyrénées, celui d'Argelès. Cet énorme fleuve de glaces et de roches descend des sommets du Vignemale, alimenté par des affluents venus du Balaïtous et du Marboré, envahit de ses moraines l'horizon de la ville, engloutit les hauteurs jumelles du Ger et du Béout, et laissa, en guise de signature, le lac de Lourdes, le plus étendu des Pyrénées...

Pour les préhistoriens, le terroir de Lourdes réunit toutes les conditions qui ont permis l'installation des premiers hommes dans l'Aquitaine, ce triangle giboyeux au climat doux, délimité par les glaciers du Massif central, la barrière des Pyrénées et l'Océan.

1. Docteur Dutech, dans *République des Hautes-Pyrénées*, 14-12-1887.

Dans la grotte des Espelugues, Piette a ramassé des chefs-d'œuvre de l'art paléolithique, comme la statuette de cheval en ivoire de mammouth, dont un moulage est visible au musée du château. L'animal est d'une vérité étonnante, le cou tendu dans un mouvement d'attention prudente, le pelage strié de fines rayures ondulées dont la signification échappe; on dirait l'un de ces chevaux sauvages qui vivent encore dans l'Ariège et le Pays Basque.

La découverte d'une sépulture à l'entrée des grottes, par le préhistorien Dufourcet, a contribué à faire croire que, comme la grotte de Gargas, les Espelugues étaient un repaire de cannibales. Dans l'ignorance des méthodes minutieuses qu'exige l'interprétation de pareilles découvertes, le fouilleur avait aligné les objets comme sur un éventaire de brocanteur : « des charbons brûlés,... des côtelettes d'auroch,... des os humains calcinés,... des tibias fendus dans toute leur longueur... ». L'hypothèse de quelques préhistoriens disant qu'il s'agissait d'offrandes mortuaires n'a pas trouvé crédit auprès des tenants du cannibalisme.

Le glas des cloches englouties

Des histoires sinistres couraient sur le lac de Lourdes. Il était maudit et retenait les âmes de ceux qu'y s'y noyaient ou s'y enlisaient. Un dicton, qui avait cours aussi bien en Béarn qu'en Bigorre, disait, de quelqu'un capable d'échapper à n'importe quel danger : « *Que's tiraré deu lac de Lourdes* » (« Il se tirerait du lac de Lourdes »).

Nappe d'eau sans joie, au milieu de la lande et dont les bords sont envahis par les roseaux... Sa mélancolie est bien celle qui convient au tombeau liquide d'une ville morte, une ville qui, autrefois, ne voulut pas recevoir le Seigneur passant par là, pauvre voyageur. Certains soirs de novembre, les chasseurs ou les pêcheurs attardés entendaient le glas des cloches englouties sonnant l'anniversaire du châtiment. Aujourd'hui, les gardiens des légendes sont morts; mais on découvrira peut-être dans la vase, à l'origine de ces histoires, les pilotis d'une ancienne cité lacustre.

En bordure de la route de Poueyferré, à la limite des communes de Lourdes et de Bartrès, on dit que la *Peyro Crabère*, un bloc erratique incliné dans la direction du lac est la femme qui reçut le Seigneur la nuit du châtiment. Comme elle se sauvait avec son enfant, lors de l'engloutissement de la ville maudite, malgré la défense qui lui avait été faite, elle se retourna pour voir ce qui se passait et fut aussitôt changée en pierre, comme la femme de Loth.

Les mânes des Romains

On doit probablement à quelque pédant de la Renaissance la légende de la fondation de la ville par une certaine princesse Lorda, venue d'Égypte avec sa sœur Tarbis, fondatrice de Tarbes. Mais les vestiges de la présence romaine, trouvés en divers points de l'agglomération, rendent vraisemblablement l'existence, à cette époque, d'un *vicus* du nom de *Lapurdum* (doté peut-être d'une garnison) sur une voie menant de Bagnères-de-Bigorre à Lescar. Des travaux du Génie, effectués sur la rampe d'accès du château, ont mis au jour au siècle dernier une inscription funéraire dédiée aux mânes de Primulus, fils de Primus, et à celles de sa femme, ainsi qu'une tête de femme âgée, d'une grande beauté, qui pourrait être Livie, la femme d'Auguste. Des décombres de la vieille église paroissiale romane, on a retiré un autel dédié par Julius, pour le salut de Justinus, à la déesse Tutela, protectrice attitrée des cités de l'ancienne Aquitaine.

Un poisson tombé du ciel

La légende carolingienne a donné naissance à l'histoire de la conversion de Mirat, le chef maure maître du château.

En ce temps-là, donc, une troupe de rescapés de la bataille de Poitiers s'était emparée de la forteresse de Lourdes, appelée alors Mirambel. En route vers l'Espagne, l'empereur Charlemagne voulut débarrasser le pays de ses occupants. Mais le siège s'annonça difficile. Bien approvisionné, Mirat, leur chef, narguait l'empereur du haut de son rocher imprenable. Pourtant la disette finit par se faire sentir. Or, un jour, un aigle qui venait de prendre une truite dans le Gave, passant au-dessus du château, la laissa tomber aux pieds du chef sarrasin. Dédaignant l'aubaine, il donna ordre de la porter à Charlemagne, lui faisant dire qu'il n'était pas en peine de ravitaillement puisque le Ciel lui-même s'en chargeait pour lui. Charlemagne pensait à lever le siège quand l'évêque du Puy, qui l'accompagnait, eut une inspiration céleste. Il fit dire à Mirat : « Puisque tu ne veux pas te rendre au plus grand des souverains de la terre, rends-toi donc à la reine des Cieux qui est honorée dans mon église et que vous-mêmes, musulmans, révérez. » La proposition plut à Mirat : avec ses hommes porteurs de rameaux pacifiques, il se rendit au Puy et déposa aux pieds de la Vierge Noire son épée, en signe d'hommage féodal.

C'est ce récit, digne de la *Chanson de Roland*, qui fut invoqué par le chapitre de la cathédrale du Puy, au cours d'interminables démêlés avec les divers possesseurs de la forteresse de Lourdes pour faire valoir ses droits sur la ville et le château, en vain du reste.

Aujourd'hui, seule subsiste la légende qui, dans sa belle simplicité, explique le blason de Lourdes, « de gueules à trois tours d'argent maçonnées de sable sur un roc d'argent; sur la tour du milieu, un aigle de sable éployé, membré d'or, tient au bec une truite d'argent ».

Le repaire des « gentils compagnons »

Après, l'histoire du château se confond avec celle de la Bigorre. Froissart s'attarde complaisamment à raconter les exploits des « gentils compagnons » de Lourdes, Pierre Arnaud de Béarn, institué gardien par le Prince Noir après le traité de Brétigny, Pierre d'Anchin et Le Mongat de Saint-Basile, tous « rudes jouteurs ». En juillet 1374, le duc d'Anjou, après un siège de six semaines, impuissant à emporter la victoire par les armes, essaya de l'obtenir par la ruse. Ce ne fut qu'en 1407, après un siège en règle qui ne dura pas moins de dix-huit mois, que la place capitula, faute de ravitaillement. Les assiégés, dit Mauran, eurent la vie sauve, mais durent sortir sans bagages, ce qui fut particulièrement pénible aux « gentils compagnons » qui n'avaient pas mis en lieu sûr le fruit de plusieurs années de pillages et de rançons.

En 1569, Montgomery, en passant, pille la ville et brûle l'église.

Château de Lourdes, gravure du XIXe siècle (B.N., Est.)

François de Béarn, seigneur de Bonasse, reprend le château et résiste au baron d'Arros avant d'aller se faire tuer à Tarbes. Sous Louis XV et Louis XVI, on y enfermait les mauvais garçons par lettres de cachet. Sous l'Empire, un prisonnier fameux, lord Elgin, y fait un séjour forcé. Le Génie entretient le château vaille que vaille et le capitaine Chausenque imagine la pyramide du toit qui écrase le donjon.

Les trésors des Pyrénées

Enfin, deux amoureux fervents des Pyrénées, Louis et Margalide Le Bondidier, y créent le musée pyrénéen. Aujourd'hui, telle une nef de légende échouée sur un écueil, ses soutes pleines de marchandises précieuses, le vieux Mirambel recèle un trésor fabuleux d'archives, de livres, d'œuvres d'art, d'objets divers, de tout ce qui a fait la vie des gens de la montagne jusqu'à nos jours. On y voit des piolets et des cordes, des ours et des loups empaillés, des cires de deuil, des caleils, des surjougs de la vallée de la Garonne, des fouets catalans, des costumes d'Ossau, de Bethmale et des beurrayres d'Ossun, des échantillons de marbres, des faïences de Samadet (il y a là un service de 110 assiettes, sur les 120 qui y furent livrées en 1775 à un certain M. Dubroca avec la facture), des cloches, des seaux à lait de l'Ariège, etc.

Le donjon renferme les plus émouvantes archives de la montagne comme les carnets de Ramond, ses dessins, ses instruments... Sur l'esplanade, la chapelle a donné refuge aux statues, ruisselante d'or et de couleurs, de la vieille église de Lourdes; le socle de la statue de Russel est fait de 300 roches rapportées de 300 sommets différents. Et, pour la joie des yeux, s'alignent les maquettes des monuments célèbres des Pyrénées, sorties des mains de fée de Margalide Le Bondidier : l'abbaye de Saint-Martin-du-Canigou, l'église des templiers de Luz et la plus émouvante, cette vieille maison de Salies, aujourd'hui disparue, où sèche encore au balcon une lessive de poupée, cousue de sa main il y a plus de quarante ans.

Costumes exposés dans le Musée Pyrénéen de Lourdes (photo J.-R. Masson)

Le double visage d'une ville sainte

L'ancien bureau de Le Bondidier s'ouvre par une large baie sur le panorama de la basilique de la Grotte, de la vallée du gave et des montagnes, lucarne donnant sur le rêve. Celui qui vécut là a pu, comme le diable de Gil Blas, connaître le meilleur et le pire sur la ville de la Vierge.

Or, de toutes ces visions, il n'en a gardé qu'une, comme un testament : « Si vous allez à Lourdes, ne regardez pas les rues, ne regardez pas les foules, ne regardez rien de ce qui, ici comme ailleurs, peut être laid et grossier. Allez à la Grotte et observez

les yeux d'un grand malade qui prie. Vous n'oublierez jamais
ce regard. »

L'homme du rocher et l'homme de la Grotte, un visage double
comme celui de Janus... Le rocher, la Grotte, thème inépuisable
pour ceux qui cherchent ce qu'il y a sous ce décor qui, un jour,
s'est brusquement ouvert...

Le 10 février 1858 au soir, tout était en place. Un vieux château
arrivé à la fin de son rôle historique de place-forte ; au bord du
gave, une espèce de caverne mal famée, la vieille roche, la *Massa
Bielle*, où l'on ne rencontre que des cochons, des serpents, du bois
mort. Dans une rue triste, une pièce obscure, un cachot désaffecté, où la plus malheureuse famille de la ville, mise à la rue, est
venue s'entasser parce qu'il n'y a dans Lourdes rien d'autre à
lui offrir, une fillette tousse de froid : Bernadette Soubirous[1]...

LUC-DE-BÉARN

64 — PYRÉNÉES-ATLANTIQUES, 10 KM AU S E DE NAVARRENX PAR D 2
ET D 110

Eden gaulois

Le nom de ce village, situé à mi-chemin entre Navarrenx et
Monein, indique la présence dans la région, à l'époque romaine,
d'une forêt ou d'un bois sacré, un *lucus* : au XIe siècle, le lieu était
appelé indifféremment dans les textes *Silva Bona* ou *Lucus*. S'il
y eut un lieu de culte, ce fut probablement aux abords du village
ou à l'emplacement de l'abbaye, qui fut fondée par la suite sous
le vocable de saint Vincent, le martyr de Saragosse. Le sarcophage en marbre qui se trouve dans l'église était destiné à un
important personnage, ce qui a dû donner naissance à la tradition de la création d'un oratoire dans la forêt « par un officier
provenant du siège de Saragosse où il avait été témoin des
miracles de saint Vincent ». La face principale du sarcophage
représente le miracle de la multiplication des pains. Sur les côtés,
deux scènes classiques de l'Ancien Testament constituent une
composition symétrique : Daniel entre les lions, et Adam et Ève
autour de l'arbre du fruit défendu. Les formes nues sont lourdes.
C'est l'œuvre d'un sculpteur local, venu peut-être d'Arles, après
les premières invasions, et installé en Aquitaine, restée alors le
paradis de la Gaule.

Le monde fantastique des chapiteaux romans

Au Xe siècle, Guillaume Sanche, duc de Gascogne, fonda à Luc
une abbaye bénédictine : il n'en reste aujourd'hui que l'église,
profondément restaurée après la destruction du cloître et des
bâtiments du couvent par Montgomery, en 1569. Certaines
sculptures offrent de ces énigmes de l'art roman qui ouvrent à
l'imagination des profondeurs insondables. Quels sont, au bas de
l'arc du chœur, ces personnages en procession, portant des objets
volumineux que l'on ne peut définir ? Dans l'abside, deux hommes
nus retiennent, par un anneau passé dans la bouche, un être
démoniaque à la tête monstrueuse et aux oreilles pointues. Dans

1. Cf. *Les Hauts lieux de la légende*, p. 154.

l'absidiole nord, trois lions se suivent en se léchant mutuellement la croupe. En face, c'est un spectacle infernal : des gueules de trois êtres simiesques s'échappent des bouquets de serpents dont les replis forment la corbeille du chapiteau.

Les aboyeurs du diable

Après le passage de Montgomery, l'église servit de temple pendant quarante ans. Ouverte de nouveau au culte catholique, elle fut donnée en 1610 aux barnabites qui venaient d'être appelés à Lescar. Ils eurent dès leur arrivée à affronter la population d'une région que les misères des guerres civiles, l'isolement et les pratiques de sorcellerie avaient rendue particulièrement inhospitalière.

Alors, en effet, «il régnait à Luc une maladie qui avait été inconnue des anciens médecins et que les modernes ne savaient pas guérir. Ceux qui en étaient atteints faisaient des cris semblables à ceux des chiens qui aboient et qui traînent la voix comme s'ils chantaient[1] ». Les missionnaires prirent d'abord ce mal pour l'épilepsie, mais on les persuada que c'était l'œuvre des sorcières. La meilleure preuve en était que les « aboyeurs » et les « aboyeuses » répugnaient à entrer dans l'église et que leurs accès les prenaient « aussitôt qu'on élevait le Saint Sacrement ». Ils faisaient fuir les fidèles.

Les « bons missionnaires » avaient apporté de Milan des reliques de saint Charles Borromé, leur saint archevêque protecteur, qui venait d'être canonisé. L'un d'eux, le père Olgiati, se fit le spécialiste de la guérison des « aboyeurs » par son imposition des reliques du saint. Sa réputation fit accourir à Luc d'autres malheureux dont les cas s'apparentaient à la possession démoniaque. C'est ainsi qu'on lui amena un jeune paysan des environs de Navarrenx, à qui le démon s'était présenté « sous la forme d'un grand monsieur vêtu de rouge ». Après avoir résisté longtemps à ce tentateur, qui lui demandait de se donner à lui en échange des plus merveilleuses promesses, le jeune homme avait enfin consenti à signer un pacte d'une goutte de son sang, en se piquant le petit doigt. « Depuis ce temps, le diable l'accompagnait partout, la nuit comme le jour. Tantôt il l'excitait à l'adorer, tantôt à dérober et à commettre toutes sortes de crimes. Le père Olgiati fit sur lui des exorcismes de l'église et le délivra de son tourment. »

L'auteur du manuscrit, s'il tient l'affaire pour authentique, ajoute qu'il y a peu de ces faits dont on ne puisse donner des raisons naturelles. Pour lui, la maladie des « aboyeurs » de Luc était l'épilepsie, « ou quelque chose de semblable à ce qu'on nomme aujourd'hui vapeurs et qui vient de l'irritation du genre nerveux.» Les pauvres malades avaient eu « la tête remplie de contes des sorciers, de lutins et de loups-garous ». Il conclut avec bon sens que « c'était bien fait, sans doute, de prier Dieu et de le remercier lorsqu'on était guéri, car c'est Dieu qui guérit toujours; mais toutes les guérisons ne sont pas miraculeuses, et il n'en faut admettre de telles que quand elles portent l'empreinte d'un agent surnaturel et divin... ».

---

1. *Histoire du Béarn*, Manuscrit de la Bibliothèque de Pau.

*Vallée
de Luchon
(B.N., Est.)*

LUCHON

La ville des plaisirs

L'identification de la peuplade des *Onesii* avec les habitants
de Luchon et des vallées environnantes à l'époque romaine, a
donné lieu très tôt à des discussions contradictoires. Strabon
mentionne comme voisins du pays des Convènes, la région de
Saint-Bertrand-de-Comminges, les « bains magnifiques des Onésiens ». Pline les situe en dessous du *Saltus Pyrenaeus*, c'est-
à-dire des montagnes boisées des environs d'Izaut. Aussi, la plupart des anciens archéologues n'ont pas hésité à localiser à Luchon
les « thermes onésiens ». Mais d'autres érudits locaux, Bladé,
Camoreyt, Castillon d'Aspet, se sont tournés vers d'autres stations thermales, Bagnères-de-Bigorre ou Capvern. On peut écarter Capvern, à la limite de la montagne et de la plaine, et Bagnères-
de-Bigorre, pour la même raison. Reste l'objection de l'expression employée par Strabon à propos des « thermes » des *Onesii*,
dont l'« eau est très agréable à boire ». Il semble que *Therma* en
grec, à la différence d'*Aquae* en latin, désigne plutôt la localité
où naissent les eaux minérales, que les eaux elles-mêmes. Les
eaux thermales de Luchon sont peu agréables au goût et on ne les
boit pas ; mais les sources de la montagne sont excellentes. L'argument majeur est l'analogie qui existe entre le nom des *Onesii*
et celui de la rivière qui traverse Luchon avant de se jeter dans
la Pique, l'One ; il vient d'un des noms de rivière celto-ligures les
plus fréquents pour désigner les cours d'eau, *Onna*, qui a donné
le latin *Unda*. On le retrouve dans le nom de la Garonne (*Garu-
na*). Mieux, le pont de l'One, (aujourd'hui le *pont de Barcugnas*),
explique très bien le nom des Onobrisates que Pline fait figurer
dans sa liste des peuples aquitains, et qui désignerait la même
population que les *Onesii*. Onobrisate serait une erreur de copiste
pour Onobrivate : « le peuple du pont de l'One » *Briva* étant le
nom celtique du pont.

On passe d'Onobriva à Luchon par le dieu Ilixo. L'étymologie de son nom révèle sa vocation hautement thermale. Selon le basque, *Il* est le nom de la ville et, pour l'abbé Soulé, *Lixo* voudrait dire « impudique » dans cette même langue, ce qui, écrit-il, s'explique suffisamment par la vie licencieuse que les stations thermales ont de tout temps favorisée. Soit! L'érudit luchonnais Julien Sacaze a vu plus juste en rapprochant Ilixo de *Lixovius*, dieu des sources thermales du Luxeuil. Il suffit alors de se rappeler qu'en latin *Lix* signifie « Lessive », et *lixere* faire bouillir. Pour Horace et Pline, un homme *elixus* est un homme lavé. un baigneur. On a alors l'association du nom ibérique de la ville, *Ili*, et celui de nom du dieu *Lixo*, pour obtenir : « la ville du dieu Llixo ».

Établissements de Bains à Luchon (coll. Sirot)

Une mine de marbres romains

La route ouverte par d'Etigny de Montrejeau à Luchon ayant rendu accessibles à tous les carrosses des eaux de réputation millénaire, quelques guérisons inespérées à la cour et dans la belle société produisirent une réaction en chaîne : on accourut au fond des Pyrénées et l'on s'y entassa. Pour le confort des curistes, en 1764, de grands travaux furent entrepris autour des sources; et, comme il fallait s'y attendre, on rencontra les vestiges des thermes romains; les inscriptions exhumées révélèrent le nom du dieu, des nymphes et aussi d'illustres visiteurs. D'Orbessan, dans ses *Mélanges historiques et critiques* a rapporté ces événements : « Mesdames de Brionne et de Ligne... ayant été cette année faire un voyage à Bagnères-de-Luchon, on a cherché à découvrir les sources connues des Romains. M. Richard, médecin consultant du roi, envoyé sur les lieux pour examiner les qua-

lités de ces bains et de leurs eaux, après quelques fouilles, a
retrouvé les anciennes sources et quelques inscriptions sur des
marbres... Le marbre où le nom de Lixon est inscrit est au pouvoir de M. l'abbé Seguier, chanoine de Chartres qui avait suivi
le prince de Lambesc dans son voyage ». Cet autel fut acquis
par la suite par l'abbé de Tersan, grand vicaire de l'évêque de
Lectoure. L'engouement pour les marbres romains allait bientôt
les disperser dans les cabinets des amateurs. Heureusement,
plusieurs autels à Ilixo sont restés au musée de Luchon, grâce
à Julien Sacaze ; mais beaucoup d'autres sont partis pour Toulouse ramassés systématiquement par l'archéologue Du Mège,
au début du XIXᵉ siècle.

« Pour qui sont ces serpents... »

Il fallait du reste que les eaux de Luchon soient vraiment
bénéfiques pour retenir tout ce beau monde. Les installations
actuelles des thermes laissent difficilement imaginer ce qu'étaient
les cures auxquelles se soumettaient les femmes les plus délicates
du XVIIIᵉ siècle. Arthur Young, dans ses *Voyages en France* (1792)
écrit avec dégoût : « Les bains actuels sont d'horribles trous ; les
patients sont enfoncés jusqu'au menton dans une eau chaude sulfureuse qui, avec les sales tanières où ils sont placés, doit causer
autant de maladies qu'elle en guérit. On y a recours pour les affections de la peau. » Les mêmes détails sont donnés par un auteur
français de l'époque, avec d'autres encore plus curieux, comme
celui des serpents familiers des bains. « Les bains de Bagnères-
de-Luchon sont très renommés dans le pays et on leur attribue
des cures merveilleuses. Il y en a un où l'on voit surnager une
croûte rousse, comme du souffre détrempé dans de l'huile et qui
se renouvelle à proportion qu'on l'en tire. Cette espèce de pâte
d'huile est extrêmement douce et si pénétrante que lorsqu'on
en lave une matière d'argent elle devient tout de suite vermeillée,
en conserve la couleur pendant deux ou trois mois [...] Ceux
qui existent [les bains] sont formés par une cuve en forme de
bière entourée de quelques planches mal jointes, à travers desquelles débouchent des serpents que la chaleur des eaux attire
en grande quantité, mais ne font point de mal, à moins qu'ils
ne soient agacés. La vision ne forme pourtant rien de gracieux
à un malade qui se trouve nu dans le bain... »

L'androgyne de Luchon

Dans la collection Sacaze, au musée, une pierre conique trouvée dans l'église de Montmajou (hameau de Cier-de-Luchon) est
sculptée d'une figure humaine et insolite. Le crâne se confond
avec la pointe de la pierre ; le corps informe est doté d'une paire
de seins et d'un membre viril bien marqué. La main droite fait
un geste de bénédiction ou d'imposition, la main gauche tient un
instrument qui ressemble à un maillet ou une hache. Ce personnage fait penser à un émule pyrénéen du dieu gaulois Taranos,
peut-être Iscitt, comme au personnage nu de l'autel de Bramevaque, aujourd'hui au musée de Saint-Germain-en-Laye. La
pierre de Montmajou n'est pas un autel, mais un ancien *lech*
celte ou un *bétyl* oriental, retaillé pour donner au dieu qui l'habitait un aspect anthropomorphique, à l'époque où le panthéon
gallo-romain s'était imposé chez les Convènes. Dans le mur de

l'église de Cier, d'où provient la stèle, un autel était dédié à un dieu Baïgorrix. Peut-être la pierre conique à figure humaine le représentait-il? Du Mège fit envoyer ce vestige à la galerie des Antiques à Toulouse.

Environs

Une goule sanguinaire

La montagne autour de Luchon est un théâtre de nature que depuis des siècles parcourent les foules admiratrices et grégaires : elles y cherchent des exaltations sûres. La vision la plus grandiose, c'est au *Port de Venasque* qu'il faut la chercher, entaille ouverte dans la crête qui sépare le Val d'Aran de celui de Luchon ; on va y contempler *la Maladetta*.

Guides de montagne (coll. Pierre Minvielle)

Le nom de « Port » indique un très ancien passage des Pyrénées utilisé par les Romains (ceux-ci donnaient le nom de *portus* à tous les cols franchissables). En haut de la vallée de la Pique, l'Hospice de France fut durant des siècles un havre pour tous ceux qui s'aventuraient par là. La montée en est jalonnée de souvenirs sinistres ou légendaires. On montre ainsi le Trou des Chaudronniers, où une bande de ces artisans saisonniers venus d'Auvergne qui parcouraient les montagnes pour exercer leur métier, avaient disparu. C'est une avalanche, dit-on, qui les précipita au fond de cette tombe béante dans la montagne.

Le vallon sauvage de l'*Homme*, qu'on traverse aux deux tiers de la montée, doit son nom à une pierre dressée comme un menhir et calée par d'autres blocs au milieu d'une petite plaine couverte de rhododendrons. D'après son nom, il doit s'agir d'un véritable menhir objet d'un respect superstitieux et, auparavant, d'un véritable culte.

Arrivés en haut du col, les guides de Luchon avaient l'habitude en montrant les étendues de glace qui couronnaient la Maladetta, de s'exclamer, le bras tendu, la voix dramatique : « Il est là, Barrau ; il est là, le pauvre Barrau ! »

C'était le grand drame de la montagne que l'on racontait à Luchon à tous les nouveaux arrivants. Rien ne peut donner l'idée de l'impression que provoqua au fond des Pyrénées la mort du guide Barrau, englouti le 11 août 1824 par une crevasse du glacier de la Maladetta, sous les yeux de son fils et des deux ascensionnistes. « Elle fit plus que la mort de cent hommes dans les Alpes. Le prestige de la montagne maudite, celui d'une goule auréolée de sang, se refléta sur Luchon et fut à l'origine de son succès[1]. »

Cette montagne magique a fasciné le pyrénéiste irlandais Russel (voir *Cauterets*). « J'avais là devant moi un vaste et vrai désert. Derrière Venasque, le Cotiella dressait au loin ses arêtes jaunes sablonneuses et fumantes, aussi arides que les collines ardentes et fauves du Sahara. Plus près de moi, au sud-est et au sud, se déroulait un monde funèbre, glacial et bouleversé, de calcaire, de granit, de forêts foudroyées et de sables morainiques, qui me rappelait le désert effroyable et néfaste de Gobi. Et au-dessus de toutes ces nudités, de toutes ces solitudes, les pointes neigeuses de la Maladetta enflammées par le soir, perçaient le ciel de l'Aragon comme des lames d'or [...] « D'autres trouveront cela horrible... Mais moi j'étais émerveillé... J'aime les sublimités maudites[2]. »

LURBE

64 — Pyrénées-Atlantiques, 10 km au S d'Oloron par D 238

La fontaine des lépreux

Dans le vallon de Saint-Christau, à l'est du défilé d'Escot qui commande l'entrée de la vallée d'Aspe, la source cuivreuse des Arceaux a joui, depuis les temps les plus reculés, d'une célébrité exceptionnelle pour le traitement des maladies de la peau. Son

1. Beraldi, *Cent ans aux Pyrénées*, I, 65.
2. H. Russel, « Déserts pyrénées », *Revue des Pyrénées*, t. VII, 1898, p. 4.

débit quotidien de 1 million de litres dépasse celui de la source rivale de La Roche-Posay.

En 1114, Gaston IV le Croisé y avait fondé une commanderie dépendant de l'abbaye Sainte-Christine-du-Somport. A côté de l'hôpital, une maladrerie recevait les lépreux; la source avait la réputation de guérir cette terrible affection, ainsi que les formes rebelles de dartres, appelés en Béarn « cristails » : un jeu de mots pris au sérieux avait donné à la source le saint protecteur qui lui convenait, formalisme typiquement médiéval.

Au XVIe siècle, les commissaires de la reine Jeanne d'Albret vendirent les biens de la commanderie et l'hôpital; en 1634, le seigneur de Gurmençon essaya de restaurer les bains. Le dôme de la source, à la gracieuse forme de sein, date de cette époque. Mais en 1897, l'antiquité fabuleuse du site se dévoila. Au cours du nettoyage du bassin de la source des Arceaux, on retira des bracelets, des boucles d'oreilles et d'autres bijoux en bronze, puis un buste de pierre qui fut baptisé « le dieu de la source ».

Les moustaches du dieu gaulois

Cette sculpture, taillée dans le marbre gris et grossier du Bedat, présente tous les caractères des visages celtes du Midi de la France [1]. La tête est enfoncée entre les épaules, le cou escamoté; le tronc est réduit à un bloc rectangulaire coupé sous les côtes, comme si la statue était destinée à être fixée sur une gaine à la façon des Hermès grecs, ou à demi-enterrée, comme les dieux chtoniens orientaux. Une chevelure épaisse recouvre le crâne, une tresse encadre le front; la face allongée se termine par un menton carré. Les arcades sourcillières saillantes et rapprochées, les globes des yeux bombés (visibles malgré un martelage postérieur), le nez rectiligne, sont bien ceux des effigies gauloises. Mais, détail inhabituel, la bouche, ouverte comme un trou d'ombre, s'orne d'une paire de moustaches en forme de crocs. Il faut aller jusqu'en Bohême, dans un oppidum des Boïens, pour trouver une autre statue gauloise ornée de pareilles moustaches. Ce n'est peut-être pas un hasard; les Volques Tectosages, apparentés aux Boïens, tenaient la grande voie de Toulouse au Somport, jusqu'aux portes du territoire des Tarbelles.

Cette découverte étend aux vallées occidentales des Pyrénées l'influence celtique aux âges du fer. Le dieu gaulois de Lurbe est la plus occidentale des effigies sculptées de cette civilisation après les masques funéraires de la vallée de Luchon et le masque de bronze de Montsérié, conservé au musée de Tarbes. Quant au dieu ou au héros divinisé, il pourrait être le même que ce Baïgorrix des autels du pays de Luchon. On trouve la même racine dans le nom du Bager, la montagne qui domine le vallon de Saint-Christau, appelé au Moyen Age Saint-Christau-du-Bager.

Certains vestiges des populations de l'âge celtique peuvent également être observés de l'autre côté de la vallée, au-dessus de Lurbe, où l'on montre un « camp de César », du type classique d'oppidum de sommet.

Ainsi sont rassemblés, à l'entrée de la vallée d'Aspe, des témoignages visibles de la grande invasion celte par la voie du Somport vers la péninsule ibérique.

1. Voir photo, page 34.

LUZ–SAINT–SAUVEUR

65 — Hautes-Pyrénées, 31 km au S de Lourdes par N 21

L'église des moines noirs

Luz est le nom espagnol de la lumière, et Victor Hugo écrivait : « Luz est une charmante vieille petite ville. Trois grands rayons de jour y entrent par les trois embrasures des trois montagnes. Quand les contrebandiers espagnols arrivaient par le noir et hideux sentier de Gavarnie, ils apercevaient tout à coup à l'extrémité de la gorge obscure une grande clarté comme est la porte d'une cave à ceux qui sont dedans. Ils se hâtaient et trouvaient un gros bourg éclairé de soleil et vivant. Ce bourg, ils l'ont bien nommé : Luz[1]. »

1. *Journal de Voyages*, Alpes et Pyrénées.

Le chef-lieu de la vallée de Barèges a perdu depuis longtemps ses murailles percées de trois portes; mais sa curieuse église est enfermée dans une enceinte aux créneaux surmontés de galets, pour le plus grand bonheur des artistes romantiques.

Si les templiers ont été à l'origine de sa construction, aucune archive jusqu'à présent, n'en a livré témoignage : leur nom seul est resté attaché aux pierres que leurs architectes énigmatiques ont fait assembler.

Plus tard, on retrouve les Hospitaliers de Saint-Jean de Jérusalem dans les commanderies de Luz et de Gavarnie. C'est tout ce que révèle l'histoire. Elle ne peut rien contre une tradition légendaire, à laquelle la ténacité des montagnards donne une valeur d'authenticité. Cette enceinte au cœur d'une ville close participe du secret qui a présidé au choix de certains sites par les chevaliers du Temple pour y conserver le souvenir du grand rêve évanoui sur les champs de bataille palestiniens.

L'édifice, au plan complexe, à l'aspect sombre et rude, est une succession de constructions entassées comme les alvéoles d'un sanctuaire de l'Orient. L'ancienne porte s'ouvre au pied de la tour rectangulaire, au nord de l'enceinte. Au-dessus, une bretèche à mâchicoulis la surplombe. Deux meurtrières permettent d'en balayer les abords. Un parapet crênelé entoure la toiture, et les eaux de pluie s'écoulent par des trous percés dans la muraille sur un larmier de dalles de schiste.

Une mystérieuse petite fille

Sur le mur de l'église, sous une arcature en plein cintre en forme de fenêtre, se trouve un monument peut-être unique dans l'art roman. Un sarcophage d'enfant posé sur deux consoles à godrons, un tout petit sarcophage au couvercle en bâtière, fort ébréché. Sur la cuve lisse, une inscription donne le nom de la fillette, celui du lapicide local, auteur d'une œuvre si notable, et enfin la date de l'installation de l'édicule, qui fait si bien corps avec l'église qu'on a peut-être ainsi la date de sa construction. Victor Hugo avoue n'avoir rien entendu à sa lecture; cependant l'archiviste Gaston Balencie l'a déchiffrée :

> AQ. IAHS.BENA...O...
> BAT. FILIA.DENARAMO. DE. BARE.
> IA.E.DE.MADAUNA.NAHERA.M CC.XX
> XVI.ANO.E.MORI.EN.LA.DARERA.SETMA.
> NA.DABRIL.GILE.DE.SERA.LO.FE.

« Ci-gît (aqui jahis) Bena...o... bat, fille de En (Monsieur) Ramon de Barèges et de Na (Madame) Hera. MCCXXXVI (1236). Elle mourut la dernière semaine d'avril. Gilles, de Sère [village des environs de Luz] l'a fait. »

La petite fille qui fut ensevelie avec soin et dont le tombeau était exposé avec tant de luxe à la vue de tous ceux qui fréquentaient l'église ne devait pas être un de ces enfants voués par la rudesse des temps à une mort prématurée. Un mystère plane sur sa destinée, un secret qu'elle a emporté. « Enfant prédestinée, enlevée sur les ailes des anges, ses restes devaient ne faire qu'un avec le sanctuaire et avec les saintes reliques qu'il abritait, veiller sur le repos des morts qui se pressaient à ses pieds sous leurs dalles anonymes, et sur les vivants[1]. »

1. Gaston Balencie, *De Lourdes à Gavarnie*, Didier, Paris, 1936.

*Fresque du
portail,
détail : le Christ
(photo J.-R. Masson)*

Des sculptures étranges

Le tympan du grand portail de l'église, ouvert du côté nord
selon une disposition peu habituelle, représente le Christ entouré
des tétramorphes évangéliques dans une composition qui est une
réussite stylistique. Les inscriptions du porche donnent deux
dates : 1200 *(MCC)* et 1240 *(MCC.E.IX.)*, la première pour
l'achat du terrain, la seconde pour la dédicace de l'église.

A l'intérieur de l'église, l'abside et les croisillons de diverses
époques s'imbriquent pour rendre le plan original illisible. Au
sud-ouest, une chapelle, couverte d'une charpente à liernes et
tiercerons, perpétue le souvenir de la terrible peste de 1652 et du
vœu qui a provoqué sa construction ; avec cent ans de décalage,
ces boiseries sont de tradition gothique.

Les modillons de l'extérieur ont des sujets si bizarres qu'un
auteur estimait que « quelques-uns pourraient au besoin servir
à l'appui des accusations portées au XIVe siècle contre les templiers, si l'on ne savait combien les sculptures étranges sont communes dans les monuments de toutes les époques ». Le corbeau
du milieu présente une main dans l'attitude de la bénédiction.

Adossé à un pignon à redans où s'ouvre l'arcade de la cloche,
le clocher, tour de guet et beffroi de la commune, construit après
la tour de l'enceinte, semble-t-il, marque la fin du temps où les
chevaliers s'isolaient de la communauté qui les entourait. Désormais, l'église ouverte à tous est le centre de la défense de la vallée.
Pour jouer encore mieux ce rôle, une rangée continue d'arcades
en mitre d'évêque court sous le bord du toit tout autour de la nef
et de l'abside.

L'être trinitaire

Le petit musée de l'église conserve une curieuse toile : c'est un vieillard dont la tête a trois visages, quatre yeux et trois nez. Cette étrange représentation trinitaire tient étendue devant lui une grande figure géométrique triangulaire. Des sommets du triangle où sont inscrits les mots « PATER, FILIUS, SPIRITUS », trois traits se rejoignent au centre, où apparaît le mot « DEUS ». Les côtés du triangle portent les mots : « NON EST » et les bandes convergeant vers le centre le mot « EST ».

On lit ainsi : *Le Père n'est pas le Fils*
Le Fils n'est pas l'Esprit
L'Esprit n'est pas le Père.
et   *Le Père est Dieu*
Le Fils est Dieu
L'Esprit est Dieu.

Ce sont les formules intégrales du dogme de la Trinité. La peinture est unique en France. Mais la représentation du visage triple, d'origine celtique, n'est pas isolée dans les Pyrénées : l'église de Navarrenx (Pyrénées-Atlantiques) et la chapelle de Gourdan-Polignan (Haute-Garonne) offrent ce motif, en cul-de-lampe.

Ruines du château de Sainte-Marie, par Melling (B.N., Est.)

Un repaire de brigands

Non loin de Luz, au-dessus du village d'*Esquièze*, les tours du *château de Sainte-Marie* se détachent sur la montagne. L'endroit est si romantique que Victor Hugo, au cours de son voyage en 1843, lui consacra quatre dessins de son album.

Le rempart de l'est disparaît sous un épais manteau de lierre qui l'empêche de crouler ; il s'appuie au sud à une tour cylindrique surplombant les rochers d'un précipice vertigineux : les mâchicoulis donnent sur le vide. Au nord, l'enceinte se termine par un donjon rectangulaire.

A ce château du xive siècle, la tradition rattache le souvenir des invasions d'habitants des vallées espagnoles, hardis et pillards, qu'elle appelle les « Tezins ».

Au xviie siècle, pour un oui ou pour un non, les Miquelets de Broto descendaient sur Luz[1]. Il n'y avait pour les arrêter que la Tour du Pas de l'Escalette, à Gèdre, et le château Sainte-Marie à Luz.

Au xve siècle, le château servait de repaire à une bande de routiers dont le commandant était Jean de Béarn, frère de ce Pierre Arnaud de Béarn, qui, selon le récit de Froissart, préféra tomber à Orthez sous la dague de Gaston Phébus plutôt que de livrer la citadelle de Lourdes. Des forteresses de Lourdes et de Sainte-Marie, les deux frères rançonnaient tous ceux qui se réclamaient du comte de Foix ou du roi de France, parmi les habitants des Sept Vallées. Le comte de Clermont n'eut pas de peine à recruter des volontaires pour mettre le siège au château, lorsqu'il franchit le col du Tourmalet avec l'armée royale, en 1404. Un homme de la vallée d'Argelès, Auger de Cohitte, mena l'assaut à la tête d'une troupe de Lavedanais avec cette rigueur que peut seule donner la rancune. Selon la coutume du temps, le comte de Clermont dédommagea Auger et ses hommes par un don de 562 livres. En même temps, il promit et jura aux montagnards, au nom du roi de France, de leur confirmer leurs franchises et libertés. Il ne pouvait faire moins que le roi d'Angleterre. Le château Sainte-Marie tombé, ce fut un jeu pour l'armée royale d'enlever le Castet Naou d'Arras en vallée d'Arrens, tenu par Guilhem Arricou, que les chroniques qualifient d'anglais pour les besoins de la cause; les garnisons de la tour de Vidalos et du château de Geu se replièrent sur Lourdes où Jean de Béarn devait tenir encore trois ans.

La belle captive

Le souvenir des brigandages des routiers a donné naissance à la légende du seigneur *cagot*[2] et de sa prisonnière, légende recueillie par des conteurs du xixe siècle. Elle fait incarner en effet par un représentant de la race maudite des *cagots* toute la méchanceté des occupants d'autrefois. A la tête de bandits sans foi ni loi, *cagots* comme lui, il terrorisait la région, rançonnant les pèlerins, pillant tous les marchés de la vallée et faisant faire à ses prisonniers insolvables le « saut » du haut de la Tour du Sud. Un jour, ses hommes lui amenèrent une jeune fille du village d'Arcizans en Lavedan, nommée Marie, si belle que, loin de penser à en tirer rançon, il voulut en faire sa femme.

Désespérée, Marie ne gardait plus espoir qu'en la Vierge, qu'elle suppliait de la délivrer. Le matin des noces, un nuage lumineux apparut dans le ciel bleu, descendit sur le château et enveloppa la tour où était enfermée la prisonnière. Lorsqu'il se dissipa, on vit un cortège d'anges qui enlevait la jeune fille abîmée dans sa prière. Revenu de sa surprise, le seigneur penché à la fenêtre invectivait le Ciel, quand il s'écroula, tué raide d'une pierre de fronde reçue en plein front.

1. Cf. *Terre des hommes*, p. 63.
2. Cf. *Peuples maudits et parias*.

Le fiancé (le *nobi*) de la belle Lavedanaise, le désespoir au
cœur, tournait en effet autour du château, cherchant à apercevoir
sa bien-aimée. Quand il vit à la fenêtre le *cagot* maudit, son adresse
aiguisée par la haine, d'un seul coup il se fit justice. Peu de temps
après, le bruit courut dans la vallée de Barèges qu'un nouvel
ermite bâtissait une chapelle du côté du hameau de Saint-Sauveur. Elle fut bientôt consacrée à saint Pierre. L'ermite n'était
autre que le fiancé de la belle Marie, enlevée au paradis.

C'est ainsi qu'on explique le nom de Sainte-Marie porté par le
château. La chapelle Saint-Pierre est devenue la chapelle de
Solférino. Les Barégeois ont voulu manifester ainsi leur reconnaissance à l'empereur Napoléon III qui, après en avoir visité
les ruines en 1854, les acheta et chargea l'architecte de la cathédrale de Bayonne, d'élever une nouvelle chapelle. Un obélisque
recouvre les restes d'un ermite inconnu trouvés dans le sol de
l'ancienne construction; peut-être était-ce le vengeur de Marie
d'Arcizans...

La danse de l'homme-cheval

Dans la vallée de Luz, on dansait *le Gabaret* : les gens d'Es-
quieze se faisaient un point d'honneur de l'exécuter le mieux : ils
en offrirent le spectacle à la reine Hortense quand elle vint leur
rendre visite en 1809.

Au milieu des danseurs accoutrés en sauvages ou en bohémiens,
l'un d'eux appelé *Bayard* s'avançait en prenant des attitudes
héroïques. Sa pantomine simulait la délivrance d'une jeune fille
qu'il enlevait aux Sarrasins. Autour de lui la troupe de danseurs
se livrait à des évolutions burlesques. Cette danse ressemblait à
celle du *zamalzain* de la Soule, au Pays Basque; elle devait avoir
la même origine lointaine et la même signification magique.

Célébrée à l'époque du carnaval comme la *balade* de la vallée
d'Argelès, elle devait rappeler aux gens de la vallée un épisode
plus légendaire qu'historique. Les avatars du principal personnage
sont significatifs : le chevalier Bayard a pris la place du cheval
Bayard, monture fabuleuse de Roland, qu'on retrouve à Gavarnie. Cette confusion se dissipe quand on voit que l'acteur principal, Bayard, le chevalier, tient à la ceinture une tête de cheval
à longue encolure, à la main une grande baguette qui représente
son épée, insigne de son pouvoir magique; on retrouve là tous les
éléments de l'homme-cheval des mascarades sacrificielles du
printemps[1].

Un palais souterrain

La haute pyramide isolée du *pic de Bergons* à l'angle que forme
la vallée de Barèges et la gorge qui s'enfonce vers Gavarnie est
le domaine des êtres mystérieux qui hantent la montagne. La
cime du pic se rattache au massif granitique du Néouvielle par
une crête dangereuse, au nom sinistre de *Maucapéra* (le mauvais
moine). On dit qu'au cœur de sa masse, au fond d'une vaste
grotte, les fées ont leur palais le plus magnifique. Elles y passent
leur temps à filer et à broder. Quand une femme découvre l'entrée de la demeure souterraine, elle peut y déposer son lin en
paquet prêt à carder. Le lendemain, elle le retrouve merveilleu-

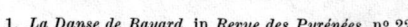

1. *La Danse de Bayard*, in *Revue des Pyrénées*, n° 22.

Paysage des Hautes-Pyrénées, près de Luz-Saint-Sauveur
(photo J.-R. Masson)

sement nettoyé et filé. On dit aussi qu'au fond d'une caverne pend une cloche gigantesque. Qui l'entend sonner entend son propre glas.

Bergons est aussi le nom d'une divinité. On le lit sur un petit autel conservé à Cazost, au pied de Montaigu. C'est également celui d'un torrent qui débouche sur la rive gauche du gave, un peu en aval d'Argelès. Cette divinité était probablement particulière aux Lévitani, les Lavedanais de l'époque romaine, qui habitaient le pays des Sept Vallées.

LUZENAC

09 — ARIÈGE, 34 KM AU S E DE FOIX PAR N 20

Château rebelle et clocher lombard

Dominant la vallée de l'Ariège, au-dessus de Luzenac, un impressionnant éperon rocheux sert d'assise aux ruines du château de Lordat, la plus redoutable forteresse médiévale du pays, avec le château de Foix.

Le château de Lordat avait été donné en 1074 à l'abbaye de Cluny par Roger, comte de Foix. L'attitude frondeuse des seigneurs pyrénéens le fit désigner comme l'un de ces repaires de la féodalité que Richelieu était décidé à abattre. Démantelé en 1632 avec un soin particulier, il n'est plus sur son rocher qu'une ruine romantique et grandiose. On y lit le tracé d'une triple enceinte.

Un mamelon porte le village d'Unac et son église romane. Un moine originaire de l'Ariège, un certain Bernard Sigfried, fut l'architecte. Le clocher, malgré un toit récent en bâtière, appartient à la famille des célèbres clochers catalans de style lombard qui caractérisent la Cerdagne et l'Andorre. Toute cette région est restée, longtemps après la chute du château de Montségur, le refuge des derniers cathares, des « bons hommes » protégés par les fidèles qui les recueillaient dans leurs villages perdus inaccessibles aux inquisiteurs, tel Montaillou.

Ruines du château de Lordat (photo J.-R. Masson)

La gueule de l'enfer

Les flancs de la chaîne de *Tabe*, qui culmine au pic de *Saint-Barthélemy*, recèlent les plus grands gisements de talc d'Europe. Un transporteur aérien de 7 km permet de charrier les roches de la carrière de *Trimounts* à l'usine de Luzenac, qui fournit 40 000 tonnes de talc par an. Autrefois, la vie était dure sur ces pentes : on lit dans le *Guide Joanne* de 1858 que les habitants taillaient leurs champs dans les rochers en forme d'escalier et élevaient des murs de pierres sèches pour soutenir la terre qu'ils y apportaient des alentours. Le blé ainsi cultivé passait pour le meilleur du pays. Les croix qui parsemaient les champs indiquaient qu'à chacun de ces emplacements on avait retiré un quintal de fer.

Les flancs de la chaîne de Tabe ou de Saint-Barthélemy ont donné naissance à d'extraordinaires légendes dont on trouve un écho dans les *Histoires Prodigieuses* de Belleforest (XVIe siècle) : « Je voudrais, écrit-il, demander la cause d'un cas rare advenant en un certain lac qui est en nos monts Pyrénées, dedans lequel si quelqu'un jette une pierre, il ne manquera pas de voir bientôt, après avoir ouï un étrange bouillonnement dedans le creux de cet abîme, des vapeurs et fumées et puis des nuages épais, et après l'espace de quelque demi-heure, c'est merveille de tonnerres et éclairs et de la pluie qui s'émeut de cette émotion faite en l'eau, qui est cause que le pauvre peuple pense que ce soit une gueule d'enfer, comme ainsi soit qu'on doive acompter cela aux veines du lieu qui sont sulphurées[1]. » Il s'agit de l'étang de *Males*, situé sur le flanc Est de la montagne.

Le géographe Chausenque, qui a longtemps décrit le panorama vu du sommet, se réfère au dire d'Olhagaray, chroniqueur des comtes de Foix, qui reprenait Belleforest, et aux traditions qui avaient cours alors : « Dans le pourtour de l'entonnoir où est l'étang de Males, le plus grand des deux lacs qui remplissent les combes de la crête, et qu'on nomme aussi le gouffre, les bergers voisins qui l'évitaient soigneusement croyaient qu'il y avait de forts anneaux et des chaînes en fer ayant servi à attacher des vaisseaux et que ses eaux, à la moinsre pierre qu'on y jetait, se soulevaient au milieu des flammes et d'un bruit de tonnerre... »

Des cultes solaires

Entre les sommets de Tabe et de Soularac, que sépare le Bas de l'Ourse, subsistent les ruines de la chapelle *Saint-Barthélemy* qui, jusqu'à la fin du XVIIIe siècle, était le centre d'un pèlerinage annuel dont l'origine remontait avant le christianisme.

Le soir du 23 août, les gens des vallées voisines venaient en procession pour assister au lever du soleil, le matin de la fête du saint. Pendant la nuit, les jeunes gens et les jeunes filles chantaient en alternance des chants amoureux et se retrouvaient par couples dans les prairies des pentes, comme dans les vieux cultes naturistes solaires.

La cérémonie du lendemain était suivie de pratiques de divination non moins curieuses. D'après un auteur du XVIIIe siècle, il y avait au sommet un autel à découvert. La messe finie, on y répandait des cendres et on y traçait le nom de Jésus ou tout autre nom pour prouver que le sommet était au-dessus de la région des pluies et des vents et « on prétendait que l'année d'après on retrouvait des cendres dans le même état[2] ».

Le rendez-vous des sorcières

Aussi on ne s'étonnera pas de rencontrer dans le massif de Tabe de nombreux monuments du culte mégalithique. Aux abords du col de *La Traucado*, à 1 250 m d'altitude, une pierre à cupules, enfouie dans les fougères, est appelée dans le pays le *Roc des Sorcières* ou la *Peiro Traucado* : on disait que les sorcières s'y rassemblaient le samedi soir pour y prendre leur repas dans les écuelles creusées à même la roche. Le hameau s'est dépeuplé, car ces mêmes sorcières, en le survolant, avaient jeté un sort sur les femmes qu'elles avaient rendues stériles. A la surface de la roche, qui mesure 4,30 m de long sur 1,40 m plusieurs cupules rondes ou ovales ont la forme de louches, ou de cuillères, avec comme une empreinte de manche à la suite.

1. Belleforest, *Histoires prodigieuses*, III, p. 288.
2. Jean Astruc, *Mémoires pour l'Histoire naturelle du Languedoc*.

La demeure des génies

Dans la haute vallée du Touyre, où existent des pierres à gravures, le *roc Crouzat* porte 25 signes en forme de croix et de cupules, et, près de Frémis, dans la grotte du *roc d'Aourouso*, quatre grandes croix noires sont peintes dans un renfoncement.

Sur les pentes du Saint-Barthélemy, dans une grotte à l'entrée fermée par de gros blocs, gisaient douze squelettes d'hommes, de femmes et d'enfants. Dans l'immense caverne de *la Caougno*, des blocs étaient disposés en cercle dans la première salle. On y a trouvé un sifflet taillé dans un cubitus humain et, dans une autre grotte, des vases de l'âge du fer.

Tout se passe comme si les hommes de Halstatt avaient été refoulés vers les hauts pâturages au-dessus de la vallée par les néolithiques et les hommes du bronze, solidement implantés sur les premiers contreforts pyrénéens ; ce n'est que peu à peu qu'ils ont formé avec eux ces tribus pyrénéennes que les Romains eurent tant de mal à soumettre, et dont l'oppidum du Mayne, près de Belesta, raconte la lutte tragique.

Le plus impressionnant monument de pierre se rattachant à ces anciennes civilisations et à leurs croyances pourrait être, entre Luzenac et Tarascon, en bordure de la route qui passe au-dessus de Lordat, le *Pas de Soloumbrié*, une aiguille de calcaire détachée de la montagne par l'érosion karstique. Ce monolithe ressemble à l'un des rochers du Jura appelés « guyons », qui passent pour être la demeure des génies de la mythologie celtique, les « gwylliöns ». Son nom de Soloumbrié est très probablement la déformation du nom d'une ancienne divinité pyrénéenne, peut-être le dieu *Solumber*. On trouve en effet dans les inscriptions votives des Pyrénées, un dieu *Ilhumber*, dont le nom semble bien de même famille.

*L'église
de Luzenac
(Roger-Viollet,
photo Hurault)*

MARSOULAS

Le prêtre et les fées

Les peintures préhistoriques pariétales de la grotte de Marsoulas ont rendu célèbre cette petite localité voisine de Salies-du-Salat. Déjà, dans la tradition populaire ancienne, le lieu possédait sa légende. On l'appelait le « trou des fées » *(Tuto de las Hades)*. Son entrée obscure lui faisait donner ce nom.

En 1895, un infatigable explorateur des gisements à légendes, l'abbé Cau-Durban, avait jeté son dévolu sur cette caverne, pour augmenter sa collection de silex. Mais le propriétaire lui en refusa l'accès ; il soupçonnait plus ou moins l'abbé de se livrer à la magie et ne voulait pas être victime des incantations qu'il allait certainement y faire en compagnie des fées. L'abbé Cau-Durban, aussi têtu que le propriétaire, tourna la difficulté en s'introduisant dans la grotte à la nuit tombée, pensant que personne dans le pays n'oserait se risquer à cette heure dans ces parages. En 1899, il réussit enfin à convaincre le propriétaire de la pureté de ses intentions et il y emmena un jour le docteur Regnault, avec quelques amis venus en curieux. Tout à coup, l'un de ceux-ci félicita l'abbé des belles peintures qu'il avait tracées sur les parois rocheuses. On rit de la plaisanterie, puis on regarda plus attentivement, et l'abbé Cau-Durban dut reconnaître que, depuis des années, il travaillait sous une voûte recouverte d'authentiques fresques préhistoriques rouges et noires, qu'il voyait pour la première fois. Les baigneurs de Salies-de-Salat en firent un but d'excursion ; la grille et le verrou que l'archéologue et préhistorien Cartailhac y posa ne tinrent pas longtemps sous les efforts des visiteurs clandestins et obstinés. Aujourd'hui, aux chefs-d'œuvre préhistoriques se superpose une multitude de graffiti, d'un intérêt restreint, même pour un sociologue!...

La grotte contient pourtant certaines figures qui sont parmi les plus énigmatiques et les plus intéressantes de l'art pariétal préhistorique, des anthropoïdes dont le visage semble avoir le pouvoir magique envoûtant du masque de la Gorgone. Les gravures et les peintures de bisons comptent parmi les plus belles des Pyrénées. On peut voir également un bison peint en pastillage, technique absolument insolite qui révèle un tempérament artistique original et génial.

Bison exécuté en pointillés (photo J. Vertut)

MASSAT

09 — ARIÈGE, 28 KM AU S E DE SAINT-GIRONS PAR N 618

Beaux et pauvres

Close de toutes parts par des chaînons montagneux qui s'adossent aux grands massifs de la chaîne centrale, la vallée de Massat est le cœur du Couserans. Comme dans les pays bien défendus par la nature, le temps s'y écoule plus lentement, les traditions y persistent à travers les siècles. Les gens de Massat, les Massadels, ont conservé, comme les Bethmalais et les Ossalois, des éléments du costume local, et leur « réménille », sorte de bourrée qu'on danse encore au col de Port lors d'une fête locale très fréquentée.

Le *Guide Joanne* de 1858 adresse en passant aux Massadels un beau compliment : « C'est la commune de l'Ariège qui produit les plus beaux hommes, et à ce sujet nous devons faire remarquer que l'eau, la pomme de terre, avec le laitage, sont presque leur unique nourriture. » Cette frugalité et cette joie de vivre ne pouvaient malheureusement rien contre une surpopulation dont Froidour, inspecteur des forêts, s'étonnait déjà au xviie siècle. Les seuls remèdes étaient l'émigration saisonnière en Espagne, le colportage combiné avec la contrebande et, surtout, des habitudes de mendicité collective. Dès qu'arrivait la mauvaise saison, des familles entières fermaient leurs maisons et allaient s'installer dans les villes de la plaine, où elles vivaient souvent de la charité publique.

Un impôt odieux

A 3 km au nord de Massat, les ruines du *Castel d'Amour* auraient été ainsi nommées parce que les seigneurs avaient l'habitude d'y prélever certains droits prénuptiaux sur les filles de leurs serfs. Il est curieux de retrouver cette tradition dans plusieurs vallées pyrénéennes, à Bourisp en vallée d'Aure, à Louvie-Soubiron, en vallée d'Ossau. A Massat, le château aurait été démoli de fond en comble par des paysans indignés, qui auraient ensuite défriché les forêts appartenant au seigneur : il y a là sans doute un souvenir de la « Guerre des Demoiselles » ou des émeutes du XIXe siècle.

Un ours précieux

Au nord du village, un éperon calcaire abrite les grottes de Massat, explorées d'abord pour leurs ossements, par Alfred Fontan, qui y trouva les premiers os travaillés découverts dans les Pyrénées.

En 1864, Garrigou, archéologue toulousain, en retira un des chefs-d'œuvre de l'art préhistorique pyrénéen, un galet de quartz dont la gravure représente un ours : c'est un des joyaux de la collection préhistorique du musée de Foix. Depuis, d'autres figures d'ours ont été retirées des couches archéologiques de la grotte ; l'une d'elles, accompagnée d'une représentation symbolique du membre viril, apporte un argument sérieux à la théorie de Leroi-Gourhan sur la nature de la religion préhistorique[1].

Jusqu'au dernier

Les souvenirs de la croisade des Albigeois et des guerres de Religion du XVIe siècle avaient maintenu dans les populations ariégeoises une tradition de contestation vivace, que renforçait leur isolement. Cela explique que, dans la région de Massat, se constitua une communauté de la « Petite Église », formation schismatique née du Concordat signé en 1801 entre le Premier Consul et le pape Pie VII. Comme un article de ce traité stipulait que les évêques fidèles comme les constitutionnels devaient démissionner pour faire place aux nouveaux prélats choisis par Bonaparte, deux évêques, Mgr de Thémines, évêque de Blois, et Mgr de Coucy, évêque de La Rochelle, refusèrent et créèrent un mouvement d'opposition. Plusieurs membres du clergé, indignés de la servilité de nombreux évêques envers le régime consulaire, qui faisait une obligation de conscience de la conscription, regroupèrent autour d'eux des communautés de protestataires, aussitôt pourchassées par la police. On les appela « Fidèles » en Provence, « Louisets » en Bretagne, « Clémentins » en Normandie. Dans le Languedoc, ils prirent le nom de « Purs », comme les cathares. La communauté de Massat recevait les instructions des prêtres toulousains avec qui étaient en relations leurs chefs, Pierre Loubet, Jean-Pierre Lazes et Pey Ponsat. Après divers

1. Leroi-Gourhan, *op. cit.*, P.U.F.

heurts avec le reste de la population, ils avaient pu jouir de la chapelle du hameau de Biert et d'un cimetière séparé du quartier du Port. Mais, en 1847, le dernier prêtre anti-concordataire mourait. Réduits aux sacrements du mariage et du baptême, mais ne renonçant pas au culte dominical, les fidèles de la communauté se réunissaient pour prier devant l'autel où étaient symboliquement déposés les ornements sacerdotaux et le calice qui avaient servi pour la dernière messe. En 1930, le dernier membre de la communauté s'éteignait, confiant à un ami, comme une relique, les lettres pastorales que Mgr de Thémines avait fait imprimer pour maintenir la fidélité dans ses communautés. La chapelle de Biert, privée de son âme ne tardait pas à s'écrouler.

Vent d'est, vent d'ouest...

La route 618, qui relie Massat à Tarascon-sur-Ariège, franchit au col des Caougnos, puis au col de Port, une triple frontière climatique, linguistique et politique.

C'est là, au cœur de la forêt domaniale que domine le *pic de Fonfrède*, que se situe la rencontre des deux grandes divisions naturelles des Pyrénées, les Pyrénées orientales et méditerranéennes, les Pyrénées occidentales et atlantiques. Du haut de la *Tour Lafont*, la vue embrasse un panorama d'une rare ampleur : à l'ouest, c'est le moutonnement des forêts et des pâturages arrosés par les nuées du climat océanique ; à l'est, les courants méditerranéens font remonter en avant-garde les arbustes odoriférants des garrigues et du maquis.

Les gens de *Saurat*, à l'est du col, parlent le dialecte du pays de Foix, un languedocien rocailleux ; à l'ouest, le dialecte de Massat est encore du gascon, avec ses inflexions mélodieuses. Le pays de Massat appartenait aux Consorani, une tribu aquitaine ; les habitants de Tarascon-sur-Ariège descendent des Tarusques membres de la confédération des Volques Tectosages. Les uns faisaient partie de la Gaule Aquitaine, les autres de la Province Narbonnaise.

Le chaînon de sommets et de cols qui forment cette frontière naturelle portait le nom antique de *Kemmenon*, d'où est venu celui de Cévennes. Pour Strabon en effet, les Kemmenon forment la limite entre les Volques Tectosages et les Aquitains ; « les Aquitains, écrit-il, sont séparés des Ibères par les Cévennes couvertes de pins et la barrière neigeuse des Pyrénées ». Comment ce nom est-il passé des derniers chaînons pyrénéens aux premiers contreforts sud du Massif central ? Aucune explication n'a encore été donnée, mais les textes cités ne peuvent se comprendre autrement.

MAS–D'AZIL (LE)

09 — ARIÈGE, 25 KM A L'E DE SAINT-GIRONS PAR N 119 ET 30 KM DE FOIX PAR N 628 ET N 119

Humour et préhistoire

Le voyageur qui emprunte pour la première fois la route entre Saint-Girons et Pamiers, par la gorge de l'Arize, éprouve toujours une sorte de choc quand la falaise qu'il a longée s'avance brusquement à sa rencontre et qu'il s'engouffre dans le gigantesque tunnel naturel du Mas-d'Azil pour un parcours souterrain illuminé de 420 m.

C'est une énorme unité d'habitation primitive où toutes les époques préhistoriques ont laissé des vestiges, répartis dans quatre étages de galeries : l'une d'elles a été baptisée *galerie de l'abbé Breuil* en raison des vingt-cinq gravures magdaléennes qu'il y a identifiées. Une autre salle a été nommée le *Temple*, en souvenir des deux mille Réformés qui s'y réfugièrent lorsque le Mas-d'Azil fut assiégé par les troupes catholiques du maréchal de Thémines, en 1625. On y évoque aussi les cathares et les Sarrasins.

Entrée de la grotte du Mas-d'Azil, par Melling (B.N., Est.)

Le petit musée de la localité contient, outre d'impressionnants crânes d'ours des cavernes, certaines des étonnantes œuvres d'art que, depuis un siècle, les fouilleurs ont arrachées aux couches archéologiques. Les plus remarquables sont des sculptures sur os : une tête de cheval hennissant et des propulseurs. Le propulseur au faon allie à une merveilleuse finesse d'exécution un énorme humour scatologique (deux oiseaux se becquettent, perchés sur une crotte qui dépasse de l'anus d'un faon). La signification de cette scène, indéchiffrable pour nous, devait avoir une importance particulière pour les tribus de chasseurs pyrénéens, car on a trouvé le même thème sur des objets provenant de Bédeilhac, en Ariège, d'Arudy et d'Isturitz, dans les Pyrénées-Atlantiques.

Sur un bloc de la galerie Breuil, deux très curieuses figures de poissons plats, limandes ou soles, reconnaissables à la nageoire continue qui les entoure et à la présence de deux yeux sur une même face, sont une preuve tangible que les hommes du magdalénien connaissaient une route menant des Pyrénées à la mer et, sur le littoral méditerranéen ou atlantique, pêchaient le poisson.

L'obsession de l'au-delà

La plus étrange trouvaille fut faite en 1961. C'est un crâne de jeune fille découvert dans la galerie supérieure, posé sur le côté, privé de sa mâchoire inférieure, près d'une corne de bison ; deux plaques d'os taillées, mises dans les orbites, simulaient les yeux. « C'est, dit Leroi-Gourhan[1], le seul cas indiscutable de crâne préparé qu'on puisse citer pour tout le paléolithique. » Il précède de quelques siècles les têtes enterrées des gisements néolithiques. Il est difficile de choisir parmi les interprétations : s'agit-il d'une morte honorée, d'une victime consacrée, d'un trophée, d'un accessoire de sorcellerie, ou des restes d'un repas de cannibalisme sacré ? Au Monte Circeo, en Italie, on a trouvé un crâne d'enfant disposé au centre d'un cercle de pierre ; dans le Turkestan, des squelettes de bouquetins entouraient un crâne d'enfant néanderthalien. Il y a aussi ces crânes vieux de 7 000 ans, exhumés par Kathleen Kenyon des fondations de Jéricho. Surmodelés en argile peinte, ils avaient les orbites masquées par des coquillages, comme pour leur donner l'apparence de la vie. Du crâne du Mas-d'Azil à ceux de la Nouvelle-Guinée, en passant par ceux de Jéricho l'humanité sacrifie toujours à l'obsession de la survie.

Bois de renne sculpté (coll. E. Piette)

Les vivants et les morts

Mais le Mas-d'Azil a donné son nom à l'Azilien, civilisation caractérisée surtout par des galets peints au peroxyde de fer rouge ; on en a trouvé en grande quantité dans les galeries. Les motifs sont extrêmement variés : points en série, bandes parallèles, rameaux, signes de croix, cercles, etc. En les comparant avec les signes de stations rupestres néolithiques d'Andalousie on y reconnaît des représentations d'êtres humains ou d'animaux, stylisés à l'extrême. Des barres horizontales par série de neuf, des bandes verticales traversées de traits horizontaux ou obliques

---

1. Leroi-Gourhan, *op. cit.*

constituent une schématisation à outrance de la figure humaine. A cette époque, la civilisation nordique de Maglemose décore les bois de cerfs d'éléments linéaires, losangiques ou triangulaires, représentant des poissons, des cerfs, des hommes et des femmes. L'interprétation la moins hasardeuse de ces signes serait d'y voir un élément de culte des ancêtres, semblable à celui que les habitants de la Tasmanie pratiquaient autrefois dans les grottes (des galets plats, peints de lignes rouges et noires, étaient les demeures des âmes des morts qui protégeaient les vivants).

Pour 15 000 écus...

La victorieuse résistance qu'opposèrent les protestants au siège du Mas-d'Azil par les troupes du maréchal de Thémines, en 1625, est un des épisodes fameux des interminables guerres de Religion qui se succédèrent jusqu'à l'ultime révolte des Camisards dans le Midi. Thémines avait été envoyé par Louis XIII pour soumettre les religionnaires révoltés de l'Albigeois et du Languedoc. Évitant une rencontre avec Rohan, qui voulait lui barrer la route, il avança par Calmont, les Borres et Bonet; sa troupe, grossie de paysans catholiques qui ne rêvaient que revanche et pillages, brûla au passage tous ces repaires de protestants, tandis que son allié, le baron de Mesles, « se rassasiait de carnage ». La terreur précédait la marche de la troupe. Pour éviter le sort des villages brûlés, les gens du Mas-d'Azil offrirent leur soumission pour 15 000 écus; Thémines en demanda 20 000. Ils ne les avaient pas : ils se préparèrent alors à se défendre. L'artillerie fit un feu d'enfer pour en finir de vive force : 2 000 coups de canons furent tirés. Puis, le 12 octobre, à 8 heures du matin, la troupe donna l'assaut à deux bastions, celui du Moulin, et le grand bastion dont les vestiges plongent encore dans l'Arize. Des deux côtés, l'acharnement fut extrême. Le capitaine Sarraute, qui avait pénétré dans le Moulin, fut assommé à coups de pierre par les femmes et traîné par les cheveux dans les rues de la ville. Le vicomte de Serre, qui plaçait une échelle contre la muraille, vit une femme prête à lui lancer une pierre; il lui tira un coup de pistolet qui lui perça le sein. La femme porta la main à sa blessure et, de l'autre, lança la pierre à son adversaire qui roula dans le fossé. Six jours après, ne pouvant venir à bout de cette petite bourgade, Thémines levait le camp, laissant près de cinq cents morts sur le terrain. Le Mas-d'Azil entrait dans la légende des forteresses imprenables.

Pierres sur la route du sel

A l'est et au nord du Mas-d'Azil, on trouve, sur deux collines, deux dolmens bien conservés. L'une des dalles de couverture a la particularité d'être percée d'un orifice rond. La plus connue de ces pierres porte le nom de *table de Roland*, le mythique géant pyrénéen.

Plusieurs autres monuments mégalithiques existent encore dans la région : les dolmens du *cap del Pouech*, *de Bidot*, de *Brillaut* et de *Commenge*, le menhir renversé de *Peyboué*. Il semble bien que la crête du *Plantaurel*, sur laquelle se rencontrent ces monuments, a servi d'axe à la route préhistorique de la Méditerranée à l'Atlantique, le *chemin salier* qui passait par Salies-du-Salat.

MAULÉON-BAROUSSE

Le sacrifice d'Isabelle

Ce bourg est le chef-lieu de la Barousse, une vallée qui s'enfonce dans un massif montagneux boisé, entre Garonne et Neste. Tout à fait isolée de ses voisines, ayant passé de main en main au cours des siècles, la Barousse était à l'origine un fief de Sanche Abarca, roi d'Aragon et de Navarre. Celui-ci ne se contenta pas de tenir en échec les Sarrasins sur le versant espagnol des Pyrénées; il en débarrassa les vallées de la Neste et de la Garonne, trop accessibles aux bandes venant de la plaine de l'Ebre par les ports des fonds de Luchon ou d'Aure.

En 1270, la Barousse fait partie du fief des Quatre Vallées. En 1462, la « Dame des Quatre Vallées » fut la trop célèbre Isabelle d'Armagnac, sœur et épouse incestueuse de Jean V d'Armagnac. Brodant là-dessus, un écrivain local a raconté que, pour épargner la population, Isabelle sortit au-devant des soldats de Louis XI qui envahissaient la vallée en leur disant : « Je m'offre en sacrifice; que mon sang soit le dernier versé. » Elle aurait été sauvée de la mort par un généreux chevalier de l'armée royale, Gaston de Lyon, dont elle fit son héritier. On connaît la réalité plus sordide : Gaston de Lyon profita des restes de la fortune personnelle d'Isabelle, abandonnée de tous à Magnoac. Mais ce ne fut qu'à sa mort que la Barousse fit retour à la France avec les Quatre Vallées.

La grande tour pentagonale hautaine et aveugle qui domine le village serait le donjon construit par Sanche Abarca vers 1070. On ne peut y pénétrer que par une ouverture à mi-hauteur, à laquelle menait le chemin de ronde d'une courtine disparue. Au fond d'une oubliette, dans un coin de la tour, on a retrouvé une armure de chevalier : seul témoignage d'un drame inconnu qui se joua entre ces murailles.

La vie et la mort

Sur le mur d'une propriété sont alignés trois bustes antiques en pierre, parmi lesquels le célèbre Janus en marbre de Troubat. Il ornait la fontaine du village de ce nom et était connu dans le pays sous le nom de « tête de carnaval ». Cette sculpture de grande dimension (0,80 m) montre deux visages accolés dos à dos et d'une expression différente, l'une au repos, l'autre grimaçante. Elle évoque le dieu latin Janus au double visage, mais Janus est à l'ordinaire barbu. On songe à la tête à deux visages de Roquepertuse, dans les Bouches-du-Rhône. Le style de l'œuvre est le même.

Cette représentation d'une double face se retrouve dans une autre région pyrénéenne sous une forme curieuse. Un des danseurs du village aragonais d'Ochagavia, en vallée de Roncal, porte une cagoule de laine très ajustée; sur la partie antérieure noire sont dessinés en blanc les traits d'un visage humain; la partie postérieure les reproduit en noir sur fond blanc, comme un négatif. Dans les danses d'Ochagavia, ce personnage joue le rôle d'un choryphée sorcier.

La statue de Troubat comme le danseur d'Ochagavia pré-

sentent la même signification : ils symbolisent le dualisme constant qui existe dans la nature, la vie cédant la place à la mort
comme le jour à la nuit ; l'humanité partagée entre les deux
phases d'une même existence s'incarne dans le groupe des danseurs auquel le masque noir et blanc présente constamment son
double visage.

Église ou abri?

Le *Guide Joanne* de 1858 signale, au-dessus du village, une
grotte dont l'ouverture mesure 4 m de large sur 10 m de haut :
de chaque côté de l'entrée, des mortaises creusées dans le rocher
semblent indiquer qu'elle a été barricadée pour servir de refuge.
Au-delà de 200 m, elle se subdiviserait en une multitude de cavités secondaires qui formeraient un labyrinthe. On a peut-être là
une ancienne église d'Albigeois, sinon un refuge de l'époque des
guerres de Religion.

Les trois époux de Marguerite

Les ruines de la tour de Bramevaque, forteresse des comtes
de Comminges, se dressent sur une falaise qui domine la vallée.
Le château passe pour avoir été, de 1421 à 1443, la prison de la
comtesse Marguerite de Comminges, dont la vie fut un triste
martyre.

Son premier mariage (à l'âge de douze ans) avec le comte
d'Armagnac a été qualifié de « viol en noces légales ». Elle fut
débarrassée du comte par la populace de Paris, lors du massacre
général des Armagnacs, qui marqua en 1418 le retour au pouvoir
du parti bourguignon. L'homme qu'elle dut épouser en secondes
noces, le vicomte de Pardiac, commit un faux pour avoir sa
main ; elle fut obligée d'entrer en lutte armée avec lui pour conserver ses droits.

Son troisième mari, un homme de la maison de Foix auquel
elle s'était livrée pour échapper à la maison d'Armagnac, fut son
bourreau... Mathieu était le cinquième fils d'Isabelle de Foix-
Castelbon et d'Archambault de Grailly. Il avait hérité de quelques
petits fiefs dont ses frères ne voulaient pas. Dès qu'il eut épousé

Ruines du château de Bramevaque (coll. Pierre Minvielle)

Marguerite et ceint la couronne de comte de Comminges, il fit
conduire sa femme sous bonne escorte au château de Bramevaque
et donna l'ordre qu'elle n'en sortît plus. Ceci se passait en 1421.
Le roi Charles VII somma Mathieu de Comminges de libérer sa
femme, mais ne put obtenir sa délivrance qu'en 1443. Après
vingt-deux ans de claustration, la prisonnière de la tour de Bramevaque n'était plus qu'une épave. Elle mourut quelques mois
après. Mathieu de Foix garda ses terres en viager; mais, à sa
mort, en 1453, les habitants réclamèrent comme convenu leur
rattachement à la couronne : le parlement de Toulouse prit possession du pays et le rattacha à la province du Languedoc.

Martyre ou monstre?

La comtesse Marguerite de Comminges a subi dans l'imagination populaire une transformation inquiétante; sa claustration dans la tour de Bramevaque en a fait un être mythique,
assumant peu à peu la forme d'un personnage monstrueux,
goule ou ogresse se nourrissant de chair humaine, comme on en
voit dans les contes de Perrault. D'après la légende, il lui fallait
une nouvelle victime sur sa table chaque jour, un enfant de préférence. Un jour, son cuisinier n'ayant pas trouvé son gibier
habituel, s'apprêtait à lui servir une génisse. Mais avant qu'il ne
la tue, les meuglements de l'animal parvinrent jusqu'à la comtesse qui découvrit la supercherie : d'où l'origine du nom de
« Bramevaque » : « la vache qui meugle ».

La grotte de Gargas n'est pas loin, où l'imagination locale a
situé le repaire d'un autre ogre, Blaise Ferrage, friand de bergères (voir *Aventignan*).

Au début du XIXe siècle, la Barousse était la terre de prédilection des légendes et des anciennes croyances. Même si, aujourd'hui,
il n'en reste plus trace, c'est dans cette vallée que s'est conservé
le plus longtemps le culte de ces antiques personnages surnaturels qu'on appelait les dames blanches, les « blanquètes ». Le
chasseur maudit a hanté les clairières du mont Sacon. Les pierres
sacrées du Cortal de Tous décidaient du beau ou du mauvais
temps. On regardait avec une sorte de crainte la pierre de Lious,
non loin du « tombeau de la géante »; on disait que celle-ci avait
apporté cette pierre, ainsi que celle de Crechets qui se dresse
encore sur le bord de la route.

MAULÉON-SOULE

64 — PYRÉNÉES-ATLANTIQUES, 30 KM A L'O D'OLORON PAR N 636 ET
D 25

Un héros malheureux

Le château du Mauvais Lion, qui domine la capitale de la
Soule, a fourni son animal symbolique au blason de la province.
Il fut d'abord « le plus fort chastel de Guyenne » et se trouvait
aux mains des vicomtes de Soule. Ceux-ci firent payer cher au
roi d'Angleterre l'occupation du pays par leurs lieutenants. En
1449, Gaston, comte de Foix et souverain de Béarn, soumit la
place au nom du roi de France : depuis cette date, le lis est accolé
au lion dans les armes de la Soule.

Balcon de l'hôtel de Maytie d'Andurain (photo J.-R. Masson)

Un différend survenu entre un favori de Louis XIII, le seigneur de Tréville, et le gouverneur du château, Arnaud de Belzunce, entraîna son démantèlement sur l'ordre du roi, en 1642. Puis un nouvel édit ordonna sa reconstruction en 1648; tout cela se fit aux dépens des habitants, qui trouvèrent mauvais de faire les frais d'une querelle de seigneurs. Désormais réduite à l'état de geôle, la forteresse symbolisa le pouvoir royal autoritaire et ombrageux. En 1662, la coupe était pleine; la population était écrasée sous une dette extraordinaire de 130 000 livres, rachat des droits auxquels prétendait le seigneur de Tréville. Le curé de Moncayolle, Bernard de Goyeneche, surnommé Matalas, cédant au désir de soulager le peuple et de jouer les réformateurs politiques, groupa autour de lui les mécontents et les gens sans ressources. Il prit la tête d'une véritable troupe. Devant une assemblée populaire, il proclama l'abolition de la dette publique et le droit du peuple de la Soule à se gouverner lui-même. « Aujourd'hui, dit-il, c'est nous qui faisons nos lois ».

Bientôt, il entre à Mauléon et occupe le pays en maître. Ses gens font la loi et réquisitionnent les vivres; certains entreprennent la redistribution des terres. Enfin, le pouvoir royal se décide à agir : un catalan, M. de Calvo, est envoyé en Soule à la tête d'un régiment de cavalerie. Une bataille rangée a lieu à Chéraute et décime les partisans de Matalas.

Matalas et une poignée de fidèles tiennent encore dans le manoir de Gentein. Les Mauléonnais, à qui la présence des troupes royales cause plus de mal que de bien, décident de mettre fin eux-mêmes à la sédition. Ils envahissent le réduit des révoltés, y mettent le feu, et les forcent à se rendre. Le curé Matalas, condamné à mort, subit la dégradation ecclésiastique : on le décapite sur la place de Licharre. Un de ses lieutenants est pendu, les autres sont envoyés aux galères. Aujourd'hui, Matalas fait figure de héros malheureux à côté des vainqueurs de Roland et de ceux qui exterminèrent en Soule l'armée de Dagobert en 637.

Voûtes de l'hôtel de Maytie d'Andurain (photo J.-R. Masson)

L'homme à la hache

Au centre de Mauléon, dans la belle allée aux arbres centenaires où se déroulent les fêtes, sous un arbre maintes fois cité
dans les annales de la Soule, se tenaient les assises de la cour de
Licharre. Ce tribunal, à la différence des instances judiciaires de
la plupart des pays pyrénéens, était composé de dix « potestats »
choisis exclusivement parmi la noblesse du pays.

Une des plus belles maisons nobles du Pays Basque donne sur
cette place : l'hôtel de Maytie d'Andurain, haute construction
Renaissance, aux murs truffés de macarons grotesques et monstrueux, et dont l'immense toit est recouvert de haut en bas de
bardeaux de châtaigniers, comme l'église de Sainte-Engrâce
(son entretien est un problème pour les entrepreneurs de l'ère
atomique).

Le nom de Maytie est légendaire à Mauléon. Il passe habituellement pour être celui d'un évêque qui, la hache à la main, aurait
défendu l'entrée de l'église à un prédicateur protestant. Sous
cette image d'Épinal se cachent trois Maytie. Le plus ancien

fut bien l'homme à la hache. La reine de Navarre, Marguerite d'Angoulême, ayant fait nommer à l'évêché d'Oloron un dominicain aux idées larges, François Roussel, celui-ci envoya à Mauléon un religieux augustin pour « nettoyer la maison de Dieu ». D'emblée, le prédicateur aborda sans aucun ménagement le sujet le plus controversé, les Indulgences. Pierre Maytie, notable de Mauléon, qui assistait au prêche, se leva et reprocha au prédicateur de parler en hérétique. Il le somma de se rétracter ou de s'en aller. Le moine, qui n'avait pas l'étoffe d'un martyre s'en fut à Oloron conter sa mésaventure à son évêque.

Celui-ci décida de venir en personne prêcher la bonne doctrine. Les gens de Mauléon l'accueillirent à leur façon : ils firent participer le cortège épiscopal à une course à ânes organisée fortuitement sur son passage. Mais quand l'évêque monta en chaire, et se mit à évoquer certains abus dans l'invocation des saints, les souletins dévôts de sainte Barbe, saint Grégoire, saint Antoine et sainte Madeleine, dont les sanctuaires protégeaient la vallée, le prirent fort mal. On vit alors Pierre Maytie se lever et, sortant de dessous son manteau une cognée de bûcheron, s'attaquer à la chaire ; en quelques coups furieux et bien placés, il la disloqua. Roussel, qui était resté courageusement à sa place, tomba avec la charpente : on le releva tout meurtri, et il mourut, dit-on, sur le chemin des Eaux-Bonnes où il allait soigner ses blessures. Ceci se passait en 1549. Le parlement de Bordeaux assigna pour coups et blessures l'argumentateur à la hache, mais le renvoya absous. Dès lors, le nom de Maytie devint, pour les Basques, le symbole de la foi ancienne, intransigeante et combattante. Ils le prouvèrent : le fils de Pierre, Armand François, fut évêque d'Oloron ; son neveu Armand II, également. Ce dernier ayant fait ses sœurs héritières de son manoir de Mauléon, le mari de l'une d'elles le laissa à Julien d'Andurain dont les descendants sont toujours en possession de la célèbre demeure.

... Et le poète mystique

On peut regretter cependant qu'aucune pierre ou inscription ne rappelle, dans la capitale de la Soule, une figure émouvante et pure de cette époque violente, celle du poète Jean de Sponde, fils d'un conseiller de Jeanne d'Albret, converti au catholicisme avec son frère Henri, qui devait devenir évêque. Ses *Méditations sur les Psaumes* et son *Essai de quelques poèmes chrétiens* comptent parmi les textes les plus graves et les plus beaux du lyrisme religieux français. Ame mystique et pacifique, il devait mourir dans la misère et l'extase, écrasé par un monde de haine.

Variations sur un nom

La rivière de Mauléon s'appelle le Saison. Ce nom curieux n'a rien à voir avec le mot qui sert à partager les variations du temps dans l'année, rien qu'une homonymie fortuite. Pour les Basques, de la vallée de la Soule, elle est l'*Uhaitzhandia*, « la grande eau ». Ses crues et les destructions qu'elle opère de temps en temps lui valent bien ce surnom.

Les Béarnais qui habitent sur son cours inférieur l'appelaient, eux, *lo gabe Suzoo*, le « gave d'en haut », pour le distinguer du *gabe Juzoo*, « le gave d'en bas », celui de la plaine de Pau. *Suzoo*, c'est le mot latin *sursum* que Plaute et Catulle écrivaient même *susum*, des

habitudes de francisation en avaient fait au XVIIIᵉ siècle, « Suzon ».
Les cartographes de l'État-Major ne jugèrent pas le mot sérieux :
ils se contentèrent de « Saison », créant une énigme de plus dans
un domaine où les étymologistes s'en donnent à cœur joie de les
découvrir.

MAUVEZIN

65 — HAUTES-PYRÉNÉES, 11 KM A L'O DE LANNEMEZAN PAR N 117
ET N 638

Le blason garde son secret

Le « château du mauvais voisin » doit-il son nom à la raideur
des pentes qu'il domine ou à la réputation de ses hôtes d'autrefois ? Le choix de l'interprétation est libre; toutefois, dans les
chartes rédigées en français, c'est bien « Mal voisin » qu'on appelle
ce repaire de brigands-gentilshommes.

Ses murailles s'élèvent d'un seul jet de 12 m. Elles sont flanquées non de tours mais de contreforts rectangulaires que
devaient surmonter des logettes d'archers. Au sud-est, un massif
donjon carré, de 35 m de haut, surplombe tout le panorama du
plateau de Lannemezan, des vallées des Baronnies et des montagnes de Bagnères. Les murs de l'enceinte sont faits de cailloux
roulés provenant du lit de l'Arros, qui coule en contrebas de
l'éperon de Mauvezin. On dit que, pour monter ces matériaux à
pied-d'œuvre, les hommes des Baronnies, qui devaient au seigneur de Mauvezin une journée de travail par semaine, faisaient
la chaîne de la rivière jusqu'au château et se passaient les galets
de main en main.

Une dalle encastrée dans la courtine en grès jaune porte des
armoiries mystérieuses, encadrées d'une frise de pampres et de
choux entremêlés de têtes de loups et de personnages fantastiques, dont l'un tient sa barbe écartée à deux mains.

Ce blason est une bannière aux armes de Foix et de Béarn : les
trois pals et les deux vaches. En dessous, un heaume à aigrette
et lambrequins est surmonté d'une tête de vache clarinée. La
hampe de la bannière est soutenue par une guivre à pattes de
lion et à queue de serpent. Partagée en deux par le cimier à tête
de vache, se lit une inscription en lettres gothiques :

I AY BEL - LE DAME (j'ai belle dame)

C'est la devise de Jean de Grailly, comte de Foix, de Bigorre
et de Béarn, mort en 1436 au château de Mazères.

On a longtemps attribué ce blason au grand Gaston Phébus,
qui aurait érigé Mauvezin vers 1377 pour les fiançailles de son
fils Gaston avec Béatrix, « la gaie Armagnacaise ». Mais ses
donjons de Pau et de Montaner portent l'orgueilleuse signature :
« FEBUS ME FE ».

Au contraire, dans un manuscrit de la « librairie » de Jean
de Grailly, conservée à Troyes, se trouve cette inscription
calligraphiée :

Ce livre est à celui qui sans blasme
En son droit mot porte : J'ay belle dame.

Parti à dix-sept ans pour la cour de France, Jean de Grailly
y avait fait sensation par sa beauté, sa jeunesse et sa fougue
méridionale. Derrière la devise provocante, se cache une figure
féminine de haut lignage, une beauté de la cour de Charles VI,
dont le secret fut bien gardé.

Château de Mauvezin (coll. Pierre Minvielle)

Quand la douce eau vint à manquer

Le château, qui appartenait aux comtes de Bigorre, fut tenu
au XIVe siècle au nom du roi d'Angleterre par une bande de
« gentils compagnons », pour adopter l'expression du chroniqueur
Froissart. Ces « compagnons » étaient en réalité des routiers qui
mettaient en coupe réglée les populations des environs. En 1374,
le duc d'Anjou vint les assiéger avec 8 000 hommes. Il eut fort
à faire, car le capitaine du château était un écuyer gascon,
Raimonnet de l'Espée, que Froissart, passant par Mauvezin en
1383, qualifie d'« appert homme d'arme, durement ». Le siège
durait donc depuis six semaines, lorsque les Français coupèrent
aux assiégés l'accès au puits qui leur fournissait l'eau, en contrebas du fossé. Au même moment, les citernes séchèrent car, dit
Froissart : « Oncques goutte d'eau du ciel n'y chut depuis six

semaines tellement il faisait chaud et sec. Et ceux de l'ost avaient bien leur aise de la belle rivière du Lées qui leur coulait claire et raide et dont ils étaient servis eux et leurs chevaux [...] Quand les compagnons de la garnison de Mauvezin se trouvèrent en ce parti, si ce commencèrent à esbahir car ils ne pouvaient longuement durer; des vins avaient-ils assez, mais la douce eau leur manquait. » Raimonnet de l'Espée vint donc se présenter au duc d'Anjou pour traiter de la capitulation et lui dit : « Monseigneur, si vous voulez nous faire bonne compagnie à mes compagnons et à moi, je vous rendrais le chastel de Mauvoizin.

— Quelle compagnie voulez-vous que je vous fasse? répliqua le duc. Partez-vous-en et allez votre chemin, chacun en son pays, sans vous bouter en fort qui nous soit contraire. Car si vous vous y boutez et que je vous tienne, je vous délivrerai à mon homme Josselin, qui vous fera vos barbes sans rasoir!

— Monseigneur, dit Raimonnet, si il en est ainsi que nous nous partions et retrayons en nos lieux, il nous faut emporter ce qui est nôtre, car nous l'avons gagné par armes en peine et en grande aventure. »

Le duc d'Anjou le leur accorda, et Froissart conclut « ils emportèrent ce que pouvaient porter devant eux, et s'en aller chacun en son lieu ou autre part guerre son mieux ».

Une châtelaine ingrate

La société félibrienne « Escolo de Gaston Phébus » a installé dans ces lieux un petit musée local, célèbre surtout par sa chambre de la dame à la ceinture de chasteté, dont l'histoire est représentée au naturel.

La belle Leonna était l'épouse du sire de Castelbon, un seigneur fort jaloux. Pour s'assurer de la fidélité de sa femme, il décida de mettre son « bijou » sous clef, pendant ses absences. Il fit venir le forgeron du village de Capvern, qui arriva avec son outillage et son gros marteau. Quand il vit la jeune femme lui présenter en pleurant les plus beaux charmes qu'il eût jamais vus, son sang ne fit qu'un tour. Levant sa masse, il l'abattit sur le mari, qui assistait de près à l'opération. Ce qui se passa ensuite reste un mystère de l'insondable féminin, car on vit bientôt se balancer le pauvre forgeron à une potence, au sommet du donjon... La femme du roi Candaule avait plus de cœur...

D'une prison

Dans la cour du château une citerne rectangulaire, voûtée, pouvait recueillir les eaux de pluie tombant des toitures adossées autrefois à l'enceinte. Elle finit par servir de prison, comme beaucoup de ces réservoirs clos de toutes parts, et d'où les captifs ne pouvaient guère espèrer s'évader. Au XVIe siècle, des huguenots y firent un triste séjour. L'un d'eux a gravé dans la pierre cette inscription vengeresse :

Dieu seul sera adoré et l'Antéchrist de Rome abîmé.

Fenêtre du domaine de Donamartia (photo A. Ocana)

MENDIVE

64 — Pyrénées-Atlantiques, 10 km de Saint-Jean-Pied-de-Port
par N 133 et D 18

Les deux jumelles

La vallée dont Mendive est le principal village pourrait être appelée la vallée des légendes, ou des géants. Dolmens, pierre légendaires, chapelles mystérieuses et châteaux enchantés s'y rencontrent plus nombreux qu'ailleurs.

A l'entrée de la vallée, deux hameaux situés de chaque côté de la route, Alciette et Bascassan, possèdent des chapelles jumelles, merveilles d'art religieux populaire. Entourées de l'enclos de leur cimetière qui contient encore des stèles discoïdales, précédées du même porche aux accueillants bancs de pierre, surmontées du même clocher à double arcade, ces sanctuaires abritent un décor naïf et somptueux de voûtes peintes et de retables sculptés et dorés, dans la riche tradition baroque espagnole. A l'entrée, un même grand Christ polychrome accueille les visiteurs. Les fonts baptismaux représentent le baptême de Jésus avec les mêmes personnages et dans la même disposition. Au plafond de la chapelle de Bascassan est peint un énorme soleil à visage humain encadré de rayons rouges et jaunes, dans une voûte bleue de nuit parsemée d'étoiles. Sur le plafond d'Alciette, deux médaillons représentent, l'un, une grande croix plantée dans un cœur au milieu d'une gloire enfumée, l'autre une Trinité inexplicablement composée de deux jumeaux aux attributs semblables. Le troisième a mystérieusement disparu, ce qui donne un caractère vaguement hérétique à la représentation. Quant aux retouches hardies qu'un peintre ingénu a cru pouvoir apporter aux peintures effacées, elles les ont transformées en œuvres d'un émule de Picasso.

L'œuvre des géants

Au quartier Janits, une des plus anciennes demeures nobles de Navarre, Donamartia, le « palacio » des seigneurs de Saint-Martin, est un cube massif en pierres violettes, couvert d'un toit plat à quatre pans, en tuiles rousses, dont les murailles épaisses sont l'œuvre des *Mairiak*, ces géants des temps fabuleux qui transportaient en se jouant les pierres des dolmens. Nul doute que la mémoire en déroute des chroniqueurs locaux n'ait inventé cette origine comme seule explication possible de la présence dans la vallée de ces murailles immémoriales. C'est la même légende qui court sur les châteaux d'Aphat et de Larrea, dans le pays de Cize. Sur une fontaine voisine, les trois coquilles des armes des Saint-Martin rappellent l'hospitalité assurée aux pèlerins de passage.

Pris à son piège

Émergeant d'un bouquet de verdure sur une colline à l'est du village d'Ahaxe le château de Saint-Julien appartenait à une famille de « ricombres » installés dans le pays de Cize depuis le XIIᵉ siècle. La construction centrale dont les murs percés de meurtrières et d'ouvertures pour bouches à feu sont passablement dégradés, est entourée, comme la tour d'Isturitz, d'une double enceinte flanquée de tourelles semi-circulaires; ces défenses sont arrasées et ce qui en reste est enfoui sous la végétation.

Les seigneurs d'Ahaxe se sont distingués par leur esprit belliqueux et entreprenant : l'un d'eux ne voulut-il pas intercepter au passage le Prince Noir qui franchissait le port de Cize dans le voisinage, pour en tirer la plus belle rançon du siècle. Mais il fut pris à son propre piège et condamné à son tour à payer son échec; le roi de France l'aida du reste à se libérer de sa rançon.

En 1569 les troupes calvinistes de Montamat, lieutenant de Jeanne d'Albret envoyé en pays de Cize pour mater la révolte des Navarrais catholiques, mirent le feu au château. Il ne paraît pas qu'il ait été reconstruit ni utilisé depuis.

Des pierres et des génies

Autour de Mendive, trois dolmens jalonnent de très anciennes pistes préhistoriques utilisées par les premières populations pastorales. Sur la rive gauche du Laurhibar, le *dolmen de Gasteynia* s'élève au sommet d'une éminence arrondie ressemblant à un tumulus entouré d'un chemin circulaire. Une treille le recouvre de son feuillage. Le dolmen est fait de trois dalles de la taille d'un homme, dressées et recouvertes d'une dalle mesurant plus de 2 m de long. L'entrée est orientée vers le lever du soleil au solstice d'hiver.

Deux autres dolmens se trouvent sur l'autre versant de la

vallée et sont visibles du premier. Celui d'*Arniaga* dresse ses deux dernières dalles au bord de la route qui mène à la fontaine d'Ahusquy. En contre-bas, dans un pré, le *dolmen de Chuberra-sain-harri*, adossé à un amas de pierres, a gardé sa dalle de couverture sur ses montants latéraux. Tous ces mégalithes ont leurs légendes : à Gasteynia, des hommes se faisaient brûler pour témoigner leur foi; les pierres d'Arniaga ont été apportées par une femme des *Mairiak*, les géants basques, l'une sur sa tête, l'autre sous son bras, la troisième dans son tablier, tandis qu'elle filait. La pierre qui couvre le dolmen de Chuberrasain-harri est un palet de Roland : il jouait avec un berger « à qui lancerait une pierre le plus loin possible »; le rusé berger lança quelque chose qu'il gardait dans son sac, et gagna : c'était un oiseau.

Dolmen de Buluntça (photo de l'auteur)

Un paradis inexploré

Au sortir de Mendive, la route s'enfonce au cœur de la vallée du Laurhibar, puis à flanc de montagne, rejoint les crêtes et débouche après le *col de Burdincurutcheta* sur *la forêt d'Iraty*. « La luxuriante forêt s'épanouit et ondule comme une mer, empire des hêtres, vraie forêt vierge, royaume des ifs et des mélèzes, lianés de mousses et de lichens. Les aigles la couronnent de leurs cercles jupitériens [1]... » Isolée, pratiquement inexploitable, c'est un véritable parc naturel, réserve inépuisable de vie belle et sauvage. Le ravin de l'*Errequidor* renferme des arbres gigantesques, et longtemps, les cartes d'État-Major et les autres ont différé dans le tracé des lieux.

Les deux torrents qui forment la rivière d'Iraty sont appelés,

1. François Duhourcau, *Béarn, Pays basque et Côte d'Argent*, Arthaud, 1944.

en basque, l'*Urbeltsa* (prononcé *Ourbeltza*), l'eau noire, nom dû à la teinte foncée du lit de schistes carbonifères qu'elle traverse, et l'*Urchuria*, l'eau blanche, qui entraîne la marne crayeuse de son lit et devient laiteuse aux moindres pluies.

Pendant des siècles, bûcherons, chasseurs et contrebandiers de tout poil ont seuls hanté ces lieux perdus où les représentants de l'ordre ne s'aventuraient qu'en force. On disait aussi que, dans certains coins reculés de la forêt, vivaient encore des hommes sauvages...

Une friandise originale

De 1940 à 1944, la vallée d'Iraty fut le rendez-vous d'un réseau belge d'évasion et de liaison avec Londres, le « groupe Zéro », commandé par William Ugeux. La couverture était assurée par une usine d'exploitation de bois installée à Mendive et reliée à l'orée nord de la forêt par un câble. Le passeur, un berger de Mendive, Jean Sarochar, stupéfiait les Belges par son endurance et surtout par son régime alimentaire insolite. « Ce vieil homme sec à l'œil gai, escalade les rocailles et les gravats effondrés comme on marche sur un trottoir, parle tout seul depuis le moment où on le rencontre jusqu'à ce qu'on le quitte... L'étrange bonhomme n'a rien mangé, rien bu depuis le matin. De temps en temps il prend dans une blague une pincée de sel qu'il savoure comme si c'était un morceau de chocolat praliné[1] ». Jean Sarochar qui courait la montagne avec sa poche à sel est déjà entré dans la légende, lui qui les connaissait toutes...

Qui les a vus?

À la *croix d'Haïtzcurutzia*, la « croix des vents », les anciens disaient que, certaines nuits d'automne, les chevaux de tout le pays se rassemblent. Qui les mène? Peut-être le diabolique cheval sans tête qui hante les crêtes de l'Esterenguibel; ceux qui l'ont rencontré ne sont pas toujours revenus pour le dire. Rares aussi sont ceux qui ont vu, moins rares sont ceux qui ont entendu le *Basa Yaun* et sa femme, la *Basa Anderea*, le Seigneur et la Dame sauvages. Sortant de la forêt, ils visitent parfois les « cayolars » autour du pic des Escaliers. Les *Laminak* hantent les grottes et les torrents. Les *Mairiak* ont construit Donamartia et le dolmen d'Arniaga. Mais, à Saint-Sauveur, c'est le démon en personne qui s'est manifesté.

1. William Ugeux, *Le Passage de l'Iraty*, Henneuse, Lyon, 1962,

L'ogre et le chandelier

Dans la chapelle qui se tapit au creux des pâturages, au ras de la crête, le chandelier dont ont parlé tous les conteurs de la vallée est un objet de l'Au-delà, chargé de mystère. On le dit d'or massif, et le *Basa Yaun* le détenait dans sa demeure souterraine. Mais un valet de ferme qui gardait les brebis au voisinage de la caverne réussit à s'en emparer. Il se trouvait aux abords de la chapelle quand il entendit derrière lui un bruit terrible d'arbres abattus : le *Basa Yaun* accourait à grandes enjambées. Connaissant trop le sort que lui réservait cet ogre friand de chair chrétienne, il n'eut que le temps de s'engouffrer dans le sanctuaire avec son butin. Au même moment la cloche se mit à sonner : le *Basa Yaun* s'enfuit en rugissant. Depuis ce temps, le chandelier n'a jamais quitté la chapelle et, ne manquent pas d'ajouter les conteurs, « toujours il y restera ».

Une parole imprudente

Le démon qui menait le sabbat sur ces hauteurs y rôde dans sa rage d'avoir laissé encore échapper la pauvre Chaindua. C'était une servante du village de *Beyrie*, au pays de Mixe. Un soir, au cours de la veillée, elle avait parié avec un valet, pour gagner un sou, de sortir en pleine nuit pour ramasser une houe qu'il avait laissée dans les champs. Le parieur, ennuyé, commit alors l'imprudence de dire : « Que le diable l'emporte! ». Au même instant, on entendit dehors un cri épouvantable. Satan, qui guettait, avait pris au mot l'imprudent et emportait la servante dans ses griffes. Toute la maisonnée se mit à la poursuite, suivie des gens du village. Or, comme la pauvre fille, au cours de son vol infernal, approchait des hauteurs d'Iraty, elle reconnut la petite *chapelle de Saint-Sauveur*, et l'appela à son aide; aussitôt, la cloche se mit à tinter. Alors le démon lâcha Chaindua. Les uns disaient qu'on la trouva morte à la porte de la chapelle, d'autres qu'elle descendit à terre tout doucement... *eztiki, eztiki*. Le conte se terminait toujours par cette adjuration solennelle : « Jamais la nuit, vous ne ferez de pari. Et jamais, ni de jour, ni de nuit, vous ne prononcerez le nom du maudit, notre ennemi ! »

La chapelle de l'Empereur

Chaindua est toujours présente à Saint-Sauveur d'Iraty : près de l'entrée de la chapelle, une petite construction carrée est enfoncée dans la paroi rocheuse sur un socle de pierres assemblées en un perron grossier. Cet ensemble paraît très ancien et assez mystérieux. Dans l'édicule, on peut voir une image de la jeune fille, le bras droit levé, la houe à la main gauche, taillée avec une rusticité rare et peinte de couleurs vives. Quel dialogue secret pouvait alors s'échanger entre le visiteur et l'image, c'est un des mystères de l'âme basque. Mais s'il manquait à cette visite, l'homme devait s'attendre aux pires ennuis pour ses terres, son bétail et sa maison. A quand peut remonter la chapelle avec son abside en hémicycle? Elle doit être très ancienne, car on y trouve les fenêtres étroites et allongées qui caractérisent les édifices romans primitifs.

Certains n'ont pas hésité à faire remonter sa construction à Charlemagne. Il est vrai que, de Saint-Sauveur, on a vue sur les crêtes qui dominent Roncevaux et sur la plaine où la croix de

Chapelle de Bascassan (photo A. Ocana)

Ganelon se dresse près de Saint-Jean-Le-Vieux : la légende de
l'empereur à la barbe fleurie est née dans ces montagnes.

Le chandelier légendaire est un simple trépied, en fer forgé,
renforcé d'un corset de barres de fer, bardé de crochets sur lesquels on plante des cierges, couvert de cire et noir de fumée.
En le grattant, on trouverait peut-être l'or qui fit risquer sa vie
au berger. Notons encore la présence, rassurante pour les jours
d'orage, d'un Saint-Michel terrassant le dragon, chef-d'œuvre
naïf et violent. Mais il vaut mieux ne pas s'approcher de la chapelle la nuit. Si le démon ne s'y aventure plus, les âmes en peine
des prêtres morts sans avoir dit toutes les messes qu'on leur
avait payées, cherchent le bon chrétien qui pourra les libérer du
purgatoire. C'est ce qui advint à un groupe de bergers. Leur
pieux office accompli, ils désertèrent les lieux; leur troupeau
compta cette année-là des agneaux en quantité, mais ils ne
revinrent pas à Saint-Sauveur. Ils avaient eu trop peur[1].

MIFAGET

64 — Pyrénées-Atlantiques, 30 km au S de Pau par N 637 et D 35

Pleurs et pluies

Le nom de Mifaget laisse penser qu'à l'époque romaine le village était une halte située à mi-chemin de la route de Lourdes à
Oloron par Arudy. Mifaget signifie en effet, le « hêtre du milieu ».
L'arbre ainsi désigné devait être l'un des nombreux hêtres auxquels on vouait jadis un culte; culte dont l'existence est attestée
par des autels retrouvés çà et là tout au long de cette voie secondaire.

1. Jean Barbier, *Légendes du Pays basque, Delagrave*, 1931.

Gaston IV le Croisé, vicomte de Béarn, fonda ici un hôpital
dépendant de l'hospice de Sainte-Christine-du-Somport; l'emplacement en est encore visible à l'entrée du village. De l'église
du XIXe siècle, il reste des chapiteaux historiés, un portail à
tympan semi-circulaire orné au centre d'un médaillon portant le
monogramme du Christ, l'abside, et enfin une crypte curieuse
dédiée officiellement à Saint-Michel et officieusement à un certain
« saint pleureur » (Sant Plouradous). On y descend par un escalier se trouvant à gauche du chœur. Cette crypte a la forme d'une
calotte hémisphérique surbaissée; un banc de pierre fait le tour
de la salle. Sur un petit autel une statue en bois doré représente
le saint qui règne dans ces lieux souterrains.

On conduisait autrefois à Sant Plouradous, les enfants pleur-
nichards, ceux dont la mère n'avait pas chanté à la naissance ou
dont la marraine avait tourné la tête en les menant au baptême.
Le saint avait le don de tarir la source des larmes, par antiphrase
sans doute. Mais les enfants qu'on descendait dans son trou, son
« hourat », en restaient impressionnés pour longtemps. En fait, ce
saint est un avatar de saint Michel, qui possède un pouvoir sur les
phénomènes célestes, en particulier sur la pluie. La forme même
de la crypte, qui rappelle la coupole du Mont Gargan, pouvait y
faire penser.

MILLAS

Des symboles dans un cercle

Millas est un important carrefour. D'anciennes voies jalonnées
de mégalithes s'y rejoignent; ce sont, dans l'axe nord-sud, la
route du col del Bou et du col de la Bataille où se dressaient des
menhirs et des dolmens, et le *cami ramader* de transhumance
conduisant au col de Fourtou (où on trouve un dolmen et la
grotte sépulcrale de Montou). Ces routes coupaient à Millas, celle
qui, le long de la rive droite de la Têt, menait du Roussillon à la
Cerdagne.

Sous la tribune de l'église, des caissons peints et sculptés par
Barthélemy Capdevilla, en 1442, offrent un étonnant répertoire
de toutes les figures géométriques qui peuvent s'inscrire dans un
cercle. La plupart forment des rosaces à trois, quatre ou six lobes.
Mais deux ou trois thèmes excentriques en émergent, parmi lesquels une étoile pentagonale et une figure ovale curieuse, dessinant les replis d'un sexe féminin.

Des bûchers pour les guerriers

Aux abords de la ville ont été découverts des champs d'urnes
funéraires. Ces urnes renfermaient des cendres humaines et des
offrandes; c'était des poteries de couleur noire ou brun rouge, aux
formes biconiques, globuleuses ou ovoïdes, avec un décor de
méandres en relief et en traits incisés. D'autres présentent des
labyrinthes et des animaux stylisés, en frises. Une épée, courbée
par le feu du bûcher et repliée, indiquait une sépulture de guerrier. La peuplade qui brûlait ses morts à Millas, appartenait

vraisemblablement à cet ensemble de tribus celtes ou ligures
celtisées, qui s'installèrent vers le VIIIe siècle av. J.-C. sur la terrasse dominant la Têt.

Vrais et faux

Le *col de Batalha* rappelle probablement les combats judiciaires que prévoyait au XIIe siècle la coutume de Perpignan, ce
que semble confirmer l'existence des « poteaux de justice » que
la carte de Cassini indique à cet endroit. Non loin du col de la
Bataille, au nord de Millas, l'*ermitage de Força Real* qui domine
à la fois les vallées du Têt et de l'Agly, commande le passage de
l'antique route faisant communiquer Estagel et Millas. La chapelle fut bâtie au XVe siècle sur les ruines d'un fortin dont la
construction serait due aux Romains. Notre-Dame-de-Millas
était encore au milieu du siècle dernier le lieu de rassemblement
de très nombreux pèlerins.

La montagne est couverte de masses rocheuses aux figures
bizarres, aux contours étranges. Certains géologues pensent que
ces blocs proviennent d'un phénomène éruptif spécial, qui a produit la « montagne noire », le *Montner*, où ont été construits le
château et le village de ce nom.

Aux environs du *château de Caladroi*, des rochers ressemblant
de loin à des menhirs et à des dolmens sont appelés de divers
noms : les *Rocs Berts*, les *rocs den Joan Grau, del Martell*. Les
rocs de *Na Juliana* paraissent être une allée couverte. Ils sont
faits de dalles de granit parallèles à moitié recouvertes d'autres
dalles horizontales. Mais leur mystère reste entier, car aucune
fouille ne peut être tentée dans la végétation touffue et épineuse
qui les entoure.

D'autres rochers ont servi de bornes historiques, telles l'aiguille
rocheuse du *Col del Bou*, l'*Archœ*, qui sépare le territoire de
Caladroi de celui de Saint-Martin-de-la-Riba et la *Cruystat*, qui
portait une croix gravée, entre Nefiac, Ille et Belesta.

Le *menhir de la Bataille* qui se trouvait sur les bords du ravin
de ce nom, près de Montner, fut brisé vers 1823 ; ses fragments ont
servi à construire le parapet d'un pont qui franchit le ravin.
A cause de cela, on l'appelait *Pedra Mastra de Rollan* et aussi
Pedra Llarga, Pedra remarcable. Il mesurait 4 m de haut, avait
une forme conique et l'on pouvait y voir l'empreinte du sabot du
cheval de Roland.

Sur le bord du chemin de Cassanyès, près de la bergerie, la
Pere drete ou *Perrafita*, était, d'après Jaubert de Réart, une
pierre « celtique » de 4 m de haut. Dès 1859, elle gisait brisée par
le milieu : quelque chercheur de trésor avait aidé à sa chute. Elle
devait servir de limite, dès le VIIe siècle, entre le diocèse de
Narbonne, celui d'Alet et celui d'Elne.

Charpente de l'église, XVᵉ siècle (photo A. Ocana)

MONEIN

64 — PYRÉNÉES-ATLANTIQUES, 27 KM A L'O DE PAU PAR D 2 ET D 9

Une forêt sous le toit de l'église

Henri IV appelait Monein « le Paris du Béarn ». Les habitants
de ce bourg, connus pour leur caractère gai et leur amour de la
danse, étaient réputés pour celles qu'ils exécutaient, les « sauts
de Monein ». Seuls les pèlerins de Compostelle qui, de Lescar, se
rendaient à Roncevaux par l'abbaye de Lucq et l'Hôpital-Saint-
Blaise, traversaient cette petite ville située à l'écart des grands
courants de circulation et qui ne possédait pas de fortifications.

L'église actuelle (dédiée à saint Girons) englobe dans ses fondations les vestiges d'une église romane ; c'est l'un des plus vastes
édifices du Béarn. On la reconnaît de loin à son toit énorme en
forme de tente, qui se déploie en pans coupés sur l'abside, la nef
et l'unique bas-côté. Sa charpente, vaisseau de bois coiffant le
vaisseau de pierre, unique par ses dimensions et sa complexité,
s'élève de 18 m au-dessus des voûtes. Elle est en cœur de chêne,
entièrement taillée à la hache, sans un seul coup de scie. Il a fallu
une forêt pour la bâtir et c'est aussi à une forêt qu'il faut comparer l'alignement des chevrons montant jusqu'à l'angle du faîte
et dessinant une suite de formidables triangles. Reliant l'intérieur
de ces triangles, des pièces de bois en forme de croix de Saint-
André sont plantées à cheval sur les piliers de séparation de la
nef et du bas-côté. Cela laisse supposer l'intervention d'un grand
maître charpentier du Nord, un Normand, peut-être un Scandi-
nave. S'il a trouvé sur place des ouvriers d'une adresse remarquable, il a signé l'œuvre du sceau des grands constructeurs de
navires.

Un univers fantastique

A la naissance des arcs de la nef, sur les bandeaux de pierre, les artistes du Moyen Age finissant se sont adonnés à leur goût de l'anormal et de l'irréel. Ce ne sont que personnages serpentants, masques, quadrupèdes indécis et grotesques. Un arbre de vie est gardé par des monstres. Des sirènes alternent avec des oiseaux au cou démesuré, des chimères à queue de serpent; des hippogriffes succèdent aux dragons et aux lions; des têtes monstrueuses et sauvages surgissent dans le feuillage entre des taureaux et des anges. On trouve une sculpture de cette inspiration dans les églises de Sainte-Colome, Louvie-Juzon et Bielle. Des moines au visage bouffi et vicieux complètent la sarabande. Dans le mur méridional, la répétition du thème de la vache rappelle l'animal héraldique du Béarn, au cœur duquel se situe la petite ville.

Dans les socles des piliers, de curieuses figures semblent sortir d'entre les joints des blocs, comme la résine sourd du tronc des pins. Sous la chaire, une levrette est en arrêt devant un escargot. Au fond du bénitier, un masque impressionnant est tapi : barbe frisée, oreilles collées, yeux enfoncés, nez camus, bouche lippue. Cet art se rapproche de celui des Flandres par son goût du monstrueux. Des compagnons picards ont pu venir jusqu'ici, car les registres notariaux parlent de travaux exécutés par des « étrangers [1] ».

Sous la base du clocher, le porche offre les mêmes thèmes fantastiques dans une dentelle de feuillages sculptés, très proches de l'art catalan de l'époque : dragon attaqué par des chiens, hommes noués dans un égorgement mutuel, poisson à tête d'homme barbu. L'empâtement de plusieurs couches de chaux noie malheureusement la vigueur du travail du sculpteur dans le détail de scènes dignes d'un Jérôme Bosch.

L'ultime asile d'un génie

Près de Monein, une demeure isolée nommée « Florence » fut le refuge où se confina Henri Duparc, ce musicien raffiné que douze mélodies d'une parfaite distinction de forme et de pensée avaient très tôt rendu célèbre lorsqu'une maladie étrange et cruelle l'obligea avant la quarantaine à cesser de composer. Sa solitude silencieuse fut éclairée par des amitiés rares et choisies : le poète Francis Jammes, le romancier Charles de Bordeu, le peintre Lacoste. Guy Ferchault a conté, dans *Une amitié mystique*, les souvenirs de ce « cénacle de Florence ».

MONESTIR-DEL-CAMP (LE)

66 — Pyrénées-Orientales, 15 km au S de Perpignan par N 9 et D 2

L'église de la victoire

Comme tous les vieux sanctuaires du Roussillon, le monastère a sa légende. Charlemagne l'aurait fondé à la suite d'une victoire sur les Maures. Les ayant poursuivis et attaqués sur le plateau de Passa, il vit son armée, sur le point de périr de soif dans les

---

1. Victor Allègre, *Vieilles Églises du Béarn*, Toulouse, Imp. régionale, 1952.

Aspres désertiques, abreuvée par une fontaine qui surgit, à sa prière, dans le ravin.

C'est sur le champ de bataille, le « Camp », que l'empereur fit élever une église dédiée à la Vierge de la Victoire, et le ruisseau issu de la source s'appelle toujours *el riu del Miracle*. Un monastère vint s'ajouter à l'église primitive, qui abritait une Vierge antique. Elle disparut lors d'un retour offensif des Arabes; mais, plus tard, un berger cherchant une brebis perdue la retrouva miraculeusement avec sa bête : c'est elle qui est encore vénérée sous le nom de *Nostra Senyora de la Victoria*.

Sur un chapiteau du portail, devant un personnage tenant une croix auréolée, on voit une femme couronnée d'un triple diadème et la poitrine couverte de colliers. Les archéologues sont unanimes pour y voir la scène de la découverte et de l'adoration de la sainte Croix par l'impératrice Hélène. Or le Monestir-del-Camp dépendait directement des évêques d'Elne, l'antique ville d'Helena qui en garde le nom.

MONTESPAN

31 — Haute-Garonne, 11 km a l'E de Saint-Gaudens par D 5 et D 21

La tête de l'ours

La célèbre grotte préhistorique aux statues d'argile est une longue galerie souterraine de 2,5 km qui possède deux entrées, l'une à Montespan, où disparaît le ruisseau de la Hountaou que l'on retrouve dans la grotte, l'autre à Ganties, d'où il sort en résurgence. L'entrée du côté de Montespan est difficile : la voûte basse est quelquefois transformée en siphon. En creusant un puits d'accès au-dessous de la résurgence de Ganties, le père de l'explorateur F. Trombe lui permit d'en faire l'exploration systématique à partir de 1923. Norbert Casteret y pénétra à son tour en 1924 par le siphon du côté de Montespan et découvrit la galerie où gisaient d'admirables sculptures, les plus anciennes du monde avec celles de Montesquieu-Avantès. La mieux conservée représentait un petit ours, mesurant 1,10 m de long et 0,60 m de haut. L'animal était accroupi, les pattes antérieures allongées, les griffes fortement dessinées, les pattes postérieures ramenées sous le corps. La surface de l'argile semblait lissée comme sous l'effet de l'application continue des mains, et Norbert Casteret pensa très justement qu'une peau pouvait l'avoir recouverte.

Pour Leroi-Gourhan[1], l'hypothèse du corps modelé dans l'argile et recouvert d'une peau fraîche avec la tête adhérente, et du massacre de l'animal en effigie à coups de sagaie est cohérente et vraisemblable : mais l'ours avait-il ou non une tête? Le jour où il retrouva le corps de l'ours, Casteret avait noté qu'un crâne d'ourson gisait entre ses pattes antérieures, et qu'un orifice pratiqué au milieu du cou pouvait être celui d'une cheville de bois qui tenait la tête coupée sur le corps d'argile. Malheureusement, dès sa seconde visite, le crâne avait mystérieusement disparu.

1. Leroi-Gourhan, *Les Religions de la préhistoire*, P.U.F., 1964. Norbert Casteret, dans *National Geographic Magazine*, août 1924.

Cheval renversé (photo A. Leroi Gourhan)

Les coups portés ne sont peut-être pas aussi visibles que ceux qui marquent les ours de la grotte des Trois Frères (voir *Montesquieu-Avantès*). Mais, non loin de l'ours, un animal gravé est, lui aussi, blessé. Enfin, dans une galerie si basse qu'il faut y ramper pour l'atteindre, se trouve « la chasse » : on y voit un admirable avant-train de cheval, piqueté de trous et marqué de deux traits verticaux ; l'esquisse d'un second cheval rayé de traits verticaux également, avec, à côté, un assemblage de trous ; un troisième cheval dont le corps est recouvert des mêmes trous, qui le dépasse largement en avant, puis, une série de traits verticaux. L'état de conservation est tel qu'on peut étudier la direction de tous les impacts. Il ne s'agit pas d'une chasse simulée : plutôt d'une action symbolique et qui serait le fait d'un homme couché sur le côté, se traînant pour graver simultanément les figures, les points et les traits. Tout l'ensemble a été réalisé avec soin, religieusement ; il est impossible d'imaginer que ce rite ait été exécuté par un groupe gesticulant et massacrant à la sagaie des animaux en effigie.

Mise à mort rituelle

D'après ce que nous savons des Aïnous, qui pratiquent aussi la mise à mort de leurs ours sacrés, on peut reconstituer ce que fut peut-être le culte de la bête dans la grotte de Montespan. Comme beaucoup d'anciens peuples de la Sibérie, considérés comme les descendants directs des premières populations du continent eurasiatique, ils adorent l'ours comme l'ancêtre primitif de l'humanité. Ils le respectent, mais la mort de l'animal n'atteint pas son âme qui continue à vivre... On vient de loin pour participer à la grande fête du sacrifice. On prie d'abord solennellement l'ours d'intercéder en faveur des hommes auprès de ses ancêtres qu'il va rejoindre. Puis, on le tue selon un rite compliqué et cruel. Quand il est mort, les participants l'écorchent et laissent le crâne à l'intérieur de la peau qu'ils étendent sur une natte. Ils ornent la tête de perles et d'anneaux, lui apportent à boire et à manger. Lorsque la cérémonie est terminée, ils extraient le crâne de l'animal et l'empalent à côté de ceux de ses prédécesseurs. L'analogie avec les constatations faites à Montespan est frappante.

Châteaux en Espagne

Le château de Montespan domine de ses pittoresques vestiges la vallée de la Garonne, entre Lestelle et Pontis-Inard. Selon le chroniqueur Castillon d'Aspet, il y avait à la cour du roi de Pampelune une belle Navarraise qui brillait par sa galanterie (l'écrivain la qualifie « d'excessive »). La demoiselle donna le jour à un beau bâtard royal qui, sous le nom de Roger, se rendit célèbre par ses courses aventureuses. Sa mère, richement dotée par le souverain navarrais, laissa à son fils de grandes terres en Nébouzan. Dès lors, le brillant aventurier voulut se faire un nom bien à lui. Il se fit appeler Roger d'Espagne et construisit, au sommet d'une hauteur dominant ses terres, au bord de la Garonne, un château auquel il donna le nom de Mont-Espagne, (« Montespan »).

C'était l'une des plus belles demeures féodales du Comminges. Avec cinq vastes cours, une enceinte crénelée et bastionnée et une autre flanquée de quatre grandes tours, elle occupait tout le sommet de la colline. Aujourd'hui, bien qu'il n'en reste qu'une tour cylindrique éventrée et une tour carrée crénelée, l'ensemble a encore fort grand air dans le paysage. Peut-être ce bâtard de la légende fut-il ce compagnon de route que Froissard nomme d'Espaing, tout court. Les Montespan se vantaient d'avoir accompagné Saint Louis à la croisade, Philippe le Bel dans les Flandres, Jean le Bon à Poitiers. Jean d'Espaing suivit Charles V en Castille, et l'un de ses successeurs était aux côtés de François Ier à Pavie : en somme, une lignée de bons et braves gentilshommes, prêts à toutes les aventures. Quand la race fut sur le point de s'éteindre, un Pardeilhan de Gondrin recueillit l'héritage et réussit à faire élever Montespan en marquisat. Quant à l'histoire des célèbres malheurs conjugaux d'un certain courtisan de Louis XIV, c'est une tarte à la crème pour les amateurs de chroniques galantes.

MONTESQUIEU–AVANTÈS

09 — Ariège, 8 km au N E de Saint-Girons par N 627 et D 418

Voyage au centre de la terre

L'ensemble spéléologique complexe connu sous le nom de « Cavernes du Volp », du nom de la rivière qui les a creusées, comprend trois grottes appelées successivement, Enlène, le Tuc d'Audoubert, les Trois-Frères. Le dernier de ces noms vient des trois fils du comte Begouën, Max, Jacques et Louis, qui la découvrirent et l'explorèrent en véritables Robinsons souterrains.

Le comte Henri Begouën, figure de proue de la préhistoire pyrénéenne, aurait pu servir de héros à Jules Verne. Avant d'être captivé par la magie des chasseurs de rennes dont les trésors l'attendaient sous ses terres de Montesquieu-Avantès, il avait eu une carrière bien remplie de diplomate, de politicien, de journaliste et d'auteur d'ouvrages historiques. Ses trois garçons, trois frères inséparables, connaissant l'existence de figures peintes dans la caverne de Niaux, avaient résolu d'explorer le réseau des galeries creusées par le Volp entre la caverne d'Enlène et sa sortie sous le Tuc d'Audoubert. En 1912, ils lancèrent sur la

rivière souterraine un radeau fait de caisses arrimées sur des
bidons de pétrole. Au bout de 2 km, ils atteignirent un lac d'où
le Volp ressortait et, mettant pied à terre, rejoignirent par des
galeries à moitié sèches un autre lac alimenté par le Touréou,
affluent du Volp. Là, ils découvrirent, sous la forme d'une inscription datée, la preuve du passage d'un explorateur au
XVIIIe siècle. Au bout d'un étroit couloir, ils furent arrêtés par
un rideau de stalactites. Max Begouën eut l'intuition qu'il cachait une galerie secrète. Il brisa la nappe de calcite et ce fut
l'émerveillement. De l'autre côté, dans une salle où nul n'avait
pénétré depuis le départ des derniers chasseurs du paléolithique,
se trouvaient deux bisons modelés dans l'argile, appuyés contre
un rocher : les plus anciennes sculptures connues avec celles de
Montespan.

En 1916, ils reprirent leur exploration et découvrirent le
réseau complexe des galeries et des grandes salles peintes et
gravées connu aujourd'hui. A ses premières visites, l'abbé
Breuil dut ramper sur 54 m pour arriver au sanctuaire où il
venait relever les gravures. Autour des bisons, l'espace était
étroit. On y a fait la découverte émouvante d'empreintes de
talons dans l'argile boueuse sous une voûte surbaissée, celles de
tout jeunes gens. On les imagine amenés là pour un rite d'initiation, accroupis derrière les officiants, observant avec attention
le déroulement des cérémonies. Des traces semblables ont été
repérées dans la grotte de Niaux.

Masculin – Féminin

Les hommes de la préhistoire ont accumulé à plaisir, dans les
replis des galeries souterraines du Volp, les énigmes les plus
déconcertantes. Ainsi un fragment de mâchoire d'enfant, percé
d'un trou de suspension, est peut-être le premier témoignage
d'une sorte de « culte des mandibules », tel qu'on l'observe chez
certains peuples de la Nouvelle-Guinée, où les veuves portent
en sautoir la mâchoire de leur mari défunt.

Bouquetin gravé (photo J. Vertut)

Harfangs gravés (photo J. Vertut)

Pour l'abbé Breuil, la célèbre peinture du bison mourant constituait une scène de chasse ; les signes claviformes, des armes du type boomerang, les cercles, des symboles de l'encerclement de l'animal. Le tout aurait représenté un ex-voto des chasseurs au génie de la caverne.

On a cru découvrir enfin ce génie dans l'extraordinaire figure peinte du sanctuaire, appelé successivement le « sorcier dansant », « le dieu cornu », « le roi-cerf », ce qui trahit l'incertitude et le désarroi de tous ceux qui cherchent à expliquer les secrets de l'âme de nos lointains ancêtres. Situé au point le plus élevé de la salle, il est le premier à sortir de l'ombre quand les porteurs de lumière y pénètrent. Les autres figures ne se découvrent que peu à peu, quand on s'approche de la paroi. Il domine ainsi les panneaux représentant des animaux symboliques.

Ce personnage à silhouette d'homme courbé est surmonté d'une paire de cornes de cerf ; une crinière et des oreilles recouvrent le crâne et les épaules. Il a des yeux ronds de hibou, un bec d'oiseau de proie, des bras en pattes d'ours, un tronc et une queue de cheval attachée aux reins par un lien bien figuré. Sous la croupe pend un sexe de félin (ou d'homme). Les jambes et les pieds sont ceux d'un homme. « Il fait penser aux satyres grecs », a écrit un peintre. « On le voit bien évoluant à l'Opéra dans le ballet de Diaghilev pour le *Sacre du printemps*. Dans ses mimiques sacrées, le sorcier des Trois-Frères est un des premiers auteurs du théâtre antique. »

Cette figure rituelle semble se rattacher à la mystérieuse religion des grottes, étudiée par Leroi-Gourhan, et dont les symboles se partagent en mâles et femelles. Le dieu de l'endroit rassemble tous les symboles des figures mâles, l'homme, l'oiseau, le renne, le cerf, le cheval, le félin. Peint au creux d'un alvéole au plus profond de la caverne, symbole féminin, cet assemblage est à sa place normale. « L'idée qu'exprime la figure est claire : c'est l'essence du plus viril placé au plus féminin de la cavité[1]. »

1. Leroi-Gourhan, *op. cit., Les Religions de la Préhistoire.*

Une mauvaise réputation

A la différence des grottes du Tuc et de celle des Trois-Frères,
la grotte d'Enlène est d'accès facile. Dès 1805, on la signalait
pour la beauté de ses stalactites, qui ne résistèrent pas longtemps aux nombreux visiteurs attirés par sa réputation. Mais,
en 1869, elle acquit d'un seul coup une célébrité particulière
lorsque le jeune anthropologue Félix Regnault publia ses observations sur l'important ossuaire qu'il y avait découvert. De
nombreux os étant fendus dans le sens de la longueur, il déclara
qu'ils avaient été fracturés intentionnellement pour qu'on
puisse en retirer la moelle.

Les premiers Ariégeois héritèrent alors d'une solide réputation
de cannibales, réputation qu'ils partagèrent d'ailleurs avec les
habitants des grottes de Lourdes.

Vers 1880, succéda à Régnault le pittoresque abbé Cabibel,
qui découvrit les objets actuellement exposés au musée de Foix
et publia à Saint-Girons un poème héroï-comique en douze
chants, mi-occitan, mi-français, intitulé : *Excursions scientifiques*
(sic) *et pittoresques à la grotte d'Enlène*. Le goût farceur qui carac-
térisait cette littérature fit de la grotte un sujet de plaisanterie
dans le monde savant. Il fallut attendre les recherches du comte
Begouën, en 1910, pour y découvrir un abondant et riche gisement magdalénien.

MONT-LOUIS

66 — PYRÉNÉES-ORIENTALES, 36 KM AU S O DE PRADES PAR N 116

Le général et les Pharaons

Sur la place de l'église, une curieuse pyramide évidée, coiffant
un obélisque surmonté d'une bombe, rappelle la mémoire du
général Dagobert, qui ramena victorieusement les armées françaises sur la frontière, en 1794.

Né en 1756 d'une famille noble de La Chapelle-en-Luger, près
de Saint-Lô, maréchal de camp de l'armée royale, mais fidèle
avant tout à l'idée de patrie, Luc Siméon Dagobert-Fontenille
adhéra à la République et se dépensa sans compter pour réorga-
niser l'armée des Pyrénées-Orientales, éprouvée par les premiers
revers. Après sa victoire du col de la Perche, il fit de la forteresse
de Mont-Louis le centre de la résistance française en Cerdagne, et
le point de départ de la contre-offensive victorieuse de 1794. C'est
au cours de cette campagne qu'il devait mourir d'épuisement, le
28 avril 1794, s'étant donné à sa mission et à ses hommes jusqu'à
l'extrême limite de ses forces.

Le monument de Mont-Louis est, à son échelle, une œuvre
caractéristique de l'architecture géométrique et visionnaire de la
fin du XVIIIe siècle. Les projets de monuments funéraires, de
cénotaphes et de mausolées de Boullée trahissent en effet une
attirance allant jusqu'à l'obsession pour l'Égypte, ses tombeaux
et ses pyramides. Le retour à l'antique de David n'est qu'un aspect
de cette recherche du secret des origines de l'humanité. Le mémorial de Dagobert tient à la fois du symbole maçonnique, et des
instruments d'astronomie. On y décèle aussi l'admiration de ses
contemporains pour l'antiquité. Un romantique médaillon de

bronze représentant le profil du général contraste avec la pureté sereine des lignes du monument.

Monument du maréchal Dagobert (photo J.-R. Masson)

La mer de la tranquillité

Le lac Lanoux ou Lanouze, situé à 2 154 m d'altitude, au pied de la cime désolée du Carlitte, est le plus étendu des Pyrénées : sa superficie est de 110 hectares. Il mériterait aussi le nom de « lac glacé », car sa surface reste gelée du mois d'octobre au mois de juillet. La faille de schiste creusée entre les deux blocs de granit que constituent les massifs qui l'encadrent, est l'un des plus beaux et terrifiants spectacles des Pyrénées. Un silence affreux règne sur ce paysage stérile et désolé, qui, avec ses roches nues et déchirées, ressemble à celui d'une planète éteinte. Quand le lac est gelé, il évoque quelque cirque lunaire...

Un havre pour Noé

Les truites du lac sont les plus recherchées des Pyrénées. Elles se nourrissent en effet d'algues et de crustacés rares qui vivent dans ces eaux depuis le déluge, semble-t-il. L'idée de l'antique déluge universel est présenté ici tout naturellement, car sur un sommet voisin, le pic Pedroux, il y aurait un anneau de fer où la tradition veut que Noé ait amarré son arche... On dit aussi que des fées vivent au fond de ses eaux...

MONTSAUNÈS

31 — Haute-Garonne, 4 km au S de Saint-Martory par N 117

Les mystérieux chevaliers

Ce village, dont le nom évoque le pays du sel qui lui est voisin, Salies-du-Salat, fut le siège de la plus importante commanderie des templiers du Sud-Ouest. De tous les lieux des Pyrénées où la tradition évoque l'ombre des moines soldats à la puissance mystérieuse et à la fin tragique, c'est l'un des plus authentiques. Les templiers y ont élevé, vers la fin du XIIᵉ siècle, l'église fortifiée qui est aujourd'hui celle du village.

C'est de Montsaunès que sont partis les derniers d'entre eux, pour finir dans les prisons du sénéchal de Toulouse. Certains réussirent à passer par le port de Salau au fond du Couserans, en Aragon, où le roi Pierre les recueillit et les protégea.

L'architecture en brique de l'église est insolite pour la région : le décor peint forme un curieux assemblage de symboles appartenant à un ésotérisme dont les templiers passent pour avoir été les adeptes. Les voussures de la porte nord reposent sur des chapiteaux représentant des scènes de l'enfance du Christ. La Vierge de la Nativité est couchée, et le geste méditatif par lequel elle s'approche du berceau de l'enfant ressemble étonnamment à une célèbre sculpture de Chartres.

Chapiteau de la vierge (photo J.-R. Masson)

Sur un autre chapiteau, on voit le Christ nimbé plongé jusqu'à mi-corps dans une cuve qui ressemble à un calice, et bénissant; de chaque côté, deux femmes agenouillées le servent. C'est le miracle, recueilli par les évangiles apocryphes, de la guérison de la sage-femme aveugle venue laver l'enfant à sa naissance. Ce thème cher à l'église orientale indique un certain attachement des chevaliers du Temple aux croyances des pays d'Orient.

A la porte sud, on peut se demander si c'est bien un chrisme que le tailleur de pierre a voulu figurer, ou un signe appartenant au symbolisme de la tradition salomonique. Il fait penser au serpent d'airain enroulé sur la croix élevée par Moïse dans le désert.

Les peintures intérieures de la voûte et des murs ne sont pas moins étonnantes; on y trouve, mêlés aux symboles chrétiens classiques, des fleurs de lis d'une forme rare, des rouelles, des cercles sécants, des étoiles à six raies curvilignes faisant partie d'un répertoire astrologique aussi vieux que l'humanité. Un signe circulaire, également énigmatique, est gravé au bas d'une plaque de marbre contre le mur sud de la nef, où se lit cette épitaphe :

« SI DESSOUS REPOSE LE CORPS DE NOBLE FRÈRE PIERRE DE MERVILLE DE PERIES, CHEVALIER DE L'ORDRE DE SAINT JEHAN DE HIERRUSALEM ET COMMANDEUR DE MONTSAUNÈS, QUI A ÉTÉ TUÉ AVEC TROIS DE SES SERVITEURS AU CHATEAU DU DICT MONTSAUNIES LE 23 AVRIL 1521 ». L'église de Montsaunès, loin d'avoir livré ses secrets, contribue à accroître l'atmosphère de mystère qui entoure tout ce qui touche à l'ordre du Temple.

MONTSÉGUR

09 — ARIÈGE, 33 KM AU S E DE FOIX PAR N 117 ET D 9

Un temple du soleil?

Dans les solitudes des premiers chaînons du Saint-Barthélemy, la forteresse de Montségur défie le rationnel et l'objectivité historique; sur ce haut lieu, la légende a une puissance plus envoûtante que partout ailleurs, arrachant aux pierres du château fatal les plus irréelles évocations des « purs » et du Graal.

La forteresse était une ruine, quand, à la prière de Raymond de Mirepoix, de Raymond de Blasque et de plusieurs autres nobles défenseurs de la cause albigeoise, un des co-seigneurs de Montségur, Raymond de Perella, releva ses murs pour y donner asile aux derniers fidèles du catharisme, traqués par les Inquisiteurs.

A la suite de Fernand Niel, on a voulu voir dans la forteresse un temple solaire; des observations ingénieuses, faites sur les angles des constructions et comparées à l'orientation des rayons du soleil levant, aux dates majeures de l'année, équinoxe et solstices, ont accrédité cette croyance. Ce n'est pas aux cathares que l'on peut l'attribuer. La forteresse avait été bâtie avant leur arrivée dans le pays et, surtout, ils étaient loin de pratiquer un culte solaire. L'astre représentait pour eux, comme le reste de l'univers, une œuvre du diable.

Après avoir étudié pierre par pierre le monument dont la conservation lui avait été confiée, l'architecte Stym-Popper était arrivé à la conviction qu'il s'agissait d'un ouvrage essentiellement militaire. Seules des raisons stratégiques ont dicté le tracé des murailles et des ouvertures du château; il utilise au maximum les possibilités de l'emplacement en épousant les contours du relief du sommet. Le constructeur était un maître en fortifications; le château imposait à tout le pays environnant une image respectable de la domination seigneuriale[1].

Château de Montségur (photo J.-R. Masson)

Le château aventureux

A l'auréole que lui confère le bûcher du « Camp des Crémats », le château de Montségur ajoute encore celle de « Temple du Graal ». Aucun autre en Europe ne peut prétendre ressembler à ce point au château légendaire de Monsalvat. « Le choc émotif profond, écrit Denis de Rougemont, provoqué par l'apparition formidable du pic sacré, comporte une évidence d'un tout autre ordre que celle que pourraient provoquer des preuves écrites[2] ».

Le Graal, selon les romans de la *Table Ronde*, est une coupe taillée dans une pierre précieuse tombée du ciel, douée d'un pouvoir sacré : invisible pour qui est indigne d'assister au festin, il nourrit le roi du Graal et ses invités. Cet objet fabuleux venu de la mythologie celtique, le christianisme l'a fait sien. Il devient le plat où est servi l'agneau de la Cène, le calice dans lequel le Christ a offert le vin du sacrifice, ou celui dans lequel Joseph d'Arimathie a recueilli le sang du Crucifié. La légende apparue entre 1180 et 1220 dans les pays de langue celtique, va se répandre dans les pays d'oc quand les Plantagenêts réuniront sous une même couronne la Grande-Bretagne et l'Aquitaine; alors, bardes gaéliques et conteurs bretons rencontreront les poètes du « trobarclus » dans les cours des seigneurs du Midi.

1. Stym-Popper, in *Archeologia*, n° 19, nov. déc., 1967.
2. Denis de Rougemont, *L'Amour et l'Occident*, Plon, 1938.

Des rapprochements s'imposent entre le roman de Wolfram d'Eschenbach et l'histoire du catharisme pyrénéen; le « château aventureux » où se déroule la cérémonie du Graal porte un nom occitan : Montsalvage. Les noms de plusieurs personnages du poème semblent démarquer lisiblement pour les initiés, les acteurs réels du drame albigeois. Le premier roi du Graal est appelé : « celui qui tranche bien », Trencavel, surnom du comte de Foix,

Butte et château de Montségur (photo J.-R. Masson)

Raymond, déclaré faydit et devenu errant comme Parsifal. Herzeloïde, femme du Castis, voile Adélaïde, femme du roi Alphonse le Chaste, contemporain des événements.

Et le Parilla du roman porte le nom à peine déguisé de Raymond de Perella, seigneur de Montségur, qui mena la lutte contre l'Inquisition avant de s'enfermer dans son château pour la résistance finale. C'est sur ces ressemblances et d'autres que Otto Rahn s'appuiera pour écrire son ouvrage devenu célèbre : *la Croisade contre le Graal*, où il identifie Montségur et Montsalvage et retrouve sous la légende une chronique déguisée de la croisade des Albigeois. Déjà Schuschek avait vu dans cette même légende un mythe iranien sous lequel les manichéens voilaient leur doctrine.

Les thèses d'Otto Rahn ont encouragé ceux qui cherchent encore le Graal dans une cachette pyrénéenne, mais la coupe rituelle appartient désormais au trésor des légendes pyrénéennes, ressuscitées par les écrivains occitans de l'époque romantique. Ils ont évoqué ainsi l'existence d'une table d'émeraude dans la grotte de Pyrène, découverte par les Wisigoths : il est certain que leurs rois détenaient dans leur trésor une coupe qu'ils considéraient comme sacrée. Lors de la conquête de l'Aquitaine par les Francs, la relique serait passée de l'autre côté des Pyrénées, en Espagne. La chronique la fait ensuite tomber aux mains des Ommeyades qui l'emmènent en Syrie. Au temps des croisades, les Gênois s'en emparèrent et la ramenèrent chez eux, où on la vénère aujourd'hui comme la coupe de la Sainte Cène. Mais, dans la tradition pyrénéenne ancienne, il ne reste aucune trace de quelque objet mystérieux qui ressemblerait au Graal.

Le trésor des « purs »

Cependant, en 1940, une légende courait encore dans le pays, au sujet d'un trésor caché dans le château. Le moment favorable pour le découvrir était le solstice d'hiver, à minuit. C'est ainsi qu'une barre à mine trouvée dans la roche sous le donjon témoigne qu'on y ajoutait foi. La roche était dure, les chercheurs se lassèrent, mais, dans le pays, on raconta que, en frappant sur la barre, ils avaient entendu sonner creux.

Sous le château, la roche est un calcaire gréseux compact. Il n'existe dessous ni le moindre souterrain, ni la moindre grotte, ni la moindre possibilité de souterrain et de grotte, a affirmé l'architecte Stym-Popper. Mais sur la pente nord, il y a une étendue de taillis quasi inextricables, dix hectares impénétrables. Or, à l'époque du siège, cette pente était habitable, car elle avait été entièrement déboisée pour alimenter les fours à chaux, pendant la construction du château, en 1205.

En 1232, quand les cathares obtinrent de Raymond de Perella, seigneur de Montségur, la permission de s'y réfugier, ils ne purent tenir dans les murs du château qui suffisait à peine à abriter la garnison. Ils s'installèrent donc dans des cabanes de pierre sèche, là où ils avaient de la place, sur la pente nord. Les grottes naturelles pourraient renfermer le cimetière des morts du siège. Certaines cavités ont dû servir de caves et de celliers. Il y avait à Montségur des stocks importants de vivres; après neuf mois de siège, on distribuait encore de la nourriture aux soldats de la garnison. Il est toutefois inutile d'y chercher le « trésor des Cathares »; on sait que, avant la chute de la forteresse, il fut mis en lieu sûr dans le Sarbathès, par cinq hommes dévoués qui s'évadèrent par l'à-pic de la montagne.

Au pays des illuminés

C'est le romantisme qui a donné corps aux rêves tournoyant autour des murs de la forteresse foudroyée. La métamorphose d'Esclarmonde en colombe, en ange de lumière, toute sa participation au drame de Montségur ne vient ni de la tradition cathare authentique, ni du folklore local peuplé d'autres fantômes, mais de l'enthousiasme de l'Ariégeois Napoléon Peyrat qui, dans son *Histoire des Albigeois*, donna aux fruits de son imagination les apparences de la réalité. Depuis ce temps, tous les illuminés, tous les croyants en quête d'une foi qui ne fût pas celle d'une église persécutrice et triomphante, ont tourné leurs yeux vers Montségur. En 1909, le patriarche des gnostiques, Fabre des Essarts, prendra le titre d'évêque de Paris et de Montségur. La montagne sacrée est présente dans toute l'œuvre de l'anthroposophe Rudolf Steiner. En 1942, seuls ou en groupe, des officiers de la Wehrmacht ont fait l'ascension du pic, pour y retrouver l'inspiration wagnérienne et la foi des sombres doctrinaires du nazisme. Sur les pentes sud du rocher, un éperon porte le médaillon dédié au souvenir de Maurice Magre, le président des « Amis de Montségur », dont l'œuvre reflète la flamme des bûchers de la guerre albigeoise.

Cependant, dans le peuple de la montagne, le catharisme a survécu, à travers les siècles et les persécutions, chez certaines âmes plus fortes que les autres. Non loin du village, une simple pierre marque la tombe de Ferrocas, un habitant du pays, qui, en plein xixe siècle, porta témoignage de la vie exemplaire des « parfaits ». Enfermé dans une solitude sans reproche et dans un mutisme farouche, il fut rejeté par le curé qui voyait en lui le dernier survivant des irréductibles hérétiques et lui refusa une sépulture parmi les membres de la communauté chrétienne du village.

Le vrai secret des cathares

A l'entrée du chemin qui conduit aux ruines de la forteresse, dernière étape de l'ascension, une stèle a été élevée par la « Société des études cathares », au *Camp des Crémats*, cette prairie aux herbes sauvages où, en 1244, deux cents femmes et hommes furent parqués dans une enceinte et consumés dans un seul horrible holocauste. Dans le recueillement qu'impose la halte devant cette stèle, on s'interroge sur le courage qui fut le leur, lorsqu'ils affrontèrent la mort par le feu, comme sur celui de milliers d'autres victimes consentantes de l'église cathare et sur le secret de leur foi.

Parmi les méditations passionnées qui ont voulu suppléer à leur mutisme, c'est peut-être la poétesse Marie Noël qui est allée le plus loin :

« Montségur... Cette religion des cathares, sans crèche, ni croix... [...] sans prières ni grâce [...] Ces « parfaits » qui rejettent toute vie imparfaite [...] Ces purs qui s'efforcent de sauver Dieu et lui opposent un autre créateur, pour le justifier du mal dont la création l'accuse, et ôter de dessus Lui le péché du monde [...], en vérité tout cela me semble grand! Trop grand! »

Le dualisme cathare, inséparable du problème du mal qui a hanté toute la vie de cette âme de « neige brûlante », l'amène à penser qu' « une destinée prodigieusement heureuse a pour réplique nécessaire une autre destinée douloureuse prodigieusement, comme si une destinée trop riche parfois se divisait en deux, et si le sort se partageait, donnant à l'une ce que paie l'autre ». C'est alors que ces versets mystérieux et fulgurants de l'*Ecclésiaste*, brusquement, lui éclatèrent aux yeux :

> *Toutes les choses sont doubles.*
> *L'un assure le bonheur de l'autre.*
> *En face du Mal, le Bien; en face de la Mort, la Vie.*
> *En face du Juste, le Pécheur.*

« C'est là dans le secret des écritures, la réponse de l'Esprit Saint à l'esprit de Montségur[1]... »

1. Marie Noël, *Notes intimes*, Stock, Paris, 1959.

MOULIS

09 — ARIÈGE, 4 KM AU S O DE SAINT-GIRONS PAR N 618

Les marbres de l'oubli

Dans la vallée du Lez, les carrières de marbre noir veiné de blanc de Moulis ont fourni un marbre célèbre sous le nom de « grand deuil » ou « grand antique », connu depuis l'Antiquité et qui a servi à décorer des monuments situés aux extrémités de l'empire romain.

Dès 637, un écrivain byzantin, Paul le Silentiaire, mentionne dans la décoration de l'église de Sainte-Sophie de Byzance, des marbres noirs à veine blanche « provenant, dit-il, des montagnes celtiques » : (« Keltis Bathukrustallos Eripne »).

Plus tard, au Moyen Age et à la Renaissance, les architectes romains et vénitiens l'emploieront. A Paris, les autels qui entourent le tombeau de Napoléon aux Invalides sont tirés de blocs de cette carrière[1]. Semblables au Léthé, ce fleuve aux Enfers qui faisait oublier la vie sur terre, les excavations laissées par les carrières antiques ont gardé dans le pays le nom étrange de *Trau det Demembéri*, le « Trou de l'oubli ». Il convient bien à l'aspect funèbre de la pierre et à son utilisation pour le culte des morts.

Une autre variété de marbre à taches blanches, nommée « petit antique », fournie par une autre carrière de la commune d'Aubert, se retrouve dans la commune de Moulis, où une sorte de tour carrée, de 7 m de hauteur, se dresse au milieu d'une vigne[2]. Elle bordait une voie romaine de 4 m de large, dont on a retrouvé un tronçon au voisinage; elle conduisait au domaine impérial d'Izaut et à la vallée de Bethmale. Une niche s'ouvrait sur la face est de la tour au troisième étage. La construction ressemble à la pile de Labarthe, près de Saint-Gaudens. Il semble que ces « piles » aient été des monuments aux « lares viales » dont parle Plaute : il est assez étrange de les rencontrer groupées dans le Gers, la Haute-Garonne, les Hautes-Pyrénées et les Pyrénées-Atlantiques[3] : elles caractériseraient un culte des morts associé à la sécurité des voyageurs, culte particulier aux Aquitains romanisés.

*La pile
romaine de Moulis
(photo J.-R. Masson)*

1. et 2. Ch. Frossard, *Mémoires sur les marbres des Pyrénées*, 1896.
3. Signalons une autre pile comparable sur la colline de Marsan entre Saint-Girons et Saint-Lizier.

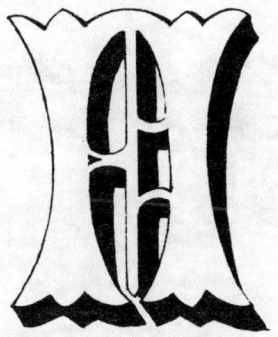

NAVARRENX

Les singes et le pou

« La petite ville fortifiée, dit l'écrivain Pierre Daguerre, enveloppée du bruissement de toutes ses feuilles, semble dormir
comme un soldat dans son armure d'acier, étendu sur l'herbe, la
fleur aux dents, n'ayant plus à surveiller l'approche de l'ennemi. »

Repos bien mérité car, depuis le démembrement du royaume
de Navarre en 1512, jusqu'au traité des Pyrénées en 1649, la
place fut, comme Bayonne, en constant état d'alerte.

« Logé entre la France et l'Espagne », selon l'expression de
l'historien de Bordenave, et « n'osant désobéir au Français ni
déplaire à l'Espagnol », le roi de Navarre demeurait en conti-
nuelle crainte que l'un ou l'autre ne saisît son pays de Béarn,
Henri d'Albret se comparait lui-même plaisamment à « un pou
entre deux singes ». Pour avoir les moyens de vendre ses services
à la France ou à l'Espagne et de défendre éventuellement le pays
souverain de Béarn contre l'un ou l'autre des envahisseurs, il
décida de transformer Navarrenx en forteresse, autour de la
pointe nord-ouest de la ville où, en 1290, Gaston VII avait
élevé un château, la « Casterasse ». Le nom même de Navarrenx
semble indiquer que la ville avait été de tout temps un camp
retranché. Les nombreux camps des environs appelés « camps
de César » « des Sarrasins » ou « turons », laissent penser que la
terrasse où s'élève Navarrenx signifierait alors « le ring », ou le
camp, des Navarrais, selon le nom que certains envahisseurs du
Ve siècle donnaient à leurs retranchements.

Pour établir le plan de la forteresse, Henri d'Albret s'assura
les services d'un ingénieur italien, Fabricio Siciliano. L'enceinte
flanquée de bastions à oreillons prouve qu'il avait une large
connaissance des développements promis à la puissance du feu
de l'artillerie, car Vauban n'eut pas à se soucier d'y apporter de
sérieuses modifications.

La porte de France (photo J. Vertut)

La punition des génies

Sur la place d'armes aujourd'hui déserte, une fontaine portait
encore en 1936, la poétique inscription suivante, datée de 1569 :

> *A vous tous qui y puisez*
> *Les trois bons génies*
> *De la fontaine*
> *Vous serviront toujours*
> *Une eau limpide.*

C'est en 1569 que le baron d'Arros s'enferma avec les fidèles
de la reine Jeanne d'Albret derrière les murailles de Navarrenx,
pour soutenir contre Terride un siège fameux dans l'histoire du
pays : la fontaine allait fournir aux défenseurs l'eau indispensable.

L'allusion aux trois génies peut être une tradition locale
recueillie par un érudit béarnais de l'époque, le souvenir d'un de
ces *aeniusloci* dont parle la célèbre inscription d'Hasparren.

Mais la légende et la poésie ne trouvent pas toujours grâce
devant ce que certains esprits appellent le progrès. Accusée
d'avoir provoqué la fièvre typhoïde, la fontaine fut condamnée
par les édiles locaux, sans circonstances atténuantes. Elle fut
ensevelie sous deux pieds de terre, et le sol nivelé fut macada-
misé. Les génies de la source, enterrés vifs, protègent malgré
tous les descendants des combattants de 1569 qui, couverts de
poudre, venaient boire son eau limpide.

A l'intérieur des remparts, près de l'ancienne porte Saint-
Antoine, une plaque de marbre sur la muraille, réunit les noms
de Franz Liszt et de Caroline de Saint-Cricq. Le père de la
jeune fille avait brutalement mit fin, en 1828, aux sentiments
tendres qui réunissaient le maître et son élève. Seize ans après,
en 1844, Liszt retrouvait à Pau Caroline, devenue Madame Ber-

trand Dartigaux. Pas un instant, elle n'avait cessé de penser à lui, mais elle ne sentait plus à son égard qu'une « fraternité céleste ». Au cours des heures qu'ils passèrent ensemble, dans l'automne béarnais, ils échangèrent les confidences de leur double désespoir d'amour, et c'est peut-être à Navarrenx que Caroline laissa à Frantz cet adieu passionné : « Ne vous lassez jamais de mon souvenir[1]! »

Pris sur le vif

Dans l'église, achevée en 1560, des masques humains encastrés entre les retombées des arcs des bas-côtés, et peints de couleurs vives, représentent des personnages du temps de Henri II d'Albret et de Marguerite de Navarre. Certains sont si réalistes qu'on peut se demander s'il ne s'agit pas de véritables portraits de personnages de la cour de Navarre, seigneurs ou prélats. La même tradition a inspiré à l'architecte Boeswillwald l'idée de faire sculpter son portrait sur les flèches de la cathédrale de Bayonne avec ceux de l'évêque, des membres du chapitre et de plusieurs des artisans de l'œuvre (voir *Bayonne*).

NAY

64 — PYRÉNÉES-ATLANTIQUES, 19 KM AU S E DE PAU PAR N 637 ET N 636

Sodome-en-Béarn

Dans les champs où s'élevait à l'époque romaine une bourgade aujourd'hui disparue, mais dont le nom est gardé par le lieu-dit Clarac, les moines de l'hôpital Sainte-Christine-du-Somport avaient installé au XIIᵉ siècle un relais pour les voyageurs empruntant la route de Saint-Pé-de-Bigorre. La commanderie de Nay était à une journée de marche de celle de Gabas d'où, par le col des Moines, on arrivait à Sainte-Christine. En 1302, le vicomte de Béarn éleva la bourgade en *bastide*.

Il ne reste pas grand-chose de ce premier établissement, car en 1543 la ville de Nay fut tout entière la proie d'un incendie allumé par un phénomène céleste, aussi mystérieux que terrifiant, une pluie de feu qui s'était abattue sur les toits et avait consumé les maisons en quelques heures : Belleforest en parle ainsi dans ses *Histoires Prodigieuses* : « ... Parmi ces flammes apparues dans les airs encore sont mises les lances à fei qu'on voit en l'air, entre lesquelles celle est la plus admirable qu'on saurait jamais lire en l'histoire qui advint environ l'an 1544 au pays de Béarn, aux festes de Pentecôte, laquelle tombant sur les trois heures de l'après midi au milieu de la place d'une petite ville appelée Nay y fit si belle et effroyable dépesche qu'il ne demeura presque rien de bastiment en icelle que tout ne passast sous la fureur de cette flamme dévorante et vengeresse à laquelle estoit comme un prognostic des malheurs depuis succédés. »

Il est certain, en tout cas, selon les archives de la commune, que, le 28 mai 1543, Jacques de Foix, évêque de Lescar et lieutenant général du roi en Béarn, publiait une ordonnance afin que tout le pays vint en aide aux habitants de Nay pour la

---

1. Pierre de Gorsse, *Villégiatures romantiques*, Paris, 1944.

reconstruction de leur ville, en leur fournissant bois, pierres et chaux. En 1547, le clocher de l'église était presque achevé.

Sponde raconte le fait de la même façon dans ses *Annales Ecclesiastici*, en 1613. Et Poeydavant, dans son *Histoire des troubles du Béarn*, nous apprend que le peuple avait pris ces lances de feu pour des planètes et les avait nommées des « rugles ». Mais l'historien protestant Nicolas de Nordenave attribue l'incendie à l'imprudence d'un enfant qui cherchait avec une chandelle une balle perdue sous son lit. La cité de Nay était l'une des plus riches du Béarn et sa destruction fut interprétée comme un châtiment du ciel, irrité par les crimes des habitants et les vices du clergé.

Aujourd'hui, la ville semble avoir totalement oublié cette catastrophe. On n'y trouve aucune maison qui puisse être datée avec certitude d'avant l'événement.

Un intéressant gothique finissant caractérise l'église qualifiée au XVIIIe siècle par l'abbé Bonnecaze de « chef-d'œuvre de l'antiquité ». Sur les chapiteaux voisins de l'abside rampe un peuple de créatures étranges : monstre ailé à tête humaine et corps de dragon, quadrupèdes, hommes barbus porteurs de phylactères, du même art fantastique, surréaliste et démoniaque, qu'on retrouve à Bielle et à Monein.

Une belle carrière

Une des plus belles demeures Renaissance du Béarn est encastrée dans les maisons de la place du Marché. Elle est connue sous le nom de Maison de Jeanne d'Albret. Deux corps de logis séparés par une cour sont reliés par trois étages de galeries ornées d'arcades et de colonnes, chacun d'un ordre architectural différent ; de telles constructions se retrouvent dans certains beaux hôtels de Toulouse, elles sont d'inspiration italienne.

On ne manquera pas de remarquer le curieux pavage de la cour en galets du gave, plantés de chant et imitant les motifs décoratifs de l'antiquité gréco-romaine. Mais dans le vestibule de l'entrée, ce sont les symboles décoratifs pyrénéens qui prédominent : roues, étoiles, swastika curviligne.

Sur une des façades de la cour intérieure, deux médaillons représentent les profils d'un homme et d'une femme. Leur facture maladroite rappelle quelque peu les médaillons décorant la cour du château de Pau. Entre les deux, un écusson de forme italienne comporte un monogramme énigmatique et complexe, d'un modèle en vogue au milieu du XVIe siècle. Celui de Nay était une marque de fabrique, celle de Pedro Sacaze.

Médaillons sur la maison de Jeanne d'Albret (coll. de l'auteur)

Cour intérieure de la maison de Jeanne d'Albret (photo J. Verroust)

Cet homme d'affaires aragonais (dont le nom semble indiquer qu'il descendait de Béarnais installés de l'autre côté des Pyrénées), enrichi dans le commerce des laines, pratiqua celui du pastel. Cette plante, dont les tisserands européens faisaient une grande consommation, poussait dans le Languedoc; le produit en était acheminé de Toulouse en Espagne par le Somport et à Bayonne d'où le pastel était embarqué à destination de l'Angleterre et des Pays-Bas. Le trafic devint si intense que, en 1591, la ville d'Orthez préleva une taxe spéciale sur ces convois, pour l'entretien de la route et du pont que les chars défonçaient régulièrement.

Sacaze se trouva à la tête d'une des plus grandes fortunes du Béarn : la monnaie était rare, il prêtait — et avec usure. Il acheta des offices, devint consul de la ville de Nay et ouvrit des teintureries où il employait un nombre important d'ouvrières et d'ouvriers durement exploités.

Pedro Sacaze voulut couronner sa réussite en mariant sa fille à un gentilhomme, François de Béarn-Bonasse, descendant d'un bâtard des comtes de Foix, connu dans les chroniques du temps sous le nom de « capitaine Bonasse ». A l'époque des guerres de Religion, il prit parti avec fougue pour le catholicisme contre la reine Jeanne, soutint Terride lorsque celui-ci tenta de mettre la main sur le Béarn au nom de Charles IX, puis, devant l'avance de Montgomery, se réfugia avec ses compagnons au château de Lourdes et périt à l'assaut de Tarbes en 1570. Sa maison d'Arette fut incendiée et la maison de sa femme, à Nay, confisquée.

La grande peur

La vague de panique qui se répandit dans diverses provinces françaises en 1789, toucha la région de Nay. Un habitant d'Asson en a donné une relation saisissante dans son livre de raison : « Le 6 août de la même année 1789, il arriva à 3 heures de l'après-midi dans la ville de Nay des nouvelles qu'elle devait périr, qu'il y arrivait 6 000 brigands et galériens pour mettre tout à feu et à sang. » L'allusion aux galériens est probablement due à la présence dans les vallées d'Aspe et de Barétous des forçats de la marine qui travaillaient sur les chantiers de la mâture royale [...] Cette nouvelle n'a pas été à Nay seulement. A la même heure elle a été répandue dans tous les endroits à dix lieues à la ronde. Dans toutes les églises on sonnait sans cesse le tocsin [...] On voyait fuir les femmes avec les enfants par les campagnes : on n'entendait que pleurs et lamentations; il semblait que la fin du monde arrivait. »

La petite ville devait rester très sensibilisée aux événements; les moindres manifestations y prenaient un ton comique ou dramatique. Ainsi la fête de la Fédération, le 14 juillet 1790, s'ouvrit par une cérémonie patriotico-religieuse dans l'église Saint-Vincent où, après la messe, trois officiers municipaux haranguèrent la foule du haut de la chaire et prononcèrent le fameux serment civique : « Nous jurons, par l'honneur, sur l'autel de la Patrie, en présence du Dieu des armées, amour au Père des Français... » La foule massée jusque dans les rues reprenait les slogans « Vive la Nation, la Loi, le Roi!... ».

Au cours du banquet public et de la farandole qui suivit, le curé doyen Castain-Foix se fit remarquer par son entrain. Fraternité éphémère, car, quelque temps après, le curé, militant actif de la société populaire locale, faisait arrêter comme suspect le commandant de la garde nationale, le baron d'Espalungue.

Turqueries

Une des productions les plus originales du XVIIIe siècle a été la fabrication, à Nay, de bonnets « façon de Tunis », appelés depuis les « fez ». La manufacture appartenait à Jean-Joseph d'Augerot. Des négociants marseillais revendaient les fez dans tous les grands marchés de Turquie, à Constantinople, Smyrne, Alep, Salonique et Tripoli. Leur qualité semblait atteindre celle des fez à feutre fabriqués par les Turcs eux-mêmes; mais, à la différence de ceux-ci, ils étaient tricotés comme les bérets. La laine fine nécessaire à leur fabrication arrivait d'Espagne par mer à Bayonne. La teinture était fournie par la « graine sylvestre » d'un arbre du Guatemala, que l'on se procurait à Valence en Espagne. On utilisait également la cochenille, le vermillon et la crème de tartre qu'on faisait venir d'Orient. A Constantinople, les revendeurs étaient les frères Remuzat. Si les débuts de la manufacture semblent avoir été difficiles, en 1759 la vente était florissante. En 1771, l'entreprise devenait manufacture royale : elle employait 100 ouvriers. La fabrication continua jusqu'à la mort du fondateur, en 1811.

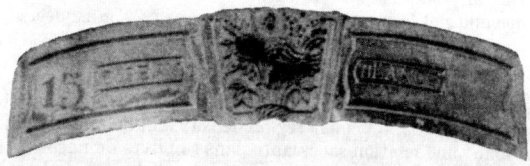

Linteau de porte à Nay (photo de l'auteur)

NIAUX

09 — Ariège, 20 km au S de Foix par N 20 et D 8

Les peintures du Salon noir

La grotte de Niaux a été rangée par l'abbé Breuil parmi les
« six géants » de l'art paléolithique. Elle est, dit Leroi-Gourhan,
la seule grotte qui lutte avec Lascaux par la qualité d'exécution
et de conservation des œuvres, par l'ampleur des compositions
et par le souffle qui les anime. On rencontre ailleurs d'excellents
morceaux, d'amples déroulements de figures, mais nulle part,
sauf dans le plafond d'Altamira, la même puissance.

Un cerf et des chevaux (photo Jean Vertut)

Largement ouverte au flanc de la vallée de l'Ariège et d'accès
facile, la caverne ne semble pas avoir servi de refuge. En 1906
le commandant Molard, retiré à Tarascon-sur-Ariège, en entreprit l'étude avec ses deux fils.

La grotte est essentiellement un couloir monumental de 26 m
de large, à plusieurs galeries latérales. Les peintures s'échelonnent
entre 500 et 1 300 m de l'entrée. Le sanctuaire principal, baptisé
« Salon noir », se trouve au fond d'un diverticule important. Les
œuvres les plus extraordinaires, parce que d'une vie étonnante,
comparables aux plus belles peintures chinoises sur soie, sont
constituées par les chevaux. Le petit cheval barbu et hachuré
au manganèse ressemble de façon frappante aux poneys hirsutes
et sauvages, les *pottoka* à grosse tête et longs poils du Pays
Basque. La filiation entre l'animal contemporain et celui de la
caverne paraît évidente.

Des êtres sans tête

Certains détails peu connus de la grotte ont trait à des croyances et à des rites mystérieux. On a découvert une douzaine d'empreintes de pieds nus dans l'argile détrempée du sol. Comme dans les cavernes du Volp (voir *Montesquieu-Avantès*), on serait en présence d'empreintes laissées par des adolescents réfugiés sous un aplomb de la roche pour assister à une cérémonie rituelle. Tout à l'extrémité de la salle, où s'ouvre un boyau qui conduit vers la grotte de Lombrives, en face d'une paroi couverte de peintures et isolée, est représenté un bouquetin sans tête, dont la signification est probablement magique. Les êtres fantastiques sans tête, les animaux principalement, font partie des éléments les plus énigmatiques du folklore pyrénéen.

Le sang des victimes

Les hommes de l'âge néolithique et les constructeurs de mégalithes ont eu, comme leurs ancêtres, une prédilection pour ce site. Ainsi, au lieu-dit Arbiech, dans le massif de la Calbière, à 1 000 m d'altitude, le *Roc-que-Boumbo* se maintient depuis toujours dans un équilibre précaire. A son voisinage, le dolmen d'Arbiech porte sur sa face supérieure trois cupules façonnées de main d'homme; l'une d'elles se prolonge par un sillon (peut-être naturel). A une extrémité de la pierre, une petite proéminence conique a été soigneusement délimitée par un sillon creusé à la main. Les cupules seraient des récipients creusés pour recevoir le sang des victimes immolées. Cette explication s'attache encore à beaucoup de roches semblables. La proéminence, en revanche, semble se rattacher à des pratiques superstitieuses en rapport avec la fertilité des femmes.

Bison (photo Jean Vertut)

OLORON-SAINTE-MARIE

La cité des eaux

Les Ibères ont donné à cette ville son premier nom connu, *Illuro*; il a été découvert sur un fragment de borne miliaire, recueilli sur la route du col du Somport. Une inscription effacée commençant par *MIL* devait donner le nombre de « pas » *(milia passum)* entre le col et la ville. Ce nom est aussi celui d'un dieu auquel était dédié un autel retrouvé dans la vallée du Louron, près de Luchon, peut-être le même dieu protecteur de la ville fondée par les Ibères au débouché de la vallée d'Aspe. On y retrouve la racine *ur* qui signifie *eau* en basque, et il ou *ili*, terme commun aux anciennes toponymies de la péninsule ibérique et de l'Aquitaine et qui désignait une ville au confluent de deux gaves. Oloron serait la « cité des eaux ».

La voix au chapitre

La ville fut représentée en 506 au concile d'Agde par son évêque Gratus, autrement dit saint Grat, devenu patron de la ville. Ses reliques eurent un sort assez mouvementé. Dispersées au temps de la conversion du Béarn au protestantisme, elles furent reconstituées grâce au flair d'un de ses successeurs, un provençal, Mgr Joseph de Revol.

En 1710, il découvrit, derrière le maître-autel de sa cathédrale, une petite porte de fer : au fond d'une niche, un vieux coffret en bois recouvert d'un tissu à franges rouges contenant, enveloppés de soie, des ossements humains. Un chirurgien d'Oloron, Marsaing, y reconnut les restes d'un squelette auquel manquait le crâne (à l'exception de la mâchoire inférieure). C'est alors qu'en rapprochant cette mâchoire du crâne de saint Grat conservé dans l'église, il constata qu'elle s'y adaptait exactement. Mgr de Revol, enchanté, fit composer un nouvel office grandiose en l'honneur du saint, mais il avait négligé de consulter son chapitre et les chanoines refusèrent de chanter. Il s'ensuivit un procès de neuf ans, digne d'inspirer à Boileau un nouveau *Lutrin*.

Une porte invisible

C'est au sommet de l'acropole ibère, entre les eaux des gaves, que s'élève la plus ancienne église de la ville, Sainte-Croix. L'évêque Amat en avait posé la première pierre en 1070, au temps où la cité, ravagée par les Normands, renaissait de ses ruines. Un chapiteau du chœur rappelle cet événement d'une façon originale : l'évêque serre la main d'un architecte agenouillé, qui lui présente le plan de l'édifice.

En 1841, l'église paraissait condamnée. Un archiprêtre d'une activité débordante, l'abbé Menjoulet, archéologue, historien, polémiste et saint homme par surcroît, entreprit de la «restaurer». Il s'y consacra jusqu'à sa mort, qui arriva opportunément en 1870, sans quoi il ne serait pas resté grand-chose de l'édifice primitif. Il avait eu l'intention, par exemple, de supprimer la coupole à nervures du transept qui, avec celle de L'Hôpital-Saint-Blaise, offre un étonnant exemple de l'influence de l'architecture arabe de l'Espagne sur la construction romane au nord des Pyrénées. Sur ses trompes d'angle en forme de coquilles, les nervures des arcs s'entrecroisent pour former la majestueuse étoile à huit pointes des célèbres mosquées andalouses.

Cette belle œuvre présente en outre des vestiges de l'architecture chrétienne primitive; quatre dalles encastrées entre les arcs sont percées d'oculus quadrilobés comme les claustras des sanctuaires les plus anciens. Au-dessus de l'abside, un grand quadrilobe laisse entrer les rayons du soleil, pour éclairer le transept à l'heure de l'office de none.

On ne sait si, à l'origine, l'entrecroisement des huit arcs encadrait, comme à L'Hôpital-Saint-Blaise, un oculus « ouvert comme une porte sur l'au-delà, qu'on ne voit pas mais qu'on pressent et qui attire tout ».

Détail du portail roman de l'église Sainte-Marie (photo J.-R. Masson)

Génies et monstres

Des thèmes mystérieux et obscurs se mêlent aux thèmes classiques des chapiteaux. Ainsi, entre les scènes du festin d'Hérode, ces deux hommes nus assis dans une cuve sont peut-être une évocation de l'Arche de Noé. Parmi la frise où l'on retrouve le sagittaire, l'oiseau à tête humaine coiffée d'un bonnet juif, les jongleurs jouant de la flûte et du rebec, deux dragons s'apprêtent à dévorer une femme nue à genoux. La vieille mytho-logie celtibère est aussi présente dans les curieuses têtes à trois visages, l'une sortant d'un bouquet de feuillage dans l'absidiole de droite, l'autre au fond de la nef, avec une vaste couronne coiffant trois bouches, trois nez et quatre yeux. Si celle-ci peut avoir servi à symboliser la Trinité, la première est un petit dieu sylvestre du panthéon pyrénéen, devenu génie familier des hommes du Moyen Age.

*Sainte-Marie
d'Oloron :
« les Enchaînés »
(photo J.-R. Masson)*

Cruauté, pitié et réjouissances

L'église cathédrale Sainte-Marie existait déjà au XIIe siècle, sur la rive gauche du gave d'Aspe. Une bande de routiers albi-geois ayant mis l'église à sac en 1214, le vicomte de Béarn, Gaston VI, avait été déclaré *faydit*; réconcilié avec l'église, il paya sa dette en donnant le bourg de Sainte-Marie en fief à l'évêque d'Oloron qui en devint le seigneur.

Le clocher massif et sans ornement évoque une femme qui cacherait sous une mante de bure un corsage richement brodé. C'est sous les arcatures du pied du clocher que s'ouvre le plus étonnant des portails romans des Pyrénées. On commence à connaître par l'image le couple douloureux des captifs écrasés sous le trumeau qui partage en deux ce portail. Ils rappellent avec un symbolisme féroce et joyeux la victoire des croisés béarnais de Gaston VI sur les Sarrasins, dans la vallée de l'Èbre. C'était le temps où l'évêque Guy de Lons faisait représenter des captifs maures dans la mosaïque de sa cathédrale, à Lescar (voir *Lescar*).

Dans l'insolite descente de croix byzantine qui forme le motif central du tympan, le Christ porte le long jupon des crucifixions orientales, la lune et le soleil sont représentés avec des visages humains comme sur les ivoires constantiniens.

Mais la seconde voussure, qui symbolise les préparatifs des noces de la parabole de saint Matthieu, ne peut être que l'œuvre d'un Béarnais authentique. Tout y est, la chasse au sanglier, le sacrifice du cochon *(lou pèle porc)*, les tonneaux de jurançon, la pêche au saumon, si abondant alors dans le gave que les contrats d'employeurs stipulaient qu'ils n'en serviraient pas plus de trois fois par semaine à leurs ouvriers. Ici on porte des fromages; là on tue le canard, présage des massacres de ces bêtes accomplis pour la fête de saint Grat; plus loin, on découpe le jambon, on égrène le milloc...

La sorcière enchaînée

Au-dessus des travaux de ce bas monde trônent les vingt-quatre mystérieux « vieillards couronnés de l'Apocalypse », tenant des rebecs ou des fioles de vin. Leurs yeux d'émail exorbités leur donnent une expression terrifiante. Aux extrémités de la voussure intérieure, deux statues font saillie, correspondant à deux thèmes mystérieux que l'art roman a empruntés aux mythologies anciennes : le monstre dévoreur d'hommes et le cavalier à l'anguipède; le cavalier est devenu Constantin, protecteur de la foi chrétienne, et le monstre symbolise le passage de la mort à une autre vie. Enfin, à droite du portail, un chapiteau étrange représente une femme accroupie, les genoux plus hauts que les épaules, les bras pendants, le visage joufflu, au sourire hébété, encadré de longues tresses. On a voulu y voir l'esprit du mal vaincu par le triomphe de Dieu. Mais ne serait-ce pas l'une de ces sorcières qui détenaient les secrets des anciens dieux et que l'on aurait condamnées, en effigie, à vivre enchaînées, à la porte de l'église, à côté des captifs maures, pour servir de leçon à un peuple trop crédule!

De l'autre côté du miroir

Dans la sacristie, il faut voir la curieuse crèche béarnaise de Mgr de Revol, la seule que l'on connaisse dans les Pyrénées, alors qu'en Provence les « santons » ont peuplé les églises. Il est vrai que la crèche d'Oloron est contemporaine du célèbre *Noël béarnais* composé par Darichon, l'archiprêtre de Lembeye, et du renouveau de la chanson populaire pastorale.

Parmi toutes les figurines aux fragiles couleurs métallisées, les plus curieuses sont celles de cinq bergers. Trois d'entre eux ont mis leur bel habit et les guêtres des jours de fête; l'un d'eux est même en souliers et porte cocarde au revers du collet. Ils tiennent respectueusement à la main le large et souple béret qui se fabriquait alors à Oloron. Seul un joueur de flûte, (la *flahute* de Navarrot) l'a gardé sur la tête; il tient sur le bras sa grande cape souple de *cadis*. Un autre enfin, un peu à l'écart, est le plus touchant de tous; c'est le pauvre valet qui garde les troupeaux d'un riche propriétaire. Il porte une souquenille en peau de mouton qui lui tient lieu de veste et de manteau. Il arrive pieds nus, tenant à la main ses sabots, et ils sont si caractéristiques du costume des Aspois de ce temps que seul un tailleur d'images du pays a pu les représenter. On peut regretter qu'aucun artiste n'ait pris la relève du sculpteur. Il aurait rassemblé dans les crèches du Béarn le petit peuple si vivant de la montagne et de la campagne, la marchande de marrons, la gardeuse d'oies, le chasseur d'isards, le joueur de quilles... Tout ce petit monde est, aujourd'hui, passé de l'autre côté du miroir.

Mais on aimerait voir revenir par les rues d'Oloron la cohorte des poètes dont la ville fut le berceau, le gai Navarrot, auteur de chansons faites pour durer autant que la vigne de Jurançon ; le prince des fantaisistes, Tristan Derême, qui guettait de son jardin, dans les nuées de l'orage, le vol de l'hippogriffe de Roland ; et Jules Supervielle, le prince des poètes au visage de médaille ibère, qui regardait à l'horizon de sa ville les Pyrénées « écouter aux portes de son âme »...

OO (Vallée d')

Rébus sans solution

Cette vallée au nom énigmatique conduit aux sites célèbres de la cascade du Lys et du beau lac appelé autrefois *Séculéjo*. Près du village, une tour en ruine fit, en 1837, l'étonnement d'une voyageuse anglaise, Mrs. Boddington, qui n'avait pu recueillir aucune tradition à son sujet. Et cette romantique disciple de Macpherson de s'indigner : « [...] Et qu'est-ce qu'une tour sans légende? Une chose inachevée, comme un chat sans queue ou un rébus sans solution ». La vision du lac a fait naître des rêveries mythologiques chez la même voyageuse : « Il était midi lorsque nous arrivâmes sur ses bords. Les dryades dormaient et les vents étaient avec elles ; rien ne parlait si ce n'est la voix du torrent[1]... ».

Nourrisson ou vampire?

Une semblable rêverie avait inspiré sans doute l'imagier roman qui décora la chapelle disparue de Pons, où, au début du XIXe siècle, un bloc sculpté attira l'attention du sous-préfet de Saint-Gaudens, le chevalier des Écherolles, qui le fit transporter au musée de Toulouse.

Le bas-relief que Du Mège reproduit dans son *Archéologie Pyrénéenne* représente une femme nue dont le sexe laisse sortir un serpent qui va sucer son sein gauche. La facture de l'œuvre tient à la fois des images funéraires d'époque romaine de la vallée de Luchon et des sculptures de certaines chapelles romanes dues à des tailleurs de pierre locaux, sans formation esthétique. Elle évoque aussi les représentations de la luxure des portails romans de Moissac et de Montmorillon.

Du Mège attribue à cette sculpture une origine plus ancienne : la ressemblance de son style avec celui des auges funéraires et de certains autels à figures anthropomorphes d'époque gallo-romaine, retrouvés dans le Comminges, peut lui donner raison. Il s'agirait d'un mythe de la fécondité ou de la naissance prodigieuse d'un

1. Mrs Boddington, *Sketches in the Pyrenees*.

Cascade et lac d'Oo (B.N., Est.)

dieu-serpent, d'un de ces reptiles monstrueux dont le folklore pyrénéen ancien est peuplé. Du Mège s'est même aventuré à y voir Pyrène, la fille de Bébryx, donnant le jour au fruit de ses amours avec Hercule. Silvius Italicus (*Punicorum*, livre III) décrit ainsi la scène :

> *Possessus Baccho, saeva Bebrycis in aula*
> *Lugendam formae sine virginitate reliquit*
> *Pyrenen; letique Deus, si credere fas est*
> *Causa fuit miserae : edidit alvo*
> *Namque ut serpentem, patriasque exhorruit iras...*

« Pris de vin sous le toit rustique de Bébryx, Hercule laissa en pleurs, privée de virginité, la trop belle Pyrène; et ce dieu, s'il est permis de le croire, fut la cause de la mort de la malheureuse; son ventre mit au jour quelque chose comme un serpent et elle eut peur de la fureur de son père... »

L'Antiquité représentait souvent la Terre nourricière sous la forme d'une femme nue allaitant des mammifères ou des reptiles. Mais le thème de la nourrice aux serpents, copié tel quel par les sculpteurs romans, a entièrement changé de signification avec le symbolisme chrétien. C'est la luxure faite femme, en proie à des bêtes immondes qui la sucent comme des vampires et dont elle s'efforce en vain de se libérer.

La femme sculptée d'Oo, née peut-être d'un artiste voué aux anciens mythes, a fini par servir d'exemple aux moralistes chrétiens.

Liberté chérie..

Dans le cimetière d'Oo, qui entoure l'église, subsiste l'un des derniers Arbres de la Liberté, plantés au cours de la Révolution de 1789. C'est un cyprès que l'air et le soleil de la montagne ont conservé vigoureux.

ORTHEZ

« Orthez, dit l'écrivain béarnais Louis Ducla, est le type de la
petite ville sûre de son calme tranquille. Du haut de sa tour
Moncade dégringolent des essaims de maisons aux tuiles fanées,
de chaque côté du gave sur lequel le vieux pont fortifié à dos
d'âne se profile comme l'anse ouvragé d'un solide panier. Dans
cette ville, où l'unique agent qui veille sur la circulation est en
pantoufles (Louis Ducla écrivait en 1931), les passions senti-
mentales, politiques et religieuses sont contenues et violentes! ».

Certes, pour qui lit les lignes que lui a consacrées dans ses
Mémoires Francis Jammes, rien ne laisse deviner le passé fas-
tueux et tragique de cette petite ville ennuyée et ennuyeuse...
Sans doute en a-t-elle trop vu!

Mais, tout est présent à qui interroge les vieilles pierres, du
pont du gave au donjon du château de Gaston Fébus.

Fastes et cruautés

Cette dernière ruine, hautaine, appelée la tour Moncade, se
dresse sur une butte isolée dominant au nord les toits de tuiles
rousses. Le donjon fut construit par l'ingénieur favori de Fébus,
Sicard de Lordat, sur un plan inhabituel, à cinq pans, dont deux
forment un angle aigu comme une proue : on retrouvait ce même
plan à la tour de Coarraze et à l'ancien donjon de la citadelle de
Saint-Jean-Pied-de-Port. Appuyés sur la tour subsistent encore
les murs du « tinel », le logis du seigneur où, dans la chambre
haute, Fébus recevait ses hôtes avec le faste décrit par Froissart.
Mais l'étage inférieur, en partie enterré et sans ouvertures exté-
rieures, servait, croit-on, de cachot aux prisonniers du prince,
qui devait goûter une joie cruelle de les savoir sous ses pieds
tandis qu'il banquetait.

De l'enceinte, il ne subsiste que de curieuses casemates à
triples fenêtres en plein cintre. La voûte d'entrée que le comte,
grand chasseur, avait fait peindre de toutes sortes de bêtes, « au
naturel et par couples », a disparu. Dans ses caves, l'or des rançons
de Launac était, par dérision, gardé par les portraits des vaincus.

Le fantôme de la tour

Sous ses lourds vêtements de lierre, la ruine, le soir, ressemble
à ce repaire que découvrit, en 1784, l'Anglais Wraxall, au cours
de son voyage dans le Midi[1].

« ... Ayant eu la curiosité de contempler une fois encore les
ruines du château, je gravis la colline sur laquelle il se dresse et
restai quelques minutes dans ses murs. L'obscurité de la nuit
commençait à assombrir les salles et répandait une affreuse
mélancolie sur tout l'édifice. Comme je sortais de la grande porte
pour aller sur la route qui me ramenait à l'auberge, un vieux
paysan me rencontra et, avec une grande simplicité, m'assura
que l'heure était déjà passée où les habitants se hasardaient à
pénétrer dans le château à cause de l'apparition d'une princesse
qui y avait été assassinée et s'y promenait la nuit; et lui-même

1. Dans *Revue Pyrénées*, n° 51, 1962.

La tour Moncade (photo J.-R. Masson)

dans sa jeunesse y avait vu et entendu des choses extraordinaires et terrifiantes dans la grande cour. »

Le peuple a pitié des victimes d'un injuste destin; le sort de Blanche de Navarre n'avait pas laissé indifférents les habitants d'Orthez qui avaient suivi année par année les intrigues de sa sœur Éléonore, femme du comte Gaston IV de Béarn, de son père Jean II d'Aragon et de Louis XI. Ce dernier visait à mettre la main sur le royaume de Navarre, dont Éléonore disputait la succession à son frère, le prince de Viane, soutenu par sa sœur Blanche. Louis XI, jouant le troisième larron, consentit à laisser Gaston IV régler la question; ce fut vite fait. Au traité d'Olite, en échange de son alliance, il obtint de Jean II que Blanche renonçât à la succession du prince de Viane et qu'elle lui soit livrée. Ainsi fut fait; emmenée à Orthez, elle y mourut en 1464. On a dit que le chagrin de la perte d'un frère aimé et malheureux et les méchancetés de sa sœur avaient suffi à abréger sa vie. Mais le bruit courut qu'Éléonore n'avait pas hésité à la faire empoisonner. Et c'était pour se plaindre que son fantôme hantait les murs de sa prison.

Heures d'épouvante

Mais d'autres ombres rôdent encore dans ces lieux, évoquant les cris et le sang versé lors de la mort du fils de Phébus. Le drame qui se déroula au fond d'un cachot inconnu, à l'ombre de la sinistre tour, avait suffi à faire du château un lieu maudit. Gaston Phébus, au lendemain de l'événement, l'avait quitté pour de longues années. Mais il avait eu trop de témoins pour que le récit de Froissart, tout romancé qu'il paraisse, ne soit pas mis en doute, du moins quant aux détails bouleversants qu'il a consignés. Bien qu'il ait cherché à diminuer la responsabilité du père, les récits, encore chuchotés à Orthez huit ans après, ne peuvent s'expliquer que par l'horreur née de l'assassinat d'un fils par son père. Même si le jeune homme fut réellement l'instrument inconscient d'une tentative d'empoisonnement machinée par le roi de Navarre, Charles le Mauvais, « son père voirement l'occis ». Ce sont les mots que le chroniqueur recueillit de la bouche d'un vieil écuyer qui lui conta le fait « en grand secret et en lui faisant jurer de ne jamais citer son nom ».

Triste histoire d'un jeune homme sensible, traumatisé dirait-on aujourd'hui par la manière brutale dont son père avait renvoyé sa mère Agnès chercher sa dot à Pampelune. Ingénu et crédule, subjugué par les manières de Charles le Mauvais, esprit aussi brillant que cynique, il était revenu prêt à tout pour que sa mère reprît sa place à Orthez. Pensait-il réellement que la poudre de la boursette confiée par le roi de Navarre rendrait son père si amoureux qu'il n'aurait de cesse de faire revenir Agnès dans sa couche? Ou bien hésitait-il, craignant d'en faire l'essai? On ne le saura pas : le destin fait tomber la bourse sous la main d'Yvain le bâtard, au cours d'une lutte amicale entre les deux jeunes hommes : Yvain en parle à son père. Il faut lire Froissart pour le reste : le comte qui dissimule, le repas dans la grande salle, le fils qui présente le plat selon le cérémonial de l'étiquette, la bourse arrachée, le pain saupoudré et lancé à un chien...

Après, c'est l'enfer à Orthez : du 16 juillet au 17 août 1380, le notaire royal du Béarn n'a pas ouvert le registre des actes officiels : la ville est à l'écoute des hurlements d'agonie qui percent

« Le coup fut asséné », *(gravure de G. Doré)*

les murailles, au fur et à mesure que les tortures arrachent aux familiers du prince aveux et confessions. Mais devant l'histoire, son récit ne semble qu'un fait divers arrangé. On sait aujourd'hui que Charles de Navarre avait organisé un véritable complot avec de hauts personnages du Béarn, parmi lesquels l'évêque de Lescar, Odon de Mendousse, qui se réfugièrent à Pampelune. Les petits payèrent chèrement pour eux.

Rassasié de tortures, Gaston s'occupa enfin de son fils. Il convoqua les représentants de tous ses États pour décider à huis clos de son sort : les gens du comté de Foix se jetèrent à ses genoux, le suppliant d'user de clémence et ne repartirent d'Orthez que sur cette promesse. Gaston apprit alors que le coupable se laissait mourir de faim. Il alla le voir, mais en entrant dans le cachot, il « s'enfelonna » de colère; tenant à la main « un coutelet dont il appareillait ses ongles », dit Froissart, il saisit son fils à la gorge en lui criant : « Ho! traître, pourquoi ne manges-tu pas? ». La pointe du couteau s'enfonça dans une veine : épuisé par le jeûne, perdant son sang, le prisonnier « se tourna d'autre part et mourut »... Froissart se lamente sur la fatalité, sur la malchance, qui fait donner la mort « par mal talent » par un père qui voulait seulement rudoyer un coupable. Peine perdue, il se coupe, il lâche le mot : le coup fut « asséné », écrit-il.

De ce jour, l'étoile qui guidait la fortune de Gaston s'éteignit lentement. Et sous ce terrible coup du destin, il va écrire un livre singulier, le *Livre des Oraisons*, tout imprégné de la hantise des châtiments célestes, de l'enfer, du diable. Sa prière est sincère. Mais celui qui s'est nommé lui-même Phébus, du nom d'Apollon le chasseur, qui a su imposer sa volonté à trois rois, ne restera pas longtemps l'homme suppliant et repentant qu'il apparaît dans son œuvre. Froissart le retrouvera dans son « tinel » illuminé aux flambeaux toute la nuit (est-ce pour chasser les fantômes?) et il mourra, littéralement, de joie, en apprenant le trépas de son ennemi héréditaire, le comte d'Armagnac.

Le Bal des Ardents : châtiment céleste?

Le destin réservait une fin atroce au frère jaloux, auteur du drame. Yvain le bâtard, à la mort de son père, avait fait main basse sur le trésor puis était « monté » à la cour, à Paris. Organisateur des fêtes à la cour d'Orthez où les farces et les déguisements tenaient une bonne place, ses talents devaient le perdre. Ce fut lui qui donna au roi Charles VI l'idée du bal où il devait paraître avec quatre hommes sauvages enchaînés. Les costumes de lin recouverts de mèches d'étoupe enduites de poix étaient les plus beaux défis au danger qui se puissent imaginer. Les hérauts avaient donné ordre d'éloigner toutes les torches. Mais un courtisan, voulant reconnaître de plus près les visages, approcha un flambeau; la file des sauvages enchaînés les uns aux autres prit feu d'un seul coup. La torche humaine se consuma sous les yeux de la cour. Le roi seul put être sauvé par la comtesse de Beaumont qui jeta son manteau sur lui. Ce qui avait été Yvain de Béarn achevait de se consumer dans un enchevêtrement de chaînes rougies.

Des invitations impérieuses

L'hôtel de la Lune, où Froissart était descendu, ressemble à une de ces vieilles qui détiennent des secrets de famille... Elles expirent dans les bras de ceux qui viennent les leur arracher.

Ancien hôtel de la Lune (photo J. Verroust)

Ainsi de cette construction arrivée aujourd'hui au dernier degré
de la décrépitude. Il est loin le temps où, sous l'œil attentif du
maître des lieux, Ernauton du Pin, ancien capitaine de routiers,
le Bascot de Mauléon, « appert homme d'armes par semblant
et hardi », faisait le récit de sa vie aventureuse au chanoine de
Valenciennes qui s'en émerveillait. Par les fenêtres entraient
alors les fanfares des trompes convoquant, de la tour Moncade,
les invités du comte à ses festins nocturnes... Retrouverait-on
maintenant le chemin où Froissart, enveloppé de sa pelisse, se
hâtait avec ses compagnons vers l'impérieuse convocation, qu'il
plût ou qu'il gelât à pierre fendre?

Le saut de la mort

Entre deux rives aux rochers crevassés, le vieux pont enjambe
de ses quatre arches le gave dont l'eau noire trahit la profondeur à cet endroit. La deuxième arche en partant de la
ville fait une ouverture de 15 m de largeur sur 11 m de hauteur. La pile sur laquelle elle s'appuie au milieu de la rivière
est surmontée d'une tour barlongue. A sa base, une porte ogivale
laisse passer piétons et véhicules. Au Moyen Age, le « saut du
pont d'Orthez » était un châtiment peu enviable, mais classique.
Dans un acte notarié du 17 octobre 1337, un joueur impénitent,
Arnauton de Faurie, s'engage envers son seigneur, Arnaud
Gassie de Clavère, « à ne plus jouer de toute sa vie, sous aucun
prétexte, à ne plus faire jouer et à ne plus prêter d'argent pour
jouer. S'il y manque, il paiera une amende de 200 sous morlans,
et, s'il ne peut s'en acquitter, il sera tenu de sauter du pont de
pierre d'Orthez dans le gave ».

On montre, dans la face ouest de la tour, une fenêtre célèbre
connue sous le nom de *finesta deus caperas* (la fenêtre des
prêtres); c'est par là, dit-on, qu'en 1369 les soldats de Montgomery précipitèrent dans le gave les prêtres et les moines qu'ils
n'avaient pas tués en entrant dans la ville. C'est vrai à quelques
mètres près : la fenêtre en question s'ouvrait dans le parapet du
pont, au milieu de la grande arche. Elle servait à vider les ordures
de la ville, ce qui a pu suggérer aux protestants l'idée d'une
sinistre plaisanterie. Elle fut détruite avec le parapet lors des
combats de 1814; la restauration de la tour fut l'occasion de lui
trouver une remplaçante.

L'assassinat d'une ville

Le sac d'Orthez par les troupes de Montgomery est un de ces
souvenirs qui demeurent comme un cauchemar dans l'histoire
d'un peuple. Lorsque Terride, le lieutenant de Charles IX qui
avait dû lever le siège de Navarrenx, vit arriver comme la foudre
Montgomery sous les murs d'Orthez, il sentit la partie perdue.
Il fit proposer au lieutenant de Jeanne d'Albret une capitulation stipulant qu'il libérerait tous les ministres; lui-même et ses
officiers se constitueraient prisonniers et seraient échangés plus
tard avec les Béarnais que détenait le roi de France.

Mais le calcul de Terride fut vain. Depuis leur entrée en
Béarn, les troupes de Montgomery n'avaient épargné aucun de
ses partisans. Ayant offert ses murailles à Terride et fait cause
commune avec lui, Orthez était condamnée. Le butin escompté
se révélait énorme. Montgomery ne fit ni mieux ni pire que

Le vieux pont (photo J. Verroust)

Montluc à Rabastens, mais le lendemain, après un assaut furieux, Orthez était rayée de la carte du Béarn.

« Depuis le moment où les troupes furent dedans, écrit l'historien protestant Nicolas de Bordenave, il y eut plus de tueries que de combats. Il y avait une telle confusion entre les soldats que plusieurs tuèrent leurs compagnons, ne se reconnaissant pas l'un l'autre. Les cris, les pleurs, les hurlements et les gémissements étaient si grands par la ville que les plus assurés en avaient horreur. Le massacre des habitants [...] fut quasi universel, la ville qui était en plusieurs endroits embrasée fut tout à plat pillée. »

Retranché dans la tour Moncade, Terride capitula le 15 août 1569 et fut conduit à Navarrenx avec les gentilshommes de son parti.

Les seigneurs béarnais rebelles, Sainte-Colomme, Goas, Gerderest, Sus, Abidos, Candau, Salies, Pardiac et Fabas, compris dans la capitulation de Terride, s'étaient rendus sous condition d'avoir la vie sauve. Montgomery et les membres du conseil, sans attendre les ordres de la reine de Navarre, ainsi qu'il avait été arrêté, les appelèrent au château de Pau, le 24e du même mois; et de leur propre autorité, ils leur firent servir une collation au cours de laquelle tous furent indignement poignardés. Cette exécution se fit, selon Poeydavant, sous prétexte des ordres de la reine qui ne voulait pas que l'on fît grâce à ses sujets rebelles. Quand elle en délibéra à La Rochelle, un des ministres protestants de son conseil, Bertrand de Ferrario, lui avait dit : « Entre les prisonniers il y en a plusieurs Béarnais à l'endroit desquels je vous supplie que justice règne et ne soit point empêchée; c'est par icelle seule que Dieu vous fera régner. »

Terride, qui croyait avoir obtenu la grâce des Béarnais, assista

au massacre et eut la douleur de voir égorger sous ses yeux son
cousin germain, Aydie de Sainte-Colomme. Quant à lui, il devait
servir d'otage au frère de Montgomery pris par l'armée catholique.

Lorsqu'il apprit cette exécution, Charles IX fut indigné.
« C'est alors, écrit Poeydavant, qu'il remarqua qu'elle avait eu
lieu le 24 août, jour de la Saint-Barthélemy. Il jura dans sa
colère qu'il ferait une seconde Saint-Barthélemy en expiation de
la première »; trois ans après, jour pour jour, à Paris, il tenait
sa parole. Aujourd'hui encore les historiens ne sont pas arrivés
à départager entre la reine, Montgomery et le conseil du Béarn,
quel fut le véritable responsable de cette violation flagrante de
la foi jurée. Mais, pour reprendre les mots du protestant Bordenave, « l'exemple du crime n'en fut jamais l'excuse! »

La mise en pièces

Quand se produisirent ces événements, la ville d'Orthez
ressemblait comme bien d'autres à la « ville sonnante » de Rabelais, bruissante des cloches de ses monastères, couvents et prieu-
rés. L'église des cordeliers, la plus vaste de toutes, était devenue
le Saint-Denis du Béarn, depuis que Gaston VII avait demandé
à y être enterré. Sur son tombeau, il était représenté « au naturel
en laiton » : c'est l'aspect riche et somptueux de ce monument
qui dut attirer l'équipe des démolisseurs lorsqu'elle s'attaqua à
l'église, après l'assaut de la ville. Tandis que les « escholiers »
jouaient aux boules avec les crânes, le beau gisant aux reflets
dorés, martelé, découpé, prenait le chemin des fourneaux de la
monnaie de Morlaas. Ses voûtes, incendiées en 1569, furent
reconstruites par ordre d'Henri IV, à la publication de l'Édit de
Nantes.

Le décor intérieur porte la marque de l'imagination exacerbée
des artistes du Moyen Age finissant : dans le chœur, les animaux
familiers du pays, chiens accroupis, loups emportant un agneau,
alternent avec des scènes curieuses : un homme et une femme se
tiennent par la main, un animal se perche sur une tête; un
Atlante puissant, au visage barbu et finement sculpté, soutient
sur ses bras musclés la retombée de l'arc doubleau de l'entrée
du chœur; c'est la même figure qu'on retrouve dans plusieurs
églises béarnaises à Monein, Asson, Louvie-Juzon, Arudy. Une
des clefs de la voûte de la nef représente les armes de la ville :
on y reconnaît le vieux pont surmonté de sa tour à laquelle sont
pendues de chaque côté les deux clefs de saint Pierre.

Le cygne d'Orthez

Pour faire oublier ce lourd passé, il n'est pas de trop d'un
poète, surtout quand il se nomme Francis Jammes. Ce Bigourdan, né à Tournay en 1868, s'il a passé ses dernières années à
Hasparren, en terre basque où il repose, a mérité pour les trente-
trois ans qu'il a vécus dans la vieille cité de Gaston Fébus d'être
appelé le « cygne d'Orthez ».

Clerc de notaire insouciant et fantaisiste, il se livrait à d'interminables promenades, des rives rocheuses du gave aux lointains
coteaux ouverts sur les Pyrénées, et chassait négligemment le
lièvre. Le don de poésie fondit sur lui comme un épervier sur sa
proie : « C'est au cœur du mois d'avril 1895, écrit-il dans ses

Mémoires, que je fus envahi. Je ne peux trouver que ce mot pour exprimer ce que je voudrais dire. Une explosion simultanée de toutes mes puissances lyriques se produisit en moi. Je ne sais pas comment je ne suis pas mort de ce souffle dont une aile violente semblait me frapper... »

Mais à peine s'était-il laissé aller à chanter « toutes les fontaines, tous les ruisseaux... » dans ses vers à l'odeur de foin coupé, qu'un mal étrange l'envahit, « une sorte de nuit obscure, mais qui n'avait rien de commun avec celle de saint Jean de la Croix »... « Cet état de malaise et de vertiges dura quatre mortelles années. Un jour, allant chasser, il rencontra « une très vieille femme marchant à l'aide de béquilles, coiffée d'un large chapeau de moisson. Un joli petit chien l'accompagnait... N'ayant point d'argent sur moi, je lui offris une partie du déjeuner que j'emportais... Elle accepta ce don avec des mots si gracieux et si nobles que je ne saurais les exprimer... ». « Quelques mois après, cette femme, je la vis distinctement en songe. Elle portait un cabas. Elle prit un exemplaire du *Triomphe de la vie* et, le glissant dans son panier, elle me dit : « Je couvre de mon ombre ta jeunesse rieuse pour qu'il ne t'arrive aucun malheur. » C'est alors qu'en se réveillant, il apprit que la vieille était venue pendant son sommeil et que, sans rien demander d'autre, elle avait prié pour lui... C'est alors qu'il appela à son aide Claudel qui revenait de Chine. C'était en 1905. Claudel vint à Orthez... et Jammes écrit dans ses *Mémoires* : « Je rejettai au diable ma tunique de Nessus et le vautour qui me rongeait le foie[1]... »

Le cygne a le bec dur, et Francis Jammes, dans le troisième tome de ses *Mémoires*, a usé d'un humour féroce et allègre pour peindre ses concitoyens, sous les apparences d'une amende honorable. « Le vent de cette année-là, 1900, dut être un peu fou. Il débusqua la fauve qui sommeille en moi. Je commis ce poème burlesque et satirique auquel je donnai le titre d'*Existences* et qui est un acte de démence. L'expression n'est pas trop forte, elle est d'un hôtelier de Biarritz. Sans que j'aie précisément visé personne dans ce poème, je peux dire que j'ai ridiculisé tout le monde de la petite ville, et il faut bien, après vingt-deux ans, que j'adresse mes excuses aux Orthéziens,... et aussi mes remerciements car ils auraient pu me prendre à partie pour cet accès de fièvre chaude qu'accompagna une gaieté délirante... J'ai écrit ce poème dans une chambre mansardée, par une température qui aurait fait durcir des œufs, l'oreille vrillée par les cigales qui criaient au niveau de mes fenêtres... Chaque nouveau fragment m'attirait des lecteurs parisiens affolés et hilares, des tas de lettres qui toutes se terminaient ainsi : « Comment désormais, allez-vous pouvoir vivre à Orthez sans danger de mort? Où allez-vous habiter? » Mais Orthez ne lisait point la revue où se perpétrait cette publication. Ce ne fut qu'un an et demi plus tard, en mars 1902, qu'il prit connaissance de cette bacchanale[2]... » Les enfants terribles sont souvent l'orgueil secret des familles. Aujourd'hui, Orthez se fait gloire du « faune capricieux... au cœur plein de miel et d'abeilles », mort réconcilié avec son enfance.

<hr />

1. Francis Jammes, *Mémoires*, Plon, 1925.
2. *Ibid*.

La ruée vers l'or noir

Au nord-ouest d'Orthez, sur la commune de *Saint-Boës*, un camp préhistorique de deux hectares et demi, l'un des mieux conservés du Béarn, occupe le sommet d'une butte au pied de laquelle coule une source connue de tout temps pour produire du bitume et du pétrole, « la fontaine de la Mounicq ». Le chemin qui passe près de la source coupe le camp en deux parties égales. Les pentes du fossé et du talus qui le circonscrivent sont recouvertes de taillis qui empêchent d'en voir les détails. Mais le sommet est visible des grands camps des environs, de Lahourcade et de Morlanne.

Au pied de cette position stratégique préhistorique s'affrontèrent, le 27 février 1814, l'armée française de Soult et l'armée anglaise de Wellington. Celui-ci avait choisi le camp comme observatoire et c'est de là qu'il fit partir la contre-attaque qui décida de la journée.

De Saint-Boës, on aperçoit, la nuit, la lueur des puits de gaz de Lacq. La fontaine était un signe, mais le pétrole attendait les puissantes foreuses de la S.N.P.A. pour apparaître. Francis Jammes dans sa pittoresque géographie du Béarn la signale parmi les nombreuses stations où, depuis plus de deux siècles, on pressentait le pétrole, « contrée charmante, tant elle est désolée, mais qui s'obstine à ne livrer dans son eau que du soufre alors qu'on réclame d'elle du naphte. En s'élevant de là sur les coteaux qui vous permettent de gagner la route de Tiel, on rencontre une ferme assez vaste et d'aspect lamentable. Un paysan l'habita, qui, excité par les fortes émanations qui s'exhalaient de son terrain spongieux y creusa jour et nuit une excavation si profonde qu'il y laissa sa fortune et sa fille sa raison. »

OSSE en ASPE

64 — Pyrénées-Atlantiques, 28 km au S d'Oloron par N 134 et D 237

La roche aux fées

Des sept villages qui entourent le bassin de Bedous, Osse est le plus ancien, sur la rive gauche : avec son église romane, sobre et simple, il passait pour la plus belle bourgade d'Aspe, peuplée, selon le chanteur-poète Navarrot, des plus gentils, des plus propres et des plus aimables pastoureaux et pastourelles.

Il n'y avait pas jusqu'au château d'Osse qui ne fût vanté : « Mieux vaut le château d'Osse / Que Pau et Saragosse! ». La rime aidait certes, mais aussi la légende. Ce château n'est qu'un rocher dominant le village, où les fées gardaient un trésor. Autrefois, le Jeudi saint, les enfants s'y rendaient en chantant : « *Hate, hate da m'argèn! Qué t darey leyt e bren* » (« Fée, fée, donne-moi de l'argent — Je te donnerai du lait et du son »).

Les trompettes de Jéricho

Au temps de la reine Jeanne d'Albret, le village se convertit à la Réforme et, sous la dynastie de pasteurs remarquables, les Cadier, constitua une des communautés protestantes les plus unies et les plus irréductibles du Béarn. A la révocation de l'Édit de Nantes, l'intendant Foucault ne put faire plier la volonté de ces Aspois aussi récalcitrants qu'adroits. Lorsqu'il eut obtenu la démolition de leur temple, l'un des derniers du Béarn, il se montra vindicatif et cruel; les fidèles durent le détruire eux-mêmes et Foucault fit sonner de la trompette quand la dernière pierre fut renversée. De là vient le nom de « terre de Jéricho » qui fut donné à l'emplacement de la ruine jusqu'au début du XIXe siècle.

Le roman de la pleureuse

Parmi la population protestante, on compta alors un certain nombre d'ouvriers et de commis, employés aux chantiers de la mâture dans la forêt voisine d'Issaux. Au foyer de l'un d'eux, le forestier Asserquet, naquit, le 29 août 1765, une petite fille qui, en grandissant, se révéla être une beauté avec sa taille fine, son allure élégante, son intelligence vive, son beau visage au teint pâle, que relevait une superbe chevelure noire : on la nomma « Marie Blanque », (la Blanche). C'est sous ce nom qu'elle devint célèbre dans toute la vallée pour ses dons d'*aurostère*[1].

Marie Blanque, mariée malgré elle à un pâtissier d'Orthez, était revenue seule à Osse où elle vivait à l'écart. Mais ses dons d'improvisatrice, la vivacité de son intelligence la firent recevoir partout. Bientôt, elle fut recherchée pour chanter l'*aurost* des morts de quelque importance, et certains, redits de bouche en bouche, furent imprimés après sa mort, en 1849.

Il y en a de touchants, comme celui de la jeune veuve de quinze ans, de tragiques, comme celui du berger tué dans la montagne; de terribles, comme celui de sa cousine enceinte, morte par la faute d'une servante, maîtresse du mari. Il y a enfin l'*aurost* du beau Laclède, son amant. C'était le fils du châtelain de la vallée, capitaine de la compagnie française d'Accous; son intervention avait été décisive dans la victoire remportée sur les Espagnols à Lescun en 1794. Ils s'aimèrent avec passion. Mais la carrière du brillant officier, l'entraînant sur tous les champs de bataille d'Europe, se termina à Saragosse en 1808, où il fut tué d'une pierre lancée par des femmes. On ne peut penser sans émotion à ses funérailles à Arcous, où, en présence des frères d'armes de Laclède et de tout ce que la vallée d'Aspe comptait de notables, l'*aurostère* d'Osse vint pleurer celui qu'elle appelait son « Clédou »...

On ne chante plus d'*aurost* à Osse en Aspe mais la vallée est restée *lou pais de las cantos*, le pays des plus belles voix et, selon certains, des plus belles femmes des Pyrénées[2].

1. Voir *Les Traditions*, pp. 98, 99.
2. *Guide Joanne*, 1858.

Paysans d'Ossun (B.N., Est.)

OSSUN

65 — Hautes-Pyrénées, 11 km au S O de Tarbes par N 21 et N 636
ou D 16

Les armes des morts

Ossun se trouve au cœur de la grande nécropole préhistorique
qui s'étend de Dax à Lannemezan et dont la plus forte densité
en vestiges se situe sur le plateau de Ger, qui domine le village
à l'ouest. Sur le territoire de la commune, vingt-sept tumulus
ont été recensés au sud de la nationale 636, dans le triangle
Pontacq, Loubajac, Ossun. Ils sont répartis en neuf groupes et
leur diamètre varie de 6 à 20 m. Les bulldozers, lors de la mise en
valeur des Landes, les ont arasés pour la plupart, en 1964. Ceux
qui ont échappé à la destruction sont d'autant plus précieux. Les
tombes de l'âge du fer et du hallstatien prolongé, civilisation particulière du Piémont pyrénéen, contiennent des urnes cinéraires
entourées de restes d'armes diverses, épées à antennes ou jave-
lots à crochets, particuliers aux populations celtibériennes qui
ont occupé le plateau de Ger à cette époque.

Au-dessus du village, une colline est couronnée par un « camp
de César » où, écrit Paul Guth, « un amphithéâtre de chênes
semble encore engraissé de leur sang ». Le *Guide Joanne* de 1858
en dit : « La tradition rapporte que Crassus, lieutenant de César,
s'y fortifia; cet ancien camp forme un carré long ayant quatre
ouvertures, entouré de fossés d'une largeur et d'une profondeur
considérables; il pouvait contenir 4 à 5 000 hommes. »

Au bon beurre

« Les habitants d'Ossun exerçaient autrefois pour la plupart la profession de roulier. Ils étaient connus dans toute la France pour leur costume pittoresque qui avait conservé les pièces essentielles des vêtements du temps de Henri IV, tel celui que l'on voit porté par le baron François d'Ossun dans un portrait peint en 1642 et marqué de ses armes : « D'or à l'ours passant de sable sur un tertre de sinople. » C'est l'ours qu'on retrouve dans le nom d'Ossun, comme dans celui de la vallée d'Ossau[1].

Ce costume se composait essentiellement d'un pourpoint bleu rembourré aux épaules de larges bourrelets galonnés et soutachés de broderies de fil blanc, d'un haut de chausse bouffant comme les culottes des Cent Suisses de la garde d'Henri IV; un surtout à manches plissées remplaça plus tard le pourpoint. La coiffure était un béret plat et rond. La ressemblance entre les vêtements des « beurrayres » et ceux du baron d'Ossun laisse supposer que ce costume pouvait être à l'origine une livrée : presque tous les habitants d'Ossun étaient en effet vassaux du baron. Cela expliquerait pourquoi, en 1794, la municipalité républicaine en interdit le port comme un souvenir trop voyant du passé aristocratique.

Tous les rouliers du coin emportaient avec eux un pot plein de beurre. Ceci explique le nom donné à ces conducteurs de voitures, les « beurrayres » ou « burrariés ». Un dicton leste et malicieux le rappelle :

Burrariés d'Aüssu
Grano culotto e petit cu.

(Beurriers d'Ossun — grande culotte et...)

La verve populaire a-t-elle choisi le village d'Ossun parce que la rime venait bien, ou parce que réellement les gens du pays faisaient plus de bruit que leurs actes ne le méritaient? Paul Guth, enfant du pays, pourrait peut-être répondre à la question. Il décrit son village natal avec un humour malicieux et attendri.

Le pays du naïf

« Les cailloux sont aussi rugueux ici que l'accent, que les maisons des paysans, que les murs, que le patois ». Avec le coup d'œil ému de celui qui revient dans des lieux aimés, il n'oublie pas, sur une petite pente herbeuse, la chapelle de Belleau « qui ressemble aux reliquaires en bois sculpté qu'on vend dans les magasins d'objets de piété. Et l'église de briques et toute cette immobilité[2] ». La maison où il était né, « la maison » par excellence, renfermait un lieu qui, dit-il « me remplissait d'horreur ». C'était « et oursé », la « souillarde » en bigourdan. La voici, surgissant de ses souvenirs : « Elle était carrelée de grosses ardoises. Elle sentait les eaux grasses qu'on jetait dans l'évier et dont des surplus mystérieux s'échappaient par des trous, par terre. Elle me faisait penser à toutes les choses violentes et visqueuses ».

Les fantasmes de sa jeunesse, nés de ce sordide coin de maison, prennent la forme de ses hantises d'aujourd'hui : « Si jamais je vais en prison, dans quelque univers concentrationnaire, même si j'y maigris, je penserai aux eaux grasses d' « et oursé ».

1. Exposition du Musée pyrénéen de Lourdes, 1969, Ferogio, *Nouvelle suite de costumes des Pyrénées*, Album.
2. Paul Guth, *Mémoires d'un Naïf*, Cercle du Bibliophile, Paris, 1963.

OSTABAT

64 — Pyrénées-Atlantiques, 12,5 km au S de Saint-Palais par N 133

Au rendez-vous des pèlerins

Au cœur de la haute vallée de la Bidouze, non loin du carre-four de la route du col d'Osquich, Ostabat vit aujourd'hui à l'écart de l'ancienne route d'Espagne, la nationale 133. Son nom, qui figure dans les plus anciens textes et les plus anciennes cartes de la Navarre, signifie la « vallée de l'hospi-talité ».

Maison à Ostabat (photo A. Ocana)

Ce site exceptionnel devait être occupé au temps des Romains; bien que jusqu'à présent aucun vestige de cette époque n'y ait été signalé, la position stratégique du bourg, sur une terrasse, et surtout le curieux plan quadrillé des rues laissent penser à une installation de type romain, en bordure de la voix de Dax à Pampelune[1].

En 1140, le guide de Compostelle désigne cette ville comme le confluent des voies de Saint-Jacques : « *ad Histavallem, coadunantur (confluent)* ». Dans les vallées voisines, le nom accueillant se retrouve dans celui du village d'Hosta et du sommet d'Hostateguy.

Les trois chemins de Compostelle, qui, par de multiples cheminements, y aboutissaient, faisaient d'Ostabat une ville-carrefour; de plus, une importante circulation la traversait d'ouest en est, sur une route qui reliait au plus court Bayonne à Oloron et au Somport, par Mauléon. Cette route empruntait autour d'Ostabat de vieux chemins de transit pastoraux qui se dirigeaient à l'est sur Pagolle, à l'ouest sur Irissary par

1. R. Oursel, *Archeologia*, sept.-oct., 1967.

le col d'Ipharlatcé, en passant au pied de l'enceinte préhistorique d'Eligna. Une tradition recueillie dans la chronique du
Pseudo-Turpin fait d'Ostabat le lieu de dislocation de l'armée
franque après la bataille de Roncevaux; on y lit en effet que
les « Bourguignons se départirent de l'armée royale en Ostreval
pour aller enterrer en Arles aux Alyscamps tous leurs morts
et leurs navrés qu'ils apportaient en lits et en charrettes ».

C'est le début du grand courant menant à Compostelle.
En 1167, sous le vocable de Saint-Jean, un hôpital y accueille
les pèlerins; bientôt hospices et hôtelleries s'y multiplient.

En 1523, au cours du raid de l'armée espagnole conduite
par le comte d'Orange, elle fut brûlée « tellement », dit dans
une lettre Henri IV, « que depuis elle n'est pas remise comme
elle était auparavant le dit brûlement ».

Vers le milieu du XVIIᵉ siècle, Ostabat était redevenue une
petite ville avenante et accueillante, prête à jouer à nouveau
son rôle sur le grand chemin d'Espagne. Un quartier bas de la
ville, par lequel arrivait la route de Harambels, a conservé
dans le nom de plusieurs de ses maisons le souvenir de pèlerins :
c'est *Pelegrinia* (la maison du pèlerin), *Ospitalia* et *Ospitalzahare*
(l'hôpital et l'hôpital vieux), *Putzuteguia* (la maison du puits),
Mandoua (l'abri des mulets), *Priorenia* (la maison du prieur).
La source miraculeuse de Saint-Georges coule à la croisée de
deux chemins. La plupart de ces maisons, nous avons vu
pourquoi, datent au plus du XVIIᵉ siècle; avec leurs balcons
en bois, de guingois sous les tuiles rondes, envahis par les
guirlandes de vignes, elles sont prêtes à servir de cadre à un
film de cape et d'épée... Certaines inscriptions au fronton des
portes datent de cette époque, et servent d'enseigne parlante
comme celle de Daguerre qui logeait à pied et à cheval et
servait à boire et à manger. La plus curieuse est celle d'un
serrurier, compagnon du Tour de France, du nom de Barca.
Elle semble sortie d'un décor de temple aztèque, bien qu'elle
porte la date de 1825. L'artisan s'est fait représenter avec
sa cravate à nœud papillon et sa perruque à cadenettes, tenant
ses outils sur deux plateaux et encadré de son écharpe et de
son bâton de compagnon. La couronne de sa réception ne manque
même pas à ce festival du souvenir du Tour de France.

Linteau de porte sculpté (photo J. Verroust)

Château de Laxague (photo A. Ocana)

Grandeur et décadence

Le château d'Ostabat appelé aussi de Laxague, se cache dans une châtaigneraie séculaire, à l'ouest du village, au creux d'une combe.

Aujourd'hui réduit à l'état de ferme, envahi par le bétail, la boue et le fumier, ce qui reste du vieux château anglo-navarrais ne permet guère d'imaginer l'allure qu'il avait lorsque Pée de Laxague, « ricombre » de la cour de Charles le Mauvais, le fit construire. C'est une enceinte rectangulaire qui contient les logements et les dépendances. Sous la tour d'angle une voûte en ogive donne sur la cour intérieure. A l'angle sud-est, le corps de bâtiment principal, en grande partie reconstruit, est aménagé en grange. La porte en anse de panier est surmontée d'un tympan de la fin du XVᵉ siècle, d'où l'écusson a disparu. Par la porte béante, on voit la grande salle transformée en étable. Une bergerie occupe la tour de l'angle nord-ouest.

Environs

Un kibboutz navarrais

L'entrée du chemin qui conduit à *Harambels* se remarque à peine sur la route d'Espagne, entre Saint-Palais et Ostabat. Harambels signifie « la montagne noire »; ce nom convient bien aux collines du pays de Mixe, couvertes de châtaigniers et de chênes aux verdures denses, aux ramures sombres. Après la traversée de ces bois, hantés autrefois par les ours et les loups, le pèlerin débouchait dans le petit vallon d'Harambels.

Là, un hameau-refuge modèle l'attendait, créé pour lui dès
les premiers âges du pèlerinage de Saint-Jacques, entre les
étapes de Garris et d'Ostabat.

La chapelle d'Harambels ne reçoit plus les pèlerins. Mais
les quatre maisons des *donats* Etcheverry, Etcheco, Salla et
Borda, sont toujours là, témoins d'un passé de dévouement
total. Car les habitants d'Harambels sont les descendants
directs des premiers hospitaliers du xe siècle. Ceux d'Etcheverry
seraient même là depuis 984 exactement, et il n'y a pas de
raison de douter de la véracité de l'inscription qui se lit au
second étage de leur maison :

*Maison bâtie en 984, rebâtie par Armand d'Etchebet et Jeanne
Anchil, maître et maîtresse, ano 1786.*

En 1309, le testament de Loup Eneco, vicomte de Baïgorry,
faisait déjà une donation en faveur de l'hôpital d'Harambels.
En 1381, le roi de Navarre, Charles le Mauvais, confirmait
les privilèges du prieuré, les déchargeant en particulier de
toutes taxes et impôts dus par les autres habitants du pays
de Mixe et séparant les terres d'Harambels de celles qui les
environnaient.

Les *donats*, nom porté par les chefs de famille desservant le
prieuré et l'hôpital et cultivant les terres, étaient « donnés »
au service de Dieu. Cette communauté religieuse, laïque et
familiale, évoque les kibboutzim israéliens : on n'y possédait
rien en propre, on partageait le fruit des travaux de tous.
Pour témoigner de leur adhésion volontaire à ce service, les
donats élisaient eux-mêmes leur prieur. Les procès-verbaux
de cette cérémonie existent encore. Lorsque l'hôpital fut fermé,
en 1786, les quatre familles prirent en charge la chapelle comme
un héritage indivis et, à la Révolution, elles s'en instituèrent
spontanément propriétaires. A tour de rôle, chaque maîtresse
de maison nettoie le sanctuaire, renouvelle les cierges, lave
le linge de l'autel. Les murs et le toit sont entretenus à frais
communs.

L'édifice rectangulaire tout simple comporte une façade
surmontée d'un clocher-mur à deux ouvertures en plein cintre.
Au-dessus du porche, se trouve un étage auquel on accède
par une trappe et une échelle. Traditionnellement, c'était le
dortoir des derniers pèlerins. Le portail ouvert sur l'intérieur
de la chapelle, très ancien, est timbré d'un chrisme pyrénéen.
Une étoile marque l'un des corbeaux qui soutiennent le linteau
du tympan et sur l'un des montants de la porte se détache un
masque sans âge, informe, énigmatique. Les murs sont recouverts de lambris peints et dorés. Le plafond forme une voûte
semi-circulaire en planches jointes et peintes en fausses
briques que continuent les tableaux représentant les évangélistes et saint Roch habillé en pèlerin, découvrant la plaie
de sa cuisse, que touche un ange.

Dans le petit enclos du cimetière, les morts reposent sous
d'énormes stèles discoïdales dont certaines sont décorées d'un
monogramme marial, motif rare et recherché.

Le prieur d'Harambels siégeait aux états de Navarre avec
l'évêque de Pampelune et le chapelain majeur de Saint-Jean-
Pied-de-Port. Ce dernier s'est fait ensevelir dans la chapelle
sous une dalle au décor typiquement local, où le calice voisine
avec la croix solaire basque.

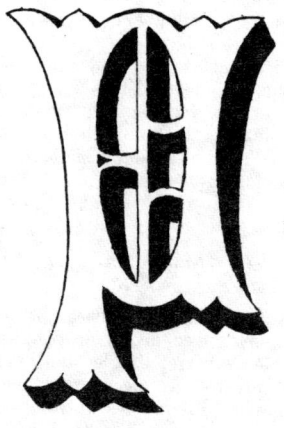

PAU

Le paon et le pal

Les armes de Pau, racontent symboliquement l'histoire de la fondation de la ville. Elles étaient, en 1680, « d'or à la barrière de trois pals au pied fiché; sur celui du milieu, un paon rouant; entre les pals sur une terrasse, deux vaches affrontées passantes, clarinées ».

Aux origines de la ville, il y eut un château des vicomtes de Béarn construit sur un terrain cédé par les Ossalois, qui auraient délimité leur concession par trois pieux, trois « pals » de bornage, en béarnais trois *paus*. En un point de l'enceinte qui entourait le château primitif, mentionné dès le XIIᵉ siècle par le cartulaire de Lescar, devait se dresser le *pau* porteur des armes de Béarn, qui a donné son nom à la ville.

La querelle du droit des montagnards sur les milliers d'hectares de landes du Pont-Long, dont faisait partie la terrasse de Pau à l'origine, a duré 700 ans. Charles V y a mis fin, en 1829, par un arrêt du Conseil d'État, reconnaissant le titre de propriété du Syndicat d'Ossau sur des terres dont les riverains ne garderaient que l'usage. A ce titre, les vaches passantes clarinées des armes de la ville sont bien les leurs.

Le paon qui surmonte les pieux est celui de Gaston Fébus qui dota le château de son orgueilleux donjon de briques rouges et le signa « *Febus me fe* ». « Febus m'a fait ». Il n'en fit pas souvent son séjour. Aussi le paon est-il surtout là comme une arme parlante, car *pau* est le nom du paon en béarnais et, dans les vieilles chartes latines, la ville est appelée indifféremment *palum*, le pal, ou *pavum*, le paon.

Enfin, c'est un Bourbon de la Restauration, dont on connaît la dévotion pour les souvenirs du roi béarnais, qui a fait cadeau à la ville natale d'Henri IV de la couronne royale, encadrée des initiales « H-IV », qui complète ses armes.

Le jugement de Dieu

La place actuelle de la Monnaie a connu de tout temps une
activité intense; là se rassemblaient, au débouché du pont sur
le gave de Pau, les troupeaux ossalois allant vers le Pont-Long
ou en revenant : ils y pacageaient et s'abreuvaient au canal du
moulin, au pied de la Tour de la Monnaie, en un endroit de la
rive reconnaissable à son pavage destiné à préserver la berge
du piétinement des bêtes. Cette place avait encore une autre
fonction très particulière : elle servait de champ clos aux
duels judiciaires, ce qui lui avait valu le nom de *Camp Batailhé,*
terme que l'on retrouve du reste en divers lieux des Pyrénées,
pour désigner les emplacements réservés à ces combats singuliers. Là, sous les yeux du seigneur de Béarn, des juges de la
Cour Mayour et du peuple, les plaideurs venaient réclamer
le jugement de Dieu, les armes à la main.

Alors qu'elle avait disparu partout ailleurs en Europe,
cette procédure était encore en vigueur à Pau au XVIe siècle,
si bien que « le Béarn apparaissait un lieu privilégié à tous
les hommes de caractère ombrageux désireux d'en découdre
les armes à la main[1] » Il fallut une menace d'excommunication
de Léon X pour qu'Alain d'Albret consentît à refuser à deux
seigneurs espagnols l'usage de ce champ clos pour vider une
querelle. Mais en 1518, à la régente de Navarre qui lui posait
la question de la validité de la coutume, la cour souveraine,
après mûre délibération, avait répondu que « le duel ne pouvait
pas être regardé comme illicite puisque la coutume générale
le permettait », et que « ce qui est ordonné et permis dans
l'intérêt public ne pouvait être illicite », considérations dignes
de Machiavel. La rubrique sur les combats singuliers figura
donc, toujours réimprimée, dans les *Fors et Coutumes de Béarn,*
jusqu'à la Révolution Française.

Le château de Pau (coll. Sirot)

1. P. Tucoo Chala, « Le Béarn et les duels judiciaires au début
du XVIe siècle », in *Bulletin de la Société des Lettres et Arts de Pau,* 1968.

Les malheurs du bourreau

La haute tour de briques du donjon de Gaston Phébus, aux fenêtres munies de barreaux, a gardé longtemps la sinistre réputation d'une des geôles les plus inhumaines de toute la France. Au-dessus de sa silhouette planait l'ombre cruelle de « Yan Crouquet » le bourreau de Pau. Et, quand les petits Béarnais n'étaient pas sages, leurs grands-mères les menaçaient d'appeler « Yan Crouquet ».

Parmi les archives du parlement échappées au malencontreux incendie de 1785, plusieurs documents ont trait à ce personnage dont le métier était plein d'aléas : il vivait du petit salaire versé à chaque exécution, et de dîmes prélevées sur les marchés de Pau, Lescar et Nay, où il circulait, revêtu de sa livrée.

On sait ainsi que, le 13 mai 1623, Jean d'Aumos reçoit l'ordre des magistrats du Parlement siégeant à Saint-Palais, d'exécuter son prédécesseur, Bertrand d'Urruty. Il en est payé de 30 francs. On suppose que, comme le célèbre Capeluche, son patient lui donna des conseils sur la meilleure façon de le dépêcher. En 1630, on cherche en vain un successeur à Jean d'Aumos. On en vient même à proposer la vie sauve à un condamné à mort, le *teuler* (tuilier) de Sauveterre, « si lui se vol far bourreau ». En 1633, le bourreau Pierre Lostalot proteste, pour n'avoir reçu qu'un salaire habituel pour une exécution au cours de laquelle, à grand-peine, il a pendu, dépendu et enfin rependu un condamné. Il n'était pas au bout de ses malheurs; en 1634, sur le chemin d'Orthez où il allait « servir le roi et la justice », on l'attendait pour l'envoyer à son tour rejoindre ses victimes. Il laissait peu de chose à sa veuve qui réclama qu'on lui rendît ses habits, ou qu'on lui fît la charité.

Le 8 mars 1634, Daniel de Day procédait à une exécution qui dut être un singulier régal pour les amateurs de spectacles sanglants; il démembra une femme de Bedous, en vallée d'Aspe, condamnée à avoir la tête, les bras et les jambes tranchés. En mai 1643 c'est un faux-monnayeur qu'il pend et dont il livre le corps au feu. En 1644, un autre faux-monnayeur est fouetté jusqu'au sang, puis on lui applique au fer rouge sur l'épaule, la marque d'une vache, la « baquette » du Béarn. Enfin, par ordonnance de la chambre de la Tournelle, le bourreau cloue les fausses pièces sur les portes du palais de justice et de la Maison de Ville.

En 1656, trois charpentiers *cagots*[1] sont réquisitionnés pour donner la question au marquis de Lusignan, en exécution de l'arrêt de la cour du 14 novembre; c'est l'un d'eux qui lui tranche la tête.

Un métier périlleux

La seconde moitié du XVIIe siècle semble avoir été une époque de mœurs plus sereines en Béarn, trop même, de l'avis du bourreau Henry du Boys qui, en 1657, demande à ces messieurs de l'entretenir, lui et sa famille qui « languit de faim et de misère ». Les magistrats se réveillant brusquement, comme dans *Les Plaideurs* de Racine, semblent avoir commis une affreuse erreur judiciaire. Au mois de juillet suivant, le bourreau réclame son salaire pour « ce jeune enfant qui fut pendu... ».

1. Voir chapitre : Peuples maudits et parias, p. 57.

La profession de bourreau devient de plus en plus dangereuse et difficile à exercer. En février 1660, les charpentiers ayant dressé une potence trop faible, celle-ci se défait sous le poids du pendu, le bourreau tombe de l'échelle et manque de se rompre le cou. En se relevant, il est à moitié assommé par le peuple, furieux de ce qu'il prend pour une manœuvre destinée à faire échapper le condamné à son sort.

Le 23 juillet 1684, le condamné qui doit être exécuté est un criminel qu'une famille de la ville avait intérêt à sauver. On fit cacher les jurats qui devaient diriger l'exécution. L'intendant Foucault dut aller lui-même à leur recherche et les contraindre à faire leur devoir. Puis, pour leur éviter dorénavant cette corvée, une compagnie de maréchaussée fut installée dans la ville.

Bas-fond sinistre de la justice, loin du « beau ciel » de Pau, la chambre des tortures de la conciergerie donne mal au cœur à messieurs les conseillers. L'un d'eux étant décédé en 1695 d'une mauvaise fièvre, après avoir assisté à un interrogatoire au cours duquel on avait donné la question, ses collègues décidèrent alors de ne plus se rendre à ces séances « qui faisaient passer une heure ou deux », pour la raison « que les chambres des prisons sont si infectées d'une puanteur contagieuse que personne ne peut y aller sans courir risque de sa vie[1] ».

Le supplice de la Vierge de Fer

La tour de Mountaüset (monte-oiseau), située sur la face nord de la cour d'honneur du château, et de réputation aussi sinistre que le donjon, fut bien nommée. L'entrée se faisait par une porte située à la hauteur du premier étage, à laquelle on accédait par un pont, à partir du chemin de ronde de l'enceinte. Sous cet étage se trouvait la basse-fosse. Une tradition recueillie par Bascle de Lagrèze veut que Gaston Phébus en ait fait un lieu de tortures pour ses prisonniers ; des oubliettes recevaient les malheureux destinés à mourir de faim. Au XIXe siècle, un chroniqueur raconte même que, au cours de travaux de réfection, on aurait trouvé des ossements humains, encore encerclés par les anneaux qui les tenaient aux chaînes. Quoiqu'il en soit, il semble que l'utilisation dans les prisons du château d'instruments de supplice rares ait été une réalité. Elle aurait été le fait non de Gaston Phébus mais d'un de ses successeurs, Mathieu de Béarn. Après une guerre de succession malheureuse avec la Catalogne, en 1395, il avait été dépouillé de ses possessions du sud des Pyrénées ; son caractère s'en était assombri et sa rancœur s'était changée en cruauté. Quand ses successeurs, sa sœur Isabelle et son mari, Archambault de Grailly, prêtèrent serment aux états de Béarn, ceux-ci leur firent promettre de détruire « les instruments de fer abominables que Monseigneur Mathieu avait fait faire pour mettre en prison et à mort les gens de manière inaccoutumée ». Les plaintes des sujets de Mathieu de Béarn semblent bien évoquer entre autres une de ces sinistres « vierges de fer », dont l'image faisait frémir même les plus endurcis, et dont on exhibe encore quelques spécimens dans de sinistres châteaux d'Europe centrale. Cette machine

1. Dupon-Laray, *Curiosités judiciaires du Parlement*, Pau, 1873.

coûteuse à la mécanique compliquée, représentant une femme nue et « peinte au naturel », étreignait la victime dans ses bras articulés, tandis que, sous l'action d'un mécanisme savant, des poignards dissimulés dans les seins et le ventre de l'effigie sortaient de leur cachette et transperçaient le corps immobilisé. Cet instrument habituellement fabriqué à Nuremberg était également connu en Angleterre où il s'appelait « la fille du balayeur » (scavenger daughter); il était souvent réservé à l'exécution des séducteurs[1].

La tour de Mountaüset (B.N., Est.)

La flûte empoisonnée

Le 30 janvier 1483, le château de Pau fut le théâtre d'un drame sur lequel plane encore une énigme totale. Le jeune roi de Navarre François Phébus, qui avait été couronné à Pampelune un an auparavant et pour lequel on cherchait une épouse, mourait subitement, laissant le royaume de Navarre désemparé. Les deux plus anciens historiens de la Navarre, Favyn et Palma-Cayet, ont donné deux versions complètement diffé-

1. Hermann Schreiber, *Les Dix commandements*, Stock, 1962.

rentes de cette mort. Celle de Favyn est la plus connue et
la plus mystérieuse.

Après son dîner, le jeune François s'était mis à jouer de
la flûte, son passe-temps favori : aussitôt qu'il eut approché
l'instrument de ses lèvres, il se sentit saisi d'un froid mortel.
Deux heures après, il succombait et Favyn rapporte qu'on mit
cette mort sur le compte du poison, « charité attribuée au roi
de Castille avec grande apparence de vérité et dont on en
découvrit de grands indices ». Certains ont même accusé le
connétable Louis de Beaumont : cette hypothèse, qui manque
de preuves, ne serait pas insoutenable, étant donné ce que l'on
sait de ce bandit féodal, sans moralité et sans scrupules,
assoiffé de domination et ennemi juré de la famille de Foix
et de ses partisans, les Gramont. En supprimant le défenseur
attitré de la Navarre que le roi de Castille convoitait, il rendait
ainsi un service signalé à Ferdinand d'Aragon, auquel il était
dévoué corps et âme.

Le testament de François Phébus, daté de la veille du jour
donné par Favyn comme étant celui de sa mort, était fort
détaillé; il faisait sa sœur Catherine héritière de la couronne
de Navarre.

Si le mystère plane encore sur la véritable fin du jeune roi
de Navarre, le glas de son royaume avait sonné : Catherine
savait déjà que les années de son règne étaient comptées.
De l'autre côté des monts, son ennemi mortel, le connétable
de Beaumont, tenait en son pouvoir les meilleures terres du
royaume et Pampelune. Il finit par entrer en rebellion ouverte,
fut exilé puis pardonné. Une dernière révolte amena sa
condamnation à mort par contumace. Beaumont se réfugia
auprès de Ferdinand d'Aragon et mourut en exil.

Mais la Navarre était condamnée, le souverain espagnol
attendit un prétexte honorable. Ce fut une bulle d'anathème
du pape Jules II contre les souverains navarrais, coupables
d'être les alliés de Louis XII, fauteur de schisme. Le même
jour, le 21 juillet 1512, la conscience en paix, Ferdinand fit
entrer ses troupes en Navarre.

Marguerite de Navarre et l'Heptaméron (B.N., Est.)

Fêtes galantes

Ce sont des artistes et des artisans tourangeaux, berrichons et italiens qui, appelés à Pau par la reine de Navarre, la « Marguerite des Marguerites », ont fait du simple logis des comtes de Béarn, encadré de ses tours rébarbatives, une demeure imprégnée de la douceur de vivre de la Renaissance.

On sent l'influence de l'Italie dans les médaillons de la cour, où les divinités antiques alternent avec les nobles hôtes du château. Le grand escalier d'honneur qui fait communiquer les trois étages de l'aile Sud reste, par ses sculptures, un des plus étonnants que nous aient laissés les artistes de la Renaissance. Entre les nervures des caissons à rosaces, en losange, tout au long de la frise sculptée qui borde les voûtes où les initiales H R et M R désignent Henri d'Albret et Marguerite d'Angoulême, se logent des êtres extravagants, hybrides, des monstres romans et des mythes gréco-romains, satyres, sirènes, centaures, sylvains, tous d'une beauté d'exécution extraordinaire. La hardiesse de certaines de ces figures est bien dans le ton des priapées galantes qu'on retrouve dans les œuvres de la Pléiade et qui n'étaient pas pour déplaire à l'auteur de l'*Heptaméron*. La fougue baroque des sculpteurs leur a même fait traiter avec un humour étonnant le thème de la vache héraldique du Béarn, dans une des clefs de voûte de l'escalier.

La brebis accoucha d'un lion

Tout le monde a entendu parler de cette lampée de vin de Jurançon que le vieil Henri d'Albret fit avaler à son petit-fils lors de sa naissance et de la gousse d'ail dont il lui frotta les lèvres. Et de nombreux Français ne savent guère autre chose d'Henri IV.

Au cours du XVIIe siècle, trois historiens s'étaient chargés d'en conserver le récit pour la postérité. Hardouin de Perefixe, évêque de Rodez, ancien précepteur de Louis XIV, en publia une version dans sa très officielle *Histoire du Roy Henri le Grand*, parue en 1661. Il s'inspirait de l'*Histoire de Navarre* d'André Favyn, avocat au Parlement de Paris, parue en 1612. Mais bien que Favyn ait résidé en Béarn vers la fin du XVIe siècle, il eut un devancier encore mieux placé pour être au courant des faits, le pasteur Palma Cayet. Ce réformé avait été recommandé à Jeanne d'Albret pour être le gouverneur de ses enfants. Selon ses propres dires, « il servit le jeune Henri à l'âge de sept à huit ans, sous le seigneur de La Gaucherie ».

Il tient le récit de la naissance d'Henri IV de vieux officiers de la Maison de Navarre et de valets de chambre qu'il a connus lorsqu'il était précepteur du jeune prince.

A la naissance de sa mère Jeanne d'Albret, les Espagnols s'étaient cruellement gaussés de voir la reine Catherine d'Albret donner une héritière au trône de Navarre, dont les provinces du sud des Pyrénées avaient été rattachées par Ferdinand de Castille à sa couronne : « Voyez, disaient-il, par dérision envers le blason du Béarn, voyez, la vache a accouché d'une brebis ! »

Le vieil Henri d'Albret ruminait cette méchante moquerie en surveillant la grossesse de sa fille. Si elle accouchait d'un fils, tous les espoirs étaient permis; il irait se faire couronner

Médaillons des Princes de Navarre (photo J. Verroust)

à Pampelune, à la tête de ses bandes béarnaises et effacerait ainsi le désastre de Noain. Un beau matin, il s'approcha de sa fille et tenant à la main une cassette, il lui tint ce discours : « Ma mie, ce qui est dans cette cassette sera pour toi si, au moment de faire ton enfant, tu chantes une chanson en béarnois, afin que tu ne fasses point une pleureuse ou un enfant rechigné. » Or il y avait, près du pont qui débouchait de Jurançon, au pied du château, un oratoire à Notre-Dame-du-Bout-du-Pont, à laquelle les femmes en couches avaient coutume de se vouer pour obtenir une heureuse délivrance. Elles chantaient un cantique qui revint à la mémoire de Jeanne d'Albret, quand elle se sentit prise par les douleurs, dans la nuit du 12 au 13 décembre 1553 : et tandis que naissait Henri, voici ce qu'elle chanta :

> *Nouste Daune deü cap deü poun*
> *Ayudat me a d'aqueste hore !*
> *D'u maynat que m'hassié lou doun*
> *Que moun frut que sorte dehors !*

> « Notre-Dame du Bout du Pont
> Aidez-moi en cette heure !
> D'un garçon faites-moi le don,
> Que mon fruit sorte dehors ! »

« Ainsi vint ce petit prince au monde, dit Palma Cayet, sans pleurer ni crier. » C'est alors que, tout joyeux, le grand-père arriva avec sa cassette d'or qui contenait son testament. A la mère qui souriait après l'effort, il remit la boîte en lui disant : « Voilà qui est à vous, ma fille... » Puis, sans crier gare, il enveloppa le poupon dans sa grande robe de chambre. En passant, il jeta aux matrones effarées : « Ceci est à moi », et revint dans la grande salle où toute la cour s'était rassemblée, en attente de l'événement.

Deveria a fait un tableau grandiloquent de « l'ostension » du petit prince par son grand-père à la foule des Béarnais. *L'arenilhet*, le grand cri sauvage des montagnards ossalois, éclatait au milieu des *Bibe la bacca* ! (Vive la vache !), traditionnel hommage au blason béarnais. C'est alors qu'Henri d'Albret, avisant quelques seigneurs espagnols présents à la scène, se dirigea vers eux et leur jeta : « *Mira ! la oveja pario un leon !* » (« Regardez, la brebis a enfanté un lion ! »).

« Grand-papa était enragé », aurait pu dire plus tard le jeune Henri de Béarn. Et c'est alors que se produisit une scène souvent rapportée, mais pour laquelle rien n'approche en naturel et en vécu le récit de Palma-Cayet : « La première viande (nourriture) qu'il reçut fut de la main de son grand-père, le dit sieur roy Henry, qui lui bailla une pillule de la thériaque des gens du village, qui est un cap (tête) d'ail dont il lui frotta ses petites lèvres. Lesquelles il se frippa l'une contre l'autre comme pour succer; ce qu'ayant veu le roi, et prenant de là une bonne conjecture qu'il serait d'un bon naturel, il lui présenta le vin dans sa coupe; à l'odeur ce petit prince bransla la tête comme peut faire un enfant, et lors le dit sieur roi dit : « Tu seras un vrai Biarnois » !

Les matrones eurent du mal à récupérer leur jeune client; il devait par la suite leur donner bien du souci car, selon la chronique, « ce petit prince fit de la peine à eslever, estant

passé par les mains de huit nourrices dont la huitième gagna
le prix ». Ce fut Jeanne Fourcade, épouse de Lasansaa, du village
de Billère, dont la maison, placée sous la sauvegarde du roi,
devint un lieu de pèlerinage pour tous ceux qu'intéressait
l'enfance d'Henri IV ; sous la Restauration, la famille royale
y fit plusieurs visites.

A propos d'une ci-devant tortue

La fameuse carapace de tortue qu'on présente à la vénération
ou à la curiosité des visiteurs comme le berceau d'Henri IV,
est celle d'une cistude de belle taille. Elle mesure 1,08 m de
long sur 0,81 m de large et est suspendue sous un faisceau de
trophée, don de Louis XVIII ; la duchesse d'Angoulême aurait
brodé elle-même certains emblèmes des fanions.

« Que l'on y ait déposé l'enfant comme par plaisanterie
dans les premiers jours de son existence et au milieu des
joyeusetés de la naissance et du baptême, c'est possible... ;
que le petit prince n'ait pas eu d'autre berceau, je ne le
crois pas. » Cette opinion d'un contemporain de Joseph
Prudhomme[1] semble fort judicieuse... mais ce berceau légendaire était devenu depuis longtemps une relique nationale
pour les Béarnais.

Lors des mouvements populaires qui se produisirent en 1788,
à l'occasion de la suppression de leur parlement, les habitants
de Pau le promenèrent dans la ville comme un emblème de
leurs libertés menacées. C'est alors que se constitua un corps
des « Gardes du berceau d'Henri IV ». Cette milice fut approuvée
par l'Assemblée nationale, en attendant l'organisation de la
garde nationale en 1790. Vinrent les beaux jours des sans-
culottides, et ce qui se passa alors à Pau laisse peser sur l'authenticité de la relique un tel doute qu'aucun historien n'ose actuellement se prononcer à ce sujet.

Si l'on s'en tient aux procès-verbaux du Comité de Salut
public, le berceau d'Henri IV aurait été brûlé en grande
pompe le 30 avril 1792 sur la ci-devant place Royale, avec
d'autres emblèmes d'un régime abhorré. Mais, d'après Cénac-
Moncaut, un véritable complot aurait permis de substituer
à la relique populaire une carapace de tortue toute semblable,
qu'un certain M. de Beauregard conservait dans son cabinet
d'histoire naturelle. Grâce à la complicité du concierge du
château et d'un garde du berceau l'opération fut menée à bien,
la nuit qui précéda l'autodafé. A la Restauration, la vérité
aurait enfin été dévoilée et la relique rapportée solennellement
au château, en présence du conseil municipal.

Les historiens scrupuleux y voient un pieux mensonge
destiné à rassurer la famille royale : ils ont certainement
contribué à faire naître un doute, une énigme qui ne sera pas
facile à dissiper.

Monsieur Polichinelle

Les effigies sous lesquelles les artistes ont représenté le
Béarnais, roi de France, en ont fait un type populaire par
excellence. La plus imposante de ces œuvres est la statue de
Pierre de Francheville (grande salle des chasses de Maximilien).

1. *Journal de voyage de Houbigant*, **Bibliothèque de la ville de Pau,
1846.**

Cet élève de Jean de Bologne exécuta cette œuvre en 1601.
Son modèle était un peu alourdi et la statue s'en ressent; mais,
avec le manteau de cérémonie, les colliers des ordres de Saint-
Michel et du Saint-Esprit, le bâton de commandant et la
couronne de laurier, c'est vraiment le roi de France et de
Navarre.

Dans d'autres salles du château, on a rassemblé une galerie
assez ahurissante des portraits d'Henri IV, d'origine napo-
litaine, qui, s'ils sont fidèles, dépassent la ressemblance du
modèle pour atteindre à la caricature.

En Italie, son abjuration, que l'on estimait intéressée, son
mariage avec la fille du banquier florentin, sa réputation de
hardi cavalier et de trousseur de filles pouvaient prêter à la
raillerie. Sur les premiers portraits parvenus à Naples, les
croqueurs de lazzaroni allèrent bon train. Ils ont donc gravé
« le héros d'Arques et d'Ivry » avec des joues vermeilles,
« l'œil émerillonné, dans une cuirasse qui s'arrondit en deux
amples bosses. Il a conservé son chapeau à la française, retroussé
et orné d'un plumet, ses chausses mi-parties, ses bas tissés
en France et dont il était si fier, mais tirebouchonnés, et ses
souliers à bouffettes. Bref, le Vert Galant est devenu Monsieur
Polichinelle [1] ».

Quoi qu'il en soit, à la fin du xviiie siècle, il existait une
mode pour habiller les enfants « à la Henri IV ». Avoir été un
grand roi et finir en sujet de panoplie comme Zorro, ou de
comédie comme Guignol, est une consécration. Grâce aux
impitoyables portraitistes d'outre-monts, la légende d'Henri IV,
thème de joie enfantine ou gaillarde, est assurée de durer
autant que celle de Charlemagne.

Place Henri IV (coll. Sirot)

1. J. Andral, *Les Portraits d'Henri IV, Bull. de la S.L.A. de Pau*, 1947.

A Pau, la mort d'Henri IV ne pouvait pas plus passer inaperçue que sa naissance. Marmontel s'est chargé de nous garder le souvenir des prodiges qui eurent lieu dans la ville, le jour où le roi tomba sous le couteau de Ravaillac, le 14 mai 1610 : « Le tonnerre brisa les armes du Roi sur la porte du château dans lequel ce prince était né, et un taureau, appelé le roi des taureaux à cause de sa beauté, effrayé de ce coup de foudre, se tua en se précipitant dans les fossés du château, ce qui fit que dans toute la ville le peuple cria : *le Roi est mort !* »[1].

Un chef-d'œuvre de malice

Nul ne s'étonne aujourd'hui de voir au milieu de la place Royale, ouverte sur l'horizon des Pyrénées, la statue d'Henri IV, que les Béarnais appellent toujours « notre Henri ». Quand, en 1695, le parlement et la ville de Pau demandèrent au Roi Soleil l'autorisation d'ériger une statue à son illustre grand-père, il leur fut sèchement répondu que c'était leur souverain et bienfaiteur actuel qui avait contribué à la construction de leur nouvelle église, qu'ils devaient honorer... Les Béarnais, qui se souvenaient encore de la leçon d'obéissance que le roi Louis XIII était venu leur donner en personne, en 1620, escorté de trois régiments, élevèrent donc une statue de bronze à leur souverain régnant. Mais leur ingéniosité leur suggéra de l'accompagner de trois inscriptions dédicatoires en latin, en français et en béarnais. Les vers français étaient une cuistrerie de cour, l'outrance élogieuse de l'inscription latine faisait déjà sourire. Mais l'inscription béarnaise est un chef-d'œuvre de malice, car l'équivoque de la troisième personne du pronom personnel, dès le second vers, ne peut échapper :

> *Acy qu'ey l'arré-hilh de nouste gran Henric.*
> *Lou ceü qui L'abè dat aus besoungs de la terre*
> *L'a heyt lou pay deus bous, deus machants l'ennemic.*
> *U Salomoun en pats, u bray Cesar en guerro,*
> *Ta digne qu'a yamey lou marbre e lou metaù*
> *Hassen bibe pertout sa glori coum à Paü.*

> *Celui-ci est le petit-fils de notre grand Henri.*
> *Le ciel qui « l »'avait donné aux besoins de la terre*
> *L'a fait le père des bons, des méchants, l'ennemi.*
> *Un Salomon en paix, un vrai César en guerre,*
> *Digne qu'à jamais le marbre et le métal*
> *Fassent vivre partout sa gloire comme à Pau.*

Le petit-fils ne pouvait se fâcher de l'éloge, mais l'aïeul devait sourire dans sa barbe du compliment qui lui était destiné.

Un grand-père inoubliable

On dirait même que de la comparaison entre les deux souverains est né le culte que les Béarnais ont voué à « leur Henri ». Quinze ans après l'érection de la statue, un capitaine de mineurs, plus tard le maréchal de camp Delorme, venu à Navarrenx

---

1. *La Grande Encyclopédie*, t. II.

en 1711 pour chercher deux pièces de canons destinés au siège du fort de Castelléon, en Val d'Aran, décrivait l'effet produit par le passage de ces pièces dans les villages. « Il se trouva, mêlées à toute cette populace, quelques personnes de condition qui descendirent de cheval et me prièrent de faire arrêter le canon pour le baiser, parce que ces pièces étaient aux armes du Béarn. » « Je les satisfis et leur demandai ensuite si, là-dessous, il n'y avait pas une intention plus particulière que les armes de Béarn qui pouvait leur faire faire cette cérémonie. — C'est, dirent-il, que nous vénérons en elles les cendres de nostre feu Roy Henri IV, qui les a fait faire; c'était un si bon prince qu'il n'est pas possible d'en oublier le nom. »

L'appellation de la place Royale avait suivi les fluctuations des régimes et des gouvernements. En 1792, elle se nomma *place de l'Egalité*; en 1802, *place Bonaparte*. Entre-temps, la statue de Louis XIV en avait disparu. Mais « le grand-père » n'allait pas manquer de revenir avec les successeurs des Bourbon, qui lui vouèrent un véritable culte. En 1843, en présence du duc de Montpensier, les Palois acclamaient une statue de Henri IV, due au sculpteur Ruggi et taillée dans un bloc de marbre de la carrière de Louvie-Soubiron, en vallée d'Ossau. C'est elle que l'on voit aujourd'hui.

Rêveries romantiques

A l'est du parc du château on trouvait au XVIIIᵉ siècle un ermitage. Son fondateur, un certain frère Jean, avait obtenu « par ses prières pressantes » la faveur d'être enterré dans l'ermitage même, selon l'ancienne et authentique coutume des ermites de la Thébaïde. Ceci avait lieu en 1726. L'abbé Bonnecaze, qui y passa une nuit en 1747, y vit un petit bâtiment en bois, une chapelle et une grotte d'où l'on avait tiré les pierres pour construire la chapelle. Mais en 1847, il n'en restait plus que des vestiges. C'est sur ces quelques pierres que l'incorrigible Asfeld a bâti sa description fantaisiste de la chapelle Notre-Dame-des-Bois et inventé le séjour supposé de Pétrarque à Pau, et les rêveuses retraites qu'y faisait Marguerite d'Angoulême.

Les aventures d'un historien extravagant

On rencontre souvent, dans les ouvrages du XIXᵉ siècle sur le château et la ville de Pau, des références aux *Souvenirs historiques du château de Henri IV* et aux *Chroniques du Béarn* par le vicomte d'Asfeld. Les dons d'affabulation et l'absence de scrupules de l'auteur rendent très difficile l'utilisation de ces ouvrages, d'autre part séduisants.

Ce curieux personnage s'appelait Jean Latapie. Né à Pau en 1786, fils d'un tailleur d'habits, il avait fait des études classiques poussées. D'abord gratte-papier à l'Académie de la ville, il devient, sous la Révolution et l'Empire, notaire à Gere-Belesten en vallée d'Ossau. Le retour des Bourbons et des émigrés décide de sa carrière d'aventurier. Se faisant inscrire sur les listes d'émigrés, il vient à Paris où il s'arroge, avec des états de service en Espagne, fabriqués de toute pièce, le titre de vicomte de Latapie d'Aure. Cela lui vaut le grade de colonel et la croix de Saint-Louis ! Il obtient pour la vieille baronne de Pruge une pension sur la liste civile et, après la mort de la bénéficiaire, se fait verser plusieurs quartiers de sa pension grâce à une nouvelle série de faux papiers. Il finit même par gagner la bienveillance du duc d'Angoulême.

Il ne faut donc pas s'étonner de le voir apparaître pour escroquerie devant la Cour d'Assises de Pau en 1819. C'est là que les ressources du personnage se dévoilent. A l'audience, il présente tous les symptômes d'une crise de folie. On le renvoie devant des médecins aliénistes et on l'enferme... à la Trappe. Un an après, il réapparaît sous le nom de « vicomte d'Asfeld ». Il se lance dans la politique et la littérature, du côté d'où vient le vent, bien entendu. En 1830, il se trouve au bon moment parmi les insurgés et récolte la croix de Juillet. Sous Louis-Philippe, il commence à entrer dans l'opposition et collabore à un journal républicain, *Le Bon Sens*. Il meurt en 1848 à Pau, laissant un testament ahurissant dans lequel il couvre d'injures et d'accusations gratuites un de ses ennemis et, pour léguer sa maison au curé de l'église Saint-Martin, exige que ce document soit lu en chaire, intégralement, tous les ans.

La place du Vieux Marché (B.N., Est.)

Le magicien de la cour

Palma Cayet, né à Pau de parents très pauvres, et envoyé par Jeanne d'Albret auprès de Calvin, à Genève, y acquit de grandes connaissances dans les langues orientales et un immense savoir. Rentré à Pau au service de Catherine de Navarre, il joua auprès d'elle un rôle décisif en refusant de l'aider à se marier avec le comte de Soissons et en prenant le parti de son frère, le roi Henri IV.

Sa conversion au catholicisme eut un énorme retentissement; son savoir le fit accéder aussitôt au grade de docteur en théologie. Mais il irrita au plus haut point les protestants. L'un d'eux formula contre lui les plus graves accusations. Il ne suffisait pas que Palma Cayet fût trop sensible au charme des jeunes filles, il y avait pire : plusieurs personnes témoignaient qu'il avait « communication avec les démons » : « Il contracta avec Satan, sous le nom de Terrier, prince des esprits souterrains, et se donna à lui corps et âme, à condition que le démon le rendrait heureux à disputer contre ceux de la religion et accompli en la connaissance des langues[1]. » Le contrat fut signé de son sang, paraît-il, trouvé après sa mort et vu par plusieurs personnes de la cour. Sur cette mort, on ajoutait des détails horrifiques : le diable serait venu prendre possession du corps et n'aurait laissé dans le cercueil que des pierres.

Palma Cayet était certainement alchimiste; il s'adonna à la magie sous le nom de Petrus Magnus. Agrippa d'Aubigné ne se prive pas d'accabler ce transfuge de sa foi en faisant dire à son illustre baron de Foeneste, dans son jargon : « Monsieur Cahier m'a montré des livres de magie composuez par lui, de dus pieds de haut[2]. »

Le protégé des fées

Dans la rue Tran, un drapeau suédois flotte à l'entrée d'une vieille demeure béarnaise du XVIIIe siècle; il signale la maison natale de Jean-Baptiste Bernadotte, général de la Révolution, maréchal de Napoléon et fondateur de la dynastie royale actuellement régnante en Suède, sous le nom de Charles-Jean. Dans la famille Bernadotte, rien ne laissait croire à une attention spéciale du destin envers lui. La mère de Charles-Jean descendait d'une famille Abadie, originaire de Sireix en Lavedan... Mais justement, là, on entre en pleine légende. De même que les Lusignan ont dû leur origine à la fée Mélusine, par sa mère, le jeune Bernadotte avait dans les veines le sang d'une fée dont un beau berger de Sireix brisa un jour l'enchantement. La légende de la dame du lac d'Estaing, recueillie par Labassé, juge de paix à Aucun, fut transcrite par Bascle de Lagrèze. Le jeune et imprudent époux de la fée des eaux était un Abadie, une des familles propriétaires de l'abbaye laïque de Sireix. C'est une de ses descendantes, mariée à un Saint-Jean d'Assat, qui fut la grand-mère de Bernadotte.

Son ascension au trône de Suède sera un étonnant complot des puissances cachées qui mènent le monde; les fées du lac choisirent ce républicain sans peur, à la générosité chevaleresque, pour un destin exceptionnel de roi heureux.

Des historiens suédois ont écrit « qu'aucune couronne n'a jamais été attribuée plus au hasard que dans cette élection ». Mais, ajoutent-ils, « dès l'instant où Charles-Jean mit le pied sur le sol suédois, sa transcendante personnalité dissipa toute espèce de malaise ». Bel éloge pour ce Béarnais qui a joué pour la Suède de 1819 le rôle providentiel de Henri de Navarre pour la France de 1582.

1. Theodore Tronchin, *Défense de nos versions*, Genève, 1620.
2. Agrippa d'Aubigné, *Aventures du Baron de Foeneste*, livre II, chap. XII.

Un grand seigneur en deuil de sa liberté

C'est au château de Pau qu'Abd el-Kader, l'émir algérien vaincu par le général Bugeaud, fut enfermé avec sa famille et sa suite. Le gouvernement de Louis-Philippe, oublieux des promesses faites par ses généraux au moment de la reddition du chef arabe, le traitait comme un prisonnier de guerre.

Les contemporains ont gardé de sa vie au château des souvenirs où l'admiration et l'étonnement se partagent. Il vivait comme les grands patriarches du désert. Ainsi, par respect pour sa mère Zhora, qui le suivit dans sa captivité, il refusa le premier jour de se coucher, parce que son lit était orné de rideaux tandis que celui de sa mère en était dépourvu. Cette femme, décrite par la maréchale Grouchy, comme ayant l'air « féroce et impassible », refusait tout cadeau fait par les visiteurs. L'émir ne voulut jamais sortir du château, disant qu'un chef arabe en deuil ne franchit pas le seuil de sa tente et qu'il était dans le plus grand deuil de sa vie, celui de sa liberté. Trois de ses enfants moururent pendant son séjour et l'on peut voir au cimetière de Pau leurs trois tombes surmontées du croissant de l'Islam.

Abd el-Kader recevait de nombreuses visites et avait une conversation aussi intéressante que raffinée. La correspondance secrète qu'il échangea avec une Paloise révéla plus tard son âme de poète, tout au moins d'après Bascle de Lagrèze (— à moins qu'il ne s'agisse d'un excès de son imagination... —).

On vantait sa noblesse de pensée et de sentiments. Recevant un hôte de marque qui était devenu son ami, M. O'Quin, maire de Pau, il fit servir à sa table du champagne et, tout en s'excusant de ne pas en boire pour observer strictement les préceptes de sa religion, il discuta avec ses convives de diverses questions touchant à la religion chrétienne. Le jour de son départ pour Amboise, il remit à M. O'Quin une petite somme d'argent, lui disant : « Je suis pauvre mais il y a dans votre ville des personnes plus pauvres que moi. Priez le vénéré curé de Saint-Martin de leur distribuer cette offrande en mon nom[1]. »

Il existe un portrait d'Abd el-Kader exécuté à Pau par Charles Eynard, à l'insu du modèle, qui, observateur de la loi musulmane, refusait de se laisser peindre. L'artiste s'était caché dans un cabinet dont la porte vitrée était dissimulé par un rideau de mousseline et d'où il put observer à loisir son modèle. Pour éviter tout scandale, on envoya le portrait à Genève, où il fut lithographié; c'est le plus authentique que l'on possède. Houbigant, un voyageur du XIXe siècle, qui relate l'histoire, ajoute que les multiples ablutions rituelles faites par l'émir et son entourage dans les divers appartements du château, avaient tellement inondé les plafonds, que les architectes craignirent pour leur solidité. C'est alors que le transfert d'Abd el-Kader à Amboise aurait été décidé.

De miel et d'opium...

Le souvenir de Paul-Jean Toulet est attaché à la ville et à ses parcs qui reviennent souvent dans ses écrits. Jeune, il y fut « très embrassé ». Toutes les femmes lui étaient délec-

---

1. Bascle de Lagrèze, *Le Château de Pau.*

tables pourvu qu'il leur trouvât, selon ses mots mêmes, « de la race et de la vassalité ». Les parterres du château c'était pour lui, les jambes de Zo, les sourcils de Faustine. Francis Jammes le montre à vingt-six ans, « jeune dieu à couleur de miel, les yeux en amande, la barbe fine et blonde, la taille longue et maigre ». Ses instincts toujours insatisfaits le poussaient parfois à des fantaisies de libertin désabusé et cruel. Dans la bouche d'un de ses personnages à l'anonymat transparent, il évoque « le petit appartement sombre et humide de la rue Sully où il a joué au Lauzun en humiliant une femelle magnifique de dix-huit ans à lui faire déboutonner ses bottines, et qu'un moment après elle en criait encore de plaisir ».

Il ne faut donc pas s'étonner que se soit développé chez lui une curiosité pour les aspects ténébreux de son temps; le visage caché de Toulet est celui d'un baudelairien qui aurait sacrifié aux dieux infernaux. Parmi les premiers travaux sortis de sa plume pour vivre, on trouve la traduction d'un des chefs-d'œuvre de la littérature fantastique anglaise, le *Grand Dieu Pan* d'Arthur Machen. Ce « cauchemar de luxure démoniaque », comme disait Laurent Tailhade, qui s'y connaissait, va marquer Toulet d'une empreinte définitive. Est-ce pour s'en débarrasser qu'il écrira en quelques semaines son *Monsieur du Paur, homme public* ? La monstrueuse figure de Madame de Violetten, aux voluptés criminelles, est au centre de ce récit comme un souvenir fascinant dont il ne peut se détacher. On est loin de la délicieuse et sensuelle *Jeune fille verte* et de ses élans spontanés; comme dans *Mon amie Nane*, c'est la recherche du plaisir soigneusement exempt de tout attachement.

Très vite Toulet va aborder le domaine des paradis artificiels, que les pavillons orientaux des expositions internationales et les voyageurs mettent à la mode. Il y a longtemps que l'alcool n'est plus pour lui une évasion. Comme fumeur d'opium, il acquiert bientôt une réputation telle que Willy s'adresse à lui pour rédiger les pages « techniques » de *Lélie fumeuse d'opium*. Mais c'est sans illusion, comme en témoigne ce dialogue avec James Dyssord, autre Béarnais naufragé de la vie : « Au fond, disait Toulet, qu'avez-vous trouvé dans l'opium ? » Et comme Dyssord se taisait : « Vous-même, n'est-ce pas, rien de plus. »

Alors tournant le dos à Pau, à ses ombrages hantés de légères amours mortes, il ira mourir à Guethary, au bord de l'océan aux longues vagues vertes, sous le toit austère de sa femme, laissant à son Béarn cet adieu déchirant :

> *Que tu es loin, mon beau Septembre*
> *Loin comme le pays,*
> *Quand ses hanches et le maïs*
> *Étaient couleur de l'ambre.*

Les jambons du roi

A l'entrée du village de *Billère*, aujourd'hui faubourg de Pau, la maison Lassansaa était une demeure privilégiée dans tout le Béarn; c'est celle qu'habita Jeanne Fourcade, la nourrice d'Henri IV. En reconnaissance, les Lassansaa furent exemptés, eux et leurs descendants vivant dans cette maison, de tous

impôts. La maison elle-même était un lieu d'asile inviolable.
Les gens de la vallée d'Ossau lui avaient concédé cent arpents
de terre sur leurs pâturages du Pont-Long, geste généreux
quand on connaît les luttes séculaires qu'ils avaient soutenues
pour maintenir leurs droits sur la moindre parcelle de ces
landes.

Ancienne cuisine du château (photo J. Verroust)

Le père nourricier d'Henri IV a été le sujet d'un certain
nombre d'anecdotes plaisantes. Il avait, dit-on, voulu aller
à Paris pour voir si son royal nourrisson était aussi bien installé
qu'en son château de Pau, où le bonhomme avait ses entrées,
des cuisines aux greniers. Il apportait avec lui des fromages
d'Ossau. On lui fit voir les beaux appartements des bords
de la Seine, avec leurs lambris et leurs plafonds peints. Il les
regarda avec un intérêt qui fit rapidement place à de l'inquiétude. Il cherchait en vain les jambons habituellement pendus
dans la cuisine de tout Béarnais qui se respecte et dont le
nombre et la taille sont en rapport avec l'importance de la
maison. Comme on riait, il prit familièrement le roi par le
bras et, l'entraînant dans un coin, lui dit : « Henriquet ! ami !
que debes passa hami ! que t'en embierey, you, d'aquets. »
(« Tu dois avoir faim ; je t'en enverrai moi, de ceux-là ! »),
et, d'un geste, il traçait en l'air les appétissantes rondeurs
d'un jambon béarnais.

La préhistoire passée au bulldozer

Les landes du Pont-Long relient les landes de Chalosse à celles du plateau de Ger. Elles ont 26 kilomètres de long sur 9 de large. Ce sont d'anciens parcours des troupeaux de l'époque préhistorique, et les nombreux tumulus qui subsistent encore sous les noms de *puyoo* sont les tombes d'un immense cimetière des peuples de l'âge du bronze et de l'âge du fer. Les plus connus et les plus importants jalonnaient le « chemin salier » parcouru par les colporteurs du sel.

Sur le territoire même de Pau existaient le grand « *puyoo* » et le petit « *puyoo* », appelés au Moyen Age les « mondeils ». Le *grand* « *puyoo* » servit longtemps de butte de tir pour les exercices de la garnison. A diverses reprises il fut défoncé par les chercheurs de trésor, qui de génération en génération vinrent y tenter leur chance.

Le *petit puyoo* fut fouillé plus soigneusement par l'archiviste Paul Raymond, en 1865 ; son diamètre était de 50 m ; sa hauteur de deux mètres. A 70 cm de profondeur, dans une épaisse couche de charbons et de cendres, entourée de galets brisés, on découvrit l'urne funéraire, en poterie brune grossière : des fragments d'ossements brûlés se trouvaient à l'intérieur, ainsi qu'une arme en fer tordue par les flammes. Trois autres tumulus furent fouillés par Raymond sur le bord de la route de Pau, à Buros, dans la même lande. Le plus grand, de 70 m de large sur 2 m de hauteur, livra une urne funéraire semblable.

Dans la partie Est du Pont-Long, sur la commune d'Idron, un autre chemin, portant le nom antique de *la Peyrade*, était probablement une portion de la voie romaine de Tarbes (*castrum Tarva*) à Lescar (*Beneharnum*). A son voisinage, des amas de poteries brisées indiquaient, semble-t-il, quelque village antique disparu ; un des vases contenait soixante glands de chêne carbonisés.

Des fouilles de tumulus ont eu lieu également dans les environs de Pau sur les territoires de *Bizanos*, *Riupeyrous*, *Bougarber*. Des urnes funéraires en ont été exhumées ainsi que des débris d'armes en fer et d'ornements de bronze, tordus par le feu des bûchers. Les plus remarquables de ces vases furent envoyés par Paul Raymond au Musée de la Manufacture de Sèvres. Aujourd'hui, les travaux de mise en valeur des landes de Gascogne nivellent l'une après l'autre, sous le tranchant des bulldozers, les dernières tombes des grands pasteurs de la préhistoire pyrénéenne, les ancêtres des Ossalois.

Au temps des amazones rousses

Laissées en friche pendant un siècle (de 1840 à 1939), les grandes landes du Pont-Long ont retenti du « hunting horn » des équipages de la chasse au renard, le noble sport anglais. Certes, les meutes de Gaston Phébus, celles d'Henri de Navarre et d'autres durent bien y traquer quelques goupils, au bon vieux temps. Mais, avec le passage du duc de Wellington en 1814, ce fut une autre affaire. Les officiers qui l'avaient suivi depuis le Portugal ne devaient pas oublier les superbes landes béarnaises et leur décor étincelant de monts, « dont le front est d'azur et les pieds de gazon », ainsi que le chantait le capitaine Alfred de Vigny : d'authentiques Écossais s'en éprirent définitivement...

Hôtel Gassion (coll. Sirot)

En 1840, Henry Oxeden emmena en Béarn la première meute de « fox-hounds »; ces belles bêtes ardentes à courir le renard et les cavaliers en habit rouge à col vert reproduisirent sous le ciel de Pau les scènes des célèbres gravures anglaises de l'époque. Jusqu'en 1940, il y eut à Pau vingt-sept « Masters of hounds » parmi lesquels vingt-cinq anglo-saxons. Deux Français seulement portèrent ce titre, le baron Lejeune et le baron d'Este. On a conservé le souvenir du comte de Howth et surtout de M. Prince, qui régna de 1910 à 1940 sur un équipage do 60 couples de chiens et 70 chevaux. Le livre d'or du chenil de la route de Morlaas, qui brûla dans des circonstances tragiques en 1943, portait parmi d'autres noms illustres les signatures des rois Édouard VII et Alphonse XIII, du prince de Galles, du prince Henri et du maréchal Haig. Le Cercle Anglais de Pau garde le souvenir grisant des « Pau-Hounds », des beaux équipages rouges et des « amazones à la figure d'un blanc de lait tavelée de taches de rousseur », qui ravissaient James Dyssord.

Les naïades disparues

Les fraîches eaux du Nées qui coulent en nappes calmes au fond du vallon de Jurançon ont-elles vraiment donné naissance, par l'apparence huileuse de leur surface, au nom du *Pont d'Oly*, qui signifierait le « pont de l'huile » ? C'est l'explication fournie dans le *Guide Joanne* de 1858 par les érudits locaux.

Le pont de la Fontaine (B.N., Est.)

Vers 1770, si l'on en croit un rapport du préfet des Basses-Pyrénées, inséré dans le *Moniteur Universel* du 28 juillet 1801, des paysans labourant un champ soulevèrent des débris de maçonnerie et des cailloux travaillés avec art. Une fouille permit alors de découvrir un petit morceaux de mosaïque. De vieilles gens se rappelèrent alors « qu'il avait existé à cet endroit un château de fées et une meule d'or enchantée », témoignage typique des rapports pouvant exister entre les ruines antiques et les légendes. En 1801, d'autres mosaïques furent mises au jour : des branches en volutes, des feuilles et des grappes de raisin. Pour les interpréter, on se référa aux Maures et aux Arabes, auxquels on attribuait tradition-nellement la construction de nombreux camps dans le départe-ment, car, disait l'article, « des personnes du pays qui ont voyagé en Espagne y ont vu plusieurs monuments semblables ».

En 1830, dans le champ du général Larrieu, de l'autre côté du Nées, on découvrit de nouvelles mosaïques dont un frag-ment représentant un oiseau dans une guirlande. A cette époque, déjà, on faisait le rapprochement entre ces vestiges de constructions et un « camp romain » connu sur le coteau voisin de Guindalos.

En 1844, une mosaïque de 6 m de long apparaît dans un champ voisin, appartenant à M. Mourot. En 1850, Baring-Gould, un jeune homme de la société anglaise de Pau, se rendit sur place avec deux amis, Bradshaw et Hodgson; en quelques jours, maniant la pelle et la pioche, ils dégagèrent le sol de plusieurs salles. Tout Pau vint en pèlerinage au champ Mourot pour voir trois gentlemen maniant des outils de paysans et de terrassiers. Ces jeunes gens étaient des précurseurs des participants aux Chantiers Internationaux des Fouilles. L'*Illustrated London News* donnait, avec un article de l'archéo-logue anglais Baring-Gould, un plan des mosaïques tandis que *La Constitution* des 8 et 9 avril 1850 publiait leur description par le palois Lespy : une tête colossale de Neptune entourée

de nymphes en était l'élément le plus étonnant, au centre
d'une grande croix latine parsemée de poissons de diverses
espèces. On avait remarqué que les eaux étaient amenées dans
le bassin par un conduit qui se dirigeait vers des sources se
trouvant dans le coteau de Jurançon. Lespy y voyait une villa
romaine de l'époque d'Hadrien; un autre archéologue, Lecœur,
en faisait un bain public. L'importance des arasements rencontrés un peu partout dans les champs Mourot et Larrieu,
les éclats de colonnes et de chapiteaux, la présence des vestiges
de part et d'autre du Nées font aujourd'hui penser qu'il s'agit
d'une villa du bas-empire, du type de celle de Sorde-l'Abbaye
dans les Landes.

Ce magnifique ensemble de marbres multicolores a subi le
sort réservé à trop de vestiges mis au jour par des érudits.
Déjà, en 1801, le *Mémorial* notait : « Chacun a fouillé, chacun
a voulu en avoir quelque particule. » Après les travaux de
Baring-Gould, tandis que les autorités se perdaient dans les
traditionnelles chicanes d'indemnisation et de gardiennage,
le mauvais temps et les collectionneurs réduisaient à néant
ce qui en était encore visible. Les pièces que le Musée Béarnais
a recueilli font seulement regretter la splendeur de ces mosaïques
à fleurs, de ces bassins peuplés de nymphes et de poissons
dont les beaux relevés de l'architecte Lafollye, exécutés en 1873,
ont gardé le détail.

Un espoir subsiste toutefois. La totalité des constructions
est loin d'être connue : on en a signalé des deux côtés de Neez,
où Baring-Gould avait remarqué un mur traversant le ruisseau.
On peut espérer que dorment encore sous terre les sœurs des
Océanides que les Palois de 1853 virent surgir dans leur radieuse
nudité, et qui ont disparu.

PERPIGNAN

66 — Pyrénées-Orientales, 62 km au S O de Narbonne par N 9

Du sang sur un blason

Le blason catalan est fièrement planté au front du Castillet,
il orne le chœur de la cathédrale Saint-Jean, et, les jours de
fête, on peut voir dans toutes les rues de la ville ses quatre
raies sanglantes sur fond d'or. Telle que la raconte le recteur
de Blanès, Bernat Boadès, dans son *Livre des feits d'armes de
Catalunya*, écrit vers 1415, la légende de son origine est belle.

Un soir de bataille, où le comte de Barcelone, Wilfred le Velu,
avait combattu aux côtés de Charlemagne, l'empereur regarda
avec admiration venir à lui le Catalan, insouciant du sang qui
coulait de ses blessures, son grand bouclier doré au bras :
il lui demanda comment il pouvait le récompenser. Sans mot
dire, Wilfred lui présenta son bouclier nu qu'aucune figure
n'ennoblissait. Alors l'empereur, trempant sa main dans le sang
de son allié, traça sur le fond d'or de l'écu les quatre glorieuses
barres vermeilles qui forment aujourd'hui l'emblème commun
de la Catalogne et du Roussillon.

En réalité, le premier à arborer ces armoiries fut le roi Pierre II d'Aragon, qui devait tomber à Muret en 1212. Il les tenait du pape Innocent III qui l'avait couronné à Rome en 1204 et lui conféra le titre d' « alferez mayor », c'est-à-dire de « porte-enseigne de l'Église ».

Un palais andalou

On doit à Jayme, le premier roi de Majorque, la construction d'un palais à Perpignan, ville qu'il avait choisie comme capitale du royaume hérité de son père, Jacques le Conquérant. L'architecte Campredon, qui édifia le château de Palma de Majorque, construisit ce quadrilatère flanqué de trois tours sur chaque face. La tour du centre de la face orientale, plus forte et plus haute que les autres, servait de donjon et communiquait par signaux avec les *atalayes* (tours-vigies érigées en bordure des rivages) et avec les donjons, jusqu'au fond des royaumes de Valence et d'Aragon. Les pierres de la façade de la chapelle sont en moellons de marbre alternativement rouge et blanc, selon un mode de construction adopté à Byzance et au Caire et répandu autour de la Méditerranée, à Palerme, Gênes, Côme et jusque dans la cathédrale du Puy-en-Velay. La porte elle-même, fort curieuse, semble être un butin de guerre rapporté d'un palais andalou du dernier royaume musulman d'Espagne. Elle pourrait aussi avoir été sculptée sur place par l'un des habiles ébénistes mozarabes du quartier Saint-Jacques de Perpignan.

Le logis du roi et celui de la reine, qui se font face, de chaque côté de la cour, sont séparés par deux chapelles superposées : mais les souverains disposaient pour se rejoindre d'un passage secret pratiqué dans l'épaisseur du mur. Le passage s'ouvrait en face de la porte de la grande salle aux trois cheminées; il aboutissait à un escalier menant à un petit patio intérieur, entre la chapelle et les appartements du roi.

A la grande entrée de l'ouest, à pont-levis, correspondaient trois portes ouvertes sur les façades donnant sur les jardins, le Pré de la Reine et le Bois du Roi, et sur l'enclos des lions que les rois d'Aragon élevaient. Des personnes nobles en prenaient soin et des instructions précisaient la manière de les nourrir et celle d'élever les lionceaux.

La barbe des Hébreux

Charles-Quint fit entourer d'une citadelle le Palais des Rois de Majorque. Elle fut l'œuvre de l'architecte et ingénieur Jean-Baptiste Palia, qui construisit les forts de Mahon et de Rosas. La première pierre des fortifications fut posée en 1564. Les quatre statues de l'entrée de la citadelle ne sont pas d'origine, du moins entièrement. Ces œuvres grossières et puissantes passent pour représenter le serment des Catalans, qui juraient autrefois par leur cuisse et par leur barbe, à la façon des Hébreux de l'Ancien Testament. Mérimée remarque que la position des mains des personnages doit faire prendre la « cuisse » pour une autre partie du corps, que la Bible n'a pas voulu préciser. La Porta Nuovo de Palerme, élevée à la même époque, est presque une copie de ce monument.

ci-dessus : *La salle des rois de Majorque (photo J.-R. Masson)*
ci-dessous : *Bastion de Charles Quint (B.N., Est.)*

La sentinelle endormie

A la hauteur du parapet de l'un des bastions de l'enceinte, on voyait, en 1823, surgir de la muraille un dextrochère, un bras de pierre portant une épée; au-dessous était sculpté le blason de l'empereur Charles-Quint. Ce monument bizarre rappelait, d'après la tradition, un événement mettant bien en évidence le caractère implacable et résolu du souverain. Faisant une nuit, seul, le tour des remparts, il trouva à cet endroit une sentinelle endormie. Sans hésiter, il la cloua sur place avec son poignard, prit ses armes et fit le guet jusqu'à l'arrivée de la relève.

La maison des ancêtres

Le Castillet, seul vestige des remparts de la ville, borne monumentale à l'entrée des quartiers historiques, est un château médiéval à la silhouette baroque. Construit en 1386 par le roi Jayme pour défendre l'entrée de Perpignan aux bandes de routiers déferlant du Languedoc et utilisé par Louis XI comme une bastille pour tenir en respect les habitants, il a été le cadre de tous les grands événements de l'histoire de la ville : sièges terribles, redditions des garnisons, entrées des rois. Il fut surtout le théâtre de nombreux drames, car ses murailles devinrent très tôt les prisons les plus sûres de la ville.

C'est au Castillet que furent enfermés, en 1668, les conjurés de Villefranche. Ils furent mis à la question dans la salle basse voûtée qui, depuis, est devenue la salle du vin du Musée des Traditions Populaires du Roussillon. Un grand anneau scellé dans le mur rappelle l'effrayant appareil de torture sur lequel le patient était étendu et écartelé, tandis que son crâne et ses doigts étaient soumis au supplice des cordelettes. Puis venaient les applications aux parties sensibles, de fer rouge et de soufre brûlant...

Sur la piste de Louis XVII

En 1945, on découvrit, au tournant d'un escalier étroit, dans l'épaisseur de la muraille, un réduit muré dans lequel gisait un squelette de jeune garçon. A côté de lui, se trouvait un plat de faïence. A peine le maçon qui déboucha l'ouverture eut-il le temps de voir : le squelette tomba aussitôt en poussière.

Ceux qui cherchent inlassablement à connaître le véritable destin du fils de Louis XVI y ont vu les restes du petit prisonnier du Temple. Le squelette semblait celui d'un enfant d'une dizaine d'années et le fragment d'assiette était d'un modèle en usage à la fin du XVIIIe siècle. Mieux, on a retrouvé la facture du maçon qui, pendant la Révolution, mura et camoufla la porte du réduit. On sait aussi que le seul Conventionnel qui ait été admis au Temple, Goupilleau, fut nommé représentant à l'armée des Pyrénées-Orientales. On en a déduit qu'il avait été chargé de négocier avec les Bourbons d'Espagne la remise du petit prince; que, pendant les tractations, celui-ci, amené à Perpignan était décédé et qu'alors, on prit soin d'effacer toute trace de son existence. Mais dans le sol de la cellule, un carreau de terre cuite conserve une empreinte mystérieuse : une patte de coq, l'animal haï des sorcières...

*Dans la cathédrale :
fragment de tombeau
orné d'un arbre
de vie
(photo J.-R. Masson)*

Les mystères de la cathédrale

La cathédrale Saint-Jean ferme une placette triangulaire, pavée avec les pierres du clocher de Saint-Jean, démoli en 1709. Sa façade inachevée, en cailloux roulés et chaînages de briques, cache sous un aspect sévère un intérieur d'une beauté grandiose. Sur un sol en marbre précieux, l'énorme vaisseau s'élève d'un seul jet, avec ses chapelles où, dans le demi-jour, l'or étincelle. Tableaux et retables attirent le regard jusque dans les recoins les plus obscurs des voûtes. Le chœur de la cathédrale, élevé de six pieds, visible de tous les points de la nef, ressemble à une scène de théâtre Renaissance, avec ses chandeliers gigantesques, son trône pontifical, ses ornements de tous les styles et de tous les âges. Au XVIIᵉ siècle, les querelles de préséance ont provoqué, entre un évêque andalou et des chanoines catalans, des conflits où le trône épiscopal démoli à coups de hache, des batailles à coups de bâton, en pleine cathédrale, font paraître anodins les épisodes du *Lutrin*. Le monumental ostensoir qui figurait alors dans le trésor de la cathédrale était un chef-d'œuvre tout en vermeil, couvert de figures et de pierreries, reposant sur un socle de 80 cm de diamètre, orné des statues des quatre Évangélistes; il mesurait 2 m de haut et pesait soixante-dix-huit marcs d'or.

Une des plus célèbres Vierges du Roussillon, *la Magrana*, la Vierge à la grenade, occupe, dans l'une des chapelles, le centre d'un merveilleux retable peint du XVᵉ siècle, chef-d'œuvre d'un art tout empreint de l'influence italienne, avec ses architectures aux marbres somptueux, ses paysages calmes et ses ciels profonds. Dans la série des rois mages, où s'étalent en plis larges et lourds leurs riches costumes, la broderie du bas de la tunique de Balthazar révèle une énigmatique inscription en catalan, qui semble un avertissement pour inités ou conspirateurs : « *Affugeu fora de dagues* » (« Fuyez loin des dagues »). Deux inquiétants prélats italiens occupèrent à cette époque le siège épiscopal d'Elne, Ascagne Marie Sforza et le trop célèbre César Borgia, contre lesquels l'artiste semble avoir voulu mettre en garde ses compatriotes.

La main qui baptisa le Christ

Sous la tribune de l'orgue, que termine une curieuse tête barbue de Maure, s'ouvre la chapelle Notre-Dame-du-Correch. Dans l'obscurité, derrière les épais barreaux d'une grille, scintille un amoncellement étonnant de reliquaires en bois doré, de cristal ou de métal précieux. On y voit les reliques les plus anciennes et les plus baroques que la dévotion des Roussillonnais de tous les âges ait amoncelées : ossements épars, bras dressés, bustes peints comme ce Saint-Pierre de Vérone au couteau planté dans le crâne et aux yeux fixes d'idole. La plus extraordinaire, que contenait un petit coffret de bois peint perdu dans cet amas, est la main de Jean Baptiste le Précurseur. Ce coffret fut remis en 1328 au prieur des dominicains de Perpignan par un pèlerin de Jérusalem. Le prieur, avant de mourir, fit ouvrir la boîte pour en vérifier le contenu précieux. C'était une main desséchée. Le couvercle représentant une icône ailée, portait sur deux de ses côtés une inscription grecque en vers. En 1381, les dominicains apportèrent à l'archevêque d'Athènes un parchemin où étaient transcrits les textes et on leur en donna une traduction ; c'était un hymne à la louange du Précurseur, ce qui ne laissa aucun doute aux savants réunis pour l'étudier, sur la nature de la relique que renfermait cet étrange coffret, la main qui avait baptisé Jésus dans les eaux du Jourdain.

Ce curieux vestige fut étudié attentivement en 1716, par un professeur d'anatomie de la faculté de médecine de Perpignan. La compression exercée sur les poignets du martyr par la corde qui l'avait garrotté avait été telle que les vaisseaux sanguins en restaient engorgés, comme en témoigne encore le volume qu'ils présentent. On évalua la taille de l'homme d'après la longueur de cette main : le Baptiste mesurait 2,09 m. Cet ascète nourri de miel et de sauterelles était un géant du désert.

Les sifflements du serpent

Les fonts baptismaux de l'église Saint-Jean-le-Vieux sont un vestige rare de la domination des rois wisigoths sur le Languedoc et les Pyrénées-Orientales : ils proviennent du bourg romain de Mallolas, entre le Canigou et Perpignan, qui devint la *Villa Gothorum*, détruite de fond en comble lors de la première invasion arabe. Ses habitants s'étaient réfugiés autour du monastère voisin de Notre-Dame-d'El Correg (la Vierge du Ravin), fondé en 813 par les bénédictins : le village prit le nom de Perpinya, puis devint une ville fortifiée et, lors de la construction de la cathédrale, les vestiges du vieux monastère furent enfouis dans ses fondations.

De Mallolas, seule subsistait l'église. Les fonts où les ancêtres des Perpignanais avaient été baptisés inspiraient encore une telle vénération que les habitants de la cité obtinrent de les échanger avec ceux de la cathédrale. C'est un gros bloc de marbre blanc représentant une cuve resserrée en son milieu par une corde circulaire. Deux têtes en émergent, prolongeant deux douves de la cuve, et un distique latin rimé, difficilement lisible dit : « L'eau de la fontaine sacrée/tue les sifflements du serpent infâme. » (« *Necat anguis sibila sontis/unda sacrifontis* »).

Au fond de la courette qui précède le portail de Saint-Jean-

le-Vieux, un sarcophage aquitain de marbre blanc offre sur sa
face latérale une des plus belles et des plus fidèles représentations de l'arbre sacré de la vie, le *hom* iranien traditionnel.
Quel que soit le milieu dans lequel les sculpteurs ont puisé
leur répertoire symbolique, artistes émigrés de Mésopotamie,
ou orfèvres goths, cette représentation de l'arbre a séduit le
vieux fond de croyances naturistes des populations des Pyrénées, chez qui le culte des arbres avait toujours été en honneur.

Le Christ désespéré

Le célèbre Dévot Christ de l'église Saint-Jean-le-Vieux est
exposé seul sur le mur nu d'une chapelle contiguë à la cathédrale. Le paroxysme de la souffrance exprimée dans cette œuvre,
qui est un sommet du réalisme fantastique est si poignant que
André Suarès a écrit à son sujet : « Plus on dit dévôte la figure
de Perpignan, plus on va contre toute piété, toute dévotion.
Le Christ de Perpignan est la négation spirituelle la plus
audacieuse, la plus sans merci... Non pas même le Christ
désespéré; le Christ qui n'a jamais eu d'espoir; le Christ mort
de toute éternité. S'il vit, c'est dans la négation de lui-même
et l'enfer de la dérision. »

Traditionnellement, ce crucifix passait pour une œuvre
espagnole de 1529. Mais, en 1938, un archéologue américain
soulignait sa ressemblance avec le Christ conservé à Sainte-Marie-
du-Capitole de Cologne[1]. On voit sur le torse, à la hauteur
de la ceinture du Christ, la naissance de deux branches qui,
à la façon des arbres naturels, s'écartent du tronc et auxquelles
les bras du Christ sont attachés. Or c'est ainsi que se présente
la croix du Christ de Cologne qui symbolise l'Arbre de vie auquel
la croix était identifiée. Une légende avait cours à ce sujet
au Moyen Age. Elle est rattachée à un voyage qui nourrissait
les contemplations des âmes dévôtes, celui de Seth au Paradis[2] :
« Lorsque Adam mourut, son fils Seth plaça sur sa langue
avant de l'ensevelir dans la vallée de l'Hébron, trois graines de
l'arbre de vie du Paradis que l'ange, qui en gardait la porte,
lui avait données. Les trois graines poussèrent dans sa tombe
et trois arbres en surgirent, qui poussèrent d'un empan jusqu'au
temps de Moïse. Celui-ci qui connaissait leur origine paradi-
siaque, les transplanta sur le mont Horeb, le centre du monde.
Les arbres poussèrent là pendant mille ans, jusqu'au jour où
David reçut de Dieu l'ordre de les amener à Jérusalem, contre
du culte divin. La légende comporte bien d'autres épisodes.
Mais quand les temps furent accomplis les troncs des trois
arbres s'étaient soudés en un seul dont fut faite la croix du
Rédempteur. »

En 1952, la découverte d'une cavité à reliques située derrière
le crucifix, devait entraîner celle d'un très ancien parchemin,
abîmé par l'humidité. Après un traitement spécial au « lami-
nator Barrow », il fut possible d'y lire : « *Anno Dni M° CCC° sept
die si Maurici et so* (*cü*) *site fuerunt relig* » (« L'an du seigneur 1307, le jour de saint Maurice et de ses compagnons,
furent posées ces reliques »).

1. Deknatel, *Gazette des B.A.*, fév., 1938.
2. Mircea Eliade, *Traité d'histoire des religions*, p. 254, Payot, Paris, 1949,
symboles, p. 372.

On rapprocha cette date de celle du Christ de Cologne,
de 1304 et d'un Christ semblable, sculpté par un artiste allemand
pour un riche Anglais, en 1306.

L'énigme de la date et de l'origine du Dévot Christ était
ainsi levée.

Le « Dévot Christ » de la cathédrale Saint-Jean (Giraudon)

Le Roy est mort...

A deux pas de la Loge de la Mer, dans l'étroite rue des
Fabriques Nabot, la maison Julia est une des demeures médiévales les plus belles de Perpignan. Sa porte, comme celle de
la chapelle du Palais des Rois de Majorque, est faite de longs
claveaux de marbre rouge et blanc. La cour intérieure, le
« patis », est entouré de deux étages de galeries soutenues par
les fines colonnettes de marbre de Majorque, qui sont une
des curiosités de l'architecture catalane. Selon la tradition,
c'est au fond de cette maison que, en 1285, le roi de France
Philippe le Hardi, atteint de la peste au siège de Gérone, rendit
l'âme au retour de sa désastreuse expédition contre Pierre
d'Aragon. Seule l'attitude chevaleresque de son vassal, le comte
de Roussillon, permit au roi vaincu et mourant de repasser
les défilés du Perthus avec sa garde, tandis que son armée
était vouée à l'anéantissement (*voir Le Perthus*).

Érotisme médiéval

Le nom de la rue de la Main de Fer rappelle l'anecdote légendaire de Charles-Quint poignardant une sentinelle endormie
sur les remparts, ou encore les trois bras de fer émergeant de
la façade de l'hôtel de ville.

Au milieu de la rue s'élève une fort belle demeure de tradition gothique, construite de 1508 à 1515 pour un certain Bernard Sancho (ou Xanxo), enrichi dans la fabrication des draps, dont Perpignan faisait commerce jusqu'en Orient. Des chaînes de bossage encadrent jusqu'au toit les angles de la façade ; le dessin de leurs protubérances semble le produit d'une imagination scatologique. Mais les sculptures des hautes baies à meneaux de l'étage et surtout le bandeau d'appui des fenêtres, courant d'un bout à l'autre de la maison, défient la description par leur mélange d'inspiration fantastique et d'érotisme extravagant.

Ces frises en disent long sur la liberté des mœurs de la ville à l'époque quand *alcavots* et *tafurers* (souteneurs et taverniers) approvisionnaient les riches bourgeois en chairs à jouissance, et que les *capellans* (prêtres) étaient dotés de *dones amigues* (bonnes amies).

Les orangers de l'amour

La douceur méditerranéenne du climat du Roussillon avait doté Perpignan d'une rue bordée d'orangers plantés en pleine terre. Leur senteur étourdissante y attirait au printemps tous les amoureux de la ville. Aujourd'hui encore, les jardins du quartier voient chaque année leurs branches se charger de l'or des cédrats, des oranges et des citrons. C'est curieusement une vieille chanson de conscrits, populaire tout au long des Pyrénées, qui en a gardé le souvenir :

> *Adieu, ville de Perpignan ! adieu ma charmante maîtresse !...*
> *Nous planterons des irangiers (sic), des irangiers devant ta porte,*
> *Ce sera pour te faire voir l'amour que mon cœur il te porte !*

Des cobayes

Le quartier de l'église Saint-Jacques avait été autrefois réservé aux lépreux. Ils en étaient partis depuis longtemps, mais personne ne voulait y habiter. C'est alors que les Juifs chassés de Catalogne vinrent demander asile aux Perpignanais. Ceux-ci profitèrent de l'occasion pour expérimenter sur eux la salubrité du site. Les Juifs furent donc logés dans une rue, une *call*, fermée tous les soirs par une chaîne : on l'appelait *al Jaïma*, en arabe, et aussi Puy Saint Jacques. Quand on se fut aperçu que loin d'y mourir, les Juifs s'y multipliaient, on les en chassa.

La croix des pénitents

Une superbe statue de saint Jacques, apôtre et patron des pèlerins, accueille les visiteurs de l'église. Mais c'est la grande croix des *Impropreris*, chargée de tous les souvenirs et instruments de la Passion du Christ, qui attire le plus l'attention, celle-là même qui, portée par un groupe de confrères de la Sanche, ouvre la procession solennelle du Vendredi saint, devant les *misteris* des paroisses, soulevant aux quatre coins de la ville une vague de mysticisme[1].

1. Voir *Les Traditions*, p. 86.

Les « mangeurs de rats »

Les deux sièges subis en 1473 et en 1640 par la ville peuvent prendre place dans les annales de l'horreur et de l'héroïsme, inextricablement liés dans l'histoire humaine.

Tandis que l'armée de Louis XI assiégeait les soldats du comte d'Armagnac dans la ville de Lectoure, les habitants de Perpignan, que Jean II d'Aragon avait engagés au roi de France pour 300 000 écus d'or, se soulevèrent contre la domination française. Au jour dit, en février 1473, tous les Français qui se trouvaient dans Perpignan furent égorgés. Le roi d'Aragon entra dans la ville et la fit fortifier à la hâte : la garnison française du château fut isolée, comme celles des châteaux de Salses et de Collioure. Mais bientôt l'armée française, commandée par le cardinal d'Albi qui venait de soumettre les terres du comte d'Armagnac, reparut sous les murs de Perpignan. Alors commença un siège resté mémorable au même titre que ceux de Sagonte et de Numance. On lit dans les chroniques du Roussillon des détails effroyables sur la famine qui sévit dans la ville. Quand les derniers chevaux, les chiens et les rats furent mangés, les assiégés firent bouillir les cuirs des harnachements, et mangèrent l'herbe des remparts. Il ne restait plus alors que la chair des cadavres que les habitants se partagèrent, défenseurs ou assaillants. On rapporte qu'une mère de deux enfants nourrit celui qui était encore vivant avec le cadavre de celui qui était mort.

Certains Perpignanais firent preuve d'une intrépidité et d'un stoïcisme dignes de l'antique. Un des bourgeois nobles de Perpignan, Juan Blanca, était de ceux qui avaient poussé à la résistance à outrance. Au cours d'une sortie, son fils unique fut fait prisonnier par les Français : ceux-ci, exaspérés, firent savoir à Juan Blanca que, si la ville n'ouvrait pas ses portes sans délai, son fils serait mis à mort sous ses propres yeux. Il refusa de céder à la tendresse paternelle et de renier sa fidélité au roi d'Aragon. Son fils fut exécuté. Sur sa maison, près de la porte de la Vieille Intendance, une plaque de marbre portait cette inscription :

Le maître de cette maison
a surpassé
Tous les Romains en fidélité.

Au bout de huit mois, le 10 mars 1475, après avoir obtenu des conditions honorables, les Perpignanais ouvrirent leurs portes. Les habitants ne furent pas molestés, la garnison aragonaise rejoignit la Catalogne sans être inquiétée. Les chefs de l'armée française firent entrer dans la ville des convois de vivre : les rues n'étaient plus peuplées que de squelettes vivants... Dans toute l'armée le Roussillon s'était appelé « le Tombeau des Français ».

De cette héroïque défense qui avait duré deux ans la ville reçut le surnom de « très fidèle » et ses habitants celui de... « mangeurs de rats ».

Louis XI, en colère quand il apprit les clauses de la capitulation, envoya sur place une de ses âmes damnées, le sire du Bouchage, avec des instructions édifiantes : « Faites écrire sur un beau papier le nom de tous ceux de cette ville qui m'ont été ou me seront traîtres [...] afin que, si d'ici à vingt ans il en retourne aucun, on leur fasse trancher la tête... » Heureusement, il ne trouva personne sur place pour réaliser son dessein.

Une drôle de guerre

Après le siège de 1473, celui de 1640, par l'armée de Louis XIII, fut l'occasion de faits aussi extravagants et pitoyables.

Décidé à repousser la frontière du royaume jusqu'aux crêtes des Pyrénées, Louis XIII est venu en personne assister aux opérations que Schomberg et La Meilleraie vont mener, ce dernier ayant la réputation d'un grand preneur de places. Pour se distraire, le roi pointe le canon, ou chasse la perdrix au faucon, dans sa garrigue. Le canon ne venant pas à bout des murailles de Charles-Quint, on décide d'attendre que la famine livre la place au roi; pas d'assaut, pas de sortie désespérée non plus; de temps en temps un déserteur s'échappe pour chercher de la nourriture. On s'ennuie si ferme au camp français que les intrigues vont bon train. Cinq Mars et le Chancelier de Thou préparent leur « complot » et déjà l'armée compte ses « royalistes » et ses « cardinalistes ». Le grand écuyer n'en délaisse pas pour cela la distraction la plus prisée de l'époque : le duel. On lit dans le roman d'Alfred de Vigny comment il assista, en tant que témoin avec l'abbé de Gondi, à un duel avec M. de Launay. Six mousquetaires à cheval, pistolet au poing, vont s'affronter sous le bastion espagnol de l'éperon sud. Du haut du rempart, « une vingtaine de soldats et deux officiers espagnols se placèrent comme au balcon pour voir ce duel de six personnes... D'ailleurs, les combattants s'étaient interdit de tirer sur les sentinelles, « ce qui eût été regardé comme un assassinat de chaque côté[1] ».

Le jour de Pâques, comme le roi s'apprête à toucher les écrouelles à 1 200 malades, venus de toute la Catalogne, deux soldats espagnols sortent de la ville avec leur passeport « pour se faire guérir par les mains même du roi dont le canon va tout à l'heure menacer leur vie »[2].

Une cape fourrée pour des noix confites...

Trois mois s'écoulent : la conspiration est éventée; Cinq Mars et de Thou sont arrêtés; Louis XIII repart pour Narbonne. Mais le général famine fait son travail; le 13 mai, la garnison a mangé tous les chevaux, les chats et les chiens. Il ne lui reste plus que six bœufs, cinq moutons et deux chèvres. Dans la ville, on mange du crottin. On raconte qu'une veuve castillane a tué sa fille de neuf ans pour la manger; ce qui a inspiré aux rimeurs de l'époque cette épigramme de mauvais goût :

> *La foy reçoit de vous une grande faveur,*
> *Catholiques pleins de ferveur,*
> *Qui jeunez tous les ans plus d'une quarantaine*
> *Pour manger de la chair humaine,*
> *Car, sans miracle aucun, vous nous représentez*
> *En des hommes vivants des morts ressuscités.*

1. et 2. Alfred de Vigny, *Cinq Mars.*

Le gouverneur espagnol attend des secours; à la Meilleraie, qui lui envoie des noix confites pour le réconforter, il fait parvenir deux capes fourrées d'hermine, pour lui signifier qu'il passera l'hiver devant ses murs.

Les marins décideront du sort de Perpignan. Le 9 septembre 1642, devant Barcelone, le jeune amiral de Brézé, fils du vice-roi de Catalogne, anéantit, au cours d'un combat naval de trois jours, la flotte espagnole qui préparait un débarquement. Alors don Florès d'Avila se décide à capituler : la garnison, 500 hommes, sortira par la porte de Canet avec six canons et ses bagages. Mais 2 000 hommes manquent à l'appel. Philippe IV dira : « Il faut se soumettre à la volonté de Dieu... » Mais il gardera pour lui et ses successeurs le titre de « comte de Roussillon et de Cerdagne » et jugera conforme à la volonté divine de favoriser tous les complots pour la réunification de la Catalogne.

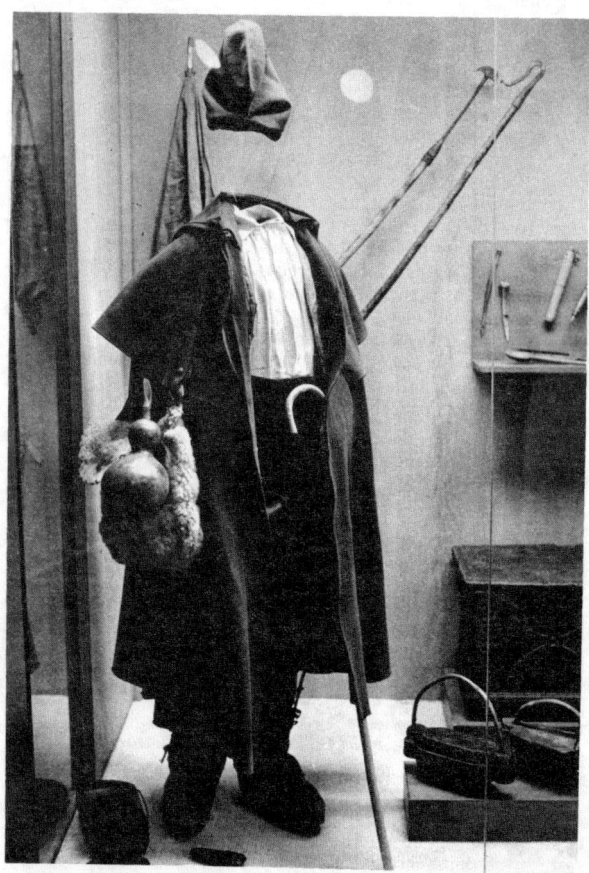

Berger catalan (Musée de la Casa Pairal, photo J.-R. Masson)

PERTHUS (LE)

66 — PYRÉNÉES-ORIENTALES, 31 KM AU S DE PERPIGNAN PAR N 9

La trace de Rome

Le col du Perthus est le plus ancien passage connu des Pyrénées-Orientales; les traces des plus illustres peuples de l'Antiquité y sont toujours visibles.

En 1896, en creusant la fontaine du col, on trouva deux monnaies d'*Emporium* (Ampurias) et un denier de la république romaine daté de 194 av. J.-C. Face à l'extrémité nord du col, la voie romaine passait de la rive droite à la rive gauche du torrent par un pont à deux arches connu sous le nom de Pilos; un rocher central soutenait l'ouvrage. En certains endroits, la route est taillée dans le roc et bordée de murs. Le torrent qu'elle longe était appelé encore, au XVIIe siècle, la « rivière de Rome ». De chaque côté de ce passage et des portiques formés par les murs, des hauteurs sont couvertes de constructions écroulées. A l'est, l'enceinte du château de l'Écluse Haute entoure l'église et les maisons. A l'ouest, s'élève le château des Maures; mais la plus grande partie de la construction ne semble pas remonter au-delà de l'époque wisigothique; des poteries trouvées dans les ruines semblent l'avoir prouvé.

L'endroit s'appelait autrefois *Clausuras*, ou *Clausulas*, ou *Claustra Pyreneae*. Là se trouvait encore en 672 la « citadelle de Pompée ». C'est donc dans ces parages qu'on peut espérer trouver les vestiges du monument appelé *Les Trophées de Pompée*. D'après Strabon, Pompée, après avoir vaincu Sertorius, en 73 av. J.-C., éleva des trophées au bord de la route d'Espagne, à 63 milles de Narbonne. Lorsqu'il passa en Espagne en 49 pour réduire la sédition pompéienne, César, sachant qu'on avait blâmé Pompée pour cette manifestation d'orgueil, se contenta d'élever à proximité un grand autel en pierre de taille. On a calculé que le Perthus se trouvait à 65 milles de Narbonne et les ruines de l'Écluse sont exactement à cette distance. Les archéologues ont conclu qu'elles étaient les restes des Trophées de Pompée et que l'autel de César se trouvait dans l'enceinte du château des Maures[1].

Le flambeau de l'Apocalypse

A L'Écluse Haute, la voie Domitienne passait auprès de l'église qui domine le défilé. Cette église est constituée par trois nefs voûtées en berceau, terminées par trois absides. Le maître qui a peint la chapelle de Fenollar est, semble-t-il, l'auteur des fresques de cette église. Dans l'abside, le Christ en buste sur le fond bleu d'une mandorle porte au-dessus de l'épaule une croix avec l'alpha et l'oméga. À droite, un bel ange agenouillé tient un objet énigmatique. Certains y voient un cierge allumé, ce qui serait en rapport avec le Jugement dernier de la mandorle. Ce flambeau mystérieux est destiné à éclairer une scène cosmique : quand le Soleil et la Lune s'obscurciront... Mais cet objet ne ressemble-t-il pas aussi étrangement à une enseigne romaine munie d'un croissant et de phalères ? La signification de cette partie de la fresque reste mystérieuse.

1. Jacques Freixe, dans *Congrès archéologique*, 1906.

Un autre Roncevaux

En 1285, les roches et les falaises du Perthus ont retenti des échos d'un des plus dramatiques désastres militaires subis par les armées françaises au cours de l'histoire. Il répond étrangement à l'autre extrémité des Pyrénées, à celui de Roncevaux en 778.

Le pape Martin IV avait excommunié don Pèdre III d'Aragon, qui, sur la défense que Rome lui avait faite de prendre le titre de roi, s'intitulait « soldat aragonais, père de deux rois, et maître de la mer ». Philippe le Hardi accepta la couronne d'Aragon, mise à l'encan par le pape et se prépara à aller la ceindre à Barcelone, avec la plus formidable armée jamais rassemblée : 18 600 lances, 17 000 arbalétriers, 100 000 hommes de pied, 160 000 « goujats » et « ribauds » et une flotte de 150 galères. Après un début de campagne prometteur, un désastre naval priva le roi de France de sa flotte. Son armée fut décimée par la peste que Gérone lui avait laissée en guise de butin, après un siège meurtrier. Elle atteignit le roi lui-même qui reprit le chemin de la France, mourant, avec trois mille chevaliers sur les quarante mille qui l'avaient suivi, harcelé par les Aragonais.

Les vieux chroniqueurs racontent que « le bruit, le choc des armes, les cris des hommes qu'on égorgeait, s'entendaient répétés par les échocs de la montagne, à plusieurs lieues de ce champ de bataille ». Les casques, les épées brisées, les cadavres des vaincus indiquaient la route suivie par cette malheureuse armée à travers les Pyrénées jusqu'à Perpignan... « Les terribles Almogavars descendaient du sommet des montagnes ainsi que des avalanches comme pour engloutir tous ces débris, et de temps en temps, on voyait sortir d'un nuage de poussière qui s'élevait sur le flanc des rochers, le bataillon sacré qui entourait le roi moribond couché sur une espèce de litière faite des lances de ses plus braves gentilshommes morts à ses côtés[1]. »

A la requête de son neveu Philippe le Bel, qui accompagnait son père, le roi d'Aragon avait seulement accepté de laisser passer la litière qui portait le corps du roi de France qu'il croyait déjà mort, et tout ce qui serait autour de l'oriflamme. Les débris d'une des armées les plus formidable de la France médiévale, recueillis au Pas de l'Écluse par les milices du Languedoc arrivèrent à Perpignan où le roi rendit le dernier soupir, le 5 octobre 1285.

PLANÈS

66 — Pyrénées-Orientales, 5 km au S E de Mont-Louis par D 32

Sous le signe du triangle

L'église « moresque » de ce petit village, situé à l'écart de la plaine de Cerdagne, dont rien au premier abord ne laisse prévoir le caractère exceptionnel, est une énigme historique condamnée à n'avoir jamais de solution.

---

1. Taylor, *Voyages pittoresques et romantiques dans l'ancienne France*, 1843.

Église de Planès (Roger-Viollet, photo Hurault)

L'édifice consiste essentiellement en une coupole, de 3 m
de hauteur, et 6 m de diamètre, qui repose sur trois massifs
de maçonnerie construits sur le plan d'un triangle équilatéral.
Les trois axes sont orientés vers trois directions et se coupent
à 120°. Toutes les autres églises connues sont bâties sur deux
axes perpendiulaires. Les murs sont évidés d'arcs en plein
cintre sur lesquels viennent s'appliquer trois absides semi-
circulaires, voûtées en cul-de-four. L'assise de base de la
coupole n'est pas un cercle, mais un triangle curviligne qui
s'appuie sur les clefs des trois grands arcs des côtés, eux-mêmes
réunis par trois petits arcs lancés au travers des angles.
A l'intérieur, le plan triangulaire est difficilement lisible, car
les angles ont été effacés par des niches couvertes d'un enduit
grossier, et la porte d'entrée s'ouvre dans l'un des angles.
A l'origine, cette porte se trouvait dans l'absidiole orientée
au nord-ouest. Les trois absidioles étaient éclairées chacune
par une fenêtre; elles ont été bouchées et remplacées par un
œil-de-bœuf, percé dans la coupole au-dessus de la tribune
qui domine la porte d'entrée.

Le docteur Carrère dans son *Voyage pittoresque de la France*,
paru en 1843, soutient que cette église est une ancienne mosquée
(comme le rapporte la tradition locale qui l'appelle la
« mezquita »), construite par les Sarrasins au temps où ils
dominaient le Roussillon et la Catalogne. Cette opinion était
aussi celle de l'ami de Mérimée, Jaubert de Passa. Pour l'archéologue Didron, elle appartient à la série des constructions où
se rangent les quatre feuilles de Sainte-Croix de Montmajour,
l'octogone d'Ottmarsheim, la rotonde de Chambon, la croix
grecque de Saint-Tiburce, monuments presque tous affectés
à des usages funèbres. Mais cela n'explique pas ce qui rend
l'église de Planès unique : son plan triangulaire.

Pour arrondir les angles

La recherche du symbolisme attaché au triangle, au nombre trois et à tout ce qui en découle, semble avoir été la préoccupation première du maître-d'œuvre. Il s'est soucié avant tout de traduire une figure géométrique idéale. Il n'a pas voulu ou n'a pas pu surveiller l'exécution des travaux. La perplexité, les hésitations se sont traduites par la forme curviligne des murs et les inégalités des maçons qui apparaissent quand on compare le plan idéal reproduit par Taylor en 1840 et le relevé de l'architecte Malencon en 1901. Il faut aller jusqu'en Arménie pour trouver une église comparable et cette exception semble confirmer, ce qui paraît être une règle de l'architecture religieuse chrétienne, une répugnance extraordinaire pour les plans triangulaires, comme si construire deux murs à angle aigu était non seulement une œuvre difficile, mais une sorte d'acte maléfique. L'exorcisme d'une maison contre les démons commençait toujours par les coins, qui étaient leur séjour favori. Les angles aigus exerçaient peut-être sur eux une attirance plus forte encore. Ceci expliquerait que les angles de l'église aient été transformés en niches, sous la garde des saints qui les occupent.

PORT-VENDRES

66 — Pyrénées-Orientales, 31 km au S de Perpignan par N 114

Terre d'Aphrodite

Vénus Aphrodite, la déesse de la Méditerranée et de l'amour a donné à Port-Vendres son premier nom, *Portus Veneris*, le Port de Vénus. Un temple de la déesse s'élevait sur un promontoire, dont les blanches pierres étaient doublement chères aux marins de toutes les nations : elles annonçaient une rade sûre et les bras caressants des prêtresses vouées aux voyageurs. Selon les descriptions de Strabon et de Pline, le temple s'élevait sur les pentes du dernier promontoire des Pyrénées, du côté opposé à celui qui regarde le fleuve Tichis, le Tech. Le temple et le promontoire portaient le même nom grec, Aphrodision. On a trouvé, au pied du « fanal » de Port-Vendres, des monnaies massaliotes et une monnaie phénicienne d'Aradion, portant comme symbole un *acrostolum*. Mais ce serait plutôt sur le Cap Bear (nom d'origine phénicienne) qu'il faudrait chercher l'emplacement du temple. Cette colline escarpée domine l'entrée de la rade et supporte aujourd'hui un phare. De là, la vue embrasse toute la côte, du Cap Cerbère à Castel-Roussillon, où s'élevait Ruscino.

La pêche miraculeuse

Dans la montagne qui domine Port-Vendres se trouve la chapelle de Cosprons, où l'on conserve le Saint-Christ miraculeux. Selon un récit publié en 1913, un certain Antoine Cabot, pêchant un jour dans la baie de Paulilles, aurait ramené ce crucifix dans ses filets. Comme il le chargeait sur son âne, celui-ci, échappant à son maître, le porta tout droit jusqu'à la colline et, s'y arrêtant, n'en voulut plus bouger. Les villageois firent vœu d'élever une chapelle à cet endroit.

Il est assez curieux que d'anciens « goigs » du XVIIIe siècle, en l'honneur du Saint-Christ de Cosprons, ne contiennent aucune allusion à cette légende et qu'il n'en existe pas dans les papiers de la famille Cabot et de ses alliés, dont l'origine remonte pourtant au XVIe siècle. La première mention de l'origine miraculeuse de la dévotion au Saint-Christ se trouve dans le registre paroissial de Port-Vendres et date de 1874. La légende serait donc née à une époque récente. Jacques Ferlus, érudit local, qui a fait des recherches à ce sujet, pense, à juste titre semble-t-il, à une tradition identique à celle de la légende attachée à la découverte des deux célèbres Christs catalans de Balaguer et Peralda, détruits en 1936, au cours de la guerre civile espagnole.

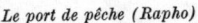

Le port de pêche (Rapho)

POUBEAU

31 — Haute-Garonne, 10 km a l'O de Luchon par N 618 et D 76

Chevauchée féminine

Le « Caillaou » d'Arriba Pardin semble être unique dans les Pyrénées centrales, pour les rites étranges qui s'y déroulaient la nuit du carnaval. L'érudit luchonnais Julien Sacaze, qui avait révélé ces pratiques superstitieuses, les rattachait au culte de la puissance génératrice de l'homme; il assurait que quelques-uns des blocs trouvés dans la montagne de Luchon semblaient avoir été « taillés grossièrement en forme de phallus[1] ». On ne peut guère aujourd'hui être aussi affirmatif. Mais les faits qu'il rapporte se rapprochent d'observations faites ailleurs dans les Pyrénées, par exemple au rocher de Saint-Nicolas, près de Sarrance.

Le « Caillaou » d'Arriba Pardin avait la vertu de rendre

1. Julien Sacaze, *Histoire ancienne de Luchon*, 1887.

fécondes les femmes qui venaient s'y frotter le ventre. Mais, pour lui conserver cette vertu, les hommes devaient tous les ans, à l'époque du carnaval, accomplir une cérémonie étrange dont l'essentiel était une danse circulaire autour du rocher, accompagnée d'exhibitions obscènes. Le rythme de la ronde, scandé par les piétinements des participants, provoquait chez eux une espèce de transe et ils se mettaient à hurler, comme des chiens à la pleine lune...

En 1871, le curé de Poubeau se décida à mettre fin à ces pratiques en faisant planter une croix de fer sur la partie du rocher réservée aux chevauchées féminines.

POUZAC

65 — HAUTES-PYRÉNÉES, 2 KM AU N DE BAGNÈRES PAR N 135

Bruits d'armes dans la vallée

Le village de Pouzac situé aux portes de Bagnères est le domaine des *micoutès*, les marchands de *miques*, ces délicieux gâteaux de millet, cuits au four et parfumés, que les gourmandes bagnèraises allaient acheter aux femmes de Pouzac sur la place de Strasbourg.

Quelque érudit à l'ancienne mode a voulu retrouver le nom antique du village. Il a fourni à Julien Sacaze un *Posaco monte*, qui n'est qu'un barbarisme. Pouzac vient en réalité de *Potitiacum*, un nom de domaine gallo-romain.

Sur une hauteur boisée à l'ouest, des retranchements de terre et des ruines signalées au XVIᵉ siècle par Oïhenart portent le nom de César. De ces ruines, le pasteur Frossard avait retiré, avec des débris de colonne, un autel en marbre blanc de Saint-Béat de 79 cm de haut sur 32 cm de large, dédié à Mars, dieu des victoires et portant l'inscription :

MARTI
INVICTO
GAIUS
MINUCIUS
POTITUS
V. S. L. M.

(« A Mars l'invaincu, Caïus Minucius Potitus a accompli son vœu [1] »).

L'appellation triomphale d' « invaincu » est insolite. Mais le surnom de Potitus porté par Caïus Minucius est indubitablement à l'origine de celui du domaine *Potitiacum*.

A l'intérieur du village, dans la dalle de ciment qui entoure le monument du général Lafaille, est encastré un carreau de mosaïque de 30 cm sur 30, représentant un rinceau de vigne avec ses feuilles, et une grappe de raisin. La dimension des cubes de pierre, les couleurs employées, le dessin, sont caractéristiques des mosaïques romaines de bonne époque. On pourrait peut-être chercher son origine du côté du quartier du

---

1. Julien Sabaze, *Inscriptions latines des Pyrénées.*

village dit de *las Gleysettes*. Dans le Midi de la France, les noms de lieux-dits Gleyze, Gleyzette, Glisia, correspondent à la présence de ruines de l'époque romaine, encore visibles au début du Moyen Age et que les fouilles mettent souvent au jour. Les *Gleyzettes* indiquent peut-être l'emplacement du *Potitiacum* romain.

Un lovelace rustique

Dans l'enceinte du camp, une masure en ruine a été la demeure d'un curieux personnage, un officier de marine écossais, David Douglas, qui, attiré par les Pyrénées, acheta le domaine en 1832 et y resta, retenu par son amour pour les filles de Bigorre, comme Ulysse chez Calypso. C'était un original, passionné par l'astronomie et l'arboriculture. Bien qu'il fût hémiplégique, ses succès féminins sont « inscrits à l'encre indélébile sur les livres officiels de la commune », selon l'expression pittoresque d'un chroniqueur local, qui désigne ainsi les actes de naissance des enfants naturels qu'il eut de ses servantes successives.

Parti en 1839 pour Mexico avec sa dernière conquête, Catherine Clédou, il devait décéder au cours de son voyage de retour[1] vers Pouzac.

« Vive don Ramon! »

L'agglomération fut l'une des premières à être christianisées, car le patron de la paroisse est le célèbre martyr toulousain Saturnin : un bas-relief du maître-autel le montre traîné par un taureau dans les rues de Toulouse.

L'église est décorée à l'extérieur de peintures curieuses, d'inspiration typiquement espagnole. En 1563, un prêtre de ce pays, don Ramon Segura, y exerçait en effet le ministère paroissial, en renfort d'un clergé décimé par les luttes religieuses. Il fit peindre le pourtour des grandes fenêtres ogivales de bandes ondulées, et la porte d'entrée de figures et d'inscriptions édifiantes. Ses commentaires, qui s'ajoutent aux pieuses maximes, sont peut-être l'œuvre personnelle du peintre, ou des consuls de Pouzac. Ainsi après la phrase : « *Haec domus dei et porta caeli* » (« ceci est la maison de Dieu et la porte du ciel ») le peintre a ajouté : « Vive dont (sic) Ramon de Secoura — Disticon — P. Seyssant pintre à Bagnères. »

Aujourd'hui l'intérieur de l'église est encore tel qu'il y a deux cents ans. Dans le chœur étincellent les ors des superbes retables, chefs-d'œuvre exécutés en 1659 par les frères Ferrère d'Asté. La voûte, compartimentée d'arcs multicolores, toute cloutée d'étoiles sur fond bleu, a été peinte en 1695 par Jean Cataut. Les immenses colonnes torses, entourées de rameaux de vigne, ajourées avec une virtuosité que souligne l'éclairage actuel, caractérisent cette œuvre baroque et monumentale, comparable au décor de l'église de Campan, chef-d'œuvre des Ferrère[2].

Dans le cimetière, une œuvre d'art naïf est à remarquer : c'est un simple bloc de pierre détaché de la montagne et sculpté par l'érosion, qui a servi de stèle funéraire à Marie Cabarrou,

---

1. Joseph Duloum, *Les Anglais dans les Pyrénées*, 1970.
2. Abbé J.-M. Bat, *Notice sur l'église de Pouzac*.

épouse de Jacques Parade, forgeron. A la surface, se dessine une branche de lierre entourée de bizarres festons dentelés. Le monolithe est surmonté d'une simple croix de fer, et tranche sur le reste des tombes.

Tour de l'église de Prades (B.N., Est.)

PRADES

66 — Pyrénées-Orientales, 43 km a l'O de Perpignan par N 116

Un chef-d'œuvre discuté

Sur le clocher de style lombard, seul vestige de la première église romane de Prades, construite en bordure des remparts comme celle de Villefranche-de-Conflent, les chiffres 535, gravés sur un moellon à quelques mètres du sol, ont suscité des interprétations hardies et ingénieuses. « Ils datent certainement sa construction, dit une brochure locale, mais selon l'Hégire, car on les retrouve encore gravés de la même façon vers le haut du clocher, à l'intérieur. On sait en effet qu'à l'époque romane on employait des esclaves maures à la construction des églises. Quelque naïf a cru bon de reproduire cette date augmentée du millésime sur l'ouverture murée que l'on voit au bas du clocher[1]. » Si un examen approfondi de ces inscriptions venait confirmer l'hypothèse imprimée, le clocher de Prades conserverait un souvenir remarquable de l'épopée des croisades d'Espagne.

Tout le reste de l'édifice porte, gravées sur une dizaine de moellons, les dates permettant de suivre la progression de la construction : à l'angle extérieur nord-ouest se trouve la première pierre : « *1606 Papedra* ». Une autre pierre est datée de *1735*, à l'angle du transept sud.

A l'intérieur de l'église, l'énorme retable baroque, chef-d'œuvre de Joseph Sunyer, fut construit de 1697 à 1699; c'est le plus considérable des Pyrénées et même de France. Le *Guide Joanne* de 1858 le juge « d'un mauvais goût déplorable » : c'est en effet l'antithèse du pseudo-gothique de l'époque. L'entassement impressionnant des colonnes, des corniches et des balustres, peuplées d'anges et de saints, monte jusqu'aux arcs gothiques de la voûte, dus aux maçons du Grand Siècle.

Saint Pierre, en costume pontifical de l'époque, coiffé d'une tiare majestueuse, trône au milieu de tableaux représentant les scènes de sa vie. Six anges, onze apôtres, dont saint Thomas juché tout en haut au-dessus de Dieu le Père, et quatre Pères de l'église, forment sa cour. C'est un hommage grandiloquent à la papauté, inspiré par le jubilé romain dont la date approchait. En effet, à gauche sur le panneau de la remise des clefs à saint Pierre, est figurée la porte sainte de la basilique romaine de Saint-Jean-de-Latran, avec la date de l'année jubilaire MDC (1600) et les armes du pape Clément VIII. Le détail du Christ de pitié, situé au bas et au centre du retable, est de goût très catalan. On le voit ouvrir la plaie de son côté et abreuver de son sang des brebis symbolisant le peuple des fidèles; l'inspiration reste dans le ton de la dévotion douloureuse, qui s'exprime dans les *misteris* de la Semaine sainte et les processions de la *Sanch* à Perpignan.

La joie d'une mère

Cependant, c'est au mystère heureux de la Résurrection que Prades semble s'être attaché. Durant la Semaine sainte, on vénère spécialement l'impressionnant Christ Noir pendu dans le bras nord du transept; mais au matin de Pâques une curieuse procession se déroule sur la place devant l'église. Sur les épaules de ses porteurs, s'avance le Christ ressuscité, une belle statue baroque représentant Jésus sortant nu du tombeau, une main levée en signe de victoire, l'autre tenant l'emblème de la croix, la tête entourée de rayons d'or, les reins ceints d'une écharpe dorée.

A sa rencontre, s'approche, sur sa *cadira*, une Vierge de procession habillée au goût espagnol. Encore toute endolorie du deuil de son Fils, elle est supposée se rendre au tombeau.

La rencontre du Ressuscité avec sa mère va être alors mimée cérémonieusement, au chant séculaire du *Regina Coeli* : « Reine du ciel, réjouis-toi, celui que tu as mérité de porter est ressuscité ! » Tandis que le cantique s'élève, les porteurs s'agenouillent à trois reprises, chaque fois les deux statues se rapprochant. C'est la rencontre traditionnelle qui noie dans la joie les souvenirs douloureux de la semaine de la Passion.

---

1. *Notice sur l'église Saint-Pierre de Prades.*

Et les eaux se retirèrent...

Presque tout le décor de l'église est une illustration de la *Légende dorée*, qu'il s'agisse des miracles de la vie de saint Benoît ou de saint Gauderic, le populaire patron du Roussillon, dans le retable du XVIIIᵉ siècle où il est représenté avec saint Liboire, saint Martin, sainte Marguerite, sainte Ursule et sainte Marthe. C'est un morceau de bravoure de la tradition populaire. Le bon laboureur Gauderic avait la louable coutume de s'agenouiller où qu'il se trouvât, chaque fois que sonnait l'Angélus. Un jour, le sacristain du village, qui lui en voulait, attendit qu'il traversât le torrent à gué, avec ses bœufs, pour sonner la cloche. Sans se troubler, le pieux bouvier s'agenouille dans la rivière : mais, miracle, les eaux s'écartent sans mouiller ses vêtements !

Les malades de la gravelle peuvent s'adresser à saint Liboire, qui les délivrera de leurs calculs; il porte, en effet, trois pierres symboliques sur son livre. Sainte Marthe a chassé les dragons qui hantaient autrefois les précipices du Canigou tout proche.

Comment se forge une dynastie

Les ruines du château *de Ria*, aux portes de Prades, seraient, selon le baron Taylor, le berceau de la monarchie espagnole. La légende de l'ancêtre Guiffre Arria nous a été transmise par l'auteur des *Gesta Comitum Barcinonensium*. Guiffre, surnommé le Velu (on l'appelle aussi Wiffre, Wilfred, Joffre), était seigneur d'Arria, aujourd'hui Ria. Il fut élu comte de Barcelone en même temps que Bernard, duc de Septimanie. Il mourut assassiné à Narbonne par les parents d'un homme qui avait osé le prendre par la barbe et qu'il avait tué d'un coup d'épée.

Son fils fut le favori de l'impératrice Judith, femme de Charles le Chauve; et, selon l'expression des vieilles chroniques, il « rendit mère » la comtesse de Flandre, sœur de l'empereur. Encouragé par la mère de la comtesse, il s'en alla tuer à Barcelone le comte franc Salomon, qui avait pris la place de son père et proclama l'indépendance du comté. Ce fut alors qu'il célébra ses justes noces.

Un de ses descendants, Béranger, ayant épousé l'héritière du royaume d'Aragon, son fils Ferdinand, mari d'Isabelle de Castille, réunit sur sa tête les deux couronnes et conquit le dernier royaume maure, celui de Grenade. A ce titre, le château de Ria est le lieu d'où est sortie la lignée des plus grands souverains de l'Espagne unifiée.

Un fait historique a dû servir de base à cette tradition légendaire. L'assassinat de Salomon par Joffre ne figure dans aucune source contemporaine, mais il sert de base à toute l'épopée des *Gesta Comitum Barcinonensium*. Joseph Calmette le considère donc comme le « nucleus » irréductible autour duquel s'est créée la tradition. Le comte Salomon aurait, selon cette légende, succédé à Wilfred d'Aria, un Goth, marquis de la Marche d'Espagne, tué en essayant d'échapper à l'escorte qui l'emmenait à la cour du roi des Francs, vers 860. C'est le fils de Wilfred d'Arria, Wilfred le Velu, qui tue Salomon et reprend la Marche d'Espagne que Charles le Chauve lui abandonne en toute propriété.

Ria, l'église (photo J.-G. Gigot)

Tout, dans les textes du temps de Salomon, désigne celui-ci comme un intrus peu au courant des affaires du pays. Sa mort de la main du fils de la victime, devait être saluée comme un retour de la Catalogne à ses maîtres légitimes, issus de sa terre.

PRATS-DE-MOLLO

66 — Pyrénées-Orientales, 31 km au S O de Géret par N 118 et N 115; 60 km au S O de Perpignan par N 115

L'histoire à contre temps

Les armes de la ville, qui rendent hommage aux deux saintes patronnes de Prats-de-Mollo, sainte Justine et sainte Rufine, font allusion à l'étymologie du mot *prats* : pré. Elles portent « d'Aragon aux saintes Juste et Rufine de carnation, chacune dans sa niche soutenues d'un pré de sinople mouvant de la pointe chargé de deux brebis affrontées et paissantes d'argent. » Dans un blason du XVIIe siècle, sainte Rufine s'appuie sur un chevalet de torture en forme de croix de Saint André, qui est l'attribut des deux saintes. On retrouve ces deux croix de Saint André sur la cloche de l'église, qui date de 1790, mais les pals d'Aragon ont cédé la place aux fleurs de lis pour signifier le rattachement définitif du pays au royaume de France. Il est curieux de constater que ce témoignage est daté de l'année même où les emblèmes de la royauté disparaissent : le retard de la province à se mettre à l'unisson des événements parisiens, y est accusé.

Une muraille qui coûte cher

L'enceinte de la ville avait été reconstruite après le tremblement de terre de 1428, qui l'avait mise à bas. Après avoir résisté à plusieurs assauts, au cours des luttes entre la France et l'Espagne, aux XVe et XVIe siècles, elles furent considérées au XVIIe siècle par la population comme des obstacles à son indépendance. La révolte des *Angelets*, qui se soulevèrent contre l'impôt de la gabelle en 1670, s'attaqua à ces ruines pour enlever aux garnisons françaises la sécurité qu'elles leur donnaient. Quand l'insurrection fut vaincue, les ingénieurs du roi construisirent d'abord le fort Lagarde. Puis un décret royal de 1683 ordonna le rétablissement des murailles. Les travaux étaient terminés en décembre de la même année. Les habitants furent condamnés à payer la dépense, qui s'élevait à 16 238 livres. En 1686, les consuls durent lever de force une « taille » exceptionnelle de 3 000 livres. En outre, ils avaient été obligés de fournir 4 000 charges de chaux aux ingénieurs de Vauban.

Quatre portes s'ouvrent dans la muraille : la porte d'Espagne au sud, la porte de France à l'est, la porte du Verger à l'ouest, la porte du Cimetière au nord. Cette dernière donne sur l'entrée de l'impressionnant souterrain couvert, qui permettait à la garnison du fort Lagarde de communiquer avec la ville, à l'abri des tirs d'embuscade. Les meurtrières sont dirigées du côté du bas de la vallée.

Une apparition venue de la mer

Le portail d'entrée de l'église est couvert d'un appareillage de pentures en fer forgé, en forme de volutes, qui datent de 1245, au moins dans leur partie inférieure. On compléta l'ouvrage entre 1660 et 1670 par des volutes si semblables aux premières que l'habileté des *faures* catalans ne permet pas de distinguer aujourd'hui les plus anciennes des plus récentes. Au-dessus de la porte, à droite, on peut voir surgir du mur, perpendiculaire à l'église, un os énorme et courbe, selon toute apparence un os de cétacé, baleine ou cachalot. Cet insolite ex-voto n'a pas d'histoire. Il n'en est que plus étrange et on pourrait lui inventer une légende, mais la présence de squelettes ou d'animaux insolites dans les églises au Moyen Age est fréquemment attestée par les textes : ainsi le crocodile de Saint-Bertrand-de-Comminges.

De la cruauté considérée comme un des beaux-arts

L'intérieur de l'église renferme un objet caractéristique de la dévotion populaire catalane aux mystères sanglants de la Passion. C'est une statue peinte du Christ mort, couché sur un lit funèbre, à l'intérieur d'un coffre vitré, encadré de quatre lanternes, et qui est porté solennellement au cours d'une procession traditionnelle, le Vendredi saint. Le corps, d'une pâleur cadavérique, est couvert des blessures du supplice : coups de fouet, griffures d'épines, plaies des clous et de la lance; les genoux sont ensanglantés par les trois chutes sur le chemin du calvaire. Les reins sont ceints d'un jupon de toile blanche à bordures de dentelle noire, noué par une cocarde

Le porche de l'église et l'os de baleine (photo J.-R. Masson)

noire. Une stupéfiante et luxuriante chevelure, faite de véritables cheveux de femme, couvre la tête.

Le grand retable en bois sculpté du maître-autel, béni en 1693,
et doré entre 1743 et 1748, représente les miracles et le martyre
des saintes Rufine et Justine. Les scènes du martyre des deux
Vierges sont caractéristiques d'une certaine piété sadique.

Au niveau de l'autel, le panneau de gauche représente une
scène qui, selon la tradition, se serait passée dans une hôtellerie de Prats-de-Mollo. Le cabaretier ayant vendu aux deux
voyageuses du vin largement coupé d'eau, elles le versèrent
dans un crible; l'eau passa au travers, le vin resta dans le
crible. A droite, les deux saintes sont emmenées devant
Diogénien, gouverneur de l'Andalousie. Au-dessus, le supplice
de chaque sainte est représenté dans deux scènes semblables;
attachées à une croix en X, vêtues seulement d'un pagne,
elles sont écorchées par deux bourreaux avec des peignes
de fer. Dans le registre supérieur, sainte Rufine en prière est
agenouillée sur un bûcher ardent auquel un bourreau vient
ajouter un fagot.

Un baroque obsédant marque le foisonnement tourmenté des
sculptures et des colonnes. La légende dorée de saint Michel
orne le retable de la chapelle des tisserands : on y voit le miracle
du Monte Gargano, l'apparition à l'évêque de Siponto, la messe
dans la grotte mystérieuse, la femme enceinte sauvée des
flots dans la baie du Mont Saint-Michel, le combat contre
Lucifer. Au-dessus du dais qui domine la niche centrale, un
autre ange, Raphaël, conduit le jeune Tobie par la main.

Au cœur de l'arbre

Le nom de *Notre-Dame-de-Coral*, le pèlerinage le plus fréquenté
de la montagne cerdane, ne signifie pas, comme on pourrait le
croire à première lecture, Notre-Dame de la Bergerie. Celle-ci
s'écrit en catalan *el corral* avec deux *r*. Il s'agit ici, selon
M. Michel Boulle, du « cœur de chêne » qui, en ancien français,
s'écrit bien *coral*. La légende raconte en effet qu'un berger,
attiré par le fait singulier qu'un de ses taureaux se tenait
toujours immobile sous un chêne, trouva dans le tronc creux
de l'arbre une statue de la Vierge[1].

C'est de la même façon que furent découvertes à Taillet
et à Los Masos, Notre-Dame-du-Roure. Il y a eu probablement là une substitution de dévotion chrétienne à une
manifestation dendrolâtrique, c'est-à-dire du culte des arbres.

1. Camos, *Ermitages du diocèse de Perpignan*, Perpignan, 1860.

RIMONT

Les quilles d'or

Sous l'Ancien Régime, il y avait à Rimont cinq cents familles qui se disaient nobles, et qui étaient simplement des familles bourgeoises enrichies.

Rimont avait comme coseigneur le roi de France en personne, conséquence de la donation qu'Antoine d'Autriche-Pailhès avait faite de la moitié de ses biens à Louis VII. Ce prince fut l'hôte de l'abbaye de Rimont, à son passage dans la province, et l'accueil des habitants lui aurait été si agréable, dit la tradition, qu'il aurait annobli sur le champ les cinq cents familles du bourg[1].

L'une de ces familles était devenue si riche qu'elle passait pour posséder des quilles en or. A un dîner offert par le châtelain, ses convives réclamèrent à grands cris, à la fin du repas : « Les quilles ! Les quilles ! » Pour satisfaire leur curiosité, le maître de maison en fit circuler une, puis, deux, puis toutes. Ce n'étaient pas des quilles, mais des lingots d'or pointus et coniques, que le châtelain avait ramenés des pays d'Amérique.

L'œuvre des esclaves

Dans un vallon sauvage près de Rimont, les « Prémontrés de la Case Dieu » avaient fondé en 1139 l'abbaye de Saint-Laurent de Combelongue dont il ne reste que l'église, entièrement bâtie en briques. Les architectes ont utilisé ce matériau comme de la pierre, allant jusqu'à y tailler des colonnettes avec leurs bases moulurées, des archivoltes profilées garnies de billettes. Une telle virtuosité dans l'emploi de la terre cuite ne peut être que l'œuvre des constructeurs des églises moza-

---

1. *Ariège pittoresque*, 1912.

rabes de la vallée de l'Èbre. Sans atteindre la variété de leurs arabesques, les briques aux riches colorations sont traitées dans le même style décoratif. Comme pour l'Hôpital-Saint-Blaise, près d'Oloron, les moines du XIIe siècle avaient dû employer une main-d'œuvre hautement qualifiée, recrutée parmi les esclaves ramenés par les Croisés languedociens des batailles de la Reconquista espagnole.

Les chapiteaux du cloître démoli portent un rinceau au tailloir, le même qui se retrouve à Saint-Genis-des-Fontaines et date du XIIe siècle. Si, comme on le dit, les chapiteaux de Combelongue sont de la fin du XIVe siècle, ils seraient la manifestation d'un archaïsme exceptionnel.

ROQUEFIXADE

09 — Ariège, 16 km a l'E de Foix par N 20 et D 9

Sur les traces des cathares

Sur un piton vertigineux dominant le village de Roquefixade, s'accrochent encore les ruines d'une forteresse du XIIIe siècle qui assurait, avec les châteaux de Pérelha et de Montségur, la défense du haut pays d'Olms.

Le seigneur de Roquefixade, à l'époque de l'expansion du catharisme, embrassa avec ferveur la cause des « parfaits ». Sa nièce Corba épousa un autre seigneur *faydit*, Raymond de Pérelha, maître de la forteresse voisine de Montségur. Un seigneur de Roquefixade se trouvait aux côtés de Roger Bernard, comte de Foix, quand ce dernier entra en lutte contre le roi de France Philippe le Hardi. Son château fut saisi et rattaché au domaine royal.

En 1632, lors de sa promenade de pacification dans le Languedoc, Louis XIII donna des ordres formels au gouverneur du château de Foix pour démanteler les forteresses de Lordat, Tarascon-sur-Ariège, La Bastide-de-Sérou et Roquefixade. Le donjon fut rasé à la base. Aujourd'hui subsistent les ruines des deux enceintes et des murs qui s'adaptent si bien à la configuration des arêtes rocheuses qu'ils semblent n'être que les prolongements des à-pics. Ce nid d'aigle, que Simon de Montfort n'osa jamais défier, ne devait appartenir qu'aux lis de France, symboles de pureté transcendante pour les cathares.

Château de Roquefixade (photo J.-R. Masson)

SAINT–ANDRÉ–DE–SORÈDE

Des monstres friands de chair humaine

L'église de Saint-André a été construite de 1110 à 1120, par l'abbé Pons Arnaud. Au-dessus du portail, encadré de fragments de marbre sculpté, une fenêtre rectangulaire est un élément rapporté d'un édifice disparu, antérieur donc à 1110. On y voit des anges sonnant du cor, des séraphins aux longues ailes, un lion et un bœuf. Le linteau, semblable à celui de Saint-Genis-des-Fontaines, se classe parmi les œuvres les plus anciennes de l'art roman. Entre l'arc qui encadre le célèbre linteau sculpté, la croix grecque au chrisme parfait et la fenêtre de marbre blanc, deux monstres émergent symétriquement du mur de pierre. Ces bêtes à corps d'ours et au visage grimaçant de tarasque semaient l'épouvante dans les campagnes, au temps du paganisme. Friandes de chair fraîche, elles enlevaient les femmes et les enfants. En souvenir de l'antique terreur qu'elles répandaient, on les a figurées, sur certaines façades d'églises, comme symboles des forces du mal toujours prêtes à renaître. On les retrouve au-dessus du portail d'Arles-sur-Tech, et, sous la forme de deux lions dévorant des crânes, à la retombée des voussures du portail de l'église de Villefranche-de-Conflent.

La table d'autel du xᵉ siècle est l'une des plus archaïques qui existent. On remarquera son rebord, qui lui donne l'apparence d'un évier, son bandeau au décor dense de feuillages, et les lobes circulaires bordant la partie centrale. Elle a été attribuée à l'art du califat de Cordoue et datée du xᵉ siècle. Le même décor floral se retrouve dans les vestiges du palais d'Abd-er-Rahman III, la Médina-el-Zahra, près de Cordoue. Mais sa facture ici est d'un artisan libéré de la contrainte de la loi coranique.

Linteau sculpté de l'église Saint-André (photo J.-R. Masson)

A droite dans l'église, au bas d'un pilier, un cippe en marbre
blanc, découvert dans la commune au XVIIᵉ siècle, porte une
inscription dédicacée par un tribun de la Narbonnaise à la
gloire de l'empereur Gordien.

La grotte qui tue

A 3 kilomètres au sud de Saint-André, le village de *Sorède*,
qui lui a donné son nom, tire le sien de la tribu des Sordones
qui occupait le pays à l'époque romaine.

Un peu au sud du village, la *source de Fontagre*, qui jaillit
dans le lit d'un ruisseau, a le goût piquant des eaux chargées
d'acide carbonique. Près de la source, au pied d'une falaise
abrupte, s'ouvre une cavité profonde appelée *Cove de la Mine*
ou grotte de la Mine. Elle renferme dans ses parties basses une
telle quantité de gaz carbonique que les animaux qui y cherchent
refuge sont parfois asphyxiés, comme dans la fameuse grotte
aux chiens des environs de Naples.

Dans la montagne, au sud-est du village, près de l'ermitage Notre-Dame de Castell, les ruines du château d'*Ultrera* dominent les ravins et le passage de la Corbassera, une voie très fréquentée dans l'Antiquité. Les Romains, puis les Wisigoths, avaient fortifié la position. Elle fut assiégée en 673 par le roi Wamba, en 1344 par Pierre IV d'Aragon, en 1674 par le maréchal de Gassion. Non loin de ces ruines, celles d'un dolmen prouvent l'importance de la région de Sorède à l'époque préhistorique. C'est aux habitants ayant précédé l'invasion des Sordonnes que sa construction peut être attribuée.

SAINT-AVENTIN

31 — HAUTE-GARONNE, 5 KM A L'O DE LUCHON PAR N 618

L'ours et l'ermite

L'éperon montagneux auquel s'adosse ce village, au confluent des vallées d'Oueil et de Larboust, supporte au lieu-dit le Castera un vaste camp retranché du type éperon barré; un énorme fossé le sépare du reste de la montagne. Ce camp a dû être un oppidum des Onesii de Luchon. Il fut occupé par un château dès le haut Moyen Age.

On a trouvé dans le village des autels dédiés à un dieu *Aherbelste* dont le nom en langue basque signifie : « la roche noire » (*Arri* = roche; *beltz* = noir). C'était probablement un dieu topique, car la vallée, le Larboust, en a tiré son nom; au Moyen Age, en effet, il s'écrivait : l'*Arbeust*.

La belle église de Saint-Aventin, aux deux clochers si typiques du roman pyrénéen, est dédiée à un ermite populaire qui vivait dans la vallée vers la fin du VIIIe siècle. Autour du petit oratoire qu'il avait édifié sous le vocable de saint Julien, il allait, catéchisant les habitants jusqu'aux portes des repaires des Sarrasins. Un jour qu'il priait dans le val d'Astos, il entendit les grognements plaintifs d'un ours : la bête descendait de la montagne et se dirigeait vers lui. Saint Aventin l'attendit calmement. L'animal s'approcha, leva une lourde patte enflée où s'était plantée une grosse épine, et la posa sur les mains de l'ermite. Celui-ci, avec délicatesse, arracha l'épine et soigna la blessure. On cite un trait semblable dans la vie de saint Romède, un ermite du Tyrol, devenu le protecteur attitré des ours des Alpes. Sur un chapiteau du portail, on peut voir l'ours que l'ermite avait soigné. Sur l'un des murs extérieurs, on distingue dans un bas-relief le taureau qui grattait la terre pour indiquer le lieu où reposait le corps du martyr. A l'intérieur, autour du tombeau, des chapiteaux représentent la scène de l'ours et celle de la décapitation dans laquelle saint Aventin porte sa tête dans ses mains. D'autres ont trait à sa naissance miraculeuse.

La vierge aux dragons

Sur un bas-relief du porche, la Vierge assise tient l'Enfant Jésus sur les genoux, image du Trône de la Sagesse, favorite des populations pyrénéennes. Elle porte la marque des sculpteurs de la porte Miégeville à Saint-Sernin de Toulouse. Sous les pieds de la Vierge, les figures monstrueuses qui s'entrelacent ressemblent de façon étonnante aux dragons des steppes iraniennes et des temples chinois, souvenirs d'anciens cultes particulièrement vivaces dans cette vallée du Larboust.

La cuve baptismale, monument remarquable de l'art religieux pyrénéen, se rattache par le symbolisme de son décor à l'art chrétien primitif. Les poissons qui se pressent, autour de l'agneau de Dieu, immergé au fond de la vasque, sont les *pisciculi* (Tertullien désignait ainsi les nouveaux baptisés): les colombes représentent les âmes bienheureuses jouissant du *refrigerium*, du repos du paradis. On retrouve les poissons dans une cuve baptismale copte du IVe siècle. Enfin, la rosace latérale se confond avec la synthèse du chrisme et de la croix; c'est la rouelle à six branches, d'origine orientale, qui fleurit tant de sarcophages du VIe au VIIIe siècle. Quant à la grille du chœur, aux multiples spirales composant une véritable dentelle, elle prouve que le travail du fer est un art pyrénéen.

Église Saint-Aventin, lithographie du XIXe siècle (B.N., Est.)

SAINT-BÉAT

31 — HAUTE-GARONNE, 33 KM AU S DE SAINT-GAUDENS PAR D 8, N 125 ET D 44

Des marbres pour la cité éternelle

Coincé entre deux montagnes à pic, le cap det Mount et le cap d'Arye, Saint-Béat passe pour être le village le plus à l'ombre des Pyrénées. Sa situation permettant de le défendre avec une poignée d'hommes, lui avait valu le nom de « clef de France ».

La ville est presque entièrement construite en marbre de la montagne d'Arye. Une des pittoresques maisons de la grande rue, qui porte la date de *1553*, est décorée de deux sirènes affrontées, que l'on retrouvera à l'entrée de la chapelle Saint-Exupère d'Arreau.

Selon une tradition « assez récente », dit Lizop[1], la grande excavation verticale de 40 m de haut, visible au flanc de la montagne de cap det Mount (ou Pène Saint-Martin) à l'entrée de Saint-Béat, marque l'emplacement d'où aurait été extrait le bloc qui a servi à sculpter d'une seule pièce la colonne Trajane de Rome. Déjà, Louis de Froidour, inspecteur des forêts sous Louis XIV, avait rapporté une légende analogue : mais elle concernait l'obélisque de la place Saint-Pierre, à Rome.

Les entrepreneurs romains étaient parvenus à extraire des blocs de dimensions énormes, comme le prouve un grand autel votif trouvé à Marignac, à côté de Saint-Béat, et dédié au dieu Sylvain et aux « montagnes divines » (*montibus nimidis*) par les deux maîtres carriers Q. Julianus et Publicius Crescentius. Ils remercient les divinités de la montagne de leur avoir permis d'extraire les colonnes de 20 pieds de long et de les avoir « exportées » sans accident. Allèrent-elles à Rome, Toulouse ou Saint-Bertrand-de-Comminges ?

La falaise des visages

On eut la confirmation de l'importance des exploitations romaines lorsqu'en 1946 on ouvrit, sur la route de Cierp, une carrière de marbre dans un lieu qui portait le nom curieux de *Mailh de las Figuras*, la « falaise des visages ». On découvrit alors, sous une masse d'éboulis, en contrebas de l'ancienne carrière Rap dont l'exploitation remontait à l'époque romaine, un front de taille abandonné. Dans la paroi rocheuse étaient sculptés dix-huit bustes de divinités, et des alvéoles contenaient une quarantaine d'autels votifs. Les inscriptions dédicatoires s'adressaient à Sylvain, dieu des forêts, et a Eriapus, divinité des montagnes de Luchon : d'après le style de l'écriture, ces inscriptions remontaient au Ier siècle. Ainsi les figures taillées par les premiers carriers de Saint-Béat revoyaient le jour mais pas pour longtemps; en 1947, un nouvel éboulement les arrachait définitivement à la paroi rocheuse.

Le nom d'Eriapus pourrait être à l'origine de celui de la montagne d'Arye, qu'on écrit quelquefois *de Rye*. En joignant à Erri, le nom de Rap, que portait de tout temps la carrière, on obtient Erri-rap : Eriap.

Le sanctuaire d'un dieu inconnu

Sur la rive gauche de la Garonne, dans le coude fait par le fleuve au sortir de la gorge de Saint-Béat, se trouve le site du Puyo de Géry. Sur une plate-forme ovale de 180 m sur 100 m, entourée d'une allée, parmi les amoncellements de rochers alignés, une auge rectangulaire, taillée dans la pierre, surplombe un bassin d'où s'échappent des rigoles d'évacuation. Ces cavités, creusées dans la roche vive, sont accompagnées de

1. Lizop, *Histoire de deux cités gallo-romaines*, E. Privat, Toulouse, 1931

rainures et de gouttières dont la destination n'apparaît pas
au premier abord. Un mégalithe est dressé près de l'auge.
Non loin de là, au-dessous d'une autre fosse, de la dimension
d'un corps humain, une tribune est aménagée dans le roc,
face à la prairie. Pour R. Lizop, la grande plate-forme entourée
de son allée circulaire, suggérait à première vue l'idée d'un
camp de l'époque gauloise; mais les cupules, les rigoles, les
fosses, évoquaient plutôt un lieu de sacrifices, les fosses devant
recevoir le sang des victimes, l'auge servant de bassin rituel
pour « laver les instruments ».

Dans ce pays, les traces des anciens cultes sont particulièrement denses et l'on peut, sans trop se tromper, voir dans
l'enceinte de Géry un sanctuaire de plein air. Jusqu'à présent,
les divinités invoquées sur ce plateau et les rites qui s'y accom-
plissaient restent inconnus.

Une carte de visite de taille

Le souvenir légendaire de Gargantua est attaché au monticule
rocheux, situé au voisinage de l'enceinte qu'une végétation
maigre et d'une couleur roussâtre tirant sur le marron, recouvre.
Le géant, de passage dans la vallée, aurait été pris à cet endroit
d'un impérieux besoin naturel. Pour le satisfaire, il se mit en
position, un pied sur le Montcuq et l'autre sur le Rouéro de
Chaum. Ainsi installé, il... évacua le *Puyo de Géry*.

Vie et mort du poète antiquaire

C'est une figure vraiment curieuse que celle de Victor Cazes,
le « troubadour » du Comminges né à Saint-Béat. Il s'est défini
lui-même dans son recueil de poésies gasconnes, les *Massouquets
de Sent-Biach* : « Antiquaire, bon entomologiste, chercheur de
cailloux, grand taxidermiste et amateur d'armoires... » Après
avoir servi sous la Révolution dans les fameux « Hussards
de la mort », dont il ne conserva guère de souvenirs belliqueux,
il revint s'installer à Saint-Béat, passionné d'agriculture et
d'histoire naturelle, collectionnant plantes, minéraux, fossiles
et bientôt antiquités de toutes sortes. On le surnomma le
« furet des autels votifs ». Il en découvrit plus de cent.

Sanctuaire de Saint-Béat (photo D. Milano)

La Garonne à Saint-Béat, lithographie de Malbos, 1860 (B.N., Est.)

Associé à Nérée Boubée, qui s'institulait « conservateur du musée de Saint-Bertrand », il organisa avec lui une fructueuse entreprise de « fournisseurs de collections ». Ils en composaient de toute nature à l'usage des écoles primaires, depuis celle de cinquante échantillons à dix francs, jusqu'à la collection pour « minéralogistes spéciaux » à 1 200 francs (c'était en 1841). Ces préoccupations commerciales devinrent bientôt une source de disputes; l'association se termina par un échange de coups de bâton, suivi d'un bon procès. Victor Cazes, resté maître du terrain, vendit ses collections archéologiques au baron Fiancette d'Angos.

A soixante-dix ans, il se mit à composer des poèmes gascons qu'il réunit sous deux titres : *Les œillets de Saint-Béat* et *Les giroflées de Saint-Bertrand*. Il mourut en 1868, à quatre-vingt-dix ans. Comme les vieux conteurs, il s'en allait réciter ses vers de château en château, monté sur son âne. Pour s'empêcher de tomber, car il s'assoupissait au pas monotone de la bête, il se faisait attacher à la selle; l'âne l'emmenait, dodelinant, là où il savait que son maître était attendu. Un beau jour, ses hôtes assistaient à l'arrivée du pittoresque équipage. L'âne s'arrêta, mais le poète resta immobile : au pas de sa monture, il s'était endormi de son dernier sommeil. Alors un scandale éclata dans le monde des amateurs d'antiquités. Dans l'atelier de l'antiquaire brocanteur, une douzaine de petits autels en marbre de Saint-Béat attendaient, prêts à recevoir une dédicace. L'un d'eux en portait une toute fraîche. L'épigraphiste Julien Sacaze, indigné, rechercha les faux. Il en trouva un dans une niche, au-dessus de la porte des thermes de Luchon. Sur le marbre authentique, l'inscription, d'une latinité parfaite, était de l'invention de Victor Cazes.

SAINT-BERTRAND-DE-COMMINGES

31 — HAUTE-GARONNE, 19 KM AU S O DE SAINT-GAUDENS PAR D 8, N 125 ET D 26

La citadelle du soleil levant

Le rocher couronné par la cathédrale de Saint-Bertrand-de-Comminges se dresse dans la grande boucle que dessine la Garonne au pied des moraines de Labroquère. Cette formidable position défensive, dominant une plaine merveilleusement fertile, commande le débouché des vallées montagneuses et le croisement des voies transpyrénéennes avec la grande route conduisant de la Méditerranée à l'Atlantique.

Vue de la cathédrale de Saint-Bertrand-de-Comminges
(photo J.-R. Masson)

Venus de la région de l'Èbre par les ports des Pyrénées centrales, les Ibères y bâtirent probablement un oppidum comme à Oloron, leur *Iluro*. Mais ce fut un peuple celte, les Volques Tectosages, fondateurs de Toulouse, qui lui donnèrent son nom de *Lugdunum*, qui décrit exactement le site : « la forteresse du soleil levant », en français d'aujourd'hui, Clermont. Le premier rempart devait être fait de blocs assemblés à joints vifs, comme ceux des oppidums ibériques de Tarragone ou de Calahora. A l'emplacement de la cathédrale et du parvis, s'élevait le temple du dieu solaire, dont plusieurs autels de l'époque romaine nous ont fait connaître le nom local, Abelio. Les fouilles pratiquées à ce niveau ont livré des monnaies ibériques, provenant d'Huesca, la ville des Oscenses, et de Jaca, celle des Jacetains. Bien avant l'érection par Pompée des Trophées du Perthus (voir ce mot), il n'y avait plus de Pyrénées pour les Ibères.

Guérilla et déportation

L'étymologie du nom des *Convenae*, dont *Lugdunum* était la cité majeure, a été fournie par une diatribe fort peu charitable de saint Jérôme contre Vigilance, qu'il traite de « voleur d'âmes ». Il écrit, en effet, que « cet homme répond bien à ses origines, lui qui est né d'un Convène, c'est-à-dire de cette race de brigands que Pompée, après avoir dompté l'Espagne, laissa sur le chemin de son triomphe, et rassembla dans une seule cité, d'où elle prit le nom de *Convenae*. » Pline affirmait déjà que les Convènes avaient été regroupés dans un oppidum.

Lors de la révolte de Sertorius, des bandes armées s'étaient formées chez les tribus pyrénéennes du versant espagnol, Vascons, Jacetains, Ilergetes de Huesca et d'autres, comme les Arebaces cités par saint Jérôme. Ces partisans errant de vallée en vallée, avaient continué la guérilla après la pacification de la Vasconie. Leur vaillance et leur courage incitèrent Pompée à traiter avec eux plutôt qu'à poursuivre leur extermination, mais la prudence commandait de les éloigner des montagnes natales où, avec le temps, ils auraient pu retrouver leur agressivité. Les terres des *Garumni* de la haute vallée de la Garonne se trouvaient en grande partie dépeuplées. On les leur attribua. Par les ports du Rioumayou, de Bielsa, de Venasque, par les cols du Pla, de Beret et de la Bonaygue, ils débouchèrent dans les vallées du versant nord, où les vétérans du chef romain et les auxiliaires garonnais les attendaient pour les encadrer; tribu par tribu, ils furent amenés autour de Saint-Bertrand-de-Comminges. Les derniers arrivés, probablement les Vascons venus par le Somport, suivirent la route transpyrénéenne par les vallées d'Arrens et de Campan.

Avec ces peuples harassés, farouches et dignes, Pompée forma la plus solide et la plus riche colonie romaine de l'Aquitaine. Les ruines de *Lugdunum Convenarum*, enfouies sous des dizaines d'hectares de terres de labour, n'ont pas fini d'étonner.

L'enceinte des mystères

La ville, colonie militaire au milieu de tribus pyrénéennes à moitié soumises, fut entourée de remparts comme Fréjus, Arles et Nîmes. Les vestiges en sont très visibles en bordure de la Garonne. Des murs en alvéoles, semblables à ceux de la citadelle romaine de Fréjus, existent encore sur 200 m de long, au lieu-dit des Aygalets, à l'ouest de Valcabrère.

Mais, de tous les restes visibles à l'emplacement de l'ancienne ville basse, il n'en est peut-être pas de plus énigmatique que ceux du quartier des *Salles Arouyes*, c'est-à-dire des « maisons rouges ». C'est un grand quadrilatère de 180 m sur 155, entouré de murs en ruine. Sur une photographie aérienne, le tracé rigoureux de cet espace donne l'impression d'une aire limitée comme un espace sacré. L'existence de murailles épaisses et élevées semble indiquer l'intention d'en interdire l'accès et la vue aux non-initiés, comme pour le théâtre des mystères de Cybèle, à Vienne. A *Lugdunum*, aucune construction intérieure n'apparaît. L'enclos sacré de Saint-Bertrand-de-Comminges pourrait appartenir (comme les célèbres temples du Ciel et de la Terre à Pékin ou les terrasses de la Mésopotamie), à une catégorie d'enceintes où la divination par les phénomènes célestes s'associait à un culte rendu au ciel et aux astres majeurs. Les augures vascons, protégés par les murs de leur aire magique, pouvaient se livrer ainsi à leurs calculs.

L'historien et archéologue Lizop semble bien l'avoir pressenti en étudiant les religions indigènes des Convènes : « Nous pouvons penser, dit-il, que, comme les Lusitans et les Celtibères, les tribus pyrénéennes pratiquaient l'haruspice et l'art augural; comme les Galiciens, les Cantabres et les Vascons qui leur étaient étroitement apparentés, elles croyaient aux présages tirés du vol des oiseaux et de la foudre. » L'enclos des *Salles Arouyes* aurait-il été l'observatoire de la cité des Convènes, l'ancêtre du centre de météorologie du plateau de Lannemezan ?

Une ville disparaît

Sous les rois wisigoths de Toulouse, *Lugdunum Convenarum* était réduite à la cité haute et à quelques maisons de la ville basse. Le destin qui avait condamné la riche cité convène à disparaître définitivement, choisit comme instrument Gondowald, un prétendant mérovingien au royaume franc de Childebert II. Cet épisode a été, en réalité, le contre-coup lointain de la politique de reconquête de Byzance, qui n'avait pas renoncé à établir, dans l'Occident occupé par les Barbares, la domination du *basileus* de Constantinople, seul successeur légitime des empereurs de Rome.

Gondowald, fils bâtard de Clotaire Ier, successivement reconnu puis rejeté par son père, élevé par Narsès, gouverneur de l'Italie pour l'empereur de Byzance, chercha à prendre le pouvoir en Gaule. Mais, lorsqu'il voulut commencer par la liquidation du roi des Burgondes, Gontran, celui-ci s'allia à Childebert II. Dès lors, la fortune tourna pour l'aventurier. En attendant l'arrivée d'une armée de secours, que le roi Léowigilde devait lui envoyer d'Espagne et un soulèvement des Vascons voisins, Gondowald s'enferma dans la ville haute de *Lugdunum Convenarum*. C'était un piège que lui tendaient les Aquitains, et Gontran et Childebert arrivèrent à marches forcées.

Grégoire de Tours a raconté les péripéties du siège de la ville, la mort de Gondowald, précipité du haut des rochers et achevé à coups de pierres, le massacre général et l'incendie.

Les vainqueurs, débarrassés du prétendant, scellent leur alliance par le traité d'Andelot. Désormais, l'empereur de Constantinople ne prononcera plus le nom de la ville dont il voulut peut-être faire la capitale d'une Aquitaine byzantine, ouverte sur un océan où il rêvait d'envoyer sa flotte. Les soldats francs et burgondes s'employèrent avec méthode à raser ce qui restait des grands édifices et des riches villas urbaines.

*La belle
captive
(Musée de Saint-Bertrand-
de-Comminges,
photo D. Milano)*

La belle captive

Pendant des siècles les ruines de la ville furent un chantier que toute l'Aquitaine et Toulouse vinrent piller.

L'église de Valcabrère est construite avec des blocs arrachés aux monuments antiques. Au XVIIe siècle, Louis de Froidour a vu des sarcophages employés à tous les usages dans les fermes du pays. L'un d'eux fut transformé en saloir, au château de Barbazan.

Les chaufourniers du Moyen Age rempliront leurs fours des beaux marbres jonchant la plaine. Dans un de leurs dépôts, gisaient en morceaux les statues du Grand Trophée.

Ces sculptures donnent une idée des trésors qui, depuis une centaine d'années, s'entassent dans les locaux de la haute ville baptisés Musée du Comminges : guerriers agenouillés, captives, victoires ailées, imperator à la cuirasse savamment ornée. Ils ont peut-être été taillés sur place, par un sculpteur des ateliers impériaux.

Une jeune déportée, une Asturienne ou une Cantabre de bonne race, a dû poser pour la statue de l'Espagne captive. Le visage triste et doux est d'une beauté secrète. Aujourd'hui encore, dans les campagnes les plus reculées de ce pays, le peuple a gardé la noblesse et la fierté naturelle des Celtibères.

D'après les toutes dernières recherches, ce trophée célébrait le triomphe de Staurus et Sabinus, envoyés par le triumvirat, après la mort de César, pour réduire la dissidence des Astures, des Cantabres, des Vaccéens et de certaines tribus des Pyrénées, en 27 et 28 av. J.-C. C'est en 25, en marchant contre les Cantabres, qu'Auguste le fit ériger.

Un thaumaturge populaire

Au XIe siècle, le réveil de la ville morte devait être l'œuvre de Bertrand de l'Isle Jourdain, descendant de la famille des comtes de Toulouse. Ce noble gascon, entré volontairement dans les ordres après avoir fait ses preuves sous les armes, avait trente ans à peine quand les clercs et la population du Comminges vinrent le chercher dans sa stalle canoniale de la cathédrale de Toulouse, pour en faire leur évêque. Quand il arriva dans ce qui subsistait alors de la cité, la plaine, jonchée de décombres, comptait seulement quelques huttes de terre et de bois. Bertrand commença par dresser sa cathédrale au sommet de la colline, à l'emplacement du temple d'Abelio, comme un refuge et une citadelle face au monde musulman qui guettait au-delà de l'horizon pyrénéen, toujours menaçant.

Il réconcilie les féodaux, arbitre leurs conflits. D'un seigneur pillard et coléreux, Sanche de Labarthe, il se fait un ami; en échange de la restitution de son butin, il lui promet son aide dans ce monde et dans l'autre, et fera pour lui un miracle.

Bertrand était mort et Sanche, emprisonné par les Sarrasins, se lamentait dans un cachot, en Espagne. La porte de sa geôle s'ouvrit, saint Bertrand le prit par la main, l'amena au bord de la muraille du château, s'envola avec lui et le déposa, sain et sauf, sur ses terres.

Mais, c'est surtout au pauvre peuple des montagnes que va toute l'attention de Bertrand. La misère des gîtes ne le rebute jamais. Il devient le thaumaturge dont les prodiges décorent en tableaux naïfs les parois de son tombeau. Monté sur sa bonne mule qui, par obéissance, déplace les rochers de la pointe de son sabot, on le verra arpenter la Barousse, la vallée de Campan et la lointaine vallée d'Arrens, où la pauvre bête souffrira l'affront d'avoir la queue coupée.

L'extraordinaire trésor qu'abrite la haute nef de la cathédrale rappelle l'hommage rendu en 1309 par Clément V, à son saint prédécesseur. Ce jour-là, *Lugdunum Convenarum* était devenu Saint-Bertrand-de-Comminges.

Le précurseur du diable

Dans la façade du lourd clocher-donjon de la cathédrale, est encastrée une tête sculptée monumentale qui rappelle les marbres antiques des portes d'église de la vallée de Luchon. Elle passait autrefois pour une tête de Jupiter. En réalité, c'est le motif d'angle d'un couvercle de sarcophage, un masque de théâtre à la bouche ouverte. Le constructeur sacrifiait ainsi à l'usage ancien qui consistait à placer des têtes de gorgones à l'angle des tombeaux, pour écarter les génies infernaux. Cette prédilection pour les visages monstrueux dont la Gorgone a été le prototype, se retrouve dans d'autres sanctuaires romans de la région. On a retiré des décombres de l'ancienne église de Luchon un masque sculpté qui, avec ses rayons et ses cornes, pouvait représenter quelque divinité des nuits; sa laideur en fait la personnification du mal : c'est déjà le masque du démon médiéval.

Un monstre dompté

Le populaire crocodile est toujours en place à l'intérieur du clocher, pendu à un pilier du porche par deux cercles de fer. Ce curieux ex-voto a probablement été rapporté d'Égypte par un croisé du Comminges qui aurait suivi saint Louis et le roi de Navarre, Thibaud de Champagne.

De pareilles préparations anatomiques étaient très recherchées par les églises; le peuple venait les admirer. Une baleine, exposée à Saint-Pierre de Toulouse, fut transportée en 1790 au Museum

Le crocodile de la cathédrale (photo J.-R. Masson)

d'histoire naturelle de la ville. Une côte de cétacé reste toujours fichée dans le mur extérieur du porche de l'église de Prats-de-Mollo, dans les Pyrénées-Orientales. Le crocodile était-il considéré à l'époque comme un de ces fameux dragons ou « drac » qui hantaient les rivières de la Gaule? Les Commingeois ont cru longtemps à la réalité de l'existence d'un monstre, caché au milieu d'une épaisse forêt, dans la vallée de Labat-d'Enbès, et qui imitait les vagissements d'un nouveau-né, pour attirer les curieux et les dévorer. Pour en débarrasser le pays, saint Bertrand était allé à la rencontre du monstre, sans autre arme que son bâton pastoral. La bête venait vers lui, la gueule ouverte, le saint évêque la toucha de son bâton et posa un pan de son étole sur sa tête; rendu doux comme un agneau, le dragon le suivit jusque sur le parvis de la cathédrale, où il expira.

Détail d'une des stalles de la cathédrale (coll. de l'auteur)

Un évêque amoureux de son église

L'intérieur de la cathédrale est un réceptacle de chefs-d'œuvre, qu'il s'agisse des grandes verrières Renaissance, du tombeau en marbre blanc et noir de Hugo de Castellane, du devant d'autel en cuir de Cordoue ou du buffet d'orgues. Mais la merveille, c'est le chœur, véritable église de bois enclose dans l'édifice, ouvrage monumental unissant l'histoire, la légende, l'allégorie, le symbolisme, la tradition et la poésie. Jean de Mauléon, cinquante-deuxième évêque de Comminges, le fit exécuter de 1523 à 1551. Il était devenu épris de sa cathédrale au point qu'on n'explique pas autrement sa devise, qui figure en divers endroits du chœur : « *Omnis amor tecum* » (« Tout mon amour est à toi »).

Des faces grotesques et des symboles inquiétants, comme cette luxurieuse sirène enlevant un homme, peuplent les joues des stalles. Au-dessus, apparaissent un arbre de Jessé aux rameaux chargés de rois, un saint Michel foudroyant le démon, et le lion héraldique de Jean de Mauléon. Tout autour des stalles, des prophètes, des preux et des sibylles forment un chœur de personnages venus du fond de l'histoire pour rendre témoignage aux vertus philosophiques et chrétiennes et apporter leur part de vérité ou de légende. Les sibylles vêtues comme dans les « mystères » représentés en Italie au XVe siècle sont douze comme au temps de Lactance, l'historien chrétien du IVe siècle. Parmi les preux, qui sont également au nombre de douze, on n'est pas étonné de rencontrer Olivier et Roland. Ils ont certainement contribué à maintenir vivace, dans les Pyrénées, la popularité du plus célèbre d'entre eux.

Sous le dais de la stalle épiscopale, un panneau de marqueterie représente une roue à la jante éclatée; des plumes sortent du moyeu de cette roue. Cette énigmatique figure s'accompagne de la légende : « *Fortunat solus nostros Deus ipse labores* » (« Dieu seul fait réussir nos travaux »). C'est l'action de grâces de Jean de Mauléon.

Derrière le maître-autel, un petit monument en forme de chapelle abrite le corps de saint Bertrand et les plus précieuses reliques du sanctuaire. Des peintures le recouvrent et des inscriptions latines en expliquent le sujet : sept captifs rendant grâce pour leur libération; un père reniant sa paternité, soumis à l'épreuve de l'eau froide et convaincu de mensonge; une femme adultère punie d'avoir faussement invoqué le témoignage du saint; une maison s'écroulant sur des pécheurs qui ne voulaient pas se repentir; une pécheresse endurcie meurt dans son péché; celle qui se repent est pardonnée; saint Bertrand mourant au pied de l'autel de la Vierge, où il s'est fait transporter, le 10 octobre 1130; saint Bertrand couronné dans le ciel comme le fidèle serviteur qu'il a été; la délivrance de Sanche de Labarthe, captif des Sarrasins; la mission de saint Bertrand en vallée d'Azun, l'insulte faite à sa mule et le châtiment des Azunois (voir *Arrens*). La dernière peinture représente le pape Clément V, un géant de huit pieds de haut, vénérant avec ses cardinaux les reliques du saint.

La corne miraculeuse

Parmi les objets d'art conservés dans la sacristie, la pièce la plus précieuse du trésor était autrefois l' « alicorne ». Cette longue corne d'ivoire torsadé, de cinq pieds de long, était une dent hypertrophiée de la mâchoire supérieure d'un cétacé, le *monodon monoceros*, autrement dit le « narval ». L'alicorne de Saint-Bertrand était un don de Bertrand de Goth, devenu Clément V. Seuls les princes et les grands seigneurs pouvaient s'offrir le luxe d'acquérir ces objets. Dans l'inventaire des biens de Charles VI, on trouve « une grande pièce de corne d'une unycorne de trois pieds achetée par le roi aux etrennes de l'an 1394 ». Le duc de Berry en possédait également une, don du roi de Navarre. Catherine de Médicis, qui avait entendu parler de celle de Saint-Bertrand-de-Comminges, incitait vivement Charles IX à la faire entrer dans le trésor royal. Mais le chapitre de la cathédrale se montra plus jaloux que jamais de son talisman.

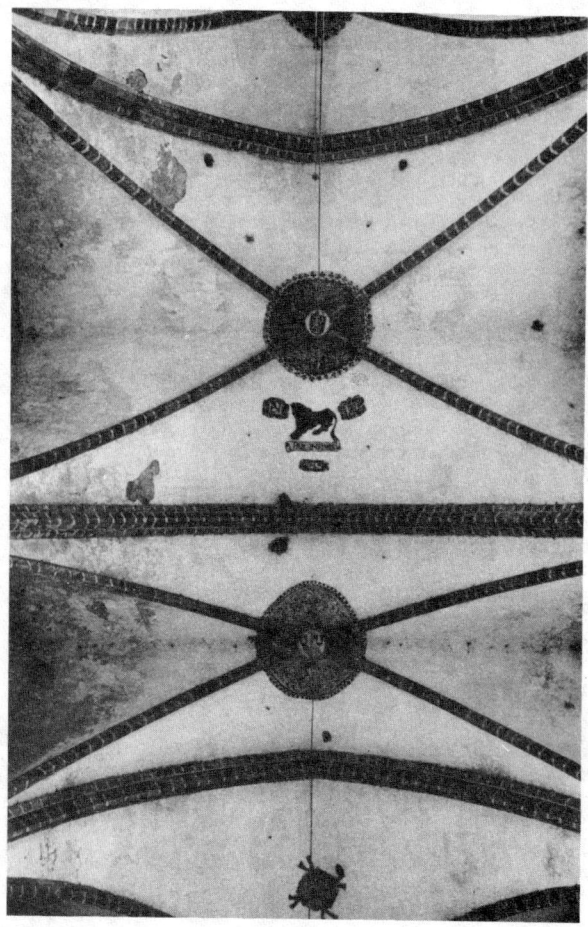

Voûte de la cathédrale (photo J.-R. Masson)

En mars 1594, les huguenots de Corbeyran d'Aure, seigneur de Larboust, escaladèrent les murailles de Saint-Bertrand avec la complicité d'un habitant, mirent la cathédrale au pillage, et emportèrent onze quintaux d'orfèvrerie et de vaisselle sacrée. Corbeyran d'Aure se réserva la célèbre « alicorne ». Il ne la rendit que par crainte de la vengeance de « Monseigneur saint-Bertrand », et en échange d'une amnistie complète.

En 1667, Louis de Froidour, inspecteur des forêts sous Louis XIV, se la fit montrer. « On dit, pour faire épreuve si elle était vraiment de licorne, qu'il fallait la faire tremper dans l'eau et qu'à l'instant, l'eau bouillerait... Nous fîmes cette épreuve, mais inutilement, car l'eau ne prit aucune émotion et demeura froide à son ordinaire. » Cela ne paraît pas avoir entamé la foi des chanoines du chapitre. Comment auraient-ils pu mettre en doute la croyance dans l'existence du quadrupède fabuleux qui portait au front cette corne miraculeuse, alors qu'au XIXᵉ siècle encore l'érudit abbé Migne, va jusqu'à écrire : « Malgré la grande autorité de M. de Laborde, la question de l'existence de la licorne ne paraît pas décidée dans le sens négatif. »

La licorne avait la réputation de purifier les fontaines et sa corne rendait curative l'eau qu'elle touchait. Ceci explique son emploi préférentiel pour la guérison du bétail, à Arrens. L'eau passée au préalable à travers la cavité intérieure de la corne était ensuite offerte aux éleveurs qui assistaient à la cérémonie (voir *Arrens*).

Très tôt, l'animal fabuleux est entré dans le symbolisme mystique chrétien, comme allégorie de la virginité de Marie. Au Moyen Age, on croyait, en effet, que seule une vierge pouvait le capturer. Dès que la licorne, décrite comme une bête excessivement sauvage qu'aucune créature ne peut vaincre, apercevait la jeune fille, elle venait poser sa tête dans son giron ; les chasseurs n'avaient qu'à s'approcher pour la prendre. Dans les bestiaires du Vᵉ siècle, elle devient le symbole du Christ, attiré dans le sein de la Vierge Marie. L'ange Gabriel est le chasseur, et toute l'histoire de sa capture constitue une allégorie du mystère de l'Incarnation.

Un galant chevalier

Le petit coffret en cuivre doré sur âme de bois, conservé dans le trésor, porte une inscription énigmatique. Sous des arcades trilobées, des figures fantastiques et des cavaliers sont accompagnés de cette devise en langue occitane :

> PER L'AMOR DE MA DONA
> COMBAT AB AQUESTA LIBRA.

« Pour l'amour de ma dame, je combats avec cette livrée... »

Un archéologue toulousain en a proposé une autre lecture, inspirée par l'image du dragon qui se tord dans les reliefs du métal repoussé : « ME COULBAT AB AQUESTA VIBRA »... « Je me bats avec cette guivre ». A quel troubadour est due cette déclaration? Rien n'a encore pu mettre sur la voie de la réponse.

Une rose fétide

Le cloître de la cathédrale est célèbre pour son pilier quadrangulaire, ancienne colonne d'un édifice de l'époque romaine, retaillée et sculptée des figures des quatre évangélistes. L'un des tombeaux rangés contre le mur extérieur de la nef porte l'épitaphe du chanoine Vitalis d'Ardengost, un chef-d'œuvre de mauvais goût :

> *Hic jacet in tumba rosa mundi non rosa munda*
> *Non redolet sed olet quod olere solet.*

(« Ci-gît dans cette tombe, une rose du monde, qui n'est pas une belle rose ; elle ne parfume pas, mais elle sent ce qu'elle doit sentir ! »)

Des envahisseurs cornus

D'après un récit légendaire, le nom de *Valcabrère*, qui fut un faubourg de la ville romaine, viendrait d'un épisode de la destruction de *Lugdunum Convenarum*, lors de l'invasion des Vandales, en 407.

La population de la ville avait essayé d'assurer la défense de la longue enceinte qui, sur plusieurs kilomètres, ceinturait la ville et l'isolait de la plaine. Les Barbares, qui cherchaient le point faible des remparts, inventèrent un stratagème. Une nuit, ils rassemblèrent toutes les chèvres de la région, attachèrent des torches allumées à leurs cornes et conduisirent les bêtes vers une porte de la ville. Croyant à une attaque en force, les veilleurs donnèrent l'alarme et tous les défenseurs se précipitèrent vers le point menacé, abandonnant les autres secteurs. Les ennemis, qui attendaient dans l'ombre, n'eurent qu'à choisir le point à escalader et *Lugdunum Convenarum* tomba.

Le village construit sur les ruines de ce faubourg fut appelé Valcabrère, le val des chèvres.

Plusieurs identités ont été attribuées aux statues-colonnes du porche de l'église Saint-Just-de-Valcabrère. Le baron d'Agos y voyait saint Bertrand, un diacre, un sous-diacre, et une comtesse inconnue; Métidier les désignait comme saint Just, saint Pasteur, saint Étienne et sainte Clotilde. Chacun de ces personnages soutient un chapiteau représentant une circonstance importante de sa vie. Le chapiteau de la sainte figure une scène de séparation : un homme chevelu et barbu tenant un bâton de pèlerin et une gourde, fait ses adieux à une femme ; un cheval harnaché et sellé, et un ange, complètent la scène. L'identité de saint Étienne ne fait pas de doute, car l'église fut d'abord consacrée sous son nom; saint Just et saint Pasteur, deux martyrs espagnols, ont prévalu pour l'identification des deux autres personnages. La sainte a été successivement reconnue comme sainte Hélène, puis sainte Clotilde.

Récemment, Pierre Joncquiert [1] a rapproché les éléments de la légende de sainte Radegonde, femme de Clotaire et reine de France, des caractères de la statue féminine du porche et des scènes du chapiteau qui la couronne. Sainte Radegonde, née en 518, était une fille du roi de Thuringe, Bertaire. Au cours d'une guerre, le roi Clotaire l'ayant retenue prisonnière, fut séduit par sa beauté. Il la fit instruire et l'épousa en 540; mais comme il avait fait assassiner son frère, elle le quitta et fonda le monastère de Sainte-Croix de Poitiers, où elle mourut en 587.

Le poète Fortunat avait été son maître en littérature. D'après P. Joncquiert, les scènes du chapiteau représenteraient Clotaire écrivant, sous la direction de Fortunat, un livre de poèmes à la louange des saints, et le départ de Radegonde pour le couvent.

Les missionnaires poitevins ont introduit le culte de la mystique reine mérovingienne dans le Comminges où il a curieusement essaimé : on trouve en effet, dans les environs de la moyenne vallée de la Garonne, à Latoue, Ganties, Mancioux et Roquefort, de petits sanctuaires dédiés à la sainte. On connaît en France vingt-quatre sources qui lui sont consacrées.

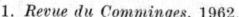

1. *Revue du Comminges*, 1962.

Le tombeau d'Hérode

Une construction mystérieuse, connue de tout temps dans le pays sous le nom de tombeau d'Hérode, s'élève sur le rocher ou *mail de Martrouilh*, qui domine la boucle de la Garonne, à l'ouest du pont de Labroquère, près du hameau de Saint-Martin. Deux dépressions, qui s'abaissent de chaque côté de la rivière jusqu'à ses rives, aboutissent à un ancien gué. Le nom de Martrouilh, qu'on retrouve ailleurs en France sous les formes Martre, Martrou, Martroy, désigne l'emplacement d'un cimetière antique à la sortie de la ville, le long d'une ancienne voie romaine, souvent à l'entrée d'un pont ou d'un gué. Celui de Labroquère est voisin de l'emplacement du pont romain connu au Moyen Age sous le nom de Pont Saint-Just. Ce tombeau d'Hérode est une tour carrée de 10 m de côté et haute de 8 m.

Il est remarquable que la tradition, qui attache le nom d'Hérode à cette ruine, vienne renforcer l'hypothèse selon laquelle le meurtrier de Jean le Précurseur vint en exil à *Lugdunum Convenarum* en l'an 39, sous Caligula. La sentence frappant toute la famille du coupable, Hérodiade et Salomé partagèrent son sort.

Dans l'histoire de la guerre des Juifs et *Les antiquités judaïques*, Flavius Josèphe rapporte que le tétrarque de Pérée et de Galilée fut envoyé à *Lugdunum*, « ville proche de l'Espagne ». Seule *Lugdunum Convenarum* correspond à cette précision[1].

Le châtiment de la danseuse

Le souvenir du bourreau de Jean le Baptiste resta fortement gravé dans la mémoire des premières communautés chrétiennes pyrénéennes. Tandis que le culte du Précurseur prenait peu à peu la place des grandes fêtes solsticiales d'été, ses persécuteurs entraient dans le monde des êtres surnaturels et malfaisants.

La légende du châtiment de Salomé raconte qu'un jour d'hiver, comme la jeune femme traversait un torrent gelé, la glace se rompit. Salomé s'enfonça dans l'eau jusqu'au cou ; alors la glace se referma et l'on ne vit plus, sur la surface lisse de la rivière que la tête d'une morte,... Évocation terrifiante d'une autre tête, qu'elle s'était fait apporter sur un plat.

Guillaume Apollinaire s'est inspiré de cette tradition dans *La Danseuse*, la seconde des trois histoires de châtiments divins qui figurent dans l'*Hérésiarque et Cie*, et Paul Claudel lui a consacré quelques pages d'exégèse.

Quant à Hérodiade, elle devint pour les populations du Comminges et du Couserans la personnification effrayante des puissances de la nuit, la reine des magiciennes, qui parcourait les airs, nue et échevelée, entraînant les femmes du pays vers les sabbats de la montagne.

1. Lizop, *Convènes et Consorani* et *Bible et Terre sainte*, nᵒ 60, déc., 1963.

SAINT-GAUDENS

31 — Haute-Garonne, 66 km a l'E de Tarbes par N 117

Le martyre de l'enfant sage

La légende du martyre du jeune Gaudens, qui a donné son
nom à la ville, a quelque analogie avec celle de saint Denis.
L'écrivain commingeois Castillon d'Aspect l'a transcrite dans
toute sa naïveté, telle qu'on la racontait au milieu du XIXe siècle :
« C'était un enfant de douze ans qui gardait les oies, d'aucuns
disent des pourceaux, sur la colline qui domine la Garonne. Les
Sarrasins arrivaient d'Espagne. Le premier habitant qu'ils rencontrèrent fut Gaudens. « Veux-tu venir avec nous et embrasser
notre religion? lui dit le chef. Je ne sais pas, dit l'ingénu, je vais
demander à ma mère ». Et il courut vers sa chaumière demander
à celle-ci ce qu'il devait faire : « Garde-toi mon enfant, lui dit-
elle, d'écouter les paroles de ces mécréants et sois fidèle à la religion de tes pères ». L'enfant apporta sa réponse aux Sarrasins
et le chef courroucé coupa la tête du jeune Gaudens. Mais, à
l'étonnement des Sarrasins, l'enfant, (« sans se déconcerter »,
écrit Castillon d'Aspect) prenant sa tête entre ses mains, se mit
à courir vers l'église voisine. Un sarrasin à cheval se mit à sa
poursuite; il arriva juste au moment où la porte de l'église se
refermait sur l'enfant. « Mais sa course était si rapide que la monture donnant du pied à la porte avec violence y laissa, fiché dans
le bois, le fer du pied droit de devant. Ce fer, dit-on, se trouve
encore aujourd'hui visible à la même place ». Il s'agit, en réalité,
d'un élément de penture ancienne.

Ordalies et jongleries

Les chapiteaux historiés de la collégiale de Saint-Gaudens
offrent des sujets rares et curieux, dont certains ont été interpré-
tés de diverses façons sans qu'on soit arrivé à une certitude sur
leur véritable signification. Il s'agit en particulier du chapiteau
des fonts baptismaux, qui passe pour figurer une scène de baptême ou une scène d'ordalie : les gestes des personnages, leurs
attitudes, leurs vêtements ou leur nudité, une cuve sur pieds, un
encensoir et une croix processionnelle ne facilitent pas le choix
de l'interprétation. Des scènes de jonglerie et de domptage
représentent des hommes arcs-boutés à des cordes, des singes
grimaçants et des ours velus luttant entre eux. Certains sont
peut-être l'œuvre de sculpteurs venus travailler à la restauration
de la collégiale, en 1857. Mais leur « archaïsme d'emprunt » révèle
une maîtrise exceptionnelle de l'art des imagiers romans. Enfin,
le chapiteau de la Tentation montre sous un jour plein d'humour
le geste que fait Adam de porter la main à son cou, qui signifierait que « le morceau est dur à avaler ».

La métamorphose de Nabuchodonosor

Émile Mâle, dans son ouvrage *L'art religieux en France au*
XIIe *siècle*, fait remarquer que l'un des chapiteaux de Saint-Gaudens représente une scène rare appartenant au domaine de la
magie : la métamorphose d'un homme en bête. On lit en effet
dans la Bible que Nabuchodonosor II, roi de Babylonie, fut
chassé de sa ville et contraint de brouter l'herbe pendant sept

*Chapiteau archaïque
dans l'église de
Saint-Gaudens
(photo J.-R. Masson)*

ans. Ses cheveux devinrent des plumes d'aigles et ses ongles des
serres d'oiseau. Les populations de la vallée de la Garonne
croyaient aux transformations lycanthropiques et d'effrayantes
histoires de loups-garous naissaient périodiquement dans le
Lannemezan. Il ne serait pas étonnant qu'elles aient donné au
sculpteur l'idée de représenter la scène biblique qui s'en rappro-
chait le plus.

Chapiteau représentant Nabuchodonosor (photo D. Milano)

SAINT-JEAN-DE-LUZ

64 — Pyrénées-Atlantiques, 14 km au S de Bayonne par N 10

Les fastes d'un mariage royal

Le nom de la vieille cité corsaire à la baie lumineuse n'a rien à
voir avec le mot « lumière » en espagnol. Il dérive d'une racine
commune à des langues européennes très dispersées et qui a
donné *lutum*, la boue, en latin, *lout*, en breton, et *loth*, en gallois,
le bourbier, et sans doute *Lutétia*, « ville installée au milieu d'une
plaine marécageuse ». Le nom basque de la ville, *Donibane
Lohitzun*, « Saint-Jean-de-la-Boue », évoque les méandres maré-
cageux de la Nivelle. Le mot semble avoir appartenu au fond
commun d'autres langues pyrénéennes, car on le retrouve presque
inchangé dans deux inscriptions de la région de Luchon, Lohi-
sus et Lohitton, qui désignent des divinités locales.

Depuis la chute des provinces navarraises aux mains de Ferdinand d'Aragon en 1512, et la naissance de l'unité espagnole,
la frontière basque des Pyrénées est devenue une ligne de feu où

personne ne désarmait. A quelques lieues des places-fortes espagnoles de Fontabarie et de Saint-Sébastien, Saint-Jean-de-Luz subit coup sur coup pillages, incendies, occupations : peu de bâtiments sont antérieurs au XVIIᵉ siècle. Il faut faire une exception pour la maison Esquerena, rue de la République. C'est une ancienne commanderie des Hospitaliers de Jérusalem qui servait d'hôpital aux pèlerins de Compostelle empruntant la route de la côte.

Le mariage de Louis XIV devait sonner les grandes heures de l'histoire de la ville, qui se crut alors un « petit Paris ». Après les vingt-quatre entrevues de l'île des Faisans entre Mazarin et Luis de Haro, on apprit, le 7 octobre 1659, que le roi de France et l'Infante d'Espagne se mariaient à Saint-Jean-de-Luz, l'année suivante.

La cour s'était portée à Saint-Jean-de-Luz à la suite du jeune roi. Depuis des semaines, la route de Bayonne était sillonnée des carrosses du tout-Paris. Du côté des gentilshommes, il y avait avec Monsieur, Guiche, Vardes, Lauzun, La Vallière, Valentinois; du côté des dames, la Grande Mademoiselle, Mˡˡᵉ de Valois, Mˡˡᵉ d'Alençon, Mᵐᵉ de Motteville, qui écrira une chronique fort curieuse de son voyage, Mᵐᵉ de Noailles et bien d'autres. Le cardinal-ministre, dont les négociations laborieuses aboutirent le 28 juillet au traité des Pyrénées et au projet de mariage, avait donné le ton avec un équipage magnifique de sept carrosses, vingt-quatre mulets caparaçonnés de soie, cent cavaliers de garde, trois cents fantassins et cent-cinquante gentilshommes; quant aux gens de service, on ne les comptait plus. Pour ne pas se laisser distancer, toute la noblesse s'était ruinée : tel, « de deux moulins s'était fait un habit ». Mᵐᵉ de Motteville écrit : « Presque tous les chevaux avaient des plumes et des aigrettes. Les hommes les chapeaux, les housses, les habits étaient si couverts de broderies, de plumes et de glands, de harnais dorés que cela sentait le Cyrus à plein nez ».

Le 8 mai, l'entrée à Saint-Jean-de-Luz se fit dans une explosion de vivats, au bruit des cloches et de l'artillerie. La milice du Labourd formait la haie. Les chevau-légers défilèrent d'abord, puis les mousquetaires; enfin, derrière les officiers entourés d'écuyers caracolant, arriva le roi dans son carrosse doré. Le

Vue intérieure de l'église Saint-Jean-Baptiste (coll. de l'auteur)

bayle et les jurats en chaperon rouge et en toge s'étaient portés au-devant de lui pour le haranguer. Le clou fut l'arrivée des dan-seurs basques, les *crasquabillaires*, revêtus de leurs habits blancs, couverts de rubans éclatants, sonnant de cent grelots. Au son des *chiroulas* et des tambourins, ils accompagnèrent le cortège, inlassables, sautant et pirouettant. La cour fut méduse.

Le temps se passait gaiement. Aux *crasquabillaires* succédaient les comédiens de l'Hôtel de Bourgogne; le bal ne cessait pas sur les estrades de la grande place, sous les fenêtres de la maison Lohobiague, où était descendu le roi. La fête se passait aussi sur l'eau, où toutes les baleinières et les pinasses du port escortaient la galère royale, arrivée de Bayonne. Ballets nautiques et joutes marines alternaient; au grand plaisir des dames et de certains gentilshommes, les gamins du pays, pour un sol, se jetaient à l'eau, nus comme la main, et remontaient à la surface, la pièce entre les dents.

Le message de la baleine

À l'occasion de la signature du contrat de mariage, une baleine avait même fait une apparition mémorable. « Depuis trois mois, écrivait un témoin, il s'était répandu un bruit d'une prédiction qui ne nous promettait la paix qu'après le retour d'une baleine; depuis quatre jours il en avait paru une, et tous les après-midi nous étions à cheval sur les hauteurs pour en voir la chasse. Dans le temps que nous étions à la conférence [de l'île des Faisans], ceux de Ciboure l'ont prise; elle est encore à la mer et demain ils doivent la faire échouer à la côte... »

Le 7 juin, l'Infante fit son entrée dans Saint-Jean-de-Luz, à la nuit tombante, dans une escorte étincelante de torches, au milieu d'une foule de courtisans et de pêcheurs délirant d'enthou-siasme. Dans la maison Haraneder, Anne d'Autriche la prit dans ses bras; quelques instants après, le jeune roi venait surprendre sa belle Espagnole en déshabillé, et souper dans l'intimité avec elle. Deux jours plus tard, Mgr Jean d'Olce, évêque de Bayonne, et ses acolytes, revêtus des somptueux vêtements qui font encore l'orgueil des sacristies de l'église paroissiale, donnait la bénédic-tion nuptiale aux deux époux. Ils sortirent par la grande porte du côté droit du chœur, qui donnait sur la grande rue. Avait-elle été ouverte spécialement pour la cérémonie? Peut-être. Dans une décision théâtrale, les consuls de Saint-Jean la firent murer aussitôt après, pour laisser une marque définitive de ces fastes, uniques dans l'histoire de la ville.

Mais tout finit par des chansons, et un refrain gascon circula longtemps dans le sillage des carrosses repartis, cornant l'orgueil luzien aux oreilles des Bayonnais :

> *Sent Yan de Luz, pétit Paris.*
> *Bayonne l'escuderie.*
> *Lou rey que s'y maride*[1] ...

« Saint-Jean-de-Luz, petit Paris / Bayonne, l'écurie / Le roi s'y marie... »

1. Alexandre Nicolaï, « Le mariage de Louis XIV à Saint-Jean-de-Luz » in *Revue des Pyrénées*, IV, 1892.

La Messe des Morts à Ciboure, par Gustave Doré (B.N., Est.)

Les fiers « coureurs de mer »

André Lichtenberger, qui avait longtemps fréquenté le Pays Basque, a écrit dans *Gorri le Forban*, l'histoire d'un certain Manech Gorri (Michel le Rouge), qui est la peinture fidèle et colorée de la vie des corsaires luziens sous Louis XV. A la fin du roman, le Basque, épouvanté par la vie de violence et de séduction qu'il vient de découvrir à Versailles, devient curé de Ciboure, face au port d'où il est parti.

L'auteur avait pris comme modèle Jean Peritz de Haraneder, de Saint-Jean-de-Lutz, un très fameux corsaire qui mérite d'occuper une place auprès de Jean Bart dans la liste de ces vertueux pirates que le roi de France honorait de lettres de marque et qui écumèrent l'océan, du golfe de Gascogne à la mer d'Irlande. Le père de ce Jean Peritz, dont le nom basque de Haraneder signifie « le beau prunier », avait fait graver sur la principale cheminée de sa demeure, l'actuelle maison de l'Infante, le distique :

> *Dans l'ancre le beau prunier*
> *Est rendu un fort riche fruitier.*

Ces vers accompagnent les armes parlantes de la famille, jaillissant d'une ancre. Les prises de Jean Peritz lui rapportèrent une

fortune de deux millions de livres... Louis XV lui donna le titre
de vicomte de Jolimont; en se mariant avec l'héritière des seigneurs de Macaye, le fils de Haradener s'ennoblit.

Plusieurs belles maisons du vieux quartier de Saint-Jean-de-
Luz ont appartenu à des « coureurs de mer » basques. Rue Mazarin, un hôtel possède en guise de gargouilles, trois caronades en
terre cuite, soutenues par des consoles en fer forgé. La rue Sopite
rappelle un hardi capitaine du XVIIIe siècle, commandant la fré-
gate *La Basquaise*; les Anglais disaient qu'ils n'eurent jamais
sur mer d'ennemi plus intrépide que cette *Basquaise*. La rue Cépé
est dédiée au souvenir d'un autre vaillant corsaire luzien. Mais
que dire de ce d'Etcheverry, à qui le ministre Choiseul confia le
soin, en pleine guerre de Sept Ans, d'aller chercher aux Moluques,
au-delà du détroit de Sumatra, des plants de cannelier et de
giroflier pour les rapporter dans les colonies des Antilles? Le
Luzien avait alors soixante-dix ans; il accomplit sa mission en
mettant hors de combat tous les vaisseaux de guerre affrontés au
cours de sa traversée.

L'assaut de l'Atlantique

La lutte de Saint-Jean-de-Luz contre la mer est une histoire
dramatique qui s'étend sur deux siècles et où la ténacité de
l'homme face aux éléments a forcé le destin à accomplir sa
volonté.

Jusqu'en mars 1675, l'entrée de la baie avait été protégée des
lames du large par un banc de roches émergeant des fonds de
l'Artha et rejoignant le promontoire de Sainte-Barbe. Cette
année là, les dernières roches qui opposaient leur barrière à la
mer furent démantelées par des tempêtes furieuses. Les vagues
passèrent librement par-dessus le plateau sous-marin et, arrivant au fond de la baie, emportèrent une maison. En visitant la
cité en 1686, Vauban conçut le projet d'un grandiose port de
guerre, et d'une digue qui fermerait la rade. Mais il n'eut pas le
temps de le réaliser.

En 1707, on construisit un mur pour arrêter les lames sur la
plage. Elles se mirent alors à accumuler à l'embouchure de la
Nivelle des masses de sable et de galets qui bloquaient les
navires dans le port. Les eaux de la rivière débordaient, inon-
dant la ville avant de chasser le barrage. Cette calamité était
devenue presque annuelle. Le 22 février 1749, l'Atlantique se
déchaîna. La mer franchit le mur de la plage, emporta sept
maisons et en endommagea cent quatre-vingts qui furent éva-
cuées. Les dégâts s'élevèrent à 380 000 livres. On demanda alors
aux ingénieurs Touros et Picault de reprendre les plans de Vauban, mais tout en resta là, faute d'argent... En mars 1783, au
cours d'une tempête d'équinoxe, l'Océan semble vouloir en finir
avec la ville. Toutes les digues de protection sont emportées,
d'un bout à l'autre de la baie. Le quartier de la Barre est sub-
mergé; deux rues et quarante maisons, dont le couvent des
ursulines, sont rasées. On en voit encore les fondations dans la
partie sud de la plage.

On se décida alors à fermer la baie en poussant des digues à
partir de la pointe de Socoa et de celle de Sainte-Barbe; mais, en
1819, la nouvelle digue de protection de la ville fut démantelée
par une tempête qui dura huit jours.

Treize à bord

La venue de la famille impériale à Biarritz, en 1867, ne fut pas étrangère à la rapidité avec laquelle la digue de l'Artha vint barrer l'entrée de la baie.

Le jeudi 30 octobre au retour d'une excursion à Fontarabie, le yacht impérial, le *Chamois*, donna sur les rochers par nuit noire, avec treize personnes à bord, parmi lesquelles l'impératrice Eugénie et le prince Louis. Prosper Mérimée, qui n'était pas de l'expédition, se renseigna auprès d'un des passagers, M. de la Valette et en fit le sujet de cinq de ses lettres[1]. La barre était tenue par l'amiral de la Gravière qui discutait de la route avec le pilote; celui-ci, inquiet, se porta à l'avant au moment où l'étrave heurtait les rochers. « La nuit était si noire, écrit Mérimée, que personne n'a vu le pilote tomber, se fracasser la tête et se noyer. » Les matelots se jetèrent à l'eau; ils en avaient jusqu'aux aisselles et les vagues déferlaient au-dessus de leur tête. Ils se passèrent ainsi de main en main le petit prince Louis et l'impératrice, qui arrivèrent trempés jusqu'aux os à la terre ferme. C'est de la bouche de son témoin que Mérimée tient le mot historique du jeune prince impérial. A sa mère qui lui criait : « N'aie pas peur, Louis. » Il répondit : « Je m'appelle Napoléon. » Son informateur lui avoua aussi que ce malheur était arrivé parce qu'ils se trouvaient être treize dans l'embarcation. Mérimée rapporte soigneusement ce témoignage et ajoute même, dans une lettre à Mme de Montijo, ce détail curieux : « Les marins disent que cela est arrivé parce qu'il y avait un prêtre à bord. » Le coupable était un chapelain des Tuileries, un juif hongrois converti, Marie-Bernard Bauer : ce même prêtre plus tard, fit le sermon de la messe célébrée à l'ouverture du canal de Suez. « Mais aussi, écrit Mérimée, quelle imprudence de confier la barre à un amiral! » En ex-voto de reconnaissance, un modèle réduit du petit yacht fut suspendu par l'impératrice dans l'église de Saint-Jean-de-Luz, au milieu de la nef, où on le voit toujours.

SAINT–JEAN–LE–VIEUX

64 — PYRÉNÉES-ATLANTIQUES, 4 KM A L'E DE SAINT-JEAN-PIED-DE-PORT PAR N 133

Le camp des légions de Rome

Le village de Saint-Jean-Le-Vieux, situé à l'extrémité de la plaine de Cize, occupe le carrefour des débouchés des vallées du Laurhibar et de Lacarre.

Premier chef-lieu du pays de Cize, il dut céder cette primauté à Saint-Jean-Pied-de-Port, au cours des siècles. Mais l'épithète de « vieux » témoigne de l'antériorité de son passé, car il désigne l'emplacement primitif d'une agglomération de l'époque romaine qui, par la suite, a pris son essor dans le voisinage. On a ainsi : Vieille-Toulouse, Vieille-Évreux, etc. C'était un lieu accessible de toutes parts et idéal pour y établir une station de la grande route impériale de Dax à Pampelune, celle que l'itinéraire d'Antonin désigne sous le nom d'*Immus Pyreneus*, le pied des Pyrénées.

1. Mérimée, *Correspondance*, Le Divan, Paris, 1941.

Ruine du camp romain (photo de l'auteur)

On retrouve à Saint-Jean-le-Vieux, un peu partout, des débris de poterie de la station romaine, certains remontent à l'époque d'Auguste. Le vestige le plus important est le tertre monumental qu'on appelle en basque *Kachkomendi* c'est-à-dire « montagne du crâne ». A cette motte médiévale est accolée une terrasse surplombant le pont du Laurhibar. La fouille de ce terrain a mis au jour des restes de voies dallées et de constructions en pierres sèches, des foyers, des accumulations de poteries, témoignant de l'occupation du site pendant cinq siècles, malgré un nombre incalculable de destructions.

Le dragon de la montagne

C'est sans doute à un émule de saint Martin, qui choisissait les marchés au bord des voies romaines pour évangéliser les foules, qu'on doit le premier sanctuaire qui a donné son nom au village. Une figure populaire des premiers siècles, Jean Baptiste le Précurseur, dont la fête coïncidait avec le solstice d'été, connaissait une faveur particulière auprès des Basques, qui adoraient « Ortzi », lumière du soleil. Une chapelle en ruine dans un champ est tout ce qui reste de l'église du quartier d'Urrutie, dédiée à saint Jean. Dans une prairie voisine, existait la fontaine guérisseusse de Saint-Jean-Baptiste. Au début du siècle, on y conduisait encore les enfants ; les linges des petits malades étaient laissés en ex-voto aux abords.

Le portail de l'église Saint-Pierre est roman, bien que portant la date de 1610, qui rappelle sa restauration par le recteur Martin de Viscay. Il est encadré de quatre colonnes à chapiteaux dont l'un représente un loup, ou un chien, dressé face à deux serpents entortillés. Ces sculptures évoquent une légende qui se situe dans la montagne voisine, celle de la fontaine d'Ahusquy. Dans une caverne vivait un dragon volant, Herentzugue, qui dévastait les troupeaux et dont un vaillant chevalier souletin libéra la région avec l'aide de son chien.

Ici fut pendu Ganelon

Plantée au bord de la terrasse qui domine la route de Saint-Palais, au nord de Saint-Jean-le-Vieux, une colonne de pierre surmontée d'une croix de fer porte le nom de « Croix de Ganelon ». L'intendant Lebret écrit en 1700 : « Tout ce qui reste du temps de Charlemagne se réduit à un pilier de maçonnerie qui subsiste encore aujourd'hui et aux ruines d'un pilier semblable dont on prétend que cet empereur l'avait fait bâtir pour y faire pendre le fameux Ganelon. Ils sont situés entre Saint-Jean-le-Vieux et Aphat et ont assez de rapport avec des fourches patibulaires, apparemment que la manière dont elles sont bâties a donné lieu à ce que la tradition du pays en fait dire. » Aucun vestige pourra cependant faire revivre la retraite de la grande armée carolingienne, au retour du siège de Pampelune, laissant morts et mourants dans les champs de Roncevaux, « sans qu'il soit possible de poursuivre les agresseurs », après l'embuscade du 15 août 778.

La bénédiction des troupeaux

Au-dessus de la croix de Ganelon, au bord de l'Arçuby, sous d'énormes platanes séculaires, un petit édifice croule sous le lierre. Au milieu de la façade s'ouvre une porte ogivale à triple voussure et, dans le mur, du côté de la rivière, un curieux oculus de pierre violette est compartimenté par un anneau monolithe à six lobes. L'abside semi-circulaire de l'édifice ne se retrouve que par son tracé au ras du sol.

Il n'y a pas cent ans, ce hangar était la chapelle Saint-Blaise : elle faisait partie de l'hôpital d'Aphat-Hospital, connu déjà en 1186 comme un important asile de pèlerins, succursale de la commanderie de Malte d'Irissary. Le culte de saint Blaise, protecteur des troupeaux, y attirait tous les ans à l'occasion de sa fête, bergers et paysans avec leurs bœufs, leurs chevaux de selle ramenés des pâturages et les plus beaux de leurs moutons « manech ». Le chapelain du sanctuaire procédait aux bénédictions rituelles et une grande foire battait son plein.

La croix de Ganelon (photo A. Ocana)

SAINT-JEAN-PIED-DE-PORT

64 — Pyrénées-Atlantiques, 52 km au S E de Bayonne par N 132
et N 618

Le grand passage

Saint-Jean-Pied-de-Port dispute depuis longtemps à Saint-Palais le titre de capitale de la Basse-Navarre. Mais elle est sûre de ne se voir contester par aucune ville le titre de « clef des ports de Cize » où passe l'une des plus vieilles routes d'Europe. Voie préhistorique de l'étain, rocade d'Hasdrubal allant au secours d'Hannibal, voie romaine des *Aquae Tarbellicae* à *Pompaelo*, grand chemin de Compostelle, grande route de Paris à Madrid, route de l'artillerie, et route Napoléon, autant de noms légendaires et prestigieux qu'on peut donner à ce chemin.

Le nom de Cize que porte la vallée dont Saint-Jean garde tous les débouchés, a des origines fabuleuses. Les « ports de Cizer » de la *Chanson de Roland* sont appelés dans les annales médiévales les ports de César, *portus Caesaris* : le nom de César en a imposé aux scribes. Mais le nom basque est *Garazi* : on y retrouve celui d'une montagne du Comminges, le Gar, divinisée sous le nom du dieu Garus auquel on offrait de petits autels de marbre. De même que le dieu Baïcorrix, honoré près de Luchon, peut

La citadelle de Saint-Jean (photo A. Ocaña)

avoir donné son nom à la vallée navarraise de Baigorry, le pays
de Cize, le Garazi, pourrait être le pays du dieu Garus.

Sur l'éperon dominant le confluent des Nives et du Laurhibar,
un château des rois de Navarre s'élevait dès le XIIe siècle, véritable verrou de la montagne. En 1512, lorsque le roi d'Aragon
et de Castille, Ferdinand, s'empara du royaume de Navarre, la
place forte changea quatre fois de maître en dix ans. Saluons ici
la mémoire oubliée du brave Jean de Cotte, capitaine navarrais
au service du roi de France, qui y soutint, pendant vingt jours,
en mai 1521, avec 300 hommes, l'assaut de toute l'armée espagnole. Lorsque, en 1530, Charles Quint se décida à évacuer la
Basse-Navarre, il laissa la forteresse en ruine.

On attribue couramment à Vauban la construction de la
citadelle qu'il aurait appelée son « bijou ». En réalité Vauban se
contenta d'envoyer un de ses ingénieurs la visiter ; d'après son
rapport, cet ouvrage, construit sur les plans du chevalier Deville,
était incapable de résister à un bombardement de front par
l'artillerie. Il traça donc les plans de fortifications qui s'étendaient aux abords de la ville et aux hauteurs voisines ; ce plan
ne fut pas exécuté, mais en 1794, les officiers du génie aména-
gèrent autour de la place une série de redoutes encore visibles
aujourd'hui et qui transformèrent Saint-Jean-Pied-de-Port en
un camp retranché de première importance. En juin 1794, les
6 000 hommes de Moncey en partirent pour emporter les défenses
espagnoles de l'Altabiscar et de Roncevaux et prendre à revers
Irun. En 1814, le général Blondeau tiendra la ville dont les bandes
de Mina n'approcheront pas. Et il ne rendra qu'au mois de mai,
aux envoyés de Louis XVIII, le dernier bastion de la France
napoléonienne.

Un évêque de trop

Dans la rue de la Citadelle, une maison à encorbellement, qui
porte la date de 1584, est connue dans la tradition locale comme
la « Maison des Évêques ». Pendant le grand schisme d'Occident,
de 1383 à 1417, les évêques de Saint-Jean-Pied-de-Port en
auraient fait leur résidence. Mais deux cents ans séparent le
départ du dernier prélat, Arnaud de Laborde, de la date conservée dans l'appareil. Lors du schisme, les souverains chrétiens
avaient pris parti pour l'un ou l'autre des papes rivaux. Le roi
d'Angleterre avait reconnu le pape de Rome, le roi de Navarre,
celui d'Avignon. Or le diocèse de Bayonne était placé sous la
domination des deux souverains. Le Labourd, avec Bayonne,
resta sous l'obédience de son évêque ; mais le roi de Navarre fit
doter la Basse-Navarre par le pape d'Avignon, Clément VII,
d'un évêque qui s'installa à Saint-Jean-Pied-de-Port, principale
ville de la province. Il y eut donc, en fait, deux diocèses séparés
géographiquement et politiquement, sans conflit de juridiction
religieuse. On le vit bien lorsque Garcias Eugui succéda, en
1385, au premier évêque de Saint-Jean, un certain Nicolas,
nommé en 1383...

C'était le confesseur du roi de Navarre, Charles III ; il prit
part tout naturellement, avec les autres évêques du royaume,
au sacre de son souverain à Pampelune. En 1413, Benoît XIII,
plus connu sous le nom de Pedro de Luna, désigna Guillaume-
Arnaud de Laborde pour succéder à Garcias Eugui. Ce fut le
troisième et dernier évêque de Saint-Jean-Pied-de-Port.

En effet, le concile de Constance, ouvert en 1415, déposait les deux papes rivaux, et élisait à leur place Martin V. Pour les diocèses dotés de deux évêques, il avait été décidé qu'à la mort du premier le survivant deviendrait titulaire du siège épiscopal. En 1417, l'évêque de Bayonne décédait, et Arnaud de Laborde quittait Saint-Jean avec les quatre chanoines de son chapitre, pour rejoindre Bayonne où il fut intronisé dans le siège vacant, le 21 octobre. En souvenir de son passage à Saint-Jean, il obtint que quatre postes de chanoine du chapitre soient toujours réservés à des Bas-Navarrais, ce qui ne manqua pas, par la suite, de provoquer quelques incidents.

Le coin des carcans dans la prison des Évêques (photo A. Ocana)

Un secret bien gardé

Un jardin bordé d'un mur sépare la « Maison des Évêques » d'une construction connue sous le nom de « prison des Évêques ». Cette appelation relativement récente a succédé à celle de « Maison d'Arrêt » qu'elle portait au XIXe siècle, mais qui n'explique pas les remarquables curiosités architecturales qu'elle renferme. Il s'agit, en particulier, d'une grande salle gothique souterraine, imposante et obscure, faite d'une seule voûte ogivale en berceau. Un escalier de vingt et une marches plonge de la porte ouverte à mi-hauteur du mur, dans ce local à l'air saturé d'humidité et d'odeurs de moisissure. Sur les pierres de taille de ses assises régulières apparaissent de fines marques de tailleurs de pierre : des A curieusement barrés (peut-être des compas d'architectes), des étoiles, des triangles, des pointes de flèches, des fleurs de lis.

Son utilisation comme prison est lisible dans quatre chaînes à boucles scellées au mur; à gauche, dans un cachot de 2 m sur 3, une chaîne avec un collier et des fers rivés au mur en témoignent encore. Bien que particulièrement dure, la mise aux fers n'était pas exceptionnelle au XVIIIe siècle. Des notables du pays en firent l'expérience pour des questions de gabelle.

Cependant, la première destination de cette salle grandiose et sinistre, contemporaine de l'église Notre-Dame dont la fondation est attribuée au roi Sanche le Fort, en 1212, reste une énigme. Sa construction est antérieure de trois ou quatre siècles aux salles par lesquelles on y accède et qui donnent sur la rue de la Citadelle. On remarque, dans le mur du fond, deux fenêtres et une porte qui ont dû être murées lors de sa transformation en prison vers 1590. Était-ce un entrepôt de marchandises, comme les caves voûtées du vieux Bayonne? Un lieu de réunion de l'ancienne jurade? Une chapelle ou une salle pour héberger les pèlerins de Compostelle? Aucun texte, aucune découverte n'a encore permis d'élucider le secret de cette construction.

Tragédie en mer

Après les deux sièges de 1512 et 1521, les guerres de Religion devaient apporter à la ville de nouveaux malheurs. En 1569, les lieutenants de Montgomery, poursuivant les seigneurs catholiques rebelles, entrèrent dans le pays de Cize et arrivèrent à Saint-Jean-Pied-de-Port.

C'est alors que fut brûlée l'antique église Sainte-Eulalie-d'Ugange (dont le portail existe toujours à l'intérieur de l'hospice de la ville). L'église Notre-Dame-du-Bout-du-Pont fut transformée en écurie. Un vieux prêtre octogénaire, Jean de Etchegaray, emmené dans les ruines de Sainte-Eulalie, revêtu des ornements sacerdotaux, et tiré par un licou, puis, jeté sur un mulet avec d'autres prisonniers, resta attaché toute une nuit à un pommier; le lendemain, on le libéra contre rançon; l'un de ses compagnons avait été essorillé et arquebusé à bout portant.

Cette même année, un jésuite originaire de la ville, Jean de Mayorga, périssait victime des ces haines religieuses; béatifié, il a sa statue dans l'église de la ville.

La tradition le fait naître en 1531 dans la maison Arcanzola, une des plus humbles de la rue de la Citadelle, des plus anciennes aussi : elle porte la date de 1510, sculptée dans la poutre qui soutient l'avancée de l'étage en pans de bois. Après avoir appris le métier de peintre à Saragosse, il entra chez les jésuites comme simple frère convers, et en 1570, il s'embarquait pour le Brésil, avec quarante autres missionnaires, sous la conduite d'Ignace Azevedo, sur la caravelle *Santiago*. Au large de Palma des Canaries, un corsaire calviniste dieppois, Jacques de Sourie (Diego de Soria, pour les Espagnols), s'empara du navire après un combat sanglant, et massacra tous les passagers. Jean de Mayorga fut poignardé et jeté à la mer.

De cette tragédie en plein Atlantique, Paul Claudel a tiré le dramatique prologue du *Soulier de Satin*, où l'on voit sombrer le *Santiago*, le pont couvert de cadavres, un jésuite attaché au grand mât.

Des enfants préfabriqués

Sur un mur proche de la mairie, l'université espagnole a fait apposer une plaque de bronze en l'honneur de Jean Huarte, né en 1529, à Uhart-Cize, aux portes de la ville.

Aldous Huxley, en écrivant *Le meilleur des mondes*, n'est pas allé beaucoup plus loin dans ses anticipations hardies que ce médecin espagnol de la Renaissance qui publia en 1573, à l'âge de quarante-cinq ans, son *Examen de los ingenios para las sciencias*, véritable manifeste de l'eugénétique.

Quand l'Inquisition, qui l'avait laissé imprimer, vit s'épuiser cinq éditions en six ans, elle se ravisa et l'interdit *donec corrigatur*. Trop tard ! Déjà paraissait à Lyon l'édition française, sous le titre : *Anacrise ou parfait jugement et examen des esprits propres et naiz aux sciences.* Huarte soutenait que le corps jouait le premier rôle non seulement dans les sentiments mais dans la pensée même de chaque individu. Pour lui, le tempérament est à la base des mœurs. Il classait donc toutes les professions selon les humeurs de base, la « chaleur », l' « humidité », la « sécheresse ». Ainsi, les juristes, qui ont besoin de mémoire, seront recrutés parmi les tempéraments humides. Les tempéraments secs pourront donner de bons théoriciens de la médecine ; pour les praticiens, il faudra des tempéraments chauds, parce que doués d'imagination. Huarte fera ainsi le portrait morphologique du bon militaire et du bon roi. Il rejoindra même les anticipations de Huxley en donnant des « recettes » pour « fabriquer » des enfants doués selon les intentions des parents ou les besoins du milieu... C'est de l'eugénétique de science-fiction !

Environs

Le château des géants

Au sortir du village d'*Ispoure*, on voit se détacher sur les pentes de l'Arradoy une large façade plate, percée de fenêtres à meneaux et épaulée d'une tour ronde, silhouette typique d'une maison-forte navarraise. C'est le « palacio » ou le manoir des Larrea, famille originaire du Guipuzcoa et installée en pays de Cize au XIIIe siècle. Depuis le IXe siècle, les Larrea portaient le titre de « ricombres », ce qui leur donnait droit à la bannière et au chaudron dans leur blason. Au XVIe siècle, ils prennent le nom de Lalanne. Restés fidèles aux Albret, en récompense, ils deviennent héréditairement capitaines châtelains de Saint-Jean-Pied-de-Port.

La solide construction, bâtie en pierres de taille respectable, a de tout temps impressionné par son aspect insolite. Aussi une tradition attribuait-elle sa construction aux géants de la mythologie basque, les *Mairiak*, ces bâtisseurs légendaires qui transportaient à bout de bras, comme en se jouant, les pierres des dolmens de la vallée.

La mare maudite

Non loin du manoir, au milieu des champs, sont creusés des entonnoirs dont l'un forme une mare d'une trentaine de mètres de diamètre. L'eau y affleure après les grandes pluies ; mais, en été le fond en est désséché, craquelé et recouvert d'une végétation verdâtre aux formes vagues. Déjà en plein jour, l'impression est saisissante : au clair de lune, elle est fantastique. Or, comme pour les « mardelles » lorraines et les « paluds » bretons, une tradition diabolique est attachée à sa formation : le fond de cet entonnoir recèle un carrosse englouti avec ses chevaux, son cocher et le seigneur blasphémateur qui avait préféré partir à la promenade plutôt que d'aller aux vêpres un dimanche... Il est vrai que des histoires venues de tous les horizons ont pu être

Le monument d'Urculu (photo de l'auteur)

colportées à Saint-Jean-Pied-de-Port où vivaient un grand nombre de gens étrangers au pays. On doit remarquer, en tout cas, la ressemblance curieuse de celle-ci avec la légende de la Wuppichmartel, une « mardelle » des environs de Sarreguemines, en Lorraine.

Le fantôme du guillotiné

Entre Saint-Jean-Pied-de-Port et Saint-Michel-le-Vieux, à gauche de la route, les ruines du *château d'Olhonce* s'ouvraient béantes sur le ciel il y a peu d'années encore sur les souvenirs tragiques encore attachés à cette demeure. Elle était bâtie sur le plan d'un de ces « palacios » du nord de l'Espagne, formé d'un corps de logis carré, encadré de quatre tourelles ou échauguettes d'angle. La Santa-Casa-de-Loyola et le manoir d'Etchaux à Baïgorry, en sont des exemples célèbres.

L'aspect désolé de ces ruines s'accorde bien aujourd'hui à l'évocation de la contre-offensive manquée, lancée par Soult en 1814, en direction de Roncevaux et qui échoua aux portes de Pampelune. Le maréchal avait installé son quartier général dans ce château.

Le château appartenait aux Logras, importante famille noble de la Basse-Navarre. L'un d'eux avait été premier jurat de Saint-Jean-Pied-de-Port en 1704. En 1789, un Logras, envoyé par la noblesse de la Basse-Navarre aux états généraux de Versailles, finit sur l'échafaud. La légende s'empara des malheurs de cette famille. Au début du XIXe siècle, la dernière descendante des Logras vivait cloîtrée, au milieu d'une multitude de chiens et de chats qui hantaient le voisinage et partageaient, la nuit, les ébats des hiboux, sous l'immense toit ouvert par toutes ses lucarnes. Les yeux de braise aperçus aux fenêtres de la grande bâtisse faisaient dire que, si les Logras n'étaient pas revenus chez eux vivants, ils y revenaient morts. On finit même par voir, certaines nuits, le fantôme du marquis de Logras guillotiné se promener autour de la maison, sa tête sous le bras.

La route des canons

Dans l'axe de la rue d'Espagne, passées les dernières maisons en dehors des murs, une ancienne route escalade droit devant elle le chaînon détaché de la crête frontière qu'on appelle montagne d'Orisson. Après avoir cotoyé les sommets du Leiçar-Atheca et de l'Altabiscar, elle redescend sur la plaine de Roncevaux, où elle rejoint la route actuelle.

Jusqu'à l'ouverture de cette dernière qui emprunte le Valcarlos, c'était la seule voie carrossable pour aller en Espagne. Et quand il fallut envoyer en Espagne l'artillerie royale pour aider le petit-fils de Louis XIV à conserver le trône de Madrid, ce fut par les ports de Cize que le commissaire de l'artillerie, Claudon, fit passer les convois des pièces de 24 et de 16, sur le chemin pratiqué par l'ingénieur Ferrand de Cossay. On lit dans une note adressée au ministre de la guerre en 1718 où sont détaillées les étapes de la route : « Le canon de 24 a toujours été rendu en quatre jours de Bayonne à Pampelune à l'aide des bœufs fournis par les provinces de Labourd, de Béarn et de Navarre et, au delà de la montagne, par ceux de la Haute-Navarre et ensuite par les mules de l'armée[1]... »

En 1814, l'artillerie de Soult, après la bataille de Vittoria, fit retraite par ce vieux chemin qui avait vu le désastre de l'armée carolingienne ; de là est venu le nom de « route Napoléon » qu'on lui donne aussi. Après l'ouverture de la route du Valcarlos et du col d'Ibaneta en 1880, le trafic l'abandonna. Il devint un simple replat herbeux serpentant dans les pâturages, simple piste de troupeaux. Les cavaliers de la chevauchée de Compostelle lui ont rendu une certaine célébrité, ainsi que les pèlerins du pays de Cize qui en septembre vont au rendez-vous de Notre-Dame des Anges dans la collégiale de Roncevaux.

La tour du silence

On n'a pas retrouvé la fameuse croix de Charles, que le légendaire empereur planta lorsqu'il entra en Espagne pour y vénérer le tombeau de saint Jacques. Mais deux monuments chargés d'histoire jalonnent ces hauteurs : les ruines du *Château-Pignon* et la *tour d'Urculu*. Château-Pignon, l'ancien castel Panon médiéval, devint un amas de moellons après son démantèlement par les troupes espagnoles puis françaises en 1521. Alentour, sur le pâturage, a coulé le sang de centaines de combattants... 1521, 1793, 1814.

Jusqu'à ces dernières années, personne n'avait attaché d'importance à ce que les cartes d'état-major françaises nommaient la « redoute d'Urculu », au sommet de la frontière, coté à 1 404 m. Les cartographes l'avaient cataloguée comme redoute militaire, à défaut d'explication satisfaisante.

C'est une tour circulaire d'environ 20 m de diamètre. Le mur, de 2 m d'épaisseur, est constitué de pierres assemblées sans ciment, par assises horizontales : quelques blocs atteignent 1,80 m de long. Le parement, parfaitement uni et régulier, accuse une inclinaison uniforme de 10°. Les assises supérieures se sont en partie effondrées vers l'extérieur, et le centre de la tour est comblé de pierres et de blocs mêlés de terre. Aux alentours, la

---

1. Archives Nationales, Documents inédits.

découverte d'une pointe de lance à douille en bronze, l'existence
de dolmens dans les pâturages, pourraient reporter l'origine du
monument aux âges mégalithiques. Mais l'énigme reste entière,
sous l'amoncellement des blocs écroulés au pied de la muraille,
qui rappelle les « nuraghi » de Sardaigne et les murs mycéniens du
temps de la guerre de Troie. On a pensé aussi à l'un des fameux
trophées que Pompée fit élever au passage des Pyrénées après
ses victoires en Espagne, comme celui dont on a gardé le souvenir au Perthus, ou à une tour à signaux, un phare : de là-haut,
on voit en effet blanchir les vagues à l'embouchure de l'Adour...
En cherchant dans une zône plus mystérieuse, n'aurait-on pas
là le vestige d'un très ancien culte pyrénéen à Hercule? le nom
d'Urculu a des racines qui ne s'expliquent guère par le basque ;
son rapprochement avec le nom du dieu méditerranéen est
séduisant.

Enfin, dernière hypothèse encore plus fantastique : on suppose que les Cantabres, comme certains peuples des Indes, expo-
saient les corps de leurs défunts aux oiseaux de proie, dans des
« tours de silence » ; le monument d'Urculu en serait une... la
seule connue jusqu'à présent dans les Pyrénées, et peut-être en
Europe.

A Larrea près de Saint-Jean-Pied-de-Port (photo de l'auteur)

SAINT-LIZIER

09 — ARIÈGE, A 2 KM AU N DE SAINT-GIRONS PAR N 117

La cité de Belisama

A 2 kilomètres au nord de Saint-Girons, sur la hauteur, Saint-
Lizier, l'ancienne capitale du Couserans, a succédé à un oppidum
des Consoranni, appelé à l'époque romaine, d'après la tradition,
Orria ou Austria. Ruiné par un incendie et pillé au XIIᵉ siècle par
les troupes du comte de Comminges en guerre contre l'évêque,
le vieil acropole ne se releva pas : la plupart de ses habitants pré-
férèrent demeurer à Saint-Girons, qui se développa.

Sur le pilier gauche de la grande arche du pont sur le Salat qui fait communiquer la ville avec la route de Toulouse, dans l'avant-bec amont, on voit un bloc de marbre blanc sur lequel est gravée en lettres régulières une inscription latine en l'honneur de la déesse gauloise Belisama, assimilée à Minerve :

MINERVÆ. BELISAMÆ. SACRUM. Q.VALIERUS.
MONTAN.

Ce nom, désignant l'une des divinités les plus célèbres de la Gaule, signifie « celle qui est semblable au soleil », Belen étant le dieu solaire celte, l'équivalent du dieu pyrénéen Abelio.

Ce n'est pas le seul nom celte que l'on ait retrouvé dans la région. Celui de Damnorix figure dans une inscription du Couserans. Mais la renommée de la sœur du grand dieu solaire pyrénéen va subsister bien au-delà du triomphe du christianisme : elle donnera son nom à une grande famille ariégeoise, les Belisaing. Il n'est pas impossible non plus de voir en Belisama cette fameuse déesse de la nuit qu'accompagnait Hérodiade, qui attirait à elle les femmes perdues et que pourchassait l'évêque du Couserans, Auger de Montfaucon.

Le cloître de Saint-Lizier (photo Maison des Pyrénées)

Le nom d'Austria qu'on trouve dans les documents du Moyen Age pour désigner la ville mérovingienne, s'apparente à l'Austrasia, le royaume de l'Est; et, de ce fait, au traité d'Andelot, le Couserans figure expressément parmi les territoires attribués à Childebert, roi d'Austrasie.

Le parfum de la vertu

Vers 450, un évêché avait été fondé par l'apôtre Valerius, qui a donné son nom à l'un des plus hauts sommets de l'Ariège, le mont Vallier. Il serait mort au cours d'une déportation de notables catholiques, ordonnée par le roi wisigoth Alaric II et dont saint Volusien, de Foix, fut une autre victime. C'était un thaumaturge. Plusieurs années après sa mort, lorsqu'on ouvrit son tombeau, on trouva le corps du saint couché sur un lit de feuilles de laurier encore vivaces. L'évêque distribua ces feuilles aux chrétiens descendus de la montagne, qui s'en servirent comme d'un puissant remède pour guérir les maladies.

Deux ou trois siècles s'étaient écoulés depuis sa mort, quand un des successeurs de Valier, Théodose, voulut reconnaître le corps de l'homme de Dieu. « Ayant enlevé les pierres qui dallaient le sanctuaire, dit Grégoire de Tours, il trouva deux sépulcres près de l'autel. Ne sachant lequel des deux contenait les reliques de Valier, il assembla son clergé et passa la nuit en prières pour demander l'inspiration du ciel. Tout à coup, l'idée lui vint de placer sur chacun des sépulcres deux urnes avec une petite quantité de vin et de demander à Dieu que l'urne qui se remplirait indiquât la tombe où reposait le corps du saint. L'évêque Théodose sortit alors de l'église dont il scella les portes et alla dormir. Le lendemain vers la troisième heure, il se lève, et suivi par tout le peuple, il ouvre l'église. L'un des vases était presque vide, l'autre avait débordé et le vin s'était répandu sur le tombeau. Ainsi il reconnut que les restes de Valier étaient là. Ayant fait soulever la pierre tumulaire il vit le corps du saint entièrement conservé avec ses cheveux et sa barbe comme s'il venait d'être inhumé et répandant une si bonne odeur qu'on ne pouvait douter que le corps d'un ami de Dieu ne reposât là ».

La paix des bûchers

Il semble qu'à Saint-Lizier une enceinte ait entouré le quartier de la ville basse à l'époque du haut-empire. L'église Saint-Lizier dut faire partie des fortifications : les deux absidioles demi-circulaires qui flanquent le chevet roman ont des murs de l'épaisseur anormale de 2 m, formés de blocages noyés dans du ciment, selon une technique fréquente dans les constructions romaines. Ces absidioles pouvaient être d'anciennes tours de défense flanquant la porte est du rempart. Le chœur de la cathédrale occupe l'emplacement de cette porte, devenue inutile par suite de la destruction du reste des murs. De curieux fragments d'époque romaine sont encastrés dans le chevet. La dédicace funéraire faite aux mânes de Nonia Evantida, « épouse incomparable », par son mari, un légionnaire, vaut d'être signalée.

Dans le chœur de la cathédrale consacrée en 1117 par Jordan 1er, évêque du Couserans, et Raymond de Durban, évêque de Rosa, on a retrouvé des fresques romanes d'une beauté exceptionnelle, représentant la vie de la Vierge et l'enfance du Christ. Tout

Ci-dessus : le clocher de Saint-Lizier
(Roger-Viollet, photo Hurault-Viollet).

Ci-dessous : le sarcophage dans le cloître (photo J.-R. Masson)

dénote l'art d'un grand peintre inconnu et rappelle les célèbres
fresques de Pallars, en Espagne, qu'une route ancienne et très
fréquentée, passant par le port de Salau, et sa commanderie,
reliait autrefois au Couserans. Le diocèse de Pallars était gouverné
par un haut personnage, canonisé par la suite, Bertrand de Durban, ancien prieur de Saint-Sernin de Toulouse et chapelain du
roi d'Aragon, Alphonse le Batailleur, instigateur d'une croisade
languedocienne en faveur de la Reconquista.

Le tombeau d'Auger de Montfaucon porte une longue inscription. Cet évêque eut fort à faire pour combattre les anciennes
coutumes héritées du paganisme, dans son diocèse de Couserans.
Ses ordonnances, qui ont été conservées, jettent une lumière
étonnante sur les origines de la sorcellerie féminine dans les
Pyrénées.

C'est dans le cloître de la cathédrale que Simon de Montfort
vint imposer sa paix aux vaincus de Muret, et laissa la place aux
inquisiteurs. Au milieu du cloître, un très curieux sarcophage en
pierre, perforé comme une éponge, présente sur l'une de ses faces
des figures d'une rudesse et d'une barbarie exceptionnelles; c'est
une œuvre d'art primitif remarquable.

Le miracle de la clef molle

Aux portes de Saint-Lizier la colline de Marsan doit son nom,
(si l'on en croit les étymologistes), au dieu Mars ou à l'un de ses
éponymes pyrénéens. Un sanctuaire devait s'y élever, qui fut
remplacé par une chapelle chrétienne : une statue de la Mère de
Dieu y avait été trouvée enterrée. Transportée à l'église de Saint-
Lizier, elle serait revenue par deux fois sur cette colline pour
indiquer sa volonté d'y être honorée. Rebâti après les guerres de
Religion, le sanctuaire était un des plus vénérés de la région.
L'ancien registre du pèlerinage conservé à Saint-Lizier porte, à
la date du 16 mars 1773, mention du passage d'un pèlerin du
diocèse de Boulogne-sur-Mer qui a déclaré se nommer Benoît
Joseph Labre. Ce saint hippie du temps de Voltaire était en chemin vers Compostelle.

A quelques centaines de mètres des remparts de la ville sur la
route de Montjoie, un grand mur serpente à travers champs, au
lieu-dit le *Clot de Cérizols (le trou des Sarrasins)*. Sur ces lieux
court une légende qui se rapporte au temps où les Sarrasins cherchaient à prendre la ville défendue alors par saint Lizier en personne... Un soir, deux pèlerins se présentèrent à l'une des portes
de la ville, la porte du Casse, voisine de la cathédrale, demandant
l'hospitalité pour la nuit. Quand le chapelain Antoine voulut
leur ouvrir, la clef qu'il logea dans la serrure se mit à fondre
comme cire. A la vue de ce miracle, il alerta saint Lizier. Tandis
que les faux pèlerins disparaissaient dans la nuit en blasphémant,
l'évêque remercia Dieu de sa miraculeuse protection. Le matin
venu, il monta sur la plus haute tour de la ville, pour voir si les
envahisseurs n'étaient pas revenus dans le voisinage. A ce
moment, un aigle qui passait haut dans le ciel descendit en tournoyant au-dessus d'un ravin, qu'un petit bois masquait à la vue.
Dans ses serres, il tenait un glaive qu'il laissa choir sur le terrain
invisible où l'ennemi se cachait. Saint Lizier leva alors les yeux
au ciel, étendit la main en direction du point désigné par l'aigle
et prononça une formule d'exécration. Soudain les murailles de
la ville tremblèrent, le bois et le ravin disparurent dans un gron-

dement terrible où l'on distinguait des hurlements sauvages et
des bruits d'armes entrechoquées : les Sarrasins avaient été
engloutis dans les entrailles de la terre.

On raconte que tous les cinquante ans, au premier chant du
coq, le sol s'entrouve au *Clot de Cérizols*, tandis que passe un
aigle, haut dans le ciel. On entend alors les malédictions des
Sarrasins, qui s'enfoncent chaque fois un peu plus dans l'enfer[1].

Un mur de soutènement monte du ravin en direction de la route
de Montjoie; il est traversé de lézardes : tous les cinquante ans,
une lézarde de plus s'ouvre dans le mur, tandis qu'une crevasse
traverse le chemin.

On a signalé aussi dans le voisinage un tumulus qui renferme
le trésor de l'antique cité disparue d'Auria. On dit que, de temps
en temps, une chèvre d'or apparaît sur le tumulus et s'évanouit
si l'on s'approche. Pour en avoir le cœur net, des chercheurs de
trésor ont ouvert le tertre, en peine perdue.

SAINT-MICHEL-DE-CUXA

66 — Pyrénées-Orientales, 2 km au S de Prades par D 27

En l'honneur d'un archange

L'église abbatiale de Saint-Michel-de-Cuxa est le plus ancien,
le plus étonnant, le plus glorieux des monuments romans du
Roussillon. Fondé en 883 et consacré en 974, il fut édifié par des
maîtres maçons mozarabes venus du sud de l'Espagne. Après
avoir pris le nom de son second titulaire, l'archange saint Michel,
l'abbaye fut le centre d'un rayonnement considérable du Xe
au XIIe siècle. L'abbé Guérin, ami du pape Gerbert, y attire le
doge de Venise, Orsolo, qui vit vingt ans sous la coule des moines
et, après sa mort, est canonisé.

L'église est bâtie sur un élément de construction primitive,
imprégné de mystère, la crypte de l'église souterraine de l'abbé
Oliba, qui fut l'un des promoteurs de la Trêve de Dieu. C'est une
demi-sphère, dont la calotte s'appuie sur un formidable pilier
central. Le tronc de pierre, dont le ciment brut garde les empreintes du décoffrage, semble jaillir des entrailles du sol comme l'axe
mystique de la terre, et s'élever vers le zénith comme un pôle
céleste autour duquel tourne l'année zodiacale et liturgique. Au
creux du sanctuaire, se trouve le lieu secret où naît le Christ,
commencement et fin de tout ce qui s'épanouit dans l'édifice
supérieur. La Vierge de la Crèche y est honorée et, en souvenir
de la grotte de Bethléem, ce lieu est nommé *la Presepe* (la crèche).
Autrefois, on y vénérait des fragments de bois de la crèche et des
lambeaux de lange de l'Enfant Jésus.

Le sanctuaire du Mont-Gargan où l'archange apparut, était cen-
tré autour d'une crypte en coupole dont l'imitation fut recherchée par les bâtisseurs des sanctuaires dédiés à saint Michel. Pour
s'y conformer autant que pour assurer des bases solides à l'abside
élevée au-dessus, les constructeurs de Saint-Michel-de-Cuxa
firent retomber la coupole sur le pilier central, créant ainsi ce
berceau circulaire d'une si puissante allure. Dans ce parti archi-

---

1. *Légendes de l'Ariège*, Imp. du Champ de Mars, Saverduni, 1968.

tectural unique dans les Pyrénées, triomphe le génie des maîtres d'œuvre catalans, héritiers de tous les courants artistiques de la Méditerranée.

Ruines de l'église abbatiale, lithographie du XIXe siècle (B.N., Est.)

SAINT-MICHEL-DE-LLOTTES

66 — Pyrénées-Orientales, 27 km a l'O de Perpignan par N 116 et D 2

Le dolmen des croix

Dans la montagne, sur le territoire de cette commune, se trouve le dolmen des croix, ainsi nommé à cause des nombreuses croix et cupules qui le parsèment. Des cupules sont reliées entre elles par des rainures et certaines croix sont constituées de cupules reliées par des rainures. Ces cavités sont souvent considérées comme destinées à la pratique de cultes naturalistes : elles

recevaient des libations de lait, de vin ou d'eau pure. Chacune
(ou chaque groupe différent) serait la possession d'un membre
de la tribu pastorale, utilisant le bloc comme pierre à offrandes.
Les croix réunissant les cupules pourraient être alors le signe de
la christianisation des possesseurs de la pierre : il y aurait eu un
véritable transfert de culte, les puissances invoquées étant la
Vierge ou les saints. Mais une étude approfondie par Mlle Annie
de Pous de la vie pastorale au début du Moyen Age a permis
d'attribuer à ces marques une signification plus simple et plus
naturelle.

Le dolmen se trouve en effet en bordure d'une piste de transhumance, une « draille » suivie depuis des siècles par les troupeaux
venant du Roussillon et montant vers les pâturages du Capcir.
Ces troupeaux appartenant aux grandes abbayes, composés de
plusieurs centaines de bêtes, étaient conduits par de nombreux
bergers. Ceux-ci, au passage du col, auraient fait une marque sur
la pierre du dolmen, à laquelle ils attribueraient une puissance
prophylactique.

Les têtes de Garris (photo A. Ocana)

SAINT-PALAIS

64 — Pyrénées-Atlantiques, 55 km a l'E de Bayonne par N 636
et D 11

La maison des têtes

Entre la Joyeuse et la Bidouze, rivières aux noms aussi chan-
tants qu'énigmatiques, Saint-Palais se souvient d'avoir été
quelque temps la capitale du royaume de Navarre, quand Ferdinand de Castille obligea Jean d'Albret à fuir Pampelune et à
abandonner ses possessions d'au-delà du col de Roncevaux. La
prise par les Castillans de la citadelle de Saint-Jean-Pied-de-Port
avait contraint le souverain exilé à fixer sa chancellerie et son
hôtel des monnaies dans la seule ville navarraise qui lui resta.

La maison Behotegui, dite aussi « maison des têtes », dont la façade est décorée de bustes de personnages en costumes Renaissance, date de ces fastes éphémères de la ville. On dit que ces sculptures représentent Jean d'Albret, Henri d'Albret et Marguerite de Navarre.

L'atelier monétaire de Saint-Palais, le seul après la conquête de la Haute-Navarre à battre monnaie pour les souverains de ce royaume, fabriquait des quarts d'écus aux armes de France et de Navarre; l'écu de Navarre était placé à droite et l'écu de France à gauche. La croix tombale de maître Jean d'Estillart, ouvrier de la Monnaie, est une belle œuvre des tailleurs de pierre basques. On peut la voir au Musée Basque de Bayonne.

Gibraltar en Navarre

Au sud de Saint-Palais, la colline de *Saint-Sauveur*, qui culmine à 270 m, est entourée de nombreux vestiges de voies pavées, recouvertes en partie par la végétation. Elles ont une largeur moyenne de 7 à 8 mètres. L'une mène à un gué du Laurhibar, une autre à un pont de pierre sur la Bidouze, appelé Pont Romain.

Sur le flanc sud de la colline, trois chemins se rejoignent pour former une large voie qui monte en direction de la vieille chapelle ruinée de Soyarce et continue, par le hameau d'Harambels, sur Ostabat; c'est l'antique carrefour des chemins de Saint-Jacques dont parle Aymeri Picaud : les routes, dit-il, se réunissent à Ostabat : « *in Hostavallem coadunantur* ». On interprète généralement *Hostavallem* par le « pays d'Ostabat », aujourd'hui l'Ostabarret. Depuis 1965, une stèle sur un piédestal en rose des vents marque l'endroit.

Entre le sommet de la colline et la route de Saint-Palais à Saint-Jean-Pied-de-Port, un ressaut porte une enceinte ovale à talus et fossés de terre, dominant le pont de la Bidouze : sa forme et le profil des talus permettent de l'attribuer à une population de l'âge du bronze, par comparaison avec les autres enceintes connues dans les Pyrénées-Atlantiques.

Le quartier de Saint-Palais, qui touche à la montagne Saint-Sauveur, s'appelle Gibraltar. On a essayé d'interpréter ce nom arabe comme une confusion du mot basque *Chalbatore*, le « Sauveur ». Sa présence dans ce coin du Pays Basque reste cependant une énigme.

Un concert d'ânes

Au voyageur qui, venant de Bordeaux, voulait « tirer à Navarre », comme disaient les vieux guides, la première ville de ce royaume qui se présentait était *Garris*. Dans ce bourg aujourd'hui rattaché à Saint-Palais, existait depuis le XIIe siècle un *castillo* du roi de Navarre et une foire annuelle qui a donné lieu à un proverbe. Quand, dans une discussion animée, tout le monde parle à la fois, il y a toujours quelqu'un pour dire : « Garruseko Merkatua Besala! » (on se croirait à la foire de Garris!...) Et comme on pense alors à un concert d'ânes, les conversations reviennent à la normale.

Sur ce tumulte annuel régnait un curieux souverain, le roi de la foire : régulièrement désigné par les jurats, il détenait effectivement les pleins pouvoirs pendant ces journées et, pour éviter toute querelle de préséance, le seigneur de Garris devait alors emprunter un itinéraire détourné pour se rendre au château dont il avait la garde.

On pense généralement que Garris est le *Carasa* de l'Itinéraire d'Antonin, la première étape après Dax, sur la voie romaine de Roncevaux. Entre Garris et Ostabat, elle devait croiser un autre chemin non signalé par les textes, mais indiscutablement nécessaire, qui de Bayonne *(Lapurdum)* conduisait à Oloron *(Iluro)*. C'est encore aujourd'hui une transversale très fréquentée, qui rejoint Oloron par Domezain, Mauléon et Barcus.

Les bottines de la Vierge

En 1876, aux environs de Saint-Palais, à *Sardasse*, se déroulèrent des scènes bizarres où une dame qui se disait « l'Immaculée Conception » ordonna à un garçon de prendre trois cailloux dans un ruisseau, de les avaler et de boire par dessus une grande gorgée d'eau. Cinq mois durant, le jeune visionnaire fit courir le pays. Francis Jammes, dans ses curieux *Mémoires* y consacre une page savoureuse : « Au moment que nous y arrivâmes, écrit-il, Saint-Palais était fort ému par une soi-disant apparition de la Vierge dans un endroit appelé Sardas. Un garçon de seize à dix sept ans [...] s'avisa de faire mille singeries [...] Tantôt il devenait à la bénédiction comme un fou furieux, mordant son béret ; tantôt, au milieu des champs, il paraissait entrer en extase. Mais le voyant [...] eut le tort de raconter que Notre-Dame était chaussée de bottines à élastiques, et qu'il n'entrerait point dans les ordres, les prêtres n'étant poussés à leur vocation que par le désir de manger de la volaille... Comme la farce allait un peu loin, on fit venir de Paris une sorte d'ingénieur chargé de vérifier la solidité du bateau que nous montait le gamin [...] Il se jeta aux genoux du polisson, l'adjurant de lui dire la vérité, toute la vérité. Et Manech lui déclara qu'il avait voulu tout simplement profiter du monde... Cette affaire fut close par la comparution en correctionnelle du jeune imposteur. Sa farce lui avait en effet rapporté quelque peu. »

L'écrivain basque Chaho a raconté l'histoire d'une « sainte » qui se faisait passer pour telle à Bardos, mais qui fut déjouée par un humble capucin de Bayonne. Bardos n'est séparé de Saint-Palais que par les bois de Mixe, autrefois séjour du diable, le « père du mensonge » comme chacun sait.

Une ferme à Garris (photo A. Ocana)

Chapiteaux dans la chapelle du petit séminaire (photo de l'auteur)

SAINT-PÉ-DE-BIGORRE

65 — HAUTES-PYRÉNÉES, 10 KM A L'O DE LOURDES PAR N 637

« Tu es Pierre et sur cette pierre... »

Aux confins du Béarn et de la Bigorre, les vestiges imposants de l'abbatiale de Saint-Pé font regretter l'extraordinaire chef-d'œuvre d'architecture romane qu'était le dôme de la croisée du transept. Les bénédictins de Saint-Maur, qui furent les derniers à l'avoir vu, au XVIIe siècle, l'ont décrit comme « d'une hauteur prodigieuse, ayant voûte sur voûte et fait à l'instar de celui de Saint-Pierre-de-Rome ».

Le nom ancien du pays était le Générès ou Generest. Le nom de Saint-Pé (Pierre, en gascon) vient de Pierre et Paul, les deux patrons de l'abbaye bénédictine fondée en 1030 par Sanche Guillaume, duc de Gascogne, pour commémorer sa victoire sur les Maures, en Espagne. La consécration du monastère eut lieu en sa présence le 14 octobre 1096. En 1569, les troupes calvinistes mirent à sac le riche trésor, don du duc Sanche, incendièrent l'église et ruinèrent l'abbaye au point qu'il ne resta presque aucun vestige du couvent, sinon quelques chapiteaux du cloître.

L'histoire des malheurs de l'abbaye, écrite par l'un de ses prieurs, nous renseigne sur la splendeur architecturale de sa construction. Le dôme, incendié par Montgomery, ne s'écroula qu'en 1661; un cataclysme devait hâter sa ruine : le fameux tremblement de terre du 21 juin 1660, « qui fut entendu presque partout le royaume de France et bien avant dans l'Espagne ». L'annaliste Larcher ajoute qu'en 1654, un précédent séisme avait entrouvert les voûtes de l'abbaye. On peut en voir encore les effets dans l'alignement inégal des assises du clocher et des arcades de la salle sous-jacente.

La chapelle engloutie

Une crypte du XIIe siècle fut retrouvée par hasard en 1777, quand le conseil de ville décida de fondre une nouvelle cloche. Le fondeur choisit le dessous du clocher pour y faire le moule et les ouvriers commencèrent à creuser. Soudain, le terrain s'enfonça d'un seul coup sous leurs pieds et ils tombèrent pêle-mêle à plusieurs toises de profondeur... On accourut et l'on vit, dans ce souterrain, « une grande et vaste chapelle entourée d'une infinité de petites colonnes. Elles étaient, les unes en pierre taillée, les autres en terre cuite rouge et accompagnées des ornements d'une architecture gothique. On voyait deçà delà quelques statues mutilées avec plusieurs inscriptions en caractères inconnus aux spectateurs »... [ceci indique qu'il ne s'agissait pas d'inscriptions d'époque romaine]. « La plupart des colonnes furent renversées, mises en morceaux, et ce ne fut que lorsque la dégradation fut faite que le maire s'avisa de donner ordre à tout le monde de quitter ce lieu... C'est ce qu'écrivait au ministère de l'Intérieur le promptement combler ce local et par cet ordre il nous enleva la connaissance de l'origine et de la religion des premiers habitants de Saint-Pé. » C'est ce qu'écrivait au ministère de l'Intérieur le maire Zéphirin Labatut, le 26 fructidor, an XIII (1805).

On a signalé au cours de travaux exécutés dans plusieurs maisons au voisinage de l'église, la présence de souterrains qui semblaient converger vers le clocher de l'église. L'un d'eux est situé sous l'hôpital Saint-Frai, qui, au Moyen Age, était une résidence des gouverneurs du château de Lourdes.

Des chapiteaux jumelés de l'ancien cloître sont conservés sous le préau et dans le narthex de la chapelle du petit séminaire, derrière l'église actuelle. Certains représentent les signes du zodiaque ; deux d'entre eux racontent les mystères de l'enfance du Christ, avec les scènes traditionnelles : l'Annonciation, la Visitation, la Nativité, l'Annonce aux bergers, l'Adoration des Rois, la Présentation au Temple. Les tailloirs qui les coiffent sont décorés d'entrelacs de pure tradition romane, mais le style des chapiteaux, d'un art étonnamment sûr, semble du gothique champenois. Il n'est que de voir les deux femmes de la Visitation qui paraissent une réduction des célèbres statues de Reims.

L'épreuve par l'eau bouillante

Saint Pierre était en grand honneur à Saint-Pé, comme le souligne le distique suivant qui s'inscrit sur la petite porte ouverte dans l'angle de la salle du clocher :

EST DOMUS HIC, VIA COELI, SPES PEREGRINI
HAEC DATA PORTA PETRO, VADE MALIGNE RETRO

« C'est ici la maison du Seigneur, chemin du ciel, espoir du pèlerin — Cette porte a été confiée à Pierre ; va-t'en, mauvais esprit. »

Sa clé en fer, relique exposée aujourd'hui encore dans l'église, faisait accourir à Saint-Pé les victimes de la rage.

L'abbatiale avait été choisie par les comtes de Bigorre comme lieu d'épreuve pour l'ordalie par l'eau bouillante, traditionnelle chez les Germains. En ordonnant qu'elles se dérouleraient dans l'église de Saint-Pé, les comtes se conformaient à une condition essentielle des ordalies, l'appel à une puissance surnaturelle pour manifester la vérité : de l'eau était mise à chauffer dans une chaudière au fond de laquelle se trouvait une pierre. Un prêtre avait auparavant béni chaque élément de ce curieux appareil de justice. Lorsque l'eau bouillait, l'accusé plongeait son bras nu dans la chaudière pour en retirer la pierre. Alors le juge enveloppait le bras dans un sac qu'il scellait, pour ne le dégager que trois jours plus tard. Si le bras ne présentait aucune trace de brûlure, l'accusé était déclaré innocent[1].

Avant de procéder à l'épreuve, l'accusé et les juges devaient prêter serment sur un objet sacré, habituellement une relique. A Saint-Pé, le serment se prêtait sur la clef de saint Pierre. Ces détails sont consignés dans un cartulaire de Saint-Pé, transcrit par Pierre de Marca dans son *Histoire du Béarn* : « Ceux qui viendront au sanctuaire de Saint-Pé pour y trancher leurs différents, par le serment ou par l'épreuve de l'eau bouillante donneront un écu pour la clef et quatre écus pour le bassin...; un écu sera également donné au prêtre qui bénit l'eau et la pierre. »

Une danse d'hommes

Une des plus anciennes traditions de Saint-Pé, bien oubliée aujourd'hui était la danse du pantalon, *lou pantelou*[2]. D'origine antique et guerrière, elle était exécutée par des hommes seuls. Rangés en double file, les participants tenaient à la main une épée, appuyée au creux de l'épaule (plus tard un simple bâton). Au son d'une musique vive et rythmée, les danseurs évoluaient sur place, marquant les tours et les demi-tours. A chaque demi-tour, ceux qui se font face croisent leurs armes et les frappent en cadence. Ce cliquetis martial est rythmé par un tambour et une flûte. C'est la même danse qu'on retrouve en Catalogne sous le nom du *Ball de Bastous* (bal des bâtons), au Pays Basque où elle s'appelle *Espata dantza* ou *Makhila dantza* selon que les danseurs utilisent des épées *(espata)* ou des bâtons *(makhila)*.

La parenté de cette danse bigourdane avec les danses du Pays Basque est l'indice d'une ancienne culture commune, comme la présence sur de nombreux linteaux de porte du village, de la croix à virgules, dite *croix basque*.

La chasse maudite

Les pierres levées, les dolmens qui se rencontrent dans la grande *forêt de Mourle*, au nord de Saint-Pé, entre le Béarn et la Bigorre, attestent le caractère de frontière sacrée de ces bois, qui couvrent d'un manteau continu les collines entre les villages de Loubajac, Saint-Pé et Montaut. Ils étaient traversés par le Chemin d'Henri IV, reliant l'abbaye de Lescar à celle de Saint-Pé, un de ces chemins de *serre* (de crête) caractéristiques des époques pré-romaines. Rien d'étonnant si l'on y retrouve, comme

---

1. Société des Antiquaires de France, III, XIII.
2. J. Poueigh, *Chansons des Pyrénées*, 1932.

dans la forêt des Ardennes, la légende de la chasse du roi Arthur, confondue avec celle de Robert le Diable, le chasseur maudit condamné, pour avoir profané le dimanche, à errer sans fin à travers les forêts que Dieu lui a assignées comme champ de course infernal.

Les nuits de grand vent, les gens de *Peyrouse*, village situé en bordure de la forêt, entendaient dans les airs des chasseurs excitant les chiens : « Hup, hup! », des abois de bêtes, des galops de chevaux. On disait « C'est la meute de Robert! »

Plusieurs ermites habitaient ces bois impénétrables. Une effigie de leur patron, saint Antoine, se voit dans la petite église du village de Peyrouse, à quelques kilomètres de Saint-Pé sur la route de Lourdes. Saint-Antoine est revêtu d'une magnifique cape d'or fin ; mais c'est son compagnon qui est admirable, un beau verrat, doté de son collier et de la clochette qui lui permettait de circuler librement dans toutes les pâtures du village, privilège dont tous les pourceaux des Antonites avaient hérité de leur ancêtre légendaire.

SAINT-PÉE-SUR-NIVELLE

64 — PYRÉNÉES-ATLANTIQUES, 13 KM A L'E DE SAINT-JEAN-DE-LUZ PAR N 618

La tour des sorcières

Une large tour carrée envahie de lierre, des murs entourés l''un fossé où coule un ruisseau détourné, c'est ce qui reste de l'important château des seigneurs de Saint-Pée, construit à dépoque de la domination anglaise et assiégé par Richard Cœur de Lion, lorsqu'il vint mettre de l'ordre dans les provinces basques. On y trouve des vestiges d'origines diverses. Le plus récent est un portail daté de 1704, qui dut être l'entrée du logis, à l'époque.

Le château des Sorcières (photo A. Ocana)

Ce château passe pour avoir été hanté de sorcières. Et cela n'a rien d'étonnant, car le chancelier de Lancre vint y instrumenter contre les crimes de sorcellerie dont était accusée la châtelaine, la dame de Martinbelza. Il y séjourna avec une fameuse gitane, la Murgui, qui lui servait d'indicateur. Au cours d'une nuit sinistre passée dans ce château, de Lancre crut réellement voir entrer dans la chambre où il dormait, entouré de ses serviteurs, le diable accompagné de la dame du logis et d'une troupe de sorcières qui se dissimulaient dans ses rideaux « pour l'empoisonner ». Mais elles le trouvèrent « bien gardé de Dieu » : il dut alors assister à une messe noire célébrée sur le corps de la belle dame de Lancinena, que le diable posséda dans la chambre même du juge. « On entrevoit le but probable de ce misérable conte, ajoute Michelet, la Morguy en voulait à la dame qui était jolie et qui eût pu, sans cette calomnie, prendre ainsi quelque ascendant sur le galant commissaire. » (voir « A la lueur des bûchers », p. 153.)

Le souvenir pitoyable de la dame de Lancinena et de ses compagnes parties en fumée dans les bûchers de 1609, est resté attaché à jamais aux ruines du château de Saint-Pée.

Le village et l'église de Saint-Savin, 1860 (B.N., Est.)

SAINT–SAVIN

65 — HAUTES-PYRÉNÉES, 16 KM AU S DE LOURDES PAR N 21 ET D 13

Étymologies cardinales

Au cœur de la vallée d'Argelès, le village de Saint-Savin se signale de loin sur sa terrasse boisée, par le clocher-éteignoir qui surmonte les blanches maçonneries de sa puissante église abbatiale. La montagne qui le domine porte paradoxalement un nom quelque peu diabolique : l'Escornecrabe (la Chèvre-sans-cornes) ... Ce côté de la vallée d'Argelès est appelé la Ribère de Davantaygue, « l'eau d'en bas », comme la vallée de Luz est dite la

Ribère de Darré-Aygue, l' « eau d'en haut ». Les populations de Gascogne, proches des Pyrénées, traduisaient ainsi l'orientation selon les points cardinaux : dabant (devant), l'est ; darré (derrière), l'ouest ; dessous, le nord ; dessus, le sud. On retrouve ces termes dans les noms de nombreux villages pyrénéens. Quant au mot *ribéra*, que l'on traduit par « rivière » dans la Rivière de Saint-Savin, il n'est autre que le mot latin *riparia* qui désigne la rive d'un fleuve, puis le terrain qui se trouve derrière la rive, et en montagne, le flanc de la vallée jusqu'à la crête.

Un cercueil pour y méditer

L'abbaye passe traditionnellement pour être construite sur l'emplacement d'un ancien palais romain, le *Palatium Emilianum* des chartes de Bigorre. Les colonnes et les chapiteaux de la salle capitulaire peuvent en provenir, mais il s'agirait dans ce cas d'une villa du temps du royaume wisigoth de Toulouse.

Le monastère était gouverné par un certain abbé Forminius, quand s'y présenta un jeune noble du nom de Sabinus, fils du gouverneur de *Barcino* (Barcelone). Il avait quitté le monastère de Ligugé qui ne lui convenait pas sous le rapport de l'austérité et du silence, et cherchait la solitude.

Forminius montra à Savin, au-dessus du village d'Us, à flanc de montagne, un belvédère rocheux, dominant les trois vallées de Luz, de Cauterets et d'Argelès. Le lieu appelé Pouey Espée, plut aussitôt à l'aspirant ermite ; il y bâtit sa cabane et creusa dans le rocher un trou en forme de cercueil où il s'allongeait pour méditer et dormir. On peut encore le voir à l'intérieur de la chapelle élevée à cet endroit, but d'un pèlerinage que d'autres suivirent : la solitude et l'austérité engendrent souvent des dons de thaumaturge.

Images prodigieuses

Dans le chœur de l'abbatiale, deux grands panneaux peints racontent les prodiges touchants ou redoutables du saint. C'est Chromatius, le propriétaire d'Us, que Dieu a frappé de cécité parce qu'il avait menacé Savin et qui recouvre la vue en touchant le corps du saint. La procession qui montait à Pouey Espée, tous les 8 octobre, s'arrêtait devant la maison d'Us où le miracle s'était produit. Ailleurs, un prêtre entraîné dans les flots du gave, appelle l'ermite à son secours : celui-ci, averti par une vision, intercède pour son fidèle qui est sauvé. Dans un autre tableau, une pauvre femme, Gaudentia, se désole de ne pouvoir nourrir son enfant et l'on voit « comment par l'intercession de saint Savin, la mère eut abondance de lait... » : dans son ermitage, saint Savin, sans cesser de lire le livre ouvert sur ses genoux, fait un geste de bénédiction et le lait jaillit du sein de la femme.

Au cours des siècles, l'ancienne abbatiale s'est remplie d'images religieuses : celles qui restent sont remarquables, en particulier le grand crucifix de la nef en bois sculpté. Il était là le 30 août 1546, quand le roi et la reine de Navarre, de retour des bains de Cauterets, visitèrent l'abbaye. L'impression qu'il fit sur Marguerite de Navarre se retrouve dans la méditation en vers qu'elle composa sur ce thème l'année suivante et qui en est la description presque trait pour trait : « ... Vois que son chef vers toi abaisser vient — Pour te baiser... »

La tête qui s'incline à toucher la poitrine, cachant sous les sourcils crispés de douleur un regard infiniment triste, a fait naître des légendes.

Une jeune fille de la vallée, qu'un seigneur courtisait, lui demanda d'engager sa foi en présence du Christ vénéré dans toute la vallée. C'était la même effigie, mais la tête était levée. Le seigneur promit ce que l'imprudente voulut et cueillit sa fleur. Quand elle sut qu'elle attendait un enfant, elle demanda le mariage. Pour le seigneur, il n'en était pas question. Désespérée, la jeune fille obtint qu'il la rencontrât une dernière fois dans l'église de Saint-Savin, et, en présence de tous, elle interpella le crucifié, le suppliant de témoigner de la promesse faite. Alors, dit la légende, on vit le crucifié pencher brusquement la tête dans un signe d'assentiment. Et depuis, il ne la releva plus.

L'orgue et les « barbaouts » (photo J.-R. Masson)

Jeux d'orgue... et de vilains

Le vieil orgue Renaissance qui occupe le bras sud du transept est un don de François de Foix-Candale, évêque de Comminges et abbé commendataire de Saint-Savin; c'est lui qui avait reçu à l'abbaye les souverains de Navarre à leur passage, en 1546 et 1547. Figure attirante, esprit ouvert et curieux, il s'était intéressé à l'occultisme et avait traduit le livre d'Hermès Trismégiste. Il fut le premier à tenter l'ascension du pic du Midi d'Ossau, en 1557. C'est la date que porte le buffet de l'orgue de Saint-Savin.

Le meuble est peint de grisailles représentant les arts libéraux, et de scènes licencieuses où l'on voit des satyres et des faunes. La façade était agrémentée d'une étoile et d'un soleil dorés, d'une

Christ en croix dans l'église (photo Pierre Minvielle)

sphère armillaire et d'un zodiaque; tout cela se mouvait au commandement des pédales; mais le clou du spectacle était certainement les trois têtes grimaçantes, encore en place, qui roulaient les yeux, remuaient les mâchoires et tiraient la langue comme chantres à vêpres. Il fallait trois hommes pour actionner toute cette machinerie.

Des saints et des hommes

Le trésor de l'abbaye est l'un des plus intéressants des Pyrénées, après celui de Saint-Bertrand-de-Comminges. La Vierge « au long pouce » possède une main droite énorme et un pouce plus grand que les autres doigts, symbole de sa miséricorde toute-puissante. Sa main gauche, qui symbolise la Justice, retient la main de l'Enfant-Jésus, l'empêchant ainsi d'exercer ses rigueurs sur les pécheurs. Il y a aussi une Vierge noire, appelée encore « Vierge des Croisades », parce qu'elle aurait été rapportée de Palestine; elle est plus primitive que l'autre et viendrait peut-être de l'abbaye Saint-Victor de Marseille, à laquelle l'abbaye de Saint-Savin avait été rattachée. On peut voir encore deux reliques de saint Savin, un bonnet de lin et un peigne liturgique, sur lesquels les consuls de la vallée prêtaient serment lors de leur entrée en fonction.

La vie de cette communauté est représentée dans l'église par le fameux bénitier des *cagots* (voir Peuples maudits et parias, p. 46), un bloc de pierre d'un pied de haut, taillé dans le granit. La vasque est soutenue par deux petits personnages qui passent pour représenter les *cagots* qu'on appelait aussi les *capots*. Un quartier de Saint-Savin, celui de Mailhoc, était réservé à ce peuple que les anciens Pyrénéens traitaient en parias. Dans le mur du fond de la nef, à côté du portail, on montre la fenêtre basse où l'on tolérait qu'ils s'accoudent pour entendre la messe.

Le chrisme roman de la porte, ouverte en 1859 dans le bras méridional du transept de l'abbatiale, est le seul vestige de l'église paroissiale, détruite sous la Révolution. Les ordres du district comportaient la destruction de l'abbatiale; les gens de Saint-Savin firent comprendre aux ouvriers venus pour faire la besogne qu'ils en auraient plus vite terminé en s'attaquant à leur église paroissiale, la plus petite des deux. Elle se trouvait sur la place actuelle qui recouvre aussi l'ancien cimetière du « Pascaou » de Saint-Savin. La charte de ce groupement de paroisse faisait obligation d'enterrer tous les défunts dans le cimetière, comme de venir faire leurs pâques à l'église du village.

Savoir dire non

L'assemblée de la *Rivière de Saint-Savin* témoignait, bien avant notre temps, de la maturité politique des femmes. Du moment qu'elles étaient héritières ou chefs de maison, elles participaient à l'assemblée des voisins et leur voix avait la même valeur que celle d'un porteur de braguette. Un jour de 1314, les vingt-six voisins de Saint-Savin furent convoqués pour autoriser l'abbé Sans de Luz à changer l'emplacement du village qu'il jugeait incommode (pas moins...). Parmi ces voisins, se trouvait six femmes. Quand on en vint aux voix, l'une d'elles, Gailhardine de Fréchou, dit : « Non! » Le village resta là où il se trouve encore, et le « Non » de Gailhardine est devenu un mot historique en Lavedan.

Aubades et balades

Depuis longtemps, les baladins de Saint-Savin étaient les seuls à avoir conservé la danse de la balade, autrefois courante dans les vallées d'Arrens et de Luz. Ils l'exécutaient pour le marché des jeunes, le mardi précédant le Mardi gras. Leur costume se composait d'une chemise blanche, d'une ceinture rouge, d'un pantalon noir et de bretelles en tapisserie à fleurs, où s'accrochaient des flots de rubans. Dix ou douze danseurs s'avançaient sur deux files, derrière un danseur de tête maniant un drapeau à courte hampe ; les deux derniers fermaient la balade par un jeu de pas croisés. Un joueur de flûte et de tambour, par la suite un accordéoniste, les accompagnait. Une phrase mélodique, deux phrases pour avancer, deux pour danser, et la balade partait par les chemins jusqu'à la tombée de la nuit. Devant une maison à honorer, au commandement de « Aubade ! », tous les danseurs faisaient volte-face. Au commandement « Balade ! », ils reprenaient leur chemin. Sur la place du village, toute la population attendait leur retour pour les voir exécuter les figures finales, le rondeau, les « abricots », la « matelote », le « pantalon ». Les baladins ramassent leurs forces pour faire bonne figure devant leurs belles qui sont là, et qu'ils régaleront demain. Car, tout le long de la route, quatre personnages les ont accompagnés en quêtant, deux bergers et deux vachers en blouse, culottes de drap, guêtres de laine blanche, sabots cloutés à pointe recourbée et portant un sac, en peau d'isard pour les bergers, en peau de chèvre pour les vachers. Aux aubades, ils les ouvrent pour recevoir beurre, œuf, farine ; l'un d'eux exhibera même, enfilés sur une broche, des morceaux de porc, particulièrement appréciés.

Amours incestueuses

Non loin de Saint-Savin, sur un promontoire gazonné et couronné d'arbres centenaires, la chapelle de Piétat, sous sa robe de chaux blanche, sa cape d'ardoises et son fin clocher, est un gracieux signal mystique. Sa simplicité est si émouvante qu'une légende transmise par un écrivain de l'époque romantique, rattache sa fondation à un triste drame d'amour du Moyen Age.

Au château de Beaucens, où vivaient la femme et la fille du comte de Lavedan, arrivèrent un jour deux jeunes chevaliers venant de la croisade. L'un d'eux était espagnol, l'autre se disait fils du seigneur d'Ourout. Il s'éprit de la demoiselle qui lui rendit son amour. Mais quand il s'ouvrit de son attachement à la mère de son amie, il apprit avec horreur qu'il était son frère. Le seigneur de Lavedan l'avait eu d'une chrétienne d'Orient. Devenue folle, la jeune fille se jeta du haut des murs du château. Son frère, désespéré, prit l'habit d'ermite et bâtit de ses mains la chapelle de Piétat, où il finit ses jours[1].

---

1. A. Fourcade, *Album pittoresque et historique des Pyrénées*, 1836.

La collégiale de Sainte-Engrâce (photo A. Ocana)

SAINTE-ENGRACE

64 — PYRÉNÉES-ATLANTIQUES, 33 KM AU S O D'OLORON PAR N 628,
618 A, D 26 ET D 113

Le bras volé

Blotti au fond d'une vallée perdue de la haute Soule, longtemps
relié au reste du monde par un seul méchant sentier muletier, ce
village est célèbre par sa massive collégiale romane que Mérimée
classa parmi les monuments historiques les plus importants. La
construction occupe le sommet d'un tertre rocheux, en amont
du village ; elle est précédée d'un cloître transformé en cimetière,
qui contient de curieuses tombes à stèles discoïdales.

Deux fois par an, le 15 avril et le jour de la Pentecôte, les gens
de la haute Soule, de Larrau à Tardets, viennent y vénérer les
reliques d'Andere Santa Gratia (Madame Sainte Gracie), devenue
en français Engrâce.

Cette touchante figure de légende, jeune noble espagnole, fut
une des victimes de la furieuse persécution de Maximin et Dio-
clétien, en l'an 300. Le gouverneur de Saragosse, Dacien, la fit
comparaître devant lui après une rafle où toute la famille avait
été prise. Son courage indomptable, au milieu des tortures
effrayantes que la justice romaine infligeait aux adeptes du christianisme comme aux pires criminels, a été exalté par des hagiographes qui ont énuméré avec complaisance les détails les plus
sadiques : seins déchirés par les ongles de fer, torches appliquées
sur les plaies... Le poète Prudence lui a consacré une de ses œuvres
les plus célèbres ; son corps est une des reliques dont s'enorgueillit

la cathédrale de Saragosse. On l'invoquait particulièrement pour la guérison des maux de tête, car durant son supplice, on lui avait enfoncé des clous dans le crâne.

Une tradition explique à sa façon comment la relique insigne de son bras parvint dans cette solitude. Attirés par les bagues, les pierreries et l'or qui chargeaient le reliquaire de ce bras dans l'église de Saragosse, des voleurs s'en emparèrent et prirent le chemin de la France. Mais, poursuivis par la vengeance céleste, ils se perdirent dans la montagne et y abandonnèrent leur précieux butin.

Le bras retrouvé

Longtemps après, des bergers qui gardaient leurs troupeaux dans le vallon de l'Uhaïtza remarquèrent qu'une génisse s'agenouillait chaque jour devant le tronc d'un vénérable châtaignier. Les cornes de la bête s'illuminaient alors comme deux cierges allumés. Ils découvrirent la relique dérobée dans une crevasse du tronc. L'évêque d'Oloron fit part du prodige aux rois de Navarre, d'Aragon et de France, dont les frontières se rejoignaient dans les parages, et, selon la tradition, c'est par une décision commune des trois rois que la première église fut fondée. Le roi de France fit don à la collégiale de toutes les terres environnantes, prélevées sur le territoire du village de Lanne-en-Barétous, ce qui explique qu'une délégation de ses habitants venait en pèlerinage à Sainte-Engrâce le jour de la fête de la sainte.

Lorsque Jeanne d'Albret confisqua au profit de la couronne les biens de l'église catholique, la Basse-Navarre et la Soule se soulevèrent. La foudroyante campagne de Montgomery ayant remis le Béarn sous l'obédience de la reine, tandis que Montamat allait réduire les Navarrais jusqu'à Saint-Jean-Pied-de-Port, la Soule fut livrée au capitaine Senecas qui, en 1568, lança un raid de représailles jusqu'à Sainte-Engrâce. Le desservant, secrètement gagné au calvinisme, lui livra le bras de la sainte dans son précieux écrin. Tandis que Senecas s'appropriait l'or et les pierreries, la relique allait alimenter un autodafé de statues et d'ornements liturgiques.

Pour compenser la perte du bras, les gardiens des reliques de Saragosse envoyèrent au XVIIe siècle à la collégiale, l'annulaire de la main droite.

Le jeudi de la Fête-Dieu, la relique est promenée jusqu'aux trois croix du col de Lehartzu, au cours d'une procession qui dure douze heures : son passage doit assurer aux pâturages et aux champs bonnes récoltes et herbes abondantes. Aussi les propriétaires des terres traversées par la procession tenaient-ils autrefois à porter à tour de rôle, sur leurs domaines, la croix à laquelle était fixée la relique.

Le mystère des chiffres

Sur la façade de l'église, le tympan du portail d'entrée représente l'allégorie triomphale de la Trinité. Au centre, une circonférence portant une inscription, encadre les six branches égales du monogramme X + P qui forme le chrisme, ce symbole si voisin de la roue solaire, qui a connu une vogue extraordinaire dans les Pyrénées.

L'allégorie de la Trinité (photo de l'auteur)

Les initiés de la « *ghematria* » et de l' « *isopsephie* », sciences perdues des lois de correspondance entre les chiffres et l'écriture, ont vu dans le chrisme, chiffre spécial du Sauveur, commencement et fin de toutes choses, une allusion calculée au mystère de la Trinité. Celui de Sainte-Engrâce, comme celui de Jaca en Espagne, se prête bien à cette interprétation.

D'après les lois de ces sciences, dans le chrisme la lettre X, c'est-à-dire le Christ, se traduit par le nombre 600; la lettre S, l'Esprit-Saint, par 200. X + S donne 800, et 800 représente ω, la dernière lettre de l'alphabet, c'est-à-dire l'aboutissement de tout. Si le Fils et l'Esprit réunis sont la fin de toute chose, ils en sont aussi le commencement, car la première lettre de l'alphabet, A, équivaut à l'unité, et A + W donne 801. Or, 801 est le total

Le champ aux stèles (photo A. Ocana)

des nombres qui, traduit en lettres, donnent *epictepa*, la colombe, symbole de l'Esprit Saint. En effet : E = 5, P = 100, I = 10, C = 200, T = 300, E = 5, P = 100, A = I.

La subtilité du calcul des adeptes de la *ghematria* vient s'ajouter au symbole des lettres entrelacées, pour attester que le Christ et l'Esprit-Saint ne font qu'un. Il ne reste plus qu'à mesurer les composants du tympan, pour y retrouver la section d'or O. Or, pour tout le Moyen Age, elle est la règle des proportions divines, car elle a une seule propriété en trois termes, de même que la Trinité est une substance en trois personnes.

Autour de la roue symbolique tenue par un chérubin et un séraphin barbus, court une inscription où se lit le nom du fondateur, Bernardus, et la salutation bénédictine : *Pax tecum*, en rappel de la joie pascale des scènes des chapiteaux qui, à droite de la porte, représentent l'épisode des pèlerins d'Emmaüs.

Un baroque barbare caractérise cette église romane qui a gardé une grande partie de son décor géométrique peint. Les couleurs des chapiteaux éclatent dans la pénombre, violemment rehaussées de vert et d'or, de vermillon et de jaune, sur des fonds pourpre ou bleu de nuit. La lourde et haute grille qui ferme le chœur et les absidioles lui donne une note espagnole. Ses hampes de fer forgé à section carrée, reliées par d'épais barreaux, se terminent en pointes de lance larges comme des feuilles de châtaigners. Chaque lance est couronnée d'une guirlande de roses de fer. Ces dispositifs étaient destinés à donner une impression de sécurité au gardien d'un trésor enviable, dans une région où les activités humaines échappaient souvent au contrôle des lois.

Un curé contrebandier

Les desservants de Sainte-Engrâce savaient à quoi s'en tenir. Parmi ces rudes figures de curé, on n'est pas près d'oublier celle de l'abbé Haritchabalet. Ce prêtre né à Tardets en 1760, taillé en hercule, ne craignait personne. Pour sauvegarder sa liberté sous la Terreur, il s'engagea dans le train des équipages de l'armée des Pyrénées-Occidentales. Au sergent recruteur qui lui demandait quel était son état, le gaillard répondit : « Prêtre ! », en le regardant d'un tel air que l'homme, interloqué, enregistra sans mot dire. Ses démêlés avec les douaniers lui firent pousser la farce si loin, qu'ils durent s'agenouiller sur le passage d'un cercueil rempli de marchandises de contrebande. L'évêque et le chef des douanes ne l'apprirent heureusement qu'après sa mort.

Amours profanes ou érotisme sacré

Les chapiteaux du transept et des absides figurent parmi les plus curieux des Pyrénées. Ceux du sanctuaire racontent le voyage et l'adoration des Mages, thème cher aux imagiers romans du sud. Une tradition locale y voit les rois de France, d'Aragon et de Navarre, co-fondateurs de la collégiale.

La scène de l'un des chapiteaux, obscurci par le temps et l'usure de la pierre, a été interprétée comme l'accouchement de la Vierge par un candide archéologue local, qui ajoute froidement : « note réaliste nullement indue au Moyen Age ». C'était aller chercher bien loin pour parler d'une adoration des Mages passablement mutilée et repeinte.

D'autres mutilations et repeints n'enlèvent rien à la saveur d'un chapiteau de l'absidiole de droite, où un éléphant harnaché d'une tour assiste, hilare, aux ébats d'un couple nu.

Les visages, comme ceux des *enamorats* d'Ille-sur-Têt, sont rapprochés pour un baiser de bouche à bouche; l'homme, un beau mâle barbu, à la chevelure soigneusement bouclée, fléchit sous le désir; la femme se serre éperdument contre lui; les bras et les jambes qui s'entremêlaient, martelés furtivement, ont laissé à nu un sein mignon, et tous les détails des pieds et des mains permettant de reconstituer l'étreinte. On interprète habituellement cette scène, unique dans l'art roman, comme les amours de Salomon et de la reine de Saba. C'est mal connaître l'iconologie traditionnelle où Salomon est assis sur son trône pour recevoir la reine richement vêtue et suivie d'une escorte où figure un chameau, jamais un éléphant.

Le Ménestrel diabolique (photo A. Ocana)

L'art roman n'a abordé le thème des amours profanes que sous des formes discrètes. La nudité romane a toujours une intention morale : elle représente l'état de pureté originelle ou le châtiment, même lorsque l'artiste se laisse prendre au plaisir de détailler les charmes des pécheresses. A Sainte-Engrâce, il faut admettre qu'on est en présence d'une véritable énigme archéologique et que nous sommes aussi mal renseignés sur cette sculpture, que les archéologues qui découvrirent les fresques de la villa des mystères à Pompéi.

Dans les entrailles froides de la montagne

Autour du village, la montagne renferme des abîmes que Martel considérait comme les plus fantastiques des Pyrénées, les *canons de Kakoueta*, la *crevasse d'Holçarté*, les *gorges d'Ujuaré*, qui rappellent les gravures de Gustave Doré.

« Il y fait vert comme dans une émeraude à demi-déteinte, froid comme dans un sépulcre. Aux parois démesurées, des fougères géantes, des mousses hypertrophiées se souviennent des temps quaternaires... Dans ce décor vertigineux pour légende nordique, on retrouve à chaque pas l'angoisse des premiers hommes, pénétrant les entrailles froides de la montagne. C'est le domaine de l'horreur sacrée, qu'emplit le bruissement inouï des eaux souterraines et sans âge[1] ».

Ce pays est dangereux et l'homme qui y attend son ennemi peut lui régler son compte à coup sûr car les morts y disparaissent sans laisser de traces, dans des trous insondables. On parle encore en haute Soule de « justiciers » qui en avaient fait le théâtre de leurs exploits; contrebandiers et douaniers l'évitent également.

Par ces cheminées monstrueuses descend le vent du sud, le *hegoa*, qui réchauffe toute la vallée de la Soule. S'il ne soufflait pas, le pays ne serait qu'un bloc de glace en hiver. On racontait aux veillées comment les habitants de la vallée de Roncal et d'Isaba, qui désiraient se venger de ceux de Sainte-Engrâce et de Larrau en les faisant geler, capturèrent ce vent dans une énorme outre de peau, laissant la neige et la glace s'amonceler dans les vallées, et comment l'aubergiste d'Erroizu qui ne voulait pas laisser mourir les Souletins, ses meilleurs clients, libéra le vent en plantant son couteau dans l'outre[2].

L'oiseau d'Orhy

Ce sauvage arrière-pays s'achève sur une zone de pâturages d'été et de bois épais dominés par un pic légendaire, l'*Orhy*. C'est le dernier 2 000 m à l'ouest de la chaîne. Comme le pic d'Anie, il passait pour un rendez-vous de sabbat, un réservoir de tempêtes et de grêles. Chanteurs et improvisateurs le citent facilement, et Oyhenart l'érudit souletin, a laissé l'histoire de l'oiseau d'Orhy, devenue proverbe : « Jadis, au temps où les oiseaux parlaient, un oiseau en hyver estant tout gelé de froid aborda un nid. Et l'ayant trouvé occupé par un autre oiseau, désireux de l'en faire sortir, il luy voulut persuader que « le Soleil estoit bien chaud en la montagne d'Orhy ». Mais l'autre connaissant le fourbe luy répartit qu'il ne faisait que d'en venir et qu'il scavoit bien quel temps il y faisoit ».

Oyhenart conclut ce petit apologue par le dicton qui invite chacun à se contenter de ce qu'il a : « L'oiseau d'Orhy reste à Orhy[3]. »

SALCES

66 — PYRÉNÉES-ORIENTALES, 16 KM AU N DE PERPIGNAN PAR N 9

Une porte bien verrouillée

L'énorme masse de briques de la forteresse à silhouette mauresque, hérissée de tours, se trouve au point exact où la route venant de Narbonne pénètre en Roussillon. Jadis, la grande voie romaine d'Espagne, la voie Domitienne, s'y faufilait entre les premiers ressauts de la montagne et les marécages de l'étang de

---

1. François Duhoureau, *Béarn, Pays basque et Côte d'Argent*, Arthaud, 1943.
2. Pierre Lhande, *Le Pays basque à vol d'oiseau*, Beauchesne, 1925.
3. Oyhenart, *Notitia utriusque Vasconiae* 1638.

Fort de Salces construit en 1497 (Rapho, photo Yan)

Leucate. La configuration du terrain obligeait les hommes à emprunter ce passage où jaillissaient une quantité de sources souterraines; certaines, les *Salsulae*, étaient d'après Strabon plus salées que l'eau de mer et exploitées pour cela. Les fortifications romaines sur lesquelles fut édifié le premier château des rois d'Aragon sont visibles sur une hauteur, au nord de la place. Enjeu de la lutte entre Français et Espagnols, il fut pris d'assaut, incendié et rasé en 1496.

En 1497, sur les ordres du roi Ferdinand d'Aragon, l'ingénieur Ramirez jeta les plans d'une nouvelle forteresse, conçue pour résister au canon. Mais les travaux n'étaient pas achevés quand, en 1503, le maréchal de Rieux se présenta à la frontière avec une armée française. Aussitôt, le duc d'Albe jeta dans la citadelle un corps de 1 000 soldats et 350 cavaliers d'élite, sous les ordres de don Sanche de Castille. L'ingénieur Ramirez s'enferma avec eux. Les travaux du siège avancèrent vivement et les batteries françaises, ruinant les parties hautes du château, ouvrirent bientôt une brèche dans l'enceinte qui combla le fossé. Quand l'infanterie arriva, Ramirez fit sauter un fourneau de mine qu'il avait fait creuser sous les ruines. L'explosion coûta la vie à plus de 400 hommes, tant assiégés qu'assaillants. Mais le siège continuait et les Espagnols allaient se rendre, quand le roi Ferdinand accourut à la rescousse et, poussant par le *grau*, emporta Leucate et son château. Les Français étaient pris à revers. Une trêve de trois ans fut alors conclue. C'est ainsi que la forteresse surgit définitivement de terre. Des tourelles crénelées couronnaient le donjon et donnaient à l'ensemble l'aspect des places fortes mudéjares du sud de l'Espagne, aux encorbellements typiques.

Au cours de la guerre d'Espagne, la forteresse passa de mains en mains, tantôt par trahison, tantôt après un siège acharné comme celui de 1640, au cours duquel d'Espenan obtint de sortir avec les honneurs de la guerre, ayant perdu 1 800 hommes sur les 3 000 de sa garnison. Il se battait contre une armée de 30 000 hommes. Enfin, en 1649, la frontière se fixait définitivement, 20 lieues plus au sud.

L'ancien château et le pont-levis (Roger Viollet)

La tombe du prêtre sorcier

Richelieu voulut faire raser cette « maudite verrue » de briques rouges qui, sur le chemin des Pyrénées, rappelait de façon insistante les limites de l'ancienne province de Catalogne. Mais le maréchal Schomberg, qui avait les vues d'un stratège, lui fit comprendre l'utilité d'un point d'appui entre Narbonne et Perpignan. Vauban, venu sur les lieux, conseilla l'abandon. Ordres de démolition et contre-ordres se succédèrent, certains invoquant l'état malsain des lieux. Un neveu de Voltaire, M. de la Houlière, se proposa de l'entretenir, à condition d'obtenir le titre de châtelain-conservateur. En 1796, la garnison dut loger au village. En 1833, on imagina de s'en servir comme champ d'expérience pour faire sauter les maçonneries, mais le colonel Guiraud de Saint-Marsal, qui s'intéressait à l'histoire de la forteresse, s'ingénia à arrêter le zèle des artificiers. Les masses cylindriques de cette place, conçues pour résister au canon, donnent une impression de force extraordinaire. Les parements extérieurs qui n'ont pas été réparés, gardent encore du côté nord, les traces du terrible bombardement de 1642. Les tours demi-rondes de contre-garde, à l'éperon triangulaire, sont très caractéristiques de l'art des ingénieurs espagnols.

Les étages inférieurs du donjon ont été utilisés comme prison d'état, une des salles inférieures porte le nom de « prison des dames », rappel de la mystérieuse et sinistre *Affaire des poisons* sous Louis XIV. Après l'exécution des principaux comparses, la plupart des condamnés furent envoyés dans les plus lointaines forteresses du royaume pour y être enfermés à vie. Parmi les prisonniers de Salses, se trouvait l'abbé Lemaignan, un vicaire de Saint-Eustache, complice de La Voisin avec qui il célébrait ses messes noires. Il est mort enchaîné dans un de ces souterrains où des graffiti et des dessins pourraient se rapporter à cette sombre époque.

SALIES-DE-BÉARN

66 — Pyrénées-Atlantiques, 16 km a l'O d'Orthez par N 117 et N 133

Batailles pour la « sauce »

Comme celles de Salies-du-Salat et de Salses, la fontaine de Salies-de-Béarn devait être fréquentée par les caravanes du « chemin salier » qui reliait dès la préhistoire toutes les grandes salines des Pyrénées. C'est peut-être à cette époque que remonte la légende de la source, que traduisent les armes de la ville, le sanglier, avec la devise : « Si you nou y eri mourt arrès nou y bibéré ». (« Si je n'y étais pas mort personne n'y vivrait »).

Du temps où toute la région n'était qu'une grande forêt, des chasseurs, partis à la recherche d'un sanglier blessé, découvrirent son corps recouvert d'une croûte de sel dans le lit d'un ruisseau. Le ruisseau les conduisit au marais de Bayaa où l'on retrouve le nom basque de la rivière, *ibai*; les anciennes chroniques l'appelaient le *Baya Bedat*, c'est-à-dire la rivière interdite, et de fait, si les animaux domestiques s'y aventuraient, leurs propriétaires devaient payer une amende.

Vue sur la rivière (coll. Sirot).

La liberté laissée aux cochons dans la ville de Salies fut long-temps un sujet d'étonnement pour les visiteurs. Ces « chers anges » comme on disait, parcouraient les rues, mettant quelquefois en danger la vie des petits enfants, entraient dans les cimetières dont ils fouillaient les tombes fraîches. On leur donnait l'hospi-talité dans les maisons, comme la duchesse d'Uzès le rapporte dans ses mémoires. Cela n'était pas pour gêner les vieux Salé-siens, qui entassaient leur fumier devant leurs portes et l'entre-tenaient en jetant dessus tous les produits nocturnes. Dans le Béarn, courait le dicton : « A Salies — au mati — abise t'y » (« A Salies — le matin — gare à toi ! »). L'exploitation des sources salées resta pendant des siècles telle que la décrivait l'intendant Lebret, en 1697 : « Cette fontaine est administrée par un receveur nommé par les intéressés, les *part-prenants*, pour la plupart des habitants de Salies qui ont chacun un compte d'eau » (on disait : un compte « de sauce ») « c'est-à-dire 26 cruches ». Le receveur remet à tour de rôle à chaque intéressé un billet pour prendre cette quantité d'eau et le particulier le donne à son tour à ceux qui façonnent le sel, qui lui en paye 12 livres. Comme le tour de chaque intéressé vient deux ou trois fois par an, chaque intéressé retire 8 à 12 écus de cette fontaine. Le sel se fait en mettant l'eau salée dans des poêles de plomb (les padères salières) sur un feu continuel qui la réduit en sel; on y ajoute un peu d'eau douce pour empêcher que l'eau de la fontaine étant convertie en sel, la poêle ne se fendît.

« L'eau salée est si pesante, qu'après les pluies qui sont assez fréquentes en Béarn, on peut assez facilement ôter toute l'eau douce qui demeure sur la superficie. Pour connaître quand il n'en reste plus on jette un œuf dans la fontaine; l'eau de pluie, plus légère, ne pouvant pas le supporter, il s'enfonce jusqu'à l'eau salée sur laquelle il surnage et l'on puise jusqu'à ce que l'œuf paraisse sur la surface et qu'il y surnage, ce qui persuade qu'il n'y a plus d'autre eau que celle de la fontaine ».

Les séances de distribution de l'eau de Salies étaient un spectacle que la reine Jeanne d'Albret elle-même ne manquait pas, quand elle séjournait au château voisin de Bellocq. A l'heure dite, la cloche sonnait pour rassembler les puiseurs d'eau, les *tiredous*, vêtus seulement, pour être plus lestes, d'une chemise de toile, une *chartese* serrée à la ceinture et aux cuisses par des liens d'osier pour sauvegarder la pudeur. Le premier jurat levait une croix. Tous promettaient de ne prendre que leur part d'eau salée, de respecter les droits de la veuve et de l'orphelin... Puis au signal, chacun se précipitait vers la *houn* avec son seau, pour prendre la quantité d'eau fixée ce jour là et la vider dans le *duli*, une vaste cuve en bois placée devant sa maison ou à l'intérieur. Les plus proches de la fontaine sont des privilégiés. L'important est de ne pas se laisser prendre de vitesse. Tout va fort bien jusqu'au moment où la *sauce* baisse : alors les porteurs de seaux commencent à se bousculer, les chemises volent, les coups aussi... Les jurats interviennent; on tape sur les uns, sur les autres, et on ferme la *praube mude*, comme on appelait la fontaine, jusqu'à la prochaine fois.

La *praube mude*, c'était la pauvre muette, qui assistait à toutes les fraudes, à toutes les injustices comme celle des puits clandestins, des puits du roi, *lou gros cugt* et *lou pétit cugt*, dont les fermiers volaient les salisiens. Ces querelles étaient devenues proverbe en Béarn, et l'on disait de gens qui se disputaient : *Que s'entenim coum lous Saliés sus lou counde de sauce* « Ils s'entendent comme les gens de Salies sur leur compte d'eau salée ! ».

Des vieilles très courtisées

La hantise des bénéfices qu'ils pouvaient tirer de leurs droits de « part-prenant » amena à une certaine époque des pratiques invraisemblables dans les coutumes matrimoniales des Salisiens. Lorsqu'il y fit allusion dans la *Revue Blanche*, l'éminent docteur Paul Reclus se fit rappeler à l'ordre par des lecteurs qui n'acceptaient pas « qu'on leur servît impunément de pareilles bourdes ». Pourtant les fameux mariages salisiens entre jeunes recrues et vieilles décrépites ont été longtemps une pratique courante.

Le service du Roi, puis, à la Révolution, la conscription, autorisaient les jeunes « part-prenants » à toucher leur « compte de sauce » sans résider à Salies. Il vint très vite à l'idée de cadets malins, avant de s'engager ou de partir pour le service, de contracter mariage avec de vieilles « part-prenantes ». Les plus cacochymes étaient les plus appréciées, parce que donnant l'espoir de disparaître plus vite. Le veuf imberbe, après son service militaire, touchait une somme rondelette et pouvait épouser une jeunesse de son choix. Tout était bon pour réaliser l'opération : mariage par procuration, faux papiers, polygamie ; parfois, le sort s'en mêlant se retournait contre le salisien trop malin. Tel qui avait épousé une vieille de quatre-vingts ans, revint après sept ans de campagne pour retrouver sa moitié, un peu plus laide, un peu plus vieille, mais très décidée à profiter de la situation. Le garçon dut attendre encore dix ans sa... libération... Les annales matrimoniales de Salies, compulsées soigneusement par le docteur Labarthe, ne manquent pas d'histoires de ce genre.

Les démons de Guiche

Mais Salies restera avant tout l'amusant Ribamourt du roman de Paul-Jean Toulet, *La jeune fille verte*, livre plein d'humour et de langueur amoureuse. Il pensait écrire « une espèce de chronique de petite ville ». Il y a poussé le réalisme jusqu'à expliquer, avec une technicité scrupuleuse, le régime financier de la Société Fermière des Thermes. Mais Toulet avait un goût du mystère qui lui a fait aussi souligner les aspects curieux et inquiétants du décor salisien. Ainsi, décrit-il le corridor de la maison du notaire, peint de paysages des îles Mascareignes, et ses varangues construites par un « opulent créole échappé jadis des affranchis, des jacobins et des corsaires ». Au travers de ces pages on voit errer Lubriquet-Pilou, « l'ilote de la cité, un ilote ivre d'amour que l'on couronnait de roses ». Il s'évade avec lui vers les lieux interdits du bois du Moulin, où Guiche, l'héroïne, aime risquer ses amours coupables auprès des pierres à légendes.

« C'est loin des maisons. Il y passe des chemineaux, des journaliers, et, je pense, de ces demi-dieux qui avaient les oreilles pointues... Il y a un bouquet de chênes surtout, de très vieux chênes, avec de grandes pierres qui font carrefour. Et on y est tout seul, tout seul... tout seul d'hommes je veux dire ».

Dans ce bois du Moulin, « haute futaie communale qui se déplie comme un éventail », où « quatre ou cinq rocs se chevauchaient », l'un d'eux, en forme de table et posé de biais, était creusé d'une cavité dont une strie prolongeait l'ouverture. Aussi, quelques érudits, dont la science se bornait aux limites de l'arrondissement, avaient-ils dénommé cet amas de blocs : « l'autel des druides ».

Au cœur de ce bois, P.-J. Toulet va faire partager à Guiche son goût secret pour les mystères antiques les plus troublants : « Elle se sentait enveloppée d'une présence sourde, innombrable, puissante... Qui me dirait, songea-t-elle, tout ce qui respire parmi les choses; tant d'êtres que l'on ne connaît pas. Ces dieux nus dont elle riait l'autre jour, qui se cachent sous l'écorce des chênes et sentent la chèvre... on dit que ce sont des démons : s'il y en avait pourtant! et d'autres, moins distincts, mais plus terribles encore, dont on est parfois frôlé dans ses rêves [1] ... »

Marchande de fromage (coll. J.-L. Charmet)

La forteresse des hommes du bronze

Au quartier d'*Aribordès*, à l'extrémité d'une colline dominant le Saleys, on peut voir les ruines d'un camp protohistorique du type éperon barré, portant le nom de *Castera d'Aribordès*. Du côté de la colline, le rempart se relève en forme de dos de fauteuil. Les grands axes mesurent 155 m et 120 m. L'intérieur est partagé en deux parties. Deux grands talus rectilignes complètent l'ouvrage vers l'amont et vers l'aval. Ce camp est l'un des plus importants que les populations de l'âge du bronze aient laissés dans le Sud-Ouest.

1. P.-J. Toulet, *La Jeune fille verte*, Émile Paul, 1920.

SARE

64 — Pyrénées-Atlantiques, 13 km au S E de Saint-Jean-de-Luz par N 618 et D 4

Un sanctuaire de la préhistoire

Si l'on excepte la grotte d'Isturitz, le Pays Basque français a passé longtemps pour un désert, dans le domaine de la préhistoire. Mais, depuis un certain nombre d'années, l'examen attentif de cavités souterraines mal connues de l'arrière-pays a révélé l'existence de peintures et de gravures qui, jusque-là, n'avaient jamais été signalées.

En 1943, un préhistorien basque espagnol, l'abbé de Barandiaran, découvrait dans la grotte Hurioko-Haria, à la limite du territoire de Sare et de celui du village espagnol de Zugarramurdi, un cheval gravé, long de 15 cm, qu'il data du magdalénien final. La proximité immédiate d'une petite résurgence faisait de l'endroit un emplacement idéal d'habitat préhistorique. L'importance de cette figure vient de ce que la grotte de Sare, située à l'extrémité occidentale de la chaîne, est à la charnière des grottes peintes cantabriques et de celles du Sud-Ouest. On a trouvé des gravures semblables dans la grotte voisine de Zugarramurdi. Plusieurs fragments de poteries à mamelons multiperforés, de la civilisation de Chassey, ont été ramassés dans les couches supérieures. Les grottes de Sare ont abrité ainsi, à plusieurs siècles de distance, les sanctuaires successifs des différentes religions, pour lesquelles la montagne et les vallons du Pays Basque constituaient un refuge idéal.

Éducation de prince

Au cours d'un séjour à Biarritz l'imprératrice Eugénie visita les grottes, en septembre 1866. Mérimée qui l'accompagnait en a fait une description pittoresque dans une lettre à son amie Jenny Daquin : « ... J'ai fait l'autre jour une excursion amusante dans les montagnes et l'on m'a montré une des plus étranges grottes qui se puissent voir. On passe sous un grand pont naturel d'une seule arche, long comme le Pont Royal ; on a d'un côté un mur de rochers et de l'autre un tunnel, naturel aussi, et très long, car la nature qui est moins forte que les ingénieurs, a imaginé de faire son pont en long et le tunnel en est la continuation. Sous le tunnel, et perpendiculairement au pont, coule un clair ruisseau ; les proportions de tout cela sont gigantesques. Il y fait très frais et l'on s'y sent à mille lieues des humains. Ce beau lieu qui se nomme simplement Sagarramurdo est en Espagne et s'il était aux environs de Paris, on le montrerait pour cinquante centimes et on ferait sa fortune... »

« Nous étions menés là par un homme singulier qui a gagné une grande fortune dans la contrebande (Michel Duhurçubéhère). Il est le roi de ces montagnes et tout le monde y est à ses ordres. Rien n'était beau comme de le voir galoper au milieu des rochers sur le flanc de notre colonne qui avait bien de la peine à suivre les sentiers frayés. Lui franchissait tous les obstacles, criant à ses hommes en français, en basque et en espagnol et ne faisant jamais un faux pas. L'impératrice l'avait chargé de veiller sur le Prince Impérial, qu'il a fait passer, lui et son poney, par les chemins les plus impossibles que vous puissiez imaginer, ayant autant de soin de lui que d'un ballot de marchandises prohibées ».

Envoyez la musique!

Le maire de Sare, M. Dutournier, promoteur d'une pittoresque course des contrebandiers, est aussi le conteur de quelques savoureuses histoires à leur sujet, comme celle-ci : « Au cours du second soulèvement carliste, en 1868, Santa Cruz et ses héroïques *mutilak*, accrochés aux flancs de la Pena Plata, luttaient à forces inégales contre les troupes régulières espagnoles. Un jour, le chef guérillero, montrant les uniformes des *pesetakoak* (les hommes de la peseta), aux Saratars qui lui apportaient des vivres, dit : « Ah, si nous avions un canon! ... » Et il fit un grand geste significatif. Les contrebandiers rapportèrent le propos aux banquiers bayonnais qui géraient les fonds de Don Carlos. Il y eut des conciliabules, des allées et venues entre Sare et Bayonne. « Puis un beau jour, écrit M. Dutournier, on apprit que ma grand-mère ou mon arrière grand-mère, je ne sais plus, allait recevoir de Paris un piano à queue. Solidement bâché et attaché sur un chariot tiré par quatre bœufs, le « piano à queue » quitta Bayonne pour Sare. A Saint-Pée, un douanier, qui connaissait la nouvelle, comme tout le monde, s'approche du convoi et désignant la toile qui recouvrait l'imposant instrument : « Vous allez avoir de la belle musique à Sare maintenant! » Et le bouvier de lui répondre avec une conviction qui excluait tout mensonge (il eût pu le jurer). « De la belle musique, oui, on va en entendre chez nous ». Et voilà, comment sur le piano des Saratars, le curé Santa Cruz put offrir aux troupes de Sa Majesté très Catholique, un concert qui les fit s'enfuir jusqu'à Pampelune ».

Rodéo basque

Si les contrebandiers voient arriver le temps où leurs prouesses légendaires n'auront plus de sens, il reste à Sare deux singularités de la nature, les *pottoka* et les palombes. Venu des temps glaciaires, le *pottok*, qu'on appelle aussi *pottora*, de l'espagnol *potro*, est un petit poney rustique et rustaud, trapu, velu, à grosse tête et forte encolure, bedonnant comme les petits chevaux peints des cavernes, qui galope le cou tendu, comme galopaient il y a dix mille ans ses ancêtres, de la Dordogne aux Pyrénées. Il est d'une résistance à toute épreuve et d'une vigueur insoupçonnable. Très sauvage, il mord volontiers si l'on cherche à le capturer.

Au cours d'un véritable rodéo, leurs propriétaires saisissent les poulains pour apposer leur marque à la cuisse et à l'oreille, et mettre de côté ceux qui prendront le chemin du marché. Les autres sont rendus pour un an encore à leur liberté, dans les pâturages et les forêts. Les foires à *pottoka* ont lieu deux fois par an, à Espelette, en janvier et en juin, à Hélette en mars et novembre. Ces chevaux étaient autrefois très recherchés pour les cirques et surtout pour les mines, en raison de leur vigueur et aussi de leur petitesse qui permettait de les faire passer dans les galeries les plus basses. Depuis un certain temps, tous les *pottoka* prenaient un jour ou l'autre le chemin de la boucherie pour être transformés en salamis. Les nouvelles routes ouvertes dans la montagne, les lignes à haute tension, les faisaient fuir. Leurs troupeaux allaient diminuant chaque année. Menacés de disparition, ils ont trouvé un protecteur dans M. Paul Dutournier, le maire de Sare, qui a pris la tête d'une association de défense de ces hôtes de la montagne basque. Il a constitué au flanc de la Rhune une réserve de 45 hectares, où une harde va perpétuer, en toute quiétude, cette race arrivée dans les Pyrénées avant l'homme et qui l'a aidé à y survivre.

Un pottok (photo A. Ocana)

A 100 km à l'heure

Les palombières de Sare se réclament d'une antiquité que les préhistoriens basques font même remonter aux premiers occupants du pays. Ceux-ci avaient observé que l'adversaire le plus cruel des palombes, l'épervier (en basque, *apalatza*), avait une manière très particulière d'attaquer sa proie. Au lieu de fondre sur elle comme le faucon qui la « lie » de ses serres, l'épervier, plus petit et plus léger que la palombe, cherche à la prendre à la gorge. Il lui faut pour cela effectuer un vol tactique spécial qu'il amorce de très loin. Tandis que le vol des palombes arrive au-dessus de la vallée, l'épervier pique vers les fonds pour prendre sa vitesse maximum et remonter en chandelle. Il arrive ainsi à attaquer la victime par dessous et à la frapper brutalement. Pour lui échapper les palombes n'ont qu'une ressource, celle de se rabattre et d'aborder le col en rase-motte. De là est née l'idée de lancer des palettes blanches qui font peur aux palombes et conduisent les vols vers les cols où les attendent les filets.

La chasse à la palombe fait naître au cœur des Basques des instincts de chasseur et des évocations gourmandes, mais aussi des songes amoureux et des rêveries emplies d'espaces et de ciels libres. Ainsi le bel oiseau s'évoque dans leurs poèmes en mots simples et en images elliptiques :

L'amoureux chante :

Blanche palombe | Dites-moi, où allez vous?
Tous les ports d'Espagne | Vous les avez pleins de neige;
Notre auberge ce soir | Vous l'avez dans notre maison...

et le gourmand lui fait écho :

... La palombe est belle dans les airs;
Elle est plus belle sur ma table...

Sare a donné son nom à cette catégorie de chasseurs qui s'occupent plus spécialement de la manœuvre des filets, les *sarezain*. Ils doivent les lâcher juste à temps pour éviter aux oiseaux lancés à près de 100 km à l'heure, de se briser les membres [1].

Le clocher baroque de Sarrance (photo de l'auteur)

SARRANCE

64 — PYRÉNÉES-ATLANTIQUES, 18 KM AU S D'OLORON PAR N 134

Prodige pour Notre-Dame

Le mot de Sarrance contient une des composantes les plus typiques des noms de la chaîne pyrénéenne, que l'on retrouve dans le Val d'Aran, le bourg de Sarrancolin (Hautes-Pyrénées), le village d'Arhansus en Pays Basque. Ce toponyme serait un authentique vestige de la plus ancienne des langues pyrénéennes et désignerait, si l'on se réfère au basque, une vallée boisée. Comme pour beaucoup de sanctuaires chrétiens, le lieu semble avoir été consacré depuis toujours par une intervention miraculeuse.

1. André Ospital, dans *Gure Herria*, 1964.

Dans son opuscule sur l' « *Origine de la dévotion de Notre-Dame de Sarrance* », le prieur des Prémontrés racontait, en 1700, que « ce lieu était un désert affreux où les bestiaux alloient pacager ; un berger y gardoit un troupeau de vaches parmi lesquelles il y avait un taureau qu'il perdoit tous les jours de vue. Ne sachant où il avait sa retraite, (il) le suivit un jour de près ; il l'aperçut passant le gave à la nage et l'ayant traversé, il le vit à genoux auprès d'une grosse pierre sur laquelle il y avait une image de la Vierge. Le pasteur surpris de ce prodige en advertit les gens du voisinage, qui, animés de l'Esprit de Dieu, allèrent instruire Monseigneur d'Oloron de l'aventure du berger... ». La suite se déroule selon le scénario traditionnel : l'image est transportée dans l'église de la paroisse, revient seule à l'endroit de la découverte ; on y construit une chapelle, une source voisine se révèle miraculeuse...

La légende a inspiré la décoration des panneaux de bois peints et dorés du porche de la chapelle. Le berger à genoux, son bonnet sous le bras, vénère la statue. Son costume est celui du montagnard de la vallée d'Aspe, au XVIIIe siècle : veste de bure, culottes grises, guêtres tricotées et sabots à bout recourbé. Un autre panneau représente le pêcheur de truites témoin de la découverte. On retrouve les deux personnages dans la cantilène que Francis Jammes a consacrée à la légende et que son ami Darius Milhaud a mise en musique.

Brelan de rois

Un pèlerin célèbre de Sarrance fut le roi de France Louis XI, grand collectionneur d'images pieuses. Sa venue en Béarn était en réalité liée à une intention secrète de mettre un jour la main sur la couronne de Navarre, par le biais du mariage de Madeleine de France avec l'héritier de Gaston IV de Foix, l'ancien conseiller de Charles VII, devenu son ami. Le mariage fait, Louis XI, qui voulait manifester au roi d'Aragon sa volonté de vivre en bons termes avec son voisin d'outre-monts, partit à sa rencontre en traversant la province basque de Soule, que le vicomte de Béarn venait de lui restituer. La rencontre des deux rois eut lieu sur le pont frontière de *Saranh* (aujourd'hui Osserain), le 3 mai 1462. L'année suivante Louis XI avait, près d'Hendaye, une entrevue avec le roi de Castille. Toutes ces rencontres royales en deux ans sont probablement à l'origine des noms de deux montagnes situées entre l'Océan et le Somport, le pic des Trois Rois, qui domine l'horizon de la baie d'Hendaye, et la Table des Trois Rois, qui voisine le pic d'Anie, sur la frontière de l'Aragon et du Béarn.

Sur la fin de son voyage diplomatique, le roi de France repartit pour visiter le sanctuaire de Sarrance dont le renom était parvenu jusqu'à lui. Mais, invité de Gaston IV, il prit soin de lui marquer avec ostentation son respect pour les droits souverains du seigneur de Béarn. Il donna l'ordre à son grand écuyer qui marchait devant lui, portant son épée haute, de la tenir baissée, disant qu'il se trouvait « en pays qui est empire, qui n'estoit point tenu de lui, ni de son royaume ». Ce geste sera longuement rappelé par les juristes béarnais aux successeurs de Henri IV qui voulaient traiter le Béarn comme une quelconque province.

Vieille porte béarnaise (photo de l'auteur)

La chasse aux idoles

Si l'on en croit Marguerite de Navarre dans son Prologue de *L'Heptaméron*, c'est à Sarrance que sa petite cour de baigneurs échappés aux pluies diluviennes qui s'étaient abattues sur Cauterets, et à divers autres dangers, aurait trouvé refuge, après une halte réconfortante à l'abbaye de Saint-Savin, en Lavedan. La géographie de Marguerite de Navarre semble avoir été assez fantaisiste, mais elle a montré une prédilection marquée pour Sarrance et « ce beau pré le long de la rivière du gave où les arbres sont si feuillus que le soleil ne saurait percer l'ombre ni échauffer la fraîcheur ».

C'était du reste en curieuse plutôt qu'en dévote que Marguerite venait à Sarrance : dans ce même Prologue elle fait dire à son propre personnage, caché sous le nom de dame Oisille, qu'elle n'était pas si superstitieuse « qu'elle pensât que la glorieuse Vierge laissât la dextre de son fils où elle est assise pour venir demeurer en terre déserte ». Si elle vient à Sarrance, c'est « par envie de voir le dévôt lieu dont elle avait tant ouy parler ».

Sa fille Jeanne d'Albret ne s'embarrassera pas de tant de scrupules; Sarrance et son couvent seront un objectif de choix pour ses capitaines calvinistes. Après leur passage, un des pasteurs de la bande écrira qu'ils ont « déniché l'idole »; le sanctuaire a été incendié et la statue précipitée dans le gave. C'est pourtant celle-ci, restaurée tant bien que mal, qui trône aujourd'hui sur le maître-autel.

Un enfant du pays, le général Camou, né dans la maison au curieux cloître baroque, voisine de la chapelle, a laissé en ex-voto une Vierge venue de loin. Au siège de Sébastopol, il avait recueilli dans les ruines d'une église bombardée une icône russe de la Mère de Dieu. Il en fit don à son retour à la Vierge de Sarrance qui l'avait protégé. L'image dort dans un placard où l'on conserve la garde-robe de la statue de l'autel, collection étonnante de soieries surannées.

SARRANCOLIN

65 — HAUTES-PYRÉNÉES, 20 KM AU S DE LANNEMEZAN, PAR N 639 ET N 129

La châsse vide

Au lieu-dit des Plantats, les habitants du pays d'Aure avaient élevé une petite chapelle pour célébrer la libération de leur vallée des Normands. Pour relever le pays dévasté, Guilhem Auriol fit appel aux bénédictins de Simorre qui choisirent le site de Sarrancolin pour y fonder leur prieuré. A l'ombre de leur église, un village se groupa et une enceinte à quatre portes l'entoura. Sarrancolin devint le verrou de la vallée.

Les villageois se considéraient comme les défenseurs du royaume, de ce côté de la frontière. Au ministre de la guerre, qui voulait y envoyer des troupes lors de la guerre de succession d'Espagne, les jurats avaient répondu : « Les vallées se gardent toutes seules ». Dans l'ancienne église du prieuré, la statue de saint Pierre, patron de la paroisse, est dotée d'une main droite démesurée, symbole du pouvoir de lier et délier que lui avait conféré le Christ. Le tombeau de saint Ebons, thaumaturge de Sarrancolin, était en grand honneur dans le pays des Quatre Vallées. Historiquement, on sait de cet ancien moine de Conques, devenu évêque de Roda en Aragon, qu'il se nommait Pons, et qu'il était l'ami de Bertrand de l'Isle, l'évêque de Comminges.

Sa légende, telle qu'elle s'est transmise, ne remonte pas au-delà du XIVᵉ siècle, mais son culte était l'occasion de manifestations de piété ferventes qui touchaient à la frénésie lorsque sa châsse était portée en procession dans les rues du village...

En 1961, à la suite d'une vérification d'identité un peu sévère, le bon saint a été discrètement retiré du calendrier liturgique; il reste pour l'état civil l'évêque Pons de Roda, ami de saint Bertrand de Comminges et bon pourfendeur de Maures... Il a rejoint l'évêque Turpin, dans le paradis des chevaliers d'autrefois. Mais sa châsse, vide de reliques, est restée dans l'église.

Cette châsse était le *palladium* de la ville, les jours de détresse. Le 17 mai 1650, des pluies diluviennes ont répandu l'angoisse

dans les vallées, en gonflant démesurément tous les torrents. A
Sarrancolin, la Neste roule à grand fracas un amoncellement de
troncs contre le pont et rejette les eaux dans les rues de la ville.
Alors, les portes de l'église s'ouvrent : quatre moines en dalma-
tiques, précédés de la croix du prieur, s'avancent pieds nus, portant sur leurs épaules la châsse de saint Ebons. Le vieux prieur,
dom Duplanté, tient dans ses bras le grand soleil d'or de l'ostensoir. Il arrive au bord des flots qui ont envahi la rue, entre dans
l'eau boueuse et trace un signe de croix avec l'ostensoir. Alors,
dit le chroniqueur, « les eaux cessèrent de monter et, degré par
degré, la Neste rentra dans son lit ».

Ce qu'on présente aujourd'hui comme la châsse de saint Ebons
est une merveille des émailleurs limousins. Mais on y chercherait
en vain le curieux médaillon décrit par dom Brugèle, « la tentation d'Ève et l'arbre du fruit défendu où on remarquait, parmi
les branches, des caractères arabes dispersés en l'arbre à la façon
de fruits ». En 1911, l'objet disparut et fut retrouvé dans un
torrent.

Tableaux de marbre

Les montagnes qui enserrent Sarrancolin recèlent les marbres
les plus riches des Pyrénées-Occidentales. Exploitée depuis
l'antiquité, la grande carrière de Sarrancolin avait une excavation
de six toises de large, douze de haut, vingt-trois de profondeur,
quand en 1749, un tremblement de terre fit écrouler la voûte qui
la couvrait et obligea à l'abandonner. Le grain de son marbre
permettait un poli de glace; la couleur allait du ponceau au
jaune en passant par tous les tons de l'agathe; le dessin présentait
« tantôt une mosaïque naturelle, tantôt des figures bizarres et
variées à l'infini; quelquefois des tours et des arbres qui le rendent
approchant du marbre figuré de Florence ou de Hesse [1] ». Mais
ce marbre, très cassant, délicat à extraire, et à travailler, atteignait un prix de revient considérable pour l'époque, 7 livres le
pied cube sur place, plus du double de celui des autres carrières.

SAUVETERRE-DE-BÉARN

64 — PYRÉNÉES-ATLANTIQUES, 20 KM AU S O D'ORTHEZ PAR D 23

Le jugement par l'eau

Léon Bérard avait pour parler de sa ville natale des accents de
tendresse aveugle : « Un des plus beaux paysages de France...
De cette vallée, il se lève comme un conseil perpétuel d'enjoue-
ment et de sérénité... Point de limite au rêve ».

Devenu lieu d'asile par la charte de franchise que lui accorda
Centulle IV de Béarn en 1080, et qui justifie son nom, Sauveterre
était la clef du Béarn, au passage du gave d'Oloron par le chemin
vicomtal d'Orthez aux portes de Cize. Cela suffit à expliquer ses
nombreux vestiges de fortifications, tours, pont, châteaux, clocher. Après celle de Navarrenx, son enceinte est la mieux
conservée du Béarn. Une pile demeurée au milieu du gave pour-

---

1. M.-F. de Lassus, *Rapport sur les marbres des Pyrénées*, Archives de
Valmirande.

Le pont de la légende avec sa porte fortifiée du XIVᵉ siècle
(Rapho, photo Yan)

rait provenir d'un pont romain. En amont, sur le pont qui faisait communiquer la rive droite avec le quartier d'Oreyte, s'élève aujourd'hui la tour du Vieux Pont, reliée encore à la ville par une arche de pierre. Au-dessus de la tour subsiste la chambre de manœuvre du pont-levis. On l'appelle le pont de la légende.

Selon la vieille chronique de Baluze, une princesse subissant autrefois l'épreuve du jugement de Dieu y aurait bénéficié d'un miracle. Cette princesse était Sancie, fille du roi de Navarre, que Gaston V vicomte de Béarn avait épousée vers 1165. Quand son mari décéda en 1170, elle attendait un enfant : il naquit difforme et mourut aussitôt. Alors le bruit courut que la vicomtesse avait provoqué la naissance prématurée de l'enfant et l'avait fait périr. Le scandale fut tel que le roi de Navarre, son frère, jugea que Sancie ne pourrait être justifiée qu'en se soumettant à l' « épreuve de l'eau ». De pareils appels au « jugement de Dieu » étaient alors très en faveur dans les Pyrénées. Le peuple s'était massé sur les rives aux abords du pont. La princesse, amenée sur l'arche centrale, fut jetée dans le gave, pieds et poings liés. Or, dit la chronique, elle resta à la surface et le courant la porta vers la rive « à trois portées de flèche du pont ». Les exécuteurs la proclamèrent innocente tandis que la foule joyeuse l'acclamait. Les pèlerins de Compostelle ont laissé un souvenir de leur passage sur la porte d'une maison, près du gave. On y voit le chapeau et le bâton et la coquille des « senjaqués ».

En 1523, Sauveterre connut des jours terribles. Les troupes du prince d'Orange, libérées par la capitulation des Français à Fontarrabie, déferlèrent en direction du Béarn par Hastingues, Sordes et Bidache qui flambèrent, et arrivèrent sous les murs de Sauveterre. Les défenseurs, commandés par Étienne d'Albret, baron de Miossens, s'étaient retranchés dans la tour Donnezain et la porte de Lester. Un premier assaut fut repoussé. Mais 3 000 Aragonais qui avaient franchi le Somport après avoir dépassé Oloron, vinrent faire leur jonction avec les troupes de Philibert de Châlons, sous les murs de la ville. Un nouvel assaut entraîna la reddition de la garnison qui fit cependant une telle impression sur l'Espagnol qu'il accorda aux Béarnais les honneurs de la guerre. « Le vainqueur, dit la chronique, entra à petit bruit ».

La ville ne s'était pas encore relevée de ses ruines qu'elle devait subir un nouvel assaut : en 1569, des seigneurs catholiques navarrais, hostiles à la politique calviniste de Jeanne d'Albret, prenaient les armes. Une troupe de basques à leur solde se jeta sur la ville et la saccagea.

L'église, consacrée à l'apôtre saint André, faisait partie de l'enceinte, comme la tour Montréal, sa voisine. Le clocher est un véritable donjon à créneaux, répondant à celui de Sainte-Gladie, à quelques kilomètres de l'autre côté du gave d'Oloron. L'origine espagnole du portail se voit au tracé de deux arcs en plein cintre reliés par une clef pendante, comme à Sordes et à Viellenave. Au centre du tympan, un christ bénissant, très beau, trône dans une mandorle, entouré des quatre animaux symbolisant les Évangélistes.

Mais au-dessus, thème antique cher à l'art chrétien primitif, la lune et le soleil apparaissent sous la forme de bustes humains surmontant leurs figurations, comme à la descente de croix d'Oloron. Deux anges porteurs d'encensoirs complètent cette composition apocalyptique, aux figures d'une beauté impressionnante.

A côté du portail sculpté, une porte murée passe pour avoir été cel'e que devaient franchir les *cagots* « à l'exclusion de toute autre ».

Sorde, l'abbaye sur le gave d'Oloron (photo J. Verroust)

Environs

Le lit du vaincu de Waterloo

A 9 kilomètres de Sauveterre, sur la route de Navarrenx, le *château de Laas* domine un méandre de la rive droite du gave d'Oloron. Les arbres rares et gigantesques de son parc romantique suffiraient à le faire remarquer. Mais des trésors d'art et les souvenirs historiques qu'y ont accumulés M. et Mme Serbat font de cette demeure un des grands musées pyrénéens et, pour les fidèles du souvenir napoléonien, un lieu de pèlerinage.

Autrefois résidence des barons de Laas, la demeure avait été reconstruite au XVIIIe siècle par le marquis de Lataulade, le vieux gouverneur de la forteresse de Navarrenx. La porte d'entrée est surmontée d'une inscription hospitalière, tirée de l'évangile d'Emmaüs : « Reste avec nous, car il se fait tard et le jour est sur son déclin ».

M. Serbat, ancien président de la Société des Antiquaires de France, avait réuni dans ce manoir béarnais de précieuses collections, qu'il a léguées à l'État en 1951. Le Touring Club de France s'est chargé d'en assurer la conservation sur place. Toutes les pièces sont meublées d'objets rares, une pendule en bronze représentant le char de Diane, chef-d'œuvre de l'horloger Thomire, des collections uniques de porcelaines de Tournai, le livre d'heures de Philippe le Bon, duc de Bourgogne (XIVe siècle), les ciseaux à coudre de la reine d'Écosse, Marie Stuart, la tabatière du roi Stanislas Leczinsky, avec son portrait, ... Dans la bibliothèque, on trouvera une minute de l'acte d'arrestation d'André Chénier.

Mais, au premier étage, il y a une pièce qui tranche sur les autres par la sobriété de son décor. On y voit le lit de l'auberge de Fontaine Maubert, dans lequel Napoléon, harassé et sombre, passa la nuit du 15 juin 1815, qui suivit la défaite de Waterloo, à quelques lieues du champ de bataille où agonisaient vainqueurs et vaincus par milliers. De chaque côté du lit sont pendues au mur les pancartes que l'aubergiste avait rédigées pour authentifier le meuble; elles sont revêtues de signatures et d'inscriptions curieuses. Divers autres souvenirs sont rassemblés, dont une lettre de l'Empereur au Prince Eugène, un portrait au fusain de Bonaparte par Prudhon...

Le château de Laas est une demeure délicieuse, où, au fond d'un parc à la Watteau, parmi les bosquets centenaires aux essences rares, semble errer un peuple d'ombres légères. Encadrant une balustrade de pierre, des sphinges, habillées à la Pompadour, rappellent celles du château de Menars. La dernière terrasse surplombe le gave. Au milieu d'un parterre de roses, une vieille fontaine aux armes des Gassion provient du château voisin d'Audaux.

SEINTEIN

09 — Ariège, 24 km au S O de Saint-Girons par N 618 et D 4

Onomastique pyrénéenne

L'insolite dans le nom de Seintein, c'est sa terminaison en diphtongue nasale *ein*, qu'on retrouve dans un nombre curieusement important de villages des vallées environnantes, dans celles de la Barlongue et de Bethmale, en particulier; Augirein, Aucazein, Argein, Arrien; Andressein, Illartein, Irazein, Salsein; Samortein, Uchentein. On est là en présence d'un vestige de l'ancienne langue pyrénéenne, antérieure même, semble-t-il, à l'arrivée des invasions de l'âge du fer. De ces noms peuvent être aussi rapprochés ceux de Arenen, près de Montréjeau, Nazein, Andosten, Belesten en vallée d'Ossau, Beaucens, (autrefois Beucen) en vallée d'Argelès. En se référant au basque, on trouve que Nazein se rapproche de *naze* (la fougère), que Arenen contient la racine *arri* (la roche), qu'Illarten évoque les sépultures *(Illari)*. Selon l'onomastique des inscriptions pyrénéennes, Aucazein pourrait être le pays du dieu Alcassen, Belesten et Beucen, ceux de la déesse Belexen, elle-même rappelant la Belisama de Saint-Lizier (voir ce mot). Andosten se retrouve sur les inscriptions votives dans le nom d'Andossus ou Andos : la vallée d'Andoce termine celle de la Soule, vers Larrau. Si une caractéristique des toponymes ligures est la nasalisation de *-en* en *-ein*, la parenté de la langue paléo-pyrénéenne avec les idiomes ligures trouve là un témoignage spécialement solide du moins en ce qui concerne les populations du haut Couserans. La thèse de l'origine wisigothique de cette terminaison, soutenue par le linguiste allemand Rohls en 1933, ne peut être qu'une curiosité de chercheur à noter en passant, pour la tendance chauvine qu'elle révèle.

Cette vallée de Biros, dont Seintein est le chef-lieu, semble avoir été le refuge d'une population isolée, étrangère aux habitants des vallées voisines. La différence entre les femmes de Bethmale et celles de la vallée de Biros est frappante : les unes sont grandes, élancées, les autres, petites, trapues, avec un visage légèrement asiatique, comme les Bigoudens en Bretagne. A l'âge des métaux, des peuples différents se sont installés les uns à côté des autres, en s'ignorant. On aurait là aussi l'origine de cette méchante chanson qui a couru pendant des siècles sur les filles de Biros, qui n'auraient eu rien à envier aux filles de Camaret, autre parenté avec la Bretagne... Qu'en pensent les ethnologues?

Plus on s'enfonce dans cette vallée, plus on approche de régions où les traditions remontent directement aux vieilles mythologies. Près du lac d'Araing, la chapelle de l'Isart rassemble, le 5 août, les bergers qui, autrefois animés du même esprit religieux, versaient des libations de lait sur des roches sacrées au bord du lac. Et Chaussenque, non sans perspicacité, a pressenti que le nom de *Biren* que portent les pâturages et les sommets du fond de la vallée, pourrait être à l'origine du nom des Pyrénées[1].

SEIX

09 — ARIÈGE, 34 KM AU S E DE SAINT-GIRONS PAR N 618 ET D 3

Le pied de la reine Berthe

D'après les histoires du siècle dernier, la petite ville de Seix pourrait s'enorgueillir d'origines fabuleuses et de visiteurs légendaires. Au temps des Romains, le village s'appelait *Aquae Sextiae*, à cause de six ruisseaux qui « viennent y aboutir (sic) ». Un de ses quartiers porte le nom de Bagnères et longe un ruisseau formé par le confluent de deux autres, nommés l'un le Froid et l'autre le Chaud.

Charlemagne, en revenant d'Espagne, confia aux habitants de la vallée la garde des frontières, ce qui leur permettait de porter les armes en tout temps, « contre attaques de loups et autres bêtes féroces, et item contre les Espagnols ». En souvenir de ce passage, la reine Berthe, mère de Charlemagne, laissa sur un rocher des environs l'empreinte de son pied, qu'elle avait grand, comme on sait.

Le châtelain de Lacourt, qui commandait la seule route de la vallée, exigeait que tous les passants saluassent sa bannière, mais les habitants de Seix saluaient en relevant les pans de leur habit et tournant le dos, montrant leur cul au capitaine du château. Cela finit par des échanges de coups et des plaidoiries qui traînèrent jusqu'à la nuit du 4 août : en 1793, les gens de Lacourt mirent un point final à l'affaire, en démolissant le château.

Une fontaine capricieuse

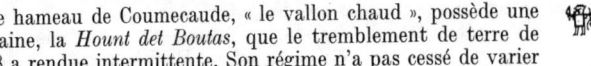

Le hameau de Coumecaude, « le vallon chaud », possède une fontaine, la *Hount det Boutas*, que le tremblement de terre de 1678 a rendue intermittente. Son régime n'a pas cessé de varier depuis ce temps. Ainsi, en 1728, elle coulait pendant 24 minutes et s'arrêtait 36 minutes.

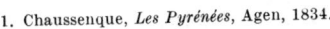

1. Chaussenque, *Les Pyrénées*, Agen, 1834.

De marbre et d'or

Aux abords de Seix, le Salat charriait des paillettes d'or ; les orpailleurs ont fréquenté le coin jusqu'en 1815. Aujourd'hui encore, un bon manieur de battée peut y tenter sa chance.

Au pont de la Taule, le confluent du Salat et du torrent de la vallée d'Ustou est dominé par les vestiges imposants de deux forteresses, le château de Mirabel, construit en marbre blanc et celui de Lagarde dont les murs courbes avaient été conçus pour mieux résister aux coups de bélier.

Au nord des châteaux, des carrières de marbre antique sont ouvertes dans les pentes qui descendent jusqu'à la rivière. Une forêt a poussé dans les fentes des rochers comme dans les ruines d'une ville fantôme. Les populations anciennes exploitaient dans les environs des mines de cuivre, de plomb, d'argent et même d'or. On a trouvé une table à laver le minérau broyé qui, d'après la grossièreté de sa construction et la profondeur à laquelle elle se trouvait dans le sol, remonterait au moins à l'époque romaine. Les noms des villages de Bielle et de Saint-Lizier sont des vestiges d'une colonisation datant de cette époque.

Les anciens métiers exercés par les habitants de cette vallée étaient assez particuliers ; les uns étaient montreurs de figurines en cire, les autres faisaient danser des ours, comme leurs voisins de la vallée d'Oust.

Après le confluent du Salat, en remontant la vallée d'Ustou, on rencontre sur la droite la chapelle de la *Hount Santo* (la « fontaine sainte »), signalée par Dralet, au début du XIXe siècle, comme miraculeuse[1]. Elle était dédiée à saint Lizier et possédait la vertu de faire pleuvoir. Aussi, en période de sécheresse, les villageois de la vallée et même des vallées espagnoles, venaient en procession y implorer le ciel. Une grotte s'ouvre à 100 m au-dessus de la fontaine d'où elle jaillissait autrefois.

SERRABONE

66 — Pyrénées-Orientales, 36 km a l'O de Perpignan par N 116, N 618 et routes forestières

Les lions de Juda

Le contraste offert entre le site de Serrabone et le prieuré est brutal. La montée difficile, par une route de fortune, le paysage sévère, la solitude sauvage de la montagne s'opposent à la beauté de la célèbre tribune du sanctuaire, taillée dans le marbre rose des carrières de Villefranche.

Dans ce sanctuaire les sculpteurs romans se sont attachés à épuiser, jusqu'à l'obsession, le thème du lion. Les lions lunaires marchent à la suite les uns des autres, en cercle ; les lions solaires s'affrontent deux à deux, parfois jusqu'à n'avoir qu'une tête ; ils assaillent une autre bête ou encadrent Daniel substitut du babylonien Gilgamesh.

Pour saint Paul, le diable est « un lion rugissant » ; mais le prophète Isaïe le compare à Yaveh. Les figures du tétramorphe sont issues des quatre emblèmes sous lesquels se groupaient,

1. Dralet, *Description des Pyrénées*, 2 vol., A. Bertrand, 1813.

L'église de Serrabone (B.N., Est.)

trois par trois, les douze tribus de Juda, emblèmes correspondant aux quatre lettres du nom de Yaveh : Y H W H. Y était l'homme, H, le lion, W, le taureau, le deuxième H, l'aigle. C'est pourquoi l'on parle du lion de Juda, symbole de la tribu. L'explication de l'importance exceptionnelle prise par la représentation du lion à Serrabone pourrait venir du fait que l'atelier de sculpture de Serrabone aurait été placé sous la direction d'un artiste d'origine juive, se souvenant d'être issu de la tribu de Judas, comme le Christ lui-même ; les lions de Serrabone seraient un hommage symbolique au Christ, lion de Juda[1].

Une chapelle sauvage

Dans le massif des Aspres, à quelques kilomètres au sud de Serrabone, la *chapelle de la Trinité* marque un ancien lieu de pèlerinage dont l'origine se perd dans la nuit des temps. La tradition rapporte que le sanctuaire primitif aurait été construit à l'époque de Charlemagne. La maçonnerie très simple d'une partie de la chapelle est antérieure au reste de l'édifice roman du XIIe siècle.

*Chapiteau
de la tribune
(photo J.-R. Masson)*

1. Marcel Durliat, *Le Roussillon roman*, Imp. Les Presses monastiques, 1958.

TARASCON–SUR–ARIÈGE

Au pays des Tarusques

La curieuse silhouette du Soudours signale de loin le bassin de Tarascon, le pays des Tarusques. Le nom de la ville vient de celui de ce peuple cité par Pline dans son *Histoire Naturelle*. Il a une consonance ligure, la désinence *asco* ou *asca*. Ces toponymes concentrés dans la Ligurie italienne et la Provence, s'étendent largement sur les Pyrénées. Au Tarascon de la vallée du Rhône, correspond le Tarascon de l'Ariège, comme la ville provençale de Venasque a son homonyme dans une vallée aragonaise.

Quelques maisons seulement ont échappé à l'incendie qui détruisit la ville, au temps des derniers comtes de Foix. Elle ne se releva pas de la catastrophe.

Sur un monticule isolé, une haute tour ronde demeure le seul vestige du château rasé sur l'ordre de Richelieu. Du haut de cette tour la populace précipita, au temps des guerres de Religion, soixante-six huguenots, en représailles de l'exécution du recteur d'Ornolac par le sire d'Audou, à Foix.

En face de la gare, sur les bords de l'Ariège, coule une source ferrugineuse appelée *Fountrouyo*, ou fontaine Sainte-Quitterie. De toutes les fontaines portant le nom de la jeune martyre d'Aire-sur-Adour, c'est la plus à l'est que l'on connaisse; elle atteste la popularité de cette sainte vénérée également en Espagne et en Portugal et invoquée contre la rage (voir *Lescar*).

Un miracle pour l'empereur

Le Sabarthès était le nom du pays qui comprenait toute la vallée de l'Ariège, depuis sa source jusqu'au Pas de la Barre. Plus tard s'y ajoutèrent les pays de Volvestre, de Danmazan, de Dun et la seigneurie de Mirepoix, pour en faire le comté de Foix. On retrouve cet antique vocable dans le nom de la chapelle de

Sabart, aux portes de Tarascon, construite selon la tradition en 778 par ordre de Charlemagne, sur les lieux même d'une victoire qu'il remporta contre les Sarrasins. D'après la légende, alors qu'il poursuivait une de leurs bandes dans la vallée, il voulut pendant une nuit orageuse inspecter le site avec un de ses cavaliers. Tout à coup, au pied d'une montagne, son cheval s'arrête. Trois fois Charles enfonce l'éperon dans les flancs du coursier; l'animal reste immobile puis recule. Il se trouvait en face d'un groupe d'espions. Charlemagne descend de cheval, rejoint son compagnon et, de son épée, fait mordre la poussière aux Sarrasins.

À la place où son cheval s'est cabré se montre une Vierge lumineuse qui disparaît bientôt. Sitôt l'aube venue, par ordre du chef, l'armée entière se réunit autour du théâtre de l'apparition. Deux génisses blanches que le roi conduisait lui-même s'arrêtent, et le soc découvre une statue de bronze, on la dresse sur un autel de pierres improvisé, une main invisible y a gravé ces mots : « Notre-Dame de la Victoire ».

Vierge noire dans l'église Notre-Dame-de-Sabart (photo J.-R. Masson)

Le roi veut gratifier l'abbaye de Saint-Volusien de Foix de ce miraculeux trésor; mais on a beau transporter la statue deux fois dans l'enceinte consacrée, elle revient dans le site sauvage où elle est apparue à Charlemagne. Plus de doute, dès lors. C'est sur cette lande inculte que la Mère de Dieu sera honorée. La reconnaissance et la piété élèveront un autel à cet endroit, nommé Sabart. Un pèlerinage annuel consacrera la victoire de l'empereur. Les pèlerins d'autrefois, en arrivant à Sabart, entonnaient une sorte de ballade sacrée composée pour eux vers 1672 par un chanoine de Pamiers, le père Amilha, en pure langue *moundi* de Toulouse.

TARBES

65 — Hautes-Pyrénées, 39 km a l'E de Pau par N 117

Un scribe distrait

C'est l'historien local Jean Larcher qui a rapporté, dans ses *Glanages*, la légende de la fondation de Tarbes par une princesse égyptienne du temps de Moïse.

Lorsque celui-ci gouvernait l'Égypte, il eut à combattre la reine d'Éthiopie Tarbis, qui avait attaqué le pharaon. Vaincue, elle proposa à Moïse de devenir son époux; humiliée de son refus, elle partit cacher sa honte au loin. Arrivée (Dieu sait comment) sur les rives du fleuve Aturus, l'Adour, et trouvant le pays reposant, elle fonde une ville, à laquelle elle donne son nom, Tarbes.

Une autre légende dit que, du temps où la Vierge Marie évangélisait la Gaule avec deux pieuses Éthiopiennes, Tarbis et Lorda, celles-ci, séduites par la beauté des plaines de l'Adour et des montagnes de la Bigorre, s'y arrêtèrent et fondèrent l'une Tarbes, l'autre Lourdes...

Bien avant ces élucubrations puériles, Tarbes est mentionnée dans la *Notice des provinces de l'empire*, document du ve siècle. Mais le texte a dérouté les commentateurs; il parle en effet d'une « cité de Tarbes où se trouve le château de Bigorre ». La cité de Bigorre est connue par d'autres textes de l'époque romaine; d'importantes fouilles faites par un Tarbais, M. Coquerel, sur un vaste oppidum entouré d'une enceinte dans le territoire de Saint-Lizier, semblent bien avoir fait découvrir la véritable capitale de la Bigorre, à l'époque romaine. Tarbes n'était alors qu'un *castrum*, un bourg fortifié. Comment le copiste a-t-il transformé le bourg en province et inversement, il faut peut-être le demander au malin esprit qui inspire parfois des coquilles aux protes les plus routiniers.

Grégoire de Tours a rétabli la vérité, pour la tranquillité de ses successeurs, en situant à *Talva* le tombeau du bienheureux Missolin.

Il a existé à Tarbes un *territorium de Sancto-Mesclino* (aujourd'hui rue Saint-Mesclin) qui rappelait aux Bigourdans les exploits d'un de leurs héros des âges sombres, Missolin.

Ce prêtre, originaire du village d'Arcizac-sur-Adour, était parti un jour à la tête des paysans de la Bigorre pour arrêter les Sarrasins refluant vers les Pyrénées après la bataille de Poitiers.

La rencontre eut lieu au sud de Tarbes, dans la plaine appelée depuis *Lane Mourine* (la lande des Maures).

Vers 1870, des fouilles pratiquées par l'abbé Cazayoux dans le mur oriental de l'église Saint-Jean-de-Tarbes derrière le retable du maître-autel, amenèrent la découverte d'un sarcophage enfoui sous les décombres, à la base d'un enfeu arqué. Ce tombeau de marbre pouvait être celui qui renferma jadis la dépouille mortelle du héros de *Lane Mourine*. Aucune date, aucune inscription ne confirmait cette hypothèse mais rien non plus ne permettait de l'écarter.

L'auge offre partout la même largeur. Le couvercle de forme prismatique porte à l'extrémité une petite croix pattée creusée dans la pierre. Il rappelle celui du tombeau de saint Chaletric, évêque de Chartres, mort au VIᵉ siècle.

Masque de divinité, IIᵉ siècle avant J.-C. (Giraudon, coll. Musée de Tarbes)

Le visage magique

Dans le jardin Massey, aux parterres intouchables qui inspirèrent à Jean Paulhan le curieux titre d'un de ses essais *Les Fleurs de Tarbes*[1], le musée contient des collections d'antiquité qui furent constituées au cours du XIXᵉ siècle par les fouilleurs locaux. La pièce la plus rare et la plus curieuse est un masque aquitain en bronze, trouvé dans les ruines du sanctuaire de Montsérié, un village montagnard situé à une trentaine de kilomètres au sud-est. Ce visage en tôle de bronze façonnée au marteau, mesure 17 cm de haut sur 11 de large. La chevelure bouclée est rendue par des spirales, la barbe par des sillons en S, les sourcils par de simples hachures. Les orbites vides étaient incrustées d'yeux en émail ou en pâte de verre.

Ce masque pose deux énigmes : la date de sa fabrication et sa

1. Jean Paulhan, *Œuvres complètes*, t. III, Cercle du Livre Précieux, Paris, 1966.

destination. Son origine orientale semble caractérisée par le style impressionniste du visage, l'encadrement rigide des paupières, l'abondance de la chevelure et de la barbe. Mais on peut aussi le rapprocher des effigies italiennes originaires d'Étrurie, ce qui témoigne ainsi de l'influence de l'art de l'Italie du Nord sur celui du sud de la Gaule. L'œuvre qui s'en rapproche le plus est le « dieu accroupi » du mont Beuvray, conservé au musée de Saint-Germain-en-Laye, mais sa taille n'est pas à la même échelle. Quant au rôle de cette image, on pense qu'il était prophylactique. Le mort sur le visage duquel il pouvait être appliqué en retirait une sorte de garantie d'immortalité, le métal devant, en défiant le temps et l'usure, assurer la survie au regard, siège de l'âme. Le masque prenait alors la place du mort en lui apportant une immortalité héroïque dans le sanctuaire de son peuple. Sur la colline de Montsérié, face au soleil levant, le héros divinisé était l'un des protecteurs inconnus du peuple des Tarbelles.

Plus tard apparaîtront chez les bronziers gaulois des chefs-d'œuvre de réalisme. Mais le masque de Montsérié constitue, avec le buste de Saint-Christau, (voir *Lurbe*), un témoignage rare de l'extension de l'art des visages magiques aux Pyrénées.

Dédicaces

Autre pièce remarquable du musée, le grand autel romain à dédicace, a été exhumé en septembre 1873 par le colonel de Reffye, lors des fouilles pratiquées dans le terrain de l'arsenal pour la construction d'une nouvelle voie ferrée. Il mesure 1,30 m de hauteur, 0,44 de largeur et 0,30 d'épaisseur. Les côtés portent la patère et le guttus traditionnels. Le couronnement est surmonté d'un cône que souligne la nervure bordant la partie supérieure. Sur la face antérieure on lit une invocation aux dieux mânes (« D. M. »), et une inscription qui se traduit ainsi : Aux dieux de Caius Valerius Valerianus Sanctus, personnage « clarissime », questeur de la province de Bétique, le tuteur de Tullius Sanctus, jeune homme « clarissime », son fils, a fait élever ce monument ».

Ce Caïus Valerius Valerianus est le même important personnage qui, ayant fait le pèlerinage du sanctuaire d'Herauscoritse, au fond de la vallée de la Soule, offrit à ce dieu indigène un autel votif qui resta longtemps encastré dans le mur de la chapelle de la Madeleine-de-Tardets. Malgré ses hautes fonctions dans la province espagnole, il était venu chercher le repos et la santé dans les vallées du nord des Pyrénées, quand la mort l'y surprit.

Dans la même province espagnole, une inscription nous apprend que le nom de ce *gentilice* était porté par d'autres dédicants romains : il s'agissait du duumvir de Cisimbrium, Caïus Valerius Valerianus. Cette découverte semble indiquer que le terrain fouillé occupait l'emplacement d'un cimetière ou d'une voie bordée de monuments funéraires, qui se dirigeait vers Capvern et Toulouse.

Une histoire de pendu dépendu

Sous les frondaisons des arbres séculaires du jardin, deux séries d'arcades reconstituent la moitié d'un cloître, composé d'éléments provenant de l'ancienne abbaye Saint-Sever-de-Rustan, et des jacobins de Tarbes.

Enseigne d'auberge du XVIIIe siècle (photo Pierre Minvielle)

Un des chapiteaux représente une scène particulièrement curieuse du cycle des légendes du pèlerinage de Compostelle, dont l'un des chemins passait par Saint-Sever-de-Rustan. Un personnage nimbé, coiffé du chapeau à larges bords des pèlerins, tenant en main le bourdon et drapé dans un manteau très ample, avance la main entre les deux montants fourchus d'une potence, pour soutenir un pendu aux mains liées, réduit à la taille d'une poupée ; de l'autre côté de la potence, un homme en habit court, avec un chaperon, le chapeau et le bourdon de pèlerin, fait un geste d'effarement devant cette scène. Un récit de Vincent de Beauvais, recueilli dans la *Légende dorée*, à la rubrique de l'apôtre saint Jacques, donne la clef de l'énigme.

Vers l'an du Seigneur 1090, deux allemands, le père et le fils, se rendant à Saint-Jacques, s'arrêtèrent à Toulouse chez un hôtelier. La servante de ce dernier, dont le jeune homme avait repoussé les avances, cacha dans leurs hardes la coupe d'argent de son maître, et quand les pèlerins eurent quitté la ville, elle les accusa ; on retrouva la coupe dans le sac du jeune homme, qui fut pendu. Le père s'en alla seul à Compostelle. Un mois plus tard, il repassa près de la potence où était encore accroché le

corps de son fils. Comme il se lamentait à grands cris, il entendit
le pendu lui dire de ne plus pleurer : saint Jacques l'avait soutenu
par les pieds et nourri d'un aliment céleste. Le père courut chez
le juge proclamer le miracle qui fut constaté. On descendit le
jeune homme et on pendit à sa place son accusatrice.

Cette histoire se répandit comme une traînée de poudre sur
les routes de Compostelle. Ses péripéties émouvantes et merveilleuses eurent un tel succès que, de tous les miracles de saint
Jacques, il fut à peu près le seul retenu par les sculpteurs, les
peintres et les verriers qui le représentèrent maintes fois. Mieux,
une ville d'Espagne, étape importante du *chemin français*, San-
Domingo-de-la-Calzada, passa pour être le théâtre d'un fait identique, auquel vinrent s'adjoindre des épisodes de haute saveur :
le juge ne voulut croire le père du condamné que lorsqu'il vit
le coq qu'on lui servait sur un plat, ressusciter sous ses yeux. Et
pour que l'histoire ne soit pas oubliée, on garde un coq dans une
cage, dans l'église de San-Domingo-de-la-Calzada.

Le chapiteau de Tarbes, à mi-chemin entre Toulouse et la ville
espagnole, rappelle sobrement la merveilleuse légende que
Toulousains et Espagnols se sont disputée.

« Tue! tue! »

Au sortir d'une époque de calme et de prospérité, la Bigorre
fut entraînée au milieu du XVIe siècle dans le cycle infernal des
guerres de Religion. Et, sous couvert de religion, l'antagonisme
séculaire des Béarnais et des Bigourdans devait lâcher la bride
aux règlements de compte. Pour Tarbes, 1570 fut l'année terrible.
Montgomery, après avoir rétabli brutalement l'autorité de la
reine Jeanne d'Albret en Béarn, allait se retourner contre la
Bigorre restée catholique et qui ne voulait plus reconnaître la
souveraineté d'une reine calviniste. Les capitaines béarnais
Bonasse, Poudens et Esgoarrebaque s'étaient repliés sur Lourdes,
d'où ils tenaient la vallée du gave jusqu'à Coarraze. Montgomery,
plutôt que de s'attaquer au château de Lourdes, jugé imprenable,
dirigea son offensive sur Tarbes. Le 20 Janvier 1570, son lieutenant Montamat, parut devant la ville que défendaient le capitaine Horgues et une poignée d'hommes. L'eau avait été détour-
née des fossés par les assaillants, pour pouvoir donner l'assaut.
Mais Horgues et les siens se montrèrent si fermement décidés à
se faire tuer sur place, que Montamat se replia pour chercher
des renforts. Ce fut Montgomery lui-même avec ses lieutenants,
toute sa troupe et toute son artillerie, qui se présenta sous les
murs de Tarbes, en avril. Appelé par les Tarbais, François
Bonasse, abandonnant le château de Lourdes, s'était jeté dans la
ville avec 800 hommes. L'artillerie béarnaise, en deux jours,
ouvrit une large brèche dans les murs. Voyant la partie perdue,
Bonasse, pensait se replier sur Lourdes ; mais le samedi saint, des
huguenots introduits dans la place par trahison prirent à revers
les défenseurs massés sur le front de l'assaut. Le désordre s'installa dans les rangs des catholiques ; ils furent taillés en pièces ou
faits prisonniers. Bonasse mourut en combattant, après avoir
vu tomber tous ceux de sa compagnie, Saubelade, Abadie,
Bajos d'Uz et Ruges. Par commandement exprès de Montamat,
la vie sauve ne fut laissée qu'à Poudens, un traître qui s'était fait
reconnaître des soldats par « un certain habit de satin jaune ».

Les chanoines de la cathédrale, réfugiés dans les combles, sachant quel sort les attendait, vendirent chèrement leur vie, à l'exemple du chanoine Hidron qui se montra particulièrement coriace à abattre.

Tous ceux qui avaient soutenu le siège furent tués, et les prisonniers, massacrés peu après de sang-froid. « Et la ville de Tarbes demeura pleine de corps morts, dont le nombre avec ceux qui furent trouvés autour de la brèche fut d'environ deux mille; et pour les ensevelir, après que M. de Montamat se fut retiré dans le Béarn, les hommes et les femmes des proches villages s'assemblèrent et comblèrent de corps morts les fossés et les puits et employèrent environ huit jours de ce funeste office! ».

« Depuis en ça la ville de Tarbes demeura sans habitants et l'herbe crut parmi les rues comme en un pré qui estoit chose fort déplorable à voir et passèrent trois ans entiers durent lesquels n'y eut aucune garnison, aussi n'étoit-elle défendable à cause des ruines que le canon y avait faites[1] ».

Lorsque le conseil municipal de Tarbes, au début du siècle, donna le nom de la reine Jeanne d'Albret à une rue de la ville, il y eut un beau tollé parmi les Bigourdans érudits qui n'avaient pas oublié.

Les fleurs de Tarbes

Entre 1859 et 1869, le lycée de Tarbes a compté parmi ses élèves Isidore Ducasse, plus tard Lautréamont, Foch et Jules Laforgue. Dans la *Géographie littéraire de la France*, Albert Thibaudet note, à propos des *Fleurs de Tarbes*, de Jean Paulhan : « Tarbes a de vraies fleurs, ses poètes; chacun des trois ne tenant d'ailleurs qu'un pied posé à Tarbes, ils y font une manière de trépied poétique. C'est le comtadin Théophile Gauthier, né à Tarbes par hasard, et ce sont les deux Tarbais nés à Montevideo qui firent leurs études à Tarbes : Laforgue et Lautréamont ». Et d'ajouter : « Quel chapitre des *Fleurs de Tarbes* s'écrirait dans le beau jardin municipal, d'Albertus à Maldoror! ».

En écrivant ses souvenirs, Théophile Gauthier avait, des années à l'avance, pressenti la venue des écoliers Lautréamont et Laforgue. « Je ressemblais à quelque petit espagnol de Cuba, frileux et nostalgique, envoyé en France pour faire son éducation ». Mais que pouvait représenter Tarbes pour un écrivain comme Mallarmé, qui voulait s'ensevelir pour achever son œuvre, « dans un Tarbes quelconque »? ...

1. Glanages de Larcher.

TARDETS

Le dieu de la poussière rouge

Dominant dans son isolement le moutonnement des collines, la hauteur de La Madeleine s'impose dans le paysage de la vallée de la Soule, aux portes de Tardets.

La chapelle qui la couronne s'appelait, au XVe siècle, Sainte-Marie-Madeleine-d'Aranhe. Webster, basquisant du XIXe siècle, trouvait dans ce nom un radical commun aux noms de Sarrance et de Bétharram, deux autres sanctuaires célèbres des Pyrénées, et y voyait une coïncidence se rapportant à la substitution du culte chrétien à des cultes primitifs. Un ancien sanctuaire chrétien a précédé la chapelle actuelle, car on y a trouvé dans les décombres, un fragment de linteau en pierre, portant une croix aux quatre branches égales, creusée en champ-levé, d'un type antérieur au Xe siècle. Selon la légende, sainte Madeleine vint s'installer dans cette solitude en même temps que saint Antoine à Musculdy et saint Grégoire au-dessus de Mauléon.

Paysage d'orage, tableau de J. Derrey au Musée béarnais, château de Pau
(photo Yves Hervochon)

On avait remarqué de tout temps, encastré dans le mur de la chapelle, une inscription latine, dédicace d'un certain Valerius au dieu Herauscorritsehe. Le nom paraissait si étrange que l'épigraphiste Bladé l'avait hardiment complété, par analogie avec d'autres noms de dieux indigènes pyrénéens plus connus : il lisait : FANO (DEO) HERAUS (ONI) (BAIO) CORRITSEHE

Une réfection récente de la chapelle a permis, en descellant la pierre, de constater qu'il s'agissait d'un autel votif de modèle courant, portant sur les côtés une patère et un *guttus*. Le dédicant était le même que celui de l'autel de l'arsenal de Tarbes, un haut fonctionnaire de la province espagnole de la Bétique.

Les érudits basques ont cherché à découvrir, d'après leur propre langue, la signification du nom du Dieu invoqué sur cette cime. Mgr de Saint-Pierre y lisait : « la poussière rouge »; et on aurait, avec l'addition d'un suffixe *tsehe*, retrouvé dans le générique *etche*, signifiant la maison, la traduction suivante : « le sanctuaire de la poussière rouge ».

Le docteur Urutibehety, de Saint-Palais, décompose encore plus subtilement le nom. *Heraus* veut dire « ce qui descend du ciel », c'est-à-dire la foudre ou la tempête; *corritse* se traduit par « ce qui est rouge ». *Herauscorritse* est donc « la foudre rouge ». Ce serait alors l'abréviation de *hic erexit* (a été élevé ici). On laisse cette interprétation à la méditation des latinistes.

Le possesseur de ce nom bien euskarien était, en tout cas, un dieu familier, un « frère obscur des hêtres qui couvraient les pentes voisines[1] ». Quand arrivèrent les missionnaires chrétiens, le petit ex-voto de marbre qui subsistait au milieu du pâturage fut recueilli dans les murs d'un nouveau sanctuaire. Herauscorritsehe, dieu de la montagne, faisait corps avec elle : il ne l'a pas quittée.

TERRATS

66 — PYRÉNÉES-ORIENTALES, 17 KM AU S O DE PERPIGNAN PAR N 612 A, N 612 ET N 615

La cité magique

Non loin du village de Terrats, sur la rive droite du torrent de « la grenouille qui chante », la Cantarana, une hauteur du nom de Mirmande porte, selon la légende, les vestiges d'une mystérieuse cité disparue.

L'historien Renard de Saint-Malo trouvait à ce nom de Mirmande une parenté avec *Viromandua*, « cité des Viromandui ». La colline aurait été un oppidum d'une nation celte. Cette ville a laissé un souvenir fabuleux dans la mémoire populaire. En Roussillon, un dicton disait : « Lorsque Mirmande était déjà une cité, Barcelone n'était qu'une prairie ». Et, d'une chose qu'on grossissait à tort : « Ce n'est pas Mirmande! ».

Dans ce lieu, des entassements de roches granitiques, en lignes et en compartiments sur des formations schisteuses, simulent des ruines de murailles. Sur une dalle de schiste en bordure du chemin du Maontauriol, un reste de dolmen certainement, on peut voir l'empreinte du sabot de l'hippogriffe que chevauchait Roland. « Quand on interroge les échos du lieu, écrit Du Mège[2] on ne recueille que des récits de fées à ceintures magiques, de laveuses de nuit dont les linges étendus au clair de lune disparaissent par enchantement, de femmes possédant un pouvoir redoutable qui jour et nuit y font rouler leurs fuseaux façonnés avec soin et qui purifiés dans le torrent voisin ruissellent de perles et de diamants; le voyageur surpris compare ces fables, ces traditions populaires à celles qui ont encore cours en Armorique ».

Du Mège transpose à Mirmande un résumé des croyances pyrénéennes, mais son étonnement prouve, s'il en était besoin, la pénétration très profonde dans les premières vallées pyrénéennes, de l'ensemble des croyances du monde celte. A Mirmande, des traditions locales situaient aussi un palais du Roi

---

1. Mgr de Saint-Pierre, *Les Meilleures pages*, Bayonne, 1926.
2. Du Mège, *Archéologie pyrénéenne*, t. 1.

Arthur dont les salles magnifiques étaient le séjour des *encantades* (fées). Avec le mont Creux de Corbera, Mirmande restait un des lieux enchantés les plus célèbres du Roussillon, et pour les bergers, un pays rempli de richesses fabuleuses, témoignage de Jaubert de Réart, l'érudit roussillonnais du temps de Mérimée.

THUÈS

66 — Pyrénées-Orientales, 25 km au S O de Prades par N 116 (entre Thuès et Olette)

Un pont de cordes sur l'abîme

Dans le défilé qui mène d'Olette à Thuès, un véritable coupe-gorge, le passage des Graus garde dans sa dénomination le souvenir des Romains. C'est un ancien gradus, un escalier, taillé dans les falaises de Thuès pour accéder aux sources chaudes de la localité. Abandonné quelque temps pour son insécurité, il fut repris et fortifié au Moyen Age.

Du bas de la vallée part une rampe en lacets, soigneusement pavée et étayée d'un mur appareillé, autrefois crénelé. On peut voir encore les traces du trottoir qui desservait les créneaux. Le dernier élément conduit à l'église d'Érola, puis la route s'incurve au flanc du cirque de Graus et franchit le promontoire que défend le château de Niobols. La route actuelle traverse ce promontoire sous un tunnel.

De l'autre côté des gorges, face au château, on voit la base d'une tour rectangulaire : c'est ce qui reste de la tour de Niobols, qui avait vue sur Entrevalls et la Cerdagne. Les guetteurs que le châtelain de Niobols y envoyait ne pouvaient s'y rendre que par un pont de cordes, tendu en travers du ravin à partir du château de Niobols.

Au-dessus du village de Thuès, la gorge de Carença, qui débouche dans la vallée de la Têt, est merveilleusement sauvage. Ses parois, comme celles des canyons de la haute Soule, ne sont, par endroits, séparées que de quelques mètres sur toute leur hauteur. Les dangers que couraient ceux qui osaient les remonter ont contribué à en faire le séjour d'êtres fantastiques. Mais c'est surtout au fond de la vallée, autour des étangs qui sont enfermés dans la *Coume dels Gours*, que se situent les légendes effrayantes racontées autrefois au poète Jean d'Arras par le *joglar* Bernard de So.

Dans ces parages, disait-on, les esprits de la montagne gardaient une mine d'or.

TRAMEZAYGUES

65 — Hautes-Pyrénées, 42 km au S de Lannemezan par N 129

Le paradis des ours

Le nom du village de Tramezaygues décrit sa situation ; il est *inter ambas aquas*, entre deux eaux, au confluent du torrent de Rioumajou et de la Neste d'Aure. C'est un exemple de choix pour les philologues qui étudient la filiation du latin au gascon ;

Le livre de la chasse, Gaston Phébus (photo B.N., mss.)

un autre village de l'Ariège porte le même nom typiquement pyrénéen. Dans le Massif central, on trouve de même le nom d'Entraygues.

Les ruines d'un château dominent à l'ouest le village. Surveillant le débouché de la route des ports d'Espagne, il existait dès le début du XIᵉ siècle. Au XVIIᵉ siècle, douze embrasures à canons indiquaient une position bien fortifiée. Le gouverneur du château, appointé par le roi, devenait à l'occasion geôlier de la vallée d'Aure.

Les vastes forêts qui garnissent les vallons descendant de la chaîne frontière étaient le paradis des ours. Et, d'après le dicton, les gens de Tramezaygues, leurs voisins, avaient acquis la réputation de chasseurs intrépides :

> *En Tramezaygues que cridé :*
> *Qu'aouen aoucit èt ous !*

(A Tramezaygues, on crie : Nous avons tué l'ours!)

La cascade, lithographie du XIXe siècle (B.N., Est.)

Robinson Crusoé sur les pas des Romains

Une voie préhistorique empruntait cette gorge du Rioumajou;
venue des confins du Bordelais, elle rejoignait la vallée d'Aure
par le plateau de Lannemezan, suivant d'un bout à l'autre la ligne
de partage des eaux entre le bassin de l'Adour et celui de la
Garonne. Cette route transpyrénéenne, appelée en vallée d'Aure
cami antic ou *cami real* (chemin antique ou chemin royal), porte
en Gascogne le nom mystérieux de *Ténarèze*. Elle passe par Sos,
l'ancien oppidum des Sotiates, assiégé et pris par Grassus, lieutenant de César. Or, César dit, dans *la Guerre des Gaules*, que la
bataille eut lieu « *in itinere* ». La Ténarèze serait alors comme
Tramezaygues, une expression latine déformée par le gascon, de
la même origine que l' « itinéraire » en fr .nçais.

Au xv⁰ siècle, la Ténarèze permettaiᶜ aux chariots de passer
aisément en Espagne par le Rioumajou. Au xvıⁱ siècle, faute
d'usage et d'entretien, la chaussée s'écroula en plusieurs endroits.
Au xvıⁱⁱⁱ siècle, on ne pouvait plus l'emprunter qu'à dos de
mulet ou à cheval. Mais quand les cols de Roncevaux et du Somport étaient bloqués par la neige, un très curieux phénomène
atmosphérique laissait le passage du Rioumajou dégagé. C'est ce
qui nous vaut l'épisode de la traversée des Pyrénées par Robinson
Crusoé dans le livre de Daniel de Foë. L'auteur avait fait lui-
même ce voyage en 1670, il n'eut qu'à transcrire ses propres souvenirs. Robinson part donc de Lisbonne en septembre 1688 et
arrive à Pampelune, en compagnie de deux Anglais, deux Portugais et leur équipage, et son inséparable Vendredi. Les voyageurs se proposaient de prendre le chemin des ports de
Cize par Roncevaux quand ils apprirent que la tempête s'était
abattue sur la montagne et que la neige obstruait la route
sur plusieurs lieues. Sur Pampelune, la neige tombait aussi.
Bientôt, les cols sont absolument impraticables; le terrible hiver
de 1689 commence, « le plus cruel qu'il y ait eu de mémoire
d'hommes ». C'est alors que quatre Français arrivent à l'auberge,
racontent qu'ils viennent de passer la montagne par un chemin
différent « près de l'extrémité du Languedoc ». Robinson décide
ses compagnons à l'emprunter. Le voyage comporte des péripéties dramatiques : l'attaque des loups; le combat de Vendredi
avec un ours, la rencontre de cadavres de chevaux et de voyageurs fraîchement dévorés par les fauves. A l'arrivée du premier
village, ils trouvent les habitants armés pour se défendre contre
les loups et les ours.

La région de Rioumajou, abritée des vents d'ouest par la chaîne
du Néouvielle, s'ouvre au vent d'Espagne, chaud et sec. Les gens
d'Aure appellent ce vent *et bent*, « le vent »; tout simplement, et
c'est peut-être de lui que la vallée a tiré son nom d'Aure, la
« brise ». Quand il souffle, il dégage rapidement ce cols, les neiges
qui ne s'y accumulent pas. Quant aux épisodes des attaques des
loups, elles correspondent à ce que les chroniques du temps ont
rapporté des ravages effrayants que firent ces fauves en 1689.

Le havre des pèlerins

Le clocher d'Aragnouet, percé à jour sur la silhouette des pics
Méchant et Campielh, est fort curieux : par une disposition inexplicable, sa haute muraille, terminée par un pignon à redan et
découpée de deux rangs d'arcades superposées, se trouve sépa-

rée de la chapelle par un intervalle de 2 m, et fait avec elle un angle de 80 degrés.

La tradition attribue aux templiers la fondation de l'hôpital de Saint-Jean-de-la-Combe, dont cette église faisait partie. Les historiens ont recherché l'existence de ces trop célèbres moines-soldats dans les traditions pyrénéennes; mais la *Chronique anonyme d'Aure*, datée de 1725, a conservé un récit du massacre de la communauté d'Aragnouet par les soldats envoyés à leur poursuite. Un seul y échappa, qui était natif de la maison Baqué de Cadeilhan, « lequel, ayant senti mettre le feu au couvent, sauta par une fenêtre, passa à travers les soldats et se jeta le long de la Neste dans un endroit touffé d'aforest ».

D'après les Chroniques de 1266, les Hospitaliers devaient être une quinzaine, comme à Gavarnie, soumis aux mêmes règles et aux mêmes devoirs : la sécurité pour le passage des ports, le guidage des voyageurs et surtout des pèlerins, « ces épaves de la route..., miséreux par principe, vivant de la charité publique, épuisés de lieues [1] ». Parmi ceux qui empruntaient le Rioumajou, tous n'allaient pas à Compostelle, beaucoup se dirigeaient vers le Pilar de Saragosse ou la très vénérable Vierge Noire du Montserrat, en Catalogne.

Mais avant les pèlerins, les chevaliers de Saint-Jean vont abandonner l'hospice. Seule la chapelle sera entretenue par le vicaire d'Aragnouet, pour répondre aux besoins des habitants de la montagne. En 1605, à la place de l'hôpital, un cabaret s'installe pour recevoir les pauvres passants, « sans néanmoins y vendre le vin à plus haut prix qu'à Aragnouet ».

Le grand calendrier et compost des bergers (Musée des A.T.P., photo M.-L. Gangloff)

1. Docteur A. Sarramon, *Les Quatre Vallées*, Imp. des Orphelins apprentis, Albi, 1954.

UR

Le grand livre de pierre

Ce petit village au nom biblique est situé dans la partie la plus ensoleillée de la Cerdagne française, au pied des contreforts méridionaux du Carlitte, à 1 206 m d'altitude. L'église Saint-Martin d'Ur existait dès l'an 839 et dépendait de l'évêché d'Urgel, selon le *Marca Hispanica*.

A l'intérieur, la cuve baptismale, bloc de granit sculpté, retient l'attention. Elle pourrait avoir appartenu à l'église primitive elle-même, vraisemblablement bâtie après l'expulsion des Arabes, à la fin du VIIIe siècle ou au début du IXe siècle. Creusée et sculptée dans un bloc de granit extrait sans doute du chaos de Targassone, elle mesure 0,83 m de hauteur et 1,11 m de diamètre. Des motifs sculptés couvrent ses flancs, cernés d'une profonde rainure ou isolés dans une cavité.

Les divers thèmes apparaissent disposés en une suite significative dans tous ses détails, et non purement décorative, que Pierre Ponsich parmi ses recherches passionnées sur l'art catalan, a interprétée avec l'autorité d'un visionnaire[1].

Le point de départ de la frise est donné par trois grosses cannelures incurvées vers la droite, figurant, selon Ponsich, le chaos primordial s'ordonnant sous le rythme de la Création. Des bourrelets horizontaux en strates de part et d'autre d'un motif de volutes symétriques verticales, sont l'image de la lumière jaillissant au sein de la matière. A la suite apparaissent deux masques humains superposés. La tête barbue du premier homme, auquel le serpent est venu siffler la tentation, domine le masque d'Adam après le péché, marqué par les cornes d'Ammon, symboles de l'empire du démon.

1. Pierre Ponsich, *Jardin des Arts*, octobre 1967.

Sous une cavité où était encastrée la serrure qui retenait le couvercle de la cuve, la même tête cornue apparaît, mais couchée sur le côté : c'est le cadavre de l'homme retournant aux entrailles de la terre par la mort, autre conséquence de la déchéance originelle. Une figure en forme d'arbre, évoquant curieusement l'idéogramme chinois primitif de ce mot, représente l'Arbre des Origines, arbre de vie ou arbre de la connaissance du bien et du mal. Il est aussi le symbole de la lignée promise au premier homme. Les figures suivantes sont les plus étonnantes : on dirait des fruits en forme de cœur, posés l'un au-dessus de l'autre : ceux de droite sont réunis par une rainure, ceux de gauche par une protubérance, schéma presque abstrait du processus de la génération : on assisterait là au miracle de la multiplication de l'espèce humaine échappée au déluge. Les autres panneaux, qui font penser par leur décor en spirale aux ornements des pirogues polynésiennes, suggèreraient la ramification de la descendance de Noé. On y retrouve les deux motifs en forme de cœur, mais juxtaposés. La série des figures en spirale s'achève sur une cavité où se niche un être replié sur lui-même dans la position du fœtus. Ponsich y voit le Messie, ou l'homme régénéré dans les eaux de la fontaine baptismale : la cavité dans laquelle il se trouve serait alors le sein maternel des eaux purificatrices, ou celui de la Mère-Église dans laquelle il renaît à la vie de la grâce[1].

La hardiesse et la beauté du traitement de la pierre sont égales à la puissance d'abstraction des figures, qui trahissent chez le sculpteur inconnu la science d'un grand initié.

Les fonts baptismaux (photo J.-R. Masson)

1. Pierre Ponsich, *Jardin des Arts*, octobre 1967.

URDOS

Un poète dans l'orage

On rapproche le nom d'Urdos du nom latin de l'ours, *ursus*.
Leur parenté a une probabilité très forte, car cet animal emblématique d'Aspe et d'Ossau se rencontre encore en nombre dans
les forêts qui dominent ces régions. A Etsaut, un ancien *ad saltus*
romain, qui indique qu'on se trouvait au cœur du domaine
forestier impérial, une tête d'ours sculptée dans le contrefort
d'une vieille maison en bordure de la route paraît être le totem
de la vallée. C'est aussi pour protéger des ours et des loups les
pèlerins en route vers l'abbaye Sainte-Christine-du-Somport,
qu'un relais-refuge existait de l'autre côté de la vallée, à Borce.

La voie du Somport semble avoir été l'une des premières
ouvertes entre l'Espagne et les autres pays d'Europe, à l'aube de
l'histoire. Les constructeurs des mégalithes se sont aventurés
loin dans la vallée : entre Urdos et Borce, en face du pont de
Sebers, d'énormes blocs forment une allée couverte d'une dimension exceptionnelle, aménagée comme abri ou peut-être comme
chambre sépulcrale, avant de devenir étable pour le bétail.

Un beau jour de 1823, tandis que « cent mille automates à dix
sous par jour », comme Mérimée appelait les soldats de Charles
X, franchissaient la Bidassoa pour remettre sur son trône le roi
d'Espagne chassé par l'insurrection libérale, un jeune officier
du 55e de ligne, en garnison à Oloron, arrivait à Urdos pour inspecter le poste du Portalet. Au fond d'une gorge noire entre
Urdos et Etsaut, il trouva, dominé par l'à-pic menaçant du Pène-
d'Arrêt, un mur crénelé qui laissait passer la route du Somport
et s'appuyait sur une bâtisse sans âge...

Pendant les longues journées creuses de service commandé, le
capitaine Alfred de Vigny, qui rêvait d'une carrière dans les
Lettres, jeta sur le papier les poèmes de *Dolorida* et du *Déluge*,
et le schéma de *Cinq Mars*. Il se laissa ainsi imprégner des scènes
de la nature, gave sonore, forêts suspendues, escarpements vertigineux. L'orage qu'il a décrit dans *Cinq Mars* et dont on lui
reproche les exagérations, a été réellement vécu par lui dans cette
solitude. On a le témoignage d'un compagnon d'alors, le sino-
logue G. Panthier, qui a écrit : « Vigny n'a rien exagéré dans la
peinture qu'il en a faite, au contraire! ».

Échanges de mauvais procédés

A la lumière des événements, l'état-major décida de doter la
route du Somport, en raison de son importance stratégique,
d'un véritable fort. On choisit de l'accrocher au terrible surplomb
de la Pène d'Arrêt, en plein roc. La ténacité des ingénieurs
militaires le réalisa en trente ans. La façade qui surplombe le
gave au-dessus des cavernes-casemates est percée de rangées
d'ouvertures noires, fermées par des grilles sinistres. L'auteur
d'un guide de 1853 plaint « les pauvres soldats et peut-être les
malheureux prisonniers destinés à vivre dans cette caverne ; [...]
on est oppressé, on a hâte d'en sortir comme de toutes les bas-
tilles de ce genre où on ne trouve que l'horreur qu'inspire à l'âme
la force brutale ». Il ne pensait pas être si bon prophète. En 1940,
près de cent ans plus tard, le fort, sur le point d'être désaffecté,
est choisi comme bastille politique pour emprisonner les ministres
de la IIIe République mis en accusation devant la Cour de Riom,
Léon Blum, Édouard Daladier, Georges Mandel, Paul Reynaud.
On imagine le stoïcisme dont devaient faire preuve les militaires
logés dans ce casernement sous le règne de Louis-Philippe, quand
on apprend que les chambres des détenus durent être dotées alors
d'installations du confort le plus sommaire. Malgré cela, ils n'y
résistèrent pas et il fallut les transférer dans une autre résidence.
En 1944, la roue a tourné : une garnison allemande est encerclée
dans le fort ; son interprète préfère le suicide à la reddition, en
faisant le saut du Pont d'Enfer. Enfin, le 15 août 1945, le maréchal Pétain y est enfermé à son tour. Le jour de son arrivée,
regardant l'eau qui ruisselle de tous côtés le long des rocs, il
murmure atterré : « Je comprends que Léon Blum et Paul Ray-
naud m'en aient voulu de les avoir fait venir dans un lieu aussi
sinistre ». Il y dépérit rapidement et, en novembre, on le trans-
fère à l'île d'Yeu. Déclassée et mise en vente en 1962, la caverne-
prison a trouvé finalement acquéreur en 1966.

Le chemin de la mâture

Face aux murailles nord du fort, de l'autre côté de la gorge du
Sescoué, une entaille horizontale, comme tracée avec une gigantesque gouge, coupe la paroi rocheuse et contourne l'angle du
ravin en direction du village d'Estaut. Elle est très visible de la
route. Cette gouttière étonnante est le chemin de la forêt du
Pact, œuvre de l'ingénieur Leroy, des ports et arsenaux de la
Marine royale, qui dirigea, en 1765, l'exploitation des forêts de la
vallée, peuplées dans leurs parties supérieures de magnifiques
pins propres à fournir les bois de construction des vaisseaux de
ligne. Un plan d'exploitation intensive fut établi, comportant
l'ouverture en pleine montagne d'un réseau de chemins pour
l'évacuation des billes abattues, dont certaines mesuraient
jusqu'à 15 m de long, (45 pieds).

On en retrouve encore les tracés à la descente de la forêt d'Issaux, à travers la commune d'Athas. Ils sont pavés de grandes
dalles destinées à faciliter le glissement des troncs et le roulement
des chariots à grumes qui les emmenaient au port d'embarque-
ment sur le gave.

Le chemin de la gorge du Sescoué, face au Pourtalet, est le plus
extraordinaire de tous. Dans le mémoire qu'il publia, l'ingénieur
Leroy donne des détails impressionnants sur la façon dont il a été

construit, ou, comme il dit, « sculpté pour ainsi dire dans le rocher même » : « On fut obligé dans certains endroits de suspendre des hommes avec des cordes pour aller percer des trous et y poser des fleurets de mine qui servirent ensuite d'échafaudages... Ils descendaient par des échelles suspendues ou travaillaient sur des échafaudages très élevés soutenus par des échelles dont les pieds posaient sur le bord des précipices. Souvent il fallait se renverser en dehors pour passer d'un côté de ces échelles à l'autre.

« On estime qu'il a fallu faire sauter environ quatre mille toises cubes de rocher pour la construction de ce chemin, et il n'y aurait que des tableaux pour faire voir l'horreur et la singularité de ce chemin ». On l'emprunte aujourd'hui quand on suit le sentier de grande randonnée qui fait passer de la vallée d'Aspe en vallée d'Ossau.

Le chemin de la mâture, gravure du XVIIIe siècle (photo D. Lévy)

Le message du ramier blanc

Le col du Somport, que franchit la route de Jaca, livrait passage à l'ancienne voie romaine d'Oloron à Saragosse. A mi-pente du col, à la hauteur de l'auberge de Peyrenère, près des vestiges de l'ancien tracé, on a ramassé une borne miliaire portant le nom d'*Iluro* (Oloron), aujourd'hui au musée de Pau. A l'époque romaine, il y avait là une station de la route que l'Itinéraire d'Antonin désigne sous le nom de *Summus Portus*, « le haut du passage ». Bien des voyageurs célèbres l'ont franchi : probablement les Phéniciens à la recherche de l'étain, et l'armée du Carthaginois Hasdrubal. Venu à la rescousse de son frère Hannibal, bloqué en Italie, il ne pouvait pas emprunter le Perthus, car les peuples du Roussillon qui en gardaient les abords étaient alors hostiles à Carthage.

En contrebas du versant sud, le col est intenable en raison du courant d'air perpétuel qui y sévit. Aussi l'hospice de *Sainte-Christine-du-Somport* avait été fondé en contrebas, sur le versant sud, par le vicomte de Béarn, Gaston le Croisé, un habitué du passage. Le choix de l'emplacement fut la conséquence d'un prodige : on vit passer dans le ciel un ramier blanc portant dans son bec une croix de bois. A l'endroit où il la laissa tomber, on construisit la chapelle et l'hospice. L'importance de l'établissement, un des trois grands hôpitaux de la chrétienté, en avait fait un des lieux privilégiés où se pratiquaient les ordalies par le fer rouge, réservées aux gens accusés de vol. L'hospice sombra définitivement dans les guerres du XVIᵉ siècle, qui opposèrent la France à l'empire espagnol. A la suite d'un raid des Béarnais protestants qui l'incendièrent, le lieutenant général d'Aragon, Alonso de Vargas, fit raser les ruines.

Paysage aux environs d'Urdos (photo Maison des Pyrénées)

Des appels venus du fond du lac

Entre Urdos et le col du Somport, les tas de scories et de minerais de Peyranère sont tout ce qui reste des *Forges d'Abel* construites par l'ancien chevrier d'Aydius-en-Aspe, revenu milliardaire des Indes et qui y avait investi les restes de sa fortune. En 1812, un raid de miquelets, (voir chapitre « Le banditisme pyrénéen », p. 51), en détruisant son exploitation, lui enleva ses dernières ressources et sa raison...

Vers le sud, la frontière, annoncée par les grands pics du cirque d'Aspe, est un entassement de calcaires aux murailles blanches ou de grès ferrugineux aux allures de ruines incendiées, qui rappellent la légende du bûcher de Pyrène mettant le feu aux montagnes.

Les fonds des ravins où l'eau descend en cascades, sont peuplés de lacs solitaires. Le plus grand, le *lac d'Estaëns*, étend sur trente hectares une surface miroitante qui réfléchit les roches sanglantes des crêtes voisines. On racontait dans les veillées sa légende effrayante et salutaire.

« Autrefois, je parle d'il y a très longtemps, au Plan d'Estaëns, il n'y avait pas de lac comme aujourd'hui. C'était un pâturage merveilleux d'où les brebis descendaient à l'automne, le poil luisant, la laine longue et grasse. Les Aspois en étaient fiers et possédaient tous beaucoup d'argent. Malheureusement, la richesse avait desséché leur cœur; ils étaient devenus fats et orgueilleux comme des paons.

« Pour la Saint-Jean, tous les pasteurs s'assemblaient pour faire bonne chère. Ils s'étaient fait monter de la vallée du pain frais et du vin vieux; ils avaient tué les bêtes et faisaient ripaille jusqu'au matin. A manger et à boire toute la nuit, il fallut que l'aube les arrachât à leurs tables pour tirer le lait aux bêtes qui avaient reçu la rosée de la nuit bénéfique.

« Comme le jour commençait à poindre, ils virent venir du côté de l'Espagne un homme qui devait être un pèlerin de Saint-Jacques. Il se traînait plutôt qu'il ne marchait, tant il était las; les sandales ne lui tenaient aux pieds que par miséricorde, les buissons l'avaient tout déchiré, et sa besace était vide. Il s'avança du côté des dîneurs et il demanda pour l'amour de Dieu qu'on lui fît la charité : il tremblait de faim et de soif. Et croyez-vous que les ripailleurs en eurent pitié? Non pas! Ils ne voulurent pas seulement lui donner un morceau de pain, ni une tasse d'eau et l'un d'eux, plus ivre pour sûr, l'agonit d'injures. Mais un autre, le voyant si las, le laissa reposer sur sa couche, dans sa cabane. Le voyageur le remercia et lui recommanda de rentrer chez lui tout de suite : sa femme venait d'accoucher. Et le pasteur descendit ... Le lendemain matin quand il revint là-haut, il ne s'y reconnut pas. Au milieu de la vallée s'étendait un lac d'eau bleue où le vent léger faisait courir de petites rides. Alentour, aucun bêlement d'agneau, aucun meuglement de vache, aucun son de cloche, aucun appel d'homme, mais un silence effrayant. Gagné par la peur, il descendit en courant pour avertir les consuls. Tout le village monta; on eut beau appeler, chercher, hurler, aucune trace de vie ne subsistait dans le coin. L'homme raconta alors ce qui s'était passé avec le pèlerin. Le curé assura que l'homme était Notre-Seigneur, ou peut-être saint Jacques, et que les bergers avaient été punis pour leur dureté de cœur; il n'y avait plus rien à faire qu'à prier pour les âmes des défunts. A moi, ajoute le conteur, feu Pelissou, le poète m'a raconté que certaines nuits de la Saint-Jean, on entend des mugissements et des bêlements, des sonnailles de cloches et des appels à l'aide (crits-biahore) qui sortent de l'eau. Moi je vous dis qu'il n'est rien qui ne puisse arriver, car tout est possible et il ne coûte rien de le croire [1] ».

On dit aussi que le diable hante les pâturages des environs, sous la forme d'un bélier noir : on sait qu'il est passé, quand un agneau noir naît parmi les brebis blanches des troupeaux.

1. Reclams de Biarn e Gascougno, 1969.

Vue générale d'Urrugne (Atlas-Photo, Roger Perrin)

URRUGNE

64 — PYRÉNÉES-ATLANTIQUES, 18 KM AU S O DE BAYONNE PAR N 10

L'horloge du destin

Resté en marge de l'envahissement de la côte basque, ce village, qu'un document de 1140 nomme *Urruina*, a conservé une atmosphère traditionnelle.

L'église de la paroisse est dédiée à saint Vincent, premier évêque de Dax. Le clocher, surmonté d'une belle croix de fer doré, porte un cadran dont la devise latine a été rendue célèbre par Théophile Gauthier dans son *Voyage en Espagne* : « Toutes blessent, la dernière tue » (« *Vulnerant omnes, ultima necat* »). Le goût des Basques pour les sentences brèves et profondes s'exprime ainsi sur de nombreux cadrans solaires et horloges par des formules fatalistes...

Le grand portail, d'une remarquable architecture espagnole de la Renaissance, garde encore des ébréchures dues aux canonnades de l'artillerie, lors des combats de 1814. Des bas-reliefs représentent la vie de Vincent et de son frère et compagnon Laetus, saint Jacques de Compostelle, la Madeleine et la tentation du Christ. Contre le porche est appuyé un bloc de pierre monolithique qui ressemble à l'un de ces menhirs de petite taille appelés *lech* en Bretagne. Il est sculpté d'étranges figures très primitives : en y regardant de près, on y distingue sainte Catherine avec sa roue et un évêque portant une chasuble, peut-être saint Vincent de Dax, déjà représenté dans le portail latéral. La forme en violon de la chasuble ne permet pas de donner aux sculptures une origine antérieure au XVIIᵉ siècle : c'est de pur art sauvage, dont le but devait être la christianisation d'une ancienne pierre, objet de rites païens.

Le curieux bénitier en forme de lanterne, appliqué contre le mur, à l'entrée, passe pour avoir servi aux *cagots*, ces parias pyrénéens; ceux d'Urrugne habitaient un quartier réservé sur la route de Ciboure.

L'intérieur de l'église est de style jésuite ; les détails de son décor, en particulier les masques sculptés sur les chapiteaux des galeries, ne manquent pas de saveur. La splendide cariatide qui supporte la chaire est appelée Samson par les gens du pays : la tradition assure qu'il suffit de lui tirer le nez pour devenir fort. Les gens d'Urrugne, s'ils ne sont pas des athlètes, ne sont pas plus mal bâtis que les autres Basques, mais le nez de Samson est remarquablement poli et luisant.

Le chœur est voûté et décoré dans un style très espagnol ; comme le porche et le clocher, il porte la marque d'un architecte de talent venu d'au-delà des Pyrénées. Les récents aménagements dont l'intérieur de l'église a bénéficié ont fait disparaître les traces des dommages dont elle avait visiblement souffert. Elle ne le devait pas seulement aux révolutionnaires de 1793, ni aux troupes anglo-espagnoles de Wellington. En 1750, au cours d'une émeute locale, elle servit de champ de bataille, et seul le sang-froid du jeune comte de Guiche, intervenu en personne, empêcha le tumulte de se terminer par un massacre[1].

Le cimetière marin

A l'ouest du village, une hauteur qui domine toute la contrée est couronnée d'une chapelle blanche enveloppée d'un bouquet de chênes, *Notre-Dame-de-Socorri*.

Au-dessus de l'arceau aigu du porche, recouvert de multiples invocations à la Vierge du Bon-Secours (Socorri), la statue de Notre-Dame, entre deux anges agenouillés, fait face à la mer.

Quelques pierres plantées en escalier dans le mur du cimetière permettent au visiteur d'y pénétrer sans ouvrir le portail, fermé à cause du bétail. Un groupe de stèles discoïdales donnent à cet enclos un aspect très particulier ; ce sont les tombes des marins d'un équipage atteint du choléra et qui ont été ensevelis dans cet endroit éloigné de toute agglomération, par peur de la contagion.

Portail de l'église (Atlas-Photo, Roger Perrin)

1. J. Fourcade, *Petite histoire d'Urrugne*, Imp. Floch, Bayonne, 1939.

La position dominante du site l'avait fait occuper par les
armées de la Révolution, qui fortifia les abords. On voit encore
des traces des retranchements et des boyaux qui les faisaient
communiquer avec le village d'Urrugne.

Des murs chargés d'histoire

Le *château d'Urtubie* est construit sur les fondations de l'ancienne demeure des seigneurs de ce lieu, barons de la cour
vicomtale de Labourd, au XIIᵉ siècle. En 1341, le roi d'Angleterre
autorisa Martin d'Urtubie à y bâtir « un château de pierre avec
murailles et fossés ». Avant de voir l'édifice achevé, il périt dans
les flots de la Nive, attaché aux piles du pont de Mios, sur les
ordres du maire de Bayonne, Pé de Poyanne.

C'est dans cette demeure que Louis XI rencontra, en 1462, les
rois de Castille et d'Aragon (voir *Sarrance*). Au cours des combats
de 1814, elle servit de quartier général à Soult et à Wellington
successivement.

USSAT-ORNOLAC

09 — ARIÈGE, 22 KM AU S DE FOIX PAR N 20

La tombe de la réprouvée

Passé Tarascon-sur-Ariège, au cœur du Sabarthès, le vieux
pays dont seule la chapelle de Sabart a conservé le nom, on rencontre Ussat, station thermale plutôt que village. De chaque
côté de la vallée les pentes s'ouvrent sur des antres plus fameux
les uns que les autres : au-dessus d'Ussat, l'église d'Ornolac,
d'une simplicité romane, se singularise par un plan à double
rupture d'axe; le constructeur semble avoir voulu délibérément
provoquer cette déviation, pour traduire symboliquement l'attitude du Christ affaissé sur la croix, selon une pensée qui eut une
certaine faveur au Moyen Age.

Le chapelain de la paroisse portait le titre de baron. En 1568,
les huguenots, s'étant emparés du titulaire, le précipitèrent dans
l'Ariège du haut du château de Tarascon : pour le venger, les
catholiques de Foix provoquèrent une Saint-Barthélemy locale
tristement célèbre.

Sous le porche, une statue de la vierge s'offre à la vénération
des fidèles sous le vocable de Notre-Dame des Blés dont elle
tient trois épis à la main. Mais ce n'est pas elle habituellement que
vont chercher les visiteurs du rustique sanctuaire; c'est dans le
cimetière, sous des ifs centenaires, la tombe d'une malheureuse
et inquiétante héroïne de l'époque romantique, Madame Laffargue,
dont le nom est cité comme celui d'une des plus célèbres empoisonneuses de tous les temps.

Si le crime de cette femme ne fut jamais réellement prouvé,
l'affaire auquel son nom fut attaché passionna et divisa l'opinion
de son temps. Aujourd'hui encore on prend parti pour ou contre
la réprouvée.

Graciée par Napoléon III, mais ayant perdu sa santé, Mᵐᵉ Laffargue était venue se soigner à Ussat. Reconnue par les baigneurs,
elle fut en butte aux sarcasmes de la bonne société. Elle trouva
cependant un défenseur imprévu en la personne d'un vieil offi-

cier en retraite, le colonel Audouy. « Comme tant d'autres séduits par cette femme étrange, [...] il crut en l'innocence de Mme Laffargue. Quand celle-ci s'éteignit, ce fut lui qui veilla sur sa sépulture, selon le vœu de la morte, sous une croix inclinée, sans nom, sans rien ; lui-même avant de mourir, demanda qu'on le mît en terre aux pieds de l'empoisonneuse romantique pour qui ce dernier amour d'un vieil homme fut sans doute la suprême consolation et comme un présage de pardon [1] ».

Un refuge cathare

Sur la crête du mur du cimetière est fichée une croix de fer forgé, autrefois placée à l'entrée de la grotte des Églises ; cette cavité dont l'entrée est à moitié fermée encore par des murs à meurtrières, passait pour avoir été fortifiée par des Albigeois qui s'y étaient réfugiés, ce qui n'est pas impossible. On donne à la grotte le nom occitan de *gleyzos*. La forme ancienne et fleuronnée de la croix l'a faite attribuer à des adeptes du catharisme, mais elle ne semble pas remonter au-delà du XVIe siècle.

La recherche et la découverte de tout ce qui pouvait se rapporter aux victimes de la guerre des Albigeois dans le comté de Foix a été l'œuvre d'un enfant du pays, l'archéologue Gadal, qui y a consacré sa vie. Sa foi et sa vie exemplaire ont attiré dans le Sabarthès de nombreux adeptes de ces croyances persécutées, en particulier des rose-croix hollandais qui l'on aidé à constituer à Ussat un petit musée de l'ésotérisme.

L'un de ses disciples, l'artiste Diana Vandenberg, a traduit dans ses tableaux tout le mystère qui se dégage des paysages de la vallée sacrée et de ses grottes initiatiques. Elle a représenté les divers stades de l'initiation dans les salles souterraines, celles de Lombrives ouvertes à tous les néophytes, de la grotte de l'Ermite consacrée à la méditation, de la grotte de Bethléem enfin où avait lieu la révélation terminale.

La grotte de Lombrives peinte par Diane Vandenberg (photo A. Dingjan)

1. Raymond Escholier, *Mes Pyrénées*, Arthaud, 1949.

L'entrée de la grotte de Bethléem (photo J.-R. Masson)

« La grotte de Bethléem, écrit le spécialiste du monde souterrain, Pierre Minvielle, reproduit fidèlement les trois stades qui
mènent au *consolamentum*. Dans une première enceinte, un espace
en corniche voisine avec une bouche d'ombre... Une deuxième
poterne permet d'accéder dans un vaste abri sous roche exposé
aux intempéries... La troisième porte donne sur le sanctuaire
lui-même où devait se dérouler la cérémonie initiatique[1] ». Le
sanctuaire est une sorte de tunnel où une énorme dalle figure
un autel. Au fond se trouve le célèbre pentagramme que Minvielle décrit ainsi : « Creusée dans la muraille sur une profondeur
de 30 cm, cette figure géométrique a les dimensions d'un être
humain, bras et jambes écartées. Dans cette position, les mains
et les pieds trouvent des encoches ménagées pour leur servir
d'appui... La longue attente du néophyte écartelé dans les limites
du pentagramme pouvait constituer une préparation à l'extase ».

A la recherche du Graal

Les grottes des Églises, que les gens du pays appellent les
spoulgues d'un vieux terme occitan venu du latin *spelunca*,
l'antre, ont gardé des vestiges de fortifications, où pourrait se
distinguer l'ouvrage des Ibéro-Celtes, des Romains et de leurs
successeurs; toujours est-il que ces antres ont servi de refuge
aux proscrits de tous les temps, lors du passage des Maures, au
VIIIe siècle, à la fin de la croisade des Albigeois, puis au cours des
guerres de Religion du XVIe siècle. Mais il était donné à l'écrivain
germanique Otto Rahn de faire sortir des profondeurs de cette
montagne l'évocation magique du plus légendaire trésor de
l'Occident médiéval. Il avait la conviction que la grotte de Lombrives était la mystérieuse demeure de Montsalvat où le roi-
pêcheur conservait le Graal. Ce fabuleux talisman, qui faisait
partie du trésor des cathares, aurait été enlevé nuitamment de la
forteresse de Montségur quelques jours avant sa chute, en 1284,
par quatre fidèles qui auraient caché leur précieux dépôt dans
les profondeurs de la montagne.
Cette idée de Rahn est à l'origine de nombre d'expéditions
plus ou moins secrètes dans les grottes du Sabarthès, et d'une
littérature d'un intérêt très inégal.

Merveilleuses horreurs

En face d'Ussat, le réseau souterrain de Lombrives est un
domaine splendide et terrifiant empli d'énigmes jusqu'au tré-
fonds. Le dédale des salles et des couloirs se relie à celui de la
grotte de Niaux dans la vallée du Vicdessos et côtoie la grotte
de Sabart au-dessus de Tarascon.
Lombrives est peut-être un dérivé du nom du dieu pyrénéen
Ilhumber dont on a trouvé les autels autour de Luchon en
Haute-Garonne. La mystérieuse caverne a été connue des anciens
chroniqueurs du pays de Foix. Bertrand Hélie en 1540 parle des
échelles qui sont nécessaires pour y accéder. Olhagaray démarque
son contemporain Du Bartas pour évoquer les géants qui l'habitaient :

---

1. Pierre Minvielle, *Guide de la France souterraine*, Tchou, 1970.

... Ce roc cambré par nature ou par l'âge
Ce roc de Tarascon hébergea quelques fois
Les géants qui volaient les montagnes de Foix
Dont tant d'os excessifs rendent leur témoignage

Le vestibule, immense, est devenu avec le temps le rendez-vous de la légende : on y montre le trône du roi Bébrix, l'hôte d'Hercule et la tombe de sa fille Pyrène, amante malheureuse du héros. Dans les couloirs dont certains débouchent sur les à-pics dominant la vallée de l'Ariège, des stalactites monstrueuses ont reçu des noms évocateurs : « les femmes pendues », « les oies grasses »,... Un mur vertical défend l'accès aux grottes supérieures dont l'ouverture s'aperçoit au sommet; autrefois on y accédait par cinq échelles suspendues. Les premiers hommes qui franchirent la muraille avaient vraiment besoin de fuir. Au-delà, parmi les éboulis, le couloir s'ouvre sur une autre salle impressionnante, appelée « le cimetière ». Des squelettes humains réunis comme par groupes, s'y trouvaient mélangés à des débris de poteries, à des objets de bronze (fibules, attaches, épingles, hameçons, bracelets), à des haches en pierre polie, à des ossements d'animaux, à des charbons provenant de branchages brûlés. Les crânes étaient généralement intacts, les os longs enchevêtrés les uns dans les autres comme si les cadavres superposés s'étaient peu à peu dépouillés de leur chair et mélangés à la terre blanche et grasse qui les enveloppe.

En étudiant la disposition des lieux, la distribution des squelettes, presque tous d'enfants et de femmes, on en déduit qu'il ne s'agit pas d'une sépulture ordinaire. Il y a quelque chose d'angoissant dans cette accumulation d'êtres humains au sommet d'un précipice élevé de 45 à 50 m au-dessus du sol de la caverne inférieure.

Les emmurés de la guerre des Gaules

Pour expliquer ces amas de cadavres, l'archéologue Garrigou[1] s'est rappelé que César avait fait périr dans les Pyrénées des tribus qui lui résistaient en les emmurant. A Lombrives, les légionnaires après avoir enlevé les échelles auraient laissé les réfugiés des galeries supérieures mourir de faim, s'ils ne les ont pas asphyxiés par le feu. Les débris de poteries trouvés près des cadavres sont de cette époque. On trouve là certainement l'origine de la tradition persévérante des six cents cathares que Simon de Montfort y aurait emmurés vivants avec leur évêque. Il est certain que de nombreuses ramifications de l'immense caverne sont de véritables ossuaires humains. Et ce qui a été raconté sur l'horrible aventure des deux cents soldats du 65e de ligne décapités un par un par des brigands au fond de la caverne, en 1802, n'est peut-être qu'un souvenir des massacres d'autrefois, transposé au goût des contemporains d'Eugène Sue.

---

1. Docteur F. Garrigou, dans *Congrès archéologique de France*, 1884.

USSON-LES-BAINS

11 — AUDE, 30 KM AU S O DE QUILLAN PAR N 117 ET N 118

Une foi qui renverse les montagnes

Pour arriver à Usson-les-Bains et de là au Donezan, la nationale 117 pique au sud de Quillan vers les formidables murailles des défilés de Pierre-Lys et de Saint-Georges. Le premier des trois tunnels par lesquels la route franchit les surplombs est appelé « le Trou du Curé »; au-dessus, on peut lire cette inscription taillée dans le roc :

> *Arrête voyageur ! le maître des humains*
> *A fait descendre ici la force et la lumière*
> *Il a dit au pasteur : accomplis mes desseins !*
> *Et le pasteur des monts a brisé la barrière.*

Le pasteur est le fameux curé Félix Armand, à qui l'on a élevé une statue à Quillan. Mis en 1774 à la tête de la paroisse de Saint-Martin du-Lys, au cœur du défilé, il comprit à quel point ce village, coupé du reste du monde par les falaises du défilé de l'Aude et l'impénétrable forêt des Fanges, ressemblait à un bagne dans une île. Loin de se décourager, il proposa la « belle » à ses bagnards. Pendant quarante années, il les mena au combat contre la montagne; il leur fit percer ce « trou » et ouvrir la route qui les relia à Quillan et les libéra de leur prison de rochers et de forêts.

Des gorges chaudes

En remontant le cours de l'Aude par Axat, à travers le défilé de Saint-Georges, on parvient à Usson-les-Bains. La localité est le centre d'une région fumante de sources sulfureuses. La *Fount de las Lays* (la Fontaine des Plaies), atteste une utilisation de ses eaux pour la guérison des maladies de peau, comme la *Fount des Ladres*, à Ax-les-Thermes. Au voisinage, la petite station d'Escouloubre doit son nom aux inoffensives couleuvres qui hantaient leurs eaux tièdes et qui procuraient autrefois tant d'émotions aux baigneurs, comme à la source du Couloubret, à Ax-les-Thermes. Une autre source sort de la montagne à 56 degrés, en un gros jet. Le ruisseau qu'elle forme est si chaud jusqu'à son confluent avec l'Aude que les bêtes hésitent à le franchir.

D'Usson à Puyvalador, la gorge de l'Aude contourne le pays de Donezan (du latin *Domitiacum*), un ancien domaine romain perdu au cœur de la montagne dont Querigut est la capitale. L'isolement complet de cette région en fit, à l'époque de la révocation de l'Édit de Nantes, un refuge pour les protestants et, en 1827, le berceau de la révolte contre le code forestier (appelée dans les Pyrénées la « guerre des demoiselles », parce que les paysans laissaient flotter les pans de leurs chemises sur leurs jambes). Ce mouvement n'était pas encore maté quand survint la révolution de 1848. La population proclama alors le pays en république indépendante...

À l'ouest de Quérigut, près du village de Mijanès, trois grottes sont les restes de mines exploitées par les « orpailleurs » à la recherche du précieux métal. Celle de la Bascouillade fut peut-être creusée par des mineurs basques qu'enrôlaient les comtes de Foix. Une autre grotte portait le nom de Jasse del Bosc, évoquant un repaire de cet animal dont le démon prend habituellement la forme.

Le prisonnier chanceux

Le Donezan fut le berceau de la fameuse famille de Roquelaure, dont l'un des membres, boute-en-train renommé pour ses bons mots, devint le meilleur ami d'Henri IV. Un autre, en 1634 ou 1670, on ne sait, fut le héros d'un combat doublement singulier avec un capitaine castillan qui l'avait fait prisonnier au cours d'un raid de troupes espagnoles dans la vallée. Celui-ci voulut humilier son captif en l'obligeant à se mettre nu, mais, arrivé à la chemise, le vieil homme refusa de l'enlever ; furieux, l'Espagnol, qui était à cheval, se pencha pour lui arracher et, comme Roquelaure se débattait, il accrocha son éperon dans le pan de la chemise et perdit l'équilibre. Roquelaure, en un tour de main, le dépêcha dans l'autre monde avec ses propres armes, se revêtit de ses habits et jeta le corps dans la fente d'un rocher, qui s'appela depuis le Roc du Castillan.

On dit que le corps y était encore en 1815 et que les paysans, en passant, allaient par défi, tâter les os du vaincu... on dit aussi qu'en défrichant les environs, on trouvait des restes de casques, de cuirasses et de lances [1]...

USTARITZ

64 — PYRÉNÉES-ATLANTIQUES, 22 KM AU S DE BAYONNE PAR N 132

La croix des Anglais

A l'entrée de la forêt communale d'Ustaritz, à 50 m de la route de Saint-Pée, au sommet d'une colline, se dresse la « croix de pierre » *(Harritze-ko-Curutzea)* qu'on appelle aussi couramment la « croix des Anglais ». C'est un monolithe de schiste de 3,30 m de haut, légèrement incliné en avant, comme un menhir mal calé, arrondi vers le sommet d'où part le fût de la croix, une pierre plate où la date de 1713 s'inscrit dans un cadre bien dessiné et où la figure du crucifié est remplacé par une autre croix en léger relief. Il ne semble pas faire de doute que cette croix devait conjurer des croyances superstitieuses attachées à un ancien menhir des populations préhistoriques. On trouve d'autres pierres surmontées d'une croix semblable, celle de Savignac, en Ariège et dans la vallée de Luchon, le célèbre *Caillaou d'Arriba Pardin,* à Poubeau.

Le nom de « croix des Anglais » peut être un souvenir du passage du légendaire Prince Noir. Mais comme en 1713, des prisonniers anglais de la guerre de Succession d'Espagne furent internés dans la région, on a émis l'hypothèse que ceux qui y décédèrent furent, en tant que protestants, enterrés loin du cimetière paroissial, autour de cette croix.

Les lunettes de la sentence

Le cimetière du village garde la tombe d'un des deux frères Garat, mort à Ustaritz en 1833 dans des circonstances troublantes où l'intervention du destin parut manifeste.

Lorsque la Convention vota la mort de Louis XVI, en

---

1. *Légendes de l'Ariège*, Foix, 1968.

l'absence de Danton qui s'était dérobé, Garat fut envoyé auprès du condamné pour lui faire lecture de la sentence de mort. L'ex-révolutionnaire, membre de l'Institut, sénateur et comte de l'Empire, comblé de dignités était, dit-on souvent assailli par des souvenirs qui lui faisaient fuir la compagnie de ses semblables. Une des seules personnes qu'il acceptât de voir alors était le curé d'Ustaritz, qu'il invitait souvent à sa table.

Un jour qu'il était absent de chez lui, le curé voulut, en l'attendant, lire son bréviaire et s'aperçut qu'il avait oublié ses lunettes. Il demanda à la servante de lui en prêter une paire appartenant à son maître. Après quelques hésitations, elle lui apporta des verres cerclés d'or que Garat avait enfermés dans un tiroir et qu'il lui avait défendu de sortir, sous quelque prétexte que ce fût. C'était ceux qu'il avait utilisés pour lire la sentence au roi. Midi sonnait et le curé achevait son bréviaire quand Garat rentra. Son regard se porta aussitôt sur le visage du prêtre : il fut saisi d'un tremblement et ne put que balbutier : « Les lunettes! les lunettes de la sentence! ». Puis il s'écroula. On le transporta dans son lit et le curé, qui ne s'était douté de rien, lut les prières des agonisants avec les mêmes lunettes qui avaient servi à annoncer à Louis XVI sa condamnation à mort.

Vieille maison labourdine (photo A. Ocana)

VAL D'ARAN (LE) (Espagne)

Un refuge immémorial

Le Val d'Aran est géographiquement français; ce sont les disputes brouillonnes des diplomates, lors du traité des Pyrénées en 1659, leur ignorance et l'entêtement de leurs interlocuteurs espagnols qui l'ont maintenu en Espagne, comme elles ont créé l'enclave de Llivia et la chicane du Valcarlos. Mais tout le commerce de ce pays que la nature avait prédestiné à l'indépendance, se faisait avec la France, la route d'Espagne se terminant, jusqu'à la fin du xixe siècle, au cul-de-sac de Tredos. Bien entendu, cette situation fit du Val d'Aran comme de l'Andorre, le pays rêvé pour la contrebande de ces biens indispensables à l'homme et trop taxés en France, le tabac et l'alcool.

L'occupation du Val par les hommes des âges préhistoriques, montre le rôle de refuge qu'il jouait déjà. La route de Salardu à l'ermitage de Notre-Dame-de-Montgarri, traverse des enceintes de pierres, aux abords du pic de la Blaquière et de Trédos, jusqu'à 2 000 m d'altitude. Sur le plateau herbeux du Pla-de-Beret, à 1 890 m, des blocs erratiques polis et striés ont servi à tracer des signes rupestres. Près de la chapelle de Mitg-Aran, au milieu de la vallée, se dresse un monument formé d'un bloc monolithe entouré de quatre menhirs.

L'œil de Jupiter

Pendant des millénaires on crut que la Garonne prenait sa source au fond d'un plateau du Val d'Aran, le Pla-de-Beret. Le géographe Schrader vint un jour reconnaître les lieux où naissait le fleuve aquitain. Quand avec ses compagnons il eut épuisé le bassin de la source et qu'il constata que le petit ruisseau qui en sortait s'était arrêté de couler, un fou rire le prit à l'idée qu'il avait mis à sec les navires dans le port de Bordeaux!

Chasseurs d'izards (B.N., Est.)

Les bergers de la préhistoire révéraient dans la Garonne une nymphe offrant son eau désaltérante au passant assoiffé. Mais Norbert Casteret a découvert au fleuve une origine mythologique plus lointaine et plus majestueuse, lorsque, par ses expériences célèbres de fluorescence, il démontra que la source connue sous le nom de *Goueil de Joueou* (l'œil de Jupiter), était la résurgence des eaux de la Maladetta, englouties par le *Trou du Toro*. Jupiter n'a cependant pas empêché l'humble petite nymphe du Pla-de-Beret de laisser son nom au grand fleuve.

Les chasseurs maudits

De toutes les crêtes montagneuses des sierras qui environnent le Val d'Aran, aucune n'approche plus de la réputation de pays de légende que la célèbre sierra des Encantats. Deux aiguilles calcaires se dressent, isolées, au centre d'un cirque de crêtes granitiques. Au bord du lac de San-Mauricio, dans lequel se reflètent leurs flèches sauvages, s'élève une chapelle où les habitants du village d'Espot se rendaient tous les ans en pèlerinage, au début du mois de septembre.

Il y a bien longtemps, il arriva que deux chasseurs enragés, au moment d'assister à l'office divin, aperçurent des isards. Aussitôt, quittant l'assemblée, ils se mirent à leur poursuite. Le prêtre, parvenu à la consécration, élevait l'hostie dans ses mains quand il aperçut les silhouettes des deux mécréants et de leur chien se profiler entre les deux pointes de la sierra. Outré de ce scandale, il appela la vengeance divine sur eux. Le soir, quand les fidèles regagnèrent leurs demeures dans la vallée, ils virent, immobiles à la même place, les trois silhouettes changées en statues de pierre. Les chasseurs enchantés sont toujours là. Les anciens du Val d'Aran ont donné leur nom à la crête où ils sont figés pour l'éternité : les *encantats*. La légende a tellement impressionné que

Ancien pont dans le val d'Aran (coll. Pierre Minvielle)

les bergers ont hésité à construire dans cette montagne des abris pour l'été ; ils se contentent de loger en plein air, sous les rochers.

Le nom de la capitale du Val d'Aran, Viella, indique l'origine très ancienne de la localité. Elle est appelée *La Vielle* ou encore *Vetula* dans les documents anciens, ce qui suppose même une origine pré-romaine.

Mais, à l'extrémité sud de la même vallée, le village de Salardu garde dans son nom le souvenir de l'invasion du puissant peuple celte des Volques Tectosages qui, après avoir fondé Toulouse, a étendu sa domination jusqu'au fond de la haute vallée d'Aran et installé cet oppidum pour commander les passages du Pla-de-Beret et de la Bonaïgue, qui les reliaient aux autres peuples celtes de la vallée de l'Ebre. Quand au nom de Salardu il vient de *Salar-dunum*, la colline de la truite, en langue celtique, ce qui évoque curieusement la légende du château de Lourdes.

VALENTINE

31 — HAUTE-GARONNE, 2 KM AU S DE SAINT-GAUDENS PAR D 8

La villa des nymphes

Une vaste accumulation de ruines était visible au XVIIIe siècle dans le quartier d'Arnesp, à l'ouest de Valentine, entre la route de Saint-Gaudens à Luchon et la terrasse dominant la Garonne. En 1931, le creusement du canal de l'usine électrique détruisit un grand pavement de mosaïque. De 1949 à 1957, des fouilles organisées ont mis au jour un vaste édifice du IVe siècle, une villa romaine de plus de 150 m de longueur, et, de 1957 à 1959, un entassement d'édifices religieux de différents âges fut découvert, au milieu de sépultures à incinération.

On a ainsi rencontré successivement l'église primitive du

prieuré, construite peu après le passage de saint Lizier, une chapelle et des sépultures d'époque mérovingienne, dans leurs sarcophages de calcaire blanc en forme de trapèze. Au-dessous est apparu un mausolée, au milieu d'une nécropole paléochrétienne constituée de sarcophages en marbre des Pyrénées, et des tombes en terre libre de l'époque de la domination wisigothique, aux Ve et VIe siècles. Les sépultures et le tombeau (probablement celui de Nymfius) avaient remplacé un temple païen du IVe siècle, dont les vestiges entourés d'incinérations subsistaient au-dessous. Plus tard, une grande piscine semi-circulaire, revêtue de marbre et bordée de colonnes en marbre de Saint-Béat, devait être dégagée par une équipe de jeunes volontaires du village, où un petit musée des fouilles a été ouvert.

Sur le bord de la route de Labarthe, dans le *pré de la Tourraque*, se dressaient au milieu du XIXe siècle, deux constructions en forme de tour. Ce nom de *tourraque* est donné habituellement aux ruines romaines du Sud-Ouest qu'on a aussi appelées des *piles*. Vers 1856, l'une des piles fut détruite et les moellons de son petit appareil employés à la construction d'une maison du village. Près de la seconde tour, conservée et bien connue, le sol labouré aurait livré, entre autres fragments sculptés, une main, une jambe de dimension colossale et une aile d'oiseau.

La Vierge miraculeuse

A une époque reculée, il y avait sur la colline du Bout-du-Puy, dans la niche d'un oratoire en maçonnerie, une petite statue de la Vierge, connue sous le nom de Notre-Dame-des-Agonisants. Tous les ans on y venait en procession, depuis que les habitants avaient invoqué Notre-Dame-du-Bout-du-Puy contre une peste terrible qui avait sévi au XVe siècle. La procession avait lieu le premier dimanche du mois de mai. La chapelle qui avait remplacé l'oratoire, détruite pendant la Révolution, fut reconstruite en 1807. La statue qui était restée cachée dans le foin d'une grange était revenue toute seule, dit-on, reprendre sa place sur l'autel. On montrait même dans un roc les empreintes des genoux et des pieds de la Vierge.

A côté, le calvaire de Miramont dut être un haut lieu de culte païen, car il fut par la suite consacré à saint Michel.

Entre ces deux sites, en contrebas du bois de Montaut, passait une ancienne voie romaine, le chemin de Saint-Martin, qui traversait un peu plus loin un ancien cimetière à incinération, appelé le *Champ des Morts*.

VERNET-LES-BAINS

La montagne royale

La vieille ville de Vernet, groupée sur un promontoire rocheux comme un village kabyle, sillonnée d'escaliers de pierre, est la porte ouverte sur le passé de la montagne sacrée du Canigou. On y trouve des vestiges de tous les âges, des sources thermales connues des Romains, le château des comtes de Roussillon, les ruines de la chapelle donnée par la comtesse Ermesinde à l'abbaye de Cuxa, des stalles gothiques, un retable flamboyant, un reliquaire à broderies arabes. Pour compléter le tout, un pseudo-dolmen, au voisinage de l'église, rappelle tous les monuments mégalithiques épars dans la région, patiemment inventoriés par l'abbé Abelanet.

Autrefois, la place ornée d'un orme multicentenaire était le théâtre de la danse des Bayes à laquelle on attribuait une origine grecque ou arabe.

De Vernet-les-Bains part l'étape liminaire qui conduit à la montagne royale, le Canigou. Ses majestueuses cimes, visibles à des distances extraordinaires, dominant la plaine du Roussillon et la Méditerranée, faisaient dire aux habitants de Marseille qu'ils pouvaient apercevoir le mont Canigou, à 75 lieues de distance. Aussi le baron de Zach, auteur de *La correspondance astronomique*, décida d'observer le phénomène.

Dans l'après-midi du 8 février 1808, il se rendit sur la colline de Notre-Dame-de-la-Garde avec toutes sortes d'instruments d'astronomie et une grande compagnie de savants et d'amateurs. Il avait calculé la date exacte à laquelle le soleil se coucherait dans la direction de la montagne : « A peine le dernier rayon avait-il disparu, écrit-il, comme par un coup de baguette magique, nous vîmes pour ainsi dire tomber à l'instant le rideau, et une chaîne de montagnes, noires de jais, avec deux pics élevés, vinrent à point nommé frapper nos regards, avec tant d'évidence et de clarté que plusieurs spectateurs eurent peine à croire que ce fussent les Pyrénées. On les aurait prises pour des montagnes du voisinage, tant elles paraissaient distinctes et proches de nous. Tandis que nos spectateurs s'émerveillaient et étaient occupés à tracer le dessin des contours de ces montagnes, je me dépêchais d'observer ces pics, en balayant l'horizon avec ma lunette, lorsque la nuit tombante mit fin à toutes mes observations ».

« Tu récolteras la tempête... »

« Montagne magique », ce nom revient souvent à propos du Canigou; il se peut qu'il le doive au grand contemplateur de l'Himalaya, Rudyard Kipling, qui l'a appelé « un magicien parmi les autres sommets ». Il ajoute : « Rien de ce que cette montagne pourrait faire ou à quoi elle pourrait donner naissance ne me surprendrait. Je m'attendrais aussi bien à y rencontrer don Quichotte en personne sur sa monture, venant du côté espagnol, qu'à y voir toute la chevalerie de l'ancienne France y abreuvant ses chevaux dans ses torrents ».

Verdaguer, le grand écrivain catalan, a transcrit dans son poème épique, *Canigo*, (écrit en catalan), les légendes de ces

Vue générale de Vernet-les-Bains (photo J.-G. Gigot)

« montagnes royales ». Longtemps, leurs solitudes passèrent pour
être habitées par les fées, les *encantades*, et par d'autres êtres
fantastiques et terrifiants. L'auteur du *Roman de Mélusine*,
Jean d'Arros, qui séjourna à Perpignan en 1380, à la cour de
Pierre IV, nous a rapporté les traditions fabuleuses sur les fées
du Canigou, que le roi d'Aragon lui-même et plusieurs habitants
du Roussillon lui avaient révélées. Ces êtres hantaient plus particulièrement les parages des étangs de Nohède et de Carança.
Irritées lorsque quelque imprudent lançait des pierres dans ces
étendues d'eau, elles faisaient naître d'épouvantables orages ou
des brouillards épais qui égaraient les profanateurs. Aujourd'hui
encore, certains hésitent à accomplir les gestes coupables.

Jean d'Arros apprit le nom de la fée prisonnière de la montagne
Palestine, une des filles de la fée Pressine et du roi d'Écosse
Elinas ; ses sœurs sont Mélusine et Meloir. A la fin de ses nombreuses aventures, Mélusine a été condamnée à devenir serpent
au-dessous de la ceinture, tandis que Palestine est enfermée avec
le trésor de son père dans la montagne du *Canigo*, attendant la
venue du chevalier qui la délivrera.

Cette version féerique des tempêtes du Canigou, Jean d'Arros
avoue l'avoir préférée à celle de Gervais de Tilbury qui attribue
ces phénomènes aux démons séjournant dans la montagne inaccessible de *Cannagum*.

Un gardien effrayant

La *Chronique du Roussillon* de Fra Salimbène garde le souvenir
de l'aventure arrivée cent ans auparavant à Pierre III d'Aragon,
qui avait décidé de monter au sommet du Canigou. Parti avec
quelques courageux chevaliers, il fut assailli par une tempête qui
épouvanta ses compagnons. Le roi pénétra seul au cœur de l'orage.

Il arriva au bord d'un des étangs maudits, et, bravant le sort, y
jeta une pierre. Aussitôt, un affreux dragon s'élança des eaux et
projeta son ombre maléfique sur le prince qui redescendit, marqué
pour toujours par cette vision. Ce dragon était-il une des formes
prises par la fée Palestine? Gardienne du trésor du Canigou, elle
possédait le secret de l'entrée d'une merveilleuse mine d'or
enfouie dans la montagne; c'est peut-être ce que Pierre III était
venu chercher.

Le triangle maudit

Une réputation maléfique continue à planer sur le Canigou.
Ainsi, une série d'accidents d'avion, difficilement explicables,
qui se sont produits dans une même zone, a fait croire à l'existence d'une sorte d'attraction mortelle qu'exercerait une partie
de cette montagne, baptisée le « triangle maudit ». Certains ont
pensé qu'une énorme masse de fer, emprisonnée dans les plis de
la chaîne et accumulée surtout en cet endroit, provoque le déréglе-
ment des appareils de bord. Mais l'explication n'a pas convaincu
les responsables de la navigation aérienne. Cependant les flancs
du Canigou sont restés une inépuisable mine de fer, comme on
peut s'en rendre compte d'après les restes des minières rencontrées le long de la route qui serpente entre Saint-Michel-de-Cuxa
et Corneilla-de-Conflent.

Ruines de l'abbaye de Saint-Martin-du-Canigou (B.N., Est.)

Un sanctuaire sacré

Lieu d'évasion pour les imaginations poétiques, bastion de la reconquête sur les Maures, le Canigou est la montagne sainte des Catalans ; elle abrite le sanctuaire national de l'abbaye de Saint-Martin.

C'est au lendemain de l'an mille en 1001, que Guifred, comte de Cerdagne, arrière petit-fils du légendaire Wilfred le Velu, en posa la première pierre. Le constructeur fut un moine de Saint-Michel-de-Cuxa. Guifred, bien que riche et puissant, était dominé par la pensée de la mort. Un jour, il rédigea son testament, partagea son héritage entre ses sept enfants et la comtesse Élisabeth et entra comme moine à l'abbaye chère à son cœur. Il creusa sa tombe de ses propres mains dans le rocher et c'est là qu'il fut enseveli, quatorze ans plus tard. Sa femme fut enterrée à ses côtés. Les deux tombes sont encore visibles.

La retraite de Guifred au monastère de Saint-Martin parut si étrange qu'une légende en naquit.

Les Maures ayant envahi la Cerdagne, Guifred les avait mis en déroute. Mais son neveu, auquel il avait confié une partie des troupes, ayant, malgré ses ordres, engagé le combat, le comte, dans un accès de colère, le tua de sa propre main, dit-on, à Saint-Martin-en-Valls, dans l'église même. C'est en expiation de son homicide que Guifred se serait retiré au monastère qu'il avait

fonde. Il n'y a pas de légende qui n'ait quelque lien avec la réalité et la mort au combat, vers 1035, du jeune comte de Barcelone, neveu de Guifred, pourrait avoir assez impressionné ce dernier pour le décider à renoncer au monde.

Non loin des ruines de l'église de Casteil, une fontaine aux eaux glacées s'appelle la *Font del Comte*, en souvenir du guerrier saisi par la grâce. A sa mort, les moines le pleurèrent.

Pieux larcins

Non seulement Guifred et sa femme enrichirent l'abbaye de vases sacrés, d'ornements et de vastes domaines, mais ils lui procurèrent diverses reliques récoltées dans le comté de Toulouse ; ils n'avaient pas hésité à en dérober certaines. C'est ainsi que le corps de saint Gaudéric, qui devait devenir le saint protecteur du Roussillon, fut un « pieux larcin ».

Gaudéric (ou Galderique) était un laboureur qui fit longtemps la fortune de son maître, un propriétaire de Porteilla en Roussillon. Il préservait ses récoltes de la grêle et de l'orage, faisait tomber des pluies douces en été, rendait guéables les torrents. Il quitta le Roussillon à la suite de circonstances obscures, pour aller mourir en Bretagne en odeur de sainteté. Son corps avait été ramené à Toulouse. Guifred voulant doter Saint-Martin-du-Canigou de reliques de bon aloi, envoya un commando de spécialistes à Toulouse pour enlever le corps du saint qui se trouvait dans l'église de Saint-Séverin. Ayant de la difficulté à soulever le couvercle du tombeau, les pieux cambrioleurs expliquèrent au saint qu'on lui réservait dans sa terre natale une sépulture où il serait honoré mieux qu'ailleurs. Alors le tombeau s'ouvrit de lui-même et les envoyés de Guifred décampèrent avec leur butin sacré.

Pendant des siècles, les reliques de saint Gaudéric ont été le dernier recours du peuple du Roussillon aux jours d'angoisse, lorsqu'une calamité s'annonçait, ou que la sécheresse implacable désolait la terre. L'abbaye Saint-Martin-du-Canigou, nid d'aigle sacré qui veille au-dessus de la vallée de Vernet est restée le symbole de cette suprématie spirituelle.

VICDESSOS

09 — ARIÈGE, 25 KM AU S DE FOIX PAR N 20 ET D 8

La femme aux ours

C'est dans la montagne au-dessus du village que s'est passée l'histoire de la folle des Pyrénées, cette énigme tragique où le sort de la victime suscite toujours autant de curiosité que de pitié.

Dans la chaîne qui sépare le Couserans du pays de Foix, des chasseurs rencontrèrent en 1809, errant dans les rochers, une femme complètement nue qui s'enfuit à leur approche ; ils n'eurent de cesse qu'ils ne l'aient retrouvée et ramenée captive au village de Suc. Elle était d'une taille élevée, avait la peau tannée par le soleil, et ne portait pour tout costume que sa longue chevelure noire qui descendait sur ses épaules et ses reins. Quand on voulut la vêtir d'une robe, elle la repoussa ; il fallut lui attacher les mains pour l'habiller.

*Le dolmen
de Sem
(photo J.-R. Masson)*

On l'interrogea longuement, mais elle resta muette. Pourtant, quand on lui demanda comment elle n'avait pas été dévorée par les bêtes sauvages, elle dit : « Les ours? ils étaient mes amis, ils me réchauffaient ! ». On l'entendit aussi gémir : « Que va dire mon pauvre mari ! ». Puis ce fut le silence. Le curé de Suc lui donna l'hospitalité. Le lendemain matin, elle avait disparu : elle s'était évadée par la fenêtre. Les chasseurs se mirent de nouveau à sa poursuite, guidés par les lambeaux de ses vêtements qu'elle avait déchirés tout en fuyant. Ils perdirent sa trace. Vint l'hiver, exceptionnellement dur cette année-là. On la pensait morte de froid, quand au printemps, on l'aperçut dans la montagne, toujours aussi agile et insaisissable. Après une battue générale, elle fut ramenée à Vicdessos, puis à Foix où on l'enferma à l'hospice. Son refus de porter des vêtements lui valut l'hostilité des religieuses qui demandèrent à en être débarrassées. Alors, on la cloîtra dans l'escalier de la tour ronde du château, entre deux cachots, à la discrétion des geôliers. Un beau matin, sans autres explications, le gardien de la prison déclara son décès, et l'affaire fut froidement classée par les autorités préfectorales...

La nostalgie de la montagne, la privation de la liberté l'avaient tuée aussi sûrement que la bêtise et la méchanceté.

VIELLE-AURE

65 — Hautes-Pyrénées a 36 km au S de Lannemezan par N 129 et D 19

Le roi des montagnes

Le roi don Sanche qui régnait sur l'Aragon et la Navarre, petit-fils du fameux Sanche Abarca, venait de refouler les Maures de son comté de Ribagorce et du Sobrarbe. Ceci se passait en 1012, d'autres disent en 1037. Un fort parti d'infidèles, se retirant vers les hautes vallées, trouva ouvert le passage des ports d'Ourdissetou et de Monsang et déferla dans la vallée

d'Aure. Ce ne furent que pillages, brigandages, viols et meurtres.
Les gens d'Aure appelèrent au secours le souverain d'outremonts
qui se faisait appeler « roi des Pyrénées et de Toulouse ». Descen-
dant par le port de Rioumajou, Sanche tailla en pièces à Saint-
Lary les Sarrasins surpris en razzia. C'est alors qu'eut lieu,
d'après les hagiographes, le martyre de Missolin, Calixte et
Mercurial, trois combattants chrétiens. Puis il s'attaqua aux
Maures retranchés dans leur camp près de Cadéac. Comme à
Poitiers, la rencontre fut sans merci. « On entendait les cris depuis
Labarthe », disent les chroniques de la ville d'Aïnsa. Le soir
tombait, le combat restait indécis et l'ombre descendante de
l'Arbizon allait couvrir les combattants épuisés. Le clergé supplia alors saint Exupère : « Donne-nous la victoire, tu auras la
plus belle chapelle ». Et la réponse vint de la montagne : trois
cents bergers de Luchon dévalèrent de la Hourquette d'Azer,
prenant à revers les Maures qui lâchent pied ; les uns s'enfuient
vers les cols du Lavedan ; les autres vers la vallée. Le roi Sanche,
blessé dans la bataille, se baigna dans l'eau de la source de
Cadéac, qui cicatrisa la plaie en peu de temps[1].

Un dieu inconnu

Le hameau de *Soulan*, nid d'aigle perché sur le flanc de la
montagne, au-dessus de Vielle-Aure, est bâti sur une moraine
boueuse et glissante. Son ensoleillement lui a valu le nom de
« soulane » qui désigne dans les Pyrénées un versant de montagne
exposé au soleil. Un autel de marbre conservé dans la mairie-
école porte une inscription où on a cru lire une dédicace au dieu
Mithra :

DEO MIT / FAUSTUS MODESTA V.S.L.M.

Mais cette introduction de Mithra parmi les autres dieux de
l'Olympe pyrénéen, sa vénération selon les mêmes formules et
les mêmes rites, ont quelque chose d'insolite. MIT est plus probablement la première syllabe du nom d'un dieu inconnu qui habitait
l'un des sommets de la montagne de Soulan.

Camille Julian fit le voyage de Soulan pour réfuter cette opinion de l'archéologue Sacaze qu'il détestait.

VIELLE-LOURON

65 — HAUTES-PYRÉNÉES, 30 KM AU S DE LANNEMEZAN PAR N 129,
N 618 ET D 25

A la gloire d'un guerrier montagnard

Dans l'église dédiée au saint local Mercuri (ou Mercurial), les
murs de la nef sont recouverts de lambris peints de multiples
scènes symboliques. Parmi ces tableaux, la légende locale est
représentée par saint Mercurial combattant les Maures et martyrisé.

La sacristie, une ancienne chapelle latérale, conserve la pein-

---

1. Docteur Sarramon, *Les Quatre Vallées*, Imp. des Orphelins apprentis,
Albi, 1954.

ture du Jugement dernier. Le Christ assis, entouré de la Vierge et de saint Jean, montre ses plaies. Saint Michel pèse les âmes et le démon fausse la pesée en appuyant sur la balance. Un *arbre de Jessé* porte les noms des ancêtres royaux de la Vierge. On y voit l'empereur Auguste interrogeant la sibylle de Cumes (« le *roy Octabianus* » et « la *Sevilla cumana* »). Les tableaux sont pleins de vie et de pittoresque.

Fresque de l'arbre de Jessé (photo D. Milano)

Une statue menhir de notre temps

Une petite croix de marbre blanc de 0,70 m de haut qui signalait la tombe d'un pèlerin jacobite dans le cimetière du village est aujourd'hui cimentée sur le mur qui l'entoure; le bloc de pierre déborde sur les deux faces le tracé de la croix pour ébaucher un corps humain. Trois détails bien apparents le précisent : un livre de prières, la panetière du « jacquet », l'ébauche de la pèlerine et la robe du pèlerin médiéval. Le monument porte un nom : Pailhac, une date, 1505[1].

Cette œuvre étonnante est une sorte de statue menhir, enchâssée entre deux croix. Le symbolisme de l'effacement de l'effigie humaine derrière le signe de la Rédemption n'est pas sans grandeur.

1. R. Gavelle, dans *Revue du Comminges*, 1957-4.

La vallée de la Têt par Melling (B.N., Est.)

VILLEFRANCHE–DE–CONFLENT

66 — PYRÉNÉES-ORIENTALES, 6 KM AU S O DE PRADES PAR N 116;
60 KM A L'O DE PERPIGNAN PAR N 116

Un bastion

La ville est située dans une étroite gorge où les torrents du
Cadi et du Roja rejoignent la Têt, ce qui donne sa signification
au nom de Conflent. Un dicton la dépeint comme : « en hiver un
puits de glace, en été un puits de chaleur ».

Les grottes du voisinage conservent des vestiges de l'occupation de ces lieux par les pasteurs de la Préhistoire. Par la suite,
elles ont servi de refuge aux hors-la-loi de toutes les époques.

La stratégie imposait aux maîtres de la vallée de construire
une fortification à cet emplacement. La première enceinte fut
élevée en 1809 par le comte de Conflent, pour arrêter les incursions roussillonnaises. Lorsque la ville fut retombée sous l'obédience des rois d'Aragon, Alphonse V la dota de la Tour du
Diable, comme l'indique l'inscription gothique encastrée dans
la maçonnerie du bâtiment.

Lorsque le Roussillon eut été conquis par Louis XIII, les
troupes royales s'avancèrent dans le Conflent. Le 5 juillet 1654,
après six jours de siège, la ville tombait. Bussy-Rabutin a raconté
cette campagne dans ses *Mémoires* et a décrit les fortifications de
Villefranche. Vauban devait venir les visiter en 1668. Il constate
dans son rapport que les montagnes qui enserrent cette « petite
villotte » sont « garnies de plusieurs petites pointes et avanées
de rochers qui sont autant de logements à *miquelets*, d'où l'on
peut canarder à coups de fusil tout ce qui paraîtrait dans les rues,

de sorte qu'il n'en faudrait pas davantage pour l'obliger à se rendre s'ils étaient bien occupés ». « Ce qui serait le plus utile serait un fort, ajoute-t-il. Grâce à lui, la ville serait imprenable. »

La clef de la défense, le nid de la garnison française sera donc le fort qui domine la ville au nord et qui a demandé un gigantesque travail de terrassement : le fossé taillé dans l'épaisseur de la montagne et le mur de contrescarpe, avec ses cheminements souterrains et ses traquenards, comptent parmi les ouvrages d'art les plus considérables des Pyrénées. Du côté sud, un escalier souterrain, partant des fossés de la ville, conduit à une grotte naturelle, la *Cova Bastera*, que Vauban avait aménagée en casemate à canons. On peut y voir des stalactites et des concrétions étranges, un orgue et son organiste, etc. Cette caverne devait jouer son rôle dans le complot de 1674, dont le souvenir tragique plane toujours sur la petite ville. Là devaient se rassembler les *miquelets* qui, au signal donné de Villefranche par les conjurés, se jetteraient sur la ville et extermineraient la garnison française.

Le souterrain qui relie le fort à la ville est creusé en galerie voûtée dans la roche vive. Une première descente en ligne droite aboutit sous une batterie, à mi-pente, 100 m plus bas. Là, l'escalier fait un angle brusque et se dirige vers la ville où il débouche dans un bastion commandant le pont de la Têt. Des couloirs latéraux, dont l'orifice extérieur est dissimulé, éclairent ce passage impressionnant.

Les fortifications de Villefranche-de-Conflent (photo J.-G. Gigot)

Une suite à l'Affaire des Poisons

On lit dans les *Voyages pittoresques et romantiques dans l'ancienne France*, de Taylor : « Selon une tradition que rien ne justifie, une des casemates du château aurait servi de prison sous le règne de Louis XIV, à trois dames de la cour. On y montrait encore à l'époque de notre voyage les chaînes auxquelles elles auraient été attachées. Il est permis de douter de cette anecdote et cette rigueur extraordinaire pour des dames n'était pas dans les habitudes de galanterie du grand roi. Ordinairement, les prisons et les chaînes étaient destinées aux gazetiers et nous retrouverons cette autre tradition au Mont-Saint-Michel ».

Les recherches d'archives ont prouvé qu'une détention extrêmement sévère a bien été imposée jusqu'à leur mort à de misérables comparses de La Voisin dans ces murs. Une correspondance échangée en 1717 et en 1724 entre l'intendant du Roussillon et le ministre de la guerre de Louis XV, a révélé le nom de ces femmes et leur vie à Villefranche [1].

L'une d'elles, « La Guidon », devait mourir le 15 août 1717, à l'âge de soixante-seize ans, après avoir été enfermée trente-six ans; sa compagne, « La Chopelain », décédait le 4 juin 1724.

« Elles étaient dans la même chambre et faisaient chacune sa potée à part », dit l'intendant, (précaution élémentaire de la part de deux empoisonneuses aussi expertes). La Guidon a laissé de ses épargnes 45 livres en argent sur les huit sols de nourriture par jour depuis le dit temps, dont elle a chargé sa camarade survivante de prendre ce dont elle aurait besoin pour son usage et d'employer le surplus à faire prier Dieu pour elle ».

Il est assez effrayant d'imaginer la solitude de ces deux femmes, restées près de quarante ans en tête-à-tête, avec un pan de rocher pour tout horizon. Mais, comme l'écrivait froidement le ministre de la Guerre, « les crimes de la Brinvilliers, dont on se souvient encore, font envisager sans peine la punition et la perte de la dernière de ses complices ». Pour l'intendant, c'était seulement « deux pensionnaires de moins pour le roi ».

Pavane pour une infante trahie

Rue Saint-Jean, on montre la maison d'Inès de Llar. C'est une construction médiévale dont la façade repose sur deux arcades ogivales d'égale ouverture. La tradition en fait la demeure d'une famille qui restera célèbre dans les annales du Roussillon, pour avoir été l'âme du complot de Villefranche en 1674, mais c'est à l'héroïne malheureuse de cette tragédie et à ses amours avec le bel officier du roi qu'elle se rapporte essentiellement.

Quinze ans après l'annexion du Roussillon par la France, les *Angelets*, montagnards en révolte contre la gabelle, assiégeaient les garnisons du Capcir. Plusieurs personnalités de Villefranche décidèrent secrètement de leur livrer la citadelle et la garnison, pour faire l'unité de la Catalogne sous l'autorité du roi d'Espagne.

Les chefs se réunissaient dans la demeure des Llar, une famille catalane, exilée en 1667 et qui venait, depuis trois mois, de rentrer à Villefranche. La fille de la maison, Inès, était très éprise d'un officier de la garnison, Louis de Parlan. Mais la vie du prétendant ne pesait guère dans les plans des conjurés, qui avaient l'intention de n'épargner aucun Français. Partagée entre son devoir familial, car son père et ses frères étaient du complot, et son amour, Inès voulut faire entendre à Louis de Parlan qu'il avait à craindre pour sa vie. L'officier comprit à demi-mot et, sans en rien laisser deviner à Inès, alerta le Grand Conseil du Roussillon, dirigé par le fameux juge Sagarra. Celui-ci fit surveiller la demeure où se réunissaient les conjurés et connut tous leurs faits et gestes. Quand les troupes espagnoles, qui devaient appuyer

---

1. Abbé Albert Cazes, *Villefranche-de-Conflent*, Imp. J. Roca, Prades, 1965.

l'attaque des *Angelets* commencèrent à se mettre en marche vers le Capcir, Sagarra frappa vite et impitoyablement. Tous ceux qui ne purent s'enfuir furent arrêtés et transférés au Castillet de Perpignan. Là, interrogatoires et tortures se succédèrent, jusqu'à ce que tous les conjurés fussent pris. Les exécutions suivirent et frappèrent de terreur, par leur cruauté et le luxe de leur mise en scène. Fort, docteur en médecine, fut démembré vif, les têtes d'Emmanuel d'Escallar, le cousin d'Inès, de Carlos Llar, son père, de François Soler, consul de la ville, furent placées dans des cages de fer suspendues aux portes de Villefranche. Celle de François Soler portait un écriteau insultant, rédigé en latin, où l'on pouvait lire : « Ce consul qui n'a veillé ni sur son roi, ni sur sa patrie, ni sur lui-même, et qui n'a pas révélé le complot des conspirateurs, a payé ainsi d'une juste peine. 1674 ». La malheureuse Inès finit ses jours en Espagne, enfermée dans un couvent. Quant à Louis de Parlan il était, huit ans plus tard, commandant de la place. Du drame des deux jeunes gens, Louis Bertrand a tiré le *Roman de l'Infante*.

Dans la même rue Saint-Jean, la maison Laporte, avec ses belles arcatures et ses fenêtres du XIVe siècle, serait la demeure de la famille Pascual, d'où sortait la mère de la malheureuse Inès.

Monstres et miracles

Large, presque écrasé sous le cintre de ses six voussures aux savantes moulures, le grand portail de l'église est remarquable par ses chapiteaux d'un luxe extrême-oriental. Les têtes des angles et des tailloirs ont des fronts bombés, des yeux globuleux, des retroussis de babines évoquant les faïences des pagodes. Deux lions assis au-dessus du tailloir des deux chapiteaux les plus extérieurs, accentuent cette impression par leur poitrail gonflé, les mèches enroulées de leur fourrure. Ils se rattachent à la série des monstres androphages par les masques humains qu'ils roulent sous leurs pattes. Il faut aussi remarquer la composition à la signification secrète des quatre colonnes dans les rentrants de chaque côté du portail : trois lisses et une torse, de style lombard...

*Le Christ
gisant
en bois,
XIVe siècle
(photo J.-R. Masson)*

Le mobilier actuel de l'église, curieux mais disparate, fait regretter le « feu de joie » qui détruisit, pendant la Révolution, la plus grande partie de celui qui existait. Un ostensoir d'argent massif, pesant 22 kilos, que deux prêtres pouvaient à peine porter pendant les processions, prit le chemin de la Monnaie. On en appréciera d'autant plus, dans la chapelle Saint-Antoine-de-Padoue, le tableau venu du couvent des franscicains, avec ses donateurs en cariatides et le miracle de l'apparition de l'Enfant-Jésus, l'ex-voto de 1733, représentant le sauvetage par le saint d'une fillette tombée dans une cuve et le retable de saint Pierre, datant de 1627. Sur l'impressionnant gisant en bois, entouré des statues de la Vierge et de Joseph d'Arimathie, provenant de deux mises au tombeau différentes, on peut noter que la plaie du coup de lance est ouverte dans le côté droit, la symbolique chrétienne, selon saint Bonaventure, considérant ce côté comme supérieur au côté gauche.

Une vénération particulière s'attache au reliquaire de saint Sulpice, le pieux évêque de Bourges. Le buste est revêtu d'une chape dorée et d'une mitre. On l'invoque contre les dérangements du cerveau et l'on impose la mitre sur la tête du malade « pour obtenir la sérénité[1] ».

VILLEFRANQUE

64 — Pyrénées-Atlantiques, 9 km au S de Bayonne par N 636 et D 137

Le chevalier et le dragon

La fontaine de Lissague, à Villefranque, rappelle la légende célèbre du combat du chevalier de Belzunce et du dragon, légende très semblable à celles de la Tarasque, du Drac et autres dragons de la mythologie médiévale. Mais la tradition basque lui a donné une curieuse apparence historique.

« On raconte que, dans les premières années du XVᵉ siècle, un animal monstrueux et fantastique (on disait que c'était un dragon volant) avait élu domicile dans une caverne, près de la fontaine de Lissague, et que de là, il étendait ses ravages sur tous les environs. Tous ceux qui avaient essayé d'aller le combattre y avaient perdu la vie et la terreur fut portée à son comble par la disparition de deux jeunes filles de Villefranque, qui étaient devenues la proie de l'animal.

« Il y avait alors à Bayonne un jeune chevalier, Gaston Arnaud de Belzunce, fils d'Antoine de Belzunce, qui avait été maire et gouverneur de la ville, en 1372. Accompagné de son fidèle écuyer, il descendit par les bords de la Nive jusqu'aux environs de la fontaine de Lissague, et ne tarda pas à trouver la caverne de la bête. Elle s'élança aussitôt sur lui avec une fureur terrible. Belzunce la blesse d'un coup de lance; mais, dans cet effort, il tombe de cheval et son écuyer le croyant perdu, l'abandonne et s'enfuit. « Cependant, après s'être relevé, l'intrépide chevalier saisit la bête à bras-le-corps. Le monstre déjà blessé chercha un refuge dans la Nive, entraînant Belzunce avec lui. Le lendemain on les retrouva morts, tous deux, au fond de la rivière. L'allégresse

---

1. Abbé A. Cazes, *op. cit.* : *Villefranche-de-Conflent.*

causée par la disparition du monstre ne put effacer la douleur
de la perte du jeune héros.

« Pour perpétuer la mémoire de ce dévouement, Charles III,
roi de Navarre, permit à la famille de Belzunce d'ajouter un dragon à l'écu de ses armes. Une prébende fut fondée à l'église cathédrale pour le repos de l'âme du chevalier Gaston et dura jusqu'à
la Révolution[1] ».

*Combat de
Belzunce contre
le dragon
(photo B.N.,
mss.)*

Un bouclier contre la peste

Dans le quartier bas du village, une fontaine d'eau minérale
eut autrefois une grande réputation, grâce au médecin bayonnais
Jean-Jacques Feuga.

Il s'intéressait beaucoup aux antiquités et aux richesses naturelles de son pays et écrivit en vers la vie et la mort du bienheureux martyr saint Léon. Les édiles de Bayonne, désireux de le
remercier de cet hommage au patron de la ville, décidèrent, en
1654, d'imprimer à leurs frais ses *Léonides*, ainsi qu'un opuscule
traitant de *L'usage des eaux minérales de la fontaine de Villefranque.*

Feuga s'y faisait gloire d'avoir contribué au soulagement d'un
illustre personnage, en l'envoyant à Villefranque : sur ses conseils,
en effet, le prince de Condé, qui se rendait au siège de Fontarabie
et que travaillait une noble colique néphrétique, alla prendre les
eaux de la fontaine dont la réputation n'avait pas franchi les
limites du Labourd. Le résultat fut immédiat. Le prince « rendit
deux pierres rouges de la grandeur d'un pignon d'Inde ».

---

1. Ducéré, *Histoire des rues de Bayonne*, Bayonne, 1887-1898.

Le recueil imprimé renferme diverses pièces en vers, de goût burlesque, dont plusieurs consacrées au canari favori du docteur : une autre a pour titre « Bouclier de la vie contre toute maladie ordinaire et extraordinaire pestilente, présenté à Messieurs de la ville de Bayonne en l'année 1652 sur l'appréhension de celle d'Oloron ». Ce « bouclier » était une sorte de vinaigre, produit par une infusion de poudre à canon et de vin rouge mélangés. Avec cette mixture, Feuga confectionnait « les pilules épidémiques ou astrales et les parfums souverains contre la pestilence ». La peste, en effet, ravageait la région d'Oloron et Feuga cherchait à préserver Bayonne de la contagion. Ses connaissances n'allaient pas beaucoup plus loin que celles de ses confrères de Paris, comme on le voit.

Saint-Orens, (gravure de Gustave Doré)

VILLELONGUE

65 — HautES-Pyrénées, 24 km au S de Lourdes par N 21 et D 13

Un miracle importun

Le village de Villelongue et le hameau d'Ortiac, qui date de l'époque romaine, sont installés sur les flancs de la montagne du Leviste, au débouché du vallon d'Isaby et de la gorge de Luz. Plus haut, à flanc de pente, à 1 600 m d'altitude, on peut voir encore sous des amas de ronces, les ruines de l'abbaye de Saint-Orens, à laquelle est lié le souvenir d'un des plus grands saints de l'Aquitaine, rival en austérité et en miracles de saint Savin, son voisin.

La légende le fait naître, comme celui-ci, en Espagne, à Huesca, disent les uns, à Urgel, d'un duc de Catalogne, disent les autres. Soucieux d'échapper à une renommée d'ascète guérisseur, que très jeune il avait acquise auprès de ses concitoyens, il passa de l'autre côté des Pyrénées, guidé par une main bénissante qui, dans une nuée, lui indiquait son chemin. La main s'arrêta un jour sur un petit plateau dominant la vallée du Lavedan et la gorge sauvage d'Isaby. Orens y construisit un ermitage et le premier moulin à eau de la vallée où il moulait le grain des pauvres gens du hameau voisin d'Ortiac. Il se nourrissait d'herbes cueillies dans son jardin et d'orge; il couchait sur la terre nue et s'habillait d'une tunique ceinte d'une chaîne.

Dans la ville d'Auch, les habitants étaient en prière dans la cathédrale : leur saint évêque Ursinus venait de mourir et ils demandaient au Ciel de leur désigner un successeur aussi bon. Une voix se fit alors entendre, leur disant d'aller chercher l'ermite Orens, qui se cachait dans les montagnes du Lavedan.

Quand Orens apprit l'arrivée des envoyés de la cité d'Auch, il voulut s'enfuir. Mais les autres le tiraient par son froc en le suppliant. Alors, Orens planta en terre son bâton, jurant qu'il les suivrait quand ce bois sec porterait des fleurs. Par malchance, c'est ce qui se produisit aussitôt...

Une autre tradition raconte que le bâton se mit seulement à porter des feuilles mais que, au moment de partir, Orens dit à sa mère Patience, que lorsqu'il donnerait des fleurs, cela marquerait son entrée dans un monde meilleur.

Orens devint le plus grand évêque gascon de son temps. A sa mort, sa sainteté fut proclamée et sa réputation fit naître en plusieurs coins de la plaine et de la montagne, des églises placées sous son invocation.

L'église de Villelongue conserve une jambe et un pied de sainte Patience, une dent et des cheveux de saint Orens (le reste se trouve à Auch) et un morceau de la chaîne qui lui servait de ceinture. On vénère ces reliques le premier dimanche de mai, en particulier celles de sainte Patience.

Selon la légende, saint Orens avait un chaud tempérament. Le démon vint le tenter dans sa solitude sous la forme d'un beau garçon qui s'offrit à le servir comme domestique. Orens, qui flairait un piège, lui demanda de remplir un tonneau avec un crible; le serviteur au visage d'ange déchu s'exécuta en souriant. Le saint lui présenta alors un brin de laine noire et lui demanda de le changer en laine blanche. Le tentateur ne put y parvenir et renonça. Il est probable que le démon ne se tint pas pour battu et envoya à Orens des visites autrement troublantes, car on dit qu'il se plongeait nu dans les eaux glacées du torrent d'Isaby, pour éteindre le feu du désir. On montrait encore, il n'y a pas longtemps, la cuvette rocheuse du torrent où il pratiquait cette pénitence.

Sur un autre rocher, la mule du saint a laissé la trace visible de son sabot.

Fin d'un monastère

Une chapelle fut d'abord construite par les habitants de la vallée, sur l'emplacement de l'ermitage, à 1 600 m d'altitude. Puis les clunisiens y fondèrent un prieuré qui subsista tant bien que mal jusqu'à la Révolution, plutôt mal que bien, à cause de la concurrence de Saint-Savin. Les derniers moines s'en allèrent vers le milieu du XVIIIe siècle. En 1789, il n'y en avait plus quand le couvent fut supprimé.

Aujourd'hui, il ne reste de l'église que quelques pans de murs en ruine, couverts de ronces. Elle avait une nef terminée par une triple abside, voûtée en cul-de-four. L'appareil en arêtes de poisson, que l'on distinguait dans les derniers vestiges, appartenait peut-être au premier oratoire, dont l'existence était signalée en 850. Son curieux bénitier se retrouve dans l'église d'Ortiac. Il est formé de quatre chapiteaux de feuillages, taillés dans le même bloc où la vasque a été creusée. Il repose sur quatre colonnettes en bois accolées. Entre les feuillages des chapiteaux, neuf têtes humaines apparaissent, énigmatiques.

Le feu et l'eau

Un sentier qui mène au lac d'Isaby passe derrière les ruines de Saint-Orens. Mais ce n'est pas à l'ermite thaumaturge que les habitants durent la délivrance de l'épouvantable bête qui hantait les pâturages des fonds d'Isaby. L'ingéniosité d'un habitant d'*Arbouix*, un autre village de la vallée d'Argelès, mit fin à leur cauchemar.

A une époque très ancienne, (était-ce avant, était-ce après Jésus-Christ, on ne le sait) le plus grand serpent qu'on ait jamais vu, hantait les montagnes qui formaient une vaste ceinture de pics, autour du vallon verdoyant d'Isaby. Des troupeaux innombrables y paissaient, sous la conduite des bergers de la vallée et de leurs grands chiens blancs. Quand le dragon se réveillait, affamé, il ouvrait sa vaste gueule, et un souffle magique traversant le vallon, emportait troupeaux, chiens et pasteurs qui s'engouffraient dans les entrailles du monstre.

Or, il y avait dans le village d'Arbouix, un homme qui avait beaucoup de courage et non moins d'adresse. Il résolut de délivrer son pays et dans ce but, il établit une forge dans le lieu le plus secret du vallon d'Isaby. Il mit au feu une lourde enclume de fer; lorsqu'elle fut rouge, il la porta à l'entrée du repaire du monstre, avec l'aide de quelques compagnons dévoués et tous s'enfuirent. Lorsque le serpent vit le fer rouge, il l'aspira comme il aurait fait d'un mouton, d'un seul trait. Le feu se mit à ses entrailles et, dévoré de soif, la bête se prit à boire, à boire jusqu'à en crever. Alors l'eau qu'elle avait avalée se répandit dans le fond du vallon : c'est ainsi que naquit le lac d'Isaby, aux eaux bleues et poissonneuses.

Les habitants reconnaissants accordèrent à leur sauveur le droit de conduire ses troupeaux sans avoir de redevance à payer, sur les pacages qu'il avait débarrassés de la bête. (Ses descendants jouiraient encore aujourd'hui de ce droit, dit-on).

Les villageois prirent les côtes du reptile et crurent se rendre agréables à Dieu en s'en servant pour construire une église. Mais quand l'église fut bâtie, la grêle tomba sans relâche sur le pays. On connut par là qu'il fallait brûler ces os, parce qu'ils étaient maudits : quand ils furent consumés, la grêle cessa.

La montagne du *Leviste* est aussi d'après d'autres traditions, le séjour des fées, comme celle du Bergons au-dessus de Luz : elle contient des cavernes où elles filent la laine ; elles font leur lessive avec des battoirs d'or pur car elles sont les gardiennes de l'or de la montagne.

VILLELONGUE–DE–LA–SALANQUE

66 — Pyrénées-Orientales, 8 km a l'E de Perpignan par D 31 et D 12

Lignes et signes

L'hermétique figure géométrique qui constitue le plan de la petite église cerdane de Planès est reproduite sur la pierre tombale d'un prêtre-sacristain de l'église de Villelongue-de-la-Salanque, Bérenger Amyll. On la trouve à l'emplacement de l'ancien autel majeur, dans la chapelle Saint-Joseph.

Deux inscriptions différentes la recouvrent : l'une au centre, l'autre sur les bords. L'inscription centrale est en lettres latines d'un style relativement récent (xvie ou xviie siècle); elle dit :

« MEMENTO. R (EVEREN) DI. BERENGARII. AMILI. SACRISTÆ — ANIMA.EJUS.REQUIESCAT. IN. PACE ».

Tout autour de la dalle court l'inscription primitive en lettres gothiques, rédigée en catalan; elle donne la date exacte du décès, dans une formule d'une haute résignation : : « Le 26 du mois de septembre, l'an 1440 (MCCCCXXXX) Dieu a fait ses volontés du très honorable Monsieur Bérenger Amyll, sacriste de l'église de Saint-Marcel ».

Le dessin central, qui constitue tout l'intérêt de la tombe, est la représentation d'un calice de style gothique, à pied hexagonal, enfermé dans une figure mystérieuse composée d'un triangle isocèle et de trois cercles tangents, à cheval sur ses côtés. Ce plan se retrouve parfois comme motif décoratif dans les faïences d'inspiration persane, fabriquées en Andalousie.

A la pointe inférieure du triangle est suspendu un écusson qui porte les armes de la vieille famille roussillonnaise des Amyll : une touffe d'épis de millet. On a voulu voir dans le triangle surchargé du trèfle, un symbole ésotérique lié à la tradition templière; celui qui reposait sous cette tombe avait voulu marquer ainsi son allégeance à l'ordre disparu... Mais n'y aurait-il pas eu un lien plus étroit entre le prêtre de Villelongue et l'architecte de Planès? Auraient-ils fait partie d'une même confrérie, ou n'étaient-ils qu'une seule et même personne? ...

VINCA

66 — Pyrénées-Orientales, 33 km a l'O de Perpignan par N 116

Les serpents célestes

Fortifiée par le roi Jacques le Conquérant, la ville a gardé de cette époque de très belles demeures gothiques. Mais elle est surtout connue par la Vierge assise de son église.

Deux reptiles ailés entrelacés se tordent sous les pieds de la Mère de Dieu qui tient son fils sur ses genoux. La main droite de la Vierge est démesurée : elle tenait un fruit, celui du salut, symbole conservé par presque toutes les Vierges pyrénéennes. L'Enfant qui bénit a dans sa main gauche le Livre des paroles de vie. Les dragons, figures de la sagesse humaine, sous les pieds d'une mère en majesté, sont des symboles rares. Ce n'est, en effet, qu'à la fin du xve siècle que commence à apparaître la vision de Jean

*Croix de 1646
(photo Alex
Avella)*

à Patmos, cette femme enceinte entourée d'étoiles, dressée sur
le croissant de la lune et foulant le serpent sous ses pieds. Ce qui
a inspiré l'imagier catalan est une tradition peut-être encore plus
ancienne, celle des serpents des cieux pyrénéens, qui se sont
imposés aux sculpteurs romans et reprennent ici toute leur
signification. On les retrouvera sur le tailloir d'un chapiteau
d'Elne, et ils ressortiront, avec une similitude étonnante, sur la
façade de l'église de Saint-Aventin où la Vierge assise foule deux
dragons. Deux siècles et deux cents kilomètres séparent les deux
œuvres mais la pensée religieuse qui les a inspirées est la même.

Le tapis sacré

Il existait encore récemment dans cette église un usage autrefois général dans les paroisses catalanes.

Le parcours que devait suivre le Vendredi saint, le Saint-
Sacrement, entre l'autel et le reposoir, était recouvert d'une
longue toile en forme de tapis. Cette toile, dite *tela de l'obra*,
entièrement de fil de lin, devait avoir été tissée durant le carême

par les femmes les plus notables du pays, membres de la confrérie du Saint-Sacrement, sur l'ancien métier catalan, *lo devanell*. A Vinca, la toile était vendue au profit de la confrérie ; à Puigcerda le produit de la vente était partagé entre les « pauvres honteux » de la ville.

Le reposoir, un autel dressé au-dessus de plusieurs gradins, comportait à son sommet une sorte de lanterne vitrée à quatre pans, pour recevoir le Saint-Sacrement, que l'officiant de la messe du Jeudi saint venait y déposer en procession. Puis le premier consul apposait le sceau de la ville sur la porte vitrée de l'urne.

A la fin de l'office des Ténèbres, les Mercredi, Jeudi et Vendredi saints, pour imiter le bruit produit par le tremblement de terre qui suivit la mort du Christ sur la croix, des enfants, armés de bâtons ou de rondins frappaient le sol à coups redoublés. Cette tradition s'était vite transformée en un symbolisme plus agressif : on appelait ce jeu, *matar els jueus* (tuer les juifs), ce qui ne contribuait pas peu à maintenir vivace dans la jeunesse la haine de cette nation pour laquelle avait été inventé le terme de « déicide ». Cette coutume populaire n'avait pas l'approbation des autorités, qui envoyaient les *mostassafs*, chargés de la police, faire cesser ces manifestations.

Détail du retable Saint-Julien (photo Alex Avella)

INDEX

Ce volume
de la collection
LES GUIDES NOIRS
a été achevé d'imprimer
sur presse Variquik
par l'imprimerie SAGIM
à Courtry
pour le compte
des Éditions Sand Paris

ISBN 2-7107-0306-8
Dépôt légal : mars 1993.
Numéro d'imprimeur : 249.